科学出版社"十三五"普通高等教育本科规划教材

供食品卫生与营养学专业使用

食品毒理学

主　　编　张立实　李　宁

副 主 编　徐培渝　徐海滨

编　　委　（按姓氏笔画排序）

于　燕　西安交通大学
王金勇　大理大学
帅　怡　上海市疾病预防控制中心
李　宁　国家食品安全风险评估中心
张　波　北京联合大学
张立实　四川大学
张青碧　西南医科大学
陈锦瑶　四川大学
罗　鹏　贵州医科大学
单毓娟　哈尔滨工业大学
赵　艳　哈尔滨医科大学
姚　平　华中科技大学
徐海滨　国家食品安全风险评估中心
徐培渝　四川大学
黄毅娜　四川大学
戴秋萍　同济大学

编写秘书　陈锦瑶　霍　娇　四川大学

科 学 出 版 社

北　京

内 容 简 介

食品毒理学是毒理学的重要分支学科之一，是保障食品安全的基础。由于食品的重要性、特殊性、化学复杂性及低剂量长期经口暴露量等原因，使食品毒理学明显有别于毒理学的其他分支学科。本书是我国高等院校“食品卫生与营养学”本科专业系列教材之一，共十六章，重点介绍了毒理学与食品毒理学的基本概念、研究与评价方法；食品中天然有毒有害物质和化学污染物的毒性及其预防控制措施；能量与营养素过量对健康的不良影响及其评价；食品安全风险分析与风险评估等内容。

本书不仅可作为食品卫生与营养学、食品科学与工程类本科专业教材，对其他营养与食品安全相关专业的本科生、研究生以及相关专业人员也有较大的参考价值。

图书在版编目（CIP）数据

食品毒理学 / 张立实，李宁主编. —北京：科学出版社，2017.2

ISBN 978-7-03-050988-8

Ⅰ. ①食… Ⅱ. ①张… ②李… Ⅲ. ①食品毒理学–高等学校–教材
Ⅳ. ①R994.4

中国版本图书馆 CIP 数据核字(2016)第 296238 号

责任编辑：李国红 周 园 / 责任校对：刘亚琦
责任印制：赵 博 / 封面设计：范 唯

科学出版社 出版
北京东黄城根北街 16 号
邮政编码：100717
http://www.sciencep.com
北京盛通数码印刷有限公司 印刷
科学出版社发行 各地新华书店经销
*
2017 年 2 月第 一 版 开本：787×1092 1/16
2024 年 3 月第七次印刷 印张：25
字数：590 000

定价：99.00 元

(如有印装质量问题, 我社负责调换)

科学出版社"十三五"普通高等教育本科规划教材

食品卫生与营养学专家委员会

序

食品毒理学是应用毒理学的基本原则与方法，研究食品中可能含有（包括天然存在、污染和食品加工烹调过程中产生）的有毒有害物质（如化学污染物、放射性核素、微生物毒素、食品天然有害成分等）的性质、来源与形成、对人体健康的不良影响及其作用机制的学科。食品毒理学是保障食品安全的基础，只有在全面、充分和可靠的食品毒理学研究、安全性评价和风险评估的基础上，才能制定科学合理的措施以控制食品中有毒有害物质的水平，预防其可能对人体产生的危害，保障食品安全和食用者健康。

食品毒理学是毒理学的重要分支学科之一，但食品毒理学在许多方面不同于毒理学的其他分支。这主要是由于食品的特殊性与重要性（食物是维持生命所必需）、化学复杂性（食品中各种各样的营养素、天然活性成分和污染物的综合作用）、暴露途径和暴露量（低剂量长期经口摄入）等因素所致。因此，现代食品毒理学需要借助化学和生物化学、分子生物学、遗传学、统计学与流行病学等相关领域的知识和技术，开展食品中有毒有害物质的检测和对人体的毒性及其作用机制研究，不良健康效应的生物标志物研究与健康风险评估，食品新资源/新原料、转基因食品、强化食品、保健（功能）食品、食品包装材料和食品加工新技术、新工艺、新方法的安全性评价，营养素过量和植物化学物的毒性评价与风险评估等食品安全相关工作。在毒理学研究所获得的信息资料基础上，科学合理地制订相应的风险管理措施，包括制订有关限量标准和防控措施等。

由四川大学张立实教授和国家食品安全风险评估中心李宁研究员联合主编的《食品毒理学》是我国高等院校“食品卫生与营养学”本科专业系列教材之一。其内容涵盖了毒理学与食品毒理学的基本概念、研究与评价方法，食品中天然有毒有害物质和化学污染物的毒性及其预防控制措施，能量与营养素过量对健康的不良影响及其评价，食品安全风险分析与风险评估等各个方面。该教材的主编、副主编和编委在食品毒理学研究与评价领域有较高的学术水平和丰富的实际工作经验，相信此教材不仅可作为该专业本科生的教学用书，而且对相关专业本科生、研究生以及从事食品毒理和食品安全相关工作的专业人员也应有较大的参考价值。

中国工程院院士

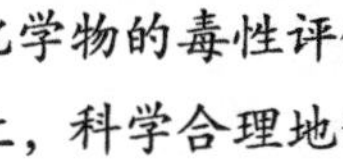

2016年11月2日

目 录

第一章　绪　　论

学习要求

掌握：食品毒理学的基本概念；食品毒理学的主要研究方法。

熟悉：食品毒理学的主要研究内容；食品毒理学发展趋势。

了解：食品毒理学与食品安全的联系与应用。

"民以食为天，食以安为先"，饮食是人类生存和社会发展的第一需要，也是保障人类健康水平的基本条件之一。饮食不卫生、不安全，是人体健康的一大隐患，也是许多疾病发生发展的重要原因和影响因素，甚至关系到生命安全。随着我国经济迅速发展，人民生活水平不断提高，消费者在解决温饱问题后，自然对食品安全有了更高的要求，这也是社会发展进步的大势所趋。此外，随着科学进步和检测分析技术的发展，食品中有害物质的检测灵敏度越来越高、检出限越来越低，不良健康效应的评价发展也日趋完善，致使一些以往认为没有太大问题的食品也发现了新的安全隐患。加之大众的科学文化水平和健康意识不断提高，对食品安全的要求也越来越高，食品安全已成为公众、媒体和政府关注的焦点问题。

食品应具备的两个基本条件是营养与安全，即应含有人体所需要的营养素和有益成分，感官性状良好，不含有毒有害物质或其含量控制在"无健康风险"水平。按毒理学的基本概念，"有毒"和"无毒"是相对的，取决于"量"，即某种物质是"有毒"还是"无毒"，以及毒性和健康风险的大小，主要是由暴露（接触）剂量而定。实际上，即使是人体所必需的营养素，过量摄入对人体也是有害的；而非人体必需的许多污染物，在目前不能做到完全从食品中消除的情况下，只要其含量控制在一定水平之下，也不会对人体健康产生危害，即"无健康风险"。因此，如何评价和判断食品及其成分/污染物的安全性和健康风险正是食品毒理学的主要目标和研究内容。

第一节　食品毒理学概述

食品毒理学是毒理学的重要分支学科之一，也是食品安全和食品卫生学的重要构成部分。食品毒理学是食品安全的基础，只有在全面、充分和可靠的食品毒理学研究、安全性评价和风险评估的基础上，才能制定科学合理的措施以控制食品中有毒有害物质的水平，预防其可能对人体产生的危害，保障食品安全。

一、食品毒理学的基本概念

食品毒理学（food toxicology）是应用毒理学的基本原则与方法，研究食品中可能含有（包括天然存在、污染和食品加工烹调过程中产生）的有毒有害物质对人体健康的不良影响及其作用机制的学科。通过食品毒理学评价和相关研究，可阐明食品中有毒有害物质的毒作用强度、剂量-反应和时间-反应关系、安全性和风险水平，为预防其危害提供科学依据。

食品毒理学在许多方面不同于毒理学的其他分支，这主要是由于食品的特殊性、化学复杂性、暴露途径和暴露量（低剂量长期暴露）等因素所致。现代食品毒理学借助于化学、生物学等相关领域的知识和技术，使用毒理学的原理与方法，研究食品或食品中特定物质的毒性及其作用机制，为开展食品安全风险评估，制定科学合理的预防控制措施和监管措施提供依据。

毒理学（toxicology）是研究化学物和其他有害因素对生物体造成的不良反应及其作用机制的学科。简言之，是研究“毒物”的学科，也是生物医学领域的一门重要基础学科。毒理学研究结果是风险管理（如制定人类生活/工作环境、食品和其他相关产品中有毒有害物质限量标准，制定相关健康管理政策法规等）的主要依据。

传统毒理学主要研究外源化学物（xenobiotics）与生物体的有害交互作用。外源化学物指外界环境中存在、可能与机体接触并进入机体，在体内呈现一定的生物学作用的化学物质。外源化学物与生物体的有害交互作用包括毒物对机体的影响和不良作用（毒物效应学，简称毒效学）和机体对毒物作用的影响（毒物动力学，简称毒动学）两方面。

现代毒理学的研究对象已从单纯的外源化学物和“化学毒物”发展到营养素、植物化学物（phytochemicals）、物理因素（射线、电磁波等）、微生物及其毒素等。其研究内容也从研究狭义的“毒作用”发展到研究各种因素与生物体之间的所有交互作用（包括应激反应、低剂量兴奋效应、可逆的不良反应、潜在的有害作用等）。

毒性（toxicity）通常指化学物或其他有害因素对生物体造成有害作用的能力。毒性与物质的化学结构有关，化学物的毒性一般是不能改变的。毒效应是指由于化学物的毒性，在一定条件下引起机体健康损害的表现，如条件改变，毒效应也可能受到影响或随之改变。

中毒（poisoning）指生物体受到毒物作用而引起功能性或器质性改变后出现的疾病状态。根据病变发生的速度，中毒可分为急性中毒和慢性中毒。

毒物和非毒物之间没有严格的界限。同一种化学物，由于使用剂量和对象的不同，可能是毒物，也可能是非毒物。例如，一定量的亚硝酸盐对正常人而言是毒物，但对氰化物中毒者则是有效的解毒剂。剂量更是决定“毒物”还是“非毒物”的关键因素，如铁、铜、锌等对人体是必需微量元素，但如过量摄入，也会产生不同程度的毒性作用。广义而言，任何物质，超过一定量对生物体都可能产生有害作用，而在一定剂量以下，都可能是相对安全甚至是有益的。即“The dose makes the poison”，这已成为毒理学的名言和最基本的概念，毒理学的主要目的和研究内容也就是对毒性进行定量。

毒物对生物体的损害主要是化学性损伤，即通过改变体内的生物化学过程进而导致器质性病变。如有机磷类农药可抑制胆碱酯酶的活性，使体内乙酰胆碱超常累积，导致生物体极度兴奋，严重时导致死亡。

二、食品毒理学的主要研究内容

食品中可能存在的有毒有害物质主要包括以下几类：①动植物性食品中的天然毒素，如河豚毒素、毒蕈碱、含氰甙、秋水仙碱等；②食品贮存、加工和烹调过程中产生的有毒有害物质，如龙葵碱、组胺、亚硝胺类化合物、苯并（a）芘和其他多环芳烃类化合物、杂环胺类化合物、氯丙醇和丙烯酰胺等；③食品添加剂/加工助剂，如防腐剂、甜味剂、合成色素、香精、抗氧化剂、保鲜剂、乳化剂等；④农用化学品，如农药、兽药、化肥等；⑤工业“三废”（废水、废气、废渣）污染物，如有毒重金属、化工毒物、持久性有机污染物（POPs）等；⑥细菌毒素、霉菌毒素和其他微生物产生的有毒代谢产物，如葡萄球菌肠毒素、肉毒梭状芽孢杆菌毒素、黄曲霉毒素和赭曲霉毒素、镰刀菌毒素、伏马菌素等；⑦放射性核素，如 ^{131}I、^{90}Sr、^{137}Cs 等。

食品毒理学是应用毒理学的原则与方法，研究食品中外源化学物和其他有害因素（如放射性核素引起的辐射、微生物毒素、食品天然有害成分等）的性质、来源与形成、对人体的生物学作用（不仅包括毒作用与不良作用，还包括可能的有益作用）及其作用机制，在此基础上评定食品的安全性和健康风险，并确定这些物质在食品中的安全限量的学科。换言之，食品毒理学的作用就是从毒理学的角度，研究食品中可能含有的有毒有害物质对食用者的不良作用和作用机理，评价食品（包括食品添加剂和包装材料等）的安全性或安全范围，并提出相应的控制措施，从而达到确保人类健康的目的。

食品毒理学的主要研究内容包括：食品中有毒有害物质的检测；食品中有毒有害物质（包括化学物、放射性核素和生物毒素等）对人体的毒性及其作用机制研究、不良健康效应的生物标志物研究与健康风险评估；食品新资源/新原料、转基因食品、强化食品、保健（功能）食品、食品包装材料和食品加工新技术、新工艺、新方法的安全性评价；营养素过量和植物化学物的毒性评价与风险评估；在毒理学研究的基础上提出预防和控制食品中有毒有害化学物和放射性核素对人体危害的措施，包括制定有关限量标准和防控措施等。

三、食品毒理学的主要研究方法

食品毒理学的主要研究方法包括化学物构效关系研究、体外试验（in vitro test）、动物（体内）毒性试验（in vivo test）和人群调查研究，其中以动物毒性试验最为重要。结构-毒性/活性相关性研究已广泛应用于外源化学物毒性/活性的预测，可大量节省以往通过实验才能得到相关数据的财力、物力和时间，计算毒理学的发展也进一步促进了化学物构效关系研究的快速进展。体外试验可使用培养的细菌等微生物、哺乳类细胞、组织和器官等进行，也包括各种物理化学分析测试等。动物毒性试验可使用多种实验动物进行，但通常使用大鼠和小鼠等哺乳动物，并主要使用消化道（经口）染毒方式（灌胃或将受试物混入饲料、饮水中给予），其观察指标应尽量选择敏感、可靠、易于测定分析和稳定、可重复者。一般而言，对血液等生物样品进行生化检测和相关功能异常的分析与病理组织学检查是必需的，但对于食品毒理学研究而言，检测和分析在较早期出现的生化指标和功能异常往往更为重要。人群调查研究主要指运用流行病学方法，对食品或食品中的/营养素/天然活性成分/有毒有害物质的摄入与人群不良健康效应的关系进行调查分析。通过人群调查，不仅可验证体外试验和动物毒性试验的结果，而且还能得到其影响人体健康的直接资料和相关证据，为制订有关限量标准和其他预防控制措施提供更为可靠的依据。

第二节 食品毒理学与食品安全

近几十年来，全球范围内食品安全事件层出不穷，政府、公众、媒体和学术界等对食品安全重要性的关注和认识日益增加。大多数食品安全事件本质上就是由食品中的污染物（包括人为掺杂造假等）和天然有毒有害成分引起的人体急性/慢性中毒。只有搞清楚食品中各种各样的可能危害健康的物质对人体健康的危害及其作用机理，才能制定和实施针对性的预防控制措施，以减少其对健康的危害或降低其健康风险。食品毒理学正是研究食品中可能存在的有毒有害物质对人体健康的危害及其作用机制的学科，食品安全性毒理学评价是应用毒理学方法来评价食品中可能存在的有毒有害物质的毒性和安全性，而食品安全风险评估是对正常摄入食品中可能存在的有毒有害物质在一定量（即膳食暴露量）的情况下对健康的危害（即健康风险）进行全面的评价。因此，食品毒理学研究与评价是保障食品安全的前提与基础，只有在充分和可靠的食品毒理学研究与评价的基础上，才能提出和制定针对性的预防控制措施，以保障食品安全。

食品安全风险分析（risk analysis）框架是世界贸易组织（World Trade Organization，WTO）和国际食品法典委员会（Codex Alimentarius Commission，CAC）处理食品安全问题的重要技术原则。风险分析包括风险评估（risk assessment）与风险管理（risk management）和风险交流（risk communication）。风险评估是风险分析的核心和基础，是评估食品中各类危害因素造成不良健康损害的可能性和严重性的科学过程，包括危害识别（hazard identification）、危害特征描述（hazard characterization）、暴露评估（exposure assessment）和风险特征描述（risk characterization）四个步骤。

FAO/WHO 食品添加剂联合专家委员会（Joint FAO/WHO Expert Committee on Food Additives，JECFA）、FAO/WHO 农药残留联席会议（Joint FAO/WHO Meeting on Pesticide Residues，JMPR）和 FAO/WHO 微生物风险评估联合专家委员会（Joint FAO/WHO Expert Meetings on Microbiological Risk Assessment，JEMRA）是评估食品安全风险的三个重要的专家组织。JECFA 主要负责添加剂和污染物的评估，JMPR 主要负责农药残留的评估，而 JEMRA 则负责微生物的风险评估。近年来，随着对风险评估重要性的认识不断增加和风险分析框架的普及，欧盟、德国、日本等先进国家和地区相继建立了专门的风险评估机构，这些机构在应用和发展风险评估方法及解决食品安全问题上发挥了重要的作用。我国也于 2011 年 10 月成立了国家食品安全风险评估中心，该中心针对我国食品安全热点和关注问题组织开展风险监测与风险评估，进行相关的专项研究，还承担风险交流和组织食品安全标准制定/修订计划等职能，在提高我国食品安全和风险评估水平，保护公众健康，加强国际合作交流等方面发挥着重要作用。

一、食品污染物和天然有毒有害成分对人体健康的危害及其作用机制研究

食品毒理学研究和食品安全风险评估方法在阐明食品污染物和天然有毒有害成分对人体健康的危害及其作用机制，评估在不同的膳食暴露条件下的健康风险等方面有重要作用，也是提出和制定/修订相应的预防控制措施（如制定食品中有毒有害物质限量标准）的

基础。许多食品污染物和天然有毒有害成分的健康危害及其作用机制，如黄曲霉毒素和赭曲霉毒素、*N*-亚硝基化合物、多环芳烃和杂环胺的致癌性与致突变性，大豆异黄酮、香豆雌酚和木酚素等植物雌激素以及玉米赤霉烯酮（真菌毒素）的内分泌干扰活性，二噁英类化合物的致癌性、致畸性和内分泌干扰活性，食品放射性污染的健康危害等，都是在大量的毒理学研究和评价试验基础上才得到阐明。而还有很多食品污染物和天然有毒有害成分对人体的危害及其作用机制、健康风险大小等还有待通过更多更深入的毒理学研究和风险评估进一步加以阐明。

二、食源性疾病的病因与发病机制研究

食源性疾病指由食物中的生物性、化学性和物理性致病因子引起的感染性或中毒性疾病，包括食物中毒、食源性肠道传染病、食源性寄生虫病、人畜共患传染病、食物过敏，以及由食物中有毒、有害物质引起的慢性中毒性疾病等。食品毒理学研究和相关分析对于阐明食源性疾病，尤其是由食源性致病因子引起的急性中毒（即食物中毒）和慢性中毒的病因与发病机制有重要作用。在化学性食物中毒（如有机磷农药、亚硝酸盐、砷中毒等）、真菌毒素中毒（如赤霉病麦中毒、霉变甘蔗中毒等）、细菌毒素中毒（如酵米面黄杆菌毒素、肉毒梭菌毒素、葡萄球菌肠毒素中毒等）、有毒动植物中毒（如河豚中毒、毒蕈中毒、木薯中毒、发芽土豆中毒等）以及慢性重金属中毒等食源性疾病的病因与发病机制研究中，许多都涉及毒理学的研究分析与评价方法。通过食品毒理学研究，可有助于确定食物中毒的致病因子从而提出科学合理的防控措施，如确定赤霉病麦中毒的主要致病因子是镰刀菌产生的单端孢霉烯族毒素，霉变甘蔗中毒的致病因子是节菱孢霉产生的 3-硝基丙酸；确认水俣病实际上是慢性食源性甲基汞中毒、痛痛病是慢性食源性镉中毒；以及将小鼠毒性试验和毒素确证/中和试验用于肉毒梭菌毒素中毒的诊断/治疗（确定抗毒素血清型别）等。

三、食品安全突发事件调查处理

食品安全突发事件是指食物中毒等食源性疾病和食品污染等源于食品，对人体健康有危害或者可能有危害的突发事件，以及食品安全舆情事件。食品安全突发事件的调查处理常常需要毒理学相关的方法和技术手段。如我国的《食品安全突发事件应急预案》中的“应急检验检测”项规定，应由专业技术机构对引发食品安全突发事件的相关检品及时进行应急检验检测，专家组对检测数据进行综合分析，提交科学的检验检测报告，为制定事件调查和应急处置方案等提供技术支撑；在“事件调查”中规定，应按照依法依规、实事求是、尊重科学的原则，及时开展事件调查工作，事件调查应当准确查清事件性质和原因，分析评估事件风险和发展趋势，认定事件责任，研究提出防范措施和整改意见建议，并提交调查报告。食品安全事件评估应使用食品安全风险监测、评估和预警等科学手段，提出检测方案和要求，组织实施相关检测，综合分析各方检测数据，查找事故原因和评估事故发展趋势，预测事故后果，为制定现场抢救方案和采取控制措施提供参考。在以上过程中，应急检验检测常涉及毒理学快速检验和动物实验，而“准确查清事件性质和原因，分析评估事件风险和发展趋势，提出防范措施和整改意见建议”也需要依据相关毒理学分析，尤其

是风险评估方法所得的结果。同样，在重大食品安全舆情事件的处置过程中，毒理学监测数据的支撑和食品安全风险评估的结论常常也可起到十分重要的作用。

四、食品安全标准制定/修订

制定和严格执行食品安全标准是保障食品安全和公众健康的重要措施之一。我国《食品安全法》规定，“食品安全风险评估结果是制定、修订食品安全标准和实施食品安全监督管理的科学依据”，“食品安全标准是强制执行的标准”，“制定食品安全标准，应当以保障公众身体健康为宗旨，做到科学合理、安全可靠”，“制定食品安全国家标准，应当依据食品安全风险评估结果并充分考虑食用农产品安全风险评估结果，参照相关的国际标准和国际食品安全风险评估结果”。以法律形式明确了食品安全风险评估是制定食品安全标准的基础和前提条件，而食品安全风险评估则是基于毒理学研究（即危害识别和危害特征描述）和食物暴露评估两方面的综合分析结果。

五、食品生产和加工过程的食品安全质量控制

在整个食品生产和加工过程中，可能发生各种各样的污染，从而影响食品质量与安全。从毒理学角度来看，从食品原料或初级农产品开始就可能受到各种有毒有害物质的污染，如种植业使用的化肥和农药，养殖业使用的兽药，以及由于环境污染而造成的食品污染等。尤其是滥用农药、抗生素、生长激素和催熟剂等，可造成严重的食品（原料）污染。在食品生产加工、储存运输和销售等过程中，滥用食品添加剂或非法添加非食用物质，使用不合格的或非食品用的包装材料，以及接触食品的各种机械设备、容器和表面等，都可能对食品造成污染。又如，食品烹饪和高温加工过程中可产生多环芳烃、杂环胺、丙烯酰胺等致癌物，食品储藏不当或放置时间较长等也可产生组胺、亚硝酸盐、N-亚硝基化合物等。对这些有毒有害污染物的控制，应基于其蓄积性和生物富集性的强弱和毒性大小，尤其是“三致”（致癌、致畸、致突变）活性的大小，以及在食品生产和加工过程中的消减和变化规律（是否容易分解，或生成毒性更大的衍生物等）等，采取不同类型的针对性控制措施。因此，食品毒理学的基础资料和数据，也是食品生产和加工过程的食品安全质量控制的重要参考依据。应用食品毒理学的理论和方法，可更好地掌握食品生产和加工过程中各类污染的发生发展和变化规律，是对其进行有效控制、保证食品安全的基础。

六、食品新原料、食品添加剂、食品包装材料、保健食品、转基因食品安全性评价

按《食品安全法》和其他相关法律法规的要求，并从保障消费者健康的目的出发，对食品新原料、食品添加剂、食品包装材料、保健食品、转基因食品等“特殊食品和食品相关产品”在批准使用前，必须进行严格的安全性毒理学评价。我国《食品安全国家标准 食品安全性毒理学评价程序和方法》（GB15193.1～27）、《保健食品检验与评价技术规范》等对相关食品/产品的毒理学检验方法与评价程序作出了明确的规定。因此，此类食品/产品

的毒理学安全性评价也是食品毒理学的主要工作内容之一，对于保证其食用/使用安全性有重要作用。

以上仅列举了食品毒理学与食品安全之间关系的一些主要方面，实际上，食品毒理学与食品安全是密切相关的，不可能面面俱到地在此罗列。理化检验、微生物检验和毒理学检验是食品质量与安全性评价的“三大支柱”，而食品毒理学检验与相关研究、安全性评价和风险评估是保障食品安全和有效进行风险管理的基础。食品毒理学既是一门重要的基础学科，又是一门应用性很强的学科，其不仅是学习其他相关课程的基础，而且对将来从事的食品安全相关工作也大有裨益。随着社会和科学的进步、公众对健康和食品安全的关注以及相关法律法规体系不断完善，食品毒理学得到了长足的发展。作为食品毒理学和食品安全相关领域的学生和研究者，应了解和掌握该学科的基本理论知识、研究方法与发展趋势，才能加入并促进食品毒理学事业的发展，做好食品安全技术支撑，更好地为保障人民健康和促进经济发展服务。

第三节 食品毒理学的历史、现状与发展趋势

食品毒理学是毒理学的一个重要分支，食品毒理学学科的发展也是伴随着毒理学的发展而逐渐成熟和发展壮大。

一、食品毒理学的历史与现状

食品毒理学起源于我们的祖先为了获得丰富的食物而去尝试多种物质的远古时期，他们通过观察和尝试哪些动植物既能充饥又不会产生疾病甚至引起死亡，逐渐形成了人类赖以生存繁衍的食物体系和饮食习惯。食品毒理学的一些基本概念和实验方法技术可以追溯到很久远的历史。在古代中国，很早就形成了一些有关饮食卫生和食物安全的禁忌，如孔子就曾对他的学生讲授过著名的“五不食”原则：“鱼馁而肉败，不食；色恶，不食；臭恶，不食；失饪，不食；不时，不食”，并逐渐发展了一些鉴别食物“是否有毒”的原始和粗糙的方法。在其他古代文明和西方文明的发展历史中，也逐渐发展了一些食物毒性评价的方法，形成了食品毒理学的萌芽。

现代食品毒理学的发展，始于第二次世界大战以后。20 世纪 50～60 年代，由于有机氯农药的大量使用，对环境和食品的污染逐渐受到重视，促进了食品毒理学的形成和发展。由于环境污染和食品污染所致的公害事件不断发生（如日本水俣病事件、“痛痛病”事件和米糠油事件等），以及环境和食品农药残留问题、食品添加剂的滥用和安全性问题等日趋恶化，食品毒理学研究和安全性评价越来越受到重视，其学科发展和相关研究也日益得到加强。

20 世纪 60 年代，世界卫生组织（WHO）和联合国粮农组织（FAO）联合成立了国际食品法典委员会（CAC），并组建了食品添加剂和污染物联合专家委员会（JECFA）和农药残留专家联席会（JMPR），负责对食品中的添加剂、污染物和农药进行风险评估并制定《食品法典标准》，供各国参考并用以协调国际贸易中出现的食品安全性争端。进入 21 世纪以来，一方面由于各国的食品污染和食品安全事故仍不断发生，引起了公众和媒体、政府、学术界的广泛关注和高度重视；另一方面，随着科学技术、医学和毒理学相关学科的

飞速发展，食品毒理学也有了更大、更快的发展，食品毒理学研究与相关评价技术越来越受到重视，食品毒理学安全性评价与风险评估的“地位”日益上升。

我国的现代食品毒理学研究始于新中国成立后，20 世纪 50～60 年代，开展了农药残留的毒性及其标准，以及木薯和白酒中甲醇毒性等研究。1975 年，由原上海第一医学院与中国医学科学院卫生研究所联合在上海举办了为期半年的首届全国食品毒理培训班，详细介绍了一般毒理学和食品毒理学的基础理论，以及急性毒性试验、遗传毒性和“三致”试验、30 天/90 天喂养试验等常用的食品毒理学研究方法，包括实验动物管理、试验操作和指标观察、结果统计分析和判定、报告编制等的具体操作或实验示教。20 世纪六、七十年代我国先后在各省、市、自治区卫生防疫部门和重点高等院校培养了一大批食品毒理学工作者，在较短时间内形成了一支食品毒理学研究队伍，为我国食品毒理学学科在改革开放后的发展奠定了良好的基础。之后，全国各地的食品毒理学研究和评价工作蓬勃开展，完成了大量的工作。20 世纪 80 年代开展了辐照保藏食品的安全性和卫生标准研究，全国组成大规模的协作组，在大量的动物试验和人体试食试验的基础上，制定了辐照食品管理办法以及 6 大类（谷类、水果类、蔬菜类、干果类、禽肉类和调味品）和 15 种食物的辐照卫生标准。

20 世纪 80～90 年代，在我国食品安全性毒理学评价工作已大量开展的基础上，由卫生部食品卫生监督检验所和中国预防医学科学院营养与食品卫生研究所牵头，组织相关高等院校、防疫站等组成全国性的协作组，展开了食品安全性毒理学评价程序和方法标准的研制工作。1983 年提出《食品安全性毒理学程序》（试行草案），1994 年 8 月 10 日卫生部正式发布并实施《食品安全性毒理学评价程序和方法》（GB15193.1～19），对食品毒理学评价的目的与原则、不同物质的试验选择要求、具体试验方法和结果判定、实验室操作规范等作出了规定。GB15193 的颁布和实施，在规范和促进我国食品安全性毒理学评价工作方面起到了重要的作用。保健食品、新资源食品、食品添加剂和农药残留等安全性评价工作大量开展。

进入 21 世纪以来，国家对食品安全的重视程度进一步提高，科技部“十五”和“十一五”科技支撑计划和“863”计划等先后资助了多项食品毒理学相关研究课题，进一步促进了我国食品毒理学研究和安全性评价工作的开展。2003 年 9 月 24 日卫生部和国标委联合发布，2004 年 5 月 1 日起实施 2003 版的《食品安全性毒理学评价程序和方法》（GB15193.1～21）。近几年，由国家食品安全风险评估中心牵头，又对 GB15193 再次进行了修订，26 个标准已先后于 2014/2015 年发布实施。

二、食品毒理学的发展趋势

随着现代毒理学的发展和分子生物学的基础技术的不断创新，以及新物质和材料的涌现，食品毒理学也呈现了一些新的发展需求。由于分析检测技术、分子生物学技术、动物替代方法和体外实验技术等发展迅速，进一步促进了食品毒理学的发展及其与其他学科的交叉融合，促进了一些新的分支学科、理论体系和评估技术与方法的形成与发展，如营养毒理学、辐照食品毒理学、转基因食品毒理学、食品微生物危害的毒理学评价和风险评估技术、风险/收益评估技术以及根据不同残留/迁移水平确定毒理学评价实验的原则与方法等。

（一）“新物质/新食品”的安全性评价

随着工农业生产的发展，大量新物质和新材料不断出现，对环境和食品造成新的污染的可能性也不断增加。且随着社会发展和食品科学的不断进步，特别是食品生物技术等新工艺的出现，许多之前被认为不可食用或无食用习惯的物质如今也出现在了餐桌上，越来越多的“新型食品”闯入了人们的日常生活中。农作物种植、禽畜和水产养殖、食品生产加工储藏等过程中使用的各种新工艺和添加剂，以及食品新资源/新食品原料的开发利用、保健（功能）食品和营养强化食品、转基因食品、纳米食品等食品的兴起，也给食品安全和食品毒理学带来了新的问题和挑战。同时随着检测分析技术和相关理论知识的发展，以及人们认识水平和对健康关注度的提高，原来曾认为是安全或比较安全的物质也会出现新的毒性问题，也应引起足够的关注。

（二）替代毒理学的发展

由于动物保护和“3R”（即减少、替代和优化实验动物的使用）概念的不断强化，利用微生物、植物、昆虫、蠕虫进行的一些特殊毒性试验以及使用哺乳动物细胞或组织、人体细胞或组织体外培养的方法得到了很大的发展，并越来越多地用于食品毒理学研究中。利用离体的动物和人的细胞、组织培养等新的技术已成为有价值的食品毒理学研究手段，它不仅是动物权益保护的需要，也是科学进步、社会经济发展的需要。目前发展的较为成熟的实验主要是化妆品的皮肤刺激实验等，正在研究的可用于食品毒理学研究的动物替代方法如：替代急性毒性实验的细胞培养和靶组织实验、替代致癌实验的 SHE 细胞转移实验和其他体外短期致突变试验、内分泌干扰实验（受体结合、芳烃酶和类固醇生成、报告基因和转录活化实验）、计算机模拟和毒代动力学实验、利用基因表达变化探究内分泌干扰活性的替代方法和区分食物过敏的标志物等替代方法。

（三）数据分析技术的应用

目前，基于先进信息工具的数据分析技术和模块研发在食品毒理学中的应用已取得重要进展。对于在食品中新出现或新发现、但其毒性尚未阐明的有毒有害物质，构效关系分析如定量结构活性关系（quantitative structure-activity relationship，QSAR）分析技术等硅片生物技术已经成为预测新化学物健康效应的重要工具。以生物学为基础的剂量-反应关系（biologically-based dose-response，BBDR）模型可定量描述有阈值致癌物和无阈值致癌物外剂量和毒作用终点的关系，是评估人群在低剂量暴露情况下的剂量-反应关系的有效方法和重要工具。基于剂量-反应关系统计分析的基准剂量（benchmark dose，BMD）方法、基于蒙特卡罗模拟的概率分析等技术已成为毒理学安全性评估和健康效应风险评估的另一发展趋势。

（四）组学技术的应用

近十几年来，以基因组学、蛋白组学、代谢组学等为代表的高通量、高灵敏度的快速检测和研究方法也得到越来越多的应用，极大地促进了食品毒理学的发展。组学技术与传统毒理学研究方法相比，具有更高的敏感性、全面性和特异性，且有助于探讨化学物的毒作用机制。例如，毒理基因组学不仅可对多个样品同时进行检测，且可同时展现成千上万基因的整体表达模式及基因间的网络调控模式，其高通量和并行性的优势是传统毒理学研究方法无法比拟的。组学技术在食品毒理学中的应用如：直接检测食品中有害因素低剂量作用下引起的基因改变从而评估其剂量-反应关系；毒理基因组学通过动物与人类特定组织毒性相关基因矩阵表达谱的比较，有助于动物毒性实验结果的外推；比较不同化学物暴露后基因表达谱的异同，从而可探讨其毒作用模式的异同；基因组学和代谢组学技术可预测毒性作用并确定靶器官和生物标志物；代谢组学技术有助于更全面系统地阐明外来物在体内的代谢模式（即ADME模式）和代谢产物等。将利用组学技术进行的微观研究（细胞、分子水平）与利用整体动物和人群进行的宏观研究（整体、种群）结合起来，有助于更准确地综合评价受试物的毒性和健康效应，是食品毒理学安全性评价与风险评估的重要发展趋势。

（五）食品污染物联合毒效应的评估

由于环境/食品中大量化学物和其他有害因素的存在，人们通过食品接触两种或两种以上的化学物（即混合暴露）或其他因素带来的多种相互作用模式和潜在危险性与日俱增。作用机制相同或靶器官相同的化学污染物在各自无毒作用水平下有可能通过相互作用而对机体产生联合毒性作用，如多种内分泌干扰物、致癌物和促癌物的同时暴露等。因此，在食品污染物的风险评估中，发展联合作用和毒效应的评估技术也是食品毒理学发展的重点。

（张立实　李　宁）

小　结

本章主要介绍了食品毒理学的基础概念、主要研究内容及研究方法、食品毒理学与食品安全的关系和应用领域、食品毒理学学科的历史、现状和发展趋势。

食品毒理学是应用毒理学的基本原则与方法，研究食品中可能含有（包括天然存在、污染和食品加工烹调过程中产生）的有毒有害物质对人体健康的不良影响及其作用机制的学科。食品毒理学的主要研究内容包括：食品中有毒有害物质的检测；食品中有毒有害物质（包括化学物、放射性核素和生物毒素等）对人体的毒性及其作用机制研究、不良健康效应的生物标志物研究与健康风险评估；食品新资源/新原料、转基因食品、强化食品、保健（功能）食品、食品包装材料和食品加工新技术、新工艺、新方法的安全性评价；营养素过量和植物化学物的毒性评价与风险评估；在毒理学研究的基础上提出预防和控制食品中有毒有害化学物和放射性核素对人体危害的措施，包括制定有关限量标准和防控措施等。食品毒理学的主要研究方法包括化学物构效关系研究、体外试验（in vitro test）、动物（体内）毒性试验（in vivo test）和人群调查研究，其中以动物毒性试验最为重要。食品毒理学的发展趋势包括“新物质/新食品”的安全性评价、替代毒理学的发展、数据分析技术的应用、 组学技术的应用、食品污染物联合毒效应的评估等。

思 考 题

1. 简述食品毒理学的概念及主要研究内容。
2. 简述食品毒理学的发展趋势。

参 考 文 献

国家卫生和计划生育委员会. 2014. GB 15193.1—2014 食品安全国家标准—食品安全性毒理学评价程序.
李寿祺. 2003. 毒理学原理与方法. 第 2 版. 四川：四川大学出版社.
孙长颢. 2012. 营养与食品卫生学. 第 7 版. 北京：人民卫生出版社.
王心如. 2007. 毒理学基础. 第 6 版. 北京：人民卫生出版社.
Tõnu Püssa. 2014. Principles of food toxicology. 12nd ed. Boca Raton：CRC press.
William Helferich，Carl K. Winter. 2001. Food toxicology. Boca Raton：CRC press.

第二章　食品中外源化学物的生物转运与生物转化

学习要求

掌握：生物转运和生物转化的基本概念。

熟悉：外源化学物在体内的吸收、分布、排泄、蓄积，生物转化的类型及其影响因素。

了解：Ⅰ相反应、Ⅱ相反应及其相关酶。

剂量-反应关系是毒理学的重要概念之一。食品中外源化学物的剂量越高，所致机体发生的量反应的强度越大，或出现的质反应的发生率越高。剂量包括外剂量、内剂量和靶剂量，后者系指食品中外源化学物到达靶器官的剂量，其对导致损害作用的性质与强度起着决定性作用。同样重要的还有食品中外源化学物在靶器官内的存留时间，存留时间越长，产生毒效应的可能性越大。相同暴露剂量的不同化学物到达某一或某些靶器官的数量可能相差悬殊，存留时间亦可有很大差别，其根本原因在于机体对于它们的处置（disposition）过程不同。

机体对于外源化学物的处置包括吸收（absorption）、分布（distribution）、代谢（metabolism）和排泄（excretion）四个过程（又称 ADME 过程），每个过程都会受到多种因素的影响，进而改变食品中外源化学物在靶器官存在的数量、时间和继发反应。外源化学物通过与机体接触进入循环系统的过程称为吸收；由循环系统分散到全身组织细胞的过程称为分布；在组织细胞内经或不经酶类催化发生化学结构与性质变化的过程称为代谢，在代谢过程中形成新的衍生物以及分解产物即代谢产物；最后外源化学物及其代谢产物通过排泄离开机体。在这四个过程中，吸收、分布和排泄具有共性，即都是外源化学物穿越生物膜的过程，其本身的结构和性质不发生变化，故统称为生物转运（bio-transportation）。代谢则不同，是外源化学物在细胞内经历酶促反应或非酶促反应而形成代谢产物的过程，故称之为生物转化（biotransformation）或代谢转化（metabolic transformation）（图 2-1）。由于外源化学物转化为新的衍生物与其被排泄到体外的结果都是使其原形在体内的数量减少，故代谢过程与排泄过程又合称为消除（elimination）。这一概念在毒物动力学研究中使用的更为普遍。

ADME 各过程之间存在密切的关联，彼此互相影响，通常可以同时发生。研究外源化学物的 ADME 过程是毒理学的重要内容，有助于阐明其单独作用或联合作用所致毒效应的机制以及物种差异存在的原因，以便采取有针对性的干预措施和手段，防止中毒的发生。在机体对外源化学物的处置过程中，外源化学物在体内的浓度随时间变化的规律，可用数学方程或动力学参数来描述。毒物动力学（toxicokinetics）的研究对象是机体对化学毒物的作用（ADME 过程）和靶器官中化学毒物和/或其活性代谢物的量。

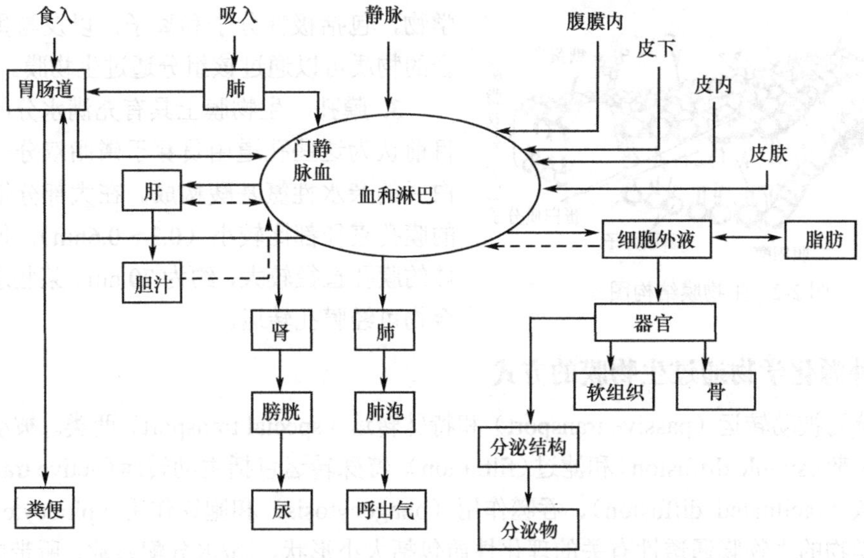

图 2-1　机体对外源化学物进行生物转运和生物转化的途径

第一节　食品中外源化学物在体内的生物转运

一、生物膜与生物转运

外源化学物在体内的转运过程需要穿越多个生物膜屏障。生物膜（biomembrane）是将细胞及细胞器与周围环境分隔开来的半透膜，包括细胞膜（也称质膜）和细胞内的各种细胞器膜，如核膜、内质网膜、线粒体膜、溶酶体膜等的总称。生物膜不仅维持着细胞内环境的稳定，还参与细胞内外物质的交换以及生化反应和生理过程。生物膜对化学毒物有选择通透性，许多外源化学物可以作用于生物膜，通过破坏其结构和（或）影响其功能而发挥毒性作用。膜毒理学即是研究外源化学物对于生物膜的损害作用及其作用机制的学科。

（一）生物膜的结构特点

一般将生物膜结构描述为流动镶嵌模型。所有的生物膜都十分相似，主要由脂质和蛋白质组成，厚度为 7～9nm。生物膜上与外源化学物转运密切相关的成分和结构包括磷脂双分子层、镶嵌蛋白和膜孔。

1. 磷脂双分子层　磷脂是两性分子，其主要成分是磷脂酰胆碱和磷脂酰乙醇胺。每个磷脂分子都有一个亲水的“头”部和两条亲脂的“尾”部。从形态上看，磷脂双分子层好像一块“三明治”：位于膜表面的“头”部形成“三明治”的外层，为生物膜的水相，而彼此相对的“尾”部构成“三明治”的内层，为生物膜的脂相，见图 2-2。由于“尾”部的脂肪酸在生理温度下处于半流质状态，因此生物膜具有流动性。“尾”部的脂肪酸中不饱和成分的含量越高、不饱和的程度越大，生物膜的流动性就越大。磷脂双分子层对于水溶性物质具有屏障作用，但对于多数脂溶性物质无此作用，易于透过。

2. 镶嵌蛋白　镶嵌蛋白指的是插入或贯穿于磷脂双分子层中的蛋白质。在这些蛋白质中，一部分为载体或组成特殊通道，其余的为受体、酶和结构蛋白等。某些食品中外源化

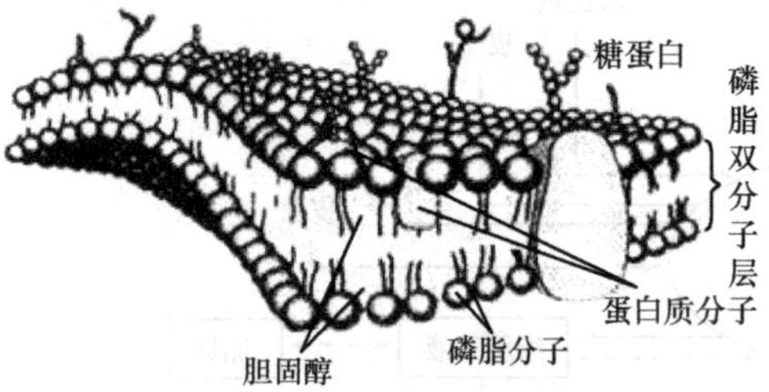

图 2-2 生物膜结构图

学物，包括极性分子和离子，以及与蛋白质结合的物质可以通过该组分通过生物膜。

3. 膜孔 生物膜上具有充满水分的孔道。目前认为这些孔道由贯穿于磷脂双分子层的蛋白质的亲水性氨基酸构成。在大部分细胞膜上的膜孔直径都比较小（0.3～0.6nm），但在肾小球的膜孔直径较大，约为 70 nm。某些水溶性化合物可经膜孔转运。

（二）外源化学物通过生物膜的方式

可分为被动转运（passive transport）和特殊转运（special transport）两类。被动转运包括简单扩散（simple diffusion）和滤过（filtration），特殊转运包括主动转运（active transport）、易化扩散（facilitated diffusion）、吞噬作用（phagocytosis）和胞饮作用（pinocytosis）。与外源化学物的生物膜通透性有关的理化性质包括大小形状、脂/水分配系数、所带电荷（极性）、与内源性分子的相似性等。

1. 被动转运 为外源化学物顺浓度差通过生物膜的过程。

（1）简单扩散：又称脂溶扩散，是大多数外源化学物通过生物膜的方式。该转运方式不消耗能量，不需要载体，不受饱和限速与竞争性抑制的影响。简单扩散的速率可用 Fick 定律表示：

$$R = K \times A\ (c1-c2)\ /d$$

式中，R 为扩散速率，K 为特定外源化学物的扩散常数，A 为生物膜的面积，（$c1-c2$）为生物膜两侧的浓度梯度，d 为生物膜的厚度。以上各项中，生物膜两侧的浓度梯度对于扩散速率的影响最为重要。

经简单扩散转运的外源化学物必须具有脂溶性。脂溶性的高低可用脂/水分配系数（lipid/water partition coefficient）表示，即当一种物质在脂相和水相之间的分配达到平衡时，其在脂相和水相中溶解度的比值。一般情况，食品中外源化学物的脂/水分配系数越大，越易溶解于脂肪，经简单扩散转运的速率也就越快。但由于扩散时不仅需要通过生物膜的脂相，还要通过水相，故脂/水分配系数极高、仅能全部溶解于脂肪的物质也难以通过简单扩散跨膜转运。

食品中外源化学物的解离状态对于简单扩散也可产生重要影响。处于解离态的物质极性大，脂溶性差，不易通过生物膜的脂相进行扩散；而处于非解离态的物质极性弱，脂溶性好，容易跨膜扩散。弱有机酸和弱有机碱类物质在体液中处于解离态和非解离态的比例取决于其本身的解离常数 pK_a（该物质 50%解离时的 pH）和体液的 pH。在 pK_a 和 pH 为已知的情况下，可以根据 Henderson-Hasselbalch 公式计算这些物质处于解离态和非解离态的比例：

$$\text{有机酸：} pK_a - pH = \log（\text{非解离态 HA}）/（\text{解离态 } A^-）$$

$$\text{有机碱：} pK_a - pH = \log（\text{解离态 } BH^+）/（\text{非解离态 B}）$$

由公式可知，弱有机酸在酸性环境中、弱有机碱在碱性环境中多处于非解离态，易于通过生物膜转运。

（2）滤过：是外源化学物通过生物膜上亲水性孔道的过程。借助于流体静压和（或）

渗透压梯度，大量的水可以经膜孔流过，溶解于水的分子直径小于膜孔的物质随之被转运。肾小球的膜孔较大，可允许分子量小于白蛋白（约为 60kDa）的物质通过，其他细胞膜上的膜孔则只允许分子量为数百 Da 以下的物质通过。

2. 特殊转运　为外源化学物借助于载体或特殊转运系统而发生的跨膜运动。

（1）主动转运：外源化学物在载体的参与下，逆浓度梯度通过生物膜的过程。主动转运具有以下特点：①转运系统对于外源化学物的结构具有特异选择性，只有具备某种结构特征的物质才能被转运；②载体具有一定的容量，在底物达到一定浓度后，转运系统可被饱和，即存在转运极限；③使用同一转运系统转运的外源化学物之间可发生竞争性抑制；④需要消耗能量，代谢抑制剂可以阻断转运过程。主动转运对于外源化学物的吸收、分布以及排泄均具有重要意义。

参与外源化学物及其代谢产物主动转运的系统可分为两类，一类为 ATP-结合盒转运蛋白[ATP-binding cassette（ABC）transporters]超家族，另一类是以溶质载体（solute carriers，SLC）为主的转运蛋白家族。

ABC 转运蛋白超家族的成员包括：①多药耐受蛋白（multidrug resistance，Mdr）或 P-糖蛋白（phosphoglycoprotein，P-gp），其基因发现于具有化疗药物抗性的肿瘤细胞中，可将化疗药物从肿瘤细胞中排出，导致肿瘤的耐药；也可将外源化学物转运出小肠细胞、脑上皮细胞、肝细胞、肾细胞等，使这些细胞免受损害；②多耐受药物蛋白（multiresistant drug protein，Mrp），可将外源化学物的代谢产物移出细胞，葡萄糖醛酸和谷胱甘肽结合物是其最适宜的底物；③乳腺癌耐受蛋白（breast cancer resistance protein，Bcrp）来自于乳腺癌细胞株，可将外源化学物代谢后的硫酸结合物排出细胞。

SLC 蛋白家族的成员有：①有机阴离子转运多肽（organic-anion transporting peptides，Oatp），是位于细胞膜上的双向转运蛋白，可转运各种酸、碱和中性化合物，在肝脏摄取外源化学物的过程中尤为重要；②有机阴离子转运蛋白（organic-anion transporter，Oat），是肾脏摄取阴离子的转运体；③肽类转运蛋白（peptide transporters，Pept），可转运二肽、三肽及某些外源化学物和药物。

（2）易化扩散：与主动转运一样，是载体介导的转运方式，又称载体扩散。但化学物质为顺浓度梯度转运，因此不需要消耗能量。由于有载体的参与，易化扩散也存在对底物的特异选择性、饱和性和竞争性抑制。一些水溶性分子（如葡萄糖）在体内的转运，由肠道进入血液、由血浆进入红细胞和由血液进入中枢神经系统都是通过这一转运方式。

（3）其他转运方式：吞噬作用和胞饮作用是通过细胞膜的流动将某些固体颗粒、液态微滴或大分子物质包绕并吞入细胞的过程，对于巨噬细胞和肝、脾单核-吞噬细胞系统移除肺泡和血液中的颗粒物具有重要意义。

二、吸　　收

吸收是食品中外源化学物从机体的接触部位透过生物膜进入血液的过程。

在食品毒理学研究中，胃肠道接触吸收是最重要的途径。药物治疗或化学物染毒时，其他接触途径还包括腹腔注射、静脉注射、皮下注射和肌内注射等，吸收均为外源化学物从机体的接触部位透过生物膜进入血液的过程，吸收的主要部位是胃肠道、呼吸道和皮肤。外源化学物在从吸收部位转运到体循环的过程中已开始被消除，即胃肠道黏膜、肝和肺的首过效应（first -pass effect）。例如，乙醇可以被胃黏膜的醇脱氢酶氧化，吗啡在小肠黏膜和肝内与葡萄糖醛酸结合。首过效应可以减少经体循环到达靶器官组织的外源化学物的数量，或改变外源化学物的毒效应强度和性质，外源化学物在吸收部位引起的消化道黏膜、肝和肺的损伤也与首过效应有关。

（一）经胃肠道吸收

胃肠道是食品中外源化学物的主要吸收途径。凡是由大气、水和土壤进入食物链的食品中外源化学物均可经胃肠道吸收，口服或误服的药物、毒物等也经该途径吸收。

食品中外源化学物在胃肠道吸收的主要方式是简单扩散。部分物质可以通过吸收营养素或内源性化合物的专用主动转运系统进入血液。少数物质经滤过、吞噬作用和胞饮作用被吸收。

整个胃肠道均有吸收食品中外源化学物的能力，即使口腔和直肠也能直接吸收某些物质。但由于其在口腔的停留时间短暂，而直肠的表面积较小，故吸收量相对较少。食品中外源化学物在消化道吸收的主要部位是小肠，其次是胃。对于弱有机酸和弱有机碱，只有大多数以非解离态存在时才易于吸收。因此，它们吸收的速率与程度取决于自身的 pK_a 和胃肠道内的 pH。

消化道从口腔到至胃、再到肠各段消化道的 pH 相差很大，弱有机酸和弱有机碱在不同 pH 溶液中的解离度是不同的，故在胃肠道不同部位的吸收有很大差别。胃液为酸性，pH 约为 2 左右，弱酸性物质（如苯甲酸）主要呈非解离状态，脂溶性高，故易于在胃内和十二指肠吸收；而弱碱性物质大部分呈解离状态，脂溶性低，故难以在胃内吸收。小肠内的情况则明显不同，pH 达到 6 以上，弱碱性物质（如苯胺）主要以非解离态存在，易于吸收，而弱酸性物质的情况正好与之相反。但由于小肠的表面积很大（绒毛和微绒毛可使其表面积增加约 600 倍），血流又可不断地将吸收的弱酸性物质由小肠固有层移除，从而保持一定的浓度梯度，因此，弱有机酸也可在小肠吸收相当数量。

除了简单扩散，主动转运也是胃肠道吸收外源化学物的方式之一。由于某些食品中外源化学物的结构或性质与机体所需营养素或某些内源性化合物相似，故可以借助于后者的转运系统进入血液。如 5-氟尿嘧啶可利用嘧啶的转运系统吸收；铊、钴、锰可利用铁的转运系统吸收；铅可利用钙的转运系统吸收。另外，偶氮染料颗粒和聚苯乙烯乳胶颗粒可通过吞噬和胞饮作用吸收。

消化道内容物的数量和性质、胃肠的蠕动和排空速度以及肠道菌丛等均可对食品中外源化学物的吸收产生影响。某些外源化学物受胃肠道中的消化酶或菌群作用后，可形成新的化学毒物而影响其吸收或改变其毒性。如婴儿饮用含有高浓度硝酸盐的井水易引起高铁血红蛋白血症，这是因为婴儿胃肠道的 pH 较高且存在某些细菌，可使硝酸盐还原成亚硝酸盐，使血中变性血红蛋白增高。

经胃肠道吸收的外源化学物，可直接在胃肠道细胞内代谢，或通过门静脉系统到达肝脏进行生物转化，或不经生物转化直接排入胆汁。此类外源化学物进入体循环之前即被消除的现象称为体循环前消除（presystemic elimination）或首过消除（first pass elimination），可使经体循环到达靶器官的外源化学物原形数量减少，明显影响其所致毒效应的强度与性质。但某些具腐蚀性或刺激性强的外源化学物可直接损伤胃肠道黏膜而被吸收入血。

（二）经呼吸道吸收

经呼吸道吸收不是食品中外源化学物吸收的主要途径，但是吸附、残留的外源性化学物，在外界环境发生变化时，在空气中以气态（气体、蒸汽）和气溶胶（烟、雾、粉尘）的形式存在，经呼吸道吸收则是它们吸收的主要途径。由于肺泡数量众多、表面积大、肺泡气与血液之间的间隔距离短、肺内毛细血管网密集、血液灌注量大等解剖生理特点，外源化学物经肺吸收十分迅速，仅次于静脉注射。

气态物质和气溶胶经呼吸道吸收的情况不完全相同，分别予以论述。

气体和蒸汽在呼吸道吸收与作用的部位主要取决于它们的脂溶性和浓度。鼻咽腔和上呼吸道气管、支气管黏膜层内的黏液腺含量比较丰富，分泌水性黏液湿润黏膜表面。盐酸、氨等水溶性刺激气体如果浓度不高，可被这些部位的黏膜层吸收而引起局部充血和不适；但如果浓度过大，则有可能深入下呼吸道乃至肺泡而造成化学性灼伤、局灶性或广泛性肺水肿。脂溶性较好的气态物质如二氧化氮、二氧化硫、三氯甲烷等不易引起上呼吸道的刺激症状，也不易被吸收。但它们可以轻易地进入呼吸道深处，由肺泡吸收入血，吸收的方式为简单扩散。吸收速率的快慢受多种因素影响，最主要的是外源化学物在肺泡气中与肺毛细血管血液中的浓度差（或分压差）。该浓度（分压）差越大，吸收的速率越快。吸收开始时，气态物质在肺泡气中的浓度较高，不断溶于血液并被移走；随着吸收过程的进行，溶于血液的分子越来越多，直至达到动态平衡（气态物质由肺泡气进入血液的速度与由血液返回肺泡气的速度相等），分压差为零，吸收不再进行。此时气态物质在血液中的浓度（mg/L）与在肺泡气中的浓度（mg/L）之比称为血/气分配系数（blood-to-gas partition coefficient）。对于一种特定的气态物质来说，这是一个常数。如乙烯的血/气分配系数为0.14，二硫化碳为5，苯为6.85，三氯甲烷为20，乙醇为1300，甲醇为1700。血/气分配系数越大的物质在血液中的溶解度越高，越容易被吸收，达到平衡所需的时间也越长；而血/气分配系数小的物质情况正好与此相反。

肺通气量和经肺血流量对于维持气态物质在肺泡气和血液间的分压差具有重要意义。血/气分配系数大的物质，呼吸的频率和深度（通气限制）影响其到达肺泡气中的浓度，故肺通气量越大越有利于它们的吸收。血/气分配系数小的物质，经肺血流量（灌注限制）决定其吸收后被移走的速度，该流量越大则越有利于它们的吸收。

气溶胶中雾的吸收与气态物质相似，主要受其脂溶性、吸入浓度和停留时间的影响。烟和粉尘的颗粒直径大小与其到达呼吸道的部位关系密切。直径为5μm或更大的颗粒物，通常因惯性冲击而沉积于鼻咽部。沉积于无纤毛的鼻前庭处的颗粒物，经擦拭或打喷嚏而被清除；沉积于有纤毛的鼻表面黏液层的不溶性颗粒物，通过纤毛运动在数分钟内被咽下；可溶性颗粒物则溶解于黏液中，并被转移至咽部或经鼻上皮细胞吸收入血。直径2.5 μm左右的细颗粒物主要依靠重力沉降于气管、支气管区域，并通过呼吸道纤毛推动的黏液层逆向运动移至口腔，最终被咳出或吞咽入胃肠道吸收，咳嗽或打喷嚏可以明显缩短此过程的时间。直径在1μm及以下的颗粒物可以到达肺泡并被吸收入血，也可经抽吸和（或）肺泡巨噬细胞吞噬而移行至细支气管末端，通过黏液-纤毛系统清除，还可使其进入淋巴系统，并在其中长期存留。直径等于或小于0.1 μm（100 nm）的颗粒称为超细颗粒或纳米颗粒，其中粒径在10～20nm者最有可能在肺泡内沉积并被吸收入血，或由巨噬细胞吞噬后，经淋巴系统清除。

（三）经皮肤吸收

在食品加工、生产、储存、运输等过程中，食品吸附、残留的外源化学物，可通过皮肤直接接触被人体吸收。

皮肤是将机体与环境有害因素分隔开来的主要屏障。皮肤主要由表皮层和真皮层构成。其中位于表皮最上层的角质层含有紧密堆积的死亡角化细胞，是外源化学物经皮吸收的限速屏障。食品中外源化学物主要通过表皮吸收，吸收时必须穿透多层细胞才能进入真皮层的小血管和毛细淋巴管。皮肤附属物（毛囊、汗腺和皮脂腺）可使少量外源化学物以较快的速度吸收，但由于它们的总截面积还不到皮肤总面积的 1%，故在吸收中居于次要地位。

外源化学物经皮吸收的过程可分为穿透阶段和吸收阶段。

穿透阶段是指外源化学物通过被动扩散透过角质层的过程。一般认为，非极性物质透过角质层的能力与脂溶性成正比，与分子量成反比，分子量大于 400Da 的物质难以透过。外源化学物在身体的不同区域透过角质层的难易程度不同：阴囊处最易通过，手臂、后背、腿部、腹部次之，手、脚掌最为困难。即角质层越厚，外源化学物越不易透过，但是没有完全不能透过的部位。水溶性物质难以透过角质层，主要经由毛囊、汗腺和皮脂腺进入表皮深层。

吸收阶段是指外源化学物通过表皮深层（颗粒层、棘层和生发层）和真皮层，并经毛细血管或毛细淋巴管进入体循环的过程。这些细胞层中含有非选择性的多孔水相扩散介质，其屏障作用远小于角质层。在这里，影响外源化学物吸收的因素包括血流量、间质液体的移动以及真皮成分之间的相互作用。

皮肤条件的改变可以明显影响外源化学物的吸收状况。损害角质层的酸、碱等可以使皮肤的通透性升高；潮湿的皮肤可使角质层结合水的数量增加 3～5 倍，透性增加 2～3 倍。另外，皮肤充血及局部炎症等都能加速外源化学物吸收。

（四）经其他途径吸收

在现代毒理学研究中，除了通过上述三种途径染毒外，可以采用静脉、腹腔、皮下、肌内注射等途径使外源化学物进入实验动物体内。静脉注射可使受试物直接入血，不存在吸收过程，表现为最迅速的毒效应。腹腔血液供应丰富、表面积大，故经腹腔注射的受试物吸收速度快，吸收后主要经门静脉进入肝脏，再进入体循环。皮下、肌内注射易受局部血液量和毒物剂型的影响，吸收速度相对较慢，但也可以直接进入体循环。

三、分　布

分布是指外源化学物吸收后，随血液或淋巴液分散到全身组织细胞的过程。外源化学物在体内的分布并不均匀，到达各组织器官的速度也不同。外源化学物分布的主要影响因素是组织器官的血流量，其次则取决于外源化学物与不同组织的亲和力。一般情况下，外源化学物被吸收的几分钟内，高血液灌注量的器官如心、肝、肾、肾上腺、甲状腺、肺、小肠等毒物的分布量最多，而低血液灌注量的脏器如皮肤、结缔组织、脂肪、静止状态的骨骼肌等分布量很少。但随着时间的推移，分布受到外源化学物经膜扩散速率及其与组织器官亲和力等因素的影响，往往发生再分布（redistribution）。如食物中外源化合物中常含有的铅经吸收后，最初主要分布于红细胞和肝、肾等软组织，但 1 个月后，体内的铅大约有 90%转移至骨骼并长期沉积于其中。

（一）外源化学物在组织器官中的贮存

外源化学物的吸收速度超过其代谢与排泄的速度，以相对较高的浓度富集于某些组织器官的现象称为蓄积（accumulation）。许多食品中的外源化学物可以发生蓄积，如铅在骨中贮存。食品中外源化学物的蓄积部位可能直接贮存于靶器官，如农作物中农药残留百草枯，就直接蓄积于肺，可引起肺组织充血、水肿、发炎、坏死及广泛的纤维化；但也有可能仅仅是蓄积点，如有机氯杀虫剂双对氯苯基三氯乙烷（dichlorodiphenyltrichloroethane，DDT）在脂肪中含量最高，但所致毒作用发生在神经系统等。

外源化学物蓄积的部位均可认为是外源化学物在组织器官中的贮存库（storage depot），贮存库中的外源化学物与其在血浆中的游离型保持动态平衡。随着血浆中游离化学物的消除，贮存库中的化学物会逐渐释放进入血液循环。如果蓄积部位为非靶器官，贮存库可使到达毒作用部位的外源化学物数量减少，毒效应强度降低，对于急性中毒具有保护作用；但由于血中游离型毒物与贮存库中的毒物之间存在动态平衡，当血中毒物因代谢、排泄过程而减少时，贮存库就成了反复释放外源化学物的源头，使其在机体作用的时间延长，并可能引起或加重毒性反应，故认为贮存库是慢性毒性作用发生的物质基础。在机体应激的情况下，贮存库中的外源化学物可大量释放入血，引起明显的毒作用。

1. 血浆蛋白作为贮存库　吸收入血的外源化学物可与各种血浆蛋白结合，但绝大多数是与白蛋白结合。白蛋白是血浆中含量最多的蛋白质，其血浆浓度可高达 500～600 μmol/L，可与血液中呈离子态的酸性、碱性及中性物质结合。其他可与外源化学物结合的血浆蛋白有：转铁蛋白（一种 β 球蛋白）能与铁结合，铜蓝蛋白可与铜结合，α-和 β-脂蛋白可与多种脂溶性物质结合，α_1-酸性糖蛋白可与食物中的碱性物质结合。结合后的外源化学物不能分布到血管外组织发挥生物学作用，在一定程度上可减缓急性毒效应的发生；但与此同时，又可使外源化学物消除的时间延长，增加其在体内的作用时间。

外源化学物与血浆蛋白的结合是暂时的、可逆的。结合型化学物与游离型化学物之间维持动态平衡，当后者分布到其他组织器官、或排除到体外时，血浆浓度降低，结合型毒物会与血浆蛋白分离成为游离型。此外，当 pH、离子强度和温度发生变化的时候，也会影响外源化学物与血浆蛋白的结合。

血浆蛋白的数量有限，当其结合能力被饱和时，如继续接触外源化学物，会使血浆中游离型化学物的浓度明显升高，毒效应增强。当两种外源化学物均可与血浆蛋白结合时，可发生竞争性的现象，使结合能力较弱者重新成为游离型而发挥其毒性。如食物中外源化学物 DDT 的代谢产物 DDE，可将已与白蛋白结合的胆红素重新置换出来，使其在血中的游离型增多，而出现黄疸。

2. 肝脏、肾脏作为贮存库　肝脏和肾脏对于外源化学物具有很强的结合能力，许多毒物的浓度高于其他组织器官，这可能与它们的代谢和排泄功能有关。肝细胞中有机阴离子转运多肽（organic-anion transporting peptides，Oatp）能与多种有机酸结合，其在有机阴离子从血浆向肝脏的转运中起重要作用。肝、肾中还有一种巯基含量很高的可诱导的金属硫蛋白（metallothionein，MT），能与镉、汞、锌、铅等金属结合。在肝内，MT 与镉的结合可使后者浓集并阻碍其经胆汁排泄。而在肾脏，镉-MT 结合物的毒性很强，可引起肾损伤。

3. 脂肪组织作为贮存库 环境中的许多有机毒物具有高脂溶性，易于分布和蓄积在脂肪组织中，如有机氯农药（氯丹、DDT、六六六）、二噁英、呋喃、多氯联苯和多溴联苯等。外源化学物在脂肪组织中蓄积时，并不呈现生物学活性，且可降低其在靶器官中的浓度，对于机体具有一定的保护作用。肥胖个体的体脂含量可达 50%，远比消瘦个体的体脂含量高（约为 20%），故对脂溶性毒物的耐受力较强。但当发生快速的脂肪动员时，蓄积其中的毒物会大量入血导致游离型毒物的浓度骤然增加，可造成靶器官的损害。

4. 骨骼作为贮存库 骨骼是某些外源化学物的主要贮存库。如铅和锶通过交换-吸收反应置换骨质羟磷灰石晶体基质中的钙，氟以相同机制替代骨质中的—OH 而沉积在骨骼中。一般认为，铅对骨骼没有明显的毒性，但氟可损害骨质引起严重的氟骨症，放射性锶可导致骨肉瘤。外源化学物与骨组织的结合也是可逆的，可以通过晶体表面的离子交换和破骨活动从骨中释放入血，使血浆浓度增加。

（二）特殊屏障

有些器官或组织的生物膜具有特殊的形态学结构和生理学功能，可以阻止或延缓某些外源化学物进入，称为屏障。较为重要的有位于脑部的血脑屏障（blood-brain barrier，BBB）和血脑脊液屏障（blood-cerebral spinal fluid barrier，BCSFB），以及位于母体和胎儿血液循环之间的胎盘屏障（placental barrier）和睾丸中血管和精细管之间的血-睾屏障（blood-testis barrier），它们对于保护中枢神经系统、胎儿、精子免受毒物损害具有一定的作用，可影响食物中外源化学物的吸收和分布。

1. 血脑屏障和血脑脊液屏障 血-脑屏障主要由脑内的毛细血管内皮细胞构成。这些细胞之间结合紧密，可有效阻止极性物质通过。另外，毛细血管内皮细胞具有 P-gp、Bcrp、Mrp 等转运蛋白，可将阴离子、阳离子、中性分子（包括某些脂溶性物质）和结合反应产物等移回血液。再有，脑内毛细血管大部分被星形胶质细胞的终足所包裹，它们不仅可以维持屏障的完整性，还可分泌某些化学因子来调节毛细血管内皮细胞的渗透性。因此，只有那些既具有脂溶性、又非转运蛋白底物的外源化学物才有可能进入脑内。

血-脑脊液屏障位于循环血液与脑脊液之间，由脉络丛、蛛网膜和脑室周围的部分区域构成。屏障的主要成分是位于脑脊液侧的内皮细胞，它们具有紧密连接和主动转运系统，可防止外源化学物透过。另外，脑脊液中的蛋白质含量很低，可以限制水溶性分子以与蛋白结合的方式经旁细胞途径转运。位于脉络丛的转运蛋白，如 P-gp、Mrp、Oatp、Oat、Oct 和 Pept 等对于调控脑脊液中外源化学物的浓度起到重要作用。

与机体其他部位的转运类似，只有在血液中处于游离型的外源化学物才能在脑中分布并达到动态平衡。此时，外源化学物的脂溶性和解离度决定其通过脑部屏障的转运速度。一般情况，增加脂溶性可以加快外源化学物进入中枢神经系统的速度，而解离则会降低其速度。如无机汞难以进入脑组织，而甲基汞则可通过脑部屏障，造成中枢神经系统的损伤。

2. 胎盘屏障 胎盘屏障由分隔母体和胎儿血液循环的一层或几层细胞构成。细胞层数的多少随不同动物物种以及不同的妊娠阶段而异。猪、马、驴的细胞层数最多，有 6 层，称为上皮绒膜胎盘；羊、牛次之，有 5 层细胞，称为联合绒膜胎盘；猫、狗有 4 层细胞，称为内皮绒膜胎盘；人、猴有 3 层细胞，称为血绒膜胎盘；大鼠、豚鼠只有 1 层细胞，称为血内皮胎盘。家兔在妊娠初期有 6 层细胞，到了妊娠末期则仅有 1 层细胞。目前尚未确定胎盘的细胞层数与通透性之间的关系。但一般认为，细胞层数越少，通透性越强。事实证明，胎盘屏障的作用有限，药物、农药、重金属、有机溶剂等多种食品中外源化学物都可经胎盘转运至胎儿体内。

外源化学物通过胎盘屏障的主要方式是简单扩散。因此，凡是能影响简单扩散速率的因素都会影响外源化学物经胎盘转运。脂溶性高者可迅速在母体-胚胎之间达到动态平衡，此时，食品中外源化学物在母体和胎儿血中的浓度相同。胎儿组织中的食品中外源化学物浓度取决于组织的富集能力，如胎儿的肝脏对某些毒物无富集能力，因此这些毒物的肝浓度较低。胎儿的脂肪含量极少，对于高脂溶性物质（如四氯二苯并-p-二噁英）无蓄积。另外，由于胎儿的脑部屏障尚未发育完善，致使铅和二甲基汞等毒物易于进入脑内，并以较高浓度存留其中。

胎盘具有多个主动转运系统。内源性嘌呤和嘧啶的载体，可将与其结构类似的抗代谢物从母体转运至胎儿体内，而 Bcrp、P-gp、Mrp 等可排除某些外源化学物使胎儿免受伤害。胎盘还具有生物转化能力，可将某些外源化学物代谢解毒。

3. 血-睾屏障 血-睾屏障是睾丸中血管和曲精小管之间的物理屏障，位于间质毛细血管腔和曲细精管腔之间，二腔间隔有毛细血管（或淋巴管）的内皮和基膜、肌样细胞、曲细精管基膜和支持细胞（sertoli cell）间的紧密连接组成的屏障结构（图 2-3）。血-睾屏障为精原细胞提供营养，防止外源化学物中的水溶性细胞毒性物质进入曲细精管，防止生精细胞的抗原物质进入血液循环而产生自身免疫性睾丸炎。

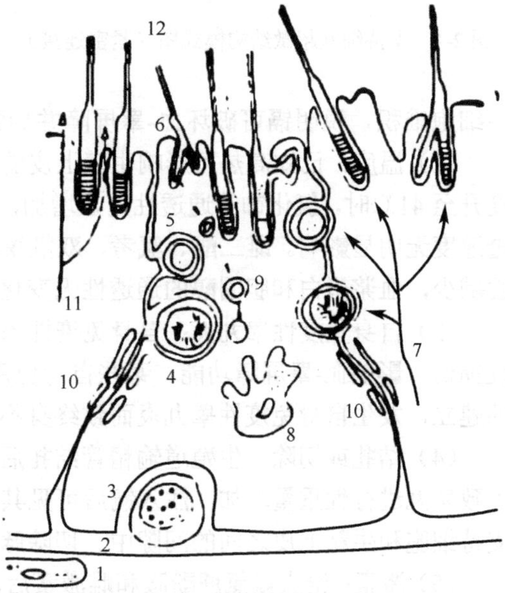

图 2-3 支持细胞与血睾屏障示意图

1. 类肌细胞；2. 基膜；3. 精原细胞；4. 精母细胞；5. 精细胞；6. 精子；7. 从基膜外向各级生精细胞输送养料；8. 核；9. 溶酶体消化精细胞的胞质残体；10. 血睾屏障；11. 分泌睾丸液；12. 曲细精管腔

构成血-睾屏障的主要结构基础是支持细胞间的紧密连接（图 2-4），它把曲细精管分成两个功能不同的小室：

（1）基部小室（basal compartment）：也称为基底室，位于曲细精管基膜和支持细胞紧密连接之间，小室内有 A、B 型精原细胞，细线前期或细线期初级精母细胞。

（2）连腔小室（adluminal cornpartment）：也称为近腔室，位于支持细胞紧密连接上方，与曲细精管管腔相连，室内有初级、次级精母细胞和精子细胞。

在紧密连接旁的细胞质中，有膨大的与细胞膜平行排列的表面内质网池，池膜上有孔，偶有核糖体附着，表面内质网池可与滑面内质网、核膜及细胞膜相连。内质网和细胞膜间有微丝束，它是肌动蛋白样物质，与细胞膜平行排列。相邻支持细胞间还有间隔连接，是由支持细胞膜间断性融合而成，连接处间隙为 80A（60～120A），每个连接间相隔 100A。相邻的支持细胞基部侧突相接，两侧细胞膜形成紧密连接。此连接位于精原细胞上方，可阻挡间质内的一些大分子物质穿过曲细精管上皮细胞之间的间隙进入管腔，因而起到屏障

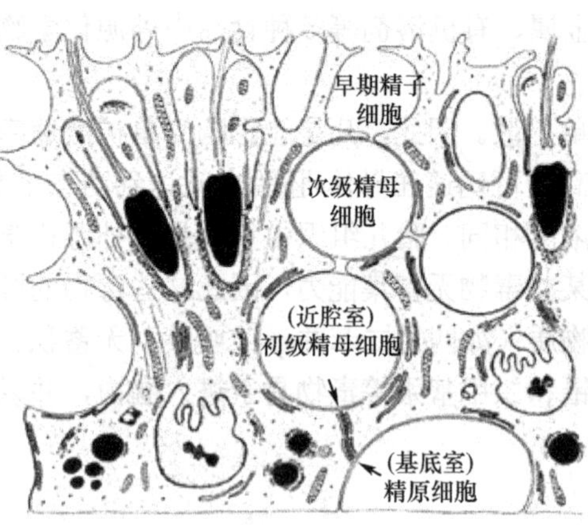

图 2-4 支持细胞超微结构模式图（紧密连接）

作用。

支持细胞对热、电离辐射和各种毒素的刺激有较大的耐受性，但以下因素可不同程度地影响或破坏血-睾屏障。

（1）金属镉：镉可增加睾丸内毛细血管对各种标记物的通透性，镉也可损伤血-睾屏障完整性。给大鼠体内注入氯化镉后，间隔不同时间再给予静脉注射碳颗粒，以显示血-睾屏障的通透性，发现镉首先作用于睾丸血管，使之充血、肿胀和通透性增加，局部可缺血坏死，以致内源性蛋白质和碳颗粒漏出。有人给豚鼠注入镉后，整个睾丸出现自身免疫损伤、缺血坏死，巨噬细胞和嗜酸性细胞堆积，说明镉可破坏血-睾屏障并导致自身免疫性睾丸炎。

（2）温度：已知高热可影响生精上皮的代谢和繁殖，从而影响生育。有实验发现当温度升至 41℃时，氯化铷的通透性明显增加，赖氨酸通入睾网液的速度加快，而对睾酮的通透速度无明显影响。雌二醇、氢考、双氢睾酮的通透性略有增加，雄烷二酮和孕酮的通透性减少，血浆蛋白和胆固醇的通透性无变化，睾网液的总蛋白量亦不变。

（3）自身免疫性睾丸炎：自身免疫性睾丸炎时，巨噬细胞和嗜酸性细胞侵入，增加免疫损伤，影响血-睾屏障功能。某些自身免疫性疾病病毒如腮腺炎病毒，可破坏血-睾屏障的建立，发生自身免疫性睾丸炎而致终身不育。

（4）结扎或切除：生殖道输精管结扎后，由于分泌物被闭塞在曲细精管和睾丸网中，可致睾丸进行性重量增加，注入镧后可见其不再限于基部小室，可超越紧密连接，出现于支持细胞和生精上皮之间的间隙中。切除豚鼠输精管后，有时亦影响血-睾屏障。

（5）激素：给大鼠氯蔗酚胺和雌激素后，血-睾屏障推迟发育，出生后 24 天用镧示踪，可见镧直达曲细精管腔。有研究显示促卵泡激素（follicle-stimulating hormone，FSH）可诱导支持细胞发育成熟，增加雄激素结合蛋白（androgen binding protein，ABP）的分泌，促进血-睾屏障建立。

四、排　泄

排泄是指外源化学物经由不同途径排出体外的过程。最重要的途径是经肾脏随尿液排泄，其次是随粪便排泄，经肺排出的主要是气态物质。另外，一些外源化学物还可随脑脊液、乳汁、汗液、唾液等分泌物以及毛发和指甲排出体外。

（一）经肾脏排泄

肾脏是机体最重要、最有效率的排泄器官。外源化学物经肾脏排泄的机制与其排出内源性代谢产物的机制相同，涉及肾小球滤过和肾小管分泌两种方式。

1. 肾小球滤过 肾脏血液丰富，达心搏出量的 25%，其中有约 80%通过肾小球滤过。肾小球毛细血管有较大的膜孔（70 nm），分子量小于白蛋白（60 kDa）的物质，只要不与血浆蛋白结合，都可以在肾小球滤过。

进入肾小管腔的外源化学物有两条去路：随尿液排出体外或被肾小管重吸收。脂/水分配系数高的外源化学物可经简单扩散的方式进入肾小管上皮细胞并被重新吸收入血，而水溶性高的外源化学物则随尿液顺利排泄。弱酸、弱碱性物质的命运取决于尿液的 pH。弱酸性物质在 pH 较高、弱碱性物质在 pH 较低的尿液中多数处于解离态，可被大量排出体外。因此，可以使用某些能改变尿液 pH 的药物，以促进特定外源化学物的排泄。在生理条件下，尿液的 pH 一般为 6～6.5，低于血浆，有利于弱酸性外源化学物的排泄。

2. 肾小管分泌 多为主动转运过程，与蛋白结合的外源化学物也可经此方式转运。被分泌到肾小管腔内的外源化学物可经尿液排出体外，也可被重吸收。肾小管分泌可分为两种系统，一个供有机阴离子化学物质转运；另一个供有机阳离子化学物质转运。在肾小管有多个转运蛋白家族参与这两个过程，如 Oat、Oct 和 Oatp 等可把外源化学物由血液转运至肾小管细胞，再由 Mdr、Mrp 和 Bcrp 将其排入肾小管管腔。重吸收时，情况正好相反，先由 Oat、Oatp 和 Pept 等将肾小管腔中的外源化学物转运至肾小管细胞，再由 Mrp 将其输送回血液。与其他主动转运系统一样，经肾小管分泌的外源化学物也存在竞争现象。

经肾小球滤过的小分子血浆蛋白，也能被肾近曲小管重吸收。如果外源化学物与此类血浆蛋白结合，就可造成近曲小管的损伤。如镉-MT 结合物被肾小管重吸收是其所致肾毒作用的主要原因。

（二）经粪便排泄

粪便排泄是外源化学物排出体外的另一个主要途径，其过程比较复杂，目前尚未研究清楚。下列来源的食品中外源化学物可通过粪便排出。

1. 混入食物中的外源化学物 经胃肠道摄入，但未被吸收的外源化学物可与没有被消化吸收的食物混合，随粪便排泄。

2. 随胆汁排出的外源化学物 这是经粪便排泄的外源化学物的主要来源。经过肝脏生物转化形成的代谢产物及某些食品中的外源化学物原形可以直接排入胆汁，最终随粪便排出体外。

外源化学物主要以特殊转运方式排入胆汁。肝脏具有各种转运蛋白：Oatp、Oat 和 Oct 可将食品中外源化学物从血液转运入肝脏；Mdr、Mrp 和 Bcrp 将肝细胞内的外源化学物或其代谢产物转运至胆汁，而 Mrp 可将其转运而返回血液。

目前决定外源化学物排入胆汁，还是排入尿液的影响因素尚未确定。但外源化学物的种类和动物物种可能起着重要作用。低分子量的外源化学物，很少经胆汁排出，而分子量大于 325Da 的外源性化学物或其结合物，从胆汁排出数量较大，如谷胱甘肽或葡萄糖醛酸结合物主要由胆汁排出。对于同一外源化学物，不同物种间经胆汁的排出量可能相差悬殊，通常大鼠和小鼠经该途径排出外源化学物的量要多于其他物种。

经胆汁排出的外源化学物多数经过了肝内代谢而其水溶性增强，进入肠道后可随粪便排出体外。但葡萄糖醛酸结合物和硫酸结合物可经肠道菌群水解，脂溶性增强后被重新吸收入肝，形成肠肝循环（enterohepatic circulation），致使外源化学物的生物半减期延长，加重其对机体的损害作用。

3. 肠道排泄的外源化学物 外源化学物可经被动扩散从血液直接转运至小肠肠腔内，也可在小肠黏膜经生物转化后排入肠腔。小肠细胞的快速脱落则是外源化学物进入肠腔的另一种方式。肠道排泄的过程相对缓慢，生物转化速率低和（或）肾脏、胆汁清除量少的物质才主要以此种方式排泄。另外，在大肠还存在有机酸和有机碱的主动排泄系统。

4. 肠壁和菌群 肠道菌群有30%～42%的粪便干重源自细菌。肠道菌群可以摄取食品中外源化学物并对其进行生物转化，粪便中的许多化学物质是细菌的代谢产物。

（三）经肺排泄

体温下以气态存在的物质以及挥发性液体均可经简单扩散的方式由肺排出，排出的速度与吸收的速度相反。如在血液中溶解度低的物质如乙烯可经肺快速排泄，而溶解度高的物质如乙醇等则排泄速度缓慢。在血液中溶解度低的气态物质，其排出速度受灌注限制，溶解度高的则受通气限制。

（四）其他排泄途径

1. 脑脊液 主动转运参与脑脊液排出某些特殊的外源化学物的过程。特别是一些脂溶性的化学物可随脑脊液穿越蛛网膜离开中枢神经系统。

2. 乳汁 乳汁对于某些食品中外源化学物的排泄具有重要的毒理学意义，因为食品中外源化学物可经母乳进入婴儿体内，也可随乳制品进入人体内。食品中外源化学物排入乳汁的方式是简单扩散。脂溶性毒物如艾氏剂、氯丹、DDT、多氯联苯、多溴联苯、二噁英和呋喃等可随脂肪从血液进入乳腺中，并主要经乳汁排泄。化学性质与钙类似的金属（如铅）以及能与钙形成配位体的螯合剂也可从乳汁排出相当数量。

3. 汗液和唾液 食品中非解离态、脂溶性的外源化学物可经简单扩散排入汗液和唾液。随汗液排泄的外源化学物可能引起皮炎，随唾液排泄的外源化学物可被咽下并经胃肠道吸收。

4. 毛发和指甲 砷、汞、铅、锰等可富集于毛发与指甲中，当它们脱落时，其中的外源化学物也随之排出。因此，毛发和指甲中的重金属等物质的含量可以作为生物监测指标。

第二节　食品中外源化学物在体内的生物转化

食品被摄入人体后，各种营养物质通过一系列的合成和/或分解反应，转化成人体需要的各种小分子营养物质、能量或合成人体需要的各种成分。食品中外源化学物在体内也将经历类似的过程，从而达到解毒或活化效果，这一过程就是生物转化。生物转化分为Ⅰ相反应（如氧化、还原、水解反应）和Ⅱ相反应（结合反应）。生物转化受很多因素影响，如物种、性别、遗传、年龄、营养、疾病等，而这些因素是通过对生物转化酶的诱导或抑制来影响生物转化的。

一、生物转化的意义

生物转化又称代谢转化，是指外源化学物在体内经历酶促反应或非酶促反应而形成代谢产物的过程。生物转化的结果是改变了食品中外源化学物的化学结构和理化特性，从而影响它们所致毒效应的强度和性质，以及在体内的分布过程和排泄速度。因此，生物转化是机体对食品中外源化学物进行处置的重要环节，也是机体维持稳态的主要机制。

（一）代谢解毒和代谢活化

食品中外源化学物经过生物转化后成为低毒或无毒的代谢物（metabolite），此一过程称为代谢解毒（metabolic detoxication）。多数食品中外源化学物代谢后毒性降低，毒效应减弱，但有些化学物质经过生物转化后，毒性非但没有减弱，反而明显增强，甚至产生致突变、致癌和致畸作用，这种现象称为代谢活化（metabolic activation）或生物活化（bioactivation）。如对硫磷和乐果可在体内代谢为毒性更大的对氧磷和氧乐果，氯乙烯、苯并（a）芘以及各种芳香胺等本身不致癌，但其代谢物具有致癌作用。

由于代谢活化的产物多数不够稳定，仅在短时间内存在，故称为活性中间产物（reactive intermediate），可分为 4 类：①亲电子剂：其分子中含有一个缺少电子的原子，易于通过共享电子对的方式与生物大分子（如蛋白质、RNA 和 DNA）中富含电子的原子反应。如苯并（a）芘的代谢产物 7，8-二氢二醇-9，10-环氧化物即属此类物质（图 2-5）。②自由基：是化合物中的共价键发生均裂后形成的含奇数电子的原子、分子或离子。如四氯化碳、醌等均可经代谢形成自由基。③亲核剂：较为少见，如苦杏仁苷经肠道菌群酶的作用生成氢化物，二卤代甲烷经氧化脱卤形成 CO 等。④氧化还原反应物：较为少见，如维生素 C 可将 Cr^{6+}还原为 Cr^{5+}，后者又可催化 HO·的生成。

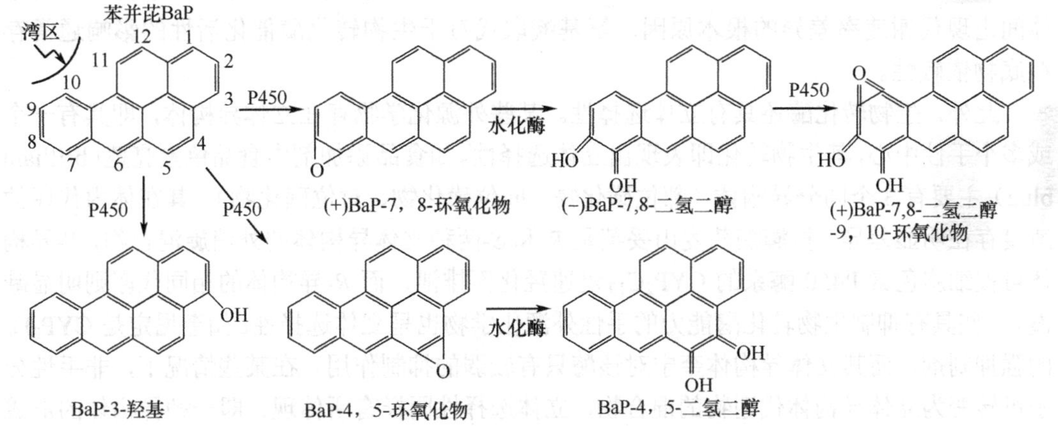

图 2-5 苯并（a）芘的代谢活化和代谢解毒途径

（二）食品中外源化学物溶解度的变化

由于被机体吸收的大多数食品中外源化学物均具有较好的脂溶性，如果没有生物转化过程，它们的排泄将会极其缓慢，可能在体内蓄积到引起中毒的水平，甚至造成机体死亡。

生物转化涉及两大类反应：Ⅰ相反应（phase Ⅰ biotransformation）和Ⅱ相反应（phase Ⅱ biotransformation）。Ⅰ相反应包括氧化反应（oxidation）、还原反应（reduction）和水解反应（hydrolysis），Ⅱ相反应即结合反应（conjugation），包括葡萄糖醛酸化、硫酸化、乙酰化、甲基化、与谷胱甘肽结合及与氨基酸结合。Ⅰ相反应的作用主要是使催化的底物暴露或获得一些功能基团，如—OH、—COOH、$—NH_2$、—SH 等。此类基团不仅增加了反应产物的水溶性，而且使之更易于进行Ⅱ相反应。在Ⅱ相反应中，内源性辅助因子与Ⅰ相反应产物获得的功能基团作用而形成结合物。多数Ⅱ相反应使食品中外源化学物的水溶性显著增加，排泄加速。但进入中枢神经系统内的毒物经生物转化后如果水溶性增强，反而难以透过血脑屏障和血脑脊液屏障排泄。另外，甲基化反应和乙酰化反应常可使结合物的水溶性降低。

虽然大多数食品中外源化学物须在Ⅰ相反应结束后才能进行Ⅱ相反应，但也并非完全如此。如吗啡代谢物就是直接与葡萄糖醛酸结合而成，无须经历Ⅰ相反应；某些类固醇则在Ⅱ相反应后才被氧化。

二、生物转化酶

（一）生物转化酶的基本特性

生物转化酶是指参与外源化学物生物转化过程的酶类。生物转化酶包括结构酶和诱导酶，前者可在体内持续表达；后者在外源化学物刺激或诱导下才能合成。生物转化酶通常具有广泛的底物特异性，一类或一种酶可代谢几种外源化学物。不同个体之间的酶对外源化学物的催化作用存在差异，如可使芳香烃羟类化合物代谢活化、并产生致癌作用的芳烃羟化酶存在明显的个体差异。某些转化酶的结构（氨基酸序列）在不同个体有所差别，即存在多态性，致使其代谢活性不同。这是造成同一食品中外源化学物在不同个体间出现代谢速率差异的根本原因。氨基酸取代对于生物转化酶催化活性的影响通常存在底物依赖性。

此外，生物转化酶还具有立体选择性。某些外源化学物存在立体异构体，即具有一个或多个手性中心，其生物转化即表现出立体选择性。如食品添加剂中食品色素亮蓝（brilliant blue）主要有 3 个同分异构体（邻位磺化物、间位磺化物、对位磺化物），其在体内代谢的速度存在明显差异。抗癫痫药麦山妥英是 *R*-和 *S*-两种立体异构体的外消旋混合物，*S*-异构体可被细胞色素 P450 酶系的 CYP_2C_{19} 迅速羟化而排泄，而 *R*-异构体的相同代谢则明显减慢。一些具有抑制生物转化酶能力的手性外源化学物也呈立体选择性。如奎尼定是 CYP_2D_6 的强抑制剂，而其立体异构体奎宁对该酶只有较弱的抑制作用。在某些情况下，非手性分子可转变为立体异构体代谢物的混合物，立体选择性同样有所体现，即一种异构体的形成优于另一异构体。

（二）生物转化酶的分布

生物转化酶在机体各组织的分布广泛。脊椎动物肝脏含有的生物转化酶种类最多、活性最强；小肠次之；皮肤、肺、鼻黏膜和眼等食品中外源化学物的主要接触部位也具有生物转化酶。其他如肾脏、肾上腺、胰、脾、心脏、脑、睾丸、卵巢、胎盘、血浆、血细胞、血小板、淋巴细胞和大动脉等也有一定的代谢能力。肠道菌群对于某些食品中外源化学物的代谢起着重要作用。

在肝脏和大多数组织的细胞中，生物转化酶主要位于内质网（微粒体）和细胞质，线粒体、细胞核和溶酶体中则分布较少。生物转化酶的亚细胞分布与食品中外源化学物的溶解性相适应，高脂溶性物质的代谢酶多位于生物膜，而高水溶性物质的代谢酶多位于细胞质。外源化学物发生的生物转化反应及其亚细胞定位见表 2-1。

表 2-1　生物转化反应及其亚细胞定位

反应	生物转化酶	部位
氧化反应	细胞色素 P450	微粒体
	黄素加单氧酶	微粒体
	过氧化物酶	微粒体
	醇脱氢酶	细胞质
	醛脱氢酶	线粒体、细胞质
	醛氧化酶	细胞质
	黄嘌呤氧化酶	细胞质
	单胺氧化酶	线粒体
	双胺氧化酶	细胞质
还原反应	偶氮和硝基还原	肠道菌丛、微粒体、细胞质
	羰基还原	细胞质、微粒体、血液
	醌还原	细胞质、微粒体
	还原脱卤	微粒体
	脱氢	微粒体
	脱羟基	细胞质
水解反应	酯酶和酰胺酶	微粒体、细胞质、溶酶体、血液
	肽酶	血液、溶酶体
	环氧化物水解酶	微粒体、细胞质
结合反应	UDP-葡萄糖醛酸转移酶	微粒体
	磺基转移酶	细胞质
	谷胱甘肽 S-转移酶	细胞质、微粒体、线粒体
	氨基酸转移酶	线粒体、微粒体
	N-乙酰转移酶	线粒体、细胞质
	甲基转移酶	细胞质、微粒体、血液

三、生物转化反应类型

生物转化反应主要可分为Ⅰ相反应[氧化（oxidation）反应、还原（reduction）反应、水解（hydrolysis）反应]和Ⅱ相反应[结合（conjugation）反应]两个连续的作用过程。在Ⅰ相反应过程中，外源化学物在有关酶系统的催化下经由氧化、还原或水解反应改变其化学结构，形成某些活性基团（如—OH、—SH、—COOH、$—NH_2$ 等）或进一步使这些活性基团暴露。在Ⅱ相反应过程中，外源化学物的一级代谢物在另一些酶系统催化下通过上述活性基团与内源性辅因子反应，生成结合产物（二级代谢物）。结合产物的极性（亲水性）一般有所增强，利于排出，举例如图 2-6。

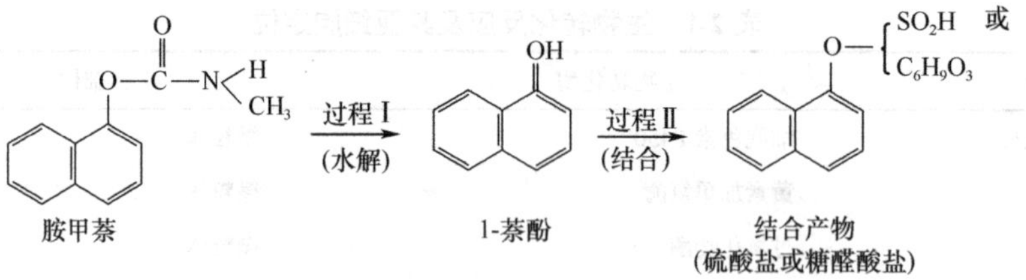

图 2-6　氨基甲酸酯类杀虫剂胺甲萘（西维因）的生物转化过程

外源化学物的生物转化一般都要经历这两个连续过程，但也有一些外源化学物由于本身已含有相应的活性基团，而不经由Ⅰ相反应过程即可直接与细胞内的物质结合而完成其生物转化。

（一）Ⅰ相反应

1. 氧化反应　通常是外源化学物代谢的第一步反应，其反应部位以微粒体内氧化为主，但也可以发生在微粒体外。包括由细胞色素 P450 催化的氧化反应、黄素单加氧酶催化的氧化反应以及微粒体外的氧化反应。微粒体（microsome）是组织细胞经匀浆和差速离心后，由内质网形成的囊泡和碎片，而非独立的细胞器。外源化学物Ⅰ相反应的氧化反应主要在细胞色素 P450 酶系（单加氧酶系、混合功能氧化酶系）的催化作用下进行。

（1）细胞色素 P450 酶系（cytochrome P450 enzyme system）：细胞色素 P450 含有的血红素铁在还原态时与 CO 结合所形成的复合物在光谱 450nm 处有最大的吸收峰而得名。又称为混合功能氧化酶（mixed function oxidase，MFO）或单加氧酶（monoxygenase）。无论是催化反应的多样性，还是使外源化学物解毒或活化为活性中间产物的数量，细胞色素 P450 酶系均在生物转化酶中居于首位。该酶系广泛分布于各种组织中，但以肝细胞内质网中含量最多，滑面内质网又多于粗面内质网。

细胞色素 P450 酶系主要由三种成分组成，即血红蛋白类（细胞色素 P450 和细胞色素 b_5）、黄素蛋白（NADPH-细胞色素 P450 还原酶）和磷脂。其中，细胞色素 P450 最为重要，是催化反应的活性中心。黄素蛋白和细胞色素 b_5 是从 NADPH 或 NADH 向细胞色素 P450 传递电子的转运体。细胞色素 b_5 还可增加细胞色素 P450 与底物的亲和力。磷脂的作用是使酶系的各种蛋白成分固定、促进细胞色素 P450 与 NADPH-细胞色素 P450 还原酶之间的偶联反应。

细胞色素 P450 有多种形式，给予大鼠 3-甲基胆蒽（3-MC）和苯巴比妥（PB）可使其代谢活性发生不同的变化，说明它们诱导的是不同类型的细胞色素 P450。由于近年来分离和纯化技术的成熟和完善，新的细胞色素 P450 不断被发现，已经形成了一个庞大的超家族。

根据重组 DNA 技术测定的氨基酸序列，可对细胞色素 P450 超家族进行分类和命名。具体的分类原则为：不同细胞色素 P450 之间的相同氨基酸序列低于 40%的，划分为不同的基因家族；相同序列在 40%～55%之间的，划分为同一基因家族的不同亚族；高于 55%的则属于同一亚族的成员。命名方式：用斜体字 CYP 代表除小鼠和果蝇（用 Cyp 表示）之外所有物种的细胞色素 P450 基因，其后的阿拉伯数字代表基因族，再后的大写英文字母代表基因亚族（小鼠和果蝇用小写英文字母表示），字母后的阿拉伯数字代表基因亚族中的一个基团。如 CYP_1A_1 表示细胞色素 P450 的第 1 基因族 A 亚族的第 1 基因。基因表达产物（酶，也可理解为相应的mRNA、cDNA和蛋白）的命名方法与相应基因相同，但需将全部斜体字改为正体字，且将全部小写字母改为大写，如CYP_1A_1、CYP_1A_2等，这种命名方法适用于所有物种。

目前认为，与食品中外源化学物代谢有关的细胞色素P450主要涉及3个基因家族，即CYP_1、CYP_2和CYP_3。细胞色素P450酶系催化的基本反应是单加氧反应。在反应过程中，O_2起了“混合”的作用，即一个氧原子掺入到底物(RH)中，另一个氧原子与NADPH提供的质子结合还原为水。催化的总反应式为：

$$\text{底物（RH）} + O_2 + NADPH + H^+ \longrightarrow \text{产物（ROH）} + H_2O + NADP^+$$

细胞色素P450酶系催化的反应由7步组成一个循环（图2-7）：①处于氧化态的细胞色素P450与底物结合形成复合物；②血红素中的Fe^{3+}接受NADPH-细胞色素P450还原酶NADPH转运来的1个电子，还原为Fe^{2+}；③1个氧分子与还原态细胞色素P450-底物复合物结合形成三元复合物；④该复合物接受第2个电子（由NADPH-细胞色素P450还原酶或细胞色素b_5转运而来）和1个H^+，成为$Fe^{2+}OOH$复合物；⑤第2个H^+的加入使该复合物裂解为水和（FeO）$^{3+}$复合物；⑥（FeO）$^{3+}$复合物将氧原子转移到底物，形成氧化的ROH产物；⑦释放ROH产物，细胞色素P450从还原态恢复为氧化态，又可与底物结合，开始新一轮的循环。

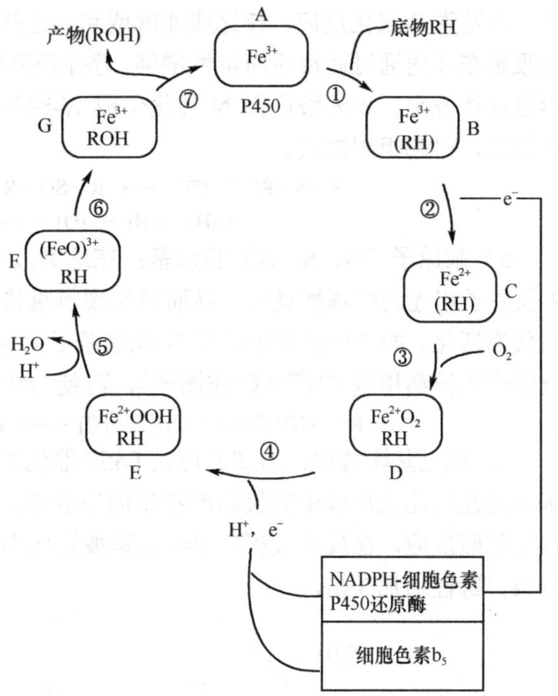

其他反应：

一电子还原　C（Fe^{2+}RH）⟶ A（Fe^{3+}）+ RH^-•

产生超氧阴离子　D（$Fe^{2+}O_2$ RH）⟶ B（Fe^{3+}RH）+ O_2^-•

产生过氧化氢　E（Fe^{2+}OOHRH）+ H^+ ⟶ B（Fe^{3+}RH）+ H_2O_2

过氧化物旁路　B（Fe^{3+}RH）+ ROOH ⟶ F（FeO）$^{3+}$RH + ROH

图2-7　细胞色素P450酶系催化的反应循环

细胞色素P450酶系催化的主要反应类型有：

1）脂肪族羟化：脂肪族化合物末端倒数第一个（ω-碳）和（或）第二个碳原子（ω-1碳）被氧化，形成相应的醇或二醇。如有机磷农药八甲磷羟化生成*N*-羟基八甲磷。

$$R—CH_2—CH_3 + [O] \longrightarrow R—CH_2—CH_2OH$$

2）芳香族羟化：芳香环上的氢被氧化后，生成酚。如苯胺可氧化为对氨基酚、邻氨基酚或羟基苯胺。

$$C_6H_6 + [O] \longrightarrow C_6H_5OH$$

3）环氧化：在脂肪族和芳香族物质的两个碳原子间的双键部位加上1个氧原子，形成环氧化物。环氧化是某些化学物质代谢活化的重要步骤。如黄曲霉素B_1、氯乙烯和苯并(a)芘等可经此反应成为亲电子剂，毒性增强。

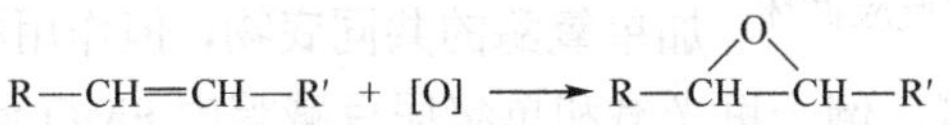

4）杂原子（S—、N—、I—）氧化和N-羟化：含有硫醚键（—C—S—C—）的化学物质，可发生S-氧化反应，转化成亚砜或砜，这些氧化物的毒性可比原形增高5～10倍。如内吸磷在体内通过此反应而毒性增强。芳香胺类化合物可发生N-羟化反应，生成羟氨基物，毒性往往升高。如苯胺进行N-羟化生成*N*-羟基苯胺，后者可导致血红蛋白氧化成高铁血红蛋白，引起组织缺氧。

$$R—S—R' + [O] \longrightarrow R—SO—R' + [O] \longrightarrow R—SO_2—R'$$

$$C_6H_5—NH_3 + [O] \longrightarrow C_6H_5—NH_2OH$$

5）杂原子（O、S、N）脱烷基：在这类反应中，与食品中外源化学物分子中N、O、S杂原子相连的烷基被氧化，继而发生裂解重排，形成醛或酮。某些化学物质可经此反应而代谢活化。如二甲基亚硝胺经N-脱烷基后，分子发生重排形成羟化重氮甲烷，再进一步分解产生游离甲基CH^{3+}（碳宾离子），可使DNA烷基化，导致突变和癌变。

$$R—（NH·O·S）—CH_3 + [O] \longrightarrow R—（NH_2·OH·SH）+ HCHO$$

6）氧化基团转移：为细胞色素P450催化的氧化脱氨、氧化脱硫、氧化脱卤作用。如苯丙胺经氧化先形成中间代谢产物苯丙甲醇胺，再脱去氨基形成苯丙酮。有机磷农药均可发生脱硫反应，在反应过程中P═S基被氧化为P═O基。如对硫磷经氧化脱硫后生成对氧磷，毒性增加3倍。

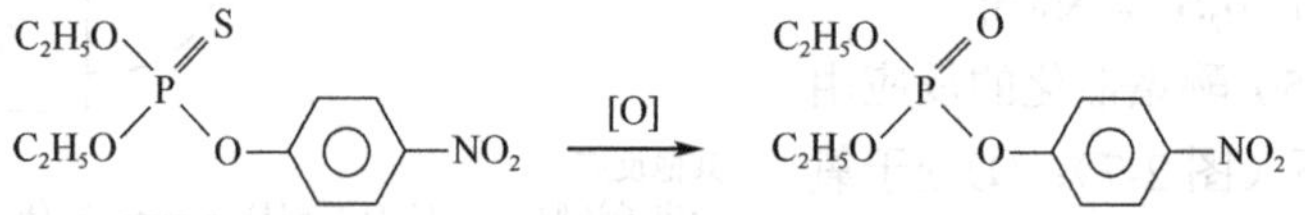

7）酯裂解：酯含有的功能基团裂解后与细胞色素P450催化循环中（FeO）$^{3+}$复合物的氧合并为一个残基，生成一分子醛。

$$R_1COOCH_2R_2 + [O] \longrightarrow R_1COOH + R_2CHO$$

8）脱氢：细胞色素P450可催化多种化学物质的脱氢反应。如乙酰氨基酚脱氢后形成的*N*-乙酰苯醌亚胺具有肝毒性，其他如地高辛、烟碱、丙戊酸等均可发生脱氢反应。

（2）黄素加单氧酶（flavin-containing monooxygenase，FMO）：该酶存在于肝、肾、小肠、脑和肺组织的微粒体中，以黄素腺嘌呤二核苷酸（flavin adenine dinucleotide，FAD）为辅酶，催化反应时需要NADPH和O_2。

FMO催化的反应包括几个步骤：首先，FMO的辅酶FAD接受NADPH提供的H^+而被还原成还原型黄素二核苷酸（$FADH_2$），但氧化态的$NADP^+$仍然结合在酶分子上，并不脱落；随后，$FADH_2$与氧结合形成稳定的过氧化物4a-羟基过氧化黄素（FADHOOH）；继之与底物结合并将其氧化，FADHOOH转变为FADHOH（4a-羟基黄素）；最后，FADHOH恢复为氧化态FAD，释放出$NADP^+$，准备进入下一个催化循环（图2-8）。

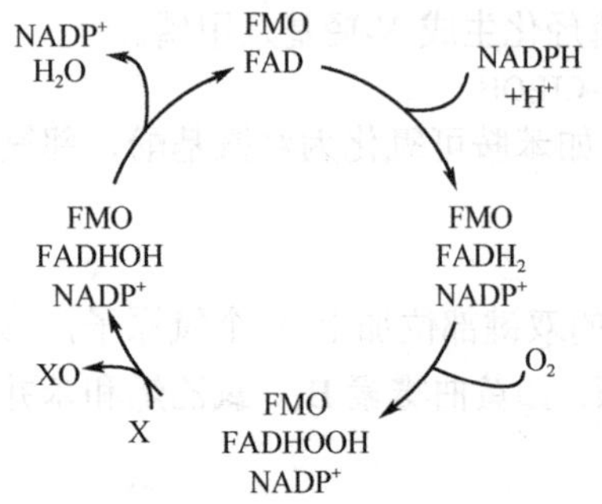

图2-8　黄素加单氧酶催化的反应循环

FMO可催化伯胺、仲胺、叔胺、*N*-乙酰芳草胺、肼、硫醇、硫醚、硫酮、硫代酰胺、膦等物质的N、S和P杂原子氧化，并形成相应的氧化物，这与细胞色素P450催化的反应有一些交叉和重叠，即有些物质是两种加单氧酶的共同底物，但作用机制并不完全相同。如吡咯烷生物碱类、千里光碱、倒千里光碱和单猪尿豆碱等由FMO催化形成叔胺*N*-氧化物而被解毒，而经细胞色素 P450 代谢后则形成吡咯并最终转化为有毒的亲电子剂。这些反应还存在物种差异，如吡咯烷生物碱对于大鼠为剧毒，对于豚鼠则无毒，原因在于大鼠体内催化吡咯生成的细胞色素 P450 活性较高，催化叔胺 *N*-氧化物生成的 FMO 活性较低，而豚鼠体内的代谢情况正好与此相反。

FMO 与细胞色素 P450 另外的不同点是，该酶不能在碳位上催化氧化反应，也不能催化 O、S、N 杂原子脱烷基反应。

（3）微粒体外的氧化反应

1）醇脱氢酶（alcohol dehydrogenase，ADH）：是一种含锌酶，位于细胞质，肝脏含量最高，肾脏、肺和胃黏膜中也有活性存在。人的 ADH 依组成亚单位的不同分为 5 型：Ⅰ型包括 ADH 1A、1B、1C，在肝脏和肾上腺高表达，催化乙醇和其他短链脂肪醇的氧化；Ⅱ型为 ADH4，主要在肝脏表达，催化长链脂肪醇和芳香醇的氧化，对乙醇和甲醇几乎无作用；Ⅲ型为 ADH5，分布于全身组织，底物也为长链醇（戊醇及更长链的醇）和芳香醇（如肉桂醇），还在甲醛的解毒过程中起重要作用；Ⅳ型为 ADH7，主要在胃肠道上部表达，参与乙醇和维生素 A 的代谢。长期饮酒者发生的胃肠道上部肿瘤可能与 ADH7 将乙醇转化为乙醛有关；Ⅴ型为 ADH6，其功能目前尚不清楚。

2）醛脱氢酶（aldehyde dehydrogenase，ALDH）：该酶以 NAD^+为辅基，可将醛氧化为酸。ALDH 存在遗传多态性，有 45%～53%的日本人、中国人、韩国人和越南人因发生基因点突变（Glu_{487}→Lys_{487}）而缺乏 ALDH2 的活性。这些人饮酒摄入的乙醇转化为乙醛后，难以转变为乙酸，以致乙醛大量堆积，造成局部血管因释放儿茶酚胺而扩张，产生红晕综合征。其他 ALDH 的遗传缺陷是某些疾病发生的原因，如 ALDH10 可使脂肪醛解毒，缺乏时会引起膜脂质代谢紊乱，症状有鱼鳞病、神经疾病和智力发育不全等。

3）钼羟化酶：主要包括醛氧化酶和黄嘌呤氧化还原酶，两者均属于黄素蛋白酶。

醛氧化酶主要存在于肝脏，可氧化具有氮杂环结构的物质如吡咯、吡啶、嘧啶、蝶啶和亚氨基离子等，还能将芳香醛（如苯甲醛）氧化为羧酸，但对脂肪醛的催化作用很弱。甲萘醌是醛氧化酶的强抑制剂。

黄嘌呤氧化还原酶（xanthine oxidoreductase，XOR）是一种细胞质酶，在心脏、脑、肝、骨骼肌、胰、小肠、结肠和胎盘中含量较高。该酶的主要作用是促进 6-巯基嘌呤和 2，6-二硫代嘌呤等嘌呤衍生物的消除，限制这些抗癌药物的治疗作用。另外，它们还参与抗肿瘤、抗病毒药物如阿昔洛韦、2′-氟阿糖-双脱氧嘌呤等的活化过程。与醛氧化酶相似，XOR 也可催化芳香醛的氧化。

一般认为，适于钼羟化酶催化的底物不能被细胞色素 P450 代谢，反之亦然。原因在于钼羟化酶催化的是具有低电子密度的碳原子（如氮杂环中与氮原子紧邻的碳原子），而细胞色素 P450 催化的却是具有高电子密度的碳原子。另外，在钼羟化酶参与的反应中会产生活性氧，导致氧化应激和脂质过氧化。

4）单胺氧化酶（monoamine oxidase，MAO）和二胺氧化酶（diamine oxidase，DAO）：MAO 存在于脑、肝、肾、小肠和血小板的线粒体外膜上，DAO 存在于肝、肾、小肠和胎盘的细胞液中。它们催化伯胺、仲胺、叔胺的氧化脱氨反应。其中，伯胺氧化脱氨生成氨和醛，仲胺氧化脱氨生成伯胺和醛。

MAO 有 A、B 两种形式。MAO-A 主要氧化 5-羟色胺、去甲肾上腺素和普萘洛尔的烷基代谢物，氯吉兰是其抑制剂。MAO-B 的主要底物是 β-苯乙胺和卞胺，受 1-司来吉兰抑制。MAO-A 和 B 缺陷可导致 Norrie 病，为一种以失明、失聪和智力迟钝为特征的 X 连锁隐性遗传性神经疾病。MAO-B 还可将 1-甲基-4-苯基-1，2，5，6-四氢吡啶（MPTP）代谢活化为神经毒物 1-甲基-4-苯基吡啶（MPP^+），造成脑黑质多巴胺神经元的选择性损伤，被认为与帕金森综合征的易感性有关。

DAO 是含铜离子的磷酸吡哆醛依赖酶，组胺和具有 4 或 5 个碳原子链的烷基二胺是其特异性底物。

5）过氧化物酶依赖的共氧化反应：过氧化物酶催化的反应包括氢过氧化物的还原和其他底物氧化生成脂质氢过氧化物，此过程称为共氧化（cooxidation）。催化该反应的酶包括前列腺素 H 合成酶（prostaglandin H synthase，PHS）、乳过氧化物酶和髓过氧化物酶等，分布于肾脏髓质、血小板、血管内皮细胞、胃肠道、脑、肺、尿道膀胱上皮细胞、乳腺上皮细胞和白细胞中。PHS 具有环加氧酶和过氧化物酶两种催化活性：前者可将花生四烯酸代谢为环状内氢过氧化物前列腺素 G_2（prostaglandin G_2，PGG_2）；后者在有供氢体存在的情况下，可将 PGG_2 进一步转化为前列腺素 H_2（prostaglandin H_2，PGH_2），同时供氢体发生共氧化。许多食品中外源化学物可作为供氢体，经此反应发生代谢活化。如致癌物苯并（a）芘和黄曲霉毒素 B_1 的环氧化都可经由共氧化反应完成。多环芳烃、氢醌和乙酰氨基酚等可被过氧化物酶氧化为醌、亚胺醌等亲电子性细胞毒物。

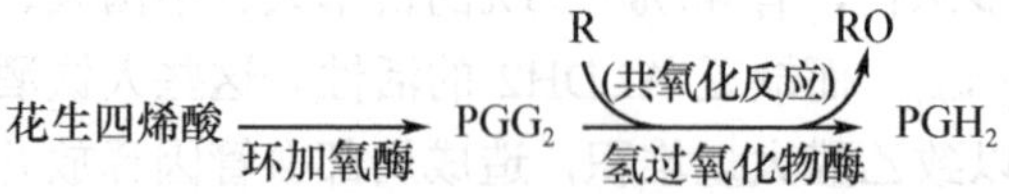

2. 还原反应　Ⅰ相反应生物转化过程中的还原反应大多是在各种还原酶（如硝基还原酶、偶氮还原酶等）催化下进行的。如还原性脱卤作用（例如 DDT 还原成 DDD）就是异物经由还原反应进行生物转化的重要方式。

机体内参与还原反应的酶主要是细胞色素 P450 和黄素蛋白酶。另外，肠道菌群的还原酶活性较高，在食品中外源化学物的还原中占有重要地位。某些金属（如五价砷）、醛、酮、二硫化物、*N*-氧化物、亚砜、烯烃、卤代烃和含有硝基、偶氮基和羰基的食品中外源化学物可在体内发生还原反应。

（1）偶氮还原和硝基还原：主要由肠道菌群催化。但细胞色素 P450、醛氧化酶和 NAD（P）H-醌氧化还原酶-1（NQO_1）也可催化这两种反应。后者又称为 DT-黄递酶，存在于肝细胞质。

2，6-二硝基甲苯在肠道菌群催化下发生的硝基还原反应，是诱发雄性大鼠肝脏肿瘤的重要步骤。该毒物首先在肝脏代谢，以葡萄糖醛酸结合物的形式从胆汁排出，经肠道菌群的硝基还原酶还原和 β-葡萄糖醛酸酶水解后，被重吸收返回肝脏，再由细胞色素 P450 作用发生 N-羟化反应，其产物可发生乙酰化或与硫酸结合。这些结合物可裂解生成具有高反应性的氮宾离子，攻击 DNA，引起突变和肝癌。

（2）羰基还原：羰基还原酶是 NADPH 依赖酶，属于醛酮还原酶（AKR）和短链脱氢酶/还原酶（SDR）超家族的成员，广泛分布于血液和肝、肾、脑等多种组织的细胞质与微粒体中，主要催化某些醛类还原为伯醇或酮类还原为仲醇的反应。底物包括氟派丁苯、己酮可可碱、乙酸苯磺酰环己脲、柔红霉素、依他尼酸、华法林、甲萘醌和 4-硝基苯乙酮等。

（3）醌还原：醌可在 DT-黄递酶催化下经双电子还原生成无毒的氢醌；也可在 NADPH-细胞色素 P450 还原酶催化下经单电子还原形成半醌自由基，发生自氧化而导致氧化应激

（oxidative stress），生成超氧阴离子、过羟基自由基、过氧化氢、羟自由基等活性氧，引起脂质过氧化（lipid peroxidation），造成组织损伤，这是含醌或经生物转化可生成醌的物质引起中毒的重要机制之一（图 2-9）。多柔比星和道诺霉素的心脏毒性、百草枯和硝基呋喃妥因的肺毒性、6-羟基多巴胺的神经毒性以及 5-羟巴比土酸所致的胰岛 β 细胞损伤都与这一机制有关。

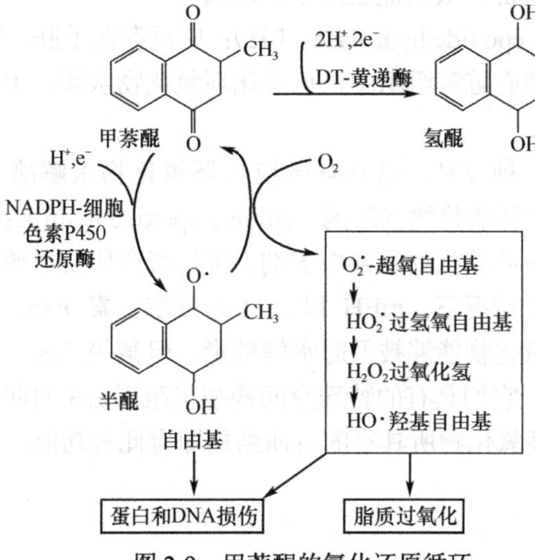

图 2-9 甲萘醌的氧化还原循环

（4）脱卤反应：脂肪族化合物脱卤涉及 3 种机制，即还原脱卤、氧化脱卤和脱卤化氢。还原脱卤和氧化脱卤由细胞色素 P450 催化，脱卤化氢由细胞色素 P450 和谷胱甘肽 S-转移酶催化。

有几种卤代烷烃经脱卤反应而代谢活化。如四氯化碳（CCl_4）首先在细胞色素 P450 催化下发生一电子还原，脱卤形成三氯甲烷自由基（$\cdot CCl_3$），$\cdot CCl_3$ 可攻击生物膜启动脂质过氧化，造成肝细胞损伤和坏死。

$$e^- + CCl_4 \longrightarrow \cdot CCl_3 + Cl^-$$

3. 水解反应 Ⅰ相反应过程生物转化过程中的水解反应是酯类、酰胺类等物质的转化方式。有机磷农药在化学上属于酯类或酰胺类，因而这一类化合物可由相应的水解酶（如酯酶、酰胺酶等）催化发生的反应，在生物转化上也很重要。例如对硫磷可被磷脂酶催化形成对硝基苯酚：

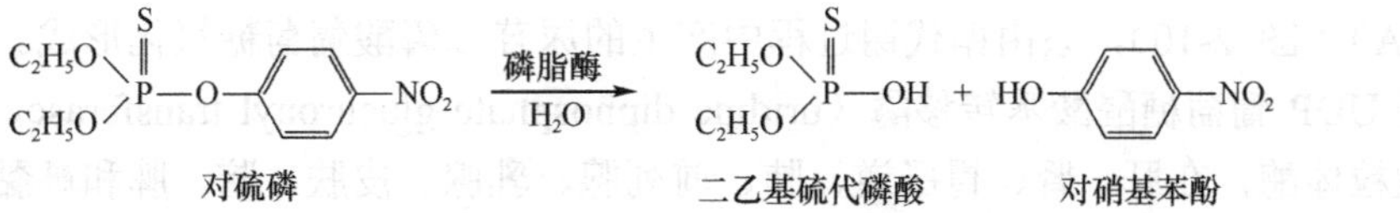

对硫磷 二乙基硫代磷酸 对硝基苯酚

机体催化食品中外源化学物水解的酶包括酯酶、酰胺酶、肽酶和环氧化物水解酶，它们广泛存在于血浆、肝、肾、肠和神经组织中。

（1）酯酶和酰胺酶：可水解具有羧酸酯、酰胺、硫酯、磷酸酯和酸酐等功能基团的食品中外源化学物。脂类可被水解为醇和酸，酰胺可被水解为酸和胺，硫酯可被水解为酸和硫醇。

根据与有机磷酸酯的相互关系可将酯酶分为 A、B、C 三类。A-酯酶可以水解有机磷酸酯，B-酯酶则被有机磷酸酯所抑制，而 C-酯酶既不能水解有机磷酸酯也不能被其抑制。对氧磷酶等属于 A-酯酶，它们对磷酸酯键的水解作用是哺乳动物对有机磷农药代谢解毒的最重要途径。羧酸酯酶和胆碱酯酶属于 B-酯酶，催化羧酸、酰胺和硫酯的水解反应。

（2）肽酶：存在于血液和各种组织中，可水解各种肽类。如氨基肽酶和羧基肽酶分别在肽链 N-末端和 C-末端水解氨基酸，而内肽酶则在肽链内的特定部位裂解肽类。肽酶可水解相邻氨基酸之间的酰胺键，故功能上属于酰胺酶。

（3）环氧化物水解酶（epoxide hydrolase，EH）：广泛存在于肝、睾丸、卵巢、肺、肾、皮肤、肠、脾、胸腺、脑和心脏等组织中，可催化环氧化物水解，生成具有反式构型的邻位二氢二醇。

在哺乳动物体内有 5 种 EH，但只有微粒体环氧化物水解酶（microsome epoxide hydrolase，mEH）和可溶性环氧化物水解酶（soluble epoxide hydrolase，sEH）具有代谢外源化学物的作用。由于许多环氧化物是亲电子剂，可与蛋白质及核酸结合而引起细胞毒性和遗传物质损伤，故在多数情况下，mEH 和 sEH 与细胞色素 P450 的组织与细胞分布保持一致，使催化形成的环氧化物能够被及时水解解毒。但某些二氢二醇代谢物可进一步氧化形成二醇环氧化衍生物，它们具有的特殊空间构型可阻碍 EH 的催化作用。如苯并（a）芘-7，8-二氢二醇-9，10-环氧化物所具有的弯曲结构即有此种功能，可免受 EH 水解而发挥其致突变、致癌作用。

（二）Ⅱ相反应

即结合反应，是食品中外源化学物原有的或经Ⅰ相反应后引入或暴露出来的羟基、氨基、羧基、巯基、羰基和环氧基等基团与内源性辅因子之间发生的生物合成反应，所形成的产物称为结合物（conjugate）。结合反应需要酶的参与并消耗能量。结合反应的速度通常比Ⅰ相反应快得多，因此食品中外源化学物的清除速率主要由Ⅰ相反应决定。

多数结合物的水溶性增强，易于从体内排出。同时，生物活性或毒性减弱或消失，但也有被代谢活化者。如 2-乙酰氨基芴经 N-羟化后，可通过与硫酸、葡萄糖醛酸结合或乙酰化转变为亲电子终致癌物。

结合反应主要在肝脏进行，其次为肾脏，也可在肺、肠、脾、脑等组织器官中发生。

1. 葡萄糖醛酸结合（glucuronidation） 与葡萄糖醛酸结合是体内最主要的结合反应类型。凡是本身含有或经代谢生成—OH、—COOH、—NH_2、—SH 等功能基团的外源化学物都可发生该反应。

该反应的辅因子主要为尿苷二磷酸葡萄糖醛酸（uridine diphosphate glucuronic acid，UDPGA）（图 2-10），系由糖代谢过程中产生的尿苷二磷酸葡萄糖氧化形成。催化该反应的酶是 UDP-葡萄糖醛酸基转移酶（uridine diphosphate glucuronyl transferase，UDPGT），属于微粒体酶，在肝、肾、胃肠道、肺、前列腺、乳腺、皮肤、脑、脾和鼻黏膜中都有分布。该酶使 UDPGA 的糖苷键与底物中富含电子的 O、N、S 杂原子结合，形成 β-葡萄糖醛酸苷。这种结合物具有高水溶性，可经尿液或胆汁排泄。经胆汁排泄部分可被肠道下段菌群的 β-葡萄糖醛酸酶水解，致使毒物被重新吸收，进行肠肝循环。

$$\text{UDPGA} + \text{ROH} \xrightarrow{\text{UDPGT}} \text{R—O—GA} + \text{UDP}$$

2. 硫酸结合（sulfation） 硫酸结合反应的辅因子是 3'-磷酸腺苷-5'-磷酰硫酸（3'-phosphoadenosine-5'-phosphosulfate，PAPS）（图 2-11），催化该反应的酶是磺基转移酶

(sulfotransferase，SULT)。在哺乳动物体内，催化食品中外源化学物代谢的 SULT 主要分布在肝、肾、肠、肺、血小板和脑组织的细胞液中。其底物与葡萄糖醛酸结合反应的底物有较大重叠，主要是含有—OH 的毒物，含有—NH_2、—SH 者也可发生该反应。反应产物为高水溶性的硫酸酯，主要经尿排泄，少部分随胆汁排出。

$$\text{PAPS} + \text{ROH} \xrightarrow{\text{SULT}} \text{R—O—SO}_3\text{H} + \text{PAP}$$

由于 PAPS 的前体游离半胱氨酸的数量有限，致使 PAPS 的生理浓度很低（4～80μmol/L，而 UDPGA 为 200～350μmol/L）。与葡萄糖醛酸结合比较，硫酸结合的亲和力较高但结合容量较低。故它们的共同底物在浓度低时，主要与硫酸结合；随着浓度的增加，与葡萄糖醛酸结合的比例也随之增加。

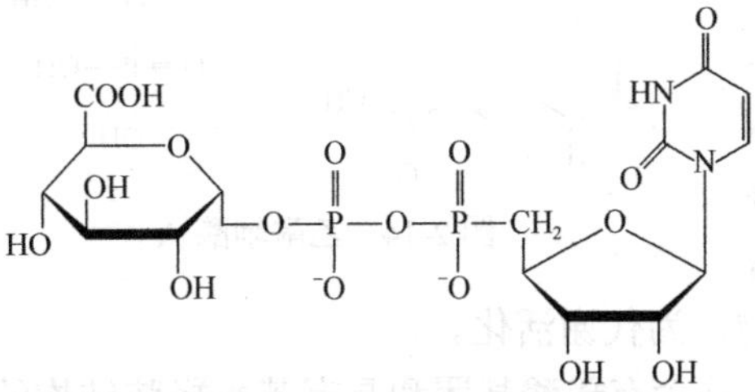

图 2-10　尿苷二磷酸葡萄糖醛酸图

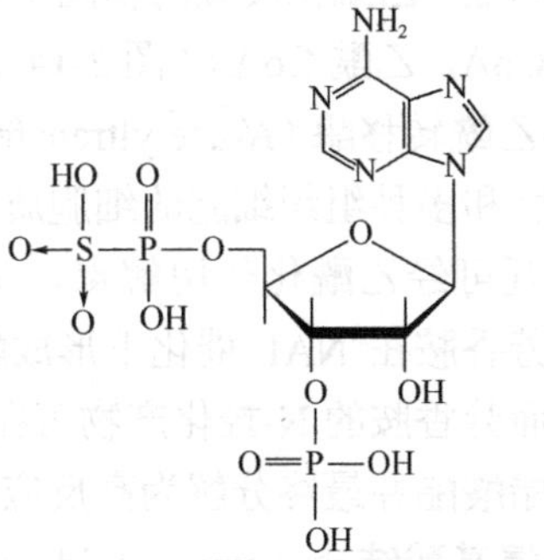

图 2-11　3′-磷酸腺苷-5′-磷酰硫酸

3. 谷胱甘肽结合（glutathione conjugation）　谷胱甘肽（glutathione，GSH）是一种广泛存在于生物组织中的三肽（图 2-12），在亲电子剂解毒和消除自由基中具有重要作用。催化谷胱甘肽结合反应的酶是谷胱甘肽 S-转移酶（glutathione S-transferase，GST），该酶几乎存在于全身所有组织器官中，其中肝、肠、肾、睾丸、肾上腺和肺中有很高的含量。该酶在细胞内的定位以细胞质为主，但微粒体和线粒体中也有少量存在。其底物的共同特点是：①具有一定的疏水性；②含有亲电原子；③可与 GSH 发生非酶促反应。GST 催化 GSH 中的亲核-SH 与底物含有的亲电原子 C、N、S、O 反应，生成结合物。此种结合被认为是亲电子剂解毒的一般机制。一旦体内 GSH 耗竭，常可引起明显的毒性反应。GSH 结合物具有极性和水溶性，可经胆汁排出，也可随体循环转运至肾脏并经一系列酶促反应转变为硫醚氨酸衍生物，由尿排泄。

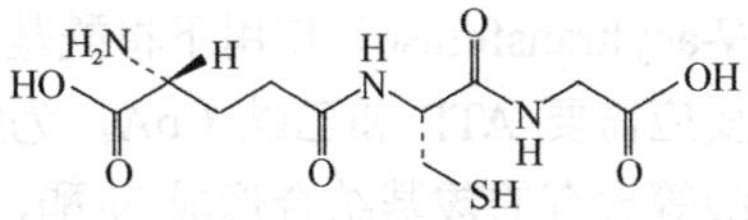

图 2-12　谷胱甘肽

GSH 还能清除过氧化氢、有机氢过氧化物和有机自由基等，在抗脂质过氧化、抵御食品中外源化学物所致的氧化损伤方面起重要作用。

4. 甲基化反应（methylation）　该反应主要涉及内源性底物如组胺、氨基酸、蛋白质、糖和多胺等的甲基化，并不是食品中外源化学物结合的主要方式。甲基化反应产物的水溶性通常不如母体毒物，可与结合反应中其他内源性辅因子结合的功能基团也多被掩盖，不利于从机体消除，但毒性普遍降低。

甲基化反应的辅因子是 *S*-腺苷甲硫氨酸（*S*-adenosyl methionine，SAM）（图 2-13）。结合在 SAM 硫离子上的甲基具有正碳离子特征，可与富含电子的 O、N、S 杂原子反应，

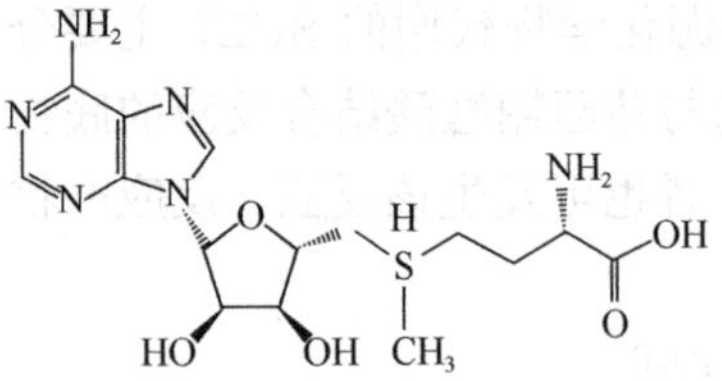

图 2-13　*S*-腺苷甲硫氨酸

在甲基转移酶（methyl transferase）催化下，将该甲基转移至底物形成结合物，SAM 则转变为 *S*-腺苷高半胱氨酸。甲基转移酶在体内的分布广泛，主要定位于细胞液和微粒体中。其底物包括苯酚、儿茶酚、脂肪胺、芳香胺、N-杂环和含硫氢基化合物。某些金属也可发生甲基化反应，如无机汞和无机砷均可二甲基化，无机硒可三甲基化。

5. 乙酰化作用（acetylation）　是具有芳香胺或肼基团的食品中外源化学物代谢的主要途径，反应产物分别是芳香酰胺和酰肼，水溶性比母体毒物低。乙酰化反应的辅因子是乙酰辅酶 A（acetyl CoA，乙酰 CoA）（图 2-14），催化反应的酶是 *N*-乙酰转移酶（*N*-acetyltransferase，NAT），存在于肝和多种组织细胞的细胞质。食品中外源化学物既可经乙酰化作用解毒，又可被代谢活化。如芳香胺在 NAT 催化下形成酰胺，为解毒反应，而芳香胺的 N-羟化产物可在 NAT 的作用下形成醋酸酯并最终分解为高反应性的代谢产物，为代谢活化。

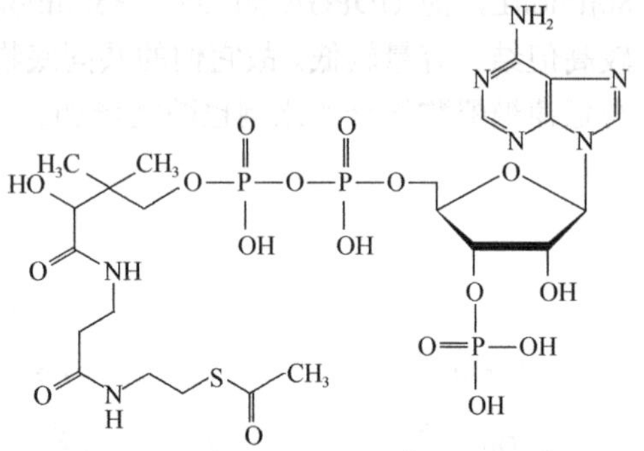

图 2-14　乙酰辅酶 A

6. 氨基酸结合（amino acid conjugation）　是含有羧酸基团和具有芳香羟胺结构的食品中外源化学物的代谢途径。前一类食品中外源化学物首先在酰基-CoA 合成酶（acyl CoA synthetase）的作用下形成酰基-CoA 硫酯，然后在酰基-CoA：*N*-酰基转移酶（acyl CoA: *N*-acyltransferase）作用下将酰基转移到甘氨酸、谷氨酸和牛磺酸的氨基上，形成酰胺。该反应需要 ATP 和乙酰 CoA，为解毒过程。而后一类食品中外源化学物可与丝氨酸和脯氨酸等含有的羧基结合形成 N-酯，这需要氨酰基-tRNA 合成酶催化和 ATP 供能。N-酯可进一步分解为亲电的氮宾离子或碳宾离子。

四、代谢酶对生物转化的影响

影响食品中外源化学物生物转化的因素包括遗传因素和环境因素两类。遗传因素涉及动物的物种、性别、年龄等，常表现为代谢酶的种类、分布、数量和活性的差别。代谢酶的遗传多态性是不同个体对食品中外源化学物的敏感性存在差异的重要原因。各种环境因素通过干扰代谢酶与辅酶的合成与催化过程而影响食品中外源化学物的生物转化。代谢酶的诱导和抑制是最主要的表现形式。

（一）代谢酶的遗传多态性

遗传多态性（genetic polymorphism）系指在群体中出现了频率大于 1%的多种等位基因形式。由于基因组内不同位点的 DNA 序列发生改变是非常普遍的现象，故很多参与Ⅰ相反应和Ⅱ相反应的代谢酶具有多态性。由于代谢酶的多态性在很大程度上决定个体对于食品中外源化学物所致毒效应的易感性，目前已成为毒理学研究的热点。下面介绍几个实例。

人的 CYP_1A_1 是芳烃羟化酶，在肝外组织表达，在肺中的活性最强，可催化多种芳香烃成为致癌物。该酶的基因位于15号染色体上，含有7个外显子，6个内含子，全长6311个碱基对。目前认为CYP_1A_1存在Mspl多态和第7外显子多态。Mspl位于CYP_1A_1的3'端非编码区，为限制性内切酶的作用位点。根据该位点的存在与缺失，可分为A、B、C三种基因型。其中基因型A为优势型纯合子，其Mspl位点缺失；基因型C也为纯合子，其Mspl位点的胸腺嘧啶核苷被胞嘧啶核苷取代，比较少见；基因型B是基因型A和基因型C的杂合子。在第7外显子的血红素结合区，可发生A→G突变，使原编码的异亮氨酸（Ile）转变为缬氨酸（Val），也可分为3种基因型：Ile/Ile型、Ile/Val型和Val/Val型。CYP_1A_1的Mspl多态和第7外显子多态可增加个体对于肺癌的易感性。据报道，在日本的肺癌患者中，基因型C的比例比正常对照组高2倍；携带基因型C的个体罹患肺癌的相对危险度比基因型A和B者高7.31倍。在我国，Val/Val型患肺癌的危险度为其他基因型的2.43～2.91倍，另外，CYP_1A_1的遗传多态性还与膀胱癌、乳腺癌、结肠癌等的易感性有关。

谷胱甘肽S-转移酶（GST）可分为T_1、M_1和P_1基因多态性，具体形态包括基因缺损、碱基置换和基因多重拷贝等。GST T_1基因缺失者易发生星形细胞瘤、脑膜瘤和脊髓发育不良；GST M_1基因完全缺失者对于吸烟所致的肺癌、膀胱癌和头颈部肿瘤的易感性增加；GST P_1基因的过表达与卵巢癌、非小细胞肺癌、乳腺癌和结直肠癌的抗药性有密切关联。

N-乙酰转移酶（NAT）的等位基因变异可增加罹患结肠癌和膀胱癌的风险。NAT_1在这两种组织中的高表达与吸烟和芳香胺接触者患癌之间的关系已部分明确。快乙酰化型NAT_2等位基因携带者患结肠癌的风险大于慢乙酰化型基因携带者，而对于膀胱癌，情况正好相反。

（二）代谢酶的诱导和阻遏

许多外源化学物可以引起某些代谢酶的含量增加并伴有活力增强，这种现象称为酶的诱导（enzyme induction）。凡是具有诱导效应的化学物称为诱导剂（inducer），可分为单功能诱导剂和双功能诱导剂两类。前者能够诱导催化还原、水解和结合反应的酶类，但不能诱导细胞色素P450；后者除能诱导与结合反应有关的酶类外，还能诱导多种CYP超家族的成员。诱导剂的作用机制一般为：①作为配体与位于细胞质的外源化学物感受器（xenosensors）形成结合物，使其发生变构并与辅蛋白脱离，由无活性形式转变为活化形式；②结合物与配体蛋白形成异源二聚体并转位进入细胞核；③该二聚体与位于基因5'-启动子区的反应元件，如外源化学物效应元件（XRE）、抗氧化效应元件（ARE）和某些同向、反向、反卷重复的DNA短序列结合，募集其他转录因子和RNA聚合酶等形成转录复合物；④启动代谢酶的基因转录。目前发现的外源化学物感受器包括4种受体：芳香烃受体（aryl hydrocarbon receptor，AhR）、结构型雄甾烷受体（constitutive androstane receptor，CAR）、孕烷X受体（pregnane X receptor，PXR）和过氧化物酶体增殖剂活化受体α（peroxisome proliferators-activated receptors α，PPARα）。另外，转录因子$NF\text{-}E_2$相关因子2（nuclear factor erythroid 2-related factor 2，Nrf_2）调控的酶基因参与亲电代谢产物、氧化应激及GSH耗竭等代谢过程，也具有重要的毒理学意义。双功能诱导剂通过与AhR、CAR、PXR和PPARα结合发挥诱导作用，而单功能诱导剂通过与Nrf_2结合发挥诱导作用。

代谢酶的主要诱导剂包括：① 3-甲基胆蒽（3-methylcholanthrene，3-MC）、四氯二苯并-p-二噁英（tetrachlorodibenzo-p-dioxin，TCDD）、苯并（a）芘[Benzoapyrene，B（a）P]等，为AhR的配体，可诱导$CYP_1A_{1/2}$、$1B_1$和UDPGT；②苯巴比妥（Phenobarbital，PB）为CAR和PXR的配体，可诱导CYP_2A_6、$2B_6$、$2C_8$、$2C_9$、$2C_{19}$、$3A_4$、$3A_7$、UDPGT和SULT；③贝特、WY-14，643和全氟癸酸为PPARα的配体，可诱导CYP_4A和UDPGT；④β-萘黄酮、各种酚类抗氧化剂和GSH耗竭剂等，为Nrf_2的配体，可诱导NQO_1、mEH、UDPGT和GST；⑤乙醇、异烟肼可诱导CYP_2E_1。

酶的诱导在肝脏最为明显，也可发生于肾、肺、肠、脑、皮肤和胎盘等组织。

代谢酶的阻遏（enzyme repression）指对某些代谢酶诱导的同时可阻遏另一些代谢酶的合成。这种情况比较少见。如过氧化物酶体增殖生剂在诱导CYP_4A_1、UDPGT等酶合成的同时，显著降低了几种GST和CYP同工酶的表达水平。

（三）代谢酶的抑制与激活

食品中外源化学物对代谢酶的抑制作用（inhibition）可分为两类：

1. 竞争性抑制 由于代谢酶的底物特异性相对较低，活性有限，如同时有两种以上的食品中外源化学物为同一种酶代谢，可发生竞争性抑制。这种抑制并不影响酶的活性及含量，而是一种毒物占据了酶的活性中心，导致其他毒物的代谢受阻。如甲醇和乙醇都由醇脱氢酶代谢，在甲醇中毒时，临床上常给予乙醇治疗。这是因为乙醇与醇脱氢酶的亲和力比甲醇强，可竞争性减缓甲醇的代谢速度而降低其毒性。

2. 非竞争性抑制

（1）与酶的活性中心发生可逆或不可逆性结合：如β-二乙基氨基苯丙基乙酯可与细胞色素P450结合而抑制其活性。苯硫磷可抑制羧酸酯酶使马拉硫磷的水解速度减慢而增强其毒性。某些物质经细胞色素P450代谢后成为该酶系的抑制剂，如呋拉茶碱和甲氧沙林的代谢产物可分别使CYP_1A_2和CYP_2A_6发生不可逆的灭活，此种酶的抑制方式称为自杀式灭活（suicide inactivation）。

（2）破坏酶：四氯化碳、氯乙烯、肼等的代谢产物可与细胞色素P450共价结合，破坏其结构和功能。

（3）减少酶的合成：如重金属铅可抑制δ-氨基酮戊酸脱水酶和血红素合成酶活性，使血红素的合成受阻，从而抑制细胞色素P450的合成。

（4）变构作用：如CO与细胞色素P450结合后引起变构，阻碍酶与氧结合而抑制其代谢过程。

（5）缺乏辅因子：如马来酸乙二酯可耗竭GSH，使GST因缺乏辅因子而无法催化亲电子剂的结合反应。

代谢酶的激活（enzyme activation）指食品中外源化学物直接作用于酶，使其活性增加，但不涉及酶蛋白的诱导合成。这种现象比较少见。如异喹啉和克霉唑在体外可使mEH水解苯乙烯氧化物的活性增加5倍；二乙基酮可明显提高UDPGT代谢2-氨基酸的活性。

（于 燕）

小　结

本章主要阐述了食品中外源化学物在体内的生物转运和生物转化。机体对于外源化学物的处置包括吸收、分布、代谢和排泄四个过程（又称 ADME 过程）。其中吸收、分布和排泄都是外源化学物穿越生物膜的过程，其本身的结构和性质不发生变化，故统称生物转运；代谢则是外源化学物在细胞内经历酶促反应或非酶促反应而形成代谢产物的过程，故称之为生物转化；代谢过程与排泄过程又合称为消除。

吸收是外源化学物从机体的接触部位透过生物膜进入血液的过程，在食品毒理学研究中胃肠道接触吸收是最重要的途径。分布是指外源化学物吸收后，随血液或淋巴液分散到全身组织细胞的过程，其主要影响因素是组织器官的血流量；其次则取决于外源化学物与不同组织的亲和力。排泄是指食品中外源化学物经由不同途径排出体外的过程，最重要是经肾脏随尿液排泄；其次是随粪便排泄；经肺排出的主要是气态物质。

生物转化是机体对食品中外源化学物进行处置的重要环节，也是机体维持稳态的主要机制。食品中外源化学物经过生物转化后成为低毒或无毒的代谢物，此一过程称为代谢解毒；有些化学物质经过生物转化后，毒性非但没有减弱，反而明显增强，甚至产生致突变、致癌和致畸作用，这种现象称为代谢活化。生物转化反应主要可分为Ⅰ相反应（氧化反应、还原反应、水解反应）和Ⅱ相反应（结合反应）两个连续的作用过程。参与外源化学物生物转化过程的酶类称为生物转化酶，具有广泛的底物特异性、多态性、立体选择性。影响食品中外源化学物生物转化的因素包括遗传因素和环境因素两类，主要通过影响代谢酶的遗传多态性、诱导与阻遏、抑制与激活来影响生物转化的效率。

思 考 题

1. 请简述被动转运与特殊转运。
2. 简述外源化学物的吸收途径及其影响因素。
3. 简述外源化学物的分布过程、部位及其影响因素。
4. 简述外源化学物的排泄途径及其影响因素。
5. 试述Ⅰ相反应及其相关酶，Ⅱ相反应及其相关酶的主要类型及作用。

参 考 文 献

李建科. 2007. 食品毒理学. 北京：中国计量出版社.

李寿祺. 2003. 毒理学原理与方法. 成都：四川大学出版社.

刘宁，沈明浩. 2007. 食品毒理学. 北京：中国轻工业出版社.

王心如，周宗灿. 2007. 毒理学基础. 北京：人民卫生出版社.

严卫星，丁晓雯. 2009. 食品毒理学. 北京：中国农业大学出版社.

A. DeBruin. 1977. Biochemical Toxicology of Environmental Agents//J. B. Harborne. 1976. Introduction to Ecological Biochemistry. New York：Academic Press.

B. Testa. 1975. Drug Metabolism，Chemical and Biochemical Aspects. New York：Marcel Dekker Inc.

Curtis D.Klaassen. 2005. 卡萨瑞特·道尔毒理学：毒物的基础科学. 黄吉武，周宗灿主译. 北京：人民卫生出版社.

第三章 食品中外源化学物的毒性及其评价

学习要求

掌握：毒物、毒性、毒作用、靶器官、生物标志物的概念；毒作用的影响因素；生物标志物的毒理学意义。

熟悉：毒作用类型；联合作用的类型。

了解：联合作用的评价。

食品毒理学是从生物医学的角度研究食品中有害物质对人体的损害作用及其机制的毒理学分支。无论是“天然”食品还是加工食品，均是由非常复杂的营养素和其他化学物质混合而成的，食品在加工、储存、运输等过程中，许多因素如食物成分、外源化学物（如食品添加剂、生物毒素等）和环境物理因素（光照、氧以及气温）等都可能对食品中化学物的毒性产生影响。食品中的化学物经口摄入进入机体，首先经历吸收、分布、代谢和排泄（ADME）过程，有一部分食品中有害物质或其代谢产物可分布到靶器官发挥毒作用，引起毒效应。同时，机体具有天然的抗损害作用能力（解毒能力）。这两个过程是同时存在的，只有当有害作用超过了机体的解毒能力，机体才会出现一系列的中毒症状及体征，严重时可导致死亡。中毒（poisoning）是生物体受到毒物作用而引起功能性或器质性改变后出现的疾病。根据病变发生的性质和快慢，分为可逆性损害和不可逆性损害、急性中毒和慢性中毒等。不同的动物物种具有不同的生理代谢特点，对食品中有害化学物质可产生不同的毒性反应。本章介绍毒理学的基本概念和影响毒作用的各种因素，以及毒理学研究的核心-剂量-反应关系等食品毒理学基础内容。

第一节 食品中外源化学物的毒性

一、毒物、毒性及毒作用

（一）毒物和毒性

毒物（toxic substance，poison，toxicant）是指在较低的剂量下可导致机体损伤的物质，任何一种化学物只要到达一定的剂量，在一定条件下都可能对机体产生有害作用。食品毒理学主要研究食品中的毒物，或称外源化学物（xenobiotics）对机体是否产生有害作用，与外源化学物相对的概念是内源化学物，是指机体内原已存在的和代谢过程中所形成的产物或中间产物。毒理学研究外源化学物和内源化学物对机体的有害作用，而不是有益作用（如营养作用、治疗作用等）。

毒物有多种分类方法，较常用的有按照化学物的用途和分布范围进行分类，可将毒物分为：①环境污染物，包括生产中排放的废气、废水和废渣；②工业毒物，包括生产中的原料、中间体、辅助剂、杂质、成品、副产品、废弃物等；③食品中天然有毒成分，包括动植物中天然毒素等；④农用化学物，包括农药、化肥、植物生长调节剂等；⑤日化用品，如家用洗化用品、化妆品、其他日用品中的有害成分；⑥生物性毒物，又统称毒素（toxin），是生物机体产生的毒性物质；⑦医用药物，包括兽医用药，药物常因过量使用、致敏作用或特异性反应等引起毒性作用；⑧军事毒物；⑨放射性核素。

与食品相关的毒物按其来源大致可分为 5 类：①食品原料自身含有或因有害微生物产生的有毒物质，如大豆中的蛋白酶抑制剂、马铃薯发芽产生的龙葵素、发霉花生和玉米中的黄曲霉毒素；废水、废气等环境污染造成的食品污染，如土壤中镉和铅含量增加，或汽车尾气可对农作物带来相应的重金属污染；还有自带毒素的生物如河豚等。②食品动植物原料生产过程中因各种原因和污染而增加的化学物质，残留的农药兽药等。③食品加工过程中使用的化学物，如食品包装材料和食品添加剂等，使用不当可造成危害。④食品加工过程中产生的有害有毒物质，如酱油酿造过程产生的氯丙醇，高温或油炸食品过程中产生的苯并（a）芘、丙烯酰胺等。⑤食品在体内代谢过程中产生的有害中间产物或终产物，如亚硝酸盐和仲胺类物质在胃内酸性环境中可反应生成亚硝胺致癌物。一般也大致将其分为：动植物天然有毒成分、环境污染物、微生物及其毒素污染、农兽药残留、包装材料迁移物质、食品加工过程形成的有害物、滥用食品添加剂或非法添加有害物质（如三聚氰胺、苏丹红等）、食品在体内代谢过程中产生的有害中间产物或终产物等。

毒性（toxicity）是指化学物引起有害作用的固有能力，是物质一种内在的，固有不变的性质，取决于物质的化学结构。化学物对机体健康引起的有害作用称为毒效应。毒性和毒效应的概念是有区别的，毒性是化学物固有的性质，不因外界因素变化而改变。毒效应是毒物对机体健康有害作用的表现，其程度与外界环境和条件有关，改变条件就可能影响毒效应，毒效应性质到程度都可能改变。

毒物如何发挥毒效应，与机体条件和环境条件密切相关。外源化学物通过各种暴露途径进入生物体内，经过吸收、分布、代谢和排泄（ADME）过程，最后排出体外。在 ADME 过程中，部分外源化学物或其活性代谢产物分布到靶器官中发挥损害作用，引起毒效应。外源化学物对机体的损害作用和机体对应的抗损害作用，两个过程是同时存在的。当外源化学物的作用强度超过机体的抗损害能力后，机体就可能出现一系列中毒症状及体征，甚至可导致死亡。中毒（poisoning）是生物体受到毒物作用而引起功能性或器质性改变后出现的疾病状态。根据病变发生的快慢，中毒可分为急性中毒和慢性中毒。

化学物质的毒效应总是与一定的剂量联系在一起，表 3-1 列出了某些化学物质引起一组实验动物半数死亡的剂量（LD_{50}），LD_{50} 是衡量一种化学物急性毒性大小的重要指标。由表 3-1 可以看出不同化学物质的 LD_{50} 差异很大，LD_{50} 分布很宽，达 10^9 倍，在每一个数量级选择一个代表性化学物，很难划定一个水平作为毒物和非毒物的界限。毒物一般指在较低的剂量下可导致机体损伤的物质，是法规管理的名词，对于急性毒性而言，法规中规定在某个剂量下可引起机体的有害作用的物质为毒物，并以不同等级来划分其毒性；对其他毒性则根据证据的充分性来确定为人或动物的致癌物、致畸物、致突变物及特定靶器官毒物等。

表 3-1　某些化学物的半数致死剂量（LD_{50}）

化学物	物种	途径	LD_{50}（mg/kg 体重）
乙醇	小鼠	经口	10 000
氯化钠	小鼠	腹腔	4000
硫酸亚铁	大鼠	经口	1500
硫酸吗啡	大鼠	经口	900
苯巴比妥钠	大鼠	经口	150
滴滴涕（DDT）	大鼠	经口	100
木印防己碱	大鼠	皮下	5
硫酸士的宁	大鼠	腹腔	2
烟碱	大鼠	静脉	1
d-筒箭毒碱	大鼠	静脉	0.5
河豚毒素	大鼠	静脉	0.1
二噁英（TCDD）	豚鼠	静脉	0.001
肉毒杆菌毒素	大鼠	静脉	0.000 01

（二）毒作用及分类

1. 损害作用与非损害作用　当外源化学物经暴露吸收进入生物体内的作用强度较低（剂量或浓度较低，作用时间较短），机体的生理适应和抗损伤过程相对较强时，机体保持相对稳定，仅有负荷增加或生理意义不明确的一些改变，称为非损害作用（non-adverse effect），发生的生物学变化在抗体适应代偿能力范围之内。机体的自稳机理是有限度的，如果外源化学物作用强度较大（即剂量或浓度较高，作用时间较长），引起损害作用（adverse effect），机体仍可进行病理性适应，病理性适应是可逆的，包括组织改建、代偿性肥大和增生、化生等。当外源化学物作用强度进一步增加时，机体的病理性适应不能逆转、代偿失调进而出现一系列较特异的中毒症状及体征，甚至可导致死亡。毒理学研究目的之一就是明确生物学效应属于损害作用或非损害作用。表 3-2 为区别损害作用与非损害作用的基本原则。

表 3-2　损害作用与非损害作用的区别

表现	损害作用	非损害作用
时间	持久，不可逆	暂时，可逆
性质	体内稳态能力下降，代偿能力下降，易感性增高	体内稳态能力不下降，不降低代偿能力，易感性未变
结局	影响机体形态、生长发育，寿命缩短	不影响功能指标，不影响寿命

损害作用又称为健康损害效应（health effect）。在试验中观察到的效应种类多样，应根据该效应的性质判断其是否为有害效应。例如，肝重量的增加可能是适应性反应，而不是毒效应；肝脏器系数的改变，可能是由于体重下降，而并非肝器质性改变，此时，需结合其他辅助观察指标，如转氨酶升高应结合肝脏的病理学观察结果综合分析。明确损害效应对于长期毒性实验的结果分析非常重要，对化学物的安全性评价的结论起决定性作用。

应该指出，正如在健康和疾病状态之间没有一个绝然的分界，存在亚健康状态和亚疾病状态一样，有时也难以判断外源化学物引起的生物学作用是非损害作用还是损害作用。随着生命科学的进展，过去认为是非损害作用的生物学作用，也可能会重新判断为损害作用。

2. 毒作用及分类 毒作用表现多种多样，分类也有多种分法。可以按照毒作用的性质分类，也可以依据机体的系统毒性分类。外源化学物对机体的毒作用可按以下几方面进行分类：

（1）速发或迟发性作用：某些外源化学物在一次暴露后的短时间内所引起的急性毒作用称为速发性毒作用（immediate toxic effect），如硫化氢及氰化钾等引起的急性中毒，毒作用发生迅速，几小时甚至几分钟出现症状。速发性中毒说明其吸收、分布快，作用直接；反之则说明吸收缓慢或需经代谢活化。如果中毒后迅速恢复，说明毒物能很快被排出或被解毒；反之则说明解毒或排泄效率低，或已产生病理性损害难以恢复。

在一次或多次暴露某种外源化学物后，经一定时间间隔才出现的毒作用称为迟发性毒作用（delayed toxic effect）。例如，有机磷类化合物引发的迟发性神经毒作用，一般在急性中毒缓解或恢复之后才出现。化学致癌物的潜伏期很长，一般在初次暴露后10～20年才能出现肿瘤。

（2）局部或全身作用：局部毒作用（local toxic effect）是指某些外源化学物在机体暴露部位直接造成的损害作用，如酸碱所造成的皮肤损伤，吸入刺激性气体引起的呼吸道损伤等。全身毒作用（systemic toxic effect）是指外源化学物被机体吸收并分布至靶器官或全身后所产生的损害作用，例如一氧化碳引起机体的全身性缺氧。除一些活性很高的物质外，大多数化学物主要产生全身毒作用，有些物质两种作用兼而有之。例如四乙基铅可作用于皮肤的吸收部位，然后分布至全身对中枢神经系统和其他器官产生毒作用。

（3）可逆或不可逆作用：外源化学物的可逆作用（reversible effect）是指停止接触毒物后，毒作用可逐渐消失。不可逆作用（irreversible effect）是指在停止暴露外源化学物后其毒作用继续存在，甚至对机体造成的损害作用可进一步发展。例如，接触粉尘，发生矽肺后，即使脱离了采矿矽尘环境，矽肺的病变持续发展，是不可逆的。化学物的毒作用是否可逆，除取决于所受损伤组织的修复和再生能力外，还与损害的方式和类型有关。

（4）超敏反应（hypersensitivity）：是机体对外源化学物产生的一种病理性免疫反应。引起这种超敏反应的外源化学物称为致敏原，致敏原可以是完全抗原，也可以是半抗原。许多外源化学物作为一种半抗原，当其进入机体后，首先与内源性蛋白质结合形成抗原，然后再进一步激发免疫系统。当再次暴露后，即可产生超敏反应。超敏反应可分为Ⅰ～Ⅳ型。Ⅰ型超敏反应也称之为变态反应（allergic reaction），一般不具有典型的剂量-反应关系曲线。但对特定的个体来说，变态反应可与剂量有关，例如一个对花粉过敏的人，其过敏反应强度与空气中花粉的浓度有关。

（5）特异质反应（idiosyncratic reaction，IR）：通常是指机体对外源化学物的一种遗传性异常的反应性（过强或过弱的反应性），主要源自个体基因多态性，而与免疫性超敏反应无关。例如，体内缺乏 NADH 高铁血红蛋白还原酶的人，对亚硝酸盐及其他能引起高铁血红蛋白症的外源化学物特别易感。特异质反应是罕见的，发生率一般在 1/100 000～1/100，因此常规安全性研究可能无法预测，一般只有食用之后才能观察到。

超敏反应和特异质反应的发生主要与机体因素有关，在群体中仅在少数人有反应，在实验动物难以复制模型。

如果按照机体系统和器官组织的毒作用，可分为肝毒性、肾毒性、血液毒性、生殖毒性以及遗传毒性（致突变性）等。此外，毒作用还可按照有阈值和无阈值毒效应分类：系统毒性、致畸性等为有阈值毒作用，而遗传毒性致癌物、生殖细胞致突变等为无阈值的毒作用，在做风险评估时，采用的评价方法和模型是不一样的。

二、外源化学物作用于人体的毒效应谱

（一）毒效应谱

外源化学物引起的健康效应多种多样，毒效应谱（spectrum of toxic effects）即为一系列的外源化学物生物学效应（图 3-1），随剂量增加可以表现为：①机体对外源化学物的负荷增加；②意义不明的生理和生化改变；③亚临床改变；④临床中毒；⑤死亡。机体负荷是指化学物或其代谢物在体内的量及分布。亚临床改变、临床中毒、死亡均属于损害作用（毒效应），毒效应谱还包括致癌、致突变和致畸胎作用，将在以后各章节讨论。

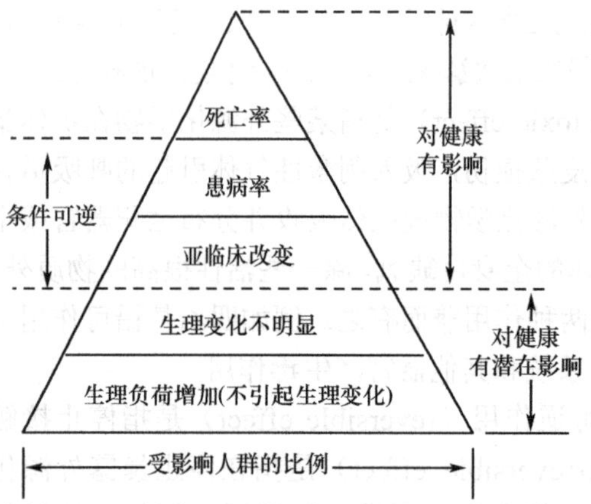

图 3-1　人群对环境有害因素的反应的金字塔形分布

毒理学研究中，采用不同的毒效应作为毒作用终点，一般分为特异性观察指标和非特异观察指标。有机磷中毒抑制血液中的胆碱酯酶活性，临床上出现瞳孔缩小、肌肉震颤、大汗等中毒表现，这些特异性的毒效应有助于中毒原因的判断。非特异性的指标如体重降低或死亡，很客观，易于观察，但比较粗糙，属于大体观察指标，不能反映中毒的机制，死亡可作为评价急性毒性大小的主要指标。

（二）选择性毒性

选择性毒性是毒作用的普遍特点，选择性毒性可发生在物种之间、个体内（易感器官为靶器官）和群体内（易感人群为高危险人群）。损害的器官或生物体称为靶器官或靶生物。原因可能有以下几个方面：①物种和细胞学差异，植物或微生物体内构造的差异，为杀虫剂和药物的研发提供了生物学基础，杀灭致病菌同时对人体无害；②生物转化的差异，比如细菌不能直接吸收叶酸，而是利用苯甲酸、谷氨酸和蝶啶合成叶酸，与其相反，人体细胞不能合成叶酸，只能从食物中摄取。据此发明了磺胺类药物，其杀菌原理为拮抗叶酸合成，对细菌有选择性，而对人体无害；③不同组织器官的亲和力不同，不同毒物在不同器官的蓄积性差异大，如除草剂百草枯主要蓄积肺内，引起肺纤维化，导致通气功能障碍。

（三）靶器官

外源化学物直接发挥毒作用的器官称为该物质的靶器官（target organ），如脑是甲基汞的靶器官，肾是镉的靶器官。一般而言，毒效应的强弱，主要取决于毒物在靶器官中的浓度，但靶器官不一定是该物质浓度最高的场所。例如骨骼中铅蓄积，浓度很高，但铅主要是对其他组织发挥毒作用。同样 DDT 在脂肪中的浓度最高，但并不对脂肪组织产生毒作用。在全身毒作用中常见的靶系统有神经系统、血液和造血系统，靶器官以肝、肾、肺等多见。

某个特定的器官成为毒物的靶器官可能与毒动学、毒效学等多种原因有关：①器官在体内的解剖位置和功能，毒物吸收和排泄器官；②该器官的血液供应；③具有特殊的摄入系统；④代谢毒物的能力和活化/解毒系统平衡；⑤存在特殊的酶或生化途径；⑥毒物与特殊的生物大分子结合；⑦对损伤的修复能力；⑧对特异性损伤的易感性等。

（四）高危人群

易受环境因素损害的人群称为高危人群。如图 3-2 所示，在同一环境因素变化条件下，高危人群比正常人群出现健康危害早，程度亦较严重。个体对潜在的环境健康危害的“危险性谱”由以下因素构成：①暴露于环境有害因子，如外源化学物或微生物；②发生暴露特定的时间；③个体对该环境有害因子的易感性。

高危人群的机体内生理调节功能、平衡适应反应以及代偿能力等与正常人群比较，均有所降低，容易受环境有害物质的影响，构成这种易感性的生物学基础为：①年龄：不同年龄的人对某些环境因素作用的反应不同；②性别：某些疾病的发生与性别有关，例如在日本某些以镉为主的污染地区经产妇发生痛痛病的发病率就高于其他人群；③遗传因素：某些遗传缺陷者对某些毒物异常易感；④营养及膳食情况：营养缺乏可以加剧某些污染物的毒效应；⑤疾病状况：肝肾疾病患者由于解毒功能不全，比一般人群更易发生中毒。

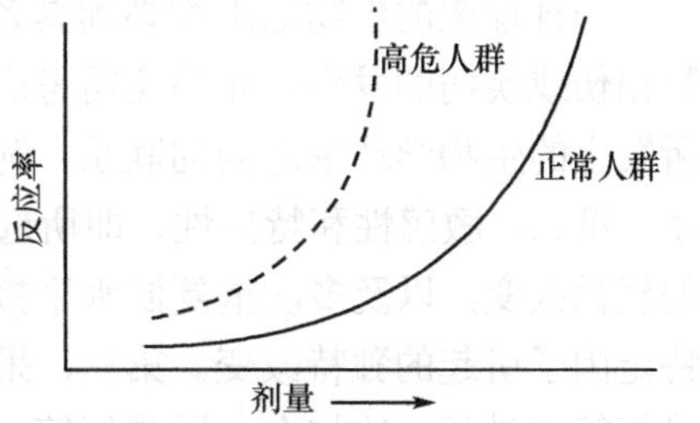

图 3-2　高危人群和一般人群对环境有害因素的剂量-反应关系

不同个体适应和耐受性差异很大。由于高危险人群对有害因素的易感性，因此在研究环境和食品因素对健康的影响和制定相关卫生标准时，均应以高危险人群为主要对象，力求保证全体人群的健康。

（五）生物标志物

生物标志物（biomarker）是指外源化学物通过生物学屏障并进入组织或体液后，对该外源化学物或其生物学后果的测定指标，其目的是筛选和利用敏感、特异、简便和低损伤性的检测指标，以便早期预测食品中有害因素对机体的可能损害，评价其危险度，从而提出切实可行的干预措施。可分为暴露生物标志物（biomarker of exposure）、效应标志（biomarker of effect）和易感性标志（biomarker of susceptibility）。

（1）暴露生物标志物是测定组织、体液或排泄物中吸收的外源化学物、其代谢物或与内源性物质的反应产物，作为吸收剂量或靶剂量的指标，提供关于暴露于外源化学物的信息。暴露生物标志物包括反映内剂量和生物效应剂量两类标志物，内剂量标志可反映机体中特定外源化学物及代谢产物的含量，如化学物原型、代谢物、血红蛋白加合物、DNA 加合物等。暴露的生物标志物用途广泛，即可用于判定人群的暴露状况，确定剂量-效应关系，生物阈限值，也可为干预措施提供依据。

（2）效应生物标志物指机体中可测出的生化、生理、行为或其他改变的指标，包括反映早期生物效应（early biological effect）、结构和/或功能改变（altered structure/function）、及疾病（disease）三类标志物，提示与不同靶剂量的外源化学物或其代谢物有关联的对健康有害效应的信息。早期效应生物标志主要反映外源化学物与组织细胞作用后，在分子水平产生的改变，如 DNA 损伤、原癌基因的活化和抑癌基因失活、代谢酶活性异常等。结构和功能改变的生物标志物反映的是化学物造成的组织器官功能失调或形态学改变。临床上，生物标志物是一种能够判断疾病发生发展和预后的指示物，根据特性可将其分为小分子生物标志物、大分子生物标志物、复合生物标志物和生物种群标志物。如：人体接触环氧乙烷后体内会产生羟乙基缬氨酸血红蛋白加合物。因此，通过检测该加合物的水平可以判断机体是否接触过环氧乙烷。

（3）易感性生物标志物是关于个体对外源化学物的生物易感性的指标，即反映机体与生俱来或后天获得的对暴露外源性物质产生反应能力的指标。如环境化学物在暴露者体内代谢酶及靶分子的基因多态性，属遗传易感性标志物。已有研究表明毒物代谢酶 CYP1B1 基因多态性与肺癌密切相关。环境因素作为应激原时，机体的神经、内分泌和免疫系统的反应及适应性，亦可反映机体的易感性。易感性的生物标志物可用于筛检易感人群，保护高危人群。

一种理想的生物标志物必须具备以下几个条件：尽可能早期地、特异地预示外源化学物损伤或疾病的发生。此外还需考虑以下几点：第一，生物标志物的关联性，指化学物与所发生的生物学现象之间的联系，例如胆碱酯酶活性与有机磷农药中毒临床表现之间的关系。第二，敏感性和特异性，即所选生物标志物要能反映出比较早期和低水平接触所引起的轻微改变，以及多次重复低水平接触累加所引起的远期效应，能确定这些改变是由某种特定因子引起的独特改变。第三，采样方法的无损伤性或低损伤性，从机体采取生物材料最好简便易行，比如血、尿或便等，而且检测方法准确，便于推广应用，并有较好的重复性和准确性。最后，需注意生物标志物的伦理学问题，例如，易感性生物标志物的测定，结果可能会对其就业、参保等造成一定影响。目前主要是通过动物体内试验和体外试验研究寻找生物标志物并推广到人体和人群研究，生物标志物研究已经成为评价外源化学物对人体健康状况影响的有力工具。现代毒理基因学组的发展正在改变传统的毒理学检测方法，其高通量和敏感性的优势，正在成为生物标志物研究的重要发展方向。

第二节　影响外源化合物毒作用的因素

毒性指外源化学物能够造成机体损害的固有的能力，不因外界条件而改变，而毒效应（毒作用）的产生是化学物与机体交互作用的结果，受很多因素影响。即化学物或其代谢产物必须以具有生物学活性的形式到达靶器官或靶细胞，与靶分子相互作用，或改变其微环境，才能产生毒作用。各种化合物对同种实验动物产生的毒性和毒效应有很大差异，一种化合物由于作用物种、作用条件及环境的不同，产生不同的毒效应，既有量的变化，也有质的差异，究其原因十分复杂。除了暴露剂量是最关键的因素外，导致差异的原因主要是四个方面：①化学物因素；②机体因素；③外源化学物与机体所处的环境条件；④化学物的联合作用。因为这些差异给化学物的评价带来困扰，因此，在评价化学物的毒性时，须尽量避免并控制各种毒性作用的影响因素，使试验结果更准确，重现性更好；在动物实验结果外推至人时，特别是在制定预防措施时，应针对各种影响因素给予综合考虑。

一、化学物因素

（一）化学结构

化学物的化学结构直接影响其毒作用的性质和毒性的大小，因为化学结构决定了将会发生的代谢转化类型，可能参与和干扰的生化过程。构效关系（structure-activity relationship，SAR）和定量构效关系（quantitative structure-activity relationship，QSAR）研究已成为预测毒理学的重要部分。通过研究化学物的化学结构与其毒性或效应之间的关系，找出其规律，预测其毒性和生物学活性，开发高效低毒的新化学物；从分子水平上推测新化学物的毒作用机理；预测新化学物的毒性效应和安全接触限量。化学结构与毒性的关系相当复杂，下面就其一般规律叙述如下。

1. 取代基不同毒性不同 苯具有麻醉作用和抑制造血机能的作用，当苯环中的氢被甲基取代后（成为甲苯或二甲苯）抑制造血机能的作用不明显但麻醉作用大于苯；被氨基取代后，有形成高铁血红蛋白的作用；而被硝基（硝基苯）或卤素取代（卤代苯）后，具有肝毒性。另外，烷烃类的氢若被卤素取代，其毒性增强，对肝的毒作用增加，且取代越多，毒性越大，如 $CCl_4 > CHCl_3 > CH_2Cl_2 > CH_3Cl$。

2. 异构体和立体构型的影响 异构体的生物活性有差异，典型的例子是六六六，有七种同分异构体。常用的有α、β、γ和δ等，毒性差别很大：γ、δ-六六六急性毒性强；β-六六六慢性毒性大；α、γ-六六六对中枢神经系统有很强的兴奋作用；β、δ-六六六则对中枢神经系统有抑制作用。

带两个基团的苯环化合物的毒性是：对位＞邻位＞间位，分子对称的＞不对称的。如1，2-二氯甲醚的毒性＞1，1-二氯甲醚。三邻甲苯磷酸酯（TOCP）可导致迟发性神经毒性，但当邻位的甲基转到对位，则失去了其迟发性神经毒性。而反应停的 *S*(–)镜像物比 *R*(+)镜像物有更强的胚胎毒性。

酶通常以高度立体和对映体选择性方式与他们的底物交互作用，不同的同分异构物代谢的比率可能不同。细胞增殖抑制药物，如环磷酰胺和异环磷酰胺；β-肾上腺素能拮抗药，如美托洛尔以及多种其他药物，均存在具重要意义的对映体选择性代谢。典型的例子是苯并（a）芘表现出立体选择性的活化作用。苯并（a）芘被特异的CYP450同工酶CYP1A1立体选择性地代谢为（+）-7*R*，8*S* 环氧化物，再被环氧化物水解酶代谢为（–）-7*R*，8*R* 二氢二醇，再进一步代谢为（+）-苯并（a）芘 7*R*，8*S* 二氢二醇，9*S*，10*R* 环氧化物，其羟基和环氧化物是反式（反镜像物）。苯并（a）芘生物活化形成相应的7，8-二氢二醇-9，10-环氧化物，分子中存在四个手性中心（碳原子7，8，9和10），可造成四个同分异构物。上述有完全结构 7*R*，8*S*，9*S*，10*R* 的（+）-反镜像物诱变性和致癌性最高。这种情况下立体构型比化学反应性对其致癌性更重要。

3. 同系物的碳原子数和结构的影响 多数直链饱和烃具有麻醉作用。饱和脂肪烃属低毒或微毒化学物，比如甲烷和乙烷是惰性气体，但在高浓度时会引起单纯性窒息作用；从丙烷开始，麻醉作用随着碳原子数的增多而增强，当超过9个碳原子后，麻醉作用反而逐步减少，其原因是脂溶性增加，水溶性下降，不利于经水相转运，易滞留于体内脂肪组织，到达靶组织浓度下降。当碳原子数相同时，直链化合物毒性大于异构体，成环化合物毒性大于不成环化合物。如直链烷烃的麻醉作用大于其同分异构体：庚烷＞异庚烷，正己烷＞新己烷；环烷烃的麻醉作用＞开链烃环戊烷＞戊烷。就分子饱和度来讲，碳原子数相同时不饱和键增加，其毒性增加，如乙炔＞乙烯＞乙烷。

（二）理化性质

化学物的理化特性对于其进入机体的机会和速率以及在体内的代谢转化过程均有重

要影响。

1. 脂水分配系数（lipid/water partition coefficients，Co/Cw） 是指达到动态平衡时化学物在脂相（油相）和水相中的溶解分配率的平衡系数。一般来说，非解离的无极性化合物的脂/水分配系数较大。该系数大表明其脂溶性高、亲脂、易于吸收、易于分布、多需要生物转化、不易排泄。如DDT易在脂肪组织中蓄积，而四乙基铅易侵犯神经系统。但是，脂溶性极大的化学物不利于经水相转运。

化学物在水中的溶解度直接影响毒性的大小和毒性作用部位。水中溶解度越大，毒性愈大。如砒霜（As_2O_3）在水中的溶解度是雄黄（As_2S_2）的3万倍，其毒性远远大于雄黄。铅化物在体液中的溶解度顺序为：一氧化铅＞金属铅＞硫酸铅＞碳酸铅，其毒性大小亦如此。此外，气态化学物的水溶性可影响其在呼吸道的吸收部位：氟化氢（HF）、氨等易溶于水的刺激性气体主要溶解于上呼吸道表皮上覆盖的水性黏液，引起局部刺激和损害作用，而不易溶解的二氧化氮（NO_2）则可深入到肺泡，引起肺水肿。

2. 分子量大小 较小分子量（＜200）的亲水性分子如乙醇或尿素能经膜孔（直径为0.4 nm）以滤过方式跨膜，但离子化合物、甚至某些小离子，例如钠，则不能通过膜孔，因为在水性环境中钠离子事实上成为水合物因而大于正常的膜孔。外源化学物微粒的大小与分散度成反比，分散度越大粒子越小，其表面积越大，表面活性越大。如一些金属烟的表面活性大，可以与呼吸道上皮细胞或细菌等蛋白作用，引起发烧，即所谓的金属热。而分散度较小，微粒较大的金属粉尘则不能引起金属热。气溶胶分散度与其空气动力学直径成反比，分散度大，粒子小，表面积大，则生物活性高。

3. 挥发性 液态化学物的饱和蒸汽压大，则挥发大，经呼吸道暴露的可能性大。例如，苯与苯乙烯的LC_{50}均为45 mg/L左右，但苯的挥发性较苯乙烯大11倍，故其经呼吸道吸入的危害性远较苯乙烯大。但是，如果同为易于经皮吸收的液态化学物，挥发性大，接触时间较短，则危害性小。挥发性强的外源化学物经拌饲法染毒加入饲料后可因挥发而减少接触剂量，在长期喂饲试验时应注意。

4. 气态物质的血/气分配系数 气态物质的血/气分配系数是指当呼吸膜两侧的气体的分压达到动态平衡时，其在血液中的浓度和肺泡气中的浓度之比。该系数可影响到达肺泡的气态物质通过简单扩散跨呼吸膜吸收入血，一般来讲，系数越大越易经肺泡呼吸膜吸收入血液。

5. 比重 气态和蒸汽态外源化学物的比重在某些特殊情况下是值得重视的。在密闭的、长期空气不流通的空间，如沼气池、竖井、地窖、地沟和废矿井中，有毒气体可能因比重不同而分层，如果贸然下去将导致中毒事故。化学性火灾的有毒烟雾比重较轻，最好的逃生方式则是匍匐移动。

6. 电离度和荷电性 外源化学物主要以非离子化形式和简单扩散方式通过脂质双分子层，电离度以pK_a值表示，pK_a不同的化学物在不同的pH环境中的电离度不同，影响其跨膜转运。如在酸性条件下，弱酸性化合物主要是非离子化形式存在，而弱碱性化合物主要是离子化形式存在。空气中的外源化学物微粒的荷电性影响其在空气中的沉降和呼吸道的阻溜率。

（三）不纯物和外源化学物的稳定性

评价外源化学物的毒性应尽可能采用其纯品。但实际工作中，常常需要评价工业品和商品的毒性，这个问题在食品类尤为突出，因食品加工过程中添加很多的辅剂，如溶剂、赋形剂、稳定剂和着色剂等。工业品还常含有不纯物，即杂质，这些不纯物可能影响食品产品的毒性，其中有些杂质的毒性常比化合物的毒性高，可影响对化合物毒性的正确评价。例如早期对除草剂 2，4，5-T 进行研究时，由于样本中含有相当量（30mg/kg）的剧毒物质二噁英（TCDD），其急性经口 LD_{50}（雌大鼠）仅为 2，4，5-T 的万分之一；其致胚胎毒性的剂量相当于 2，4，5-T 经口 LD_{50}（雌大鼠）的 400 万分之一。因而，得到的 2，4，5-T 的毒性结果都是 TCDD 的。即使 2，4，5-T 中杂质含量低于 0.5 mg/kg，仍然影响其毒性。因此做毒理学试验之前，尽可能弄清楚受检化学物的组成、成分及其比例，包括同分异构体的组成和比例。

毒物在使用情况下是否稳定也可能影响其毒性。如有机磷酸酯杀虫剂蝇毒磷在储存中形成的分解产物对牛的毒性增加。所以在进行毒理学实验研究之前，应获得使用情况下的稳定性资料。

二、机 体 因 素

毒作用是外源化学物与机体相互作用的结果，因此机体自身的多种因素可影响化学物毒性。如动物的不同种属、品系、个体健康状况和易感性等，对同一外源化学物的毒性反应可有量和质的差异。如：苯可引起兔白细胞减少，但引起狗白细胞升高；β-萘胺可引起人和狗膀胱癌，但对大鼠、兔和豚鼠无致癌性。

由于个体之间对毒物的反应的差异很大，所以近年来非常关注机体因素影响的机制，个体反应可以从无任何作用到出现严重损伤以至死亡，即使在双生子之间亦不例外。对于敏感个体和耐受个体的易感性研究表明，那些出现异乎常人反应的人对毒作用有高敏感性，称为高危个体（high risk individual）。

目前认为引起物种、品系、个体差异以及选择毒性的主要因素有：①解剖、生理和生化的不同；②代谢转化的差异，以及代谢酶的遗传多态性；③修复能力的个体差异；④宿主的其他因素。

（一）物种、品系及个体的遗传学差异

1. 解剖、生理的差异 实验动物和人之间有许多生理学和解剖学的相似性，为使用动物进行毒理学试验提供了前提条件，但是动物与人在解剖、生理、遗传学和代谢过程等方面均可能有差异，了解和比较其差异具有重要的毒理学意义。不同物种的解剖、生理和代谢等过程等均可能有所不同。例如肝脏分叶的差异，狗为 7 叶、兔 5 叶、大鼠 6 叶、小鼠 4 叶，且大鼠无胆囊。大鼠和小鼠全年均可发情，狗只有在春秋两季两次发情。体细胞染色体的数目狗为 78 条，小鼠 40 条，而人是 46 条。人心脏每分钟输出量占总血量的比值为 1，而小鼠为 20，所以外源化学物从血浆中清除的半衰期小鼠较人短，相同剂量的化学物对人体的作用时间比小鼠长。这些差异可以部分解释人比小鼠对毒物更敏感。

2. 代谢转化的差异 不同物种的动物对外源化学物毒性的反应不同，主要是因为对化学物的代谢转化的差异，包括量的差异和质的差异，如小鼠每克肝脏的细胞色素氧化酶活性为 141 活性单位，大鼠为 84，兔为 22。这种差异可导致代谢酶活力的差异，意味着占优势的代谢途径也有差异，导致最后发生的毒性作用可能是不同的。苯胺在猪、狗体内转

化为毒性较强的邻氨基苯酚，而在兔体内则生成毒性较低的对氨基苯酚；β-萘胺在人体内经 N-羟化可诱发膀胱癌，而豚鼠肝脏内不能将其 N-羟化，因而不诱发肿瘤。黄曲霉毒素 B1 对大鼠和小鼠致癌性存在选择性，小鼠能抵抗黄曲霉毒素 B1 致肝癌作用，可能机制是小鼠体内含有谷胱甘肽转硫酶的同功异构酶，该酶与黄曲霉毒素 B1 的致癌性环氧化物具有高度亲和力，具有解毒作用，而大鼠的这种解毒作用较低。这些差异可为毒理学实验在选择敏感动物品系时提供参考。

3. 个体间的遗传学差异 代谢酶的遗传多态性是个体间在化学物代谢中产生差异的主要原因。代谢酶的多态性是指一个基因座位的最常见的等位基因频率不超过 0.99，这个基因即具有多态性。它表明在群体中＞1%的部分存在各自不同的等位基因形式，它们的基因产物或多或少有显著不同的特性。目前研究表明，遗传多态现象是产生个体毒作用差异或疾病风险增高的主要原因之一，另外也与修复能力和受体有密切关系。

许多种外源化学物的代谢酶都具有多态性。不同物种和种属、同一种属个体的不同器官组织、甚至细胞内不同的亚细胞结构中，其 CYPs 的含量、活性和功能都有很大的差异。目前研究较深入和清晰的有细胞色素 P450 酶类（CYP），环氧化物水解酶（EH）、尿苷二磷酸葡萄糖醛酸转移酶（UGT）、谷胱甘肽转移酶（GST）、*N*-乙酰基转移酶（NAT）和葡萄糖-6-磷酸脱氢酶（G-6-PD）等。

CYPs 可催化内源性化合物的反应，如：类固醇的生物合成（CYP11A1、CYP21A1、CYP19、CYP110 以及 CYP11B2 等）、脂肪酸的代谢（CYP4A）和维生素 D_3 代谢活化（肝脏的 CYP27A1 和肾脏的 CYP27B1）。毒理学研究更关注的是 CYPs 催化外源化学物的代谢，CYPs 代谢的基本类型包括脂肪族和芳香族羟化、环氧化、N-羟化、氧化性脱基团、脱烷基等，但需要注意的是代谢酶的双重性，既具有代谢解毒功能也可能有代谢增毒活化作用，如多环芳烃经 CYPs 催化活化为致癌物。

CYPs 的多态性有种族差异。如，在我国人群中，降压药物异喹胍的羟化酶 CYP2D6 极快代谢型（ultrarapid metabolism，UM）占 35.83 %、快代谢型（extensive metabolism，EM）占 63.33 %、慢代谢型（poor metabolism，PM）占 0.8%，而高加索人中有 5 % ～ 10 % 是 PM。PM 个体使用氯贝丁酯后 50 %的可能发生外周神经疾病，且对普罗帕酮的毒副作用更敏感。还有报道在英国肺癌病人中 PM 出现率约为 1.6%，而正常人对照组 PM 出现率约为 10.4 %，提示不同的基因型与肺癌的发生有关。PM 的第 22 条染色体上的 CYP2D6 基因发生了突变或缺失可造成 CYP2D6 缺乏正常功能。

不同组织器官对化学毒物所致损害的修复能力有差异，如脑组织的再生能力很差，一旦发生实质性的损害就很难恢复。而肝、肾等器官的再生能力很强，即使造成损害，只要脱离接触，就可望得到修复并恢复正常功能。机体所有的组织、细胞和大分子都有其相应的修复机制。这些修复过程有各种酶参与，修复酶也可能有多态性，可造成修复功能的个体差异。

DNA 损伤的修复过程涉及许多酶，DNA 损伤修复酶也有多态性。O^6-甲基鸟嘌呤-DNA 甲基转移酶（MGMT）是体内一种高效 DNA 修复酶，能够将 O^6-烷基鸟嘌呤上的烷化基团转移到自身胱氨酸的残基上，使 DNA 上异常的鸟嘌呤复原。该酶具有明显的组织差异和个体差异，如肝脏的活性为 0.34～1.09 pmol/ mg 蛋白；脑的活性为 0.07～0.1pmol/ mg 蛋白；一些对烷化剂敏感的瘤株中 MGMT 活性降低甚至无活性。

（二）机体其他因素对于毒作用的影响

机体的健康状况、免疫状态、年龄、性别、营养状况、生活方式等因素对毒作用的敏感性均可产生不同程度的影响。

1. 健康与免疫状态 一般情况下，疾病会加重外源化学物对机体产生的损害作用。患有肝、肾疾病对于外源化学物吸收、分布、代谢与排泄会产生不同程度的影响。例如患有严重肝炎与肝硬化的病人可见肝内 CYP450 含量下降 50%，患有急性化学性肝坏死的病人血浆内苯巴比妥、安替比林的半减期延长一倍。肾脏作为重要的排泄器官若出现功能下降或衰竭，对于许多种外源化学物的排泄半减期亦出现延长作用，这对于药效和毒效都会产生影响。在动物中引起应激的刺激可能影响药物代谢和分布，如感冒、过度的噪音引起的应激，可增加芳香族的羟基化作用。

免疫状态对某些毒作用有直接影响，过低或过高的免疫反应水平都可能带来不良后果。过敏性反应可出现于多次接触某种药物和金属化学物时，但一般发生率都不太高，主要见于少数敏感者。最好能在接触这类致敏物前发现这类敏感者，以便及时采取适当的措施。

2. 年龄 年龄影响机体的各种代谢能力和生理学功能，从而影响对外源化学物的敏感性。未成年和老年阶段的代谢能力较低，血浆蛋白质结合能力较低，外源化合物从身体清除效率低，故这两阶段人群或动物较成年机体损伤发生早，且更严重，毒物在体内持续更长的时间。对于大多数毒物，幼年动物的敏感性为成年的 1.5～10 倍。

由于年龄的原因，肠的运动能力影响可改变外源化合物的吸收位置。婴儿对青霉素吸收增加而对对乙酰氨基酚吸收减少，婴儿肠管菌丛的缺乏可影响外源化合物吸收前的转化。婴儿和老人血浆蛋白质和血浆白蛋白水平都较低，可能减少与外源化合物的结合，增加游离化学物的浓度。如婴儿中药物利多卡因只有 20%与血浆蛋白质结合，而成人中有 70%。婴儿血浆 pH 降低也将会影响某些化合物与蛋白质结合、分布和排泄。由于血脑屏障发育不全，对化学物药物通透性高，比如，吗啡对新生大鼠的毒性是成年大鼠的 3～30 倍，铅对新生大鼠有神经毒性。婴儿和老人肾小球的滤过作用和肾小管分泌都较低，其结果是减少外源化学物从身体内清除，接触化学物时间延长，如果长期接触将导致蓄积毒性增加。因此，抗关节炎药物苯噁洛芬（opren）引起某些老年患者严重的毒性而被停止使用。

未成年机体代谢能力的缺陷对外源化合物的毒性影响有重要意义。该阶段机体脏器药物代谢酶活力均较低，而达到完全活力的年龄因物种而异。如 6 岁儿童羟化酶活性增加，到达比成年人更高的水平，性成熟之后反而减少。儿童体内安替比林和茶碱比成年人排泄更快。另外，某些同工酶的构成比在婴儿和成年机体中可能有非常大的差异。环已烯巴比妥为催眠药物，需机体代谢失活从而失效，新生小鼠接触之后，其睡眠时间被大大延长（为成年小鼠的 70 倍），成年小鼠睡眠时间小于 1 小时的剂量对乳鼠有致命的毒性。反之，需要体内活化的化学药物，则药效或毒作用难以达到成人的水平。例如，需要代谢活化的对乙酰氨基酚对新生小鼠的肝毒性比成年小鼠低很多；四氯化碳对新生大鼠不表现肝毒性。氯霉素 90%与葡萄糖醛酸结合，新生儿期葡萄糖醛酸结合的缺乏导致未结合的氯霉素持续高血浆水平，可导致一些婴儿严重的发绀和死亡。新生儿黄疸很常见，其原因是婴儿体内的胆红素与葡萄糖醛酸结合不足，游离胆红素的水平升高，加上血脑屏障不健全，可因严重黄疸而引起脑损害。

老年动物对某些化合物的代谢能力较年轻成年动物低。某些药物（普萘洛尔和利多卡因）的清除在老年人可能减少，可能导致其毒性与成年人有差异。以神经系统为例，老年人神经递质的合成能力下降，会加强某些神经毒物对机体的作用。如 CS_2 对神经系统锥体外系的作用是通过抑制多巴胺 β-羟化酶，使多巴胺转化成肾上腺素的能力下降。由于老年人这方面的功能已逐渐降低，而且肾上腺受体亦趋于减少，对 CS_2 毒作用的敏感性将明显增加。

3. 性别 性别差异与种属有关，与化学物种类也有关。同种系的雌雄动物对毒物的反应性质通常相似，但有量的差别（多数是雌性比雄性敏感）。性别差异从发育成熟开始，直至老年期，可能与性激素有关。由于雌雄代谢能力的差异，因而导致需要代谢活化或减毒的化学物毒作用大都有差异。

有许多体内、外实验的例子表明，雄性大鼠代谢外源化合物比雌性更快速。如：杀虫剂阿特灵在雄性体内比在雌性体内代谢更快，且更容易生成毒性更大的环氧化物；环己烯巴比妥的生物半衰期在雌性中比雄性中长得多，诱导的睡眠时间也比雄性长；1-萘酚的葡萄糖醛酸结合、磺胺的乙酰化在雄性都比雌性大鼠更强；需要代谢解毒的有机磷化合物巴拉松对雌性大鼠的毒性是雄性的两倍；普鲁卡因碱在雄性大鼠中被更多地水解而毒性较低。

食品添加剂丁基羟基甲苯在大鼠中的排泄也有性别差异。雄性主要经尿而雌性主要经胆汁（粪便）排泄。2，4-二硝基甲苯也是典型的毒作用性别差异例子。实验已证明，雄性大鼠对其致肝癌性有更高的感受性，因为雄性动物葡萄糖醛酸结合物更多由胆汁排泄，但随后在肠道被解离、还原后再吸收。而被还原的代谢产物有致肝癌性。另外，已发现 1，4-二氯苯、异苯乙酮等化学物引起的肾癌具有性别和种属依赖性。

两性代谢差异受激素和遗传因素影响。差异从青春期开始出现，给雌性动物雄激素药可消除性别差异。睾丸切除减少了在雄性大鼠中氨基比林和环己烯巴比妥的代谢，而给雄激素后可恢复。毒性中性别差异的最好例子是小鼠中氯仿的肾毒性：雄性比雌性更敏感，而阉割雄性动物能消除这种差异，随后给予雄激素可恢复性别差异。在体外试验，雄性小鼠肾脏的微粒体比雌性对氯仿的代谢快 10 倍。

4. 营养条件 机体的营养状态对药物代谢，分布和毒性均有重要影响。各种营养物的缺乏都可能影响药物代谢。

蛋白质缺乏对药物代谢有显著影响。用低蛋白含量的饲料喂养动物，会导致肝脏微粒体蛋白质水平降低，酶活性显著下降，实验发现四氯化碳的肝毒性下降，黄曲霉毒素的致癌性减少，但巴比妥酸盐睡眠时间延长，扑热息痛的肝毒性增加。脂肪酸的缺乏也将减少微粒体酶的水平和活性，可使乙基吗啡，环己巴比妥和苯胺代谢减少。可能因为脂类是 CYP450 所必需的。

矿物质和维生素缺乏也可影响外源化学物的代谢。矿物质缺乏降低了 CYP450 催化的氧化还原反应，降低其生物转化活性，恢复矿物质摄入水平后，CYP450 活性可恢复到生理水平。维生素 A 缺乏可影响内质网的结构，使混合功能氧化酶活性受损。其他维生素（C、E、B 族等）直接或间接参与 CYP450 系统的调节，摄入不足也可降低外源化学物的生物转化速率。

饥饿或膳食改变可能减少必要的辅助因子，如Ⅱ相结合反应必需的硫酸盐可能容易被耗损。短期禁食可能增加二甲亚硝胺的脱烷基化作用，使其肝毒性增加。动物过夜禁食也可增加对乙酰氨基酚和溴苯的肝毒性，其原因可能是谷胱甘肽消耗过多，解毒能力不足。

不良生活习惯对化学物毒性的影响也不容忽视，例如长期吸烟、酗酒可能使得对毒物的敏感性增加。另外，社会及心理因素、精神因素等可影响全身的状态，也同样能影响外源化学物的毒作用。

三、环境因素

生活环境中气象条件、噪声等物理因素和环境中存在的致病微生物或寄生虫等生物因素，以及昼夜或季节节律、动物饲养条件等也可影响外源化学物对机体的毒性。

（一）气象条件

气象条件包括气温、湿度和气压等。环境温度的改变可引起不同程度的生理、生化系统和内环境稳定系统的改变，可改变某些生理功能，如肺通气功能、血液循环等，从而影响外源化学物的ADME过程。在不同温度下进行实验，比较58种化合物的大鼠LD_{50}，结果表明，其中55种化合物在36℃高温环境下毒性最大，26℃环境下毒性最小。一般在正常生理状况下，高温引起动物皮肤毛细血管扩张，血循环和呼吸加快，胃液分泌减少，出汗增多，尿量减少，使经皮和经呼吸道吸收的化学物吸收增加（如增加氮氧化物和硫化胺对呼吸道的刺激作用），经胃肠道吸收减少，随汗液排出增加，经尿液排出减少。引起代谢增加的外源化学物如五氯酚和2，4-二硝基酚在8℃毒性最低，而引起体温下降的外源化学物如氯丙嗪在8℃时毒性最高。

气湿的影响也不可忽视，尤其是高气湿可造成冬季易散热，夏季不易散热，增加机体体温调节的负荷。夏季高温伴高气湿可因汗液蒸发减少，使皮肤角质层的水合作用增加，进一步增加经皮吸收的化学物的吸收速度，并因化学物易黏附于皮肤表面而延长接触时间。

一般情况下，气压变化不大。气压增加往往影响大气污染物的浓度，气压降低可以因降低氧分压而增加CO的毒性。大气压变化对化学物毒性的影响，一般不是直接作用，而是由于影响氧分压而改变机体的感受性。特殊条件下，如高原或潜水状况下，气压有显著变化，对机体生理功能有严重影响，属于特殊医学范畴。

（二）季节或昼夜节律

生物体的许多机能活动常有时间节律。如24小时的（昼夜节律）或更长周期（季节节律）的波动。

每日给药的时间不同或给药的季节不同，外源化学物的毒性会表现出一定的差异。如对于夜行动物小鼠，下午2时给予苯巴比妥的睡眠时间最长，而清晨2时给药睡眠时间最短（约为下午2时给药的40%～60%）。大鼠外周血嗜酸性粒细胞、淋巴细胞和白细胞计数的量均呈现昼夜节律。某些药物的速度亦显示有昼夜节律，例如口服水杨酸，于早上8时服，排出速度慢，在体内停留时间长；而晚上8时服，排出速度快，在体内停留时间短。

这种昼夜节律可能受体内某种调节因素所控制，如切除肾上腺后的大鼠其昼夜节律变得不明显；另外也受外环境因素如进食、睡眠、光、温度等所调节，如单独笼养动物昼夜节律的幅度减小，动物处于 24 小时光照下昼夜节律消失。大鼠对吸入二氯乙烯（vinylidene chloride）毒性的感受性有昼夜节律，这与肝谷胱甘肽浓度的节律有关，而谷胱甘肽浓度的昼夜节律又与喂饲活动有关。

四、动物饲养条件

动物实验中，为了排除干扰，需要将动物的饲养条件和实验条件科学化、规范化，对于动物笼养的形式、每笼装的动物数、垫料和其他因素有严格的要求。一般动物需要在恒温、恒湿及人工昼夜环境中饲养，以防止环境条件影响化学物的毒作用。大鼠为群居性动物，单独笼养会使大鼠烦躁易怒，凶猛具有攻击性。异丙基肾上腺素对单独笼养三周以上的大鼠，其急性毒性明显高于群养的大鼠。养于“密闭”（四壁和底为薄铁板）内的群鼠对吗啡等物质的急性毒性较养于“开放”笼（铁丝笼）中的大鼠为低。

五、暴露因素

外源化学物的剂量和暴露特征（暴露途径、暴露持续时间、暴露频率等）与其毒作用程度密切相关。

（一）暴露剂量

剂量是决定外源化学物对机体是否产生有害作用的关键因素。剂量可分为暴露和内剂量、靶剂量等，一般而言，暴露剂量越大，所引起的毒作用就越强（具体参考本章第三节内容）。

（二）暴露途径

接触途径是影响外源化学物毒作用较重要的因素之一。不同的接触途径其吸收速度、吸收率不同，因此毒作用差异较大。不同接触途径的吸收速度和毒性大小的一般顺序是静脉注射≈吸入＞腹膜内注射≥肌肉注射＞皮下注射＞皮内注射＞口服＞经皮肤给药。静脉注射直接进入血流，通常引起最大的效应和最迅速的反应。经口给药时，因外源化学物在胃肠道吸收后经门静脉系统到达肝脏被代谢（称为首过效应，first pass effect），经肝脏代谢的结果，不论活化或解毒都将影响其后续的毒作用。比较化学物不同接触途径的致死量常可提供吸收程度等有用的资料。例如，在口服或皮肤给药的致死量与静脉注射给药的致死量类似时，提示该化学物容易快速地被吸收。相反，如经皮途径的致死量比经口致死量高几个数量级，提示皮肤对该化学物的吸收是一个有效的障碍。

（三）暴露持续时间

毒理学上通常将动物接触外源化学物的持续时间分为四类：急性（24 小时内），亚急性（1 月内），亚慢性（一般指 3 个月）和慢性（12 个月以上）。急性暴露通常指一次给药，对一些微毒或实际无毒的化学物可在 24 小时内重复剂量接触，除急性以外其他三类实验均为重复剂量暴露。许多外源化学物，急性大剂量接触与较长时间低剂量接触的毒性表现不同。如苯的原发急性毒性显示中枢神经系统（CNS）抑制，但是重复慢性接触可造成骨髓毒性，导致再生障碍性贫血和白血病。

（四）暴露频率

一定剂量的外源化学物，一次全部给予动物时可引起严重中毒，若分几次给予可能只引起轻微的毒作用，甚至不引起毒作用。这要看两次染毒间隔时间内，该外源化学物排除的速率，以及已造成的损伤的修复。任何重复染毒，毒性效应的产生可能事实上完全依赖于染毒的频率和剂量而非染毒的持续时间。如果化学物在体内蓄积（接触频率间隔时间短于其生物半减期），可引起严重的毒性效应，或机体从毒性损害恢复的接触频率间隔时间不够，就可能发生慢性毒性效应。因此一般认为，化学物的蓄积作用是发生慢性毒作用的前提。

（五）溶剂或助溶剂

溶剂在毒理学实验中用于溶解或稀释化学物，溶剂的影响亦不可忽略。任何途径接触的毒性效应都可受到化学物在溶剂或助剂中的浓度（化学物的稀释度）、溶剂或助剂的总体积、溶剂或助剂和生物体和/或化学物之间的相互作用影响。如用黄变米的乙醇浸出液 0.5ml 给小鼠皮下注射，动物全部死亡，而对照组用 0.5ml 的无水乙醇皮下注射后，动物也全部死亡，表明这是乙醇的毒性而不是受试物的毒性。因此，所选溶剂或助剂应无毒，不与受试化学物发生反应，不影响受试化学物的毒性，受试化学物在溶剂或助剂中应稳定。

六、化学物的联合作用

毒理学实验经常研究单一的化学物对生物体的毒作用，但在实际生活和生产环境中，人类往往同时或先后接触来自多种来源的大量化学物，例如食物（包含数以千百计的化学物）、环境空气、水和饮料、化妆品和消费产品等。在毒理学中研究多种化学物对机体的综合毒性作用，比鉴定单一外源化学物的毒性作用更为复杂，但更具实际意义。

（一）联合作用的类型

同时或先后接触两种或两种以上外源化学物对机体产生的毒性效应被称为联合作用。联合作用分为非交互作用和交互作用。

1. 非交互作用　指两种或以上的化学物同时或先后作用与机体，各化学物之间不影响各自的毒性，其毒作用可以通过各化学物的暴露剂量总和或生物学效应总和直接推算。非交互作用又分为相加作用和独立作用。

（1）相加作用（addition joint action）：指每一化学物以同样的方式，相同的机制，作用于相同的靶，仅仅它们的效力不同。它们对机体产生的毒性效应等于各个外源化学物单独对机体所产生效应的算术总和。例如，大部分刺激性气体引起的呼吸道刺激作用；或同分异构物或结构类似物如多氯联苯和二噁英的联合毒性，多呈相加作用。

相加作用也称为简单的相似作用、简单的联合作用或剂量相加作用，是一个非交互的过程。这种联合作用中每个化合物都按照他们的相对毒性和剂量比例对总毒性作贡献。

（2）独立作用（independent action）：也称为简单的独立作用、简单的不同作用或反应（或效应）相加作用。在这一事件中，各外源化学物不相互影响彼此的毒性效应，作用的模式和作用的部位可能（但不是必然）不同，各化学物表现出各自的毒性效应。效应相加是由混合物中每个化合物的反应的总合决定的相加效应。如严重中毒导致的共同效应—死亡。

术语“反应”和“效应”通常被当做同义字使用。但是，术语“反应相加”应该更明确地被用来描述群体中的“反应的数量”。因为存在群体中的每个个体是否对混合物中的化学物有耐受性的问题。如果浓度超过耐受剂量，个体将显示出对一个毒物的一个反应。在这种情况下，应得出反应的数量而非混合物对一群个体的平均的效应。

在人体实际的低剂量接触中，反应相加和剂量相加的概念有很大差别。对于反应相加，当各化学物剂量低于无作用水平，即各化学物造成的反应为零时，总联合作用为零。而对于剂量相加模型，各化学物低于无有害作用水平也可发生联合毒作用。对于低剂量的多重暴露，剂量相加可能导致严重的毒性。对于有线性剂量反应关系的遗传毒性致癌物（假定不存在无作用水平，作用机理被认为是“相似的”），反应相加和剂量相加可得到相同的毒作用。

2. 交互作用（interaction） 两种或两种以上外源化学物造成比预期的相加作用更强的（协同、增强）或更弱的（拮抗作用）联合效应，在毒理学中称之为外源化学物对机体的交互作用。交互作用的机制很复杂，可能是生理、生物化学和/或生物学的，也可能是在毒物动力学相中存在的交互作用。毒物动力学相中的交互作用可以是相互之间的化学反应或对吸收和排泄过程的相互影响，但最明显最重要的是酶诱导和/或酶抑制作用，即一种化合物通过影响生物转化酶的量而影响其他化学物的毒性。如果两种化学物竞争同一个受体，也可发生毒效学交互作用。

（1）协同作用（synergistic effect）：指外源化学物对机体所产生的总毒性效应大于各个外源化学物单独对机体的毒性效应总和，即毒性增强。例如，马拉硫磷与苯硫磷联合染毒，毒性明显增加，可能是苯硫磷可抑制肝脏分解马拉硫磷的酯酶，使马拉硫磷分解减慢之故。

（2）加强作用（potentiation joint action）：一种化学物对某器官或系统并无毒性，但与另一种化学物同时或先后暴露时使其毒性效应增强，称为加强作用。例如，已知有些化学物本身不致癌，但是它们与致癌物同时或先后进人机体却成为助癌物或促癌物。

（3）拮抗作用（antagonistic joint action）：外源化学物对机体所产生的联合毒性效应低于各个外源化学物单独毒性效应的总和，即为拮抗作用。其机制可以是功能拮抗、化学拮抗或灭活、处置拮抗、受体拮抗等。如治疗有机磷农药中毒的阿托品，就是有机磷化合物毒性的拮抗剂；解磷定则是有机磷化合物的生化拮抗剂。

当混合物由两个以上的化合物组成时，或当靶更复杂时，很有可能同时发生这些作用。实际生活和生产环境中人类接触的不仅仅是众多的外源化学物，还有各种物理因素，如噪声、射频辐射、电离辐射、磁场等。此外，社会性因素及心理、精神因素等对外源化学物毒性效应也有影响。例如，气温在30℃以上时，酚和甲醛的联合毒性作用增强；紫外线照射不足和高温都可使机体对六氯苯的抵抗力降低，而最适剂量的紫外线照射可提高机体对六氯苯的耐受性；噪声能增加耳毒性药物如卡那霉素对耳蜗的损害作用。

（二）联合作用评价

混合物的毒作用评价一直是毒理学面临的难题，目前关于化学物联合作用对健康的影响评价也已成为迫切解决的问题。评价外源化学物的联合作用，首先需要确定有效的统计学研究方案。目前常用的设计为析因设计、正交设计和均匀设计等。析因设计是一种多因素的交叉分组设计，可以对各种组合的交互作用进行独特的分析，同时具有直观表达分析结果的优点，最常用的是两因子或三因子的析因设计。正交设计利用规格化的正交表将各种试验因素、各水平之间的组合均匀搭配，可提供很多信息，结果较稳定，可用于3个以上的化学物的交互作用评价设计。均匀设计可用于全部因素为定量的试验研究，但其结果不稳定。实际工作中，可采用均匀设计筛选可能影响的因素，再用析因设计和正交设计进行确认分析。

关于外源化学物联合作用类型的评价，目前尚未形成统一的评价体系。主要采用的方法和模型有等效应线图法、联合作用系数法、等概率和曲线法、logistic模型、广义三阶段多项式回归模型等，这些方法可对联合毒作用进行定性和定量评价。

近年来，随着分子毒理学的快速发展，已开发和建立了一些更先进的用于基因-基因和基因-环境因素的交互作用的评价方法。如分类与回归树法（classification and regression tree，CART）、多因素降维法（multifactor dimensionality reduction，MDR）等。目前认为MDR 是较成功的一种可用于非参数、无须遗传模式分析交互作用的方法，但缺陷是得到的基因和环境因素的交互作用其生物学意义不易解释。上述方法均可使用统计学软件实现，但每种方法有各自的使用条件和优缺点，因此，进行外源化学物联合作用评价时，应根据条件选择合适的方法，才能合理科学地评价联合作用。

第三节　剂量-反应关系及评价

外源化学物的剂量-反应关系（dose-response relationship）是毒理学的重要概念一，也是化学物安全性评价和风险评估的重要步骤之一，可为管理毒理学提供必不可少的信息。

一、剂量和暴露特征

（一）剂量

剂量（dose）是指给予机体或与机体接触的毒物的数量，是决定外源化学物对机体损害作用的重要因素。剂量的概念较为广泛，可指给予机体的数量、与机体接触的数量、吸收进入机体的数量以及在体液或靶器官中的含量或浓度等，如图3-3。

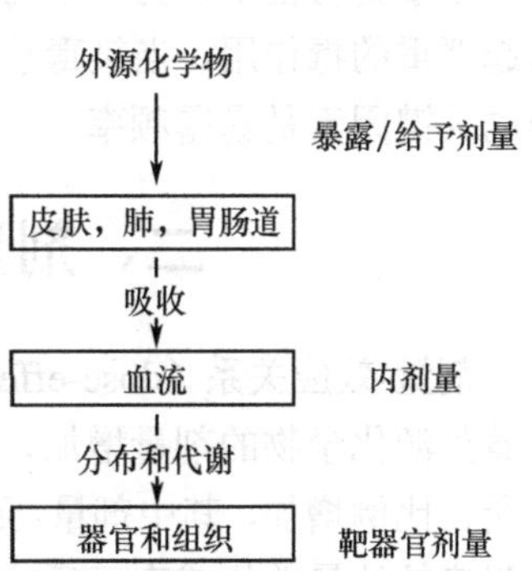

图3-3　几种不同概念剂量的示意图

1. 暴露剂量（exposure dose）　表示个人或人群暴露的物质的量，此定义普遍适用于各类暴露。在实验情况下，动物的暴露剂量被称为给予剂量或染毒剂量（administered dose）。暴露剂量又可分为潜在剂量（potential dose）和应用剂量（applied dose），前者指机体实际摄入、吸入或应用于皮肤的外源化学物的量，后者指直接与机体的吸收屏障接触可供吸收的量。

2. 内剂量（internal dose）　是指达到作用部位（靶器官或靶细胞）的外来化合物的

量或浓度，又称抵达剂量（delivered dose）。靶器官中外来化合物的浓度与毒作用的强度直接相关。实际上测定内剂量较为困难，因此在剂量-反应关系研究中，通常使用接触剂量或染毒剂量（administrated dose）经吸收到血中的外源化学物的量。

3. 生物有效剂量（biologically effective dose） 指经吸收、代谢活化、转运最终到达器官、组织、细胞、亚细胞或分子等靶部位的外来化合物量，因此也称为靶器官剂量。如致癌物或其活化的产物与 DNA 或血红蛋白形成的加合物的含量。生物有效剂量直接与产生的有害效应有关，但在检测方法和样品采集上有更多困难。

一般而言，暴露或摄入的剂量愈大，靶器官内的剂量也愈大。因此，常以暴露剂量来推导化学物对机体的损害作用及程度。剂量单位通常以单位体重接触的外源化学物数量（如 mg/kg 体重）或环境中浓度（mg/m^3 空气或 mg/L 水）来表示。对于同一种外源化学物，不同的剂量可对机体造成不同性质和不同程度的损害，因而在涉及剂量的概念时，应与损害作用的性质和程度相联系。

（二）暴露特征

暴露特征是决定外源化学物对机体损害作用的另一个重要因素，暴露特征包括暴露途径、暴露期限和暴露频率。

在毒理学中，机体最常见的外源化学物的暴露途径为经口、吸入、经皮和注射途径（包括腹腔注射、静脉注射、皮下注射等）。经口、经皮及其他途径的外剂量单位通常表示为 mg/kg.bw（体重），而吸入途径的外剂量则以规定时间内暴露环境中浓度（mg/m^3）表示。

任何一种化学物只要到达一定的剂量，在一定条件下都可能对机体产生有害作用。化学物质的毒效应总是与一定的剂量联系在一起的。但相同暴露剂量不同暴露途径产生的毒性效应不同，或不同暴露途径产生相同毒性效应的暴露剂量不同，如相同毒性等级的化学物，小鼠一次经口和吸入 2 小时的半数致死剂量（LD_{50}）相差很大。比较化学物不同暴露途径的致死量，常可提供其吸收程度的有用资料。

根据机体暴露外源化学物的持续时间不同，将实验动物染毒分为急性、亚急性、亚慢性和慢性毒性试验。是评价一般毒性作用的重要方法。亚急性、亚慢性和慢性毒性试验可统称为重复染毒试验。一般而言，暴露持续时间越长，机体可耐受的剂量越低。

在暴露特征中，另一个与时间有关的因素是暴露频率。一种外源化学物一次染毒可以引起严重的毒作用，当染毒总量相同但分次染毒时可能不引起毒作用。重复染毒引起毒作用的关键因素是暴露频率。

二、剂量-效应关系与剂量-反应关系

剂量-效应关系（dose-effect relationship）和剂量-反应关系（dose-response relationship）随着外源化学物的剂量增加，对机体的毒效应的程度增加，或出现某种效应的个体在群体中所占比例增加，其中剂量-反应关系是毒理学研究的核心问题。以剂量为横坐标，表示效应强度的计量单位或表示反应的百分率或比值为纵坐标，绘制散点图，可得出剂量-效应曲线和剂量-反应曲线。

（一）效应和反应

在毒理学研究中根据所测定的有害作用的生物学和统计学特点，可将终点分为效应和反应两类。

效应（effect）是量反应（gradual response），表示暴露一定剂量外源化学物后造成的个体、器官或组织的生物学改变。通常表示化学物质在个体中引起的毒效应强度的变化，其变化的程度用计量单位来表示，例如某种有机磷化合物可使血液中胆碱酯酶的活力降低，四氯化碳能引起血清中谷丙转氨酶的活力增高，苯可使血液中白细胞计数减少等。

反应（response）是质反应（quantal response），指暴露某一化学物的群体中出现某种效应的个体在群体中所占比率。一般以百分率或比值表示，如死亡率、感染率、肿瘤发生率等。其观察结果只能以“有”或“无”、“异常”或“正常”、“阳性”或“阴性”等定性资料来表示。

（二）量反应和剂量-效应曲线

1. 在整体动物的量反应　为了评价化学物的毒性，必须研究人、动物或其他的整体生物暴露于毒物后实际上会发生什么效应。很多类型的效应能被表示成量反应，例如生长速率（体重）和器官重量改变，血压和葡萄糖水平上升或下降等。不同外源化学物在不同具体条件下，所引起的效应类型不同，剂量-效应关系曲线一般可呈现上升或下降的不同类型的多种曲线，可呈双曲线型、直线型或S-形曲线等多种形状。如苯可使血液中白细胞数减少，即为下降的曲线。有机磷化合物可使血液中胆碱酯酶和羧酸酯酶的活力降低，如将纵坐标换算成抑制百分率，则剂量-效应关系曲线分别为双曲线型（羧酸酯酶）和直线型（胆碱酯酶），如图3-4。

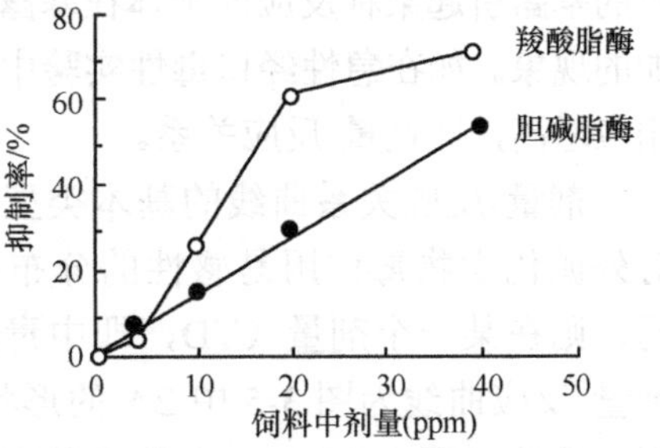

图3-4　饲料中有机磷化合物敌杀磷染毒7天的剂量-效应关系

在健康动物中，化学物的干扰将尽可能被保持在内稳态的限度内。只有当化学物暴露超过一定的阈剂量时，测定出的相关参数才偏离正常。在慢性或长期暴露于低剂量时，机体的补偿机制可能会起较大作用，然而，一旦阈值被超过就可能发生毒效应。在整体动物中剂量效应关系是复杂的，难以做出一个通用的数学模型。

量反应能在单个个体被测量。如果效应是完全可逆的（在一个实际合理的时段内），剂量-效应关系可能以单个个体被确定。然而，在毒理学中此类效应是较罕见的。更可靠的结果是每个剂量利用一组个体，剂量-效应关系包括不同的剂量组效应的均值和标准差。从该剂量-效应关系确定受试物的LOAEL和NOAEL。

剂量-效应关系（dose-effect relationship）指暴露于某一外来物质的剂量与个体的某种反应强度之间的关系，即随着外源化学物的剂量增加，对机体的毒效应程度逐渐增加。如机体血液中碳氧血红蛋白的含量改变与CO浓度之间的关系，以及血液中有机磷农药浓度增加与血清胆碱酯酶活性降低的关系等，都是表示剂量-效应关系的例子。

2. 离体器官和组织的量反应　化学物引发的在游离器官或细胞效应之间的关系对于化学物作用机制研究是相当重要的。对离体器官组织量反应的分析和描述远比完整动物简单，这是因为离体器官/组织缺乏多种整体干预机制，如在整体动物的神经和内分泌调节及转运、代谢机制等。

分子毒理学家试图基于毒物分子与机体内的某些结构或大分子的交互作用来解释毒效应及相应的剂量-反应关系。受体（receptor）是能与配体（ligand）或激动剂高度选择性结合、并随之发生特异性效应的生物大分子或生物大分子复合物。有关配体-受体间相互作用的可能方式，已有多种学说，如占领学说、速率学说、诱导契合学说以及变构学说等。

已证实很多毒物与受体发生交互作用而引起毒作用，如二噁英、多环芳烃作用于 Ah 受体；氨基连三唑、己烯雌酚（DES）、视黄酸等作用于激素受体；过氧化氢酶体增殖剂（氯贝丁酯、邻苯二甲酸酯和苯氧基除草剂）作用于过氧化氢酶体增殖活化受体（PPARs）；肉毒毒素、有机磷酸酯杀虫剂等作用于神经递质；氟乙酸盐、氰化物、有机磷酸酯杀虫剂等作用于酶；CO、亚硝酸盐等作用于转运蛋白质等。目前已发展为毒理学的一个新领域——受体毒理学（receptor toxicology）。受体学说还有待进一步深入研究，很多毒物与受体结合特异性常很低、毒物与内源性物质反应不可逆性，这些都有待阐释。

（三）质反应和剂量-反应曲线

某些毒理学研究重点是关注在特定的剂量时某种毒效应是否发生（例如死亡或肿瘤）及发生率。这些情况需用剂量-反应关系（dose-response relationship）表示，即某种化学物质的暴露引起某种反应的个体在暴露群体中所占的比例（可用百分数表示）随暴露剂量增加的现象。如在急性经口毒性实验中，随着化学物浓度的增高，各实验组的小鼠死亡率也相应增高，即剂量-反应关系。

剂量-反应关系曲线的基本类型是 S 形曲线。剂量-反应曲线反映了人体或实验动物对外源化学物毒作用易感性的分布。如果人体或实验动物对外源化学物易感性完全相同，则在某一个剂量（TD，即中毒剂量）全部个体都发生相同的毒作用（图 3-5 1A），剂量-反应曲线为图 3-5 中 2A 的形状。S 形曲线反映个体对外源化学物毒作用易感性的不一致性（图 3-5 1B），少数个体对此外源化学物特别易感或特别不易感，整个群体对此外源化学物的易感性成正态分布。S 形剂量-反应曲线的特点是在低剂量范围内，随着剂量增加，反应增加较为缓慢，剂量增加到一定程度时，反应急速增加，但当剂量继续增加时，反应强度增加又趋向缓慢，成为 S 形（图 3-5 2B）。值得关注的是曲线的中间部分，即反应率 50 %左右，斜率最大，剂量略有变动，反应即有较大增减。根据所用指标不同可分别称为半数有效剂量 ED_{50}，半数中毒剂量 TD_{50} 和半数致死量 LD_{50}。实际上更为常见的剂量-反应曲线是非对称 S 状曲线。非对称 S 形曲线两端不对称，一端较长，另一端较短（图 3-5 1C）。非对称 S 形曲线反映个体对此外源化学物的毒作用易感性成偏态分布（图 3-5 2C）。

目前在剂量和反应之间的数学关系的各种理论模型已被建立，几种不同的数学转换可用于将非线性的剂量-反应关系外推，如 logit 和 probit 转换等。

在毒理学研究中经常需要测定 LD_{50}（或 LC_{50}），目前我国食品安全国家标准（GB15193 系列）在急性经口毒性试验中推荐 Bliss 法计算 LD_{50}，也常用 logit 转换，概率单位（probit）转换和图解法等。由于 LD_{50} 值仅能给出死亡毒效应的信息，只适用于所测试的动物并依赖于实验条件，故对 LD_{50} 的使用有许多异议。OECD 在 2002 年已撤销传统 LD_{50} 的检测指南。

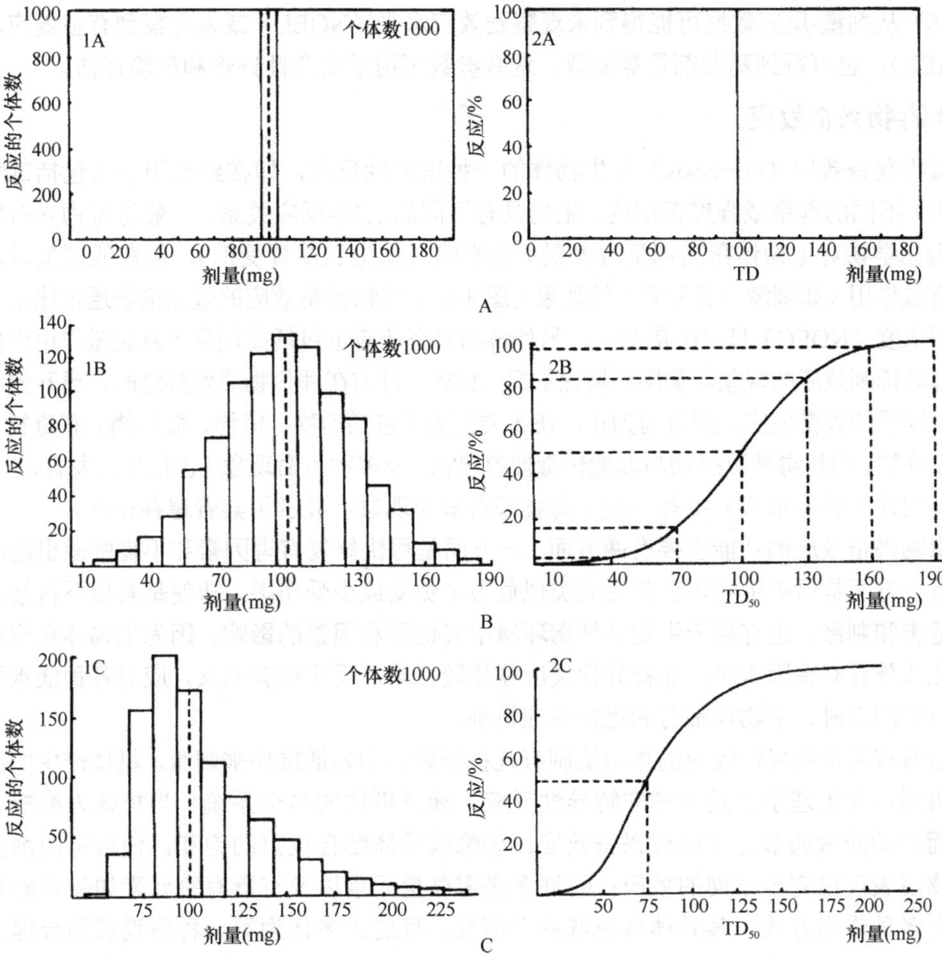

图 3-5　实验动物个体对外源化学物的易感性分布和剂量-反应关系的模式图

个体易感性：A. 完全相同；B. 成正态分布；C. 成偏态分布

（四）剂量-反应关系评价的意义

剂量-反应关系评估在化学物的毒作用确定和安全性评价中意义重大。

（1）可用于确认该效应是化学物或药物的毒性（或药效）反应。明确的剂量-反应关系是暴露与毒性或药理作用之间因果关系的最好证据。

（2）剂量-反应的信息可确定平均（中位数）反应，给出所研究群体的易感性范围，并预计易感组发生反应的剂量。

（3）剂量-反应曲线左侧的形状可能表示人群中存在一定比例的极易感的亚人群，或提示对所研究的化学物或药物存在遗传性的易感。

（4）剂量反应曲线的斜率可反映有效剂量范围的信息以及剂量的增加对受影响的群体比例的差别。较平坦的斜率表示有效/有害剂量范围较宽，受影响群体的比例随剂量的增加变化较小。反之，陡峭的斜率表示大多数群体的有效/有害剂量是在狭窄的范围内，剂量稍有增加则受影响的群体比例增加明显。

（5）可在不同化学物之间，对特定终点反应的平均值和范围进行定量比较，尤其是在有类似信息的情况下。

（6）从剂量-反应数据可能得到未观察到效应水平（NOEL）或未观察到有害效应水平（NOAEL），也可得到基准剂量等参数。这些参数可用于安全性评价和风险评估。

（五）毒物兴奋效应

毒物兴奋效应（hormesis）是生物体的一种适应性反应，即在致毒因子（包括毒物、辐射等）不同的剂量或强度范围内，生物具有不同的剂量-反应关系。一般将毒物兴奋效应定义为化学物对生物体在高剂量时表现负面影响（如生长发育受抑），但在低剂量时却表现为有益作用（如刺激生长发育）的现象（图 3-6）。毒物兴奋效应的效应剂量通常比未观察到作用浓度（NOEC）低 10 倍左右。另外毒物兴奋效应也包括高剂量下具刺激作用而低剂量下却具抑制效应的现象。美国环境保护局（EPA）目前在评价物质致癌性时，已开始考虑低剂量物质的兴奋效应。到目前为止，在各类生物（包括动物、植物、微生物）和毒物（包括非致癌物、遗传毒性致癌物与非遗传毒性致癌物）及多种生命现象（包括生长发育、生殖、寿命、代谢及肿瘤形成）中都发现了毒物兴奋效应现象，显示了其普遍存在性。

毒物兴奋效应的功能主要有两方面，一方面是尽快修复有害因素和不良刺激引起的损伤；另一方面是保护生物体在其后的类似危害中免受或少受伤害，即使是其后不再暴露于相同危害和刺激，也有利于生物体抵御环境中其他不利因素的影响。因为生物体在应对环境变化或外界有害因素时，非特异性反应往往较特异性反应更有意义，应对各种低水平刺激或有害因素时，生物体都有相近的反应机制。

目前有关毒物兴奋效应的作用机制有几种假设：①为抵抗外来刺激，机体产生的应激调节机制，在生理学上是一种非特异性反应，涉及机体的多个系统。当机体为维持动态平衡而启动应激调节时可出现兴奋效应；②酶或受体结合位点的饱和，使得不同剂量的同一物质表现出完全不同的效应；③许多必需微量元素以及有毒有害元素如氟和砷等本身就有多种作用方式，其具体效应取决于剂量。目前大多认为第一种假设较为合理，可揭示毒物兴奋效应的普遍性和非特异性，但仍不能从生理学和病理生理学上完全阐明这种反应机制。

目前毒理学研究认为存在 3 种剂量-效应关系模型，即线性非阈值模型（linear non-threshold model，LNT model）、阈值模型（threshold model）、兴奋效应模型（hormetic model）。其中阈值模型、线性非阈值模型是传统毒物风险评估中应用最多的两种模型，前者主要应用于非致癌物及非遗传毒性致癌物健康风险评估中，后者主要应用于遗传毒性致癌物健康风险评估与毒物生态风险评估中，见表 3-3。虽然毒物兴奋效应机制有待进一步阐明，但是此概念的提出和研究已影响整个毒理学领域，包括毒理学实验设计和观察、动物模型的选择、风险评估和管理等多个方面。

表 3-3　3 种剂量-效应关系模型的区别

项目	模型		
	线型非阈值模型	阈值模型	兴奋效应模型
模型描述	接触与效应始终存在线性关系	一定剂量以上接触与效应始终存在线性关系	生物体的适应性反应成双向剂量反应
模型特点	不存在阈值	存在阈值	低剂量兴奋、高剂量抑制
风险评估中的应用	致癌物风险评估	非致癌物风险评估、生态风险评估	尚未大量应用

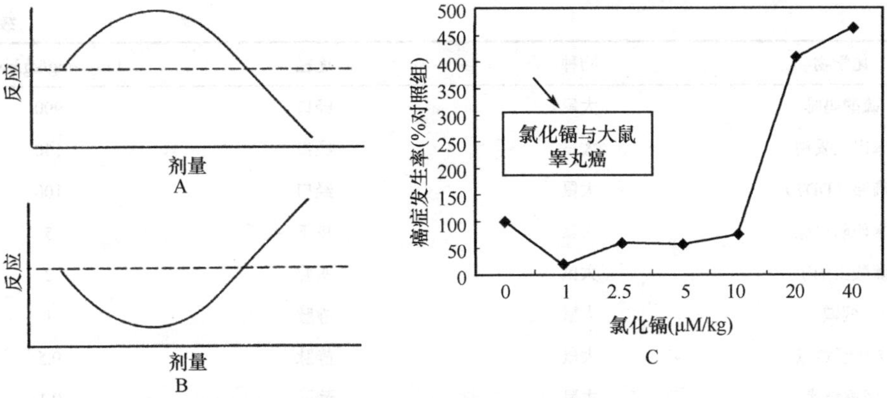

图 3-6　毒物兴奋效应的剂量-反应曲线

A. 和 B. 描述毒物兴奋效应假设的剂量-反应曲线；C. 氯化镉暴露致大鼠睾丸癌发生率的兴奋效应的剂量-反应曲线

第四节　毒性参数和健康指导值

外源化学物进入机体达到一定的剂量，才能引起毒作用效应。引起某一毒作用效应的剂量越小，表示毒性越大。化学物之间的毒性可以相差几千倍甚至上万倍。毒性参数和健康指导值的种类较多，可在一定条件下用于化学物的毒性比较。

一、毒性参数

外源化学物毒作用效应测定常使用以下参数，一般可分为上限参数和下限参数，上限参数以死亡为观察指标，下限参数以损伤为观察指标，比如生化指标异常或病理改变等。

（一）致死剂量参数

1. 绝对致死剂量或浓度（LD_{100}或LC_{100}）　一组受试实验动物全部死亡的最低剂量或浓度。由于一个群体中，不同个体之间对外源化学物的耐受性存在差异，可能有个别个体耐受性很高，因此可造成 100%死亡的剂量显著增加。所以在表示一种化学物的毒性大小或对不同化学物的毒性进行比较时，一般不用绝对致死量（LD_{100}），而采用半数致死量（LD_{50}）。LD_{50}较少受个体耐受程度差异的影响，较为稳定。

2. 半数致死剂量或浓度（LD_{50}或LC_{50}）　指引起一组受试实验动物半数死亡的剂量或浓度，是一个经过统计学计算而得到的数值。LD_{50}较少受个体耐受程度差异的影响，较为稳定，故常用于表示或比较急性毒性的大小。LD_{50}数值越小，表示外源化学物的毒性越强；反之，LD_{50}数值越大，则毒性越低。与LD_{50}概念相似的毒性参数还有半数致死浓度（LC_{50}），即能使一组实验动物在经呼吸道暴露于外源化学物一定时间后，死亡 50%所需的浓度（mg/m^3）。某些化学物的半数致死剂量（LD_{50}）如表 3-4。

表 3-4　某些化学物的半数致死剂量（LD_{50}）

化学物	物种	途径	LD_{50} (mg/kg.bw)
乙醇	小鼠	经口	10 000
氯化钠	小鼠	腹腔	4000
硫酸亚铁	大鼠	经口	1500

续表

化学物	物种	途径	LD_{50}（mg/kg.bw）
硫酸吗啡	大鼠	经口	900
苯巴比妥钠	大鼠	经口	150
滴滴涕（DDT）	大鼠	经口	100
木印防己碱	大鼠	皮下	5
硫酸士的宁	大鼠	腹腔	2
烟碱	大鼠	静脉	1
d-筒箭毒碱	大鼠	静脉	0.5
河豚毒素	大鼠	静脉	0.1
二噁英（TCDD）	豚鼠	静脉	0.001
肉毒杆菌毒素	大鼠	静脉	0.000 01

3. 最小致死剂量或浓度（MLD、LD_{01} 或 MLC、LC_{01}） 指一组受试实验动物中，仅引起个别动物死亡的最小剂量或浓度。

4. 最大非致死剂量或浓度（LD_0 或 LC_0） 指一组受试实验动物中，不引起动物死亡的最大剂量或浓度。

（二）非致死剂量参数

1. 观察到有害作用的最低水平（lowest observed adverse effect level，LOAEL） 在规定的暴露条件下，在现有科学技术条件下可检测/观察到的某物质引起人或实验动物某种有害作用的最低剂量或浓度。此种有害改变与同一物种、品系的正常（对照）组是有明显区别的。

2. 未观察到有害作用水平（no observed adverse level，NOAEL） 指某物质在一定时间内按一定方式或途径与机体接触后，根据现有的科学技术水平，用最灵敏的试验方法和观察指标，未能观察到造成任何损害作用或使机体出现异常反应的最高剂量或浓度。

在具体的实验研究中，应用不同物种品系的动物和不同暴露时间、染毒方法和观察指标，可得出不同的 LOAEL 和 NOAEL。在确定和使用 NOAEL 或 LOAEL 时应说明测定的具体效应、所采用动物和生理特征、染毒途径及研究期限等。

急性、亚急性、亚慢性和慢性毒性试验都可分别得到各自的 LOAEL 或 NOAEL。因此，在讨论 LOAEL 或 NOAEL 时应说明具体条件，尤其是试验期限等，并注意 LOAEL 时有害作用的性质和严重程度。LOAEL 或 NOAEL 是评价外源化学物毒作用与制订安全限值的重要依据。

3. 阈值（threshold） 某物质使机体（人或实验动物）开始发生效应的剂量或浓度，即低于阈值时效应不发生，而达到阈值时效应将发生。一种化学物的每种效应（包括有害作用和非有害作用）都可分别有一个阈值。对某种效应，对易感性不同的个体可有不同的阈值。同一个体对某种效应的阈值也可随时间而改变。有害效应阈值应介于 NOAEL 和 LOAEL 之间，非有害效应阈值应介于 NOEL 和 LOEL 之间。阈值常常并不是实验中所能确定的，在进行安全性评价和风险评估时通常用 NOAEL 或 NOEL 作为阈值的近似值，因此对有害效应的阈值，应说明其是急性、亚急性、亚慢性和慢性毒性的阈值。

二、健康指导值

健康指导值是指为保护人群健康，对生活/生产环境和各种介质（空气、水、食物、土壤等）中与人群身体健康有关的各种因素（物理、化学和生物）所规定的浓度和接触时间的限制性量值，也称安全限值，在低于此种浓度和接触时间内，根据现有的科学技术，不会观察到任何直接和/或间接的有害作用。也就是说，在低于此浓度和接触时间内，对个体或群体健康的风险是可忽略的。健康指导值是国家颁布的相关法规/标准的重要组成部分，是政府管理部门对人类生活/生产环境和相关产品实施卫生监督和管理的重要依据。

（一）常用安全限值

1. 每日容许摄入量（acceptable daily intake，ADI） 是指人类每日从外环境摄入某一外源化学物不致引起任何损害作用的剂量（mg/kg.bw），即低于此量终生摄入不会发生可测量的健康危害。一般用于人为加入的化学物，如食品添加剂、农药或兽药残留等。

2. 耐受摄入量（tolerable intake，TI） 是指人类在一段时间内或终生暴露于某化学物质，不产生可检测到的健康危害的剂量（mg/kg.bw）。包括每日耐受摄入量、暂定最大日耐受摄入量、暂定每周可耐受摄入量、暂定每月可耐受摄入量。

每日耐受摄入量（tolerable daily intake，TDI）的解释和 ADI 相同，但一般用于非有意添加、不可避免的物质，如食品中的污染物。

暂定最大日耐受摄入量（provisional maximum tolerable daily intake，PMTDI）适用于无蓄积作用的食品污染物，由于污染物在食品和饮用水中天然存在，因此该值代表人类允许暴露的水平。对于既是必需营养素又是食物成分的微量元素，则以一个范围来表示，下限代表机体的必需水平，上限就是 PMTDI。因为通常缺乏人类低剂量暴露的实验结果，因此耐受摄入量一般被称为“暂定”，新的数据有可能会改变这个暂定的耐受摄入量。

暂定每周可耐受摄入量（provisional tolerable weekly intake，PTWI）适用于有蓄积毒性的污染物（如重金属），其值代表人类暴露于这些不可避免的污染物时，每周允许的暴露量。

暂定每月可耐受摄入量（provisional tolerable monthly intake，PTMI）适用于有蓄积作用且在人体内有较长的半衰期的食品污染物，其值代表人类暴露于这些不可避免的污染物时，每月允许的暴露量。

3. 参考剂量（reference dose，RfD）**/参考浓度**（reference concentration，RfC） 为环境介质（空气、水、土壤、食物等）中化学物的日平均暴露剂量或浓度的估计值，人群（包括敏感亚群）终生暴露于该水平，预期发生非致癌或非致突变的有害效应的危险度可以忽略。用于非致癌物的危险度评定。

4. 实际安全剂量（virtual safety dose，VSD） 用于无阈值的效应，如化学物的遗传毒效应、致癌作用。对于致癌性，化学物终生暴露所致的危险度在百万分之一（10^{-6}）或以下，为可接受的危险度，相应于可接受危险度的外源化学物暴露剂量为实际安全剂量。

5. 最高容许浓度（maximal allowable concentration，MAC） 系指某外源化学物可以在环境中存在而不致对人体造成任何损害作用的浓度。我国在制订 MAC 时遵循“在保证健康的前提下，做到经济合理，技术可行”的原则，因此与上述几种以保护健康为基础的安全限值有一定区别。MAC 的概念对生活环境和生产环境都适用，但人类在生活与生产活动中的具体接触情况存在较大差异，同一化学物在生活环境中与生产环境中的 MAC 也会有所不同。

（二）健康指导值的制定

为制定健康指导值，首先应收集相关的毒理学研究资料，对来源于适当的数据库，经同行专家评审的文献及诸如企业界未发表的研究报告的科学资料进行充分的评议。对毒性资料的评价一般利用证据权重法，不同研究的权重由大到小依次为：人群研究、动物毒理学研究、体外试验以及定量结构-反应关系。

然后，选择合适的数据和模型进行剂量-反应模型的拟合，并进一步推导健康指导值。合适的数据要满足充足的具有不同反应水平的剂量组和足够的样本量。外源化学物所导致毒作用的类型不同，推导健康指导值的方法也不同。

1. 有阈值毒作用 目前一般认为，外源化学物的一般毒性和致畸作用等的剂量-反应关系是有阈值的，有阈值的外源化学物在剂量低于阈值时没有健康风险，制定健康指导值。

健康指导值 = 起始点（POD）/ 不确定系数（UFs）

健康指导值可以是每日容许摄入量（ADI）、可耐受摄入量（TI）、参考剂量（RfD）、参考浓度（RfC）和最高容许浓度（MAC）等。

起始点（point of departure，POD）的确定取决于测试系统和测试终点的选择、剂量设计、毒作用模式和剂量反应模型等。常用的起始点为与人类相关最敏感观察指标的NOAEL和基准剂量。基准剂量（benchmark dose，BMD）指根据动物实验剂量-反应关系研究结果，使用一定的统计学模型求得的受试物引起一定比例（定量资料为 10%，定性资料为 5%）动物出现阳性反应剂量的95%可信区间下限值（即 ED_5 或 ED_{10} 的 95%可信限下限值）。

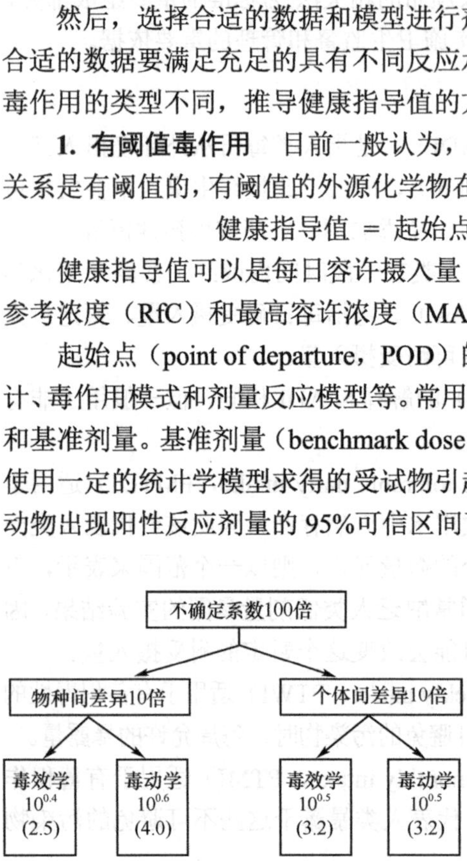

图 3-7 100 倍不确定系数的构成

不确定系数（uncertainty factor，UF）把由动物实验获得的 NOAEL 或 LOAEL 缩小一定倍数而制定健康指导值（安全限值）以确保人体健康，这一缩小的倍数即为不确定系数。为所用的可耐受最高摄入量的可信度（主要取决于动物实验设计与质量）、物种间外推、人群个体间的变异、全部资料的适宜性（充分性）和毒性性质等多个因子的乘积。将动物资料外推到人的 100 倍“安全系数”（图 3-7）是“不确定系数”的一个特例。关于 UF 的选择和使用，及其他相关内容将在第十五章中详细阐述。

2. 无阈值毒作用 对遗传毒性致癌物和生殖细胞致突变物的剂量-反应关系是否存在阈值尚无定论，通常认为大多数可能是无阈值（零阈值）的，即在零以上的任何剂量都有某种程度的健康风险，一般不能用 NOEL-不确定系数法制定健康指导值。对于遗传毒性致癌物，引入实际安全剂量（virtual safety dose，VSD）的概念，致癌物的 VSD 可以用多种数学模型来进行推算。

用数学外推模型进行评定时，可分为两个步骤：①对在观察暴露范围内的资料选用一定的数学模型进行剂量-反应关系的描述；②对观察范围之下的情况进行外推，实践中利用相对保守的模型，美国 EPA 选用的 VSD 是百万分之一（10^{-6}）。

（徐培渝　张青碧）

小　结

本章介绍了毒理学相关基本概念、毒作用的影响因素等。

较小剂量引起机体不良反应或损伤的化学物称为毒物。毒性与化学物结构有关，是固有的性质；而毒效应是在一定条件下引起机体的毒作用，受接触条件等影响。毒作用分有害作用和非有害作用。毒效应谱和靶器官也是毒理学的基本概念。生物标志物是指外源化学物通过生物学屏障并进入组织或体液后，对该外源化学物或其生物学后果的测定指标，可分为暴露标志、效应标志和易感性标志。

影响外源化学物毒作用的因素包括：化学物因素、机体因素、环境条件和暴露条件以及化学物的联合作用等。两种和两种以上的毒物对机体的交互作用称为联合作用，分为增强作用、拮抗作用、相加作用、协同作用和独立作用等。

剂量是决定外源化学物对机体损害作用的重要因素，包括暴露剂量、内剂量（又称抵达剂量）、生物有效剂量（也称靶器官剂量），暴露剂量又可分为潜在剂量和应用剂量。暴露特征是决定外源化学物对机体损害作用的另一个重要因素，包括暴露途径、暴露期限和暴露频率。剂量-效应关系是指随着外源化学物的剂量增加，对机体的毒效应的程度增加，剂量-效应关系曲线一般可呈现上升或下降的多种类型；剂量-反应关系是指随着外源化学物的剂量增加，出现某种效应的个体在群体中所占比例增加，剂量-反应关系曲线常见类型的是非对称S型。

外源化学物毒作用效应测定常使用以下参数：LD_{100}/LC_{100}、LD_{50}/LC_{50}、MLD/MLC或LD_{01}/LC_{01}、LD_0/LC_0、LOAEL、NOAEL和阈值。对于有阈值的外源化学物，可利用不确定系数法制定健康指导值，常用的健康指导值包括每日容许摄入量（ADI）、可耐受摄入量（TI）、参考剂量（RfD）、参考浓度（RfC）和最高容许浓度（MAC）等。

思 考 题

1. 毒性与毒效应有何区别？
2. 生物标志物如何分类，有何毒理学意义？
3. 化学物的联合作用可分为哪几种？
4. 影响外源化学物毒作用的因素有哪些？
5. 简述剂量-反应关系的毒理学意义。
6. 简述主要的毒性参数和健康指导值。

参 考 文 献

国家食品安全风险评估中心. 2015.GB 15193.18—2015 食品安全国家标准健康指导值的制定.
贾旭东. 2011. 健康指导值在食品安全风险评估中的应用. 中国食品卫生杂志，23（1）：22-25.
李寿祺. 2003. 毒理学原理与方法. 第2版. 四川：四川大学出版社.
单毓娟. 2013. 食品毒理学. 北京：科学出版社.
王心如. 2012. 毒理学基础. 第6版. 北京：人民卫生出版社.
严卫星. 2009. 食品毒理学. 北京：科学出版社.
周宗灿. 2012. 现代毒理学简明教程. 北京：军事医学科学出版社.
Renwick. 1993. Data-derived safety factors for the evaluation of food additives and environmental contaminants. Food Addit Contam，10（3）：275-305.

第四章　常见食品化学物及其毒性

学习要求

掌握：主要的植物性食品和动物性食品天然毒素和食品加工过程中产生的有害物质的来源、毒性和防控措施；黄曲霉毒素、有毒金属、持久性有机污染物的毒性、对食品的污染及其防控措施；食品中常见的农药残留、兽药残留及其毒性；食品添加剂的使用要求及常见的食品添加剂。

熟悉：植物性食品天然毒素、动物性食品天然毒素和食品加工过程中产生的有害物质的种类及其性质；食品污染物的种类；镰刀菌毒素、赭曲霉毒素、展青霉素的毒性及对食品的污染；常用塑料、橡胶和涂料对食品的污染及其安全性问题。

了解：植物性食品天然毒素、动物性食品天然毒素的中毒原因；其他真菌毒素的毒性及对食品的污染；食品添加剂的毒性；其他容器和包装材料对食品的污染及其安全性问题。

食品毒理学的主要研究对象之一即为食品中的有毒有害物质。无论是“天然”食品还是加工食品，均含有不同类别的食品化学物，可分为动植物食物中的天然毒素、食品加工过程中产生的有毒有害物质、真菌毒素、有毒有害金属、持久性有机污染物、农药/兽药残留、食品容器/包装材料中迁移出的污染物等，食品添加剂作为一类现代食品加工业必要的化学物，也将在本章作详细介绍。食品中的化学物经口摄入进入机体，经历 ADME 过程，部分食品中有害物质或其代谢产物可分布到靶器官发挥毒作用，引起毒效应，其毒效应的类别和强弱不一。本章主要介绍食品中常见化学物的类别、在食品中的来源和分布、毒代动力学、在人体中的毒效应、中毒原因及预防控制措施等。

第一节　植物性食品中的天然毒素

一、常见的植物性食品天然毒素

天然毒素（natural toxins）指生物本身含有的或代谢过程中产生的某种有毒成分，是一类生物活性物质的总称。天然毒素存在于一些常见的食用植物和动物中。植物中的天然毒素通常是植物为抵御各种生存威胁（例如细菌、真菌、昆虫和捕食者）而产生的代谢物。该类物质主要指植物自身产生的对食用者有毒害作用的成分，不包括经污染和吸收进入植物体内的外源化合物。天然毒素亦可能因自然进化和新的培植法的出现而产生。植物是人类最重要的食物资源之一，而植物性食物中的天然毒素是人类食源性疾病的主要原因之一，对人类健康和生命危害较大。

（一）有毒蛋白质类

目前所发现的有毒蛋白质主要来自植物性食品，包括植物红细胞凝集素、蛋白酶抑制剂以及某些有毒氨基酸类物质。

植物红细胞凝集素，又名外源凝集素，主要存在于豆科及大戟科蓖麻的种子中，是植物合成的一类对红细胞有凝聚作用的糖蛋白，可专一性结合碳水化合物，进入机体后可与小肠细胞表面的特定部位发生结合，对肠细胞的生理功能产生明显不良影响，通过损害胃肠细胞而从胃肠道中结合蛋白质、糖类等营养成分，从而导致营养素缺乏，生长抑制。另一方面，这种有毒蛋白进入人体后能使血液中红细胞产生凝集作用，主要症状为恶心、呕吐、严重者可导致死亡。故生食或食用未煮熟的这类植物种子可引起中毒。目前，该类毒素已发现 10 多种，包括蓖麻毒素、巴豆毒素、相思子毒素、大豆凝集素、菜豆毒素等。植物红细胞凝集素比较耐热，80℃数小时不能使之失活，但在 100℃温度下 1 小时可破坏其活性。因此，食用新鲜豆角类食品时，宜先浸泡去毒，烹饪时煮熟、煮透至失去原有绿色，以防中毒。

蛋白酶抑制剂是指存在于豆类、棉籽、花生、油菜籽、马铃薯、芋头和小麦中，能抑制胰蛋白酶、糜蛋白酶、胃蛋白酶和淀粉酶活性的一类物质的统称。包括胰蛋白酶抑制剂、胰凝乳蛋白酶抑制剂和 α-淀粉酶抑制剂，可影响人体对营养物质的消化和吸收。豆类中的胰蛋白酶抑制剂和 α-淀粉酶抑制剂属营养限制因子。该类物质所产生的不良作用主要是通过抑制蛋白酶活性，降低了食物中蛋白质的水解和吸收，从而导致胃肠不良反应，影响动物生长；除此之外，还可通过负反馈调节，刺激胰腺过度分泌，增加内源性蛋白质、氨基酸的损失，使动物对蛋白质需求增加。普通加热不能彻底钝化豆类蛋白中蛋白酶抑制的活性，故常采用常压蒸汽加热处理 30 分钟，0.1MPa 压力加热 10～25 分钟以破坏大豆中的抗胰蛋白酶因子。近年来的研究表明，蛋白酶抑制剂同时具有抗氧化及抑制肿瘤的作用，因而对其具体的评价和应用有待进一步的研究。

有毒氨基酸类主要指有毒的非蛋白氨基酸或肽类，大都存在于毒蕈和豆科植物中，其中毒肽类物质在毒蕈中存在最多，主要作用于肝脏，可损害人体肝、肾、心脏和神经系统，一般病情较凶险，病死率高。除此之外，有些有毒氨基酸及其衍生物也可对机体产生不良影响，如山黎豆毒素原可导致神经麻痹和骨骼畸形，刀豆氨酸能阻碍体内的精氨酸代谢，*L*-3，4-二羟基苯丙氨酸能引起急性溶血性贫血症。

（二）糖苷生物碱类物质

糖苷生物碱是植物体内的一类次生代谢产物，主要分布于茄科和百合科的一些植物体内，因此被称作甾体糖苷生物碱或茄属糖苷生物碱，成分极其复杂。依其化学结构可细分为非杂环氮类、吡咯烷类、吡咤派啶类、异喹琳类、吲哚类和萜类等，生物碱通常是碱性含氮化合物，与酸可形成盐。存在于食用植物属的主要是龙葵碱（solanine）、秋水仙碱（colchicine）和吡咯烷生物碱。

龙葵碱又名茄碱、龙葵毒素、马铃薯毒素，是由葡萄糖残基和茄啶组成的一种弱碱性糖苷，广泛存在于马铃薯、番茄及茄子等茄科植物中。龙葵碱糖苷有较强的毒性，主要通过抑制胆碱酯酶的活性引起中毒反应，龙葵碱对胃肠道黏膜有较强的刺激性和腐蚀性，对中枢神经有麻痹作用，尤其对呼吸和运动中枢作用显著，对红细胞有溶血作用，可引起急性脑水肿、胃肠炎等。马铃薯中的龙葵碱主要集中在芽眼、表皮和绿色部分，食用了发芽和绿色的马铃薯可引起中毒，中毒的主要症状为胃痛加剧、恶心、呕吐、呼吸困难、急促、伴随全身虚弱和衰竭，严重者可导致死亡。

秋水仙碱为一种生物碱，主要存在于黄花菜等植物中，能抑制有丝分裂、破坏纺锤体、使染色体停滞在分裂中期。在机体内可转化为二秋水仙碱，对人体胃肠道、呼吸道黏膜及泌尿系统具有毒性并产生强烈刺激。成人一次食入 0.1～0.2 mg 的秋水仙碱即可引发中毒，一般在食用 30 分钟至 4 小时内可出现咽干、恶心、呕吐、腹痛、腹泻等症状。

吡咯烷生物碱（pyrrolidine alkaloid，PAs）是广泛存在于有花植物中的一类结构相似的物质。世界上约有 6000 余种植物含有 PAs。迄今为止，PAs 已在 13 个科的植物中检出，主要集中在以下 4 个科：①菊科（*Compositae*）的菊三七属（*Gynura*）、千里光属（*Senecio*）、泽兰属（*Eupatorium*）、橐吾属（*Ligularia Cass*）和蜂斗菜属（*Petasites*）；②兰科（*Orchidaceae*）的羊耳蒜属（*Liparis*）；③豆科（*Leguminosae*）的野百合属（*Crotalaria sessilifloral*）和猪屎豆属（*Crotalariaiear*）；④紫草科（*Boraginaceae*）的所有属。绝大多数 PAs 生物碱本身及其常规水解产物没有毒性，但当其到达肝脏后，经细胞色素 P450、微粒体单氧合酶、谷胱甘肽转硫酶的作用下代谢产生对肝脏具有毒性作用的产物，如倒千里光碱、PA-氮-氧化物和脱氢-PAs，从而引起肝窦内皮细胞及血管内皮细胞损伤、肝细胞破坏，其中脱氢-PAs 毒性最强。有些 PAs 可能会直接诱发细胞凋亡程序启动，从而导致肝窦阻塞综合征（HSOS）。有研究发现，多种 PAs 为致癌物，可造成 DNA 的损伤。PAs 的致癌性和诱变性主要由其形成最终致癌物的形式而决定。

（三）毒苷类物质

苷类又叫配糖体，是糖或糖的衍生物分子上的半缩醛羟基和非糖化合物中的羟基缩合而成的，具有环状缩醛结构的化合物。根据苷键原子不同分为氰苷、硫苷、氮苷、皂苷等，其中氰苷、皂苷及硫代葡萄糖苷为常见的对动物机体健康具有一定损害的苷类物质。

生氰糖苷（cyanogentic glycosides）亦称氰苷、氰醇苷，是由氰醇衍生物的羟基和 D-葡萄糖缩合形成的糖苷，已在包括蕨类植物、裸子植物和被子植物在内的 2650 多种高等植物中发现。含有生氰糖苷的食源性植物有木薯、杏仁、枇杷和豆类等，生氰糖苷本身不呈现毒性。当生氰植物被动物采食、咀嚼或被病原体侵染后，受损的组织细胞内的生氰糖苷与 β-葡萄糖苷酶和 α-羟腈酶接触而被降解，释放出有毒的氢氰酸、葡萄糖及醛或酮而引起动物中毒。氢氰酸解离出的氰离子极易与细胞色素氧化酶中的铁结合，破坏细胞色素氧化酶在生物氧化中传递氧的功能，使机体陷入窒息状态。氰苷中毒会出现口中苦涩、流涎、头晕、头痛、恶心、呕吐、心悸及四肢软弱无力等症状。中毒严重者感到胸闷，并有不同程度的呼吸困难，甚至出现意识不清、大小便失禁、眼球呆滞、对光反射消失、全身性痉挛等症状，最后可因呼吸麻痹或心脏停搏死亡。生氰糖苷的毒性主要在于其分解物氢氰酸和醛类化合物，其中氢氰酸的最小致死口服剂量为 0.5～3.5 mg/kg.bw。

皂苷（saponin）是苷元为三萜或螺旋甾烷类化合物的一类糖苷，主要分布于陆地高等植物中，也少量存在于海星和海参等海洋生物中。许多中草药如人参、远志、桔梗、甘草、知母和柴胡等的主要有效成分都含有皂苷。皂苷有破坏红细胞引发溶血的作用，对冷血动物有极大的毒性，但食物中的皂苷对人、畜多数无毒，少数则有剧毒。皂苷类成分的毒性主要集中发生于胃肠道系统、肝脏、肾脏和生殖系统。胃肠道系统毒副反应包括腹泻、肠炎及对黏膜的刺激作用而导致的动物摄食量减少，引起体重下降；肝脏毒性主要表现为血清 ALT、AST、胆红素水平等指标的异常和肝脏组织病理学病变；肾脏毒性则表现为血清肌酐、尿素氮升高，肾小管上皮组织萎缩或增生等，相对较轻微，且多数可逆。此外，长期使用某些三萜皂苷类成分会影响雄性生殖系统和胚胎发育。

硫代葡萄糖苷，即芥子油苷，是由葡萄糖与非糖部分通过硫苷键联结起来的化合物。主要分布在十字花科植物的种子中。该物质对昆虫、动物和人均具有某种毒性，是这类植物阻止动物啃食的防御性物质。芥子油苷本身无毒，但在芥子酶（葡萄糖硫苷酶）或胃肠道中的细菌酶的催化作用下，分解成硫氰酸酯、异硫氰酸酯、腈类、硫氰酸盐等有毒物质。腈类毒性很强，能抑制动物生长或致死，其他几种分解产物有不同程度的致甲状腺肿的作用。但这些硫化物大多为挥发性物质，可通过加热去除。

（四）酚类衍生物

食用植物往往含有一些酚类化合物，其中的简单酚类毒性很小，有杀菌、杀虫作用，但食品中含有复杂酚类，如漆酚、香豆素、鬼臼毒素、大麻酚和棉酚等特殊结构的酚类化合物则有着明显的毒性，最典型的食物中毒事件是棉籽引发的棉酚中毒。棉籽的色素腺体里含有多种毒素，目前已知的主要有棉酚、棉酚紫和棉酚绿。游离棉酚为一种原浆毒，具有毒性作用，可损害心、肝、肾及生殖系统，棉酚毒性主要表现为使人组织红肿出血、精神失常、食欲缺乏、影响生育。食用含棉酚较多的毛棉油会引起中毒，患者皮肤有剧烈的灼烧感，并伴有头晕、气喘、心慌和无力等症状。棉酚的毒性可通过湿热处理法消除。

（五）毒蕈毒素

毒蕈俗称毒蘑菇、毒菌等，是指大型真菌的子实体食用后对人或畜禽产生中毒反应的物种。毒蕈种类多，毒蕈毒素成分也较复杂。一种毒蕈可能含有多种毒素，一种毒素可能存在于多种毒蕈中，根据毒蕈中毒的临床表现，临床大致分为以下几型，各型间可相互重叠。

1. 胃肠毒素 含有这种毒素的毒蕈很多，主要为黑伞蕈属和乳菇属的某些蕈种，毒蕈成分可能为类树脂物质、苯酚、类甲酚、胍啶或蘑菇酸等。这类毒素主要刺激胃肠道，引起胃肠道炎症反应。一般中毒潜伏期较短，多为0.5～6小时，病人有剧烈恶心、呕吐、阵发性疼痛，以上腹部疼痛为主，体温不高，经适当处理可迅速恢复，一般病程2～3天，很少死亡。

2. 神经、精神毒素 这类毒素主要有4大类：①毒蝇碱（muscarine），存在于毒蝇伞蕈、丝盖伞属及杯伞属蕈、豹斑毒伞蕈等毒蕈中；②蜡子树酸（ibotenic acid）及其衍生物，存在于毒伞属的一些毒蕈中；③光盖伞素（psilocybin）及脱磷酸光盖伞素（psilocin），存在于裸盖菇属及花褶伞属的一些毒蕈中；④幻觉原（hallucinogen），主要存在于橘黄裸伞蕈中。中毒潜伏期约为1～6小时，临床症状除轻微胃肠反应外，主要有明显的副交感神经兴奋症状，如流涎、流泪、大量出汗、瞳孔缩小、脉缓等。少数严重者可有精神兴奋或抑制、精神错乱、谵妄、幻觉、呼吸抑制等表现。误食牛肝蕈者，多有幻觉（小人国幻视症）、谵妄，部分病例有迫害妄想，类似精神分裂症。

3. 溶血毒素 鹿花蕈（gyromitrin），也叫马鞍蕈，含有马鞍蕈酸，属甲基联胺化合物，有强烈溶血作用。中毒潜伏期多为6～12小时，中毒后红细胞大量破坏，引起急性溶血。主要表现为恶心、呕吐、腹痛、腹泻。发病3～4天后出现溶血性黄疸、肝脾肿大，少数病人出现血红蛋白尿。病程一般2～6天，病死率低。

4. 肝肾毒素 主要有毒肽类、毒伞肽类、鳞柄白毒肽类、非环状肽类等。这些毒素主要存在于毒伞属蕈、褐鳞小伞蕈及秋生盔孢伞蕈中。此类毒素为剧毒，如毒肽类对人类的致死量为0.1 mg/kg.bw。肝肾毒素中毒危险性大，病情凶险复杂，死亡率高。按照病情的发展一般可分为6期：①潜伏期，多为10～24小时，短者为6～7小时；②胃肠炎期，患者出现恶心、呕吐、脐周腹痛、水样便腹泻，1～2天后可缓解；③假愈期，胃肠炎症状缓解后病人暂时无症状或只有轻微乏力、不思饮食，而实际上毒素已逐渐进入内脏，肝脏损害已开始；④内脏损害期，可出现肝、肾、脑、心等内脏损害症状，如肝大、黄疸、转氨酶升高、肝坏死、肝性脑病、少尿、无尿、血尿、肾衰和尿毒症等；⑤精神症状期，此期症状主要由肝性脑病引起，主要表现为烦躁不安、淡漠、思睡，继而惊厥、昏迷甚至死亡；⑥恢复期，经过积极治疗的病人，一般在2～3周进入恢复期，各项症状体征逐渐消失而痊愈。

5. 类光过敏毒素 在胶陀螺（又名猪嘴蘑）中含有光过敏毒素，误食后可引起类似日光性皮炎的症状。在身体暴露部位出现明显肿胀、疼痛，特别是嘴唇肿胀外翻。另外还有指尖疼痛，指甲根部出血等。

（六）其他天然毒素

在某些碘摄取量较低的偏僻山区，甲状腺肿发病率较高，推测其以甘蓝植物为食是其重要原因。甘蓝植物含有一些致甲状腺肿的物质，主要包括致甲状腺肿素和硫氰酸酯，硫氰酸盐可抑制甲状腺对碘的吸收，降低了甲状腺素过氧化物酶的活性，并阻碍需要游离碘的反应，碘缺乏反过来又会增强硫氰酸盐对甲状腺肿大的作用，从而造成甲状腺肿大。植酸和草酸是存在于植物中常见的两种影响矿物质吸收的物质，植酸是天然存在于谷类和豆类食物中的一类含磷有机化合物，由于其具有较强的螯合能力，可与蛋白质和矿物质结合形成复合物，因此降低了机体对某些矿物质的利用率。草酸在人体中可与钙结合形成不溶性的草酸钙在组织中沉积，影响人体对钙的吸收。除此之外，白果中所含的白果二酚、白果酚、白果酸等，可损害中枢神经系统及胃肠道。柿子中的柿胶酚遇到胃内的酸液后，产生凝固而沉淀，甚至形成胃柿石，造成剧烈腹痛、呕吐，呕血等症状，久病还可并发胃溃疡。

二、植物性食品中天然毒素中毒原因

植物性食品中天然有毒物质的主要中毒原因有以下几点：①人体遗传因素：在正常饮食情况下，因人体之间遗传因素的特殊性和差异，可能出现进食同一种食物后，出现不同的症状和反应，最典型的为某些特殊人群因先天缺乏乳糖酶，不能将牛乳中的乳糖分解为葡萄糖和半乳糖，因而不能吸收和利用乳糖，饮用牛乳后便出现腹胀、腹泻等乳糖不耐受症状；②过敏反应：同样由于个体之间敏感性的差异，不同人在食品成分和食用量都正常的情况下，因过敏反应而发生的症状；③食用量过大：食品成分正常，但因食用量过大引起各种症状，较典型的为食用过多富含类胡萝卜素的物质可导致高胡萝卜素血症，出现类似黄疸的皮肤症状，停止食用后症状会慢慢消失；④食品加工处理不当：对含有天然毒素的食品处理不当，不能彻底清除毒素，食用后引起相应的中毒症状，例如鲜黄花菜、发芽的马铃薯等如处理不当，少量食用亦可引起中毒；⑤误食含毒素的生物：某些外形与正常食物相似，而实际含有有毒成分的生物有机体，被作为食物误食而引起中毒，最常见的为误食毒蕈而引起的中毒症状甚至死亡。

第二节　动物性食品中的天然毒素

动物性食品是人类膳食的重要来源之一，能够提供人体所需的蛋白质、多种矿物质和维生素，因此是每日饮食中必不可少的食物，但是某些动物性食品中含有的天然毒素，可引起食用者中毒。这些天然毒素可能为发挥特定作用而天然存在于动物体内或后天代谢所生成。人类若因误食或者过度摄入含有某些天然毒素的动物性食品可能对健康造成不良影响。

一、常见的动物性食品天然毒素

（一）河豚毒素

河豚毒素是一种非蛋白质神经毒素，可分为河豚素、河豚酸、河豚肝脏毒素及河豚卵巢毒素，其中河豚卵巢毒素毒性最强，因而，雌河豚的毒素含量高于雄河豚，且含量也会随着季节发生变化。河豚毒素多存在于河豚、海洋翻车鱼、斑节虾虎鱼和豪猪鱼等多种豚科鱼类的卵巢、皮肤、肝脏甚至肌肉中。大约 80 种河豚已知含有或怀疑含有河豚毒素。人经口最小致死量为 40 μg/kg.bw，由河豚中毒引起的死亡人数占由食物中毒引起的总死亡人数的 60%～70%。河豚毒素可直接作用于胃肠道，选择性地阻断细胞膜对 Na^+的通透性，人类摄取一定量的河豚毒素后，早期出现手指、唇和舌的轻微麻木等症状，继而出现恶心、呕吐、腹泻、四肢无力、发冷、口唇、指尖和肢端知觉麻痹，甚至导致全身肌肉麻痹、呼吸困难、直至意识消失，呼吸、心跳停止而死亡，致死率很高。河豚毒素较稳定，盐腌、日晒、加热烹调均不能破坏，但在 pH＞7 的碱性条件下却不稳定。新鲜河豚必须统一收购和处理，加工时除去内脏、皮肤和头后，肌肉经反复冲洗，加入 2%碳酸钠处理 24 小时，可使河豚毒性降至对人体无害。

（二）贝类毒素

藻类毒素是贝类毒素的主要来源，贝、螺类等动物摄入海洋中有毒的藻类虽然自身不会中毒，但能将其毒素储存在体内，呈结合状态，成为有毒贝、螺类，当人体摄入这种贝类后，毒素可迅速从贝肉中释放出来对人体呈现毒性作用。目前所发现的贝类毒素分别是：麻痹性贝类毒素（paralytic shellfish poisons，PSP）、腹泻性贝类毒素（diarrhetic shellfish poisons，DSP）、神经性贝类毒素（neurotoxic shellfish poisons，NSP）、记忆丧失性贝类毒素（amnesic shellfish poisons，ASP）和西加鱼毒。食用了被污染的贝类可以产生各种症状，这取决于毒素的种类、浓度以及所食用的被污染贝类的量。

麻痹性贝类毒素是一种极强的海洋毒素，很少量时就可对人类产生高度毒性，是低分子毒物中毒性较强的一种。麻痹性贝类毒素专指摄食有毒的涡鞭毛藻、链状原膝沟藻、塔马尔原膝沟藻被毒化的双壳贝类所产生的生物毒素。目前发现染有麻痹性贝类毒素（paralytic shellfish poisons，PSP）的贝类主要有紫贻贝、巨石房蛤、扇贝、巨蛎等。在麻痹性贝类中毒的病例中，临床表现多为神经性的，中毒潜伏期短，开始表现为唇、舌、指尖麻刺感，烧灼感，继而出现颈部、腿部麻痹，最后运动失调，病人可伴有头痛、头晕、恶心呕吐、嗜睡，语无伦次等症状，由于膈肌对该毒素特别敏感，重者最后可因呼吸麻痹而死亡。病程超过 24 小时者，预后良好。

（三）动物肝脏中的毒素

畜禽肉是人类普遍食用的动物性食品，在正常情况下，它们的肌肉无毒可安全食用，若因误食或过量摄入其体内的某些腺体脏器或分泌物，可扰乱人体正常代谢，甚至引起食物中毒。

动物肝脏含有丰富的蛋白质、维生素、矿物质等营养物质，是动物的最大解毒器官，动物体内的各种毒素，大多要经过肝脏来处理、排泄、转化和结合。因此，动物肝脏中的某些有毒物质也可能对人体产生不良影响。

熊、牛、羊和兔等动物肝中主要的毒素是胆酸。动物食品中的胆酸是胆酸、脱氧胆酸和牛磺胆酸的混合物。牛磺胆酸的毒性最强，脱氧胆酸次之，动物肝中的胆酸是中枢神经系统的抑制剂。除此之外，有研究发现，胆酸的代谢物脱氧胆酸对人类的肠道上皮细胞癌如结肠癌、直肠癌有促进作用。目前普遍用作食物的猪肝并不含足够数量的胆酸导致毒作用。但当大量摄入动物肝脏，尤其是处理不当时，可能会引起中毒症状。

维生素 A（视黄醇）是一种脂溶性维生素，主要存在于动物的肝脏和脂肪中，鱼类的肝脏中含量最多。维生素 A 也可提高人体的免疫功能。人类缺乏维生素 A 可引起夜盲症及鼻、喉和眼等上皮组织疾病，婴幼儿缺乏维生素 A 会影响骨骼的正常生长，大剂量服用维生素 A 会引起视力模糊、失明和肝脏损害，还会出现关节痛、瘾症、唇干、唇出血等症状，甚至也有死亡的病例。

（四）海洋鱼类中的毒素

在非冰冻下贮存而导致鱼类的细菌性分解是食用海洋鱼类中毒的主要原因。海洋鱼类腐败变质后将产生一定数量的组胺，该物质为一种较强的生物活性物质，摄入后可使机体发生中毒。青皮红肉的鱼类，如鱼狮鱼、鲭鱼、秋刀鱼、沙丁鱼、竹荚鱼、金枪鱼等，含有较多组氨酸，可引起过敏性食物中毒，较典型和常见的便为鲭鱼毒素，当鱼类受到富含组氨酸脱羧酶的细菌污染和作用后，便可形成大量组胺，一般当鱼体中组胺含量超过 200mg/100g，即易发生中毒，其主要症状为：面部、胸部或全身潮红、头痛、头晕、胸闷、呼吸急迫，部分病人出现出血、口唇肿，或口、舌、四肢发麻，以及恶心、呕吐、腹痛、腹泻、荨麻疹等，有的可出现支气管哮喘、呼吸困难、血压下降，但愈后良好。

雪卡毒素（ciguatoxin，CTX）是西加鱼毒素（ciguatera fish poisons，CFP）中的一种，为常见且重要的海洋鱼类毒素，其主要存在于珊瑚礁鱼类的体内，由雪卡毒素引起的中毒暴发事件在热带和亚热带海域比较普遍。雪卡毒素是神经性毒素，其主要作用于中枢神经系统和神经末梢。雪卡毒素可使神经细胞的细胞膜去极化，在静息状态下使细胞膜上的钠离子通道打开，让细胞外的钠离子大量内流，使细胞的兴奋性增加。人类误食含毒素的海洋鱼类后可对消化、神经和心血管系统等产生危害，其中危害消化系统可产生腹泻、腹痛和恶心呕吐等症状；危害神经系统可产生视觉或听觉模糊、头痛、全身关节痛和失去平衡症状；危害心血管系统可产生血压降低、心搏异常、呼吸困难甚至瘫痪等症状。

二、动物性食品中天然毒素中毒原因

动物性食品中天然有毒物质的主要中毒原因有以下几点：①食品加工处理不当：含有

天然有毒成分的动物性食品，未经过严格的去毒工艺，食品中残留的毒素导致中毒，如食用河豚引起中毒；②储存方式不当：动物性食品因储存方式不当，导致肉类、鱼类被细菌分解而腐败变质，产生有害物质而导致中毒，如食用不新鲜的鱼导致组胺中毒；③食物链效应：水体富营养化导致藻类大量繁殖，鱼、贝类食入含有毒素的藻类可导致毒素在体内富集，并通过食物链进入人体；④其他：大量食用动物肝脏，人体易感性导致过敏反应等均是动物性食品中天然毒素中毒的原因。

第三节　食品加工过程中产生的有害物质

近年来，随着食品种类的增加，加工方式及来源的多样化，食品中潜在的安全风险也随之增加。食品加工过程中的衍生毒物是指在制造加工或者贮放过程中经化学反应或酶反应形成的影响人体健康的有毒物质。食品的各种加工技术，包括烟熏、煎炸、烘烤、焙炒、盐腌、高温杀菌、辐射杀菌、冷冻和罐装等，在现代社会中极大地扩展了食品应用的潜力，增加了食品风味和品质成分，改善了食品的外观和质地，并提高了食品的可利用程度。但在减少原有已知毒性的情况下，却可能带来新的潜在毒害物质，即衍生毒物。衍生性的毒物伴随着食品加工普遍存在，对人体健康有一定的潜在风险。目前关注较多的衍生毒物主要包括 N-亚硝基化合物、多环芳烃化合物、杂环胺类物质、丙烯酰胺、氯丙醇以及氨基甲酸乙酯等。

一、*N*-亚硝基化合物

N-亚硝基化合物是指共同具有═N—NO 结构的一类对动物有较强致癌作用的化学物质，根据分子结构不同可分为 *N*-亚硝胺和 *N*-亚硝酰胺。食物中的 *N*-亚硝基化合物系由亚硝酸盐和胺类在一定条件下合成的，由于 *N*-亚硝基化合物的前体物质如硝酸盐、亚硝酸盐和胺类广泛存在于环境中，因此在适宜的条件下，这类前体物质可合成 *N*-亚硝基化合物。

鱼、肉等动物性食品中含有丰富的蛋白质，在腌制、烘烤等加工过程中，可产生较多的胺类物质，这些胺类物质能与亚硝酸盐反应生成亚硝胺。鱼、肉制品中的亚硝胺主要是吡咯烷亚硝胺和二甲基亚硝胺。蔬菜和水果中所含有的 *N*-亚硝基化合物前体物质在长期储存和加工过程中也可发生反应生成微量的亚硝胺，蔬菜中的亚硝胺主要为二甲基亚硝胺。啤酒中也含有微量的亚硝胺，这主要源于传统啤酒制作过程中，大麦芽在窑内直火烘烤时所含大麦芽碱和仲胺可与空气中氮氧化物反应生成二甲基亚硝胺。近年来，由于啤酒生产工艺的改良，多数大型企业所生产的啤酒中已很难检出亚硝胺类化合物。

N-亚硝基类化合物的急性中毒，主要表现在肝脏损伤及破坏血小板两方面。亚硝胺类化合物进入人体后经代谢活化生成具有致癌和致突变活性的代谢物烷基偶氮羟基化物，而亚硝酰胺类化合物为直接致癌物和致突变物。*N*-亚硝基类化合物可诱发动物几乎所有组织和器官的肿瘤，其致癌作用主要以肝脏、食管和胃为主。有研究表明，*N*-亚硝基类化合物还可通过胎盘对子代动物致癌。亚硝酰胺类物质还表现出一定的致畸作用，并存在剂量-效应关系，而亚硝胺的致畸作用很弱。

预防措施：由于防止食品霉变及被细菌污染对降低食物中亚硝基化合物含量尤为重要，因此在食品加工时，应保证食品新鲜和防止污染；控制食品加工过程中硝酸盐和亚硝酸盐的用量，可减少 *N*-亚硝基化合物前体物质的含量以减少亚硝胺类物质的合成；使用钼肥也有利于降低蔬菜中硝酸盐和亚硝酸盐含量；食品加工中加入维生素 C、维生素 E 及酚类、黄酮类化合物，可阻断亚硝基化反应；此外，还应制定食品中允许限量标准并加强监测。

二、多环芳烃化合物

多环芳烃化合物（polycyclic aromatic hydrocarbons，PAHs）是煤、石油、木材、烟草、有机高分子化合物等有机物不完全燃烧时产生的挥发性碳氢化合物，其中相当部分具有致癌性，如苯并（a）芘 [benzoapyrene，B（a）P]、苯并蒽等。PAHs，是人类最早发现的致癌物。由于 B（a）P 可通过煤焦油、汽油、石油等燃烧产生的烟气、烟雾、汽车尾气等经大气落在蔬菜、水果、谷物和粮食表面，因而该类化合物可通过饮食进入人体，另外，食用植物也可吸收土壤、水体中的多环芳烃，最终都可能聚集在人体中。食品中多环芳烃主要源于食品在烘烤或熏制时直接受到的污染。食品成分在高温烹调加工时发生热解和热聚也可产生，而该途径为食品中多环芳烃的主要来源。另外，食品加工过程中受机油和食品包装材料的污染也会导致食物中多环芳烃含量的增加。由于食品种类和加工烹调方式的不同，食品中 B（a）P 的含量相差较大，以烘烤和熏制类制品中含量较多。

大量研究表明，B（a）P 是一种较强的致癌物，对多种动物都有确定的致癌性，主要导致上皮组织肿瘤的发生，如皮肤癌、肺癌、胃癌和消化道癌。经过饮食进入人体的 B（a）P 通过肠道吸收后很快分布于全身。多数脏器在摄入后几分钟和几小时便可检测出 B（a）P 及其代谢产物，人体乳腺和脂肪组织中均可蓄积 B（a）P。B（a）P 也可通过胎盘进入胎体，呈现毒性和致癌性。与蛋白质结合的 B（a）P 可与亲电子的细胞受体结合，使细胞生长失控而发生癌变。参与代谢分解的 B（a）P 在肝组织氧化酶系中的芳烃羟化酶（aryl hydrocarbon hydroxylase，AHH）介导下生成其活化产物 7，8-B（a）P 环氧化物，该物质可与葡萄糖醛酸和谷胱甘肽结合，或在环氧化物水化酶催化下生成二羟二醇衍生物随尿排出。但二羟二醇衍生物也可经细胞色素 P450 进一步氧化产生最终的致癌物——B（a）P 二醇环氧化物。该物质不可被转化且具有极强的致突变性，可以直接和细胞中不同成分反应，发生基因突变，从而导致癌的发生。

除了致癌作用 B（a）P 还为一种间接致突变物及致畸物，在众多体外遗传毒性试验中均呈阳性反应，在哺乳动物精子畸变试验也表现为阳性结果。

预防措施：防止污染、改进食品加工工艺以及去除食品中部分 B（a）P 是减少该类物质经食用对人体造成损害的主要措施。熏制、烘烤食物时，避免使食品直接接触炭火。食品生产加工过程中，防止润滑油污染食品，或改用食用油作为润滑剂。在浸出法生产的菜油中加入适量活性炭并进行搅拌处理可去除高达 95%的 B（a）P。此外应制定食品中限量标准，目前 FAO/WHO 尚未制定 B（a）P 的 ADI 或 PTWI，我国现行的食品卫生标准（GB 2762—2005）中规定 B（a）P 限量标准为：粮食和熏烤肉≤5 μg/kg，植物油≤10 μg/kg。

三、杂环胺类化合物

杂环胺是在食品加工、烹调过程中由于蛋白质、氨基酸热解产生的一类化合物。杂环胺类化合物包括氨基咪唑氮芳烃类和氨基咔啉类，前者包括喹啉类（quinoline）、喹喔啉类（quinoxaline）、吡啶类（pyridine），后者包括 α-咔啉、δ-咔啉、γ-咔啉。杂环胺类物质需经过代谢活化后才具有致突变性和致癌作用，其活性代谢产物为N-羟基化合物，杂环胺可在细胞色素 $P450IA_2$ 作用下经N-氧化将N-羟基化合物转变为终致突变物。杂环胺的N-羟基代谢产物可在体外和动物体内与DNA形成加合物，杂环胺主要对啮齿类动物有致癌作用，其靶器官主要为肝脏。另有研究表明，某些杂环胺对灵长类动物也有致癌作用。除此之外，部分杂环胺类化合物如喹啉类杂环胺还具有一定的心肌毒性。

食品中的杂环胺类化合物主要产生于高温烹调过程中，尤其是富含蛋白质的动物性食品在高温下更易产生，这也是膳食中杂环胺类物质的主要来源。烹调方式和食物成分是影响杂环胺类物质形成的主要因素，加热温度越高、时间越长、水分含量越少所产生的杂环胺类越多，因此，采用烧、烤、煎、炸等直接与火或灼热的金属表面接触的烹调方式使得杂环胺类物质产生量明显高于煮、炖、焖等温度较低、水分较多的烹调方式。在烹调加工方式相同的条件下，食物所含营养成分的不同对杂环胺类物质产生的种类和数量也有一定的影响，通常来说，蛋白质含量高的动物性食物所产生的杂环胺类较多，而其中蛋白质的氨基酸的构成不同，所产生的杂环胺类种类也会有区别。

预防措施：改变不良的烹饪方式和饮食习惯，避免过多摄食烧烤煎炸食物，烹调温度不宜过高；另外，在加热前对肉制品进行微波前处理，将流出的汁液丢弃，再进行其余烹饪程序，可减少肉制品的水分以及前体物质，从而抑制杂环胺的形成。增加蔬菜水果等含膳食纤维丰富的物质，对于防止杂环胺类物质危害有积极的作用。此外，还应建立和完善杂环胺监测方法，加强食物中杂环胺含量的监测，制定食品中杂环胺限量标准。

四、丙烯酰胺

丙烯酰胺主要在高碳水化合物、低蛋白质的植物性食物加热（120℃以上）烹调过程中形成。最适宜生成的温度为140～180℃，当达到170℃时生成量最多。丙烯酰胺主要由游离天门冬氨酸与还原糖在高温加热过程中发生美拉德反应而生成。食物中丙烯酰胺的形成与食物种类、加工方式、加工温度和时间均有关系。经油炸、油煎及高温烘烤的食物中丙烯酰胺含量较高，对300种食品的检测结果表明，大部分炸薯条和炸薯片、部分面包、可可粉、杏仁、咖啡、饼干等食物中检测出了相当高浓度的丙烯酰胺，海产品和家禽中含量较低，蔬菜及水果中的含量低于检测限（30 μg/kg）。含淀粉高的如薯类和谷类等食物在煎炸、烘烤等高温加工过程中丙烯酰胺的生成较多，且随加工时间的延长，由于水分的减少，表面温度升高，丙烯酰胺的生成量明显增加。当加工温度较低，水分较充足时，丙烯酰胺生成量较少。

丙烯酰胺主要通过美拉德反应产生，其形成方式主要由氨基酸在高温下热裂解，其裂解产物与还原糖反应产生二羰基化合物，后者与氨基酸经过几步反应产生丙烯醛，丙烯醛氧化产生丙烯酸，丙烯酸和氨或氨基酸反应形成丙烯酰胺。丙烯酰胺进入体内后90%被代谢，其主要代谢产物为环氧丙酰胺，该物质较丙烯酰胺更易与DNA形成加合物，导致遗传损伤。丙烯酰胺也可与神经和睾丸组织中的蛋白质发生加成反应，该机制可能为其对神经系统和生殖系统产生毒性的原因。

丙烯酰胺对大鼠、小鼠、豚鼠和兔的经口 LD_{50} 为150～180 mg/kg。动物实验表明，丙烯酰胺具有一定的神经毒性和生殖毒性。除此之外，体内外实验显示，丙烯酰胺的代谢物环氧丙酰胺可引起哺乳动物体细胞和生殖细胞的基因突变及染色体异常，具有一定的致突变作用。丙烯酰胺还可导致大鼠乳腺、甲状腺、睾丸、肾上腺等多种组织器官发生肿瘤，可诱发小鼠肺腺瘤和皮肤肿瘤。同时，部分流行病学研究也表明，职业接触丙烯酰胺后，脑癌、胰腺癌及肺癌的发生率也增高。鉴于此，国际癌症研究机构（International Agency for Research on Cancer，IARC）于 1994 年对该物质的遗传毒性和致癌性进行了评估，将其列为 2A 类致癌物。

预防措施：改变传统的煎炸烹饪习惯，避免过长时间和过高温度烹调食品，提倡蒸、煮、煨等烹饪方法；食品生产加工企业要改进食品加工工艺和条件，研究降低加工食品中丙烯酰胺含量的方法和途径，如加入枸橼酸、苹果酸、琥珀酸、山梨酸、苯甲酸、氯化钙、亚硫酸氢钠和维生素 C 可抑制丙烯酰胺的产生，加入半胱氨酸、同型半胱氨酸、谷胱甘肽等巯基化合物可促进丙烯酰胺的降解；建立标准，WHO 规定成人每天摄入的丙烯酰胺不超过 1 μg；还应将丙烯酰胺列入食品安全风险监测计划，对人群暴露水平进行评估，为建立食品中丙烯酰胺限量值提供依据。

五、氯 丙 醇

氯丙醇（chloropropanols）一般指甘油上的羟基被氯原子取代 1～2 个所构成的一系列同系物的总称，包括 3-氯-l，2-丙二醇（3-monochloro-l，2-propanediol，3-MCPD）、2-氯-l，3-丙二醇（2-monochloro-l，3-propanediol，2-MCPD）、1，3-二氯-2-丙醇（1，3-dichloro-2-propanol，1，3-DCP）、2，3-二氯-l-丙醇（2，3-dichloro-1-propanol，2，3-DCP）。食物中的氯丙醇最初在酸水解植物蛋白（hydrolyzed vegetable protein，HVP）中被发现，毒性大、含量高的是 3-MCPD。

大鼠经口 LD_{50} 3-MCPD 为 150 mg/kg.bw，1，3-DCP 为 120～140 mg/kg.bw，2，3-DCP 为 218 mg/kg.bw。3-MCPD 主要靶器官是肾脏，主要表现为肾脏重量显著增加和肾小管增生；1，3-DCP 的主要靶器官是肝脏，表现为肝脏重量增加、组织病理改变及酶活性增加等，同时也对肾脏造成损害。有研究指出摄入高剂量的 3-MCPD 可使雄性动物精子数量减少、活性降低，且抑制雄性激素的生成，降低生殖能力。1，3-DCP 和 2，3-DCP 也可使睾丸和附睾重量减轻，精子数量减少。3-MCPD 还可造成小鼠大鼠的脑干对称性损伤，最早的神经毒性表现局限在神经胶质细胞，主要是星状细胞水肿、细胞器破坏，并呈现明显的剂量-效应关系。1，3-DCP 有明显的致突变作用和遗传毒性，3-MCPD 属于非遗传毒性致癌物。

氯丙醇主要存在于盐酸水解法生产的酸水解植物蛋白调味液中。在生产过程中，原料中的脂肪被水解为甘油，后者与盐酸的氯离子发生亲核取代反应，生成一系列氯丙醇副产物。在氯丙醇类污染物中，3-MCPD 约占 70%。为了增加鲜味而以酸水解植物蛋白调味液为原料生产的配置酱油、酱油粉、蚝油、食醋、牛肉膏、鸡精、固体汤料、方便面调料、氨基酸类保健食品及膨化食品等食品和原料也含有氯丙醇。发酵面团中含有的氯离子和甘油（前体物质）在烘烤过程中发生反应而产生 3-MCPD，主要存在于面包皮中，可达 400μg/kg。焙炒咖啡中含有低水平的 3-MCPD，速溶咖啡及焙烤时间延长的咖啡中含有最高含量水平的 3-MCPD。植物油中氯丙醇类物质主要以氯丙醇酯（前体物质）的形式存在，且 3-MCPD 酯占主要部分。3-MCPD 酯在所有精炼油中均有存在，浓度由低到高分别为菜籽油、大豆油、葵花籽油、红花油、核桃油和棕榈油。

预防措施：①改进生产工艺：采用蒸汽蒸馏法、酶解法、碱中和法及真空浓缩法等均可降低产品中氯丙醇的含量，使用蛋白含量高、脂肪含量低的豆粕作为生产酸水解植物蛋白调味液的原料也可降低产品中氯丙醇的含量；②建立标准：部分国家和地区已制定酱油中的氯丙醇推荐限量，欧盟 FAC 规定 3-MCPD 限量为≤0.01 mg/kg，中国（SB 10338—2000 标准）、美国（FCC 法规，以干物质计）、日本规定了 3-MCPD 限量为≤1 mg/kg，美国（FCC 法规，以干物质计）还规定了 1，3-DCP、2，3-DCP 限量为≤0.05 mg/kg，澳大利亚、新西兰（FSANZ）规定 3-MCPD 和 1，3-DCP 限量分别为≤0.03 mg/kg 和≤0.005 mg/kg；③加强监测：应依据 GB/T 5009.191 和 SB 10338—2000 加强对酸水解蛋白调味液和添加酸水解植物蛋白的产品进行监测，并开展 3-MCPD 酯的污染水平和暴露水平研究，为毒理学研究和风险评估提供基础资料。

六、氨基甲酸乙酯

氨基甲酸乙酯（ethyl carbamate，EC）是发酵食品和酒精饮料在发酵、加热（如蒸馏）和贮存时产生的一种副产物。发酵类酒精饮料是膳食摄入氨基甲酸乙酯的主要来源，其次为谷物类和豆类发酵食品。在各类酒精饮料中，低酒精度饮料中（如啤酒）的 EC 含量非常低，而在高酒精度饮料中（蒸馏酒、中国黄酒、日本清酒、葡萄酒中等）EC 含量较高。尿素是发酵过程中产生 EC 的主要前体物质，发酵酒中 90%以上的 EC 是由尿素与乙醇自发反应生成。发酵酒中所用原料、辅料及酿造用水会带入少许尿素，但绝大部分是由酿酒酵母将精氨酸作为氮源时代谢产生。发酵温度、pH、发酵液中胺类化合物的含量等因素均可影响发酵酒中 EC 的含量。

EC 为遗传毒性致癌物，其在体内的代谢产物乙烯基-氨基-甲酸乙酯和 N-羟基-氨基甲酸乙酯均可导致 DNA 损伤，从而引发突变。动物研究显示，EC 可导致多物种（包括小鼠、大鼠、仓鼠、猴）多部位肿瘤，包括肺癌、淋巴癌、肝癌和皮肤癌等，且乙醇能促进氨基甲酸乙酯的致癌性。1987 年，IARC 将氨基甲酸乙酯归为 2B 类致癌物，2007 年经重新评估后将氨基甲酸乙酯归为 2A 类致癌物，即人类可能致癌物。由食物摄入 EC 所带来的健康风险较低，但若考虑酒精饮料来源的摄入，每日 EC 平均暴露量将增加约 2～4 倍，所带来的健康风险不容忽视。目前，加拿大、美国、捷克、日本等国家已设置了不同酒精饮料中 EC 的限量标准，国内外均尝试采用降低发酵液中的尿素水平等控制方法来降低发酵酒类饮料中的 EC 含量水平。

第四节　食品污染物

食品从种植、养殖到生产、加工、贮存、运输、销售、烹调直至餐桌的整个过程中的各个环节，都有可能受到某些有毒有害物质的污染，以致降低食品卫生质量对人体造成不同程度的危害，是影响食品安全的主要原因之一。食品污染按其性质可分成三类。

（1）生物性污染：食品的生物性污染包括微生物、寄生虫和昆虫的污染。微生物污染主要有细菌与细菌毒素、真菌与真菌毒素以及病毒等的污染，其中细菌、真菌及其毒素对食品的污染最常见、最严重。微生物污染引起的食源性疾病也是影响中国食品安全的主要因素。

（2）化学性污染：食品的化学性污染涉及范围较广，情况也较复杂。主要包括：①农药、兽药不合理使用，残留在食品中；②工业三废（废水、废渣、废气）排放，造成有毒金属和有机物污染环境，继而转移至食品，如铅、砷、镉、汞、酚等；③食品容器、包装材料、运输工具等接触食品时溶入食品中的有害物质；④滥用食品添加剂；⑤在食品加工、贮存过程中产生的物质，如腌制、烟熏、烘烤类食物产生的亚硝胺、多环芳烃、杂环胺、丙烯酰胺等以及酒中有害的醇类、醛类等；⑥掺假、制假过程中加入的物质，如在奶粉中加入三聚氰胺。

（3）物理性污染：主要有：①来自食品生产、加工、储藏、运输、销售等过程混入的杂物，如粮食收割时混入的草籽、液体食品容器池中的杂物、食品运销过程中的灰尘等；②食品的放射性污染，主要来自天然放射性物质及环境中放射性物质的开采、冶炼、生产、应用及意外事故造成的污染。

食品污染除了影响食品的感官性状和营养价值外，更重要的是对机体健康产生不良影响，包括急性中毒（如食物中毒），引起机体的慢性危害以及致畸、致突变和致癌作用等。本节重点介绍几种常见的食品污染物。

一、真菌毒素

真菌毒素（mycotoxin）是真菌产生的次生代谢产物，通常具有耐高温、无抗原性、主要侵害实质器官的特性。古代就有真菌毒素污染中毒的描述，但直到1960年英国10万多只火鸡因食用黄曲霉毒素污染的饲料而死亡的事件发生后，真菌毒素污染问题才受到人们的广泛关注。迄今已知有300多种化学结构不同的真菌毒素，其中30多种真菌菌株产生的代谢产物对动物和人类有致病性。人和动物一次性摄入含大量真菌毒素的食物常会发生急性中毒，长期摄入含真菌毒素的食物可引起慢性毒性（包括致癌、致畸和致突变）。真菌毒素对食物的污染已成为不容忽视的食品安全问题。

（一）真菌毒素概述

1. 影响真菌生长及产毒的因素

（1）基质：真菌污染食品并在食品上繁殖是产毒的先决条件，食品中含有蛋白质、碳水化合物、脂肪、矿物质、维生素等，是微生物良好的培养基。一般而言，营养丰富的食品其真菌生长的可能性大，真菌在天然食品上比在人工合成的培养基上更易繁殖产毒。

（2）水分：食品中微生物生长繁殖所需要的水不是取决于食品的总含水量（%），而是取决于水分活度（water activity，Aw）。食品中的水分对真菌的繁殖与产毒具有重要的作用。以最易受真菌污染的粮食为例，粮食水分为17%～18%是真菌繁殖产毒的最佳条件。一般来说，粮食类水分在14%以下，大豆类在11%以下，干菜和干果在30%以下，微生物较难生长。粮食Aw降至0.7以下，一般真菌不能生长。

（3）湿度：环境相对湿度对食品Aw和食品表面微生物生长有较大的影响。长江流域梅雨季节粮食、物品容易发霉，就是因为空气湿度太大（相对湿度 70%以上）。一般在非密闭状态下，相对湿度为70%时真菌即不能产毒。

（4）温度：大多数真菌繁殖最适宜的温度为25～30℃，在0℃以下或30℃以上时，产毒能力减弱或消失，但也有例外，如梨孢镰刀菌、尖孢镰刀菌、拟枝孢镰刀菌和雪腐镰刀菌，适宜的产毒温度为0℃或–7～–2℃，而毛霉、根霉、黑曲霉、烟曲霉繁殖的适宜温度为 25～40℃。

（5）通风和氧气：通风情况可直接影响真菌的繁殖和产毒，真菌在快速风干的条件下不易繁殖和产毒。大部分真菌繁殖和产毒需要氧气，但毛霉、庆绿曲霉是厌氧菌，并可耐受高浓度的二氧化碳。

2. 真菌产毒特点 真菌产毒只限于少数的产毒真菌，而产毒菌种中也只有一部分菌株产毒。同一产毒菌株的产毒能力有可变性和易变性，如产毒菌株经过累代培养可完全失去产毒能力，而非产毒菌株在一定条件下可出现产毒能力。产毒菌种产生真菌毒素不具有严格的专一性，即一种菌种或菌株可以产生几种不同的毒素，而同一真菌毒素也可由几种真菌产生。目前已知的产毒真菌主要有曲真菌属、青真菌属、镰刀菌属等，比较重要的真菌毒素有黄曲霉毒素、赭曲霉毒素、岛青霉素、黄天精、展青霉素、桔青霉素、单端孢霉烯族化合物、玉米赤霉烯酮、伏马菌素等。

3. 真菌污染的食品卫生学意义 真菌污染食品后，在基质及环境条件适宜时，首先可引起食品的腐败变质，不仅可使食品呈现异样颜色、产生霉味等异味，食用价值降低，甚至完全不能食用，而且还可使食品原料的加工工艺品质下降，如出粉率、出米率、黏度等降低。粮食类及其制品被真菌污染而造成的损失最为严重，据估算，每年全世界至少有 2% 的粮食因污染真菌发生霉变而不能食用。食品中的真菌大量生长繁殖并产生毒素，可引起人畜的急性和慢性中毒，如食用面粉引起麦角中毒、赤霉病麦中毒、白细胞缺乏症，食用因受青真菌污染而呈现黄色的大米（黄变米）引起中毒。

（二）黄曲霉毒素

黄曲霉毒素（aflatoxin，AF 或 AFT）是黄曲霉和寄生曲霉产生的一类代谢产物。寄生曲霉的所有菌株都能产生 AF，而黄曲霉中部分产毒菌株产毒。在我国寄生曲霉罕见，黄曲霉是我国粮食和饲料中常见的真菌。黄曲霉毒素因发现“火鸡事件”是由黄曲霉的代谢产物污染饲料引起而命名，具有极强的毒性和致癌性。

1. 化学结构与性质 AF 是一类结构类似的化合物，其基本结构均有二呋喃环和香豆素，在紫外线下均发出荧光，根据荧光颜色及其结构分别命名为 AFB_1、AFB_2、AFG_1、AFG_2、AFM_1、AFM_2 等，其化学结构见图 4-1。AF 的毒性与其结构有关，二呋喃环末端有双键者毒性较强并有致癌性，毒性顺序为 $B_1 > M_1 > G_1 > B_2 > M_2$。黄曲霉毒素最大的特点是耐热、不溶于水。在一般烹调加工温度下黄曲霉毒素不被破坏，在 280℃时发生裂解；黄曲霉毒素几乎不溶于水，能溶于油脂和甲醇、丙酮、氯仿等多种有机溶剂，但不溶于石油醚、已烷和乙醚中。

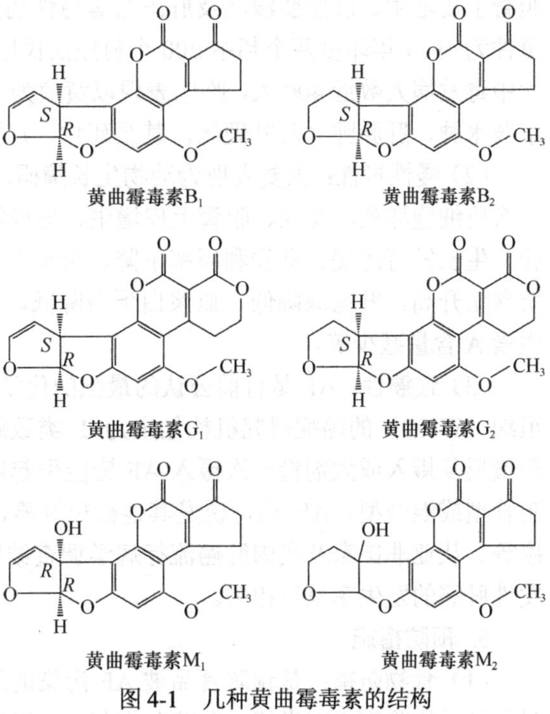

图 4-1 几种黄曲霉毒素的结构

2. 代谢及代谢产物 AFB_1 进入体内

主要在肝脏进行代谢，在肝细胞微粒体混合功能氧化酶系的催化下，AFB_1 发生羟化、脱甲基和环氧化反应。AFM_1 是 AFB_1 在肝微粒体酶催化下的羟化产物，最初在牛、羊的奶中发现。AFB_1、G_1、M_1 二呋喃环上的双键极易发生环氧化反应，因此毒性很强。AFB_1 的代谢活化产物可与生物大分子（如 DNA、RNA 和蛋白质）形成加合物，发挥其毒性、致癌性和致突变作用，定量分析 AFB_1-DNA 加合物可作为检测 AFB_1 毒性效应的一个生物标志物。

AF 的代谢产物除 AFM_1 大部分从奶中排出外，其余可经尿、粪及呼出的 CO_2 排泄。动物摄入 AF 后肝脏中含量最多，可为其他组织器官的 5～15 倍，在肾、脾、肾上腺中亦可检出，有极微量存在于血液中，肌肉中一般不能检出。

3. 对食品的污染 黄曲霉在空气和土壤中普遍存在，生长产毒的温度范围是 12～42℃，最适产毒温度为 25～33℃，最适 Aw 值为 0.93～0.98，因此在许多地区、尤其高温高湿地区的绝大多数食品原料及其制品均有不同程度的污染。黄曲霉毒素主要污染粮油及其制品，其中以玉米、花生和棉籽油最易受到污染，其次是稻谷、小麦、大麦、豆类等。污染以亚热带和热带地区最为严重，在我国以长江流域及长江以南地区污染严重。AF 中最常见的是 AFB_1，其毒性和致癌性也最强，故许多国家都以 AFB_1 作为食品 AF 污染的监测指标；AFB_1 在体内代谢过程中可转化为 AFM_1，在动物乳中可检测到 AFM_1，因此可作为乳类 AF 污染的监测指标。

4. 毒性 黄曲霉毒素有很强的急性毒性，也有明显的慢性毒性与致癌性。AF 对肝脏有特殊亲和性并有致癌作用，具有较强的肝脏毒性。

（1）急性毒性：AF 是一种剧毒物质，对人和多种动物均有极强的毒性。鸭雏和幼龄的鲑鱼对 AFB_1 最敏感，其次是鼠类和其他动物。常见动物的 LD50 为：大鼠（雄）7.2 mg/kg；大鼠（雌）17.9 mg/kg；小鼠 9.0 mg/kg；兔 0.30～0.50 mg/kg；猫 0.55 mg/kg；猴 2.2～3.0 mg/kg。多数敏感动物在摄入毒素后 3 天内死亡，肝脏有明显损伤，可见肝实质细胞坏死、胆管上皮增生、肝脂肪浸润及肝出血等急性病变。AF 亦可引起人的急性中毒，最典型的事件为 1974 年印度两个邦中 200 个村庄居民因食用霉变玉米而暴发的 AF 中毒性肝炎。该次中毒发病人数近 400 人，临床表现以黄疸为主，伴有发烧、呕吐和厌食，重者出现腹水、下肢水肿、肝脾肿大及肝硬化，甚至死亡，尸检可见肝胆管增生。

（2）慢性毒性：主要表现为动物生长障碍，肝脏出现亚急性或慢性损伤，肝功能降低，肝实质细胞坏死、变性、胆管上皮增生、形成结节，出现肝硬化。其他症状表现为体重减轻、生长发育迟缓、食物利用率下降、母畜不孕或产仔减少等。此外，AF 还可使肝中脂肪含量升高，肝糖原降低，血浆白蛋白降低，白蛋白与球蛋白（A/G）比值下降，肝内维生素 A 含量减少等。

（3）致癌性：AF 是目前公认的最强的化学致癌物，1993 年黄曲霉毒素 B_1 被世界卫生组织（WHO）的癌症研究机构划定为 1 类致癌物。猴、大鼠、禽类、鱼类等多种动物小剂量反复摄入或大剂量一次摄入 AF 皆能引起癌症，主要是肝癌，多为肝细胞型，少数为胆管型或混合型。AF 还可诱发其他部位肿瘤，如胃腺癌、肾癌、直肠癌及乳腺癌、卵巢癌等。从亚非国家及我国肝癌流行病学调查结果发现，某些地区人群膳食中 AF 水平与原发性肝癌的发生率呈正相关。

5. 预防措施

（1）食物防霉：是预防食品被 AF 污染的最根本措施。首先要防虫、防倒伏；在收获时要及时排除霉变玉米棒。在粮食收获后，迅速将水分含量降至安全水分以下。粮食入仓后，要保持粮库内干燥，注意通风。

（2）去除毒素：常用的方法有：①挑选霉粒法：对花生、玉米去毒效果好；②碾轧加工法：受污染的大米加工成精米，可降低毒素含量；③加水搓洗法；④植物油加碱去毒法；⑤物理去除法：在含毒素的植物油中加入活性白陶土或活性炭等吸附剂，然后搅拌静置，毒素可被吸附而去除；⑥紫外光照射：此法对液体食品（如植物油）效果较好，而对固体食品效果不明显；⑦氨气处理法：在 18 kg 氨压、72～82℃状态下，谷物和饲料中 98%～100%的黄曲霉毒素会被除去，并使粮食中的含氮量增加，同时不会破坏赖氨酸。

（3）制定食品中 AF 限量标准：限定各种食品中的含量是控制黄曲霉毒素对人体危害的重要措施。我国《食品安全国家标准 食品中真菌毒素限量》（GB 2761—2011）规定的主要食品中 AFB_1 限量标准为：玉米、玉米油、花生、花生油及玉米和花生制品不得超过 20 μg/kg；大米、其他食用油不得超过 10 μg/kg；其他粮食、豆类、发酵食品不得超过 5 μg/kg；婴幼儿配方食品不得超过 0.5 μg/kg。我国对 AFM_1 的限量规定为：乳及乳制品、婴幼儿配方食品不得超过 0.5 μg/kg。

（三）镰刀菌毒素

镰刀菌属包括的菌种很多，其中大部分是植物的病原菌，在作物的生长期感染作物后引起粮食作物的病害，并能产生毒素。镰刀菌毒素按化学结构可分为单端孢霉烯族化合物、玉米赤霉烯酮、丁烯酸内酯和伏马菌素等。WHO 将镰刀菌毒素和黄曲霉毒素看做是天然存在的最危险的食品污染物，对人或动物可产生广泛的毒性作用。

1. 单端孢霉烯族化合物 是由雪腐镰刀菌、禾谷镰刀菌、梨孢镰刀菌、拟枝孢镰刀菌等多种镰刀菌产生的一类有毒代谢产物，其基本结构是倍半萜烯，分为 A 和 B 两型。该族化合物化学性质稳定，可溶于中等极性的有机溶剂，难溶于水；紫外光下不显荧光，耐热，在烹调过程中不易破坏；毒性作用的共同特点表现为较强的细胞毒性、免疫抑制及致畸作用，部分有较弱的致癌性，急性毒性强，可致人与动物的呕吐。单端孢霉烯族化合物主要有 T-2 毒素、二醋酸藨草镰刀菌烯醇、雪腐镰刀菌烯醇和脱氧雪腐镰刀菌烯醇，可污染麦类、玉米及其制品。

（1）T-2 毒素：主要由镰刀菌产生的代谢产物，如三线镰刀菌、拟枝孢镰刀菌、梨孢镰刀菌、串珠镰刀菌等。T-2 毒素性质稳定，具有很强的耐热性和紫外线耐受性，因此在食品生产和加工过程中不易通过高压灭菌使其灭活，但在碱性条件下用次氯酸钠处理可使其失去毒性。西伯利亚东部地区居民食用田间越冬小麦，发生食物中毒性白细胞缺乏症（alimentary toxic aleucia，ATA），后来证实 T-2 毒素是 ATA 的病原物质。T-2 毒素在自然界中广泛存在，是污染田间作物和库存谷物的主要毒素，1968 年首次被分离提纯，并确定化学结构。

T-2 毒素是单端孢霉烯族化合物中毒性最强的一种毒素，可通过多种途径对人和动物的多种组织和器官产生毒害作用，主要作用于细胞分裂旺盛的组织器官，抑制 DNA 和蛋白质的合成，引起消化系统和肝脏毒性、血液系统毒性、免疫系统毒性、神经毒性和生殖发育毒性等，导致多系统、多器官的损伤。T-2 毒素急性中毒可表现为流涎、呕吐、腹泻、食欲缺乏、消瘦等。T-2 毒素对不同动物的毒性有一定种属差异，婴儿比成人对毒素更敏感。T-2 毒素的慢性毒性主要表现为白细胞减少，骨髓和淋巴组织坏死、溶解，外周血细胞减少和淋巴细胞严重缺乏。此外，T-2 毒素还具有一定的致畸性和弱致癌性。

（2）二醋酸藨草镰刀菌烯醇：该毒素主要由藨草镰刀菌和木贼镰刀菌产生，毒性与 T-2 毒素相似，如损害动物骨髓等造血器官，引起白细胞持续减少。

（3）雪腐镰刀菌烯醇与镰刀菌烯酮-X：可引起人的恶心、呕吐、头痛、疲倦等症状，也可引起小鼠体重下降、肌肉张力下降及腹泻等。

（4）脱氧雪腐镰刀菌烯醇（deoxynivalenol，DON）：又称致呕毒素，主要由禾谷镰刀菌、黄色镰刀菌及雪腐镰刀菌产生。DON 化学性质稳定，具有较强的耐热性和耐酸性，在乙酸乙酯中可长期保存。DON 污染广泛分布于全球，是污染粮食、饲料和食品的主要真菌毒素之一，主要污染小麦、大麦、燕麦、玉米等谷类作物。DON 最早于 1970 年在患有赤霉病的大麦中被发现，1973 年从引起猪呕吐的霉变饲料中分离得到。

DON 可对人和动物产生广泛的毒效应，是人类赤霉病麦中毒的主要病原物质，其毒作用主要是致呕吐。不同的动物对 DON 的敏感程度不同，猪是最敏感的动物。DON 在人体内吸收和代谢非常迅速，人误食 DON 数十分钟后就会出现厌食、呕吐、腹泻、发烧、站立不稳、反应迟钝等急性中毒症状，但一般在几小时后可自行恢复。慢性毒性包括损害造血系统，引起免疫力降低、软骨组织坏死，直至死亡。DON 具有很强的细胞毒性，主要作用于快速分裂的细胞如胃肠道黏膜细胞、淋巴细胞、胸腺细胞、造血干细胞等。DON 既是一种免疫抑制剂，又是一种免疫促进剂，其作用与剂量、作用时间有关，可诱导并促进免疫细胞的凋亡、抑制其增殖；促进 IgA 分泌，抑制 IgM 和 IgG 的分泌。DON 有一定的致畸、致突变作用，但致癌作用不明确。

2. 玉米赤霉烯酮　又称 F-2 毒素，是一类结构相似的二羟基苯酸内酯化合物，首先从有赤霉病的玉米中分离得到。产毒菌株为禾谷镰刀菌、粉红镰刀菌、尖孢镰刀菌、三线镰刀菌、串珠镰刀菌、黄色镰刀菌以及雪腐镰刀菌等，主要污染玉米、小麦、大米、大麦、小米和燕麦等谷物。玉米赤霉烯酮不溶于水，脂溶性较好，耐热性较强，110℃处理 1 小时才能被完全破坏。该毒素具有类雌激素样作用，可表现出生殖系统毒性作用和致畸作用。能影响雌雄哺乳动物乳房发育、抑制排卵，引起外阴阴道炎、假孕、不育、甚至不孕或流产，胎儿染色体出现异常、畸形和死胎。玉米赤霉烯酮也具有免疫毒性和致癌性，对肝脏和肾脏也可产生严重的损害作用。

3. 丁烯酸内酯　丁烯酸内酯是三线镰刀菌、雪腐镰刀菌、拟枝孢镰刀菌和梨孢镰刀菌产生的毒素，在自然界发现于牧草中，牛喂饲带毒素牧草导致烂蹄病。

4. 伏马菌素　伏马菌素是一类不同的多氢醇和丙三烯酸的双脂化合物，主要由串珠镰刀菌产生，可分伏马菌素 B_1（FB_1）和伏马菌素 B_2（FB_2）两类。食品中以 FB_1 污染为主，主要污染玉米及其制品。目前已知伏马菌素主要的危害是神经毒性作用，可引起马的脑白质软化。伏马菌素还具有慢性肾脏毒性，可引起羊肾脏病变，还可引起猪肺水肿、大鼠肝中毒及狒狒心脏血栓等。伏马菌素是促癌物，有致癌作用，主要引起动物原发性肝癌。南非与中国某些食管癌高发区玉米中该毒素污染较严重。

5. 预防措施

（1）防霉去毒：防霉首先要注意田间管理，精耕细作，以及选择抗赤霉病的作物，以防治赤霉病。粮食贮藏期间注意通风，控制粮谷水分在 11%～13%。对污染的粮食可采用比重分离法或碾磨去皮法等减少病麦或去除病麦的毒素。

（2）加强检测。

（3）制定食品中的限量标准：我国食品安全国家标准（GB 2761—2011）中规定小麦、

大麦、玉米及其制品中 DON 的限量为 1000 μg/kg，小麦、玉米及其制品中玉米赤霉烯酮为 60 μg/kg。

（四）赭曲霉毒素

赭曲霉毒素包括至少 7 种结构相似的霉菌代谢产物，其中赭曲霉毒素 A（ochratoxin A，OTA）是已知的毒性较强的物质，可由赭曲霉、洋葱曲霉、鲜绿青霉、圆弧青霉、变幻青霉等产生。OTA 的急性毒性很强，大鼠经口 LD_{50} 为 20～30 mg/kg。动物中毒的靶器官主要为肾脏和肝脏，可见到肾曲管上皮细胞萎缩、间质细胞纤维化及肾小球透明性变等；肝脏可见脂肪变性及肝细胞透明样变、点状坏死及灶状坏死等。OTA 对动物是一种肾脏致癌物，并具有胚胎毒性和致畸性。

赭曲霉毒素主要污染玉米、大豆、可可豆、大麦、柠檬类水果、腌制的火腿、花生、咖啡豆等，主要检出的是 OTA。我国食品安全国家标准（GB 2761—2011）中规定谷类、豆类及其制品中 OTA 的限量为 5.0 μg/kg。

（五）展青霉素

展青霉素是一种由扩展青霉、荨麻青霉、细小青霉、棒曲霉、土曲霉、巨大曲霉以及丝衣霉等多种霉菌产生的有毒代谢产物。展青霉素可存在于霉变的面包、香肠、以及香蕉、梨、菠萝、葡萄和桃子等水果、苹果汁、苹果酒中。

展青霉毒素对小鼠经口 LD_{50} 为 17 ～ 48 mg/kg。小鼠中毒死亡的主要病变为肺水肿、出血，肝、脾、肾淤血，中枢神经系统亦有水肿和充血。鸡胚实验表明其有致畸作用。日本曾发生展青霉素污染饲料引起的奶牛中毒事件，主要表现为上行性神经麻痹、脑水肿和灶性出血。对展青霉素的致癌作用尚需进一步研究。

预防展青霉素污染的首要措施仍然是防霉。我国食品安全国家标准（GB 2761—2011）中规定山楂、苹果及其制品（果丹皮除外）、以山楂或苹果为原料制成的饮料和酒类中展青霉素的限量为 50 μg/kg。

（六）其他真菌毒素

与食品污染关系密切的真菌毒素还有杂色曲霉毒素、烟曲霉震颤素、桔青霉素、黄绿青霉素、黄天精、红天精、皱褶青霉素、环氯素、青霉酸等。

1. 杂色曲霉毒素 由杂色曲霉和构巢曲霉等产生，基本结构为一个双呋喃环和一个氧杂蒽酮，与黄曲霉毒素的结构相似。目前该毒素中已确定结构的有十几种。杂色曲霉毒素大鼠经口 LD_{50} 为 120～160 mg/kg，急性中毒的病变特征是肝、肾坏死。具有较强的致癌性，可以导致动物的肝癌、肾癌、皮肤癌和肺癌，其致癌性仅次于 AF。

2. 黄变米毒素 20 世纪 40 年代发现日本的大米因受青霉菌污染而呈现黄色（黄变米），黄变米不但失去食用价值，而且含有岛青霉毒素、黄绿青霉毒素、橘青霉素、皱褶青霉素等多种毒素，食用后可引起中毒。岛青霉毒素成分有黄天精、环氯肽、红天精和岛青霉素，前两种毒素都是肝脏毒，急性中毒可造成动物发生肝萎缩现象；慢性中毒发生肝纤维化、肝硬化或肝肿瘤，可导致大鼠肝癌。黄绿青霉毒素为一种神经毒，中毒特征为中枢神经麻痹，导致心脏及全身麻痹，最后因呼吸衰竭而死亡。橘青霉素是一种肾脏毒，可导致实验动物肾脏肿大，肾小管扩张和上皮细胞变性坏死。皱褶青霉素与黄天精一样，也可以诱发肝癌。

二、有毒金属

一些在自然界存在的金属元素是人体必需的，但在过量摄入情况下对人体可产生毒性作用或者潜在危害，有些金属元素即使在较低摄入量的情况下，亦可干扰人体正常生理功能，并产生明显的毒性作用，如铅、镉、汞等，常被称为有毒金属。这些有毒金属可以通过食物和饮水摄入、呼吸道吸入和皮肤接触等途径进入人体，其中通过污染食物进入人体是主要途径。

（一）有毒金属概述

1. 有毒金属污染食品的途径

（1）含有重金属农药（如有机汞、有机砷类农药）的使用和工业三废（废渣、废水、废气）的排放，对食品可造成直接或间接的污染。即使在环境中的浓度很低，它们可通过食物链富集，在食品及人体内达到较高的浓度。如鱼虾等水产品中，汞和镉等有毒金属的含量可能高达其生存环境浓度的数百甚至数千倍。

（2）食品在加工、储存、运输和销售等过程中使用或接触金属设备、管道、容器以及因工艺需要加入的食品添加剂中含有重金属而污染食品。

（3）自然环境的高本底含量，使得生产的食用动植物中有毒金属元素含量较高。

2. 食品中有害金属污染的毒作用特点 摄入被有毒金属污染的食品对人体可产生多方面的危害，包括一次大剂量造成的急性中毒，以及低剂量长期摄入后在体内蓄积导致的慢性危害和远期效应（如致癌、致畸、致突变作用），大多数情况下是后者。有毒金属毒作用有如下特点：

（1）存在形式与毒性有关：以有机形式存在的金属及水溶性较大的金属盐类，因其消化道吸收较多，通常毒性较大。如溶于水的有毒金属化合物如氯化镉、硝酸镉的毒性比难溶于水的硫化镉、碳酸镉大，有机汞毒性大于无机汞。

（2）毒作用与机体酶活性有关：许多有毒金属可与机体酶蛋白的活性基团，如巯基、羧基、氨基、羟基等结合，使酶活性受到抑制甚至丧失，从而发挥毒作用。许多有毒金属与巯基的亲和力很强。

（3）蓄积性强：有毒金属进入人体后排出缓慢，生物半衰期较长，易在体内蓄积。

（4）食物中某些营养素影响有毒金属的毒性：膳食成分可以影响有毒金属的毒性，如膳食蛋白质、含硫氨基酸、维生素 C 可降低有毒金属的毒性；铁可拮抗铅的毒性作用；锌可拮抗镉的毒性作用。

（5）某些有毒金属元素间（如砷和镉、汞和铅）也可产生协同作用，增加其毒性。

（二）几种主要有毒金属对食品的污染及毒性

1. 汞（mercury，Hg）

（1）对食物的污染：汞及其化合物广泛应用于工农业生产和医药卫生行业，可通过三废排放等污染环境，亦可通过含汞农药的使用和废水灌溉农田等途径污染农作物和饲料，进而污染食物。含汞的废水排入江河湖海后，其中所含的金属汞或无机汞可以在水体（尤其是底层污泥）中某些微生物体内的甲基钴氨酸转移酶的作用下，转变为甲基汞；如果在硫化氢存在的情况下可转变为二甲基汞，并可由于食物链的生物富集作用而在鱼体内达到很高的含量。其中鱼贝类食品的甲基汞污染最为重要，如日本水俣湾的鱼、贝含汞量达 20～

40 mg/kg，为其生活水域汞浓度的数万倍。

（2）体内代谢：食品中的金属汞几乎不被吸收，无机汞吸收率亦很低，有机汞的消化吸收率很高，如甲基汞可达95%。吸收的汞迅速分布到全身组织和器官，但以肝脏、肾脏、脑等器官含量最多。甲基汞具有亲脂性以及很强的巯基亲和力，可通过血-脑屏障、胎盘屏障和血-睾屏障。汞是强蓄积性毒物，在人体内的生物半衰期平均为70天，在脑内的半衰期可达 180～250 天。体内的汞可通过尿、粪和毛发排出，血液和毛发中汞的含量可反映体内汞负荷情况。

（3）毒性：长期摄入被甲基汞污染的食品可致甲基汞中毒，典型事件为20世纪50年代日本发生的公害病——水俣病。甲基汞中毒的主要表现是神经系统损害的症状。初起为疲乏、头晕、失眠、而后感觉异常，手指、足趾、口唇和舌等处麻木，严重者出现共济失调、语言障碍、视野缩小、听力障碍、感觉障碍及精神症状等，进而瘫痪、肢体变形、吞咽困难甚至死亡。甲基汞还有致畸作用和胚胎毒性。

2. 镉（cadmium，Cd）

（1）对食物的污染：镉广泛用于电镀、塑料、油漆等工业生产中，故工业含镉三废的排放对环境和食物的污染较为严重。许多食品包装材料和容器含有的镉可迁移至食品中。镉在一般环境中含量相当低，但可通过食物链富集后达到相当高浓度。水产品、动物性食品（尤其是肾脏）含镉量通常高于植物性食品。

（2）体内代谢：进入人体的镉主要以消化道摄入为主。食物中镉的存在形式以及膳食中蛋白质、维生素D和钙、锌等元素的含量均可影响镉的吸收。低蛋白、低钙和低铁的膳食有利于镉的吸收，维生素D可促进镉的吸收。吸收的镉经血液转运至全身。进入人体的镉主要蓄积于肾脏，其次是肝脏。大多数镉与低分子硫蛋白结合，形成金属硫蛋白。体内的镉可通过粪、尿和毛发等途径排出。镉在人体内的半衰期为15～30年。

（3）毒性：镉对体内巯基酶有较强的抑制作用。镉中毒主要损害肾脏、骨骼和消化系统，使肾脏近曲小管重吸收功能障碍，引起蛋白尿、氨基酸尿、糖尿和高钙尿，体内出现负钙平衡，造成软骨症和骨质疏松。20世纪60年代，日本镉污染大米引起的公害病“痛痛病”（骨痛病），就是由于环境镉污染通过食物链而引起的人体慢性镉中毒。此外，镉干扰膳食中铁的吸收和加速红细胞破坏，可引起贫血。镉及镉化合物对动物和人体还具有一定的致畸、致突变和致癌作用。

3. 铅（lead，Pb）

（1）对食物的污染：含铅农药的使用和工业三废的排放可污染农作物、土壤和水体，然后经食物链富集、污染食品；环境中某些微生物可将无机铅转变为毒性更大的有机铅；食品加工中使用含铅的食品添加剂或加工助剂、食品容器和包装材料也可造成食品的铅污染。非职业性接触人群体内的铅主要来自于食物。

（2）体内代谢：进入消化道的铅主要由十二指肠吸收，儿童吸收率高于成人。吸收入血的铅90%以上与红细胞结合后转运至全身，主要贮存于骨骼，在肝、肾、脑等组织中亦有一定的分布。铅在人体内的半衰期为4年，在骨骼的半衰期更长，故可长期在体内蓄积。体内的铅主要经尿和粪排出，尿铅、血铅和发铅是反映体内铅负荷常用指标。

（3）毒性：铅主要损害造血系统、神经系统和肾脏。常见的症状和体征为贫血、神经衰弱、烦躁、失眠、食欲缺乏、口有金属味、腹痛、腹泻或便秘、头昏、头痛、肌肉关节疼痛等，严重者可致铅中毒性脑病。慢性铅中毒还可导致凝血过程延长，并可损害免疫系统。儿童对铅较成人更敏感，过量铅摄入可影响其生长发育，导致智力低下。

4. 砷（arsenic，As）

（1）对食物的污染：含砷农药的使用和工业废水可污染农作物、土壤和水体，食品加工过程中使用的原料、化学物和添加剂被砷污染和误用，以及被砷污染的容器或包装材料均可造成食品的污染。水生生物，尤其是甲壳类和某些鱼类对砷有很强的富集能力。

（2）体内代谢：机体对有机砷和无机砷的吸收率均较高，为70%～90%。砷的毒性与其存在的形式和价态有关，元素砷几乎无毒，As^{3+}的毒性大于As^{5+}，无机砷的毒性大于有机砷。砷化物为一种原浆毒，与体内蛋白质有很强的结合能力，吸收入血后 24 小时内即可分布于全身组织，以肝、肾、脾、肺、皮肤、毛发、指甲和骨骼等器官和组织中蓄积量较多。砷的生物半衰期约 80～90 天，主要经粪和尿排出，还可经头发和指甲排泄。

（3）毒性：As^{3+}与巯基有较强的亲和力，尤其是对含双巯基结构的酶有很强的抑制作用。砷也是一种毛细血管毒物，可致毛细血管通透性增高，引起多器官的广泛病变。急性砷中毒主要是胃肠炎症状，严重者可致中枢神经系统麻痹而死亡，并可出现口、耳、眼、鼻出血等现象。慢性中毒主要表现为神经衰弱症候群，皮肤色素异常（白斑或黑皮症），手掌和足底皮肤过度角化。日本曾发生的“森永奶粉中毒事件”，是由于奶粉生产中使用了含大量砷盐的磷酸氢二钠作为稳定剂而引起的。砷化物还具有致突变性和致畸性。流行病学调查表明，无机砷化合物与人类皮肤癌和肺癌的发生有关，被 IARC 定为 1 类致癌物。

（三）预防措施

1. 严格监管工业生产中的“三废”排放。

2. 农田灌溉用水和渔业养殖用水应符合《农田灌溉水质标准》（GB 5084—2005）和《渔业水质标准》（GB 11607—1989）。

3. 合理使用农药，禁止使用含有毒金属的农药；严格控制有毒金属和有毒金属化合物的使用；控制食品生产加工过程有毒金属的污染，包括限制食品加工设备、管道、包装材料和容器中镉、铅的含量；限制油漆等中的镉含量等；推广使用无铅汽油等。

4. 制定食品中有毒金属的允许限量标准并加强监督检验。WHO 及我国《食品安全国家标准 食品中污染物限量》（GB 2762—2012）中几种有毒金属的限量标准见表 4-1。

表 4-1 食品中常见有毒金属的限量标准（mg/kg.bw）

有毒金属	FAO/WHO 标准		我国最高限量
	ADI	PTWI	
汞		0.005	总汞：0.1；甲基汞：1.0
镉		0.007	2.0
铅		0.025	液态食品：1.0；固态食品：5.0
砷	0.05	0.015	总砷：0.5；无机砷：0.5

注：PTWI：provisional tolerable weekly intake，暂定每周可耐受摄入量

三、农药残留

农药是指用于预防、控制危害农业、林业的病、虫、草、鼠和其他有害生物以及有目的地调节植物、昆虫生长的化学合成或者来源于生物、其他天然物质的一种物质或者几种物质的混合物及其制剂，包括有机磷农药、有机氯农药、氨基甲酸酯类农药、拟除虫菊酯类农药等。使用农药可减少农作物因有害生物造成的损失、提高产量，因而增加食物的供应，还可提高绿化效率、减少虫媒传染病的发生、改善人类和动物的生活居住环境。但农药施用后，以农药母体、衍生物、降解物和杂物的形式残存于食品或食品原料中，可引起急性和慢性中毒，并可能有致突变、致畸、致癌作用。在美国肿瘤研究所测试的 452 种致癌化合物中，17%是农药；长期使用和不合理使用农药，使有害生物甚至使人产生了抗药性，促使用药量和用药次数增加，使农作物的农药残留加重；对环境造成严重污染，使环境质量恶化、物种减少、生态平衡被破坏。世界卫生组织和联合国粮农组织（WHO/FAO）、国际食品法典委员会（Codex Alimentarius Commission，CAC）等一些国际组织及各国都规定了食品中农药最大残留限量（maximum residue limits，MRLs）。

（一）食品中农药残留的来源

1. 农田施药对农作物的直接污染 农药在田间使用后，可黏附在农作物的表面，形成表面黏附污染；也可通过渗透进入农作物表皮的蜡质层或组织内部，造成内吸性污染。污染的程度主要与农药的性质、农药的剂型及施用方法、施药的浓度、时间和次数、气象条件、农作物的特性等因素有关。

2. 农作物从污染的环境中吸收农药 主要从土壤和灌溉水中吸收。吸收量与农作物的种类、根系情况和部位，农药的剂型、施用方式和施用量，土壤的种类、结构、酸碱度及其有机物和微生物的种类和含量等因素有关。

3. 通过食物链污染食品 如饲料被农药污染而使肉、奶、蛋受到污染；含农药的工业废水污染江河湖海进而污染水产品；某些较稳定的农药、与特殊组织器官有高度亲和力的农药、可长期贮存于脂肪组织的农药（如有机氯、有机汞等），通过食物链的生物富集作用可逐级浓缩。

4. 其他来源的污染 粮库内使用熏蒸剂可能使粮食受到污染；在禽畜饲养场所及禽畜身上施用农药可使动物性食品受到污染；食品在贮存、加工、运输、销售过程中混装、混放可被残留农药的容器及车船污染。

（二）食品中常见的农药残留及其毒性

1. 有机磷农药 是一类有相似化学结构的化合物，为目前使用量最大的农药，主要用作杀虫剂，约占杀虫剂总量的 50%。早期大多数有机磷农药是高效高毒品种，如对硫磷、甲胺磷、毒死蜱和甲拌磷等；而后逐步发展了许多高效低毒低残留品种，如乐果、美曲膦酯、马拉硫磷、二嗪磷和杀螟松等。大部分有机磷农药化学性质不稳定，生物半衰期短，在农作物、动物和人体内的蓄积性小，因而具有降解快和残留低的特点（个别品种例外，如二嗪农）。但由于长期使用，害虫和杂草普遍对该类农药产生了抗药性，迫使用量越来越大，并且反复多次使用，使其成为严重污染环境和食物的农药。

有机磷农药毒性较大，有些品种属于剧毒类农药，如甲胺磷、内吸磷等。急性毒性主要是抑制血液及组织中胆碱酯酶的活性，导致体内乙酰胆碱蓄积，使以乙酰胆碱为传导介质的胆碱能神经处于过度兴奋状态而出现相应的中毒症状。中毒潜伏期一般在 2 小时以内，误服农药纯品者可立即发病，在短期内全血胆碱酯酶活性下降，出现以毒蕈碱、烟碱样和中枢神经系统症状为主的全身症状。需要特别注意的是，有些品种在急性中毒后第二周出现神经症状，具有迟发性神经毒性。慢性毒性主要是神经系统、血液系统和视觉损伤的表现。多数有机磷农药无明显的致突变、致癌、致畸作用，但某些品种在哺乳动物体内有使核酸烷基化的作用，造成 DNA 损伤，即可能有一定的致突变性。

2. 氨基甲酸酯类农药 该类农药分子中都有氨基甲酸的分子骨架，可用作杀虫剂、除草剂，某些品种还可杀线虫，常用的主要有异丙威、硫双威、抗蚜威、仲丁威、甲萘威、速灭威、涕灭威、丁硫克百威等。氨基甲酸酯类农药的优点是高效、选择性较强，对温血动物、鱼类和人的毒性较低（但个别品种的毒性较大，如克百威等），易被土壤微生物分解，且不易在生物体内蓄积。

氨基甲酸酯类也是胆碱酯酶抑制剂，急性中毒症状是特征性的胆碱能神经兴奋症状，如流泪、流涎、瞳孔缩小、惊厥等，但其抑制作用有较大的可逆性，亦未发现有迟发性神经毒作用。有些代谢产物可使染色体断裂，致使该类农药有致突变、致癌、致畸的可能。在弱酸条件下该类农药可与亚硝酸盐生成亚硝胺，故可能有一定的潜在致癌作用。

3. 拟除虫菊酯类农药 是一类模拟除虫菊中所含的天然除虫菊酯的化学结构而合成的仿生农药，主要用作杀虫剂和杀螨剂，常用的有溴氰菊酯、氯氰菊酯、三氟氯氰菊酯、氟氯氰菊酯、胺菊酯、醚菊酯等。拟除虫菊酯类农药具有高效、杀虫谱广、毒性低、在环境中的半衰期短、对人畜较安全的特点；缺点是容易使害虫产生抗药性，多个品种混配使用可延缓抗药性的产生。

拟除虫菊酯类农药多属中等毒或低毒农药，但有的品种可通过阻断神经传导而对皮肤有刺激和致敏作用，可引起感觉异常（麻木、瘙痒）和迟发性变态反应。因其蓄积性及残留量低，慢性中毒较少见。个别品种（如氰戊菊酯）大剂量使用时有一定的致突变性和胚胎毒性。

4. 有机氯农药 主要分为以苯和环戊二烯为原料的两大类，是最早使用的化学合成农药，主要品种有二氯二苯基三氯乙烷（亦称 DDT）、六氯环己烷或六氯化苯（亦称六六六）、林丹、艾氏剂、狄氏剂、氯丹等。有机氯农药在环境中非常稳定，不易降解，如 DDT 在土壤中的半衰期可长达 3～10 年，降解 95%需 16～33 年。该类化合物脂溶性强，易于在生物体内脂肪组织蓄积，且生物富集作用强，是残留性最强的农药。有些品种属于禁用或严格限用的持久性有机污染物。

有机氯农药的急性毒性主要是神经系统和肝脏、肾脏损害，对人的危害主要为慢性中毒，可表现为肝脏病变、血液和神经系统损害。某些品种会扰乱激素的分泌，具有一定的雌激素活性，尤其是 DDT 及其代谢产物。人体内 DDT 水平升高会导致精子数目减少。部分品种及其代谢产物可通过胎盘屏障进入胎儿体内，有一定的致畸性。有机氯是否具有致癌性尚存争议，但某些品种如 DDT 在较大剂量时可使小鼠、兔和豚鼠等实验动物的肝癌发生率明显增高。

虽然我国已于 1983 年停止生产、1984 年停止使用 DDT 和六六六，但由于该类农药具有高残留性，《食品安全国家标准 食品中农药最大残留限量》（GB 2763—2014）中仍规定了艾氏剂、滴滴涕、狄氏剂、毒杀芬、林丹、六六六、氯丹、灭蚁灵、七氯、异狄氏剂的再残留限量。

5. 除草剂 主要是指用于消灭和控制杂草生长的除莠剂。由于杂草的生长每年可使全世界谷物的损失高达 10%以上，因此除草剂用量很大，常用的品种有 2，4-二氯苯氧乙酸（2，4-D）、2，4，5-三氯苯氧乙酸（2，4，5-T）、除草醚、敌草隆、灭草隆等。大多数除草剂的毒性较低，且由于多在农作物的生长早期使用，故收获后残留量通常很低，危害性相对较小。但部分品种毒性较大，甚至有不同程度的致畸、致突变和致癌作用，如莠去津有一定的致突变、致癌作用；2，4，5-T 所含的杂质 2，3，7，8-四氯代二苯并-对-二噁英（2，3，7，8-tetrachlorinated dibenzo-p-dioxin，TCDD）有较强的急性毒性，并有致畸、致癌作用。

（三）预防控制措施

为了减少农药残留对人体健康的影响，必须采取综合的管理措施，而建立和完善与农药有关的法律法规体系是预防控制其危害的根本措施。

1. 加强对农药登记注册和生产经营的管理 我国《农药管理条例》规定，农业行政主管部门负责农药的登记和监督管理工作，并实行农药登记制度、农药生产许可制度和农药经营许可制度。未经登记的农药不准用于生产、进口、销售和使用。

2. 合理安全使用农药 加强农药安全使用的宣传和使用管理。使用农药应当按照规定的用药量、用药次数、用药方法和安全间隔期施药。剧毒、高毒农药不得用于防治卫生害虫，不得用于蔬菜、瓜果、茶叶和中草药材。同时也注意要对农民的宣传和指导，加强安全防护工作，防止农药污染环境和农药中毒事故的发生。

3. 制定和完善农药残留限量标准 我国《食品中农药最大残留限量》（GB 2763—2014）中规定了食品中农药的最大残留限量，农业部制定了《食品中农药残留风险评估指南》和《食品中农药最大残留限量制定指南》，应加强对食品中农药的监测，禁止销售农药兽药残留量超过标准的农产品。

4. 调整农药的品种结构，尽可能减少农药的使用 禁用或限用高毒、高残留的农药，促进农药产品结构的升级换代，完善混配制剂，发展安全、高效的新品种，重点发展控制和调节有害生物的生长、发育和繁殖过程的生物农药。近年来，国际上通过实施《鹿特丹公约》、《斯德哥尔摩公约》、《巴塞尔公约》和《蒙特利尔议定书》等国际公约，严格管控高毒、高风险农药的生产、使用和国际贸易。通过改革剂型和施药方法，合理轮用、混用，采取病虫草害"综合治理"的措施，改善农作物栽培技术，发展无公害食品、绿色食品和有机食品等措施，可减少对农药的依赖。

5. 消除残留于食品中的农药 农药主要残留于粮食的糠麸、蔬菜的表面和水果的表皮，在去壳、去皮、碾磨、发酵、浸泡、洗涤和烹调等加工过程中可被破坏或部分除去。

四、兽药残留

兽药是指用于预防、治疗、诊断动物疾病或者有目的地调节动物生理机能的物质（包括药物饲料添加剂），主要包括血清制品、疫苗、诊断制品、微生态制品、中药材、中成药、化学药品、抗生素、生化药品、放射性药品及外用杀虫剂、消毒剂等。使用兽药可控制畜禽类的疾病、促进生长、提高饲料的利用率，因而增加食物的供应，但残留在食物中的兽药可引起急性和慢性中毒。兽药残留主要有抗生素类（包括磺胺类、呋喃类）、抗寄生虫类和激素类等。

（一）动物性食品中兽药残留的来源

1. 药物滥用 治疗和预防动物疾病时用药的品种、剂型、剂量、部位不当；长期用药；不遵守休药期的规定；在饲料中加入某些抗生素等药物来抑制微生物的生长、繁殖等，均易造成动物性食品中兽药的残留。

2. 使用违禁或淘汰药物 如为使甲鱼和鳗鱼长得肥壮而使用违禁的己烯雌酚；为预防和治疗鱼病而使用孔雀石绿等。

3. 违规使用饲料添加剂 如为了增加瘦肉率，减少肉品的脂肪含量而在动物饲料中加入盐酸克伦特罗；用抗生素菌丝体及其残渣作为饲料添加剂来饲养食用动物等。

（二）食品中常见兽药残留的毒性

1. 急性毒性 有些兽药的毒性较大，过量使用、或者非法使用禁用品种可导致急性中毒，如β-肾上腺素受体激动剂盐酸克伦特罗（瘦肉精）可使人的心跳加快，心率失常，肌肉震颤，代谢紊乱；红霉素等大环内酯类可导致急性肝损伤。

2. 慢性毒性和“三致”作用 食用残留雌激素类兽药的食品可干扰人体内源性激素的正常代谢与功能；磺胺类可引起肾损害；氯霉素可引起再生障碍性贫血；四环素类可与骨骼中的钙结合，抑制骨和牙的发育；庆大霉素和卡那霉素等氨基糖苷类可损害前庭和耳蜗神经，引起眩晕和听力减退；雌激素类、硝基呋喃类、砷制剂等有致癌作用；某些喹诺酮类有致突变作用；苯并咪唑类抗蠕虫药具有潜在的致畸性和致突变性。

3. 过敏反应 某些抗菌药物（如青霉素、四环素、磺胺类、呋喃类和氨基糖苷类等）可引起过敏反应，其中以青霉素类引起的过敏反应最为常见，也最为严重。

4. 激素样作用 甲基睾丸酮、丙酸睾酮、苯丙酸诺龙、苯甲酸雌二醇、雌二醇等性激素在水产养殖过程中常常作为促生长剂使用。这些性激素可产生一系列激素样作用，引起儿童性早熟、女性男性化或男性女性化，并可诱发乳腺癌、卵巢癌的发生。

5. 产生耐药菌株和破坏肠道菌群的平衡 抗生素类兽药的大量使用可使动物体内的金黄色葡萄球菌和大肠埃希氏菌等产生耐药菌株，并发展为多重耐药。人经常食用兽药残留量高的动物性食品，同样会产生耐药菌株，并影响肠道菌群的平衡，肠内的敏感菌受到抑制或死亡，而某些耐药菌和条件致病菌大量繁殖，导致肠道感染、腹泻和维生素缺乏。

（三）预防控制措施

为了减少兽药残留对人体健康的影响，采取综合的管理措施。我国《兽药管理条例》规定，兽医行政管理部门负责全国的兽药监督管理工作，并对兽药进行注册，核发兽药生产许可和经营许可。未经批准的兽药，不得生产和使用。加强药物的合理使用规范，包括合理配伍用药、使用兽用专用药。国家实行兽用处方药和非处方药分类管理制度，严格执行《动物性食品中兽药最高残留限量》标准和休药期规定，加强监督检测工作。禁止在饲料和动物饮用水中添加激素类药品和国家规定的其他禁用药品，禁止将原料药直接添加到饲料及动物饮用水中或者直接饲喂动物，禁止将人用药品用于动物。选择合适的食品食用方式，消费者可通过烹调加工、冷藏等方法减少食品中的兽药残留。

五、持久性有机污染物

持久性有机污染物（persistent organic pollutants，POPs）是指可通过大气、水等环境介质长距离迁移并长期存在于环境中，通过食物链的生物富集作用对人体产生有害影响的天然或人工合成的有机化学物质。POPs的化学性质稳定，在自然条件下难以降解，在土壤、水体、底泥及生物体内的半衰期较长，短则几年，长则几十年。POPs具有半挥发性，从水体或土壤中以蒸气的形式进入大气，通过大气环流和“全球蒸馏效应”进行远距离迁移。水中的 POPs 可附着在悬浮颗粒物上，随水流而迁移，也可随生物迁徙实现远距离迁移。它们可蓄积在生物体的脂肪组织中，并通过食物链（网）的生物富集作用最终危害人类的健康。因此，POPs具有长距离迁移性、持久性、生物蓄积性和潜在毒性四大特性。

2004年生效的《关于持久性有机污染物的斯德哥尔摩公约》决定在全球范围内禁用或严格限用12种危害最大的POPs，包括DDT、氯丹、灭蚁灵、毒杀芬、艾氏剂、狄氏剂、异狄氏剂、七氯、六氯苯等九种有机氯农药及多氯代二苯并-对-二噁英（polychlorinated dibenzo-p-dioxins，PCDDs）、多氯代二苯并呋喃（polychlorinated dibenzofurans，PCDFs）和多氯联苯（polychlorinated biphenyls，PCBs）。POPs清单是开放的，可根据规定的筛选程序和标准不断扩充。至 2011 年，禁止生产和使用的环境持久性有机污染物数量增加到22种。通常PCDDs和PCDFs被称为二噁英（dioxins）；而PCBs的理化性质和毒性与二噁英相似，被称为二噁英类似物。前面已经介绍过有机氯农药，因此这里主要介绍二噁英及其类似物。

PCDD/Fs是由1个或2个氧原子连接2个被氯原子取代的苯环组成的氯代含氧三环芳香族化合物，其中 PCDDs 有 75 种同系物，PCDFs有135种同系物。PCBs是人工合成的一组氯代烃类化合物，有209种同系物，工业上使用的主要是含 2～7 个氯的混合物。它们的结构通式见图 4-2。二噁英是非人为生产、没有任何用途的一类 POPs，化学性质非常稳定，熔点较高，极难溶于水，可溶于有机溶剂，脂溶性强，易蓄积在生物体的脂肪组织中，并经食物链在生物体内富集。半衰期长，可长期存在于环境中。

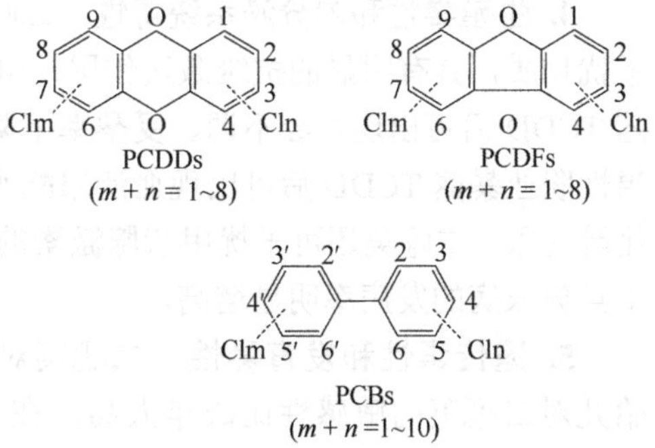

图4-2　PCDD/Fs及PCBs的结构通式

（一）食物的污染来源

二噁英及其类似物广泛存在于大气及飘尘、水体及底泥、土壤中，因此食品中的二噁英及其类似物主要来自于环境的污染。二噁英是在焚烧垃圾、销毁有机化学品、工业生产等过程中产生的副产物。垃圾和医疗废弃物的焚烧，特别是不完全燃烧或在较低温度下燃烧以及有 PVC 塑料存在，是环境中二噁英的主要来源。有机氯农药的使用，化工、制浆造纸工业及金属冶炼等行业，均伴有二噁英的产生。发泡聚苯乙烯、PVC 塑料以及纸制品作为食品包装材料可将其中的二噁英及其类似物迁移到食品中。此外，意外事故，如日本和我国台湾的米糠油事件、比利时的二噁英事件等也可对食品造成污染。二噁英主要污染动物性食品，特别是鱼类。食用生长在二噁英污染水体中的鱼类、贝类是人类摄入二噁英的主要途径。

（二）毒性

POPs 的毒性可分为急性毒性和慢性毒性，急性毒性针对动物和人类中枢神经系统的影响，症状表现为肌肉震颤和抽搐，甚至可导致全身麻痹而死亡；慢性毒性针对生殖发育、内分泌系统等的影响，表现为产生三致效应，具有内分泌干扰作用等，危害人类健康。POPs 以慢性毒性为主。二噁英的毒性极高，致癌性强，其中 2，3，7，8-四氯代二苯并-对-二噁英（2，3，7，8-tetrachlorinated dibenzo-p-dioxin，TCDD）的毒性最强。通过芳烃受体介导基因的表达，启动细胞内的信号传导是二噁英及其类似物产生毒性作用最主要的机制。二噁英的毒性主要表现为以下几个方面。

1. 一般毒性 在 PCDD/Fs 的各种同系物中，四氯化物的毒性最强，尤其是 TCDD，豚鼠经口 LD_{50} 仅为 1μg/kg。PCDD/Fs 可使动物的体重明显降低，伴有肌肉和脂肪组织急剧减少，表现为消瘦综合征（wasting syndrome）。经皮肤或全身染毒接触二噁英后可出现氯痤疮。

2. 肝脏毒性 二噁英可使多种动物的肝脏受损，主要表现为肝脏肿大、肝细胞变性坏死、肝功能异常。肝脏损害也是人类接触二噁英较常见的表现。

3. 免疫毒性 二噁英及其类似物均可使实验动物的胸腺萎缩，且以胸腺皮质淋巴细胞减少为主，对体液免疫与细胞免疫也具有抑制作用。职业接触 TCDD 也呈现明显的免疫抑制现象。

4. 生殖毒性和内分泌系统毒性 二噁英及其类似物和其他的 POPs 均属于环境内分泌干扰物质，具有明显的抗雌激素作用，引起性周期的改变和生殖功能的异常。女性职业暴露 TCDD 后可出现月经不调、受孕率下降、流产等。TCDD 还具有明显的抗雄激素作用，男性职业暴露 TCDD 后可出现血清睾酮水平降低、精子数量减少、性功能降低及行为女性化等现象。二噁英还可干扰甲状腺激素的代谢和糖代谢，在越南战争期间接触橙剂的美军士兵糖尿病的发病率明显增高。

5. 遗传毒性和发育毒性 二噁英对多种动物均有致畸作用，尤以小鼠最为敏感，胎儿对二噁英的敏感性比成年人高。在美军使用含 TCDD 的橙剂后数年间，当地的越南儿童发育异常者明显增加，主要表现为发育迟缓、智力低下、四肢畸形、先天性腭裂、脊柱裂。

6. 致癌性 二噁英对多种动物均有致癌作用，受影响的脏器包括肝脏、甲状腺、肺脏、皮肤、硬腭、鼻甲和软组织等，诱发大、小鼠肝癌的剂量低至 10 ng/kg。人群接触 TCDD 及其同系物可使患各种癌症的总体危险性增加，国际癌症研究机构（IARC）发布的部分 POPs 致癌性级别见表 4-2。

表 4-2 IARC 发布的部分 POPs 致癌性

致癌性分类	POPs
Ⅰ 类（人类致癌物）	2，3，7，8-TCDD、多氯联苯、林丹
Ⅱ A 类（较大可能的人类致癌物）	多溴联苯、DDT
Ⅱ B 类（有可能的人类致癌物）	氯丹、七氯、六氯乙烷、六氯苯、灭蚁灵、毒杀芬
Ⅲ 类（对人类可能不致癌）	艾氏剂、狄氏剂、多氯代二苯并-对-二噁英（除 2，3，7，8-TCDD）、多氯代二苯并呋喃

（三）预防措施

（1）控制和消除环境污染是预防 POPs 污染食品及对人体产生危害的根本措施。应重点加强对污染源的治理，改革生产工艺，减少和限制产生 POPs 的化学品，特别是含氯化学品的生产和使用，开发替代产品；避免垃圾的露天及不完全焚烧，开发新的焚烧技术。严格控制汽车尾气对环境的污染；对受污染的土壤、水体采用微生物降解法、超声波氧化法等进行及时、有效的治理。

（2）建立实用、灵敏度高的检测方法，加强监督监测，制定食品中的允许限量标准。目前 WHO 规定二噁英每日可耐受摄入量（TDI）为 10 pg/ kg.bw。

（3）加强管理，开展宣传教育。包括制订相应的法规和标准，对 POPs 污染源进行追踪调查，建立有效的 POPs 健康和生态风险评价方法、环境质量控制系统以及食品污染预警和快速反应系统。

第五节 食品添加剂

食品添加剂是随着食品工业的发展而逐步形成和发展起来的，合理使用食品添加剂可以改善食品的组织状态、增强食品的色香味和口感，防腐保鲜，延长食品保质期。然而近年来人们对在食品中使用食品添加剂十分关注和担忧。正确认识和合理使用食品添加剂，有助于最大限度地保证食品安全。

一、食品添加剂概述

《中华人民共和国食品安全法》和《食品安全国家标准 食品添加剂使用标准》（GB 2760—2014）规定，食品添加剂是指为改善食品品质和色、香、味，以及为防腐、保鲜和加工工艺的需要而加入食品中的人工合成或者天然物质，包括营养强化剂。食品用香料、胶基糖果中基础剂物质、食品工业用加工助剂也包括在内。为了改善食品品质、便于食品加工，将两种或两种以上单一品种的食品添加剂，添加或不添加辅料，经物理方法混匀而成的食品添加剂称之为复配食品添加剂。

（一）分类

1. 按来源分类 食品添加剂按来源分为天然食品添加剂和人工合成食品添加剂两类。天然食品添加剂是指来自动、植物组织或微生物的代谢产物及一些矿物质，用干燥、粉碎、提取、纯化等方法而制得的物质。人工合成食品添加剂则是通过化学手段使元素或化合物经过氧化、还原、缩合、聚合、成盐等反应而得到的物质，其中包括天然等同色素、天然等同香料。天然食品添加剂的品种少、价格较高；化学合成食品添加剂品种齐全、价格低、使用量少，但是毒性通常大于天然食品添加剂，特别是其成分不纯或用量过大时，容易对机体造成损害。

2. 按功能分类 随着食品工业的发展，食品添加剂的种类和数量也逐年增加。据统计，目前国际上使用的食品添加剂种类已达 25 000 余种，其中直接使用的约 4000～5000 余种，我国《食品安全国家标准 食品添加剂使用标准》（GB 2760—2014）中批准使用的食品添加剂有 2000 余种，涉及 22 个功能类别（表 4-3）。

表 4-3 食品添加剂功能类别与代码（GB 2760—2014）

名称	代码	名称	代码	名称	代码	名称	代码
酸度调节剂	01	胶基糖果中基础剂物质	07	面粉处理剂	13	增稠剂	19
抗结剂	02	着色剂	08	被膜剂	14	食品用香料	20
消泡剂	03	护色剂	09	水分保持剂	15	食品工业用加工助剂	21
抗氧化剂	04	乳化剂	10	防腐剂	16	其他	22
漂白剂	05	酶制剂	11	稳定和凝固剂	17		
膨松剂	06	增味剂	12	甜味剂	18		

3. JECFA 分类 为了维护各国消费者的利益，确保国际贸易的公正性，FAO/WHO 在国际食品法典委员会（CAC）中设立国际食品添加剂法典委员会（Codex Committee on Food Additives，CCFA），负责制定国际《食品添加剂通用标准》；设立“食品添加剂联合专家委员会（Joint FAO/WHO Expert Committee on Food Additives，JECFA）”，JECFA 根据“食品添加剂和污染物安全评估原则”进行安全性评价，并根据各种物质的毒理学资料制定出相应的每日允许摄入量（ADI）值。各个国家的食品标准中食品添加剂的种类和使用量等，均应以 JECFA 的建议为根据。该委员会建议将食品添加剂分为以下四类管理：

（1）第一类为 GRAS 物质（general recognized as safe）：即一般认为是安全的物质，可以按照正常需要使用，不需建立 ADI 值。

（2）第二类为 A 类：又分为 A1 和 A2 两类。A1 类为经过 JECFA 安全性评价，毒理学性质已经清楚，可以使用并已制订出正式 ADI 值者；A2 类为目前毒理学资料不够完善，制订暂时 ADI 值者。

（3）第三类为 B 类：即毒理学资料不足，未建立 ADI 值者，又分为 B1 和 B2 两类。B1 类是 JECFA 曾经进行过安全性评价，因毒理学资料不足未制定 ADI 者；B2 类是 JECFA 尚未进行过安全性评价者。

（4）第四类为 C 类：即原则上禁止使用的食品添加剂，又分为 C1 和 C2 两类。C1 类是认为在食品中使用不安全的；C2 类只限于在某些食品中作特殊用途使用。

（二）毒性

食品添加剂不是食品的天然成分，虽然在批准使用前已对其安全性进行了评估，但如果使用不当，可能对人体健康带来一定的不利影响。有一些添加剂添加的剂量很小，但不能认为是无害的，还要考虑到有些食品添加剂的持续使用在人体内有累积效应并长期作用于人体，可产生慢性毒性，对人类健康具有潜在的威胁。另外，多种食品添加剂在混合使用时还要注意叠加毒性的问题。当它们和其他物质如农药残留、重金属等一起摄入时，使原本无致癌性的化学物质可能转化为致癌物质。

1. 急性和慢性毒性　有些食品添加剂如果超量或超范围使用，可引起急性或慢性毒性。如20世纪50年代，普遍使用β-萘酚、罗丹明B、奶油黄等防腐剂和色素，后来证实它们有致癌作用。使用含砷的盐酸、食碱及过量使用亚硝酸盐、漂白剂、色素等添加剂，均可引起急慢性中毒。日本曾经使用多年的防腐剂三呋喃亚甲基二胺后被证实具有致畸性，因而被禁用。

2. 体内蓄积　有些食品添加剂长期使用，可在体内不断蓄积而产生毒性。如在奶黄酱、奶粉、饮料等儿童食品中加入维生素A作为强化剂，当总摄入量达到25万～84万国际单位时可出现食欲缺乏、便秘、失眠、兴奋、口唇龟裂头痛、复视、四肢疼痛等维生素A中毒的症状。维生素D摄入过多也可引起急慢性中毒。脂溶性添加剂，如二丁基羟基甲苯（BHT）过量使用也可在体内蓄积。

3. 过敏反应　食品添加剂可引起过敏反应，包括常见的皮肤过敏反应，如刺激性皮炎、急性荨麻疹、喉头水肿、支气管哮喘、血管神经性水肿和接触性皮炎等。可能引起慢性荨麻疹或者血管性水肿的食品添加剂有苯甲酸、山梨酸、柠檬黄、BHT、香料等。除了对食品添加剂过敏的人，患有鼻炎、湿疹、哮喘症状的遗传性过敏症病人比无遗传性过敏症病人对食品添加剂更为敏感。

4. 转化产物的安全性　某些食品添加剂可产生已知的有害物质，例如，在生产过程中产生的一些杂质，如糖精产生的杂质邻甲苯磺酰胺、氨法生产焦糖色产生的4-甲基咪唑等；与食品成分反应的物质，如焦炭酸二乙酯可形成强致癌物质氨基甲酸乙酯、亚硝酸盐形成亚硝基化合物、偶氮染料形成有毒芳香胺等。

（三）使用要求

我国食品添加剂的使用必须符合《食品安全国家标准 食品添加剂使用标准》（GB 2760—2014）、《食品安全国家标准 复配食品添加剂通则》（GB 26687—2011）、《食品安全法》或国家卫生行政部门公告名单规定的品种及其使用范围和使用量。

1. 基本要求　食品添加剂使用时应符合以下基本要求：①不应对人体产生任何健康危害；②不应掩盖食品腐败变质；③不应掩盖食品本身或加工过程中的质量缺陷或以掺杂、掺假、伪造为目的而使用食品添加剂；④不应降低食品本身的营养价值；⑤在达到预期效果的前提下尽可能降低在食品中的使用量。

2. 在下列情况下可使用食品添加剂　①保持或提高食品本身的营养价值；②作为某些特殊膳食用食品的必要配料或成分；③提高食品的质量和稳定性，改进其感官特性；④便于食品的生产、加工、包装、运输或者贮藏。

3. 带入原则　在下列情况下食品添加剂可以通过食品配料（含食品添加剂）带入食品中：①根据食品添加剂使用标准，食品配料中允许使用该食品添加剂；②食品配料中该添加剂的用量不应超过允许的最大使用量；③应在正常生产工艺条件下使用这些配料，并且食品中该添加剂的含量不应超过由配料带入的水平；④由配料带入食品中的该添加剂的含量应明显低于直接将其添加到该食品中通常所需要的水平。当某食品配料作为特定终产品的原料时，批准用于上述特定终产品的添加剂允许添加到这些食品配料中，同时该添加剂在终产品中的量应符合《食品添加剂使用标准》的要求，在所述特定食品配料的标签上应明确标示该食品配料用于上述特定食品的生产。

4. 复配食品添加剂使用基本要求 ①复配食品添加剂不应对人体产生任何健康危害；②复配食品添加剂在达到预期的效果下，应尽可能降低在食品中的用量；③用于生产复配食品添加剂的各种食品添加剂，应符合GB 2760—2014和国家卫生行政部门公告的规定，具有共同的使用范围；④用于生产复配食品添加剂的各种食品添加剂和辅料，其质量规格应符合相应的食品安全国家标准或相关标准；⑤复配食品添加剂在生产过程中不应发生化学反应，不应产生新的化合物；⑥复配食品添加剂的生产企业应按照国家标准和相关标准组织生产，制定复配食品添加剂的生产管理制度，明确规定各种食品添加剂的含量和检验方法。

二、常见的食品添加剂及其毒性

（一）防腐剂

1. 概述 防腐剂（preservatives）是人类使用历史最悠久、应用最广泛的食品添加剂。自古以来，人类为了生存不断地努力使用各种方法保存足够的食物以备不时之需，而防腐剂的作用就是要防止食品腐败变质、延长食品储存期。防腐剂对微生物的作用在于抑制微生物的代谢，使微生物的发育减缓和停止。防腐剂按照其性质可分为酸型、酯型和生物型等；按照来源可分为化学防腐剂和天然防腐剂两类；按其抗微生物的作用和性质，可分为杀菌剂和抑菌剂。防腐剂大多是人工合成的，超标准使用会对人体造成一定损害。我国食品安全国家标准严格规定了其在适用食品中的最大使用量。

2. 常用的防腐剂 我国允许使用的防腐剂有苯甲酸（及其钠盐）、山梨酸（及其钾盐）、脱氢醋酸、丙酸等30余种。

（1）苯甲酸及其钠盐：苯甲酸又称安息香酸，是一种有机酸，性质稳定，但有吸湿性。苯甲酸的防腐效果主要来自非解离性的分子，作用强度随pH而定，在酸性条件下对多种细菌、真菌和酵母菌有明显的杀菌、抑菌作用，对产酸菌作用较弱，而在碱性条件下几乎无效。我国《食品安全国家标准 食品添加剂使用标准》（GB 2760—2014）规定苯甲酸及其钠盐主要用于风味冰棍、果酱、蜜饯凉果、腌渍蔬菜、酱油、食醋、碳酸（果汁）饮料、配制酒和果酒等多种食品中，最大使用量为0.2～2.0 g/kg。

表4-4 苯甲酸钠盐的急性毒性（mg/kg.bw）

动物	方法	LD_{50}
小鼠	口服	2700
小鼠	静脉注射	1714
兔	口服	2000
兔	皮下注射	2000
狗	口服	2000

苯甲酸钠的急性毒性较弱（表4-4），动物最大无作用剂量（MNL）为500 mg/kg.bw，FAO/WHO确定ADI值为0～5 mg/kg.bw（以苯甲酸计）。但其在人体胃肠道的酸性环境下可转化为毒性较强的苯甲酸。小鼠摄入苯甲酸及其钠盐，可出现体重下降、腹泻、体内出血、肝肾肥大、过敏、瘫痪，甚至死亡。苯甲酸钠的毒性作用是通过改变细胞膜的通透性，抑制细胞膜对氨基酸的吸收，并通过细胞膜抑制脂肪酶等酶的活性，使ATP合成受阻实现的。一般认为苯甲酸的慢性毒性很小，以含0、0.5%和1%苯甲酸的饲料连续喂养大鼠8周，通过对子代的观察和解剖确定其慢性毒性，发现大鼠

子代的生长、繁殖和形态上没有异常改变，其他试验也表明苯甲酸无蓄积性、致畸、致突变、致癌和抗原作用。苯甲酸在动物体内会很快降解，大部分可在 6 小时内排出。大部分苯甲酸主要与甘氨酸结合现场马尿酸，其余的则与葡萄糖醛酸结合成 1-苯甲酰葡萄糖醛酸。

（2）山梨酸及其钾盐：山梨酸即己二烯酸，是一种直链不饱和脂肪酸，微溶于水而溶于有机溶剂，所以多用其钾盐。1939 年科学家发现具有与 alpha-不饱和脂肪酸相似结构的化合物对抑制真菌有效，山梨酸正好具有这种结构。山梨酸抗菌性强，通过抑制各种巯基酶的活性能抑制细菌、霉菌和酵母的生长，是目前国际上公认较好的防腐剂。山梨酸钾的使用范围与苯甲酸钠相似，最大使用量为 0.075～2.0 g/kg，其中对人造黄油、鱼、奶酪、面包和蛋糕等食品的防腐作用强于苯甲酸钠。

山梨酸进入体内后吸收和代谢与一般的脂肪酸类似，可参与体内正常代谢，并被同化产生 CO_2 和水，故对人体几乎无害。动物即使长时间大剂量摄入山梨酸，也不会出现明显的异常。表 4-5 列出山梨酸及其钾盐的急性毒性。在所有合成食品添加剂中，山梨酸钾的毒性是被研究得最透彻的。尽管有人曾发现山梨酸钾长期经皮下注射可诱发大鼠纤维瘤，但口服未发现有任何不良的影响，故 1965 年罗马国际会议上被确定为安全的食品添加剂。1985 年 FAO/WHO 将山梨酸钾确定为 GRAS 类食品添加剂，ADI 值为 0～25 mg/kg.bw（以山梨酸计，1994）。用山梨酸钾长期喂养动物曾发现体重下降，但未发现再生毒性，也不具有致突变作用和致癌作用。

表 4-5　山梨酸及其钾盐的急性毒性（g/kg.bw）

动物	化合物	LD_{50}
大鼠口服	山梨酸	10.5
大鼠口服	山梨酸钾	4.2
小鼠口服	山梨酸	8.0
小鼠口服	山梨酸钾	4.2
小鼠静脉注射	山梨酸	2.8
小鼠静脉注射	山梨酸钾	1.3

（3）丙酸及其盐类：能够有效地抑制真菌的生长，主要用于面包、糕点类食品，对控制面包生霉和发黏非常有效，但对酵母菌基本无影响，因此不影响面包的正常发酵。丙酸钙的产气时间短，应用于面包时可缩短生产周期，但与所用膨松剂碳酸氢钠作用可生成不溶性盐类而影响口感，故改用钠盐。丙酸可认为是食品的正常成分，也是人体的代谢中间产物，故无毒性，对其 ADI 值不作规定，我国规定最大使用量为 0.25～50 g/kg。

（4）对羟基苯甲酸酯：是苯甲酸的衍生物，包括甲、乙、丙、异丙、丁、异丁等酯。对羟基苯甲酸酯对细菌、真菌及酵母菌均有抑制作用，但对革兰氏阴性杆菌和乳酸菌的抑制作用较弱。对羟基苯甲酸酯的抑菌作用在于抑制微生物细胞呼吸酶系和电子传递链酶系的活性，抑菌能力随烷基链长度的增加而增强。其防腐效果受 pH 值的影响小，在 pH 4～8 范围内均有较好效果。对羟基苯甲酸酯的缺点是有特殊味道，在水中溶解性较差，其溶解度随酯基碳链长度的增加而下降，毒性则相反。但乙酯和丙酯复配使用可提高溶解度，并有增效作用。

对羟基苯甲酸乙酯有明显的膜毒性，可破坏细胞膜的结构，对细胞的电子传递链有抑制作用。对羟基苯甲酸酯小鼠经口 LD_{50} 为 5 g/kg.bw，毒性表现为可逆性的动作失调和麻痹等。用含 1.5 g/kg 对羟基苯甲酸乙酯和丙酯的混合物喂养小鼠 18 个月，在初期观察到小鼠生长缓慢，其余未见异常。由于摄入体内后代谢途径与苯甲酸基本相同，在胃肠道能迅速吸收，并水解成对羟基苯甲酸而从尿中排出，不在体内蓄积，故毒性很低，有时也用于代替酸性防腐剂。按毒性大小顺序排列：苯甲酸＞对羟基苯甲酸酯类＞山梨酸。FAO/WHO确定对羟基苯甲酸乙酯和对羟基苯甲酸丙酯的 ADI 值均为 0～10 mg/kg.bw。

（二）抗氧化剂

1. 概述 抗氧化剂（antioxidants）是指能防止或延缓油脂或食品成分氧化分解、变质，提高食品稳定性的物质，可以延长食品的储存期、货架期。食品中因含有大量脂肪（特别是多不饱和脂肪酸），容易氧化酸败，因此通常在食品工业的腌制和浸渍过程中，加入抗氧化剂来延缓或防止油脂及富含脂肪食品的氧化酸败。抗氧化剂中止氧化的作用表现为以下两种形式：一种是抗氧化剂向已被氧化脱氢后的脂肪所产生的自由基提供氢，使其还原到脂肪的原来状态，从而中止脂肪的继续氧化；另一种是由抗氧化剂向已被氧化生成的过氧化自由基提供氢，而使之成为氢过氧化物，从而中断脂肪的过氧化过程。

2. 常用的抗氧化剂 我国现已批准使用的抗氧化剂有丁基羟基茴香醚（butylated hydroxyanisole，BHA）、二丁基羟基甲苯（butylated hydroxytolene，BHT）、抗坏血酸（即维生素 C）、没食子酸丙酯（propyl gallate，PG）、特丁基对苯二酚（tertiary butylhydroquinonoe，TBHQ）、迷迭香提取物、维生素 E、植酸、竹叶抗氧化物等。

（1）BHA、BHT 和 PG：丁基羟基茴香醚（BHA）、二丁基羟基甲苯（BHT）和没食子酸丙酯（PG）是目前食品工业中最常用的抗氧化剂，其化学结构见图 4-3。它们耐热性较好，可用于长期保存食品。BHA 尤其是对使用动物脂焙烤的食品能维持较长时间的作用；BHT 没有 BHA 特有的臭味，也没有与金属离子反应着色的缺点；PG 对植物油有良好的稳定性，且对猪油的抗氧化作用比 BHA 和 BHT 两者均强。1996 年 FAO/WHO 将 BHA 的 ADI 值定为 0～0.5 mg/kg.bw、BHT 为 0～0.3 mg/kg.bw、PG 为 0～1.4 mg/kg.bw。我国规定这三种抗氧化剂主要用于脂肪、油和乳化脂肪制品、油炸坚果和籽类、坚果与籽类罐头、油炸面制品、膨化食品等，BHA 和 BHT 的最大使用量均为 0.2 g/kg，PG 为 0.1 g/kg，胶基糖果中均为 0.4 g/kg。PG 与 BHA、BHT 合用有良好的增效作用，但三者混合使用时，BHA 和 BHT 的总量不得超过 0.2 g/kg，PG 不得超过 0.05 g/kg。

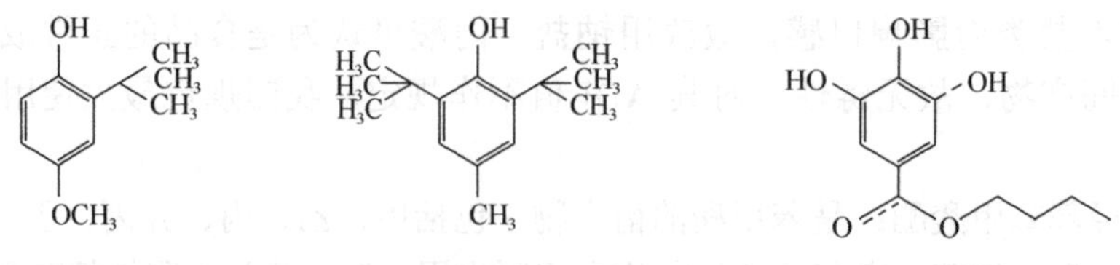

丁基羟基茴香醚　　特丁基羟基甲苯　　没食子酸丙酯

图 4-3 BHA、BHT 和 PG 的结构

一般认为，BHA、BHT 和 PG 的急性毒性较弱（表 4-6），安全性较高，尤其 PG 在体内水解后，没食子酸大部分变成 4-氧基-甲基没食子酸，并进一步内聚成葡萄糖醛酸，经尿排出体外，因此在人体不具有蓄积性。但动物实验发现，BHA 以 1.4～4.7 g/kg.bw 的剂量持续喂养 4 个星期，可使实验动物产生轻微的腹泻。BHA 也会导致慢性过敏反应和代谢紊乱，以含 1% BHA 的饲料喂养大鼠 24 个月，大鼠出现食欲缺乏和组织病变。以含 1%～3% PG 的饲料喂养大鼠时可观察到大鼠体重减轻，可能是由于大鼠不喜欢吃带苦味的食品造成的，PG 不引起严重的慢性损害。

BHA 和 BHT 曾被认为是具有抗癌作用的食品添加剂，但后来发现 BHA 可引起大鼠前胃癌，故日本禁止在食品中添加 BHA，美国将 BHA 和 BHT 从 GRAS 类食品添加剂名单中删除。但近年来发现 BHA 具有致癌和防癌的双重作用，取决于癌症发生的不同时期。

表 4-6 BHA、BHT 和 PG 的经口 LD_{50}（mg/kg.bw）

动物	BHA	BHT	PG
小鼠	2000	1390	2500～3100
大鼠	2200～5000	1970	2500～4000

（2）维生素 C：许多植物性食物本身含有大量的维生素 C，但其在加工过程中易降解损失。维生素 C 作为具有抗氧化作用的营养素，主要作用是保护食品的色泽及风味，它能够与氧结合，并钝化金属离子，从而阻止动物油脂的氧化酸败，可以保护维生素 A、E 及其他多种天然抗氧化剂免受氧化破坏。维生素 C 能够防止褐变及品质风味的劣变，不仅对人体无害，还能阻止亚硝胺的生成，FAO/WHO 推荐其 ADI 值为 0～15 mg/kg.bw。维生素 C 可用于去皮或预切的鲜水果和蔬菜，最大使用量为 5.0 g/kg；用于小麦粉的最大使用量为 2.0 g/kg；用于浓缩果蔬汁（浆）按生产需要适量使用。

维生素 C 是目前已知化学物质中毒性最小的一种物质，迄今为止还没有发现维生素 C 中毒的报道，FDA 将其列为 GRAS 类物质而未加限量。但大量食用维生素 C 可引起其他一些物质的毒害，如大剂量服用维生素 C 可形成肾结石。维生素 C 可促进铁的吸收，在人体含铁量过高的情况下，大量服用维生素 C 可作为助氧化剂引起损害。此外，过多摄入维生素 C 也可延长有机汞在体内的停留时间并增加镉的毒性，过量摄入维生素 C 可引发精神紧张和心跳减慢。

（三）着色剂

1. 概述 着色剂（colour）又称色素，是使食品赋予色泽和改善食品色泽的物质。按其来源和性质可分为天然色素和合成色素两类。由于许多食品中的天然色素在加热和氧化作用下不稳定，所以在食品储存和加工过程中合理使用合成色素是有必要的。

2. 天然色素

（1）概述：是来自天然物质（主要是来源于动植物或微生物代谢产物）、利用一定的加工方法所获得的有机着色剂。其中人工合成在化学结构上与自然界发现的色素完全相同的有机色素（如 β-胡萝卜素）被归为天然等同的色素。目前国际上已开发出的天然色素达 100 多种，我国允许使用的有 40 余种，如红曲米、焦糖色、甜菜红、虫胶红、番茄红素、β-胡萝卜素等。天然色素作为食物的成分，增加了人们对其使用的安全感，但存在难溶、着色不均、难以任意调色及对光、热、pH 稳定性差和成本高等缺点。

（2）安全性：天然色素虽然多数比较安全，但个别的也有毒性，如藤黄有剧毒不能用于食品。又如焦糖色含有少量致癌的苯并（a）芘；用氨法制造的焦糖色还含有致惊厥的 4-甲基咪唑，对中枢神经系统有毒性；在慢性毒性试验中，动物摄入该物质后淋巴细胞和白细胞数目减少。天然色素在加工制造过程中，也可能被杂质污染或化学结构发生变化而产生毒性，因此也必须进行毒性试验，从而保证其安全性。

3. 合成色素

（1）概述：主要指用人工合成的方法从煤焦油中制取或以苯、甲苯、萘等芳香烃化合物为原料合成的有机色素，故又称为煤焦油色素或苯胺色素。合成色素按其化学结构又可分为偶氮类和非偶氮类。偶氮类包括柠檬黄、苋菜红等；非偶氮类包括赤藓红、亮蓝等。合成色素性质稳定、着色力强、可任意调色、成本低廉、使用方便，因此被广泛使用。目前世界各国允许使用的合成色素几乎多是水溶性色素，包括它们的色淀。我国允许使用的合成色素有苋菜红、胭脂红、赤鲜红、诱惑红、新红、柠檬黄、日落黄、亮蓝、靛蓝以及它们各自的铝色淀和叶绿素铜钠盐、二氧化钛等共 20 余种。

（2）毒性：人工合成色素对人体的毒性作用包括一般毒性、致泻性和致癌性，特别是致癌性引起人们的关注。早期的合成色素大多是由煤焦油合成的偶氮化合物、联苯和三苯胺化合物、黄嘌呤化合物和吖啶化合物，这些染料大多都曾被用作纺织染料，在用于食品前仅仅进行了急性毒性的测定。这类色素曾给人类健康造成了很大的危害。早在 20 世纪初，英国人和德国人就发现从事苯胺染料制造的工人膀胱癌的发病率和死亡率相当高，1937 年发现奶油黄（二甲基偶氮甲苯）会使大鼠患膀胱癌。由于偶氮化合物在体内进行生物转化，可形成两种芳香胺化合物。芳香胺在体内经 N-羟化和酯化后被活化，转变成易与大分子亲核中心结合的终致癌物。20 世纪 50～60 年代发现不少食用合成色素具有致癌、致畸作用，各国对其严加控制，要求进行严格的毒理学评价。鉴于煤焦油染料的危害性，1960 年美国通过了着色添加剂修正案，停止使用大多数的煤焦油染料，我国也逐步取消了煤焦油染料在食品中的应用。美国禁止使用的已证明对人体有害或致癌的合成色素达 200 余种，如对动物有一定致癌作用的奶油黄、2 号橘红、40 号红、2 号橙红、丽春红 MX 等。我国允许使用的合成色素的急性毒性见表 4-7。另外，许多合成色素除本身或代谢产物有毒性外，在其生产合成的过程中可能由于其原料不纯或受到有毒金属污染易生成有毒的中间产物，因此对其生产必须严格管理。

表 4-7　合成色素的 ADI 和急性毒性（mg/kg.bw）

色素	ADI	LD_{50}（小鼠经口）	致癌和致突变	最大使用量
苋菜红	0～0.5	10 000	+	50
胭脂红	0～4.0	8000	–	50
赤藓红	0～0.1	1260	–	50
新红	0～0.1	10 000	–	50
柠檬黄	0～7.5	12 750	–	50
日落黄	0～2.5	＞6000	–	50
靛蓝	0～2.5	2500	–	50
亮蓝 FCF	0～12.5	3000	–	50

（3）苋菜红（amaranth）：又名蓝光酸性红，属于偶氮类化合物，几乎每一种偏红色或偏棕色的加工食品都使用过苋菜红。我国规定苋菜红可用于冷冻饮品、果酱、蜜饯凉果、腌渍的蔬菜、培烤食品馅料及表面挂浆、风味饮料、配制酒、果冻等制品，最大使用量为 0.025～0.3 g/kg。苋菜红的急性毒性较低，其安全性主要在于致癌性。由于早期发现有致癌作用，1972 年 FAO/WHO 将苋菜红的 ADI 值从 0～1.5 mg/kg.bw 修改为暂定 ADI 0～0.75

mg/kg.bw；1976 年美国和英国等国家禁用；之后 JECFA 进行了两次评定，没有发现致癌的证据，1984 年确定 ADI 值为 0～0.5mg/kg.bw。

（4）柠檬黄（tartrazine）：又称肼黄，经过长期动物实验证明其安全性较高。FAO/WHO 正式确定其 ADI 值为 0～7.5mg/kg.bw。我国规定柠檬黄可用于风味发酵乳、冷冻饮品、果酱、蜜饯凉果、腌渍的蔬菜、加工坚果与籽类、可可制品、饮料类、配制酒、果冻、膨化食品等 30 余类制品，最大使用量为 0.04～0.5g/kg。柠檬黄虽然属于偶氮染料，但被认为是合成色素中毒性最弱的一种。猫和狗食用含 2%柠檬黄的食物持续 2 年，没有发现不良反应。以 1.5%的剂量连续喂养 64 周或以 5%的剂量持续喂养 2 年，未发现肿瘤。柠檬黄的主要问题是致敏性，过敏症状包括风疹、哮喘和血管性浮肿等，具有潜在的危险性。

（四）护色剂

1. 概述　护色剂又称发色剂，是指能与肉及肉制品中呈色物质作用，使之在食品加工、保藏等过程中不致分解、破坏，呈现良好色泽的物质。我国允许使用的护色剂有硝酸钠（钾）、亚硝酸钠（钾）、葡萄糖酸亚铁、异-异抗坏血酸及其钠盐 7 种。肉类腌制时加入的硝酸盐在还原菌的作用下可转变为亚硝酸盐，亚硝酸盐在酸性条件下可由细菌分解为亚硝酸，最后转变为一氧化氮亚铁血色原，变为比较稳定的粉红色。（亚）硝酸盐除对肉制品有护色作用外，还对微生物的繁殖有一定的抑制作用，特别是对肉毒梭状芽胞杆菌有特殊抑制作用。此外，亚硝酸盐还可提高腌肉的风味。我国规定硝酸钠可用于肉制品，最大使用量为 0.5 g/kg；亚硝酸钠可用于肉类罐头、肉制品和西式火腿，最大使用量为 0.15 g/kg。

2. 安全性　机体内大量摄入亚硝酸盐，可使血红蛋白转变为高铁血红蛋白，失去其运输氧的能力而导致紫绀症。（亚）硝酸盐还是 N-亚硝基化合物的前体物，而 N-亚硝基化合物对动物具有较强的致癌作用。因此，在保证色泽良好的条件下，护色剂的用量应限制在最低水平，并且在加工工艺可行的情况下应尽量使用（亚）硝酸盐的替代品。另外，在使用发色剂的同时，常常加入维生素 C、维生素 C 钠盐等发色助剂，可以减少（亚）硝酸盐的使用量，从而降低对人体的危害。欧盟建议不得将（亚）硝酸盐用于儿童食品。我国允许使用的护色剂和急性毒性见表 4-8。

表 4-8　常用护色剂的 ADI 和急性毒性（mg/kg.bw）

护色剂	ADI	动物	LD_{50}（经口）
硝酸钾	0～5	大鼠	3236
亚硝酸钾	0～0.2	兔	200
硝酸钠	0～5	大鼠	1100～2000
亚硝酸钠	0～0.2	小鼠	200
		大鼠	85

（五）甜味剂

1. 概述　甜味剂是赋予食品以甜味的物质。甜味剂是世界各地使用最多的一类添加剂，在食品工业中具有十分重要的地位。甜味剂有几种不同的分类方法。按其化学结构和性质，可分为糖类和非糖类甜味剂等。糖类甜味剂如蔗糖、葡萄糖、果糖等在我国通常称为糖，常作为一般食品，仅糖醇类和非糖甜味剂才作为食品添加剂管理。糖醇类甜味剂的甜度与蔗糖差不多，能量较低，与葡萄糖有不同的代谢过程。非糖类甜味剂的甜度很高，用量极少，能量很低，多不参与代谢过程。按其来源又可将甜味剂分为天然和人工合成甜味剂。人工合成甜味剂主要是一些具有甜味的化学物质，甜度一般比蔗糖高数十倍甚至数百倍，但是没有任何营养价值，而且近年来陆续发现人工合成甜味剂对人体具有潜在的危害性，其急性毒性见表 4-9。

表 4-9　常用甜味剂的急性毒性

甜味剂	动物	方法	LD_{50}（g/kg.bw）	ADI（mg/kg.bw）
糖精钠	小鼠	口服	17.5	0～5
	小鼠	静脉注射	6.3	
阿斯巴甜	小鼠	经口	10	0～5
甜蜜素	小鼠	经口	10～17	0～11
	小鼠	静脉注射	7	

2. 常用的甜味剂　我国允许使用的甜味剂有甜菊糖苷、糖精钠、环已基氨基磺酸钙（甜蜜素）、天门冬酰苯丙氨酸甲酯（阿斯巴甜）、乙酰磺胺酸钾（安赛密）、木糖醇、麦芽糖醇等 20 余种。

（1）糖精钠：1884 年生产和使用，是使用历史最长的甜味剂。糖精钠的甜度为蔗糖的 300～500 倍，在水中溶解度低，一般使用其钠盐。我国允许糖精钠使用的范围有腌渍蔬菜、饮料、蜜饯凉果、冷饮、糕点、饼干、面包、坚果、配制酒等，最大使用量为 0.15～0.5 g/kg。

糖精钠由甲苯和氯磺酸合成，在体内不被分解利用，大部分经肾排出而不损害肾功能，不改变体内酶系统的活性。糖精的价格较低且较安全，缺点是使用量过大时有金属苦味，而且产品中易带有致癌物质邻甲苯磺酰胺。糖精钠的急性毒性不强（表 4-9），从 20 世纪 50 年代开始，对糖精钠的安全性有争议，主要是引起膀胱癌。美国成立专门委员会对糖精钠的安全性进行了四次大规模的评估，JECFA 也对糖精钠的致癌性进行讨论。大多数流行病学、毒理学及代谢的研究都表明糖精钠不会致癌，但也有一些糖精钠致癌的报道。1984 年，FAO/WHO 将糖精钠的 ADI 值由以前的 0～5 mg/kg.bw 改为暂定 ADI 0～2.5 mg/kg.bw。1993 年 FAO/WHO 对糖精钠的毒性重新进行评估，流行病学资料不支持食用糖精钠与膀胱癌直接可能存在联系，故在 1997 年将糖精钠的 ADI 值提高至 0～5 mg/kg.bw。

（2）环已基胺基磺酸钠：又称为甜蜜素，甜度约为蔗糖的 30 倍，我国规定主要用于冷冻饮品、果酱、蜜饯凉果、话梅、腐乳、糕点、饮料、配制酒等食品中，最大使用量为 0.65～8.0 g/kg。

甜蜜素于 1950 年开始生产应用，1958 年在美国曾被列为 GRAS 物质而广泛使用，但 60 年代后期有人用环已基氨基磺酸盐和糖精（10∶1）的混合物，对大鼠进行了长期高剂量的实验，结果使动物发生了膀胱癌，因此从 1969 年起该甜味剂在美国、英国和其他一些国家禁止使用。1982 年 FAO/WHO 证明环已基胺基磺酸钠无致癌性，制订 ADI 值为 0～11mg/kg.bw。美国 FDA 经长期试验于 1984 年宣布其无致癌性，但美国国家科学委员会和国家科学院仍认为其有促癌作用和可能的致癌作用，因而甜蜜素在美国至今仍被禁用。此外，甜蜜素在生物体内可转化形成毒性更强的环已基胺，环已基胺是一类亚胺化合物，具有一定的致癌性，甜蜜素对大鼠的经口 LD_{50} 为 12 g/kg.bw，而环己基胺为 157 mg/kg.bw。

（3）天门冬酰苯丙氨酸甲酯：又称为阿斯巴甜，是一种二肽衍生物。阿斯巴甜的甜度高，味感接近于蔗糖。由于阿斯巴甜的耐热性差，因而主要用于乳制品、果酱、糕点、调味料、饮料等食品中，最大使用量为 0.3～3.0 g/kg。

阿斯巴甜食用后在体内分解成相应的氨基酸，对血糖没有影响，也不会造成蛀齿。阿斯巴甜几乎无毒，小鼠经口 LD_{50} 为 10 g/kg.bw，FAO/WHO 确定其 ADI 值为 0～40 mg/kg.bw。阿斯巴甜含有苯丙氨酸成分，故不能用于苯丙酮酸尿症患者，原因是患者肝细胞中的苯丙氨酸羟化酶含量仅为正常人的 1/4，不能将苯丙氨酸转化为酪氨酸，从而在血液和尿中蓄积大量苯丙酮酸，危及大脑。因此，必须在使用阿斯巴甜的食品标签上标明苯丙氨酸的含量。

（4）糖醇类甜味剂：甜度低、热量低、黏度低，代谢途径与胰岛素无关，不会引起血糖升高，不产酸，故常用作糖尿病、肥胖病患者的甜味剂，并具有防龋齿作用。这类物质多数具有一定的吸水性，对改善脱水食品复水性、控制结晶、降低水分活性均有较好的效果。糖醇类甜味剂品种很多，使用较多的有木糖醇、山梨糖醇、赤藓糖醇等，均可在各类食品中按生产需要适量使用。木糖醇的甜度近似蔗糖，是所有糖醇中甜度最高的。其溶液的甜度随温度的变化而变化，低温时接近于甚至高于蔗糖溶液的甜度，高温时则明显低于蔗糖的甜度。木糖醇存在于天然食品中，机体也可以由葡萄糖醛酸合成木酮糖，后者的正常代谢产物即为木糖醇。

部分糖醇具有膳食纤维功能，可预防便秘、结肠癌等。但由于糖醇的吸收率较低，在大量食用时一般都具有缓泻作用，有的还有腹胀、产气作用，美国等国家规定在所加食品的标签上要注明“过量可导致腹泻”字样。1994 年，FAO/WHO 推荐木糖醇、麦芽糖醇、山梨糖醇及乳糖醇 ADI 值均不作特殊规定。

第六节　食品容器和包装材料

食品容器、包装材料是指包装、盛放食品或者食品添加剂用的纸、竹、木、金属、搪瓷、陶瓷、塑料、橡胶、天然纤维、化学纤维、玻璃等制品和直接接触食品或者食品添加剂的涂料，包括在食品或者食品添加剂的生产、流通、使用过程中直接接触食品或者食品添加剂的机械、管道、传送带、容器、用具、餐具等，属于食品相关产品的范畴。食品容器、包装材料按材料的性质主要分为：①塑料类，如塑料袋和塑料杯、瓶、盒，保鲜膜和塑料吸管等；②金属类，如金属食品罐、饮料罐、餐具和炊具等；③玻璃、陶瓷、搪瓷类，如玻璃瓶、陶瓷罐、搪瓷盆等；④纸、竹、木、布类，如包装快餐食品和饮料、牛奶等的纸盒、纸杯；⑤其他类，如橡胶和复合材料等。食品容器、包装材料在食品的生产加工、输送、包装和盛放过程中与食品接触时，其中所含的有毒化学物质会向食品迁移，对食品造成污染。

一、塑料对食品的污染

塑料是指以合成树脂为主要原料，加入适量的添加剂，可在一定的条件下塑制成一定的形状，并在常温下能保持既定形状的合成高分子化合物，可用作食品容器、包装材料。根据受热后性能的变化，可将塑料分为热塑性塑料和热固性塑料两大类。我国允许用于食品容器和包装材料的热塑性塑料有聚乙烯、聚丙烯、聚苯乙烯、聚氯乙烯、聚偏二氯乙烯、偏氯乙烯-氯乙烯共聚树脂、聚碳酸酯、聚酰胺、丙烯腈-丁二烯-苯乙烯共聚物、丙烯腈-苯乙烯共聚物等，允许用于食品容器和包装材料的热固性塑料主要是三聚氰胺甲醛树脂。

（一）塑料的污染问题

1. 塑料组成物质迁移 树脂本身具有一定的毒性，尤其是其中未聚合或聚合后裂解的游离单体、老化产生的有毒物质等可因迁移或挥发对食品产生污染，对人体健康造成危害。

2. 塑料包装材料和容器表面污染 塑料的强度和阻隔性差，且带静电，易吸附微生物和微尘杂质，对食品造成污染；未经严格消毒和长期积压的一次性食品容器、包装材料产品微生物学指标易超标。

3. 印刷油墨和胶黏剂中存在有毒化学物质 如油墨中含有铅、镉、汞、铬等有毒金属，黏合剂中含有甲苯二胺，这些有毒化学物质可向食品中迁移。

4. 添加剂污染 制作塑料包装材料时加入的稳定剂和增塑剂等添加剂中含有邻苯二甲酸酯、己二酸二己酯等，这些物质具有一定的致癌性和致畸性，与食品接触时可向食品中迁移。此外，使用不符合《食品容器、包装材料用添加剂使用卫生标准》（GB 9685—2008）的物质，如为了降低成本，在塑料的生产过程中大量添加工业级碳酸钙、滑石粉、重金属、回收废塑料等作为填充料，致使溶出蒸发残渣严重超标；用标准规定的品种以外的甲苯等有机溶剂稀释油墨。

5. 回收塑料污染 塑料制品在自然环境中不易降解，易造成“白色污染”。回收的废旧塑料上常残留有害物质，难以保证清洗和处理完全；大量的医用塑料垃圾也被回收利用。故一般规定再生塑料制品不得用于食品包装。

6. 含氯塑料产生二噁英 含氯塑料在加热和垃圾焚烧时可产生大量的二噁英，而二噁英属于持久性有机污染物（POPs），具有不可逆的“三致”毒性和内分泌干扰毒性。

（二）常用塑料及其安全性问题

1. 聚乙烯 为高分子直链烷烃，可分为低密度和高密度聚乙烯。低密度聚乙烯主要用于制造食品塑料袋和保鲜膜等，而高密度聚乙烯主要用于制造食品塑料容器和管材等，是世界上产量最大、应用最广的塑料。聚乙烯的化学结构稳定，毒性极低，聚乙烯塑料的安全性问题主要来源于乙烯单体、添加剂残留以及回收制品中的污染物。乙烯单体有低毒，但由于其沸点低，极易挥发，在聚乙烯塑料包装材料中残留量很低，而且聚乙烯塑料中通常加入的添加剂种类和量都很少，基本上不存在残留问题，因此一般认为聚乙烯塑料是较安全的包装材料。但低分子量的聚乙烯树脂可溶于油脂使油脂具有腊味，从而影响食品的质量。

2. 聚丙烯 由丙烯聚合而成，主要用于制造薄膜，尤其是复合薄膜袋。聚丙烯的性质与聚乙烯相似，本身亦无毒性。缺点是易于老化，故生产工艺中常要加入稳定剂，而有些稳定剂对人体有害，如铅盐和钡盐可能溶出造成食品的重金属污染。

3. 聚苯乙烯 由苯乙烯单体聚合而成，本身无毒，但煮沸后不稳定，耐油性也有限，不适合盛放油脂含量高的、酸性和碱性食品。其安全性问题主要是苯乙烯单体及其降解产物甲苯、乙苯和异丙苯等小分子化合物的残留。常用的品种有透明聚苯乙烯和泡沫聚苯乙烯两类。透明聚苯乙烯质硬、透明，易于着色，且具有一定的化学稳定性，可用于制作食品盒、小餐具或保鲜膜。泡沫聚苯乙烯可用作隔热材料，如制作一次性方便饭盒。丙烯腈-苯乙烯共聚物、丙烯腈-丁二烯-苯乙烯共聚物具有较强的机械强度，属于工程塑料，可制成铲子等食品用工具。这些共聚物除了苯乙烯单体残留外，还有丙烯腈单体残留问题。丙烯腈可引起动物急性中毒，甚至死亡，口服丙烯腈还可引起循环系统、肾脏的损害和血液生化学的改变。丙烯腈有致癌性，可使职业接触者胃癌、肺癌的发生率显著升高。

4. 聚氯乙烯　是由聚氯乙烯树脂为主要原料，添加增塑剂、稳定剂、抗氧化剂、抗静电剂等加工制成。在聚氯乙烯成型品的生产过程中，应按照《食品容器、包装材料用添加剂使用卫生标准》（GB 9685—2008）的规定使用各种添加剂。聚氯乙烯本身无毒，但氯乙烯单体可与 DNA 结合，引起肝血管肉瘤，产生神经系统、骨骼和肝脏毒性作用，并有致癌作用。因此，聚氯乙烯塑料的安全性问题主要是残留的氯乙烯单体、降解产物以及添加剂的溶出造成的食品污染。国家标准规定，食品容器、包装材料用聚氯乙烯树脂中氯乙烯单体残留量为≤5 mg/kg，成型品中氯乙烯单体残留量≤1 mg/kg。

5. 聚碳酸酯　聚碳酸酯具有无味、耐油的特点，广泛用于食品包装，如食品模具、婴儿奶瓶等。聚碳酸酯生产过程中，可与添加的 4，4-二羟基二苯基丙烷（又称双酚 A）产生中间体苯酚。苯酚对皮肤、黏膜有腐蚀性，对中枢神经有抑制作用，对肝脏和肾脏的功能均有损害作用。双酚 A 本身也是环境内分泌干扰物，可导致婴幼儿等敏感人群内分泌失调，诱发儿童性早熟。目前我国已禁止生产、销售和进口含双酚 A 的婴幼儿奶瓶。

（三）塑料添加剂及其安全性问题

塑料在加工过程中，为提高其制品质量，改善其加工性能和增加花色品种等，常常需要在原料中加入添加剂，常用添加剂有增塑剂、稳定性、抗氧化剂、抗静电剂、润滑剂、着色剂等，其中某些添加剂对人有一定的毒性，使用时应注意。

二、橡胶对食品的污染

橡胶是一种具有高弹性的高分子化合物，可用于制作奶嘴、瓶盖、高压锅垫圈以及输送食品原料、辅料和水的管道等。

（一）橡胶的分类及安全性问题

橡胶可以分为天然橡胶和合成橡胶两种。

1. 天然橡胶　是以异戊二烯为主要成分的不饱和状态的天然高分子化合物，含烃量达90%以上。天然橡胶本身既不分解，也不被人体吸收，且无单体，毒性来源于橡胶基料中的杂质和加工过程中使用的添加剂。天然橡胶基料有乳胶、烟胶片、风干胶片、白皱片、褐皱片等。褐皱片的杂质较多，质量较差，而烟胶片经过烟熏，可能含有多环芳烃，故不可用它们生产食品用橡胶制品。白皱片质地纯净，是主要用于生产食品包装用橡胶制品的原料。

2. 合成橡胶　主要有硅橡胶、丁橡胶、乙丙橡胶、丁苯橡胶、丁腈橡胶和氯丁橡胶等，是人工合成的高分子聚合物，毒性来源于单体和添加剂。硅橡胶的化学成分为聚二甲基硅烷，化学性质稳定，毒性较小，可用于食品工业。乙丙橡胶由乙烯和丙烯聚合而成，目前尚未发现有慢性毒性和其他不良作用，被广泛用来制作食品用橡胶制品。丁苯橡胶由丁二烯和苯乙烯共聚而成，苯乙烯单体有毒，但聚合物本身无毒，亦可制作食品用橡胶制品。氯丁橡胶由二氯-1，3-丁二烯聚合而成，二氯-1，3-丁二烯单体有致癌作用，因此不得用于制作食品用橡胶制品。丁腈橡胶由丁二烯和丙烯腈共聚而成，丙烯腈单体有毒。我国《食品用橡胶制品卫生标准》（GB 4806.1—1994）规定，含丙烯腈的食品用橡胶制品必须测定丙烯腈残留，其残留量≤11mg/kg。

（二）橡胶添加剂

橡胶在加工成型时需加入大量的添加剂。硫化促进剂乌洛托品（促进剂H）在加温时可分解出甲醛，而乙撑硫脲有致癌性，二苯胍则对肝脏和肾脏有毒性。芳香胺类防老化剂*N*-苯基β-萘胺（防老剂D）中含有β-萘胺，可引起膀胱癌，*N*，*N*-二苯基对苯二胺在体内经代谢也可转化为β-萘胺。橡胶制品常用的填充剂炭黑含有较多的B（a）P。

三、涂料对食品的污染

为防止食品对容器的腐蚀或防止容器中某些有害物质对食品的污染，常需要对食品容器内壁涂上涂料，使其形成一层耐酸碱、抗腐蚀的涂膜。根据使用对象及成膜条件的不同，涂料分为非高温成膜涂料和高温成膜涂料两大类，前者主要用于饮料、酒类、酱油等液体调味品的储藏池、槽、罐的内壁，后者主要喷涂于盛装罐头食品的金属罐内壁以及锅、勺、铲等食品用工具和某些食品加工设备的表面。

（一）非高温成膜涂料

我国允许使用的有聚酰胺环氧树脂涂料、过氯乙烯涂料、漆酚涂料等。这类涂料涂覆或喷涂成膜后，必须待溶剂完全挥发，再用清水冲洗干净后方可使用。环氧树脂由双酚A与环氧氯丙烷聚合而成，聚酰胺是环氧树脂的固化剂，因而聚酰胺环氧树脂涂料的安全性问题主要涉及环氧树脂的质量（是否含有未完全聚合的单体）、与固化剂聚酰胺的配比以及固化度、未固化物质（包括助剂）向食品的迁移。过氯乙烯涂料以过氯乙烯树脂为主要基料，辅以溶剂、增塑剂等添加剂而成膜。过氯乙烯树脂中含有氯乙烯单体，成膜后仍可能有氯乙烯的残留，所使用的溶剂、增塑剂等添加剂需符合规定。漆酚涂料是我国特有的天然漆（生漆）的主要成分，其中的游离酚和甲醛可向食品迁移。

（二）高温固化成膜涂料

常用的有环氧酚醛涂料、水基改性环氧树脂涂料、有机硅防粘涂料、有机氟涂料，喷涂后需经高温烧结，固化成膜。

环氧酚醛涂料由环氧树脂和酚醛树脂聚合而成，成膜后涂膜中仍可能含有游离酚和甲醛等未聚合的单体和低分子聚合物。水基改性环氧树脂涂料中含有环氧酚醛树脂，也可能含有游离酚和甲醛。有机硅防粘涂料以聚硅氧烷为成膜物质，是较安全的食品容器内壁防粘涂料。有机氟涂料包括聚氟乙烯、聚四氟乙烯、聚六氟丙烯涂料等，以聚四氟乙烯涂料最为常用。虽然聚四氟乙烯是一种较安全的食品容器内壁涂料，但由于对被涂覆的坯料清洁程度要求较高，坯料在喷涂前常用铬酸盐处理，从而使涂料中有铬盐的残留。聚四氟乙烯在280℃时会发生裂解，产生挥发性很强的有毒氟化物，故使用温度不得超过250℃。

四、复合包装材料对食品的污染

要求高阻隔性保护的加工食品以及真空包装、充气包装等，一般都使用在多层复合材料中加一层以上高阻隔性材料的复合包装材料。高阻隔性材料包括铝箔、尼龙、聚酯、聚偏二氯乙烯等。复合包装材料的品种很多，常用的主要是以纸、玻璃纸、塑料薄膜、金属箔（主要是铝箔）等柔性包装材料为基础材料，经过各种复合加工方法得到的柔软性复合薄膜，如由聚酯-铝箔-聚丙烯三层薄膜复合制成的复合食品包装袋。由纸、塑料薄膜或铝箔经黏合剂复合而成的食品包装袋，包括蒸煮袋和普通复合袋。复合包装材料的安全性问题主要从如下两个方面考虑。

（一）原料的卫生

所用的塑料薄膜、铝箔、纸、黏合剂等原料应符合相应的卫生要求和标准。聚氨酯型黏合剂含有的甲苯二异氰酸酯可在酸性和高温条件下水解产生致癌物甲苯二胺。因此，《食品容器包装材料用添加剂使用卫生标准》（GB 9685—2008）规定，只有改性聚丙烯和聚氨酯两类胶黏剂可用于食品包装。

（二）复合食品包装的卫生

各层之间因黏合不牢而发生剥离，出现裂纹、孔隙，均可使食品受到污染；溶剂型印刷油墨含有大量有害溶剂如苯、甲苯、二甲苯、乙酸乙酯、乙酸丁酯等，其中苯类溶剂对人的危害最大，印刷油墨中的重金属也会对人体造成危害；复合时，油墨和黏合剂中的溶剂未充分干燥即黏合，残留的溶剂可向食品迁移。

五、其他容器包装材料对食品的污染

（一）陶瓷和搪瓷

陶瓷以黏土为主要原料，加入长石、石英等，经配料、粉碎、炼泥、成型、干燥、上釉、彩饰，再经高温烧结而成。搪瓷是一种将无机玻璃质原料溶制后制成的釉浆涂附在金属基体上，经高温烧结而成的容器。陶瓷和搪瓷的主要安全性问题由釉彩引起，釉彩由彩色颜料和助溶剂制成。彩色颜料多为金属氧化物，助溶剂为含铅化合物，故有毒的重金属会溶出污染食品。因此，在陶瓷和搪瓷食具容器的卫生标准中都规定了铅、镉的溶出限量，搪瓷食具容器还增加了锑的限量。陶瓷和搪瓷长时间接触醋、果汁等酸性食品和酒时，有毒金属易大量溶出。

（二）金属制品

主要的安全性问题是有毒金属向食品中迁移。

1. 不锈钢　不锈钢具有较好的耐腐蚀性，被广泛用于制作食具容器、食品生产经营用工具、设备等食品相关产品，我国用作食品容器的不锈钢大多为奥氏体型和马氏体型。不锈钢制品在使用中迁移的重金属超过限量时，有可能危害人体健康，《食品安全国家标准 不锈钢制品》（GB 9684—2011）规定了铅、铬（马氏体型不锈钢除外）、镍、镉、砷的特定迁移量。

2. 铝制品　用于制造食品容器和包装材料的铝材有精铝和回收铝之分。精铝纯度高，适用于制作食具和食品容器。回收铝来源复杂，杂质含量高，不可用来制造食具和食品容器，只能用来制造炊具，且要注意回收铝的来源。铝制品需要控制的有毒金属有铅、锌、砷和镉。长期使用铝制品盛放盐以及碱性、酸性食物易使容器表面的氧化铝保护膜遭到腐蚀和破坏，从而使部分铝进入食物、水中，增加铝的摄入量。

3. 镀锡薄铁罐 又称马口铁罐，主要的安全性问题是锡、铅的溶出。

（三）玻璃制品

玻璃以硅酸盐、碱性物质如碳酸钠、碳酸钙、硼砂等为主要原料，配以着色剂等辅料，经高温熔融而成。主要的安全性问题是铅和砷的溶出。有色玻璃的着色剂主要是金属氧化物，如红丹粉（四氧化三铅）、三氧化二砷，尤其是中高档玻璃器皿，如高脚酒杯，加铅量可达30%以上，铅、砷等有毒金属会向食品迁移。

（四）包装纸

主要的安全性问题有：①纸浆原料中农药的残留；②造纸加工助剂的毒性，如荧光增白剂、石蜡中含有的多环芳烃均有致癌作用；纸浆加工、储存过程中为防止微生物作用而添加的杀菌剂和防霉剂，印刷用油墨及颜料中含有的铅、镉、甲苯及多氯联苯等，均有一定的毒性；③回收纸的油墨及颜料中含有铅、镉、多氯联苯等；④用废旧报纸、纸张直接包装食品，会造成微生物污染。

（张立实　赵　艳）

小　　结

本章主要介绍了植物性食品和动物性食品中常见的天然毒素、食品加工过程中产生的有害物质、食品污染物、食品添加剂的种类及使用不当可能具有的毒性，以及食品接触材料对食品造成的污染。

天然毒素指生物本身含有的或代谢过程中产生的某种有毒成分，存在于一些常见的食用植物和动物中。植物性食品中的天然毒素主要包括有毒蛋白质类、糖苷生物碱、毒苷类物质、酚类衍生物、毒蕈毒素等，可因遗传易感性、误食、过食和加工不当等因素对人体的皮肤、消化道、肝肾、神经系统、循环系统等器官系统产生毒作用。动物性食品中的天然毒素包括河豚毒素、贝类毒素、肝脏中有毒物质、组胺、雪卡毒素等，可因加工处理不当、腐败变质、食物链效应、过量食用等因素造成人体中毒。

食品在制造加工或者贮放过程中经化学反应或酶反应可形成衍生毒物，对人体健康有一定的潜在风险，其主要包括*N*-亚硝基化合物、多环芳烃化合物、杂环胺类物质、丙烯酰胺、氯丙醇以及氨基甲酸乙酯等。

食品污染可分为生物性、物理性和化学性污染。生物性污染包括微生物、寄生虫和昆虫的污染；化学性污染包括农药、兽药残留、有毒金属和有机物污染、食品容器和包装材料等的接触污染、滥用食品添加剂、食品加工贮存过程中产生的物质和掺假、制假过程中加入的物质，如在奶粉中加入三聚氰胺；物理性污染包括食品生产、加工、储藏、运输、销售等过程混入的杂物和放射性污染。生物性污染中常见的为真菌毒素污染，人和动物一次性摄入含大量真菌毒素的食物常会发生急性中毒，长期摄入含真菌毒素的食物可引起慢性毒性（包括致癌、致畸和致突变）。化学性污染中，有毒金属、农药、兽药残留、持久性有机污染物可引起人体急性中毒、慢性危害和远期效应。

在食品中超量、超范围使用添加剂，或滥用非食用物质可引起健康损害，部分具有致癌性、致畸性和致突变性，对人体具有潜在性的危害。食品接触材料在食品的生产加工、输送、包装和盛放过程中与食品接触时，其中所含的有毒化学物质会向食品迁移，人体摄入后可能对健康造成一定危害。

思　考　题

1. 请简述植物性食品和动物性食品中主要的天然毒素，及其毒性和预防措施。
2. 请简述食品加工过程中产生的有害物质，及其毒性和预防措施。
3. 黄曲霉毒素主要污染哪类食品？对人体产生怎样的危害？预防措施是什么？
4. 简述食品添加剂的使用要求及常见的食品添加剂。

参 考 文 献

郝志阔. 2007. 植物中的天然毒素. 食品与健康，（8）：18-19.

孙长灏. 2012. 营养与食品卫生学. 北京：人民卫生出版社.

王心如. 2012. 毒理学基础. 北京：人民卫生出版社.

杨大进. 2005. 食品污染物监测——化学污染物部分. 中国食品卫生杂志，17（3）：287-288.

Anthony M H，Francis D M，Berka N P，et al. 2012. Aflatoxin Contamination in Foods and Feeds：A Special Focus on Africa// Eissa A A. Trends in Vital Food and Control Engineering. Rijeka：In Tech：187-234.

Barceloux D G. 2008. Food Contamination// Barceloux D G. Medical Toxicology of Natural Substances：Foods，Fungi，Medicinal Herbs，Plants，and Venomous Animals. Hoboken：John Wiley & Sons，Inc：1-21.

Deshpande S S. 2002. Handbook of Food Toxicology. New York：CRC Press.

Hotchkiss J H. 1984. Sources of *N*-Nitrosamine Contamination in Foods// Friedman M. Nutritional and Toxicological Aspects of Food Safety. New York：Plenum Press：287-298.

Long N N V，Dantigny P. 2015. Fungal contamination in packaged foods// Barros-Velazquez J. Antimicrobial Food Packaging. Salt Lake City：Academic Press：45-63.

Mansour S A. 2014. Monitoring and Health Risk Assessment of Heavy Metal Contamination in Food// Bhat R，Gomez-Lopez V M. Practical Food Safety. Hoboken：Wiley-Blackwell：235-255.

Taylor S L，Baumert J L. 2014. Food Toxicology. // Van Alfen N K. Encyclopedia of Agriculture & Food Systems Salt Lake City：Academic Press：366-380.

第五章　能量与营养素过量的毒性及其评价

学习要求

掌握：营养素可耐受最高摄入量的概念；营养素可耐受最高摄入量制定的风险评估法的步骤；HOI/OSL 法的概念。

熟悉：营养素不良健康效应的表现及其复杂性；能量与营养素过量对健康的不良影响；营养素可耐受最高摄入量制定的不确定系数。

了解：营养素过量的膳食评估；营养素关键不良健康效应的选择。

随着全球范围内食物生产和供给能力不断增强，食物消费水平显著升高，同时，由于保健食品、营养素补充剂和营养强化食品的消费增加，人群发生营养素过量的风险也不断增加。膳食营养与某些常见慢性病的关系已成为食物营养研究的一大主题。本章系统介绍了能量与营养素的不良健康效应及其评价以及营养素 UL 值制定的主要步骤。

第一节　能量与营养素过量对健康的不良影响

膳食中各营养素过量不仅可能造成急慢性中毒，而且与许多慢性病（如癌症、骨质疏松、心血管疾病、糖尿病等）的发生有密切关系。近年来，能量与营养素过量导致的健康危害得到了广泛重视。

一、能量与宏量营养素过量

（一）能量

蛋白质、脂肪和碳水化合物三大供能营养素摄入过多均可造成能量摄入的增加，当能量摄入超过人体需要时，便可转化为脂肪贮存在体内，造成超重和肥胖。研究证据已表明，超重和肥胖可使血中甘油三酯和低密度脂蛋白胆固醇水平升高，增加心脑血管疾病、癌症和 2 型糖尿病等疾病的患病风险。

（二）蛋白质

蛋白质摄入过量产生的危害可能包括以下几个方面：摄入过多的动物蛋白，常伴随较多的动物脂肪/胆固醇的摄入；蛋白质引起的额外能量消耗（食物特殊动力作用）比较高，可达其本身所提供能量的 30%以上；蛋白质在体内经胃肠道消化吸收后，在肝脏中进行转化，并产生氨、尿素、肌苷等含氮物质经肾脏排泄，故摄入过多增加肝肾负担；蛋白质摄入与钙、磷和骨代谢有关，蛋白质摄入不足或过量都可能对钙平衡和骨组织钙含量起负性调节作用。现有研究证据表明，高蛋白膳食可致尿钙排泄增加，可能使骨质疏松的风险增加。

（三）脂肪与脂肪酸

膳食脂肪酸包括饱和脂肪酸、单不饱和脂肪酸、多不饱和脂肪酸，目前 WHO/FAO 提出平衡膳食的脂肪酸比例为饱和脂肪酸∶单不饱和脂肪酸∶多不饱和脂肪酸=1∶1∶1。摄入过量的饱和脂肪酸是导致血胆固醇、三酰甘油、低密度脂蛋白胆固醇升高的主要原因。各类不饱和脂肪酸的比例也应保持在适宜范围。膳食脂肪酸组成在体内类二十烷类物质功能介导中起重要的作用。有部分案例表明在大量食用富含 *n*-3 脂肪酸的海产品后出血时间延长，初步证实是类二十烷酸类物质的抗凝作用所致。目前研究肯定了 *n*-3 脂肪酸治疗关节炎、预防冠心病等心血管疾病的作用，但不能排除随着脂肪酸不饱和程度的增加，机体过氧化状态随之增强而产生的安全问题。且在不同脂肪酸的平衡方面，研究表明 *n*-3、*n*-6 脂肪酸在体内具有竞争性去饱和作用，如膳食中缺乏 α-亚麻酸或膳食中亚油酸过量，可致二十碳五烯酸（eicosapentaenoic acid，EPA）的产量增加，但很少或没有二十二碳六烯酸（docosahexaenoic acid，DHA）产生。反式脂肪酸是所有含有反式双键的不饱和脂肪酸的总称，摄入过量可导致心血管疾病的发病率升高。

（四）碳水化合物

对机体健康和慢性病的发展过程影响最大的是碳水化合物的质量而非其数量。简单碳水化合物如易消化吸收的单糖、双糖等添加糖加工食品摄入过多可增加 2 型糖尿病等慢性病的风险。复合碳水化合物包括淀粉和纤维素等，在谷物的精制加工过程中，仅淀粉没有发生变化，而大部分膳食纤维、维生素、矿物质等能显著改善谷类中淀粉所引发的生理反应（如血糖反应）的成分大多被去除，故目前一般推荐食用未经精制的含复合碳水化合物的全谷类食物。已证实适量食用全谷类食物可以降低冠心病及 2 型糖尿病的发病风险，并有利于控制体重。

二、脂溶性维生素过量

（一）维生素 A

视黄醇类物质在体内可长期蓄积，故过量维生素 A 可对机体产生毒性。成人一次或多次连续摄入其推荐摄入量（RNI）的 100 倍，或儿童大于其 RNI 的 20 倍，即可能出现急性中毒症状，如腹痛、厌食、呕吐、视觉模糊、易激惹、头痛（新生儿和婴儿可能出现囟门突起、严重皮疹、头痛、昏迷、死亡等）。动物实验表明，维生素 A 过多可引起大鼠、仓鼠、小鼠和犬的厌食、体重减轻、贫血、恶病质甚至死亡。某些遗传因素可导致维生素 A 的严重不耐受，但具体的代谢缺陷机制尚未阐明。

目前已证实维生素 A 过量可导致出生缺陷，一般认为摄入已形成的维生素 A 超过 10 000 IU 即可致畸，最敏感的时期为器官形成期（早孕期）。维生素 A 过量引起的出生缺陷主要有颅面畸形、中枢神经系统畸形、甲状腺和心脏畸形等。对大鼠、猴和兔的最低致畸剂量分别为 35 000、6000 和 2500 μgRE/（kg・d）。

动物实验发现自发性骨折是摄入含大剂量维生素 A 饲料动物的普遍现象。有流行病学研究表明，当膳食视黄醇的摄入量大于 1500 μg/d 时，绝经后妇女髋骨骨折的发病危险性比膳食视黄醇摄入量为 500 μg/d 增加一倍。但另一些流行病学研究则没有发现骨矿物质丢失增加和骨质疏松性骨折的风险与血液视黄醇浓度、维生素 A 摄入量或服用维生素 A 补充剂的相关性。故目前已有的人群横断面调查和病例对照研究资料尚不能得出一致的结论。维生素 A 摄入量与骨骼健康之间可能具有潜在联系，值得密切关注。

（二）维生素 D

维生素 D 过量可导致恶心、呕吐、腹泻、头痛、多尿、烦渴等症状。严重时血清钙、磷升高，并可造成动脉、心肌、肺、肾等软组织钙化、弥漫性骨矿物质丢失和肾结石等。如果不及时治疗，严重维生素 D 中毒可导致死亡。一般而言，儿童每天服用维生素 D 2 万～5 万 IU，连续数周或数月即可致中毒。在一些中毒病例中发现，维生素 D 中毒毒性程度与钙摄入有关。避免滥用营养素补充剂是预防维生素 D 中毒的最有效方法。

（三）维生素 E

一般认为口服高剂量维生素 E 的主要危害是通过抑制维生素 K 的吸收、提高抗血凝素的活性而干扰血液的正常凝固过程，导致出血倾向，故在进行抗凝治疗同时也摄入维生素 E 补充剂的患者，需要监控体内维生素 K 的量以保证其正常的促血凝功能。

在实验动物中发现，大剂量维生素 E 可抑制动物生长，干扰甲状腺功能及血液凝固过程，并使肝中脂类增加。有少量临床研究提示摄入维生素 E 补充剂可能与心血管疾病的风险升高有一定相关性。近来的研究认为，维生素 E 的促氧化作用所造成的氧化应激可能增加了心肌梗死发生的危险。

三、水溶性维生素过量

由于人体对水溶性维生素的吸收代谢有一定的调节机制，超过人体需要量的水溶性维生素可经泌尿系统排出体外，但部分水溶性维生素大剂量服用仍可产生一定的毒性效应。在人体中观察到的水溶性维生素导致的毒性效应通常与大剂量的服用合成的补充剂相关。

（一）维生素 B_6

维生素 B_6 的毒性相对较低，从食物中摄取大量的维生素 B_6 一般不会产生毒副作用，而长期大量服用维生素 B_6 补充剂可能会引起副作用，主要表现为感觉神经异常和光敏感反应。长期大量服用维生素 B_6 容易引起血小板聚集和血栓形成，可出现头痛、恶心、眩晕、疲劳、视力模糊、月经过多等症状，还可引起低血糖、血栓性静脉炎、血清胆固醇升高以及骨骼肌无力等。

（二）维生素 C

一般认为，维生素 C 的毒性很小，但过量服用仍能产生一些副作用。主要因为维生素 C 的分解代谢主要产物之一是草酸盐，过量摄取维生素 C 可导致草酸盐排泄量增加，可能会引致泌尿系统结石。

（三）烟酸

烟酸对人体的毒性报道主要见于服用烟酸补充剂以及临床采用大量烟酸治疗高脂血症时病人所出现的副反应。这些不良反应可随剂量减少或停药而缓解。口服 30～100 mg/d 烟酸短时间即可产生血管舒张，如颜面潮红、头晕眼花、皮肤瘙痒等。烟酰胺不引起潮红反应，可能与吡啶环上为酰基而非羧基有关。大剂量服用烟酰胺（3g/d）以治疗高脂血症常伴随着非特异性胃肠道反应，如消化不良、腹泻、便秘、恶心和呕吐等。长时期（数月～数年）口服大剂量烟酸（3～9 g/d）治疗高脂血症，可引起黄疸、血清转氨酶升高，严重者出现急性重型肝炎、肝性脑病等。多数病例是由于服用缓释型烟酸制剂而引起。

四、常量元素过量

（一）钠

钠摄入过量是高血压发病的重要危险因素。钠过量的危害还包括加重肾脏负担、引起体内的钾随尿液大量流失、导致骨质疏松等。

（二）钙

钙与一些矿物质存在相互作用，高钙可明显抑制铁、镁、磷的吸收利用。过量钙的摄入可能增加肾结石发生的风险，若钙与草酸、膳食纤维或蛋白质的摄入量同时过高，也易结合形成结石相关因子。

五、微量元素过量

（一）铁

人体没有将过多的铁排出体外的调节机制，导致铁排泄能力有限，即体内的铁含量基本上由吸收来控制。造成体内铁过量的原因主要有两类：一类是病理性铁过量，包括遗传性血色素沉着症、胃肠道吸收调控受损以及因血液疾病需反复输血而造成过量铁的积累；另一类是摄入过多铁而导致的铁过量。

急性铁中毒常见于摄入大剂量治疗铁，或误服大量的补铁剂所致，发病主要由铁盐直接腐蚀胃黏膜并导致血液循环游离铁过量而造成。患者可表现为呕吐、腹泻、消化道出血、急性肠坏死、休克以至死亡等。慢性铁过量导致的健康危害可包括以下几方面。

（1）肝脏病变：肝脏是铁过量毒性的主要靶器官。有研究报导，肝脏铁过负荷是肝纤维化的一个重要因素，也有学者提出铁过量是肝细胞癌的重要危险因素，并有研究表明，肝脏内铁的含量对乙型肝炎病毒长期携带状态的形成起十分关键的作用。

（2）心脏疾病：超负荷的铁可在动脉壁沉积，致使动脉钙化或形成动脉瘤。铁能催化羟基自由基形成，增加脂质过氧化损伤或代谢紊乱，引起动脉粥样硬化。有流行病学调查表明冠心病人群血清铁蛋白水平明显高于非冠心病人群，提示铁贮存增加与高血压、高血脂、糖尿病的发生有协同作用。

（3）神经系统疾病：研究表明，异常增高的脑铁和铁诱发的氧化应激是神经变性性疾病发展的共同机制。研究发现，中枢神经系统铁代谢紊乱所导致的铁水平升高与多种神经退行性疾病有关。研究还显示在阿尔兹海默病、帕金森病、亨廷顿舞蹈症等患者脑部特定的区域有明显的铁沉积。

（4）糖尿病：大量的临床实验、流行病学以及基础实验研究揭示，铁过量可能引发和加剧糖尿病及其并发症。临床上已发现，遗传性色素沉着症和反复输血引起铁过量的患者常常会继发糖尿病，对这些患者进行驱铁治疗，能提高其糖耐量，降低继发糖尿病的风险。哈佛大学公共卫生学院的一项 12 年的前瞻性队列研究表明，红肉来源的血红素铁的摄入与2型糖尿病的发病风险正相关；另一项对32 826名完全没有糖尿病发病的危险因素的健康女性的10年追踪研究结果表明，储存铁升高（表现为铁蛋白浓度增高、铁蛋白受体与铁蛋白的比率降低）与女性2型糖尿病的发病风险增高有明显的相关性。

（5）其他疾病：铁具有免疫调节作用，但铁过量常伴有免疫功能障碍。此外，铁过量亦会对锌、铜、钙、硒、钴等微量元素的代谢和功能产生不利影响。

（二）锌

成人一次性摄入2g以上的锌即可发生急性中毒，主要表现为锌对胃肠道的直接刺激作用所导致的恶心、呕吐、上腹疼痛、腹泻等。长期补充大量的锌可发生慢性中毒，主要表现为贫血、免疫力下降、高密度脂蛋白胆固醇降低等。临床研究表明，长期大量服用硫酸锌，约有15%的病人会出现不良反应，表现为不同程度的胃肠道刺激症状，部分病人可出现口唇及四肢麻木，严重者可引起贫血、胃出血甚至胃穿孔；硫酸锌过量还可表现为中枢神经兴奋症状，致使睡眠时间不足或失眠。

硫酸锌对大鼠的经口LD_{50}为1.1 g/kg.bw。长期动物实验发现，锌过量组动物进食减少、生长迟缓、体重减少，随后可见毛发变粗、色素不足、肺气肿、腹泻、关节炎、四肢麻木、流产、惊厥以至死亡等中毒表现。动物实验中还观察到过量锌可能具有免疫毒性、神经毒性、致畸性等。

免疫毒性：高剂量锌可抑制机体的免疫功能。研究锌对大鼠免疫机能影响的实验结果表明，锌过量组大鼠胸腺、脾脏重量和胸腺指数等均明显低于正常剂量锌对照组。锌过量还可使外周血白细胞数减少，使脾脏、胸腺和骨髓淋巴细胞增殖指数下降。

神经毒性：研究表明，中枢神经系统中神经末梢的突触小泡可主动摄入锌。实验还发现在培养的成熟大脑皮层细胞中加入一定浓度的锌后，可产生相对较强和快速的神经毒性。在癫痫发作期和大脑受到外伤后，锌亦可进入突触后神经元而产生毒性作用。

生殖毒性：高剂量的锌还可对大鼠生殖系统产生毒性。也有研究提示锌过量可能的致畸效应，妊娠大鼠补充锌过量可致胎鼠体重下降、脱毛、贫血以及骨骼畸形等异常。

（三）硒

硒对人体的营养必需剂量和毒性剂量之间的范围很窄，故易过量造成中毒。食物中硒的活性和毒性取决于硒的化学结构，不同形态硒的毒性依次排列为：天然有机硒＞硒酸盐$^{(6+)}$＞二价硒酸盐$^{(4+)}$＞硒化物$^{(2-)}$＞合成有机硒化合物，元素硒相对无毒。

（1）急性毒性：当动物摄入极高剂量硒时，可产生明显的急性毒性，其症状主要表现为呼吸窘迫、运动失调、呕吐、腹痛、腹泻，甚至死亡。亚急性毒性：亚急性硒中毒可致“蹒跚病”和“瞎撞病”。主要是动物长期采食高硒植物或谷物（含量大于30 mg/kg）而发生的中毒。主要表现为神经系统症状，最后可因神经麻痹、虚脱和呼吸衰竭而死亡。在对长尾雌性猕猴进行为期30天的实验结果显示，硒蛋氨酸的最大耐受剂量约为150 μg/（kg·d）。大鼠口服0.6 mg/（kg·d）亚硒酸钠，1个半月内即可发生白细胞数升高和明显的肝硬化。

（2）慢性毒性：慢性硒中毒的主要症状为头发或指甲脱落、指甲变脆、胃肠道紊乱、皮疹、呼出大蒜臭味以及神经系统异常等。

（3）遗传毒性：较低剂量的亚硒酸钠和硒酸钠可诱导外周血淋巴细胞染色体畸变。体外实验发现，亚硒酸钠能显著增加淋巴细胞姐妹染色单体交换频率及染色体畸变率，还可导致染色体形态不良和着丝粒早裂，并呈现一定的剂量效应关系。

（4）胚胎毒性：体外小鼠全胚胎整体放射自显影术发现亚硒酸钠和硒酸钠均可直接作用于胚胎或胎儿。采用体外全胚胎培养术观察不同剂量亚硒酸钠及硒酸钠对妊娠 9 天大鼠胚胎的毒性，发现两者均具有增加胚胎畸形率并抑制其生长的作用。用含亚硒酸钠的双蒸水饲养大鼠，结果显示高剂量硒可引起明显的胎盘毒性损伤。

（四）碘

一次大量摄入碘可引发急性碘中毒，表现为胃肠道刺激症状（如腹痛、恶心、呕吐和腹泻）及神经系统症状（如昏迷）。在极少的情况下，碘摄入过量可引起急性碘血症，即一种以痤疮、瘙痒及荨麻疹为特征的皮肤性疾病。慢性碘过量主要见于摄入含碘高的药物如胺碘酮等，或由于补碘不当和环境/食物碘过多造成，主要慢性毒性表现包括以下几方面。

（1）神经毒性：动物实验发现，在仔鼠脑发育期，过量碘的摄入可使脑内乙酰胆碱酯酶活性升高，导致学习、记忆能力障碍。在迷宫实验中，高碘组仔鼠穿越迷宫的时间延长，错误次数增多。高碘还可诱发豚鼠大脑皮质和海马细胞凋亡。流行病学研究显示高碘区儿童平均智商明显低于对照区。

（2）甲状腺肿：流行病学调查表明，水源性高碘是造成高碘性甲状腺肿流行的主要原因之一。实验研究还表明小鼠饮用高碘水不仅可引起亲代的高碘性甲状腺肿大，而且还可引起仔鼠的高碘性甲状腺肿大。

（3）甲亢：碘致甲亢通常与补碘前的碘营养状况有关。中、重度碘缺乏地区人群补碘后，甲亢的发病率明显增高。如丹麦阿尔伯格地区属中度碘缺乏地区（尿碘中位数 53 μg/L），1998 年丹麦政府实行 USI 政策（碘盐浓度 13 mg/kg）后，甲亢发病率逐年上升。对某地 10 万人群的弥漫性甲状腺肿伴甲状腺功能亢进（Graves 病）的流行病学调查结果亦显示，碘摄入量增加是 Graves 病发生的危险因素之一。

（4）甲减：近年来有多项国内外研究报道，碘摄入过量可引起甲状腺功能减退的发病率升高。一项对碘过量地区进行 5 年的流行病学调查发现碘过量地区亚临床甲减累积发病率显著增加。有研究者在分子生物学水平上探讨碘与甲状腺功能的关系，发现碘摄入过多可抑制甲状腺过氧化物酶 mRNA 的表达，造成甲状腺激素合成降低。

（5）甲状腺炎和甲状腺癌：目前补碘导致的甲状腺炎发病率增加以及高碘地区自身免疫甲状腺炎（autoimmune thyroid disease，AITD）高发的现象屡有报道。如希腊和斯里兰卡曾先后报道，碘缺乏地区补碘后引起儿童 AITD 发病率显著增加。有多项体内实验显示，高碘饲料可使 AITD 动物模型的病变程度恶化，加剧炎细胞浸润并增加活性氧的释放。我国一项 5 年前瞻性流行病学调查也发现，碘超量和碘过量地区 AITD 的发病率呈现不同程度增高；同时还发现高碘地区的甲状腺癌发病率高达 19 137 /10 万，显著高于甲状腺癌的国际平均发病水平，提示高碘摄入可能与甲状腺癌的发生有关。但目前尚无充分的证据证明碘过量与甲状腺癌发生的相关性。

（6）胚胎毒性：近来美国医学研究所调查表明，孕妇患有甲状腺疾病会增加其新生儿出生缺陷的危险，这些出生缺陷包括心脏、肾脏和中枢神经系统的问题以及鸡胸、多指、兔唇和听觉障碍，但该研究尚缺乏孕妇碘营养状况基础资料。动物实验研究发现，高碘可导致一定程度的胚胎毒性，如活胎平均身长较适碘组短，囟门闭合程度延迟以及毛发生长、张耳和睁眼时间滞后、骨骼畸形等发育障碍。

第二节 营养素过量的不良健康效应评价

营养素不良健康效应定性与定量的描述在某一层面上即是营养素风险评估中的危害识别与危害特征描述步骤。由于两个步骤联系紧密、难以分割，在文献研究中通常将其共同叙述。营养素危害识别及危害特征描述的主要步骤包括：确定与营养素摄入相关的不良健康效应；选择关键不良健康效应；考虑不确定系数、建立 UL 值；描述该危害及易感脆弱人群。本节主要介绍不良健康效应的定性与定量的描述，下一节将主要叙述 UL 值的制定及简要叙述营养素过量的风险评估。

一、概　　述

不良健康效应指生物机体出现形态、生理、生化、生长发育、生殖能力或寿命的改变，导致机体功能受损、对额外应激的代偿能力降低，且对其他损害的易感性增加。营养素过量摄入可导致机体依次出现以下健康效应：①尚在稳态范围内、不产生不良效应的生化改变；②超出稳态范围、不产生不良效应的生化改变；③超出稳态范围、引起潜在不良作用的生化改变；④可观察到的微小、可逆的不良效应；⑤明显、可逆的临床表现；⑥明显的临床表现、器官损害可逆；⑦不可逆的器官损害的临床表现。并不是所有可观察到的结构或功能上的改变都可作为不良健康效应，某些改变轻微且具有一定自限性，故生物学作用不大，一般来说④～⑦内发生的效应即可纳入风险评估之中，且一些营养素之间的相互作用是否可作为不良健康效应需要结合个例进行科学的判断。但需要注意的是，在④之前产生的改变也可能作为关键效应的生物标志物。

营养素过量的不良健康效应评价的复杂性主要包括以下几方面：①因营养素摄入较高和摄入较低时均可能存在风险，即存在两条不同的摄入-反应曲线，且相互独立、具有不同的机制和通路，而外源性物质低于界值的摄入一般不造成危害；②各种营养素具有特定的、选择性的代谢途径。且由于其化学结构、服用时间及与其他膳食成分的相互作用而表现出不同效应；③某种营养素的过量摄入可能对其他营养素的吸收、排泄和利用有影响；④营养素的剂量-反应关系通常难以获得。从人群角度来看，营养素不良健康效应评价的复杂性包括以下几方面：①营养素的吸收、利用及排泄能力受个体本体特征及其营养和健康状况的影响；②须考虑不同人群年龄、性别和生活方式的差异，孕妇、儿童可能对某些营养素的作用特别敏感；③并非所有营养素都有大量的人群摄入资料，目前居民营养素总摄入量（包括食物、强化食品和营养素补充剂）的资料较为有限。

营养素过量的关键不良健康效应的选择是风险评估的关键环节，通常是引起危害的最低摄入量水平所对应的不良健康效应。需注意的是，不同的年龄、性别、生理状态的人群可能须采用不同的关键不良健康效应进行评价。选择关键不良健康效应时，应对人群和动物的数据分别进行分析。两类数据所推导出的最低剂量水平极有可能有所差异，此时应根据实际情况进行专业的评判。如果将动物实验的数据用于关键不良健康效应的定性和定量评价，特别需要注意动物效应与人类相关效应的相关性，动物的生长阶段和性别也至关重要。流行病学研究也应注重因果关系分析，如近年来流行病学研究提示铁摄入与心血管疾病及 2 型糖尿病的发生风险有关，但各权威组织对相关研究进行探讨后均认为流行病学研究结果尚不一致，不能确认铁摄入与心血管疾病及糖尿病的关联性，暂时不将该效应认为是铁过量的关键不良健康效应。

在某些情况下，在文献分析过程中会锁定几个关键不良健康效应（都发生在有生物学意义的较低剂量水平），在这种情况下，建议应分别分析相应的文献证据，针对有效的数据分别建立阈值，再权重比较各效应的生物学意义和证据强弱，从而最终确定采用的关键不良健康效应及其对应的阈值。

确定不良健康效应时应注意以下几点：明确文献中所研究营养素成分的组成，应以该营养素为主，而非混合多元素配方；不良健康效应的证据应建立在人体资料基础上；当声称效应的真正终点（如心血管疾病的发生、发展等）不易直接测定时，须使用有效经验证的生物标志物；目标变量的变化应同时具有统计学意义和生物学意义。

二、营养素的体内稳态与生物标志物

与一般外源化合物不同的是，机体对营养素的缺乏或过量具有一定的稳态调节能力。即营养素在边缘缺乏或边缘过量的情况下，正常机体可发挥一定的调控作用，使各个器官/系统协调动作，维持机体内环境的相对稳定状态（如血钙、血锌等指标并不随着膳食摄入量的改变而明显变化），从而在一定的摄入改变范围或时间期限内并不表现出营养素缺乏/过量的不良效应。但当不采取一定的纠正措施、营养素缺乏或过量进一步发展时，内环境的协调机制无法负荷，从而营养素稳态被打破，产生相应的临床表现。营养素的稳态主要通过营养素的吸收、重吸收和再利用而调节，如胃肠铁的吸收率随机体铁储存而有所变动，钙稳态可通过小肠吸收、骨沉积及释放、尿钙排泄及维生素 D 的活化来进行调节等。体内营养素的稳态调节也可为其缺乏和过量提供相关的潜在生物学标志物。

营养素导致的不良健康效应从最初非特异性的生化改变到临床改变。可用于风险评估的生物标志物应该是机体可测量的生化、生理、行为或其他改变，并与已明确的健康效应或疾病具有明确的因果关系和生物学意义。超出稳态范围的体内营养素负荷也可作为不良健康效应的指示物。此外，生物标志物还应具有一定的特异性和敏感性，且测试结果可重复。要验证营养素不良健康效应的生物标志物的实用性，需阐明营养素在机体中的稳态及相应阶段的指示物、探明该生物标志物的作用机制、确定不良健康效应发生时间及生物标志物在该过程中的变化，并确定该标志物与营养素摄入及不良健康效应发生的关系。

目前经验证的、与摄入量具有明确相关性的内暴露生物标志物并不多，且应用时须考虑标志物对该营养素长期/短期摄入的指示性强弱，目前在膳食暴露和风险评估中实际应用的较普遍的暴露指标仍然是外暴露，即营养素的摄入量。

三、营养素不良健康效应评价的数据收集与分析

一般来说，营养素过量研究资料较其他外源化合物少。随着循证医学的发展，目前推荐采用证据权重的方法来进行营养素过量的不良健康效应的描述。WHO 营养素风险评估专家小组推荐系统综述为有效的证据权重方法。有效文献的收集和使用原则可简要叙述如下：①如有相关的 meta 分析和系统综述，可首先纳入分析；也可根据所收集到的人群资料用 meta 分析和系统综述的方法进行分析；②优先采用人体随机对照干预试验（random controlled trials，RCT）和队列研究；③如果缺乏随机对照干预试验和队列研究，其他人体

（临床）干预试验研究、观察性研究（如跟踪观察和调查）、病例对照研究等也可以采用；④如果所研究的效应没有对应的人体（临床）研究，可以考虑设计合理（有阳性及阴性对照、剂量设计合理、实验结果包括量效关系等）的动物实验研究；⑤体外细胞研究和其他动物实验可提供相应的背景信息和作用机制等资料。

以循证的原则和方法进行营养素的不良健康效应识别和描述是目前最为科学的方法，而循证的基本要求和原则包括以下几点：①研究主题须明确，以便确定系统综述证据收集的标准；②因果关系的假设对形成研究问题极为重要：如果某一营养素的危害已知，即可形成特定的研究主题；如危害未知，则应收集范围较广泛的文献以锁定危害；③遵守循证的原则，仅分析符合纳入标准的研究，不应考虑与研究问题不符或不符合纳入标准的研究，与研究问题相关的研究可作为背景信息而不作为证据进行分析，如果研究者认为一项不符合纳入标准的研究极为重要应作为证据进行分析，则应相应更改研究主题或文献纳入标准；④符合研究问题和纳入标准的文献具体信息分析包括研究设计、数据类型（人群、动物、体外）、研究对象特征、研究方法的质量评价、对目标人群的适用性、效应度及证据的不确定性；⑤在数据足够的情况下，应进行敏感性分析以检验相关效应，并进行定量分析（亚组 meta 分析或 meta 回归）。

营养素在不同食物中的生物利用度与吸收率，不同年龄、性别、生理阶段的人群对该营养素吸收和代谢的差异，由基因或其他因素导致的个体对该营养素反应的差异，以及特殊生命阶段（如发育期胎儿）短期暴露于该营养素的影响等相关文献均应纳入分析。

在数据收集整理时，如果所研究营养素过量的不良健康效应已得到各权威组织机构的公认，则应注意收集近期相关研究以明确其危害特征描述（最好是定量）并减少其不确定性。如有研究提示新的不良健康效应或对已明确不良健康效应机制的提示，则应注意查阅类似效应及生物标志物研究。

（一）人体资料

人群研究包括实验性研究（随机对照研究、交叉设计研究、临床干预等）和观察性研究（前瞻性队列研究、回顾性队列研究、病例-对照研究以及案例报告等），营养素过量的人群资料通常较难获得。一般来说设计实施良好的随机对照试验和队列研究对不良健康效应的评判最为理想，但各类研究均有其优缺点。通常随机-双盲-安慰剂对照的试验被认为是人体研究的金标准，质量评级高及实验期限较长的 RCT 可提供较可靠的证据。但就营养素而言，受试物的形式及给予方式与正常的膳食摄入的相关性需要考虑在内，同时需要考虑到除受试物外的背景膳食来源的营养素含量。在观察性研究中，营养素的摄入量通常是一个范围而不是一个确切的值，从而也带来相应的不确定性。流行病学研究中营养素摄入与不良健康效应的相关性的推导需要较为专业和复杂的评判。

在人群研究中所需要提取的信息包括：研究对象的年龄、性别、健康状况、种族；样本量；营养素的性质；营养素摄入的剂量或范围；营养素摄入期限；膳食或其他来源（补充剂、饮水）的营养素摄入；营养素摄入评价方法；观察终点；营养素摄入与观察终点的关系；关键不良健康效应的性质（生物标志物的意义，选择该效应的理由和相关验证等）；效应量大小；混杂因素的分析等。

一般来说，人体研究的研究质量的评判大致可将研究分为 A、B、C 三类。A 类为“偏倚小、结果可信”，即研究设计合理，受试人群、研究背景、分组、及摄入量叙述清楚，效应终点检测合理，数据分析及结果报告清晰，未报告明显误差，失访描述清楚，无明显偏倚；B 类为“有可疑偏倚，但不足以推翻结果”，即不完全符合 A 类要求的研究，有一定缺陷但未造成大的偏倚，也可能研究缺乏相关信息导致无法评价研究的局限性和潜在问题；C 类为“偏倚严重，可能推翻结果”，在实验设计、分析或报告中有严重误差的研究，包括缺乏大量关键信息的研究及存在人为误差的报告。

就营养素过量的流行病学研究而言，一项较全面的 A 类研究的特点主要包括以下几个方面：①前瞻性研究中进入队列的人员选择无偏倚；②队列描述详尽；③采用经过验证的膳食评估方法；④定量分析营养素摄入的种类和数量；⑤采用经验证的方法评价不良效应终点；⑥记录了药物及膳食补充剂等的应用；⑦失访人数少、且属于随机失访；⑧随访时间足够观察到所研究的效应并完成随访；⑨数据分析及结果报告合理（采用多变量校正方法等）。

（二）动物实验及体外实验数据

动物实验和体外研究结果通常是化学物的不良健康效应分析的重要数据来源，但营养素过量的动物实验研究和体外研究相对较少。就动物实验的不确定性而言，除了与外源化合物相似的高剂量的动物实验推导到低剂量的人体实际摄入所带来的不确定性外，还应注意足以引起不良健康效应的营养素剂量极可能会影响其他营养素的吸收代谢，导致营养素不平衡，从而产生相应毒性症状。但动物实验研究仍可为营养素过量的不良健康效应提供作用机制、生物标志物、生物相关性及剂量-反应关系等有效信息。动物实验研究的质量评价也相当重要，大部分原则可参照人群研究的质量评价。但需注意待评价效应的种间差异以及动物摄入受试物的方式（应选择与人类摄入该营养素方式最为一致的研究）、及给予受试物时动物禁食的状态等。

第三节　营养素可耐受最高摄入量的制定

营养素可耐受最高摄入量（tolerable upper lever，UL）是指特定人群平均每日摄入某种营养素的最高限量。即只要摄入量低于 UL，对该人群中的几乎所有的健康个体都不至于产生有害效应。UL 的制定主要依据风险评估的原则。

一、营养素可耐受最高摄入量概述

营养素的风险有双重特征，在营养素缺乏、营养素高水平摄入情况下有两条不同的摄入量-反应关系曲线，见图 5-1。两条曲线相互独立，具有不同的机制和通路，不是简单的“U”形曲线。且由于所评价营养素、目标人群不同，两条曲线的形状、陡峭度可能有很大不同。两条曲线之间的区域即为“安全摄入量范围”或“可接受摄入量范围”，在此范围内，机体可对营养素进行一定的稳态调节，但应注意该范围不是推荐摄入量。

膳食营养素参考摄入量（dietary reference intakes，DRIs）：DRIs 是在 RDAs 基础上发展起来的一组每日平均膳食营养素摄入量的参考值。其中包括四项内容：平均需要量（EAR）、推荐摄入量（RNI）、适宜摄入量（AI）和可耐受最高摄入量（UL）。

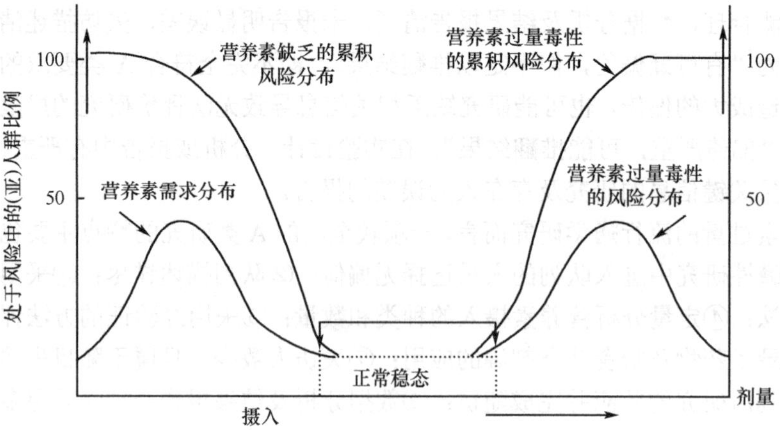

图 5-1　营养素缺乏/过量导致的健康风险

（来源：WHO 2005：A model for establishing upper levels of intake）

可耐受最高摄入量既往又被称为“安全摄入量”，但这一术语易使人产生错误的概念，即高于“可耐受最高摄入量”是“不安全的”或“危险的”。但这没有必然的联系，短期甚至有时长期的摄入大于可耐受最高摄入量可能并不产生不良健康效应。可耐受最高摄入量是基于人群效应提出的一个数值，大于这一数值发生不良反应的危险性逐渐增加。在大多数情况下，UL 应包括膳食、强化食物和添加剂等各种来源的营养素之和。如毒副作用与强化食品和补充剂中的营养素含量有关，则其 UL 值应着重考虑这些来源。目前由于许多营养素尚缺乏足够资料，不能制定其 UL 值，但不能认为现无 UL 值的营养素，摄入过多也对人体无害。

美国食品营养委员会（food nutrition board，FNB）对营养素的需要量和可耐受量进行大量评价后采用了“可耐受最高摄入量（UL）”这一术语，英国维生素矿物质专家委员会（expert group on vitamins and minerals，EVM）则对维生素和矿物质采用“最高安全限量（safe upper limit，SUL）”的术语；我国目前采用的是 UL 的术语。中国营养学会现行 2013 版的各个营养素的 UL 值见表 5-1。

二、根据膳食营养素供给量制定的最高安全摄入量的缺点

膳食营养素供给量（Recommended Daily Allowance，RDA）值为较早的营养素推荐量术语，RDA 主要用于预防典型的营养素缺乏症状和体征，因此各国制定 RDA 值的依据十分相似，即为确保发挥必需生理功能的营养素需要量。以往部分国家管理机构有时将 RDA 推荐作为制定最高安全摄入量的依据，即用简单数学的方法根据 RDAs 的若干倍数来制定 UL 值。但目前营养科学界已达成共识，RDA 和 UL 是基于不同的评估指标的，须根据两种不同的方法体系来制定。2003 年 Codex 营养和特殊食品法典委员会（Codex Committee on Nutrition and Foods for Special Dietary Uses，CCNFSDU）不再考虑根据 RDA 制定的最高安全摄入限量。采用 RDA 为依据的数值进行 UL 值制定缺乏科学性和有效性的原因主要基于以下几方面。

（1）RDA 主要是机体正常代谢下所需要营养素的供给量，营养素缺乏到低于 RDA 就有可能出现对机体健康不良的影响。RDA 本身并不适用于安全限量的危害特征描述。

（2）以 RDA 为依据制定的安全限量的方法无法用于尚未制定 RDA 值的营养素。现有的证据不足以制定某些营养素的 RDA。但不管是否已经制定 RDA，均须根据一定的方法和原则制定这些重要营养素的适宜安全限量。

表 5-1 某些微量营养素的 UL 值

年龄/岁	钙 Ca /mg	磷 P /mg	镁 Mg /mg	铁 Fe /mg	碘 I /g	锌 Zn /mg			硒 Se /g	铜 Cu /mg	氟 F /mg	铬 Cr /g	锰 Mn /mg	钼 Mo /g	维生素 A VA /gRE	维生素 D VD /g	维生素 B_1 VB_1 /mg	维生素 C VC /mg	叶酸 folic acid /gDFE#	烟酸 niacin /mgNE*	胆碱 choline /mg
0～				10					55		0.4							400			600
0.5～				30			13		80		0.8							500			800
1～	2000	3000	200	30			23		120	1.5	1.2	200		80			50	600	300	10	1000
4～	2000	3000	300	30			23		180	2.0	1.6	300		110	2000	20	50	700	400	15	1500
7～	2000	3000	500	30	800		28		240	3.5	2.0	300		160	2000	20	50	800	400	20	2000
						男		女													
11～	2000	3500	700	50	800	37		34	300	5.0	2.4	400		280	2000	20	50	900	600	30	2500
14～	2000	3500	700	50	800	42		35	360	7.0	2.8	400		280	2000	20	50	1000	800	30	3000
18～	2000	3500	700	50	1000	45		37	400	8.0	3.0	500	10	350	3000	20	50	1000	1000	35	3500
50～	2000	3500▲	700	50	1000	37		37	400	8.0	3.0	500	10	350	3000	20	50	1000	1000	35	3500
孕妇	2000	3000	700	60	1000			35	400						2400	20		1000	1000		3500
乳母	2000	3500	700	50	1000			35	400							20		1000	1000		3500

注：（凡表中数字缺如之处表示未制定该参考值）（来源：中国居民膳食参考摄入量 2013）

* NE=烟酸当量；

\# DFE=膳食叶酸当量；

▲ 60 岁以上磷的 UL 为 3000mg。

（3）如依据 RDA 值所制定的 UL 值接近 RDA，可能忽略了一些营养素在较高剂量下的某些有利作用。如补充高于 RDA 的叶酸、维生素 B_6 和维生素 B_{12} 三种维生素有助于控制血浆同型半胱氨酸的浓度，并可能减少心脏病的发病危险；补充高于 RDA 几倍的铬可帮助保持正常的糖耐量等。

（4）某些常见食品中某些营养素的含量是 RDA 的许多倍。比如每 100g 肝脏和鱼贝类等常规食物中维生素 B_{12} 的含量可达到 100 mg。而成人维生素 B_{12} 的 RDA 一般为 1.4～2.5 mg。但尚未发现口服维生素 B_{12} 对人体的毒性，故以 RDA 为依据的最高摄入量并不合理，没有实用性，无法恰当的解决该维生素的安全性问题。

三、营养素可耐受最高摄入量值制定的风险评估法

国际营养素补充剂学会联盟（the International Alliance of Dietary Supplement Associations，IADSA）提出风险评估是制定大多数营养素最高安全摄入量方法的依据，虽然美国 FNB、欧盟食品科学委员会（Scientific Committee for Food，SCF）和英国 EVM 等组织推荐的营养素安全摄入限值可能有所不同，但其采用的评估模型都是基于风险评估原理的基础。IADSA 强调服用营养素补充剂（而不仅是所有来源的总摄入量）有关的资料，制定了营养素补充剂的维生素矿物质最高剂量（ULS），用于指导饮食正常的健康成人摄入维生素矿物质补充剂的安全剂量。风险评估的步骤及内容见图 5-2，其与外源化合物的风险评估类似，包括危害识别、危害特征描述（剂量-反应评估）、暴露评估、风险特征描述。但风险评估法不适用于尚未发现有不良健康作用的营养素及现有资料表明导致风险的摄入量水平与对健康有益的摄入量水平有重叠的营养素。

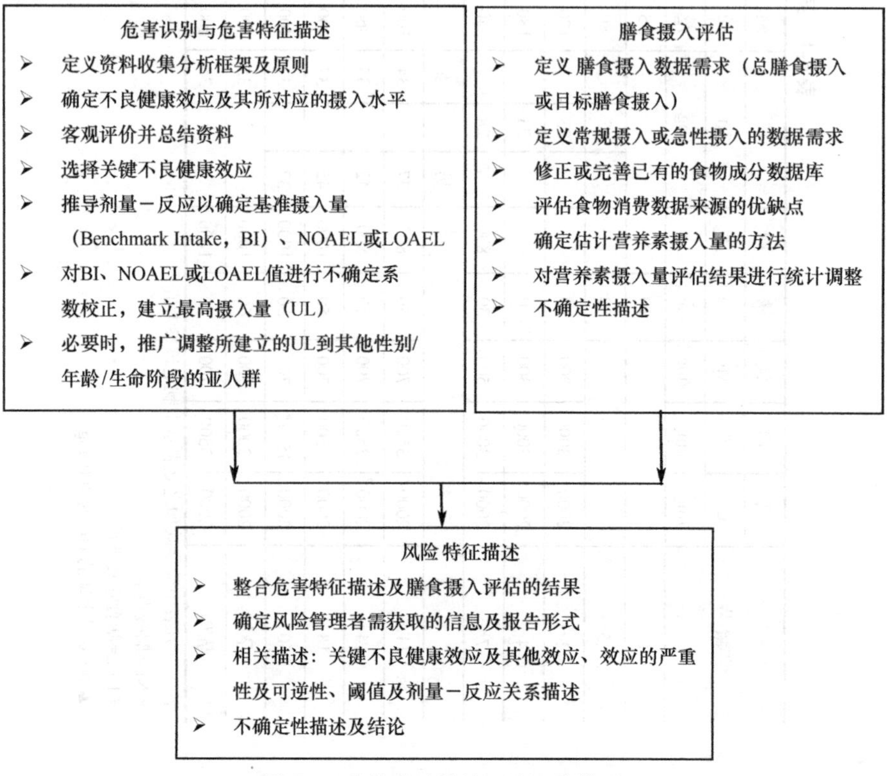

图 5-2　营养素过量的风险评估模型

UL 值的制定应基于人体在不同暴露情况下发生不良健康效应的特征的评估结果，即应遵循风险评估中危害识别与危害特征描述的原则和步骤。图 5-3 为 WHO/FAO 推荐的建立 UL 值的流程图。UL 值制定的关键步骤包括：①关键不良健康效应的描述（定性及定量）；②NOAEL、LOAEL 及基准阈剂量值的推导；③应用相应的不确定系数；④对一定年龄、性别、生命阶段的人群制定 UL 值；⑤将 UL 值推导到其他年龄、性别、生命阶段的人群。

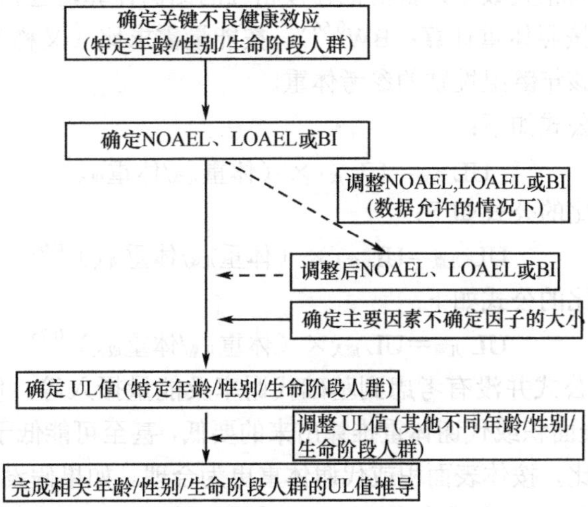

图 5-3　WHO 推荐的营养素 UL 制定的流程图（2005）

其中，剂量-反应关系（摄入-反应关系，intake-response relationship）的评估是建立一定年龄、性别、生命阶段人群 UL 值的关键步骤。营养素的 NOAEL 与 LOAEL 的定义也与食品中外源化学物 NOAEL 及 LOAEL 的定义和推导过程一致。外源化合物的基准阈剂量（benchmark dose，BMD）是依据剂量-反应关系曲线的所有数据、利用统计模型获得的可使化学毒物有害效应的反应率稍有升高（通常计量资料为 5%、计数资料为 10%）的剂量。与 BMD 的定义相对应，营养素的基准摄入量（benchmark intake，BI）为导致一定效应发生的具有统计学意义的阈剂量。BI 法使用数学模型对化学物的剂量-反应关系曲线进行拟合，不再依赖于实验设计剂量本身，充分考虑了剂量-反应关系曲线斜率，克服了 NOAEL/LOAEL 作为起始剂量的很多缺陷。人群流行病学调查和动物实验通常可获得 NOAEL 值或 LOAEL 值，但数据质量要求更为严格的 BI 较难获得。基准剂量与 NOAEL/LOAEL 的优劣势比较及推导方法具体可参照本书食品安全风险评估相关章节。

推导摄入-剂量反应关系关键环节包括以下几点：获取导致不良健康效应的摄入水平与期限的定性及定量的描述；重点关注所研究人群的基本特征及样本量、营养素摄入的途径及频率、研究人群的膳食史相关信息；注意营养素摄入量评估的方法；实验性研究中，尽可能采用总摄入数据而非仅仅是给予的摄入量；为综合评估各文献作用，在适宜情况下，建议进行 meta 分析。

由于营养素的特殊性，在营养素 UL 值的描述时应包括以下几点：关键不良健康效应的性质（严重性、可逆性、敏感亚人群）；不良健康效应是否与营养素的形式相关（如叶酸补充剂较膳食来源的风险大、或已形成的维生素 A 较其前体值得关注等）；特定年龄、性别、生理状态人群的 UL 值（总膳食摄入或一定形式摄入）；其他的风险人群（如营养不良者、特定药物服用者或特定的疾病患者）的性质及其风险。UL 值不能建立的情况下应解释原因，并描述结果的不确定性。

当需将对某一特定人群所制定的 UL 值用于其他年龄、性别、生理状态的亚人群时，需要在充分理解相应人群的生理特征和代谢的异同性的基础上进行。当儿童的 UL 值制定资料不足时，需要从正常成人的 UL 值进行推导，由于缺乏成年人与儿童的代谢、稳态、毒物动力学的差异的相关数据，目前推荐按相应的比例计算，包括：按年龄组的体重比、按体表面积比（可按照体重计算：$BW^{0.66}$）、按能量需求比（又称为代谢体重，$BW^{0.75}$），比例中的体重均为该年龄组性别的参考体重。

按体重相比的公式如下：

$$UL_{儿童}=UL_{成人}\times（体重_{儿童}/体重_{成人}）$$

以体表面积相比的公式如下：

$$UL_{儿童}=UL_{成人}\times（体重_{儿童}/体重_{成人}）^{0.66}$$

以能量需求相比的公式如下：

$$UL_{儿童}=UL_{成人}\times（体重_{儿童}/体重_{成人}）^{0.75}$$

按体重相比的公式并没有考虑到基础代谢率及能量摄入等，仅以体重作比推算出的 UL 值通常较由体表面积或代谢体重推算出来的要低，甚至可能低于儿童的营养素需求量，故通常不采用体重比，按体表面积或代谢体重更为合理。如果假设能量与营养素的代谢和利用相平行（如维生素 B_1 和维生素 B_2），则采用能量需求比更为合理，但仍没有考虑到营养素的稳态及在儿童生长期需求等。$BW^{0.75}$ 也不适用于孕期妇女和老年人，老年人通常瘦体重及基础代谢较低。在实际情况中，选择哪一种比例需要有科学的证据支撑。本章附录 1 采用维生素 A 的 UL 值制定的文献分析过程为例作为说明。

四、HOI/OSL 法

采用 UL 风险评估法的前提是该营养素或相关物质具有已知的不良作用、能得出 LOAEL/NOAEL、BI 或其他毒性阈值。但有些营养素物质即使在最高的使用或观察剂量下，都未观察到不良健康作用，如维生素 B_2、维生素 B_{12}、生物素等，但不表示此类营养素无论多高剂量长期摄入都不会产生健康风险。FAO/WHO 营养素风险评估技术小组建议采用所观察到的最高摄入量（highest observed intake，HOI）作为参考值。即现有充分资料表明，摄入量达到 HOI 都未观察到不良健康作用。观察到的安全水平（observed safe level，OSL）与 HOI 含义相似，指有足够证据表明安全的最高摄入量。但 OSL、HOI 并不意味着待评价物质在任何可能的摄入量水平都安全。HOI/OSL 法适用于尚未发现有不良健康作用的营养素及“非传统性营养素”。HOI/OSL 法已用于维生素 B_{12} 及一些生物活性成分（如肉碱、辅酶 Q_{10}、硫酸软骨素、氨基葡萄糖、肌酸、叶黄素和番茄红素）及牛磺酸、*L*-谷氨酰胺、*L*-精氨酸等的风险评估。

我国目前对叶黄素的可耐受最高摄入量即是根据人体资料的 HOI/OSL 原则来制定的，目前尚未见口服叶黄素对人体及动物有不利影响。综合文献分析结果，临床试验研究对 16 名视网膜色素变性（retinitis pigmentosa）患者，每天补充叶黄素 40 mg 连续 9 周，随后改为每天 20 mg 叶黄素继续干预 17 周，仍未观察到明显的毒副作用。但是，鉴于目前人群干预试验研究使用的最大剂量为40 mg/d，没有出现毒副作用，因此考虑将40 mg/d作为叶黄素可耐受最高摄入量。

五、营养素可耐受最高摄入量制定的不确定系数

在不确定性的评估中，对于外源性化学物质，一般采用比较保守的不确定系数（uncertainty factors，UF）（即10倍种属差异，10倍个体变异），尽管这些系数适用于食品添加剂和环境污染物质安全摄入量的制定，但就营养素的UL值而言，这些数值可能偏大。也就是说，这些系数的使用可能导致所制定的“安全限量”低于或接近特定人群或性别的某些营养素推荐摄入量（RNI）（如铁、锌、铜等矿物质）。应对每种营养素进行个案分析，充分考虑来自种族、个体、研究期限与数据质量等多方面的不确定因素，应用综合UF进行调整。当数据资料质量较高，不良作用相对温和且可逆时，UF可适当小些。一般来说，应考虑以下几种不确定性。

（1）人群变异：即由研究人群推广到总人群的变异或种内变异；如果NOAEL/LOAEL值来源于一个相对不敏感人群，则应设立相应的不确定系数以囊括较敏感人群。外源化合物通常选择10作为种内变异的不确定系数，但对某些营养素而言，10可能偏高（如生育期妇女维生素A的UL值、成人和儿童的维生素D的 UL值等）。

（2）种间差异：由动物推导到人的不确定系数，由动物与人的吸收、代谢及排泄等动力学差异等。由代谢体重（$BW^{0.75}$）来推导较外源化合物默认的10更为妥当，但仍然应根据实际情况（如靶器官的不良效应）具体分析。

（3）采用LOAEL值而非NOAEL值：通常是1到10之间，这部分不确定系数的确定应考虑到实际研究的摄入-剂量反应关系，如果有不同的营养素摄入量下导致的关键不良效应的数据，可考虑拟合数据以计算BI。

（4）研究时限短：NOAEL/LOAEL来源的研究期限较短、不足以发生所关注的不良健康效应，应增加不确定系数，此不确定系数对于蓄积性的营养素尤为重要。

（5）研究质量较低：研究质量较低（样本量小、研究终点测定方法选择失误等），应综合分析研究质量及其高估真实值的可能性以确定不确定系数。

（6）研究对象：特定年龄、性别、生理状态的人群的UL值不适用于该人群中的亚类，如人群中的特定营养状态人群（如遗传性血色素病的铁摄入的UL值）等，可能需要制定UL值时予以考虑或说明。

（7）营养素摄入：研究是否考虑并分析讨论了营养素摄入的全部来源，除观察性研究外，干预研究也需要考虑到这种不确定性，即除干预措施外是否考虑到膳食或其他来源的背景营养素摄入。

（8）不良健康效应：所观察/评价的不良健康效应指标的临床意义及效应的可逆性以及导致不良健康效应的生物机制。

（9）营养素不同形式以及在不同的食物基质中其生物利用度的差异，包括食物来源与补充剂来源的营养素产生危害的差异。

UF值并不局限于上述来源的不确定性，应具体案例具体分析，根据各个来源的不确定系数定出一个最终值，即复合不确定系数（composite uncertainty factor），与相应的不良健康效应起始剂量（NOAEL、LOAEL或BI）相乘，从而得出UL值。

六、营养素可耐受最高摄入量制定的发展

营养素的UL值制定/修订及风险评估是一个不断随着研究的累积而进展的过程，目前主要的局限及发展包括以下三点。

（1）某些宏量营养素是食物的固有成分，无明显的危害阈值水平，人体需要量很少但广泛分布于食物中。如饱和脂肪酸较低剂量即可对心血管系统产生危害（如增加低密度脂蛋白胆固醇浓度），但其是很多食物的固有成分，若将UL值设置过低，则可能会影响人体的正常食物选择和膳食模式，人体还可能无法获取充足的蛋白质、必需脂肪酸和脂溶性维生素等。可行的方法是建立一种膳食模式，确定可提供需要量的必需营养素，同时最大限度减少富含不利营养素物质的食物比例。在这方面，是否采用UL描述摄入量、如何借鉴UL法的评估原则，目前尚无定论。

（2）目前的证据提示营养素的风险摄入-反应关系曲线与生理效应的摄入-反应关系曲线较为接近。如有剂量-效应关系的曲线表明，导致骨骼健康危害的摄入量水平与维生素A的推荐摄入量较为接近。此类营养素物质的风险评估很大程度上依赖于科学判断。但应注意这种情况也可能由数据缺乏或数据质量不良而导致。

（3）营养不良人群的营养素UL值制定。由于营养不良人群（单营养素或多种营养素缺乏）对某些营养素的代谢和稳态都与营养充足的健康人群有所不同，如蛋白质缺乏人群由于同时缺乏维生素A转运和代谢的相应载体蛋白，对过量维生素A的转化结合能力下降，故健康人群的维生素A的UL值不适用于蛋白质营养不良人群；在长期营养不良或感染的情况下，铁的吸收率可能降低，相应引起不良效应的铁摄入量也降低。但目前尚缺乏足够的数据及合适的方法依据正常人群的UL值推导营养不良人群的UL值，但在应用UL值的时候应考虑到这一因素。

七、营养素过量的膳食评估与风险特征描述

（一）营养素过量的膳食暴露评估

膳食暴露评估是评估某一特定人群营养素过量风险的必要环节。在此步骤中，习惯摄入量（habitual intake）是在正常的膳食条件和习惯下，营养素的长期平均每日摄入量。营养素的膳食摄入评估的方法与外源化合物暴露评估的方法类似，但需要注意以下几点：根据评估目的合理选择膳食调查方法，充分利用各国的食物成分表数据，不能忽略膳食补充剂的贡献等。营养素的总膳食摄入评估用于营养素风险评估的方法总结见表5-2。此外还包括应用国家的统计数据进行食物摄入的评估，但误差较大，一般仅用于粗略估计。

表5-2　不同膳食评估方法应用以及误差分析

序号	食物消费数据	膳食补充剂消费数据	食品成分数据	建议分析方法	误差分析
1	个体：多次24小时回顾	个体：24小时回顾	充足	计算每日总摄入量； 消除日间变异； 获取习惯性营养素摄入分布	最可靠； 误差可能来源于漏报或强化食物及补充剂的重复报告

续表

序号	食物消费数据	膳食补充剂消费数据	食品成分数据	建议分析方法	误差分析
2	个体：多次 24 小时回顾	个体：食品频率调查（FFQ）	充足	校正食物来源的营养素摄入以消除日间变异；与自报的膳食补充剂摄入相加；计算校正后的总膳食营养素摄入量分布	FFQ 可能并不能反映真实的习惯性摄入；参照“1”的误差来源
3	个体：多次食物称重记录	个体：多次 24 小时回顾或 FFQ	充足	按补充剂消费数据获取方法参照“1”或“2”；校正连续几日营养素摄入的相关性；获取习惯性营养素摄入分布	参照“1”、“2”的误差来源；食物消费记录可能改变消费行为
4	个体：食物日志	个体：多次 24 小时回顾或 FFQ	充足	按补充剂消费数据和获取方法参照“1”或“2”相应步骤；校正连续几日营养素摄入的相关性；获取习惯性营养素摄入分布	与“3”的误差来源相同
5	个体：单日 24 小时回顾	个体：单日 24 小时回顾	充足	将食物和补充剂来源的营养素摄入量相加；参考类似膳食模式的国家的研究的校正因子；消除日间变异；获取习惯性营养素摄入分布	由参考其他国家膳食摄入模式导致的误差；与“1”相同的误差来源
6	个体：FFQ	个体：FFQ	充足	假定自报的营养素摄入为习惯性摄入；将食物和补充剂来源的营养素摄入量相加；获取自报的总摄入分布	FFQ 食物摄入报告与真实报告的低相关性；FFQ 可能未包括营养素的所有食物来源
7	家庭：食物记账法或食物“disappearance”数据	家庭：购买数据	充足	校正收支平衡法中的食物腐败及浪费；根据家庭成员信息、能量需求等分解家庭水平的食物摄入数据；将补充剂摄入分解到家庭各成员；计算家庭各成员的大致营养素摄入	实际食物及补充剂摄入可能不符；由家庭的社会经济因素产生的个体水平的误差
8	家庭：食物“disappearance”数据	无	充足	参考“7”分解以家庭为单位的数据；从补充剂消费及标签信息个体补充剂摄入；计算家庭各成员的大致营养素摄入	由于缺乏个体消费数据，如果在摄入分布中补充剂来源占比重，误差则太大；与“7”相同的误差来源

（二）营养素过量的风险特征描述

在对某一营养素完成 UL 值制定和某特定地区某一特定人群膳食暴露评估后，应对该地区及该人群的该营养素过量进行风险特征描述。应包括的要点有以下几方面（原则上应依次说明）。

（1）不良健康效应（尤其是关键不良健康效应）的性质、说明不良健康效应的严重性和可逆性；剂量-反应关系的性质、阈值的描述；说明与摄入量、数据推导、数据不足等相关的不确定性和定量的不确定系数；推导UL值。

（2）营养素摄入量评估的方法描述；估计超出UL值的人群比例，考虑到平均膳食摄入及高水平摄入人群；锁定高风险的亚人群，并描述该风险的程度；如有数据，可包括超出UL值的例外情况描述、效应的机制等，并提出相应的保护消费者健康的建议和措施。

（3）为保护特定的亚人群，营养素的风险评估可能还需要回答以下相应的相关问题，如：如果食物该营养素的强化水平增加，不同亚人群的营养素摄入量分布的变化情况如何？或如果对食物中某营养素的强化或补充剂的营养素的含量设置阈值，低水平摄入或敏感亚人群的营养素摄入量将如何变化？

风险特征描述这一步骤通常具有人群特异性，即不能推广应用于食物供应及膳食模式不同的其他人群。风险特征描述的内容与重点由风险评估的任务目的和形成问题不同而有所差异。欧盟EFSA对维生素A的风险特征描述（注意只针对欧洲地区的人群）如下：目前所制定的UL值（3000 μgRE/d）适用于来源于膳食和补充剂的维生素A；欧洲大部分地区97.5^{th}的成人维生素A的摄入量高于3000 μgRE/d；就育龄期妇女而言，考虑到一次大剂量或短期高剂量的维生素A可能产生的致畸性，应关注其维生素A短期暴露；计划怀孕的妇女不应大量摄入动物肝脏；因为3000 μgRE/d可能不能有效的预防骨质疏松和骨折高风险人群的骨折风险，故绝经后妇女维生素A摄入的限制为1500 μgRE/d。因为目前的摄入水平可能超过UL值，应注意对富含维生素A的食物的摄入以及动物饲料中维生素A的添加。

（张立实　陈锦瑶）

附录　维生素A的危害识别和危害特征描述（UL值制定）

1. 建立因果关系模型　根据不同的评估终点/效应形成系统综述的研究问题，模型应由一系列相互关联的问题组成。

2 确定评估终点/效应　高水平摄入维生素A的主要已知毒性是什么？基于对维生素A毒性的认知，主要毒性包括对骨骼系统的作用、对肝脏的作用或其他？

3. 对相关的评估终点/效应形成研究问题（以对骨髓健康的效应为例）　高剂量维生素A对骨折的作用是什么？维生素A与骨骼代谢的标志物（骨密度、骨的吸收/重吸收）的关系是什么？维生素A与上述终点的剂量-反应关系如何？应结合问题检索人群、动物、体外研究文献，并应从实验研究和观察性研究中寻求证据。

4 对各个问题设置系统综述文章纳入分析的标准　在形成问题时应设置文献的纳入标准，应包括但不仅限于以下几项：

- 实验设计类型：动物模型、实验性研究或观察性研究、研究期限等。
- 研究所关注的（亚）人群或对象。
- 研究关注营养素剂量和期限：＞XX IU/d、XX天。
- 关注效应：临床效应或已验证的生物标志物（骨折发生、死亡、骨质疏松、骨密度、等）；生化指标终点。

问题 1a：维生素 A 在剂量超过 XX IU/d 后对人类骨折的影响?

人群研究纳入标准应包括：研究对象、研究设计、研究期限、营养素摄入评价方法、研究终点评价方法。

问题 1b：维生素 A 在剂量超过 XX IU/d 后对动物骨折的影响?

动物研究纳入标准：动物模型、实验设计、实验期限、维生素 A 摄入的形式、剂量、途径等、研究终点评估方法。

问题 2a：维生素 A 在剂量超过 XX IU/d 后对人类骨密度的影响?

人群研究纳入标准应包括：研究对象、研究设计、研究期限、营养素摄入评价方法、研究终点评价方法。

问题 2b：维生素 A 在剂量超过 XX IU/d 后对动物骨密度的影响?

动物研究纳入标准：动物模型、实验设计、实验期限、维生素 A 摄入的形式、剂量、途径等、研究终点的评估方法。

问题 1a 人群研究总结见附表 5-1。

附表 5-1　问题 1a 人群研究总结

作者，发表年度	研究样本量	人群基本特征：性别、年龄、国度、疾病状况	营养素暴露：剂量、时限	营养素摄入评估方法	背景膳食要求	研究终点评估方法	潜在误差	质量评级
随机对照研究								
队列研究								
病例对照研究								
病例分析								

维生素 A 的危害识别和危害特征描述的要点见附表 5-2。

附表 5-2　维生素 A 的危害识别和危害特征描述的要点（欧盟 SCF 2002 美国 IOM 2001）

要点	EU SCF（2002）	US IOM 2001
维生素 A 定义	视黄醇类，已形成的维生素 A，不包括维生素 A 的前体（类胡萝卜素）	视黄醇类，已形成的维生素 A，不包括维生素 A 的前体（类胡萝卜素）
UL 值适用范围	所有来源（膳食及补充剂）短期及长期摄入	食物、强化食物、及/或补充剂长期摄入
不良健康效应：选择及关注点		
致畸性	作为育龄期妇女的 UL 值制定依据 在＞3000 μgRE/d 剂量发现严重不可逆的毒性；毒性与肝脏维生素 A 储存及孕妇的营养状况无关；窗口期为孕期前 2 个月、可发生于一次大剂量或短期多次摄入	作为育龄期妇女（14～50 岁、怀孕或哺乳）的 UL 值制定依据 大量流行病学研究及动物实验表明高维生素 A 摄入与出生缺陷的相关性。易感的关键期为孕期前 3 个月。风险发生的阈值仍存在争议。基于因果关系、研究质量及数据的完整性选为关键不良效应

续表

要点	EU SCF（2002）	US IOM 2001
肝毒性；肝异常	作为男性及儿童的UL值制定依据 肝毒性与长期高剂量维生素A摄入相关，并为长期高剂量摄入的最严重的毒性效应。停止服用维生素A后，毒作用并不完全可逆	作为成年人（≥19岁）（除育龄期妇女） 人群及动物研究表明了过量维生素A摄入与肝异常的强烈相关性。肝脏病理表现较肝功能酶类更能体现维生素A的毒作用
骨代谢；骨密度降低；骨毒性	绝经后妇女应特别注意 几项大型流行病学研究显示在从膳食和补充剂正常摄入的维生素A剂量下，骨折风险增加。该效应较其他毒效应发生剂量低。但由于数据不足以建立因果关系，且不足以由此建立UL值。且不清楚同样的剂量-反应关系是否适用于男性	动物实验提示长期过量维生素A摄入会导致骨矿物质流失。几项流行病学研究结果具有一定的启示性，但结果并不一致，也不足以建立UL值
维生素A过多症（如囟门突出、颅内高压）	婴儿高剂量摄入维生素A导致的囟门突出是可恢复的，且未观察到后续不良的生长发育。 在儿童和成人中，过量的维生素A与颅内压升高相关	作为男童（14～18岁）、儿童（9～13岁）、儿童（4～8岁）、儿童（1～3岁）、婴儿（0～12月）制定UL值的依据 婴儿接受5500～6750 μgRE/d剂量可导致颅内高压（囟门突出）以及骨骼畸形
脂质代谢	连续4年摄入7500 μgRE/d维生素A的患者胆固醇轻微升高（2%～3%），连续摄入4500 μgRE/d维生素A12年的患者未产生此效应	—
NOAEL	—	育龄期妇女（14～50岁、怀孕或哺乳）：4500 μgRE/d 在补充剂形式的维生素A摄入3000 μgRE/d以下未观察到有害效应； 在全部来源的维生素A4500 μgRE/d以上风险显著增加，多数阳性发现研究剂量为≥7800 μgRE/d 4500 μgRE/d代表一个较保守的值，在此水平下无证据提示不良效应发生
LOAEL	囟门突出：7500 μgRE（婴儿，一次剂量） 肝毒性：7500 μgRE/d，6年 骨密度/骨折：1500 μgRE/d，时限不明 脂代谢：7500 μgRE/d 4年（轻微变化） 致畸性 ＞3000 μgRE/d	成人（≥19岁）（除育龄期妇女）：14 000 μgRE/d 在14 000 μgRE/d剂量时报道肝毒性，虽然低于14 000 μgRE/d剂量下也有报道，但这些研究未校正重要的混杂因子（如酒精摄入、药物、肝炎病毒等） 婴儿（0～12月）：6000 μgRE/d 来源于维生素A过多症的病例报告中最低剂量
不确定系数（UF）	致畸性真实阈值可能等于或高于LOAEL（3000 μgRE/d） 肝毒性的LOAEL（7500 μgRE/d）是致畸性LOAEL的2～5倍 故＞3000 μgRE/d的UL值涵盖了肝毒性及致畸性及适用于易感人群（孕期及哺乳期妇女） 故并无必要设置UF	育龄期妇女（14～50岁、怀孕或哺乳）： 易感性的个体差异：UF＝1.5 成人（≥19岁）（除育龄期妇女）： 严重、不可逆的毒效应+由LOAEL推导到NOAEL+个体差异：UF＝5 婴儿（0～12月） 由LOAEL推导到NOAEL+不严重且可逆的毒效应+个体差异：UF＝10
UL	成人（育龄期妇女及男性）：3000 μgRE/d 儿童（$BW^{0.75}$，并校正能量需求）： 15～17岁：2600 μgRE/d 11～14岁：2000 μgRE/d 7～10岁：1500 μgRE/d 4～6岁：1100 μgRE/d 1～3岁：800 μgRE/d 对绝经后妇女的建议：UL值不适用于绝经后妇女，因其为骨折的高风险人群，该UL值可能不能提供适宜的保护水平。建议绝经后妇女将维生素A摄入控制在1500μgRE/d以下	女性（19～50岁）、孕妇及哺乳（19～50岁）：3000 μgRE/d（4500/1.5） 女童（14～18岁）、孕妇及哺乳（14～18岁）：2800 μgRE/d（校正体重后） 成人（≥19岁）（除育龄期妇女）：3000 μgRE/d（14000/5.0） 男童（14～18岁）：2800 μgRE/d * 儿童（9～13岁）：1700 μgRE/d * 儿童（4～8岁）：900 μgRE/d * 儿童（1～3岁）：600 μgRE/d * 婴儿（0～12月）：600 μgRE/d（6000/10）

注：欧盟SCF：欧盟食品科学委员会（EU Science Committee for Food，SCF）；美国IOM：美国医学会（US Institute of Medicine，IOM）；*由成人（≥19岁）的3000 μgRE/d的体重（BW）比例计算得出；“—”：资料缺失

小　结

本章主要介绍了能量与营养素过量的不良健康影响、营养素不良健康效应的评价和关

键不良健康效应的选择、营养素可耐受最高摄入量（tolerable upper lever，UL）制定的方法等。

膳食中各营养素过量不仅可能造成急慢性中毒，而且与许多慢性病（如癌症、骨质疏松、心血管疾病、糖尿病等）的发生有密切关系。近年来，能量与营养素过量导致的健康危害得到了广泛重视。营养素的不良健康效应的评价与外源化学物相比有其复杂性。

营养素UL值是指特定人群平均每日摄入某种营养素的最高限量。即只要摄入量低于UL值，对该人群中的几乎所有的健康个体都不至于产生有害效应。UL的制定主要依据风险评估的原则，主要步骤包括：确定与营养素摄入相关的不良健康效应；选择关键不良健康效应；考虑不确定系数、建立UL值；描述该危害及易感脆弱人群。风险评估法主要适用于可观察到不良健康效应的营养素。有些营养素物质即使在最高的使用或观察剂量下，都未观察到不良健康作用，但不表示此类营养素无论多高剂量长期摄入都不会产生健康风险，建议采用所观察到的最高摄入量（highest observed intake，HOI）或观察到的安全水平（observed safe level，OSL）作为参考值。即现有充分资料表明，摄入量达到HOI/OSL都未观察到不良健康作用。

在对某一营养素完成UL值制定和某特定地区某一特定人群膳食暴露评估后，应对该地区及该人群的该营养素过量的进行风险特征描述。

思 考 题

1. 什么是营养素的UL值？简述营养素缺乏与过量的剂量-反应曲线。
2. 营养素UL值制定的风险评估主要包括哪些步骤？
3. 请简述营养素过量的不良健康效应判断与外源化学物相比的复杂性？

参 考 文 献

孙长灏. 2014. 营养与食品卫生学. 北京：人民卫生出版社.

中国营养学会. 2014. 中国居民膳食营养素参考摄入量（2013版）. 北京：科学出版社.

Codex Alimentarius Commission. 2010. Procedural Manual 19th edition，Section 4：Risk Analysis. Nutritional risk analysis：principles and guidelines for application to the work of the Committee on Nutrition and Foods for Special Dietary Uses. Rome：WHO/FAO.

Dufour A.，Wetzler S.，Touvier M. et al. 2010. Comparison of different maximum safe levels in fortified foods and supplements using a probabilistic risk assessment approach. British Journal of Nutrition，104（12）：1848-1857.

European Food Safety Authority. 2006. ULs for vitamins and minerals. Scientific Committee on Food. Scientific Panel on Dietetic Products，Nutrition and Allergies，Parma，Italy.

World Health Organization/Food and Agriculture Organization of the United States（WHO/FAO）. 2005. A model for establishing upper levels of intake for nutrients and related substances：report of a Joint FAO/WHO Technical Workshop on Food Nutrient Risk Assessment. WHO Headquarters，Geneva，Switzerland.

第六章　食品毒理学实验与评价要点

学习要求

掌握：常规食品毒理学实验设计原则、实验动物选择方法、试验数据类型、实验结果的评价。

熟悉：实验动物的选择原则；实验设计的影响因素及特殊关注点；实验结果的统计分析方法；食品毒理学实验的原则和局限性。

了解：食品毒理学实验与评价方法的进展。

食品毒理学是研究食品中污染物、添加剂及加工过程中产生的危害物等对人群健康影响及机制的学科。由于食品的特殊性，如接触人群广泛、终身接触，接触途径主要是消化道，此外，食品中营养素过量或过少对健康也产生不良影响，甚至与其他污染物共存时对健康也可能产生危害，因此，食品的安全性要求是最高的。食品中有毒物质的毒理学数据主要从毒理学试验中获得。通常要进行食品毒理学试验的物质包括有：食品本身、食品原料及半成品、食品添加剂、污染食品的工业三废、农药及其分解产物、食品包装材料、食品容器、霉菌及其毒素，以及其他有关物质。目前为止食品毒理学研究仍是以动物实验为主。本章节从毒理学实验应遵循的基本原则着手，主要介绍食品毒理学实验中动物选择、试验设计、统计方法、实验原则及局限性等方面内容。

第一节　实验动物及其选择原则

在食品毒理学的动物实验中，为获得可靠的研究结果，先决条件是正确地选择实验动物。不同实验的研究目的要求不同，不同种类实验动物也有其各自的生物学特点和解剖生理特征，随意选择动物用于某项实验可能会得出不可靠的实验结论。

一、实验动物的选择原则

（一）相似性原则

相似性原则是指利用动物与人类某些机能、代谢、结构及疾病特点的相似性选择实验动物。在实际可能的条件下，尽量选择那些机能、代谢、结构和人类相似的实验动物做试验。一般来说，实验动物等级越高，进化愈高，其机能、代谢、结果愈复杂，反应就愈接近人类，如猴、猩猩、狒狒、长臂猿等非人灵长类动物是最近似于人类的理想动物。但由于非人灵长类动物价格昂贵、又需要特殊动物房饲养，因此，在选择时不能盲目追求。同时，也并非只有非人灵长类动物与人具有相似性。如在系统功能方面，许多动物主要系统的功能与人类是相似的，如犬具有发达的血液循环和神经系统，在毒理方面的反应和人类也比较接近，适于做实验营养学、药理学、毒理学、行为学等方面的实验研究；猫具有发达的神经系统和循环系统，血管坚韧，血压稳定，适宜做神经和循环方面的研究。在生理特性方面，许多哺乳类动物与人类一样，其心率、呼吸频率、体温三者成正比关系；在繁殖特性方面，哺乳类动物也与人类一样，性成熟、妊娠期和寿命一般是成比例的。但是，由于动物的各类特性及指标会随动物种类、年龄以及周围环境变化而有所差异，因此实验时都应按照实际情况作具体考虑。

在食品毒理学实验中，主要研究食品及相关化学物接触后对机体的健康影响，因此需要选择在对毒性反应上与人类相似的动物。实验大鼠、小鼠由于体积小、易于饲养、质量条件好控制，且在不同组织的结构和基因序列与人类的相似程度高，经常用作食品毒理学的研究。

（二）特殊性原则

特殊性原则是指利用不同种系实验动物，存在特殊构造或者某些特殊反应选择解剖、生理特点符合实验目的和要求的动物。适当地使用具有某些解剖生理特点的实验动物，能大大地减少实验准备方面的麻烦，降低操作难度。不同种系实验动物对同一因素的反应有其共同的一面，但也会出现特殊反应。如何充分利用这些特殊反应，选用对实验因素最敏感的动物，对实验研究也十分有价值。如豚鼠适合于退行性骨关节炎的研究；大鼠的足趾和踝关节对炎症十分敏感，适于多发性关节炎和化脓性淋巴结炎的研究；家兔对体温变化十分灵敏，易发生发热反应，且反应典型、恒定，适于发热、解热和检查致热原的研究；豚鼠由于其体内不能合成维生素 C，故适合做维生素 C 缺乏症的研究。

（三）可靠性原则

可靠性原则是指动物实验中为了使实验结果正确、可靠、有规律，能够精确判定实验结果，得出正确的结论，从而选择和使用与研究内容相匹配的标准化的实验动物。只有选用经遗传学、微生物学、营养学、环境卫生学控制的标准化实验动物，才能排除因实验动物携带细菌、病毒、寄生虫和潜在疾病对实验结果的影响；排除因动物杂交，遗传上不均质等遗传污染而造成的个体差异。

根据研究目的要求，可选择采用遗传学控制方法培育出来的近交系动物、突变系动物、封闭群动物、系统杂交动物，或采用微生物控制方法培育的各类动物。

（四）重复性原则

重复是指在相同实验条件下进行多次研究或多次观察，以提高实验的可靠性和科学性。理想的动物实验应该是可重复的，不能重复的动物实验是无法进行应用研究的。为增强动物实验的重复性，在设计时除了要尽量选用标准化实验动物，同时还应在标准化动物实验设施内完成动物实验。应同时在许多因素上保证一致性，所选用的动物类别或级别要与实验条件、实验技术、方法及试剂等因素相匹配。

（五）可控性原则

为了使所开展的研究工作可被重复且能被应用到食品卫生领域的实际工作中，在选择动物时还应严格控制动物的规格，使其与实验要求一致。由于不同动物对外界刺激的反应存在着个体差异，选择时，除了注意动物的种类及品系外，还应考虑到动物的年龄、体重、性别、生理及健康状况等要求，这也是保证实验结果可靠性和可重复性的一个重要环节。

（六）经济性原则

经济性原则指尽量选用容易获得、价格便宜和饲养经济的动物。在不影响整体实验质量的前提下，选用最易获得、最经济、最易饲养管理的动物是实验研究必须遵循的原则。很多小动物如小鼠、大鼠、地鼠、豚鼠等也可以复制出十分近似人类某些疾病的动物模型，而且容易做到遗传背景明确，微生物等级可控，模型性状显著且稳定，年龄、性别、体重等可任意选择，量大、来源方便，价廉，便于饲养管理，应尽量采用。

除了上述几项基本原则外，在进行动物选择时，还应注意：①广泛查阅文献，积极进行交流，各个学科、各个研究领域都有自己常用的动物种属和品系。要多查阅实验动物方面的文献，并加强与实验动物科学工作者的沟通，以便有效地充分利用实验动物的研究成果。②进行必要的动物预实验，在预实验中可通过观察和测定相应指标来了解某种动物品系是否适合本课题研究，这是选择动物的可靠方法。

二、实验动物的选择方法

（一）实验动物物种的选择

外源化学物的毒性往往在人和不同物种实验动物之间差异明显，物种差别可以表现为量和质的差别。如一个有毒性反应、另一个完全没有毒性反应，是质的差别；反应程度不同是量的差别。因此，根据受试物的已知毒性特点，需要对实验动物物种进行合理选择。

实验动物物种选择的基本原则：选择对受试化学物敏感性、代谢、生物化学和毒理学特征与人最接近的物种；选择自然寿命不太长的物种；易于饲养和实验操作的物种；经济并易于获得的物种。在选择实验动物时常存在固有的限制，可利用的物种不多，主要原因包括经济限制（购买和饲养的费用）、实验动物的寿命、行为和生活能力、处置，也许最重要的是对该物种“正常”生理和病理资料的无法获知，以及对许多化学物在实验动物物种和人体内的吸收、生物转化等信息尚不明确。因此，从质量保证、数据一致性比较等方面考虑，一些权威机构和标准规范的制定方对相关的毒理学实验动物作出了较为明确的规定。

实际上没有一种实验动物完全符合上述物种选择的原则，经典动物实验常用的实验动物包括大鼠、小鼠、豚鼠、兔和犬等。目前常规选择物种的方式是利用两个物种，一种是啮齿类，另一种是非啮齿类。系统毒性研究最常用的啮齿类是大鼠和小鼠，非啮齿类是犬。遗传毒理学试验多用小鼠，致癌试验常用大鼠和小鼠，致畸试验主要使用大鼠、小鼠和兔，迟发型神经毒性试验常用鸡。一般假设，如以与人相同的接触方式、大致相同的剂量水平在两个物种都有毒性反应，则人有可能以相同的方式暴露也出现毒性反应。当不同物种的毒性反应有很大的差别时，必须研究外源化学物在不同物种的代谢、动力学及毒作用机制，然后才可将实验结果外推到人。

（二）实验动物品系的选择

品系是实验动物学的专用名词，指用计划交配的方法，获得起源于共同祖先或有相似基因型的一群动物。在确定种属后，还应注意品系差异。一般要与文献上传统常用的动物种属品系一致，以便实验结果相互可比较。

实验动物按遗传学控制分类可分为如下品系：

1. 近交系 指两性同胞或亲子之间连续交配20代以上而培育的纯品系动物。C57BL/6小鼠，全世界最常用的近交系小鼠，它通常作为自发突变和诱导突变的背景品系。在众多研究领域都有应用，如：心血管、发育生物学、糖尿病、肥胖、遗传学、免疫学、神经生物学，也用于制作转基因小鼠。除了具备容易饲养，寿命较长，肿瘤发生率较低这些特点外，它还具有以下特点：可产生食物诱导的肥胖和动脉粥样硬化；容易产生小眼畸形等其他身体畸形；不易发生听源性癫痫；低骨密度；成长过程中有脱发现象；迟发型听力丧失。它还是国际间进行小鼠基因组测序的DNA来源。BALB/c小鼠，因其能使浆细胞杂交瘤在体内生长产生单克隆抗体而闻名，还可用于产生免疫后的脾细胞，进而与骨髓瘤细胞进行融合。但其用途不仅仅限于生产单克隆抗体，晚年可能发生原发性肺癌、肾癌等多种肿瘤而用于肿瘤学研究；也用于免疫学和炎症的研究；还是常用的免疫缺陷动物裸小鼠和SCID鼠的背景品系；也用于神经生物学研究。DBA/2小鼠广泛应用于多种领域，包括心血管、神经生物学等，它的特性经常与C57BL/6小鼠进行对比。DBA/2小鼠不易产生食物诱导的动脉粥样硬化；DBA/2小鼠从3～4周就开始出现听力丧失，2～3个月时就较为严重；年轻的DBA/2小鼠因为asp2突变而易发生听源性癫痫，但成年以后发病率降低；老龄DBA/2小鼠渐进地发生眼睛异常，与人类青光眼非常类似；对酒精和吗啡极度不耐受；缺乏CD94/NKG2A受体的表达。DBA/1小鼠，被广泛用作风湿性关节炎的模型，通过Ⅱ型胶原蛋白的免疫可以诱发严重的多发性关节炎；通过饮食可以诱导大动脉的粥样硬化；可以通过免疫诱导蛋白尿、血管球性肾炎。CBA小鼠，一种应用目的广泛的小鼠。可用于研究自身免疫性甲状腺炎；它不易产生饮食诱导的动脉粥样硬化；晚年表现出轻微的听力丧失；还会较高频率地发生肾脏小管间质性损伤。C3H/He小鼠，广泛应用于多种领域，如癌症，免疫与炎症，感觉神经和心血管研究。C3H/He和其他许多亚系都是视网膜退化突变1基因（$Pdc6b^{rd1}$）的纯合子，导致其断奶以后逐渐失明。C3H具有较高的肝细胞瘤发生率，也有部分小鼠晚年会发生乳腺癌。脂多糖response locus（后来鉴定为TLR-4）的突变$Tlr4^{Lps-d}$对内毒素有抵抗力。对革兰阴性菌如沙门氏菌高度易感。常用的大鼠近交品系有十几个如ACI、BVF、F344、PA、M520、WAB、WAC、WKA、SD、RF等品系。

2. 杂交群（杂交1代，F1） 指两个不同的近交系之间有目的进行交配所产生的第一代动物。杂交群动物虽然遗传型是杂合的，但个体间的遗传型与表型是一致的，符合作为实验动物的基本要求，在实验研究的应用时能获得正确的实验结果。杂交F1代动物具有较强的生命力，适应性和抗病力强，繁殖旺盛、寿命长、容易饲养，在很大程度上可以克服因近交系繁殖所引起的各种近交衰退现象。如选用BCFl（CBAXC57BL/6）小鼠做小肠隐窝细胞繁殖周期实验；采用BALB/c和CBA杂交F1代小鼠作单克隆抗体研究，比单独用BALB/c小鼠要好，其F1代动物的脾脏比同日龄BALB/c小鼠的脾脏要大；NZBXNZWF1是自身免疫缺陷（红斑狼疮）的模型，C3HXIF1是肥胖病和糖尿病的模型。

3. 封闭群 是指引种于某亲本或同源亲本的动物，让其不以近交形式，也不与群外动物杂交而繁衍的动物群，目的是要求整个群体尽量防止近亲交配而保持着遗传变异，也就是说既保持群体的一般特性，又保持动物的杂合性。封闭群是指动物的一个种群在五年以上不从外部引进新种，仅在固定场所的一定群体中保持繁殖的动物群。

常用的封闭群动物有：ICR小鼠，以Swiss小鼠群培育而成，美国癌症研究所分送各国饲养试验，命名为ICR，是国际通用的封闭期小鼠。其特点为：白化，适应性强，体格健壮，繁殖力强，生长速度快，实验重复性较好。ICR/JCL 是进行免疫药物筛选、复制病理模型较常用的实验动物。外周血象和骨髓细胞具有较好的稳定性，是良好的血液学实验用动物，它已被广泛用于药理、毒理、肿瘤、放射性、食品、生物制品等的科研、生产和教学。NIH 小鼠，白色封闭期小鼠，该品种小鼠体格健壮，繁殖力强，雄性好斗，容易打伤致残。免疫反应敏感性比昆明小鼠强，是国际广泛应用的实验动物，常用于药理、毒理研究和生物制品的检定。KM 小鼠（昆明小鼠），体型较大，繁殖力强，对疾病的抵抗力强，适应性强，广泛应用于药理、毒理、微生物学研究，是我国目前使用最广泛的实验动物。Wistar 大鼠，封闭群大鼠，由美国 Wistar 研究所培育而成，是我国引进最早、使用最广泛的大鼠。其特点为：头部较宽、耳朵较长、尾的长度小于身长，性周期稳定，繁殖力强，产仔多，平均每胎产仔在 10 只左右，生长发育快，性情温顺，对传染病的抵抗力较强，自发性肿瘤发生率低，被广泛应用于医学、药学、生物学、营养学和毒理学等研究。SD 大鼠，由美国 Sprague Dawley 农场用 Wistar 大鼠培育而成。其特点为：头部狭长、尾长接近于身长，产仔多，生长发育较 Wistar 快，10 周龄时雄鼠体重可达 300～400g，雌鼠达 180～270g，性情比 Wistar 大鼠稍为凶猛，对疾病的抵抗力较强，尤其对呼吸道疾病的抵抗力很强，自发性肿瘤的发生率较低，对性激素敏感性高，常用作营养学、内分泌学和毒理学研究。

4. 突变系 保持有特殊突变基因的动物品系，可通过自然突变和人工定向突变繁殖，在繁殖过程中，其变异的基因可遗传到子代而维持稳定的遗传特性。如高血压大鼠（hypertension rat）：SHR 大鼠由 Okamoto 和 Aoki 选育成功，正常大鼠收缩压 110～120 mmHg，育成后血压高达 200 mmHg。出生五周龄 SHR 大鼠血压可达 150 mmHg，成年后血压平均为 170～180 mmHg，最高可达 200 mmHg 以上，因此 SHR 也可称为自发性高血压大鼠（spontaneously hypertensive rat），此鼠除有高血压自发率为 100%的特点外，还有高血压性心血管病变，适于人类的高血压病研究。目前培育成功的这类遗传性高血压大白鼠鼠种甚多，除上述由 Okamoto 等培育成功的京都种大白鼠（SHR）外，还有由 Smirk 等培育成功的新西兰种大白鼠（GHR），由 Biachi 等培育成功的米兰种大白鼠（MHS），由 Dahl 等培育成功的 Brookhaven 种高血压敏感大鼠（HSR）。此外，Okamoto 还培育了一些亚系。遗传性高血压大白鼠寿命明显缩短。

根据实验动物遗传的均一性排序，近交系最高、杂交群次之、封闭群较低。不同品系实验动物对外源化学物毒性反应有差别，所以毒理学研究要选择适宜的品系，一般来说对某种外源化学物毒理学系列研究中应固定使用同一品系动物，以求研究结果的稳定性。

遗传毒理学一般利用啮齿类动物，主要是小鼠或大鼠。如果有合适的理由，其他物种也可接受。有的文献报告在小鼠骨髓微核试验中，MS/Ae 品系比 ddy、CD-1 或 BDF 品系更敏感。但一般认为还没能证明某一品系对所有的遗传毒性物质比其他品系都敏感。在致癌试验中对实验动物的品系有一定的要求，特别重视有关病理损害的自发发生率。例如，某些大鼠品系垂体肿瘤发生率高，则不适用于靶器官为内分泌系统的毒性研究。又如 B6C3F1 雄小鼠肝肿瘤高发生率可能有碍于肝致癌反应的检测。

（三）对实验动物微生物控制的选择

按微生物和寄生虫控制分类，实验动物分为四级（表 6-1）：Ⅰ级，普通动物；Ⅱ级，清洁动物；Ⅲ级，无特定病原体动物（specific pathogen-free animal，SPF）；Ⅳ级，无菌动物。对不同等级的实验动物，应当按照相应的微生物控制标准进行管理。对于毒性试验及毒理学研究应尽可能使用Ⅱ级及以上级别的动物，以保证实验结果的可靠性。

表 6-1 实验动物等级

等级		饲养环境	要求
Ⅰ级	普通动物	开放系统	应没有传染给人的疾病
Ⅱ级	清洁动物	屏障系统	除Ⅰ级标准外，种系清楚，没有该动物特有的疾病
Ⅲ级	无特定病原体动物(SPF)	屏障系统或隔离系统	除Ⅱ级标准外，动物为剖宫产或子宫切除产、按纯系要求繁殖，在隔离器内或层流室内饲养，可有不致病细菌丛，没有致病病原体
Ⅳ级	无菌动物	隔离系统	在全封闭无菌条件下饲养的纯系动物，动物体外不带有任何微生物和寄生虫（包括绝大部分病毒）

无特定病原体动物是指体内无特定的微生物和寄生虫存在的动物，但非特定的微生物和寄生虫是容许存在的，故实际上是指无传染病的健康动物。这类动物是目前毒理学安全性评价使用最广泛的实验动物。它不带有对人或动物本身致病的微生物，但不能排除可经胎盘屏障垂直传播的微生物。

无菌动物（germ free animal，GF）是指无可检出的一切生命体的动物，即机体内外均无任何寄生生物（微生物及寄生虫）的动物。此种动物在自然界中并不存在，必须用人为的方法培育出来。一般采用无菌条件下对动物进行子宫切开术，再置于无菌隔离器内人工哺乳而成。

（四）个体选择

实验动物对外来化学物的毒性反应还存在个体差异，应注意实验动物的个体选择。

1. 性别 许多实验表明同一物种、同一品系的实验动物雌雄两性通常对相同外源化学物毒性反应类似，但雌雄两性对化学物的毒性敏感性上存在着差别，对各种刺激的反应也不尽一致。雌性动物在性周期不同阶段和怀孕、授乳时的机体反应性也有较大的改变。有文献报道在 149 种外源化学物中雌雄敏感性比值小鼠平均为 0.92，大鼠为 0.88，这种差别表现在实验动物性发育成熟开始，直至老年期。可见雌雄两性动物的性激素性质和水平是关键因素，一般认为雄性动物体内微粒体细胞色素 P450 酶系活性大于雌性动物，所以经该酶系代谢解毒的外源化学物对雌性动物表现的毒性大，然而经该酶活化增毒的外源化学物却相反。因此，可优先选用雌性动物或雌雄各半做实验。

如果已知不同性别的动物对受试物敏感性不同，应选择敏感的性别。如对性别差异不清楚，则应选用雌雄两种性别。如实验中发现存在性别差异，则应将不同性别动物的实验结果分别统计分析。

在遗传毒理学体内试验中，对性别的选择有几种意见：

（1）对单个物种应用两种性别。

（2）对单个物种应用两种性别，除非已在一个性别得到阳性反应，就不必对另一种性别进行试验。

（3）对单个物种应用两种性别，除非经毒代动力学研究证明受试物（和其代谢产物）在雄性和雌性无差别和/或如果确定剂量的预试验证明有相等毒性。

（4）对单个物种常规用一种性别（雄性或雌性），除非预期或证明存在性别差异。如：UDS 体内/体外试验常规用雄性大鼠。

一般来说，对于初次试验的受试物，应该采用两种性别。对大鼠和小鼠各使用一种性别（通常为雌性）进行试验可能比使用单个物种的两种性别进行试验能提供更好的危害鉴定资料。

2. 年龄和体重 年龄是一个重要的影响因素，实验动物同人类一样，生命全程大体上可区分为三个阶段，即幼年期（从出生到性成熟之前）、成年期和老年期。动物的解剖生理特性和反应性随年龄而有明显的变化。在成年期，各种激素（包括性激素）、代谢酶都处于高峰稳定期，并对外源化学物的毒性反应差异较小，且有代表性。在幼年期和老年期，对外源化学物的生物转运和生物转化，靶器官和受体的敏感性均与成年期不同。一般情况幼年动物比成年动物较为敏感，如用断乳鼠或仔鼠做实验，其敏感性比成年鼠要高，这可能与抗体发育不健全、解毒排泄的酶系尚未完善有关。老年动物的代谢功能低下，反应不灵敏，非特殊情况一般不选用。毒理学试验选用实验动物的年龄取决于试验的目的和类型。急性试验一般选用成年动物；慢性试验因实验周期长，应选用较年幼的或初断乳的动物，以使实验周期能覆盖成年期；研究性激素对机体影响的实验，一定要用幼年的或新生的动物；进行一些老年医学的研究应选用老年动物。实验动物的年龄应由其出生日期来定，但由于实验动物年龄与体重一般呈正比关系，大鼠和小鼠可以根据体重来推算其年龄。因此，实际工作中常以动物的体重粗略地判断动物的年龄，作为挑选适龄动物的依据。但由于体重与饲养管理有密切关系，因此还是尽可能以出生日期记录为准。在同一试验中，组内个体间体重差异应小于 20%，各组间平均体重差异不应超过 10%。

3. 生理状态 在毒理学试验中动物如出现怀孕、授乳等情况，则影响体重及其他指标的检测结果，并且，性激素对外源化学物代谢转化有影响，故应选用未产未孕的雌性动物。雌雄动物应分笼饲养。但当为了某种特定的实验目的，如为了阐明食品及相关化学物对妊娠及子代在胎内、产后的影响时，如显性致死试验、致畸试验及繁殖试验等，则需有计划地合笼交配。

4. 健康状况 实验动物的健康状态对毒理学试验结果有很大的影响，一般情况下，健康动物对外源化学物的耐受量比有病动物要大，对各种刺激的耐受性一般也比不健康、有病的动物要强，实验结果稳定，因此应选用健康动物进行实验。患有疾病或处于衰竭、饥饿、寒冷、炎热等条件下的动物，均会影响实验结果。因此，对于实验动物饲养环境的控制、动物的微生物控制实际上都是选择动物健康状况的重要指标。健康个体的选择还包括：发育正常、体形健壮，无外观畸形，被毛浓密、有光泽、顺贴而不蓬乱，行动灵活、反应敏捷，眼睛明亮有神，表皮无溃疡和结痂，天然孔道干净无分泌物等。为确保选择健康动物，一般在实验前观察 5～7 天作为检疫期。对于大鼠和狗的亚慢性和慢性试验，可在实验前采血进行血液学和血液生化学检查，异常的动物应剔除，对狗应常规驱除肠道寄生虫。

合理的全营养饲料对维持实验动物健康和正常的生理活动是至关重要的。高温与低温时外源化学物的毒性一般比常温的高，气温升高而毒性增大，这种毒性变化可能是由于温度影响了毒物动力学所致，高温、高湿环境共存时皮肤更易于外源化学物经皮肤吸收。

人工昼夜周期，即使动物处于人工调控的 12 小时白昼（早 6 点至晚 6 点）及 12 小时黑夜（晚 6 点至次日早 6 点），以稳定其生物时间节律。在正常、健康的动物每天 24 小时的生理规律不尽相同，即存在着生物时间节律，对外源化学物的毒性反应也有昼夜性时间变化，因此出现毒理学新的分支学科，称为时间毒理学（chronotoxicology）。由于动物存在时间节律，外源化学物在不同时间表现的毒性反应有差别，所以在毒理学实际工作中，尤其是进行亚慢性和慢性染毒时，每日的染毒时间应固定一致，以防止出现时间的影响。而且采取动物生物样品（如血、尿等）进行各种指标的化验或一些生理功能的检查（如血压、体温等）也应固定时间。

5. 实验动物的管理　对实验动物进行规范化、标准化、法制化管理，是全面提高实验结果质量的必要手段。我国实验动物的政府管理机构是在国家科技部和省（市）、自治区科技厅领导下的各行业或系统、各行政区域、各单位的实验动物管理委员会。自 1988 年国务院批准《实验动物管理条例》以来，发布了多项国家和地方法规，并制定了一系列的国家标准，主要对实验动物遗传、微生物、寄生虫和环境设施等需要严格控制的因素作出明确的规范要求。

根据我国的法规和有关规定，国家实行实验动物的质量监督和质量合格证制度。实验动物的保种、饲育、供应和应用单位，由各级医学动物管理委员会进行定期监督、监测，并颁发实验动物和实验设施的合格证书（有效期 5 年）。应用的实验动物必须有完整的资料，在毒理学实验中还要求所用的实验动物应有动物质量合格证、实验动物生产许可证、饲料合格证、实验动物使用许可证等。进行动物实验的人员应经培训，取得相关资格。实验动物的饲养设施、环境条件及饲料等必须符合有关的国家标准，如 GB14925—2010《实验动物环境与设施》；GB14924 系列标准为实验动物配合饲料的相关标准。

第二节　食品毒理学实验设计

一、体内毒理学试验设计

体内毒理学试验主要检测外源化学物的一般毒性，可严格控制接触条件，测定多种类型的毒作用，多在整体动物进行经典的一般毒性研究。

（一）剂量分组

在食品毒理学试验、安全性评价和风险评估过程中，核心的研究内容就是外源化学物对机体的剂量-反应（效应）关系，也就是当染毒剂量增加，试验动物的毒性反应（效应）随之而增强。其目的就是要为确定外源化学物与有害作用的因果关系提供可靠依据，同时，也可用来证明试验结果的可靠性。因此，在食品毒理学试验中，一般至少要设 3 个剂量组（即高剂量组、中剂量组、低剂量组），以期能得到满意的剂量-反应（效应）关系。具体组数依据实验设计、要求和统计学方法而定。

除了急性毒性试验，一般要求高剂量组能引起明显毒性表现但又不致引起许多动物死亡，或者高剂量组剂量已达到染毒的极限剂量（如最大可灌胃或注射容量）。低剂量组剂量不引起毒作用，应大于等于人可能的接触剂量。中剂量组的剂量介于上述两者之间，应出现轻微的毒性效应。有时另外再增加一个或多个剂量组，以保证能得到剂量-反应（效应）关系。一般不同剂量组的间距按等比例计算，多为 2～4 倍之间，低剂量组剂量一般为高剂量组剂量的 1/20～1/10。

1. 急性毒性试验　主要的试验设计方法有霍恩氏法、上-下法、寇氏法、机率单位-对数图解法、限量法等。一般急性毒性试验剂量可分为 4 组，也可以是 5～7 组。限量法采用一次给予 10g/kg.bw，在达不到 10g/kg.bw 时，采用最大剂量（最大可用浓度和最大灌胃体积）给予。

2. 重复剂量（短期和长期）**毒性试验** 亚慢性毒性试验的高剂量选择，可以参考两个数值，一种是以急性毒性的阈剂量（观察到的出现毒性症状或动物死亡的最低剂量）为该受试物的亚慢性毒作用的最高剂量，另一种是取受试物 LD_{50} 的 1/20～1/5 为最高剂量。此外，如有性别差异，不同性别可选择不同的剂量。对于食品或保健食品，以人拟用最大剂量的等效剂量作为基础，低剂量应高于此剂量。一般来说，当预期受试物无明显毒性时，长期毒性试验的最高剂量设计为至少等于人拟用最大剂量的倍数，多为人体推荐剂量的 100～300 倍，或最大灌胃容量、饲料中的最大掺入量等。

国际生命科学学会（International Life Sciences Institute，ILSI）的风险科学研究所组成了关于啮齿类慢性毒性试验剂量选择工作组（1997），该工作组提出选择最高剂量和较低剂量的如下 5 个原则：①根据毒理学原理，慢性毒性试验剂量选择应使慢性毒性试验的敏感性增加到最大程度。在合理的剂量范围内，提高剂量可能增加检测毒效应的能力。②在选择剂量时，应考虑适当的试验设计、作用机制及其他有关资料。③中、低剂量的选择不应该仅按最高剂量的某个固定的比例，而应考虑毒作用的机制和模式、毒动学以及下述的其他因素。而且中、低剂量的选择应尽可能显示剂量-反应（效应）曲线的形状，并且考虑人体的暴露水平。④选择剂量时应考虑之前进行的各项研究所评价的终点如组织病理学、毒动学、细胞增殖和凋亡、生理功能、临床化学、血液学和尿分析、器官重量、体重等。⑤应考虑理化因素、生物利用度、在饲料或饮水中的适口性等。

（二）食品毒理学试验常用的对照

设立对照组进行比较是判断受试物对观察指标有无效应的基本方法。常用的食品毒理学试验对照有 4 种：

1. 未处理对照组（空白对照组） 即对照组不施加任何处理因素，不给受试物也不给以相应的操作。未处理对照组往往用于确定指示生物的生物学特征的本底值，进行质量控制。

2. 阴性（溶媒）**对照** 不给处理因素但给予必需的试验因素（溶媒），以排除溶媒的影响。阴性对照作为与染毒组比较的基础，没有阴性对照组就不能说明受试物染毒与有害作用之间的关系。例如，在实验中，如果染毒各剂量组实验动物出现某些异常、甚至死亡，而在阴性对照组没有发现异常，我们可以认为此种异常和死亡是由于受试物的毒作用所致；如果阴性对照组也出现同样的异常和死亡，则应考虑是由于实验动物患某种传染病或其他非实验因素所致，必须重新进行实验。

3. 阳性对照 用已知的阳性物检测试验体系的有效性。阳性对照组最好与受试物用相同的溶剂、染毒途径及采样时间。在遗传毒理试验、致畸试验和致癌试验中都应使用阳性对照组，阳性对照组是用已知的致突变物、致畸物或致癌物染毒，应该得到肯定的阳性结果。由于这些试验，特别是遗传毒理学试验的变异较大，为了进行质量控制因而要设置阳性对照组。当同时进行的阴性（溶媒或空白）对照组不能得到阴性结果，阳性对照组不能得到阳性结果，说明此次实验质量有问题，全部数据无效，必须重新实验。在遗传毒理学试验中，阳性对照与受试物应该用同样的途径和溶媒，但如有困难，则不同的染毒途径，不同溶媒也可以接受。

4. 历史对照 由本实验室过去多次实验的对照组数据组成，上述三种对照都可构成相应的历史对照。历史对照的最好用途是通过同质性检验来检查实验体系的稳定性，即进行实验室质量控制的保证。由于实验毒理学的各种参数至今尚没有公认的参考值，因此历史性对照均值及其范围在评价研究结果时至关重要。每个实验室都应建立自己的历史性对照值用于评价研究结果的生物学意义。

（三）动物分组及数量

毒理学实验中，动物分组受多种因素影响，如要求的敏感度、实验动物寿命、生殖能力等。实验动物分组的原则要求所有动物分配到各剂量组和对照组的机会均等。正确的分组方法是随机分组，实验动物按性别、体重顺序编号，然后利用统计学的随机数字表，按完全随机分组法或配伍组随机分组法，将实验动物分配到各剂量组和对照组。然后应计算各组实验动物体重的均值和标准差，必要时可将实验动物适当调组，以使各组实验动物体重的均值的差别不超过允许范围。

毒理学安全性评价试验各组动物数取决于很多因素，如实验目的和设计、要求的敏感度、实验动物的寿命、生殖能力，经济的考虑及动物的可利用性。显然，所采用的动物数是试验结果精确度的重要决定因素。为计算适当的动物数，应考虑统计学要求：①临界差别，即预计检出的作用大小；②假阳性率，即检出不存在的作用的概率（称为Ⅰ型错误或 α 值）；③假阴性率，即确定存在的作用未被检出的概率（称为Ⅱ型错误或 β 值）。降低以上任何一种因素都意味着需增加动物数量。有研究者主张对照组的动物数等于每个染毒组的动物数乘以染毒组组数的平方根，如每组 40 只大鼠、共 4 个染毒组，则对照组应有 80 只大鼠。如果设计要求在染毒受试物期间处死一部分动物，进行某些指标动态观察（如病理组织学检查或某些脏器的生化检查），则在试验开始时应相应增加实验动物数。常用试验的动物数目要求见表 6-2。

表 6-2　食品安全性毒理学评价程序相关方法的动物数要求

试验项目	动物组数	性别	每组动物数
急性经口毒性试验	至少 4 组	雌雄均需	至少同性别 5 只
28 天经口毒性试验	4 组（可另设卫星组，用于观察迟发性毒作用或毒作用的恢复情况）	雌雄均需	至少同性别 10 只
90 天经口毒性试验	4 组（可另设卫星组，用于试验中期动物解剖或观察迟发性毒作用）	雌雄均需	至少同性别 10 只
慢性毒性试验	4 组	雌雄均需	至少同性别 50 只

（四）试验期限

某些试验（如致畸试验和多代生殖试验）的试验期限是由受试动物物种或品系而决定的。而其他毒性试验的期限在某种程度上由定义所决定。如急性毒性是一次性或一天内多次染毒并观察 14 天；亚慢性毒性试验规定为染毒持续至试验动物寿命的 10%，对大鼠和小鼠为 90 天，对狗应为 1 年；慢性毒性试验/致癌试验一般规定为持续至试验动物寿命的大部分。试验持续的时间会明显影响试验的敏感性。长期致癌性试验尤为如此，因为绝大部分癌症出现在动物生命的后期。尽管试验不应中止得过早，但是同样重要的是试验也不能进行得太长，这是因为在试验的最后几周或几个月中只能获得很少的资料，这与花费的增加是不相当的，而且由于动物年龄太大，所导致的一些疾病对于实验也无太大意义，并会对有关肿瘤和其他有意义的情况的发现造成更大的困难。

二、体外毒理学试验设计

前述内容已经对体内试验的剂量设计、动物分组、试验期限进行了描述，本节对体外毒理学试验的一些关注点进行分析。

（一）受试物的溶解性

应测定受试物在试验介质中的溶解性。在试验系统暴露期内，受试物的溶解性可能因存在细胞、体外活化系统 S9、血清等多种介质而发生改变。因此，在试验开始和结束时评价溶解性是有意义的。溶解性限值是指受试物在试验系统中出现沉淀的最低浓度。

（二）体外试验中最高浓度的确定

体外试验中受试物的最高浓度主要取决于受试物对细菌/细胞的毒性和溶解度。对于易溶解的无毒化合物，细菌试验应达到的高浓度为 5 mg/皿，哺乳动物细胞试验为 5 mg/ml 或 10 mmol/L（选用较低者）。这是由于可溶性受试物浓度高于 10 mmol/L 时可因高渗透压在哺乳动物细胞引起损伤或人工假象。对于不溶性受试物的最高浓度存在争议。有资料表明，有的受试物仅在沉淀剂量下出现细菌试验和染色体畸变试验阳性结果。一般认为无毒性的可溶于适当的溶剂而不溶于实验培养液（介质）中的受试物，最高浓度应是溶解性限值（即产生沉淀的最低浓度），但不应干扰终点的观察。

在遗传毒性体外试验中，某些遗传毒性致癌剂无法被检出，除非检测浓度达到可致一定程度的细胞活性损伤时才能观测到遗传毒性，但浓度过高往往难以对相应的遗传终点作恰当的评价。当哺乳类动物细胞存活率很低时，一些遗传毒性以外的作用机制会导致假阳性结果，这些结果其实与细胞毒性（如细胞凋亡、溶酶体释放核酸内切酶等有关的结果）有关，并不是遗传毒性所致。鉴于以上情况，在体外细菌和哺乳类动物细胞试验中，目前可接受以下细胞毒性水平：细菌回复突变试验中，最高浓度应能显示明显的毒性，如回复突变数减少、背景菌斑减少或消失；哺乳动物细胞体外遗传毒性试验中，毒性水平应高于 50%细胞抑制率或细胞融合率，对培养的淋巴细胞，有丝分裂指数抑制率应高于 50%。

（三）代谢活化

由于微生物和培养的哺乳动物细胞缺乏整体哺乳动物的代谢能力，所以在许多遗传试验中都要加入活化系统以检测出间接致突变物。最被广泛应用的代谢活化系统是 S9 混合液，即采用 Aroclor1254 预处理的雄性成年大鼠肝匀浆 9000*g* 离心上清液（S9），及相应的辅因子（NADPH 再生系统）。由于各国禁用、限用多氯联苯，Matsushima1976 年提出用能引起多环芳烃诱导作用的 β-萘黄酮与苯巴比妥联合诱导制备 S9。对体外哺乳动物细胞试验，还可利用大鼠肝原代培养细胞等作为代谢活化系统。

（四）体外试验的标准规程

一般来说，体外试验应进行重复试验。但是，当采用标准的、已广泛应用的常规体外试验方法时，若这些试验经过了充分验证且进行了有效的内部质量控制，可不必进行重复试验。例如，对细菌和哺乳动物基因突变试验，进行了规范的范围确定试验，其可提供足够的数据以保证试验方法的正确性；对体外染色体损伤的细胞遗传学试验和 TK 基因突变试验，采用了合适的、规范的方法，包括有阴性和阳性对照、加和不加代谢活化系统的试验、处理时间和采样时间合适等。在进行这些试验后，若得到明确的阳性或阴性结果，一般可不需要进行其他确证性试验；但若得到可疑结果，则需要进一步试验。

第三节　食品毒理学实验结果统计分析与评价

一、试验结果统计分析

毒理学研究中的数据统计是建立在遵循随机、对照的原则设计，客观真实的观察、记录，资料完整的基础上，通过对实验数据进行归纳整理和分析、消除潜在的偏倚和减少偶然性、推断总体，从有限的试验数据中找出受试物对生物体作用的普遍规律线索的过程。

如何正确地选择统计分析方法以及正确理解统计学结论，将直接影响到对毒理学研究结果的评价。以下介绍选择正确分析方法和解释结果的基本原则，并推荐一些常用的统计学分析方法。

（一）毒理学研究的数据类型

1. 计量资料（measurement data）　在毒理学研究中，通过对观察单位用定量的办法测量某项指标数量大小所得到的资料，称为计量资料。如动物身长（cm）、体重（kg）、血红蛋白量（g/L）、胆固醇含量（mmol/L）、进食量（g）等。对这类资料常用的描述性指标主要是平均数和标准差。推断性分析有 t 检验、u 检验、方差分析、相关与回归分析等。

2. 分类资料（categoried data）　将观察单位按某种性别或类别分组，然后清点各组的观察单位数目所得到的资料，称为分类资料。如实验动物的性别分雌、雄；实验结果分阴性、阳性，以及死亡率、肿瘤发生率等。此类资料常用的描述性指标有构成比、率和相对比以及率的标准误等。推断性分析主要有 u 检验、χ^2 检验、Poisson 分布等。

3. 等级资料（ranked data）　将观察单位按某种属性的不同程度分组，统计各组的观察单位数目所得到的资料，称为等级资料。如效果判定为显效、有效、无效；程度分轻、中、重；实验室检测结果分−、±、+、++、+++等，它们之间只有等级、程度上的差异，此类资料常用的描述性指标如几何均数、对数标准差。推断性分析有 Ridit 分析、秩和检验等。

4. 数据转换　数据转换的目的是稳定方差、直线化、使分布正态化或接近正态，因为许多检验只适用于正态分布，故如实验所得结果资料不符合正态分布，就需要将其进行适当的变量代换（如对数转换、平方或平方根转换等）后才能使用这些检验方法。在多因素分析中有时也需要将定性指标数量化，可将多项效果按程度不同转换为评分，分别用 0、1、2、3…表示，则可按计量资料处理。此外，计量资料类型也可转换为计数资料，如将血红蛋白值按照参考范围划分为正常和异常分组，资料便转换为计数资料，若按轻、中、重分组，资料便转换为等级资料。

（二）数据处理和统计方法

毒理学试验的数据通常是由剂量水平和相应观察值组成的二维关系型数据。毒理学试验处理组与阴性对照组观察值均数的比较，应根据实验结果（指标）的变量类型是数值变量（计量资料）还是分类变量（计数资料），选用不同的统计分析方法。如果资料可拟合某种分布，则适用于参数检验，其敏感度和效率高于非参数检验。如资料不能拟合某些已知的分布，则应进行数据转换，以满足正态性和方差齐性。如果任何变换都不能改善数据的分布，可能存在个别可疑值，应予以识别和剔除。另外也可使用不依赖总体分布模型的非参数统计分析。毒理学试验数据统计分析流程图见图 6-1。

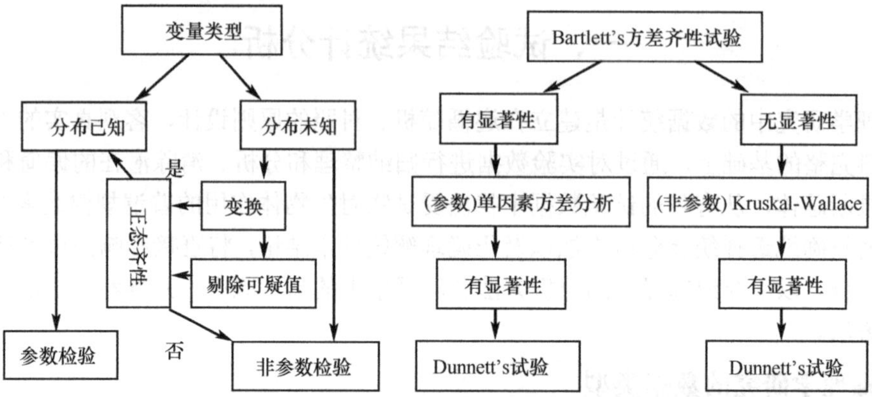

图 6-1　毒理学试验的数据统计分析流程图

1. 各处理组与阴性对照组两两比较和多个处理组与阴性对照组比较　表 6-3 为各处理组与阴性对照组两两比较和多个处理组与阴性对照组比较常用的统计学方法。

表 6-3　处理组与阴性对照组比较常用的统计学方法

类型	连续性数据，正态分布		离散性数据		分布未知
	方差齐	方差不齐	二项分布	泊松分布	
处理组与阴性对照组两两比较	*t* 检验	*t*'检验	卡方检验、Fisher 确切概率法，*u* 检验	*u* 检验	非参数法，如 Wilcoxon 秩和检验
多个处理组与阴性对照组比较	Dunnett 检验（1955）	改进的 Dunnett 检验（1980）	平方根反正弦转换，再用 Dunnett 检验，或者 Simes 法（1986）	Suissa 和 Salmi 法（1989）	非参数法，如多重比较秩和检验（Steel，1959）

2. 剂量-效应关系和剂量-反应关系　剂量-效应关系和剂量-反应关系是毒理学研究的重要内容，该关系的存在是判断受试物与毒效应之间因果关系的关键证据。毒理学试验阳性结果的剂量-效应关系和剂量-反应的关系确定应通过统计学处理和判定，尽管可以用一些较简单的方法，如可用各处理组与阴性对照组两两比较和各处理组间两两比较，发现高剂量组与中、低剂量组及对照组间差别有显著性（$P<0.05$），中剂量组与低剂量组和对照组间差别有显著性（$P<0.05$），低剂量组与对照组间差别无显著性（$P>0.05$），来证明有剂量-反应关系，但这种方法的效率较低。剂量-效应关系和剂量-反应关系的判定可以分为定性和定量统计学两大类，其统计学定性分析即为趋势检验，而统计学定量分析则为模型拟合。对趋势检验和模型拟合等统计学方法可参阅有关统计学专著，这些方法可以利用统计程序包如 SAS、SPSS、Genstat 等来实现。

3. 常规毒理学试验资料推荐的统计学方法

（1）体重和器官重：体重及器官重（或器官相对重量）通常是综合反映动物健康状况和可能的靶器官的敏感指标。实验动物体重增长的抑制或体重减轻受到很多毒效应的影响，包括食欲、消化功能、代谢和能量消耗变化等。器官重量通常指实质性脏器重量，器官相对重量指实质性脏器的湿重量与禁食体重的比值。体重不论是绝对重量还是重量变化（从试验前基线测量值算起），几乎都可使用方差分析进行统计学推论。

（2）临床化学和生化分析：以往一般用 t 检验或 ANOVA，但并非是最适当的方法。由于有些参数的生物学性质或测定方法所得到的资料常不服从正态分布（常为偏态分布）或为非连续的，如肌酐、钠、钾、氯、钙和血尿素氮等。还要考虑到这些生化参数很少是彼此独立的，即所研究的并不是单独某一个参数，而是与靶器官毒作用有关的一组参数，如肌酸磷酸激酶（CPK）、羟丁酸脱氢酶（HBDH）和乳酸脱氢酶（LDH）同时增高强烈指示心肌损害。这时我们并不只是注意其中一个参数的增高，而是全部 3 个参数。而血清电解质（如钠、钾、钙）常互相影响，一种降低常伴随另一种增加。

（3）血液学指标：不同物种、品系的实验动物血液学检查的数据，所服从的分布也可能是不同的。这些参数的大部分是相互有关的，并依赖所用的测定方法。RBC 数、血小板数和红细胞平均体积（MCV）可用仪器测定，数据适用于参数检验。红细胞压积（HCT）是由 RBC 和 MCV 得到的计算值，故依赖于此两个参数；但如直接测定，也可用参数检验。

血红蛋白是直接测定的独立的连续数据。但如同时存在血红蛋白的多种形态（氧血红蛋白、脱氧血红蛋白、高铁血红蛋白等），则可能不是典型的正态分布，而是呈多模型分布，此时可用 Wilcoxon 检验或多重秩和检验。

WBC 总数服从正态分布，并适用于参数检验。而 WBC 的分类或报告为百分比或乘以 WBC 总数得“绝对”分类 WBC 数，这些资料，特别是嗜酸性粒细胞不符合正态分布，应该用非参数统计。

应注意，单个参数的变化很少有生物学意义，因为这些参数是相互关联的，应关注并分析预期相关参数的变化谱。

（4）组织病理学损害发生率：长期毒性试验均强调组织病理学检查。统计学分析主要是评价处理组动物组织病理学损害发生率是否高于对照组动物。应关注全身组织器官的病理性损害。处理组与对照组动物病理损害发生率比较常用卡方检验或 Fisher 精确检验，利用双侧检验还是单侧检验则取决于研究者的要求。对于多重比较可用 Bonferroni 法，而且可利用趋势检验来评价剂量-反应关系。损害程度上的差异，如无效应＜轻微损害＜中等损害＜严重损害等，这一类资料常用的描述性指标是几何均数、对数标准差，推断性分析有 Ridit 分析、秩和检验等。

（5）生殖毒性：对于生殖毒性的统计学分析，是以窝（或妊娠雌性动物）为实验单位，而不是幼体。生殖毒性试验一般可得 4 个变量：生育力指数（FI）、受孕指数（GI）、存活力指数（VI）和哺育指数（LI）。对于这些变量，如样本数为 10 或 10 个以上，可利用 Wilcoxon-Mann-Whitney U 检验或 Kruskal-Wallis 非参数 ANOVA。如样本小于 10，则可用 Wilcoxon 秩和检验（用于 2 组比较）或 Kruskal-Wallis 非参数 ANOVA（用于 3 组或 3 组以上的比较）。

（6）致畸试验：每组应有 20 只妊娠动物。并且，试验单位为窝，而不是胎体。如样本数为 10 或 10 以上，近似为正态，可利用参数检验（如卡方检验、t 检验或 ANOVA）来评价结果。当样本小于 10，可用非参数检验（Wilcoxon 秩和检验或 Kruskal-Wallis 非参数 ANOVA）。此外，Wilcoxon-Mann-Whitney U 检验也广泛用于致畸试验。

（7）致突变试验：绝大多数遗传毒理学短期试验（STT）的观察值为计数资料（如突变细胞数、畸变数、SCE 数）或是相对数（如存活细胞的突变频率），因此 STT 结果的统计学主要是对离散型资料的统计学推断。

从理论上来讲，突变是罕见事件，服从泊松分布，但实际上，STT 数据分布模型很复杂，也可服从二项分布、负二项分布等。STT 资料通常比常规的统计学分布模型具有更大的变异性，样本数据的均数与分布模型拟合较好，而方差显著大于模型的方差，即出现超离差（overdispersion）现象。这些都构成了 STT 资料统计学分析中的重要问题，具体可参阅有关统计学专著。

二、毒理学实验结果的评价

在评价毒理学试验的结果时，应综合考虑统计学意义和生物学意义。统计检验的假设是关于总体特征的假设，检验方法是以统计量的抽样分布为根据的，得到的结论是概率性的，不是绝对的肯定或否定，不等同于有或无生物学/毒理学意义。

在评价毒理学试验的结果时要解决 3 个问题：①是否具有统计学意义；②是否具有生物学意义，即是否为真实的效应；③是否有毒理学意义，即是否为有害效应。对毒理学实验结果作出科学的判断和解释，应该根据统计学分析的结果、生物学知识和经验等进行综合评价。

一般来说，具有统计学意义是具有生物学意义的必要条件之一。正确地利用统计学假设检验的结果有助于确定实验结果的生物学关联，达到去伪存真的目的。在判断生物学意义（即生物学重要性）时，可考虑以下因素。

（1）纵向比较，此参数的改变有无剂量-反应关系。化学物毒作用的剂量-反应关系是毒理学研究的基本假设。当某参数的改变存在阳性剂量-反应关系，即两个或更多的处理组与对照组结果之间某种参数存在差异，且随着受试物剂量水平的增加这种差异的严重性或发生率相应增加，就可认为此参数的改变可能与受试物毒性有关，两者之间具有因果关系，也具有生物学意义。

（2）横向比较，此参数的改变是否伴有其他相关参数的改变。例如，生化参数很少是彼此独立的，单个剂量组的一个参数有统计学显著性的改变一般不认为有生物学意义，除非此改变为其他参数改变所支持。如没有骨髓或脾组织学改变或没有高铁血红蛋白生成，单有红细胞计数的改变是没有生物学意义的。同样，在免疫毒理学中，单有淋巴细胞计数的改变不伴有淋巴结组织学改变也可能是没有生物学意义的。

（3）与历史性对照比较，由于目前尚无公认的实验动物参考“正常”值，应由本实验室利用相同品系的实验动物和相同的溶剂，采纳至少 10 次最近的独立实验的阴性（溶剂）对照的资料，以其均值±1.96×标准差作为参考值的范围。同时进行的阴性对照应在历史性对照的（$\bar{x} \pm 3s$）范围之内，否则应重新试验。另有认为，凡某种观察值与对照组比较，差别具有统计学显著性（$P<0.05$），并符合下列情况之一者，即可认为已偏离正常参考值范围，属于有害作用：①其数值不在正常参考值范围之内；②其数值在正常参考值范围之内，但在停止接触后，此种差异仍持续一段时间；③其数值在正常参考值范围之内，但如机体处于功能或生化应激状态下，此种差异更加明显。应指出的是，后两种情况常常需要附加的试验设计予以证实。

另外，还有一些其他的考虑，如处理组与同时进行的对照组两组均数之差值应超过检测误差的两倍以上。如某些血液生化指标（AST、ALT 等）的测定值升高才有生物学意义。

当处理组数据与阴性对照组比较差别有显著性，并且经分析认为是与处理有关的生物学效应，应进一步判断其为有害效应还是非有害效应。决定一种效应是否为有害效应需要毒理学专业知识的判断。不同指标或参数的生物学意义和重要性是不同的，如 DeRose 等（1985）提出慢性毒性试验阳性结果发现的分级表，各种遗传毒理学短期试验预测哺乳动物细胞致突变物和哺乳动物致癌物的重要性等。

在分析和综合评价实验结果的统计学意义和生物学意义时，可能遇到四种情况，见表6-4。在此表中，第Ⅰ和第Ⅳ种情况最为常见，第Ⅰ种情况是无统计学意义也无生物学意义，第Ⅳ种情况是有统计学意义也有生物学意义。但是有时在实验结果中会出现第Ⅱ和第Ⅲ种情况。

第Ⅲ种情况是有统计学意义但无生物学意义，例如在某个亚慢性毒性试验中，中剂量组动物血液白细胞计数低于阴性对照组，差别有显著性（$P<0.05$），而高剂量组和低剂量组动物血白细胞计数与阴性对照组比较差别无显著性（$P>0.05$）。由于在此实验结果中未出现剂量-反应关系，因此中剂量组血白细胞计数降低可能是由于偶然因素造成的，没有生物学意义。但如果与对照组比较差异有显著性而无生物学意义的参数过多（如 90 天喂养试验中这样的参数达总参数量的 15%以上），则认为该实验的质量保证体系存在问题，实验结果可信度较差。此外，如果仅在高剂量组动物血白细胞计数降低，与阴性对照组比较差别有显著性（$P<0.05$）时，必须仔细地核实高剂量组的资料。如果资料无任何疑问，可认为此变化可能具有生物学意义。最好是重新进行一次试验，并加大受试物的剂量，如果能够观察到剂量-反应关系，则说明此剂量组血白细胞计数降低是有生物学意义的；如果加大受试物剂量没有观察到剂量-反应关系，才可以说此剂量组血白细胞计数降低没有生物学意义。因此，在判断实验结果的生物学意义时，有无剂量-反应关系是关键，有统计学意义但无生物学意义的情况，也经常是因为实验设计不良所致。

第Ⅱ种情况是具有生物学意义但无统计学意义，这可能是因为该事件的发生是极端罕见的，例如在哺乳动物致癌试验中，在染毒组中出现对照组中没有的肿瘤类型，尽管从统计学上此种肿瘤的发生率很低，与对照组比较差别无显著性（$P>0.05$），但还应该认为是有生物学意义的。

表 6-4　毒理学试验结果的统计学意义和生物学意义

生物学意义	统计学意义	
	无	有
无	Ⅰ	Ⅲ
有	Ⅱ	Ⅳ

总的来说，评价毒理学试验的结果时的统计学意义、生物学意义和毒理学意义，三者关系是层层递进式，前者是后者判断的基础。而良好的实验质量保证体系更是评价毒理学试验结果的基石。

第四节　食品毒理学实验的原则和局限性

一、食品毒理学实验的原则

在毒理学实验中，应遵循以下几个基本原则。

（1）化学物在实验动物产生的作用，可以外推于人。基本假设为：①人是最敏感的动物物种；②人和实验动物的生物学过程包括化学物的代谢与体重（或体表面积）相关。这两个假设也是全部实验生物学和医学的前提。以单位体表面积计算在人产生毒作用的剂量和实验动物通常相近似。而以体重计算则人通常比实验动物敏感，差别可能达 10 倍。因此可以利用安全系数来计算人的相对安全剂量。一般认为，如果某一化学物对几个物种实验动物的毒性是相同的，则人的反应也可能是相似的。如已知人类致癌物都对某种实验动物具有致癌性，但实验动物致癌物是否都对人有致癌性，还不清楚。

（2）实验动物必须暴露于高剂量，这是发现对人潜在危害的必需的和可靠的方法。此原则是根据质反应的概念，随剂量或暴露增加，群体中效应发生率增加。毒理学试验中，一般要设 3 个或 3 个以上剂量组，以观察剂量-反应（效应）关系，确定受试化学物引起毒效应及其毒性参数。毒性试验的设计并不是为了证明化学品的安全性，而是为了表征化学品可能产生的毒作用。仅仅检测受试化学物在人的暴露剂量是否引起毒效应是不够的，当引起毒效应的最低剂量（LOAEL）与人的暴露剂量接近时，说明该化学物不安全。只有当该剂量与人的暴露剂量有很大的距离（几十倍、几百倍或以上），才认为具有一定安全性，此距离越大，安全性越可靠。如果在研究中所用的一系列的剂量不能引起毒性效应，则认为所用剂量还不足够高，应增加剂量，以确定受试化学品的毒性。但如果在试验的最高剂量组的剂量与人可能的暴露剂量有足够的安全界限，则对于安全性评价来说未观察到毒效应的研究是可以接受的，这在食品的安全性评价中尤为重要。

在毒理学试验中实验模型所需的动物总是远少于处于危险中的人群。为了在少量动物得到有统计学意义的可靠的结果，需要应用相对较高的剂量，以使效应发生的频率足以被检测。例如，低达 0.01%的癌症发生率，意味着在 100 万人群中有 100 人发生癌症。在实验动物直接检测如此低发生率将至少需要 30 000 只动物。因此，别无选择，在毒理学试验中，对相对较少的实验动物必须以较高剂量进行试验，然后根据毒理学原则外推估计低剂量暴露的危险性。

（3）成年的健康（雄性和雌性未孕）实验动物和人可能的暴露途径是基本的选择。成年的健康实验动物是为了使实验结果具有代表性和可重复性。以成年的健康实验动物作为一般人群的代表性实验模型，而将幼年和老年动物、妊娠的雌性动物、疾病状态作为特殊情况另作研究。这样可降低实验对象的多样性，减少实验误差。这是因为毒理学实验结果的敏感性取决于受试物处理引起毒效应强度和实验误差两个因素，处理引起的毒效应强，实验误差小，则实验结果的敏感性增加，越能反映受试物处理的真实效应，反之亦然。

在动物实验设计中要规定实验条件，严格控制可能影响毒效应的各种因素，实施质量保证，降低实验误差。只有这样，才能保证试验结果的准确性和可重现性。外源化学物从不同途径染毒实验动物所表现的毒性可有很大差异，这是由于因染毒部位解剖生理特点不同，外源化学物吸收进入血液的速度和量也不同，首先到达的器官和组织也不同，特别是经口途径的首过效应尤为突出。因此，毒理学试验中染毒途径的选择，应尽可能模拟人在接触该受试物的方式，如食品的经消化道摄入，以此预测人在同样接触条件下可能产生的毒性反应。

二、食品毒理学实验的局限性

历史上，环境污染物、食品污染物及某些药物所引起的中毒和死亡多次发生，引起各国的重视，推动了毒理学的发展，各国政府主管部门制订和多次修订了有关药品和各种化学品安全性评价的规范或准则，希望通过啮齿类和非啮齿类的毒理学研究为有关候选新药和各种化学品提供安全性证据，但以动物的资料预测对人的毒性的准确性尚有待于研究。一切模型都有其局限性，但又是必需的。化学物对人的毒性约一半不能由临床前（动物）毒性研究预测，有报告认为化学物对动物的毒性与对人的毒性相符率在啮齿类为6%，非啮齿类（犬和猴）为28%，合并后为36%。按照目前的规范，进行毒理学安全性评价可以在一定程度上提高新药和各种化学品的使用安全性，但仍不能完全排除对人健康危害的风险。WHO在《临床前药物安全性实验原则》的文件中指出“虽然事先对生物活性物质进行了最仔细彻底的研究，但给人使用时总是不可避免地要冒一定的风险”。这就需要考虑动物实验的局限性，即动物实验的结果外推到人的不确定性。

用实验动物的毒理学试验资料外推到人群接触的安全性时，会有很大的不确定性。这是因为，外源化学物的毒性作用受到许多因素的影响。

（1）实验动物和人对外源化学物的反应敏感性不同，有时甚至存在着质的差别。虽然在毒理学试验中通过用两种或两种以上的动物，并尽可能选择与人对毒物反应相似的动物，但要完全避免物种差异是不可能的。而且，实验动物不能述说涉及主观感觉的毒效应，如疼痛、腹胀、疲乏、头晕、眼花、耳鸣等，这些毒效应就难以发现或不可能发现。故在动物实验中，仅可观察到体征（sign），而没有“症状（symptom）”。

（2）在毒理学试验中，为了寻求毒作用的靶器官，并能在使用相对少量的动物时就得到剂量-反应或剂量-效应关系，往往选用较大的染毒剂量，这一剂量通常要比人实际接触的剂量大得多。有些化学物高剂量和低剂量的毒性作用规律并不一定一致，如大剂量下出现的反应有可能是由于化学物在体内超过了机体的代谢能力，这也增加了高剂量的毒性反应向低剂量外推的不确定性。

（3）毒理学试验所用动物数量有限，那些发生率很低的毒性反应，在少量动物中难以发现。而化学物一旦进入市场，接触人群往往会很大。这就存在小数量实验动物到大量人群外推的不确定性。

（4）实验动物一般都是实验室培育的品系，一般选用成年健康动物，反应较单一，而接触人群可以是不同的人种、种族，而且包括年老体弱及患病的个体，在对外源化学物毒性反应的易感性上存在很大差异。

以上这些都构成了从毒理学动物试验结果向人群安全性评价外推时的不确定因素，可能造成误差。故动物试验结果向人外推时，如食品添加剂的90天喂养试验获得的NOAEL用于制定人的接触限量（如每人每天最大耐受摄入量），就必须考虑一定的安全系数，以防止低估有阈值化学毒物对人类健康的危害。

第五节　食品毒理学实验与评价方法的进展

一、食品毒理学的发展趋势

近年来，生命科学在新理论和新技术上有了突飞猛进的发展，以基因组学、蛋白质组学和组合化学三个规模科学（large-scale science）为代表的新学科不断涌现，使毒理学正在经历一次重要的变革。同时，新技术、新方法不断涌现，为毒理学的发展提供了强有力的技术支持。如基因芯片或DNA微阵列或芯片实验室、蛋白芯片、组织芯片、细胞芯片、表型芯片等的生物芯片技术；转基因和基因敲除（knock-out）技术、报道基因技术、基因或蛋白质差异表达检测技术、实时定量PCR技术、蛋白质组技术平台、代谢组技术平台、发光技术、荧光（比色）分析、干细胞培养技术等。这些新技术已经在毒理学研究中得到成功应用，成为毒理学研究的重要手段。

（一）由被动毒理学向主动毒理学发展

主动毒理学或积极毒理学（positive toxicology），主要包括发现毒理学（discovery toxicology）、预测毒理学（predictive toxicology）和预发展毒理学（predevelopmental toxicology）等内容。其含义是毒理学家在新产品开发的全部进程中，均应发挥积极主动的指导和决策作用，而不仅仅是在产品开发的中后期参与毒理学安全性评价。目的是在新化学物的创新早期对新化学物进行毒性筛选，及时发现和淘汰因毒性问题不适用于进一步研究开发的化学物或化学结构，或者有针对性地设计一些试验研究，解决某些重要化学物的特异性毒性问题，指导化学物合成，帮助选择先导化学物，从而预测和评价化学物的毒性。

（二）由高剂量测试向低剂量测试发展

过去毒理学的基本实验方法多采用“高剂量动物模型”，毒效应不一致的弊端为业界熟知。近年的毒理学实验不再是观察高剂量引起的致死效应，而是以基因组表达谱、蛋白质组表达谱、代谢组谱、生物标志物等敏感、特异的毒性指标体系替代或部分替代死亡、组织病理学为主的传统毒性指标体系。有可能使毒理学评价从“高剂量向低剂量推导”变成“低剂量原则”，毒理学实验将不再是观察高剂量引起的致死效应，而是观察化学物在比较接近常态下的生物学过程，阐明化学物造成健康损害的生物学机制，使毒理学成为预防医学的重要组成部分。“低剂量原则”有助于阐明和评价更接近实际条件下暴露剂量对人体和其他生物的毒性效应，解决从高剂量向低剂量外推时不确定性带来的误差。

（三）由低通量测试向高通量测试发展

现行毒性试验大多为低通量方法，但近年来已建立一些中、高通量（high throughput testing）的毒性试验方法，以满足快速、早期测试新产品的需求，包括已建立了某些细胞毒性、遗传毒性、胚胎毒性和致畸性的高通量方法等，如96孔和384孔板的高通量彗星试验和利用胚胎干细胞的体外模型系统检测遗传毒性等方法。2008年，美国Tox21项目融合自动化技术，单次*in vitro*测试化学品数目超过1000种，实现了针对化学品的“高通量”筛选（high-throughput screening，HTS），其数据生成的速度及稳定性显著提升。近年来，HTS技术高效的数据产生能力以及互联网端数据共享模式开启了毒理学的“大数据”时代。

（四）实验动物由单一性模型向特征性模型发展

（1）利用体内和体外技术，在整体水平、器官水平、细胞水平、亚细胞水平和分子水平层次分明地进行毒理研究。

（2）利用转基因和基因敲除等技术制备的动物、细胞模型，替代或部分替代现行采用的健康动物，特别是毒性的评价，包括采用某一功能缺陷或不同程度的疾病模型。如美国科学院已启动供包括毒理学等学科使用的生物医学模型计划。

（3）发展符合替代（replacement）、减少（reduction）、优化（refinement）、责任（responsibility）4R 原则的试验方法，更多地采用替代动物和替代试验。如目前已被 OECD、FDA 等机构正式采用的有急性经口毒性的上下移动法（UDP）、皮肤和眼刺激毒性的 epiderm TM、EPISKINTM、Corrositex 和小鼠局部淋巴结试验（LLNA）；正在研究的有急性系统毒性的体外方法、用体外资料估算体内急性毒性起始剂量的方法；毒代动力学的体外方法；以及预测器官特异性毒性的体外筛选方法、发育毒性实验方法等。

二、食品安全性毒理学评价的进展

毒理学安全性评价（toxicological safety evaluation）是通过动物实验和对人群的观察，阐明某种物质的毒性及潜在的危害，进而对该物质能否投放市场做出取舍的决定，或提出人类安全的接触条件，即对人类使用这种物质的安全性做出评价的研究过程。毒理学安全性评价属于法规毒理学范畴，实际上是在了解某种物质的毒性及危害性的基础上，全面权衡其利弊和实际应用的可能性，从确保该物质的最大效益、对生态环境和人类健康最小危害性的角度，对该物质是否生产和使用作出判断或寻求人类的安全接触条件的过程。

（一）食品安全性毒理学评价程序的发展进程

为了保证人类的健康、生态系统的平衡和良好的环境质量，人类早在几千年前就懂得运用法律手段来维护公共卫生以及人类的健康和安全，如公元前 18 世纪，古巴比伦王国第六代国王汉谟拉比颁布了著名的《汉谟拉比法典》，其中涉及关于水源、空气污染、食品清洁等方面的条文。自 20 世纪初以来，美国、法国、德国等一些国家开始了医疗卫生方面专门的立法，陆续制定和颁布了关于有毒化学品的管理法规。第二次世界大战后，随着社会经济的发展和科学技术的进步，卫生立法得到了世界各国的重视，许多国家和组织先后制订了有毒化学品的管理法规，管理毒理学（regulatory toxicology）进入实质发展的阶段。管理毒理学将毒理学的知识技术，潜在化学毒物的测试及研究结果应用于毒物管理，以防治人类的中毒性健康危害及保护环境。它涉及毒理学科及管理部门制定立法、执法两个方面的内容。例如，美国 FDA 1979 年颁布联邦食品、药物和化妆品法案（the Federal Food, Drug and Cosmetic Act，FD&C Act），对各种化学物质安全性进行管理；经济与发展合作组织（OECD）于 1982 年颁布了化学物品管理法，提出一整套毒理实验指南、良好实验室规范（good laboratory practice，GLP）和化学物投放市场前申报毒性资料的最低限度，对新化学物实行统一的管理办法。

卫生行政执法和处罚必须以法律法规为准绳，而毒理学安全性评价则是裁决的基础。1999 年欧洲四国发生二噁英（dioxin）食品污染事件，包括我国在内的许多国家做出拒绝进口可疑污染食品的决定，即是以毒理学安全性评价资料为依据做出的裁决。尽管世界各国由于政治、经济、历史、文化传统的差异，所寻求的安全性和对毒理学安全性评价的要求会有所不同，各国根据各自不同时期的任务和存在的问题来制订相应的卫生法律法规进行管理，但对化学毒物进行安全性评价却是各国相应的卫生法律法规中的基本要求。需要注意的是，世界各国对化学物质进行毒理学安全性评价均以人类使用相对安全为前提，因为绝对的安全是不可能存在的，评价的依据是人类或社会能够接受的安全性。

我国对化学物质的毒性鉴定及毒理学实验开始于 20 世纪 50 年代，在 50 年代对食品、药品等曾作出初步的法律规定，但此后一段时间进展缓慢甚至停滞不前，直达 80 年代以后才有了迅速的发展。80 年代以来，我国有关部门陆续发布了一些化学物质的毒性鉴定程序和方法，这些文件具有法规性质和效力。国家也陆续颁布了有关的法律，以加强对外来化学物的管理。目前我国这方面的法律法规体系已逐步形成并不断完善，各级卫生行政部门依法执法，管理具有强制性和实效性，成就显著，对保护环境和保障人民身体健康发挥着重要的作用。目前我国实施的与食品有关主要的法律法规如下：

（1）1995 年 10 月 30 日颁布实施了《中华人民共和国食品卫生法》，在此基础上于 2009 年颁布了《中华人民共和国食品安全法》，其后于 2013 年启动修订，并于 2015 年 4 月 24 日发布了新修订的《中华人民共和国食品安全法》。该法经两次审议，三易其稿，被称为“史上最严”的食品安全法，亮点在于明确监管体制；强调预防为主的原则，突出防范风险，健全食品风险监测评估机制；扩大食品安全监管范围；强化对特殊食品的监管；加强对于刑事、行政、民事法律责任的规定等。

（2）《中华人民共和国农产品质量安全法》于 2006 年 4 月 29 日发布，2006 年 11 月 1 日起正式施行。食品安全法覆盖到生产、加工、流通、消费各个领域，农产品质量安全法更多关注农产品和生产环境。

（3）卫生部在 1983 年公布《食品安全性毒理学评价程序（试行）》，1985 年经过修订，卫生部于 1994 年 8 月 10 日发布国家标准《食品安全性毒理学评价程序》（procedures for toxicological assessment on food safety）（GB 15193.1～19—1994）并予以实施；2003 年由中国疾病预防控制中心营养与食品安全所起草，对 1994 年版的《食品安全性毒理学评价程序》进行修订，颁布《食品安全性毒理学评价程序》（GB 15193.1～21—2003），并予以实施，同时废止了 GB 15193—1994。2014～2015 年中华人民共和国国家卫生和计划生育委员会陆续发布实施了《食品安全性毒理学评价程序和方法》（GB 15193.1～27—2014/2015），同时废止了 GB 15193—2003。

（4）1996 年 7 月 18 日原卫生部食品卫生监督检验所发布了《保健食品功能学评价程序和检验方法》，该程序和检验方法规定了评价食品保健作用的统一程序和检验方法，为保健食品的管理提供科学依据；1998 年 5 月 26 日原卫生部颁布了修订后的《保健食品功能学评价程序和检验方法》；2003 年 2 月原卫生部发布《保健食品检验与评价技术规范》，其中包括毒理学评价程序和检验方法。

（二）食品安全性毒理学评价程序的意义

20 世纪以来，随着现代工业特别是化学工业的迅猛发展，人类在日常生活和生产中接触及使用的新化学品与日俱增。但是，在目前已知的人类可能接触或销售的 500 万种化学物质中，进行了化学品毒性登记的只有 10 万余种，而其中人类经常使用或接触的化学品种类已逾 7 万种。此外，许多新化学品正以每年 1000 种的速度不断涌现。据不完全统计，我国生产的化学品约为 4000 多种。这些化学物质在影响生态环境的同时，对人类的健康也造成了严重的威胁。人类长期直接或间接地接触这些化学物质所引起的毒性以及致畸、致突变和致癌作用，越来越受到人们共同的重视与关注。因此，为防止外来化学物质对人体可能带来的有害影响，对各种已投放或即将投入生产和使用的化学物质进行毒性试验研究，据此对其作出安全性评价并提供毒理学方面的科学依据，就成为一项极为重要的任务。为便于将彼此的试验结果进行评价比较时有共同的基础，有利于推动安全性评价工作的开展，按照安全性评价对毒理学试验的最基本要求和目前技术水平的具体情况，制定一个相对统一的毒性试验的毒理学评价程序有着重要的意义。

（帅　怡　黄毅娜）

小　结

本章节主要介绍了食品毒理学实验中动物选择、试验设计、统计方法、实验原则及局限性等方面内容。

在食品毒理学的动物实验中，为获得可靠的研究结果，先决条件是正确地选择实验动物。实验动物的选择原则有相似性、特殊性、可靠性、重复性、可控性和经济性原则。在试验进行前，应根据上述原则选择实验动物种属、品系、个体情况和微生物控制等级。体内毒理学试验设计需考虑剂量设计、动物分组、试验期限的选择，而体外毒理学试验设计还应考虑受试物的溶解性、检测的最高浓度、代谢活化、操作标准规程等影响因素。

如何正确地选择统计分析方法以及正确理解统计学结论，可直接影响到对毒理学研究结果的评价。毒理学试验处理组与阴性对照组观察值均数的比较，应根据实验结果的变量类型是数值变量还是分类变量，选用不同的统计分析方法。毒理学试验阳性结果的剂量-效应关系和剂量-反应的关系确定应通过统计学处理和判定。在结果评价时，应综合考虑统计学意义和生物学意义。

在毒理学实验中，应遵循的基本原则有：①化学物在实验动物产生的作用可外推于人；②实验动物必须暴露于高剂量；③成年的健康实验动物和人可能的暴露途径是基本的选择。但在实验结果外推时，由于存在种属差异、暴露剂量差异、动物数量有限和易感性差异等因素，结果往往存在一定的不确定性。

近年来，随着生命科学理论和技术的发展，食品毒理学实验技术也得到了飞速发展。食品毒理学由被动毒理学向主动毒理学发展、由高剂量测试向低剂量测试发展、由低通量测试向高通量测试发展、实验动物由单一性模型向特征性模型发展。与此同时，我国与食品有关的法律法规建设也取得了显著进展：2003 年 2 月原卫生部发布了《保健食品检验与评价技术规范》；2015 年《中华人民共和国食品安全法》通过修订并颁布；2014～2015 年我国卫生和计划生育委员会陆续发布实施了《食品安全性毒理学评价程序和方法》（GB 15193.1～27—2014/2015）。

思　考　题

1. 什么是实验动物？食品毒理学实验过程中实验动物是如何选择的？
2. 体内毒理学试验剂量选择的原则是什么？
3. 体外毒理学实验设计时需考虑哪些因素？
4. 毒理学实验结果如何选择合适的统计分析方法？
5. 简述使用动物实验模型的意义、重要性和局限性。

参 考 文 献

郝光荣. 2002. 实验动物学. 第 2 版. 上海：第二军医大学出版社.

金刚. 2014. 食品毒理学基础与实训教程. 北京：中国轻工业出版社.

金丕焕，陈峰. 2009. 医用统计方法. 第 3 版. 上海：复旦大学出版社.

金泰廙. 2012. 毒理学原理和方法. 上海：复旦大学出版社.

沈明浩. 2014. 食品毒理学. 北京：科学出版社.

王心如. 2012. 毒理学实验方法与技术. 第 3 版. 北京：人民卫生出版社.

严卫星，丁晓雯. 2009. 食品毒理学. 北京：中国农业大学出版社.

印木泉. 2002. 遗传毒理学. 北京：科学出版社.

周宗灿. 2006. 毒理学教程. 第 3 版. 北京：北京大学医学出版社.

International Conference on Harmonization（ICH）. 2011. S2（R1）Guidance on genotoxicity testing and data interpretation for pharmaceuticals intended for human use. http：//www.ich.org/products/guidelines. html.

Organization for Economic Cooperation and Development（OECD）. 2005. Guidelines for the testing of chemicals，section 4. http：//www.oecd-ilibrary.org/books.

U.S. Food and Drug Administration（FDA）. Redbook 2000. 2007. Toxicologicalprinciples for the safety assessment of food ingredients. Centerfor Food Safety and Applied Nutrition. http：//www. cfsan. fda. gov/_redbook/red-ivc1. html.

Zhu H，Zhang J，Kim MT，et al. 2014. Chem Res Toxicol，27：1643-1651.

第七章　一般毒性评价

学习要求

掌握：一般毒性作用概念和分类；急性经口毒性试验的基本方法、主要评价参数；短期和亚慢性毒性试验的设计、试验及结果评价。

熟悉：慢性毒作用的评价方法。

一般毒性（general toxicity）是指实验动物单次、多次或长期染毒所产生的总体毒性综合效应。一般毒性是外源化学物的基本毒性，与特殊毒性相对应。一般毒性评价法是指对一般毒性所进行的观察和毒性评价。根据染毒时间的长短，将一般毒性作用分为急性毒性、亚急性、亚慢性毒性和慢性毒性。一般毒性评价是毒理学的经常性工作，凡是能够进入人类生态环境、与人密切接触的物质，特别是新的化学物质，均需对其进行一般毒性作用的观察和评价，如新的食品、药品、农药、工业毒物等。一般毒性作用的研究对防止外源化学物质所致的急慢性中毒、食品安全性毒理学评价和危险度评估、制定相关卫生标准及管理毒理学的决策均具有十分重要的意义。

第一节　急性毒性试验

急性毒性试验（acute toxicity test）是对外源化学物进行系统毒理学评价研究的初始阶段，包括经口、吸入、经皮和其他途径的急性毒性。重点研究急性毒性效应表现、剂量-反应关系、靶器官和可逆性，对阐明化学物或者其他产品的毒性作用具有重要意义。需要指出的是，随着对动物毒性试验认识的不断深化，研究方法和途径的日益丰富以及国际社会动物保护主义要求减少试验动物的痛苦和使用数量，整体动物实验面临严重挑战。2001年，经济合作与发展组织（Organization for Economic Cooperation and Development，OECD）重新修订了3种经口急性毒性的检测方法，并于2002年12月删除了经典的测定LD_{50}的方法。2014年12月，中华人民共和国国家卫生和计划生育委员会发布了《食品安全国家标准急性经口毒性试验》（GB 15193.3—2014），于2015年5月1日开始实施。

一、急性毒性试验的目的及概念

急性毒性试验是毒理学研究中最初步的工作内容，是了解外源化学物对机体产生急性毒性的主要依据。急性毒性试验是指试验动物一次接触或24小时内多次接触某一化学物质，在短期内所出现的毒性效应（甚至死亡）的过程。急性毒性效应主要包括一般行为和外观改变、大体形态变化以及死亡效应。

（一）急性毒性试验的目的

急性毒性试验是检测和评价受试物毒性作用最基本的一项试验，并对初步推测毒性靶器官具有重要参考意义。急性毒性试验所获得的信息对长期毒性试验剂量的设计和某些药物Ⅰ期临床试验起始剂量的选择具有重要参考价值，并能提供一些与人类药物过量所致的急性中毒的相关信息。

急性毒性试验的目的有如下几方面：①测试和求出毒物的致死剂量以及其他急性毒性参数，通常以半数致死剂量（LD_{50}）作为最主要的参数，根据 LD_{50} 进行急性毒性分级；②通过观察动物中毒表现、毒作用强度和死亡情况，初步评价毒物对机体的毒效应特征、靶器官、剂量-反应（效应）关系和对人体产生损害的危险性；③为亚慢性、慢性毒性试验研究以及其他独立试验提供接触剂量和观察指标选择的依据；④为毒性作用机制研究提供线索。

（二）急性接触的次数

在“一次接触或 24 小时内多次接触”的描述中，“一次”在经口和经注射途径染毒的情况下，是指瞬间给予实验动物染毒；在经呼吸道和经皮肤染毒的情况下，则是指在一段规定的时间内使实验动物持续接触毒物的过程。“多次”是指当外源化学物质毒性很低，一次的最大染毒剂量并没有达到规定的限制剂量时，需要在 24 小时内分次染毒，通常每次间隔 4～6 小时，24 小时内不超过 3 次，尽可能达到最大剂量，合并作为一次剂量计算。

（三）中毒效应出现的时间

急性毒性效应一般是指机体接触化学物质后，在较短时间内观察到的毒性症状。有的化学毒物在实验动物接触数分钟内即可产生严重中毒症状，甚至瞬间死亡；而有些化学毒物几天、十几天后才能在动物身上观察到明显的中毒症状和死亡，呈现迟发毒性效应（甚至死亡）。有的化学物质在出现快速和剧烈的毒性效应后很快恢复；有的化学物给予后早期仅有轻微症状，很快恢复，但在几天后又出现严重中毒症状（甚至死亡）。因此不能以接触化学物后毒性症状出现的时间来判定该物质的某种毒性效应是否属于急性毒性，主要应以接触毒物的时间，即“急性毒性试验”的定义中规定的“一次或 24 小时内多次接触”后所产生的毒性效应。由于大部分毒物的急性毒性症状在短期内出现，因此一般将急性毒性试验的观察时间定为 14 天，必要时可延长到 28 天，特殊应急情况下至少观察 7 天。

（四）半数致死量

半数致死量（LD_{50}）是评价急性经口毒性试验的一个常用指标。LD_{50} 是指经口一次或 24 小时内多次给予受试物后，能够引起动物死亡率为 50%的受试物剂量，该剂量为经过统计得出的计算值。其单位是每千克体重所摄入受试物质的毫克数或克数，即 mg/kg.bw 或 g/kg.bw。

二、急性毒性评价的总体实验要求

（一）实验动物的选择

应尽量选择急性毒性反应与人近似的动物；易于饲养管理、实验操作方便的动物；繁殖生育力较强；价格较低，易于获得的动物。实验动物的选择包括种属和品系、年龄、体重、数量等方面。

1. 实验动物的种属和品系　不同种属的动物对同一受试化学物的反应会有所不同。除特殊要求外，急性毒性试验一般首选哺乳动物，以大鼠、小鼠最为常用，尤其是大鼠；也有使用豚鼠、兔、犬和猴等。急性毒性试验所用的大鼠品系主要有SD大鼠和Wistar大鼠；小鼠则以昆明种、ICR和NIH居多。从充分暴露受试物毒性的角度考虑，急性毒性试验最佳的组合应为一种啮齿类动物（如大、小鼠）加一种非啮齿类动物（如犬或猴）。此外，动物的选择也可以染毒途径为参考。一般来说，急性经口和急性吸入毒性试验可选择大、小鼠；急性经皮毒性试验可选用成年大鼠、豚鼠或家兔。

2. 实验动物的年龄和体重　除特殊要求外，急性毒性试验选用的实验动物的年龄通常要求刚成年的未曾交配和受孕的健康动物。如果受试物拟用于儿童或可能作用于儿童，建议必要时采用幼年动物进行试验。在合格的饲养条件下，小动物的年龄与体重的相关性较好，因此一般按照体重选择动物。通常大鼠180～240 g，小鼠18～25 g，家兔2～2.5 kg，豚鼠200～250 g，比格（Beagle）犬4～6 kg，杂种犬8～15 kg。食品、药品及新农药的急性毒性试验，其相应的实验规范或指导原则对动物体重有各自的要求。如中华人民共和国国家卫生和计划生育委员会于2014年12月发布的《食品安全国家标准急性经口毒性试验》（GB 15193.3—2014）中规定“同性别实验动物个体间体重相差不超过平均体重的20%”。其目的在于尽量保证实验动物基本条件的一致性，减少试验误差。

3. 实验动物的性别　通常采用两种性别的动物进行试验，雌雄各半。若采用单一性别动物进行试验，则应阐明其合理性。如有资料或预实验发现，试验品对雌、雄动物的毒效应有明显的性别差异，则应单独分别试验并求出雌性和雄性动物各自的急性毒性反应。如果试验仅是为一些特殊的试验研究做准备，可选择单一性别动物进行急性毒性试验，比如致畸试验，可仅选择雌性动物进行急性毒性试验。

4. 实验动物的分组与数量　急性毒性试验选择的方法不同，所用的动物组数和每组的数量也会有所不同。经典毒性试验方法一般为4～6组。大、小鼠等小动物每组数量通常为10只，犬等大动物为6只（均为雌雄各半）。由于试验动物本身的差异和个体对化学毒物毒效应的敏感性差异，在动物分组时应严格遵循随机化原则，保证组间均衡，以减少非处理因素对试验结果的影响。

5. 实验动物的预检　对实验动物进行预检的目的，一是让实验动物适应本实验室的条件，减少因环境变化所引起的动物在生理上的改变；二是对外购动物的健康状况进行检查以确定是否存在不符合实验要求的因素。通常大鼠、小鼠、豚鼠、兔的检疫期为1周；犬、猴等则延长至2～3周。如果在检疫期内出现临床异常，则应放弃使用该动物进行试验。犬、猴等大动物还应检查或补做疫苗接种和驱虫等检疫工作。在检疫期内，如有动物生病，小动物一般不做治疗，直接处死弃去，大动物可做适当治疗，痊愈后可继续用于试验，但应评价其是否对试验产生影响。

6. 动物试验前的禁食处理　如果采用经口途径染毒，实验动物胃肠道内食物存留量对化学物的毒性可产生较明显的干扰，因此在试验前应做禁食处理。大鼠主要在夜间进食，所以要求在实验前夜（一般在前一天傍晚下班时或者晚间）将饲料撤掉。小鼠和大鼠基本类似，但由于其消化吸收和代谢速度较快，除可隔夜禁食外，也可禁食4小时以上。大动物常在上午染毒，前一天正常进食，染毒前不喂食即可。禁食期间需要正常饮水（即所谓的禁食不禁水），染毒2小时后可重新投予食物。若经口多次染毒，在各次染毒期间可不禁食。

（二）受试物及处理

在对受试物进行处理前，需要掌握受试物化学结构、纯度、杂质成分、理化性质特别是挥发性、溶解性等资料。受试物应为同一批号。急性毒性试验受试物配制的常用剂型为水溶液、混悬液、油溶液。所用的溶剂和助溶剂应该是基本无毒的，与受试物不起反应。水溶性受试物通常用蒸馏水或去离子水配制。注射等胃肠道外染毒需用生理盐水，以保持与机体内渗透压的一致。不溶于水的受试物应溶于或悬浮于适当的有机溶剂中，常用天然植物油（如玉米油、橄榄油等）、0.5%羧甲基纤维素钠、10%阿拉伯乳胶。受试物一般应临用前新鲜配制，除非已经证明溶液在储存条件下是稳定的。

受试物配制后的给予体积要适当。毒性较大的受试物，由于给予剂量较小，一般可按照适宜容积染毒。毒性较低（如食源性活性成分）的受试物，常需一次较大剂量的染毒，导致给动物投予的容积增大，但不能超过动物的最大耐受体积，从而避免非特异性因素对评价急性毒性的影响。染毒容积的大小，根据染毒途径和试验动物物种来确定。常用试验动物及对应的给药容积（最大容积）分别为：大鼠灌胃 10 ml/kg.bw，静脉注射 5 ml/kg.bw，腹腔注射 10 ml/kg.bw，小鼠灌胃 20 mk/kg.bw，静脉注射 0.1ml，腹腔注射 10 ml/kg.bw。如果溶剂为水，大鼠最大灌胃体积可达 20 ml/kg.bw，小鼠可达 40 ml/kg.bw。

（三）受试物给予途径

急性毒性试验染毒途径的选择应考虑以下几方面因素：①模拟人在生活和生产环境中实际接触该受试物的途径和方式；②有利于不同化学物之间急性毒性大小的比较；③受试物的性质和用途；④各种受试物毒性评价程序的要求等。最常用的染毒途径为经口、经呼吸道、经皮及注射（腹腔注射、静脉注射等）染毒。一般来说，食品多以经口途径（包括经口灌胃、掺入饲料）为主，特殊食品可能还通过注射途径；药品多以经口和注射为主；农用化学物多以经口、经皮接触和经呼吸道吸入为主；而工业化学毒物的接触方式多以经呼吸道吸入和经皮接触为主；环境污染物则是经口、经呼吸道、经皮接触等途径。不同染毒途径对受试物急性毒性的大小影响很大，通常取决于不同途径的吸收量和吸收速率。吸收速率依次排列，一般是静脉注射＞吸入＞肌内注射＞腹腔注射＞皮下注射＞经口＞皮内注射＞经皮。一般来说，吸收速率越快的受试物，其急性毒性越大，LD_{50} 值则越小。

经口（胃肠道）染毒的途径可分为灌胃、喂饲、吞咽胶囊等方式。一般来说，新的化学物质均先经过经口染毒途径的急性毒性试验，求出 LD_{50} 值。通常以经口途径的 LD_{50} 值来比较不同化学物质急性毒性的大小。经口灌胃染毒是急性毒性试验中最常见的染毒途径。灌胃时将受试物配制成溶液或混悬液，以注射器经灌胃针（大、小鼠）或导管（大动物如犬、兔、猴等）注入胃内。因灌胃量的大小可影响毒性，因此急性毒性试验常采用等容积灌胃法，即受试物按不同剂量组配制成不同浓度，实验动物单位体重的灌胃容量相同。灌胃法的优点是剂量准确，缺点是工作量大，并有误入气管和损伤食管的可能性。吞咽胶囊常用于犬、猴的染毒方法。将一定剂量的受试物装入胶囊中，放至舌后部，迫使动物咽下。此法适用于有异味、易挥发、易被水解的受试物。喂饲法是将受试物掺入动物饲料或饮水中供实验动物自行摄入。喂饲法符合人类接触化学物特别是食源性化学物的实际接触途径，染毒方便，但染毒误差较大，受试物的适口性会影响动物的摄食进而可能影响动物的生长发育。

三、几种常用的急性毒性试验设计方法

在我国现行的食品安全国家标准（GB 15193.3—2014）中，列出了 5 种急性经口毒性试验的国家标准方法：霍恩氏法、限量法、上-下法、寇氏法、机率单位-对数图解法。本章重点介绍前三种方法，其他方法将做简要介绍。

（一）霍恩氏（Horn）法

1. 预试验　根据受试物的性质和已知资料，选用下述方法：一般选用 100 mg/kg.bw，1000 mg/kg.bw 和 10 000 mg/kg.bw 各以 2～3 只动物预试。根据 24 小时内死亡情况，估计 LD_{50} 的可能范围，确定正式试验的剂量组。也可简单地直接采用一个剂量，如 215 mg/kg.bw，用 5 只动物预试，观察 2 小时内动物的中毒表现。如中毒体征严重，估计多数动物可能死亡，即可采用低于 215 mg/kg.bw 的剂量系列进入正式试验；如中毒体征较轻，则可采用高于此剂量的剂量系列。需要指出的是，如果有关于该受试物急性毒性的资料时，可不进行预试验。

2. 正式试验　一般每组 10 只动物，雌雄各半。根据预试验所估计的剂量组，选择 Horn 氏法的两个固定剂量系列，即 2.15 倍和 3.16 倍，确定具体的剂量组别，染毒动物后，观察 14 天，记录动物死亡数、死亡时间和中毒症状，根据 Horn 氏表格（详见 GB 15193.3—2014）查得 LD_{50} 及其 95%可信限。通常，选用 2.15 倍进行试验，因各剂量之间间距较小，所得的结果也较为满意，更为常用。

$$\left.\begin{matrix}1.00\\2.15\\4.64\end{matrix}\right\}\times 10^{t}\qquad t=0,\ \pm1,\ \pm2,\ \pm3\qquad ①$$

$$\left.\begin{matrix}1.00\\3.16\end{matrix}\right\}\times 10^{t}\qquad t=0,\ \pm1,\ \pm2,\ \pm3\qquad ②$$

（二）限量法

该方法适用于毒性可能很小或未显示（报道）毒性的受试物，给予动物一定剂量的受试物，仍不出现死亡。一般选用 20 只动物，雌雄各半。在剂量选择上，至少应有 10 g/kg.bw 的剂量，如剂量达不到该值，则给予动物最大剂量（最大使用浓度和最大灌胃体积）。给予受试物后，观察期内无动物死亡，则认为受试物对某种动物的经口急性毒性耐受剂量大于某一数值，其 LD_{50} 大于该数值。如果动物出现死亡，则应选择其他急性毒性试验方法进一步进行评价。

（三）上-下法

该法主要适用于纯度较高、毒性较大、摄入量小且在给予受试物后动物 1～2 天内死亡的受试物，对预期给予受试物后动物在 5 天及以后死亡的受试物不适用。可按照试验者选择的剂量系列或在专用软件包—急性经口毒性试验应用软件包（AOT425StatPgm）指导下进行试验，并对试验结果进行统计。

1. 试验原则 以 2000 mg/kg.bw 受试物剂量先给 1 只动物，如果动物在 48 小时内死亡，应进行正式试验。如果动物在 48 小时内存活，另取 4 只动物以相同的剂量给予受试物，如 5 只动物中有 3 只死亡，应进行正式试验；如 3 只及以上的动物存活，结束实验，则该受试物 LD_{50}＞2000 mg/kg.bw。在某些情况下，还需要采用更高剂量（如 5000 mg/kg.bw）进行，具体的给药步骤与上述情况类似，请参阅国家标准 GB 15193.3—2014 进行。

2. 正式试验 选用单一性别，实验动物数一般为 6～9 只。

（1）剂量选择：在选择起始剂量和剂量梯度系数时，如果没有受试物 LD_{50} 的估计值资料，默认的起始剂量为 175 mg/kg.bw；如果没有受试物的剂量-反应曲线斜率的资料，默认的剂量梯度系数为 3.2（是斜率为 2 时的梯度系数），所设定的剂量系列为 1.75、5.5、17.5、55、175、555、2000 mg/kg.bw 或者为 1.75、5.5、17.5、55、175、555、1750、5000 mg/kg.bw。对于剂量-反应曲线斜率比较平缓或较陡的受试物，剂量梯度系数可加大或缩小，起始剂量可作适当调整。表 7-1 列出了斜率为 1～8 的剂量梯度。

（2）试验方法：试验开始时称量禁食后动物的体重，计算灌胃体积。经口灌胃，一次一只动物，每只动物的灌胃间隔时间为 48 小时。第二只动物的剂量取决于第一只动物的毒性结果，如动物呈现濒死状态或死亡，剂量就下调一级；如动物存活，剂量就上调一级。

（3）终止试验的规定：是否继续给予受试物取决于固定的时间间隔期内所有动物的生存状态，首次达到以下任何一种情况时，即可终止试验：①在较高剂量给予受试物中连续有 3 只动物存活；②连续 6 只动物给予受试物后出现 5 个相反结果；③在第一次出现相反结果后，继续给予受试物至少 4 只动物，并且从第一次出现相反结果后计算每一个剂量的似然值（该值是根据急性经口毒性试验应用软件包 AOT425StatPgm 计算得到的），其给定的似然比超过临界值。

表 7-1 上-下法（UDP）不同斜率的剂量梯度表（确定每列斜率后选择剂量）

单位：mg/kg.bw

斜率							
1	2	3	4	5	6	7	8
0.175	0.175	0.175	0.175	0.175	0.175	0.175	0.175
—	—	—	—	—	—	0.243	0.233
—	—	—	—	0.28	0.26	—	—
—	—	—	0.31	—	—	0.34	0.31
—	—	0.38	—	—	0.38	—	—
—	—	—	—	—	—	—	0.41
—	—	—	—	0.44	—	0.47	—
—	0.55	—	0.55	—	0.55	—	0.55
—	—	—	0.70	—	0.65	—	—
—	—	—	—	—	—	0.74	—
—	—	0.81	—	—	0.81	—	—
—	—	—	0.98	—	—	0.91	0.98

续表

斜率							
1	2	3	4	5	6	7	8
—	—	—	—	1.10	1.19	—	—
—	—	—	—	—	—	1.26	1.31
1.75	1.75	1.75	1.75	1.75	1.75	1.75	1.75
—	—	—	—	—	—	2.43	2.33
—	—	—	—	2.8	2.6	—	—
—	—	—	3.1	—	—	3.4	3.1
—	—	3.8	—	—	3.8	—	—
—	—	—	—	4.4	—	—	4.1
—	—	—	—	—	—	4.7	—
—	5.5	—	5.5	5.5	—	5.5	—
—	—	—	—	7.0	—	6.5	—
—	—	—	—	—	—	—	7.4
—	—	8.1	—	—	8.1	—	—
—	—	—	—	—	—	9.1	9.8
—	—	—	—	11.0	11.9	—	—
—	—	—	—	—	—	12.6	13.1
17.5	17.5	17.5	17.5	17.5	17.5	17.5	17.5
—	—	—	—	—	—	24.3	23.3
—	—	—	—	28	26	—	—
—	—	—	31	—	—	34	31
—	—	38	—	—	38	—	—
—	—	—	44	—	—	—	41
—	—	—	—	—	—	47	—
—	55	—	55	—	55	—	55
—	—	—	—	—	—	65	—
—	—	—	—	70	—	—	74
—	—	81	—	—	81	—	—
—	—	—	98	—	—	91	98
—	—	—	—	110	119	—	—
—	—	—	—	—	—	126	131
175	175	175	175	175	175	175	175
—	—	—	—	—	—	243	243
—	—	—	—	280	260	—	—
—	—	—	310	—	—	340	310
—	—	380	—	—	380	—	—
—	—	—	—	440	—	—	410
—	—	—	—	—	—	470	—
—	550	—	550	—	550	—	550
—	—	—	—	—	—	650	—
—	—	—	—	700	—	—	740

续表

斜率							
1	2	3	4	5	6	7	8
—	—	810	—	—	810	—	—
—	—	—	980	—	—	910	980
—	—	—	—	1100	1190	—	—
—	—	—	—	—	—	1260	1310
1750	1750	1750	1750	1750	1750	1750	1750
—	—	—	—	—	—	2430	2330
—	—	—	—	2800	2600	—	—
—	—	—	3100	—	—	—	3100
—	—	—	—	—	3800	3400	—
—	—	—	—	—	—	—	4100
5000	5000	5000	5000	5000	5000	5000	5000

3. 特殊情况的处理　依照试验结束时的动物生存状态，输入软件包中即可计算得到 LD_{50} 值。但在一些特殊情况下不能用软件进行统计学计算，此时 LD_{50} 估计值可按照如下描述进行：①如果试验是在达到本方法终止试验规定的剂量较高的范围染毒，连续有 3 只动物存活，或者剂量达到高于上限的标准来终止试验的，那么 LD_{50} 高于所使用的剂量；②如果较高剂量的动物全部死亡，而较低剂量的动物全部存活，那么 LD_{50} 就介于全部死亡和全部存活的剂量之间。此时不能提供准确的 LD_{50}。如果有 sigma（sigma 估计值可设定为 0.5，情况特殊时可选用其他值）仍可估计出 LD_{50} 的最大可能值；③如果在某一剂量下出现死亡和存活，高于此剂量的动物全部死亡、低于此剂量的动物全部存活，LD_{50} 就等于该剂量。如果进行与上述受试物的同类物的毒性试验，应当采用较小的剂量梯度系数。

4. 可信限的计算　采用 AOT425StatPgm 软件包即可进行可信限的计算，并对正式试验结果的可靠性、有效性进行评价。LD_{50} 可信限范围大的表明在估算 LD_{50} 时存在较多的不确定性，所估算的 LD_{50} 的可靠性和有效性较低；LD_{50} 可信限范围较窄时，所得到的 LD_{50} 的不确定性较小，可靠性和有效性较高；其意义在于当重复正式试验时，所得到的 LD_{50} 的估计值更接近于原来测定的估计值，并且两者都更接近于真实的 LD_{50}。此外，根据正式试验的结果也可以估算真实的 LD_{50} 可信限。例如，如果在某一剂量和低于此剂量的动物全部存活，而高于此剂量的动物全部死亡，区间就是全部存活的剂量与全部死亡的剂量，这只是一个大概范围，不能确定可信限。但当剂量-反应曲线较陡时，真实的 LD_{50} 可信限与此区间非常接近。

（四）寇氏法

寇氏法最先由 Karbor 提出，后经 D.J.Finney 等修正，是一种比较方便而精确的计算 LD_{50} 的方法。寇氏法的设计要求包括：反应情况（动物死亡数）要基本符合对数正态分布；各剂量组呈等比（换算成对数剂量后，呈等差）级数，要求包括死亡率为 0%（或接近 0%）和 100%（或接近 100%）。在进行预试验时，要求得动物全死亡或 90%以上死亡的剂量和动物不死亡或 10%以下死亡的剂量，分别作为正式试验的最高剂量与最低剂量。然后将这些剂量换算为常用对数，求得最高、最低剂量的对数差，按所需要的组数，分为几个对数等距（或不等距）的剂量组。按照上述剂量组给予受试物后，观察期内记录动物死亡数、死亡时间及中毒表现等。最后根据公式求出 LD_{50} 及其 95%可信限。

（五）固定剂量法

1984 年英国毒理学会提出固定剂量法，1992 年正式采用。该方法与经典急性毒性方法的不同在于不以死亡作为观察终点，该方法利用预先选定的或固定的一系列染毒剂量，观察动物对化学物的毒性反应，对化学物的毒性进行分级。试验中首先用 50 mg/kg 的受试物染毒。如果存活率低于 100%，则再选择一组动物给予 5 mg/kg 的受试物。如果存活率仍低于 100%，该受试物判为“高毒”，反之为“有毒”类。如果给予 50 mg/kg 受试物后存活率为 100%，但有毒性表现，则不需进一步试验而将其判为“有害”类。如果给予 50 mg/kg 后存活率为 100%，而且没有毒性表现，继续给另外一组动物 500 mg/kg 的受试物，如果存活率仍为 100%，而且没有毒性表现时，则给予 2000 mg/kg 受试物进行观察，如果存活率仍为 100%，则将受试物判为“无严重急性中毒的危险性”类。

（六）急性毒性分级法

OECD 1996 年采纳该方法为经典毒性试验的一种替代方法，更新版于 2001 年底发布。急性经口毒性分级法是一个以死亡为终点的分阶段试验法，每阶段 3 只动物，根据死亡动物数，平均 2～4 阶段即可判定急性毒性。此法所用动物少，仍可得到可接受的结论。本方法应用啮齿类，首选大鼠，一般从 200 mg/kg 体重开始，染毒前称体重。动物观察 14 天，在染毒当天至少 2 次观察体征和死亡情况，之后每日观察 1 次，每周测体重。根据实验结果判断：①不需要进一步试验进行分级；②下一阶段以相同剂量的另一种性别试验；③下一阶段以较高或较低的剂量水平进行。所有动物均进行解剖学分析，必要时进行组织病理学检查。

（七）金字塔法

本试验动物用量最少，常用于非啮齿类动物（如犬）的急性毒性研究。整个观察期为 10 天，期间动物隔天染毒（第 1 天，3 天，5 天，7 天和第 9 天），受试物剂量逐渐增加。直到 1 只动物或 2 只动物死亡，或者达到剂量上限。每次染毒后 2～4 小时进行临床体检，包括触诊、行为观察、脊髓反射检查、瞳孔光反射、呼吸率、心电图、直肠温度、临床实验室检查，试验结束处死动物，解剖尸体。试验结果判定标准为：①如果没有动物死亡，判定最小致死剂量和 LD_{50} 均大于极限剂量或实验所用最高剂量；②如果所有动物死于同一剂量，判定 LD_{50} 和最小致死剂量在实验所用最后两个剂量之间；③如果一只动物死于某一个剂量，而另一只死于高一个剂量，判定最小致死剂量位于出现第一只动物死亡的剂量与前一个剂量之间，LD_{50} 位于出现第一只动物死亡的剂量与所有动物死亡的剂量之间。

此法的不足为：①无法得到死亡曲线，不能计算 LD_{50}；②无法确定迟发死亡的原因，比如第二次给药后动物出现死亡，难以确定是第一次给药引起的迟发死亡，还是第二次给药引起的死亡；③对于某些半衰期特别长的化学物，其本身的蓄积性可能导致急性致死剂量偏低，也可能因动物的适应性致使急性致死剂量偏高。

四、观察指标

（一）中毒表现观察

观察包括皮肤、被毛、眼、黏膜以及呼吸系统、泌尿生殖系统、消化系统和神经系统等，特别要注意观察有无震颤、惊厥、流涎、腹泻、呆滞、嗜睡和昏迷等（具体见表 7-2）。

表 7-2 实验动物中毒表现观察项目

器官系统	观察及检查项目	中毒后一般表现
中枢神经系统及躯体运动	动作行为	体位异常，叫声异常，不安或呆滞，反复抓挠口周，反复梳理，转圈，痉挛，麻痹，震颤，运动失调，甚至倒退行走或自残
	各种刺激的反应	易兴奋，知觉过敏或缺乏知觉
	大脑及脊髓反射	减弱或消失
	肌肉张力	强直，弛缓
植物神经系统	瞳孔大小	扩大或缩小
	分泌	流涎，流泪
呼吸系统	鼻孔	流液，鼻翼煽动
	呼吸性质和速率	深缓，过速
心血管系统	心区触诊	心动过缓，心律不齐，心跳过强或过弱
胃肠系统	腹形	气胀或收缩，腹泻或便秘
	粪便硬度和颜色	粪便不成形，黑色或灰色
生殖泌尿系统	阴道，乳腺	膨胀
	阴茎	脱垂
	会阴部	污秽，有分泌物
皮肤和毛皮	颜色，张力	发红，皱褶，松弛，皮疹，出血
	完整性	竖毛
黏膜	黏膜	流黏液，充血，出血性发绀，苍白
	口腔	溃疡
眼	眼睑	上睑下垂
	眼球	眼球突出或震颤，结膜充血，角膜浑浊
	透明度	混浊
其他	直肠或皮肤温度	降低或升高
	一般情况	消瘦

注：摘自《食品安全国家标准急性经口毒性试验》（GB 15193.3—2014）

在试验开始和结束时称取并记录动物体重，并且在观察期每周至少称量动物体重 1 次。全面观察并记录动物变化发生的时间、程度和持续时间，评估可能的毒作用靶器官。如发现动物处于濒死或表现出严重的疼痛和持续的痛苦状态应处死动物，死亡时间记录应当尽可能的精确。

（二）病理学检查

所有的动物，包括试验期间死亡、人道处死和试验结束处死的动物都要进行大体解剖检查，记录每只动物大体病理学变化，出现大体解剖病理改变时应做病理组织学检查。

五、数据处理及结果评价

在急性毒性试验结束时，描述有中毒表现初步提示的毒作用特征，根据 LD_{50} 值确定受试物的急性毒性分级（见表 7-3）。

表 7-3　急性毒性（LD_{50}）剂量分级表

级别	大鼠口服 LD_{50}（mg/kg）	相当于人的致死剂量 mg/kg	g/人
极度	<1	稍尝	0.05
剧毒	1～50	500～4000	0.5
中等毒	51～500	4000～30 000	5
低毒	501～5000	30 000～250 000	50
实际无毒	>5000	250 000～500 000	500

注：摘自《食品安全国家标准急性经口毒性试验》（GB 15193.3—2014）

第二节　短期、亚慢性和慢性毒性试验

一、概　　述

在实际情况下，人类对生活和生产环境中的化学物一般是较低剂量的长期、重复接触，一般不发生急性中毒。机体对一次大剂量暴露与多次重复暴露的反应可能不同，故仅有化学物的急性毒性资料是无法预测和评价其慢性毒性的。因此，研究长期重复接触化学物的毒性作用对于其安全性评价更为重要。

根据机体对外源化学物持续接触的时间长短，可分为短期毒性作用（亚急性或重复剂量毒性）、亚慢性毒性作用和慢性毒性作用。其相应的评价试验分别为重复剂量毒性试验（亚急性毒性试验）、亚慢性毒性试验和慢性毒性试验。

（一）蓄积作用

外源化学物连续、反复地进入机体，且吸收速度/总量超过代谢转化排出的速度/总量时，该物质就有可能在体内逐渐增加和贮留，称为化学物的蓄积作用（accumulation）。外源化学物在体内的蓄积作用是发生慢性中毒的基础，故蓄积毒性是评价其是否引起慢性中毒的重要指标，也是制订其限量标准时选择安全系数的重要考虑因素之一。

蓄积作用可分为物质蓄积和功能蓄积。化学物能以原形或代谢转化产物的形式蓄积在体内，或与机体中某些物质结合的形式而存在于体内。机体反复多次接触化学物后，可用化学分析方法在体内测出该物质的原形或代谢产物的蓄积，这种蓄积称为物质蓄积。如在机体内不能测出其原形或代谢产物的蓄积，却产生了相应的慢性毒性作用，则称为功能蓄积或损伤蓄积。随着现代分析技术灵敏度的不断提高，不少原认为仅是功能蓄积的，现已证实同时也有物质蓄积。外源化学物或其代谢产物在机体内蓄积的部位称为储存库或蓄积器官，某些外源化学物可对储存库或蓄积器官造成损害，如四氯化碳的肝损伤作用；而有些化学物对其储存库或蓄积器官并无明显的毒性作用（如铅、汞等金属对骨骼）。

机体多次接触外源化学物之后，可产生耐受，同样的剂量可能效应会越来越不明显，必须加大接触剂量，产生同样的效应。机体是否产生耐受性取决于接触化学物的种类、动物种属及接触剂量等因素。一般在低于某一剂量时，机体不会产生耐受性，故使用定期递增染毒剂量法可增强机体的耐受性。蓄积作用和耐受性是反映化学物与机体相互作用的两个方面。研究表明，机体在化学物长期作用下，虽能耐受较高的冲击剂量，但病理学可发现某些实质器官常已发生明显病变。故一般认为机体出现耐受性，表明已受到毒物的作用并有明显反应，所以耐受性也应视为蓄积毒性的表现之一。

（二）重复剂量毒性试验分类及目的

短期毒性作用（重复剂量毒性作用、亚急性毒性作用）指实验动物或人连续接触外源化学物 14～30 天所产生的毒效应。OECD《化学品测试方法》和 USEPA《健康效应评估指南》中啮齿类动物重复剂量经口毒性试验均规定接触期限为 28 天。28 天重复剂量毒性试验能初步确定相应的 NOAEL/LOAEL，初步评价受试物的安全性，并为下一步较长期毒性和慢性毒性试验选择剂量、观察指标、毒性终点等提供依据。我国食品、消毒剂、农药和新化学品的毒理学评价标准均列入了重复剂量毒性试验。

亚慢性毒性（subchronic toxicity）指实验动物或人连续较长期（约相当于其生命周期的 1/10）接触外源化学物所产生的中毒效应。亚慢性毒性试验已成为比较常用的长期重复染毒毒性试验，可基本确定外源化学物的 NOAEL/LOAEL，在许多情况下可替代慢性试验。OECD《化学品测试方法》和 USEPA 《健康效应评估指南》中啮齿类动物亚慢性毒性试验均规定染毒期限为 90 天。

慢性毒性（chronic toxicity）指实验动物或人长期接触外源化学物所引起的毒性效应。所谓“长期”并没有统一严格的时间界限，对于啮齿类动物，一般规定至少为 12 个月，亦可终生染毒。由于慢性试验耗费大量的实验动物和人力物力，一般在必要时才进行。食品毒理学的慢性试验期限一般为 6 个月至 2 年，甚至终身暴露。

短期毒性试验、亚慢性毒性试验和慢性毒性试验的主要目的：

（1）观察长期接触受试物的毒性效应谱、毒作用特点和靶器官。

（2）探索受试物的毒作用机制。

（3）观察长期接触受试物所致毒性作用的可逆性。

（4）确定长期接触受试物所致毒性作用的剂量-反应（效应）关系，确定其 NOAEL/LOAEL，为制定人类接触的安全限量提供依据。

（5）观察不同动物对受试物的毒效应差异，为确定适当的安全系数，将试验结果外推到人提供依据。

二、研究方法

重复剂量毒性试验和亚慢性毒性试验在试验设计、指标选择和结果评价等方面有许多共同之处，分析其结果可初步或基本确定受试物的 NOAEL 和/或 LOAEL，并为慢性毒性试验的剂量设计和动物选择等提供依据，是目前最重要的一般毒性评价试验之一。

（一）短期重复剂量毒性试验和亚慢性毒性试验

1. 实验动物的选择 包括物种和品系及个体选择。

（1）物种和品系：应选择已有资料证明对受试物敏感的实验动物种系。亚慢性毒性试验最好选择两种实验动物，即一种啮齿类动物和一种非啮齿类动物。啮齿类动物通常首选大鼠，国内常用品系为 Wistar 和 SD 封闭群动物；非啮齿类动物首选犬（通常选用 Beagle 犬），有条件时可用猴。

（2）性别、年龄和动物数：大鼠周龄一般应不超过 6 周，体重 50～100g。试验开始时动物体重（同性别）的差异不应超过平均体重的 20%，每组动物数不少于 20 只，组间体重差异不超过平均体重的 10%。犬通常选用 4～6 个月（一般不超过 9 个月）的幼犬，试验开始时动物体重（同性别）的差异亦不应超过平均体重的 20%，每组动物数不少于 8 只。对照组动物性别和数量应与受试物组相同。一般各组均要求雌雄各半，特殊情况（如重点研究生殖毒性），可选用单性别动物。

（3）动物微生物等级：动物的微生物级别决定着饲养的条件。应选择 SPF 级别的动物，饲养于屏障环境内。动物应保证有足量的营养符合要求的饲料、清洁饮水和消毒垫料。严格控制昼夜交替。

2. 染毒途径与染毒期限　短期毒性试验和亚慢性毒性试验的染毒一般应考虑尽量选择与人群实际接触途径相似的途径，并应与预期将要进行的慢性毒性试验的染毒途径一致。染毒频率一般为每日一次，连续给予，也可每周给予 5 次或 6 次。应保持每日染毒时间尽量一致，一般在每日上午进行，最好在给药后再喂食。在经不同途径染毒时还应注意以下问题：

（1）经口染毒：小动物常用灌胃法和喂饲法，如要求染毒剂量准确，建议使用灌胃法。犬则常用胶囊法。对于食品或食品污染物，可选择将受试物混入饲料的方法，但应确认受试物在饲料中的稳定性和均一性，并以不影响动物摄食、营养平衡和饮水量为原则。受试物掺入饲料的比例一般应小于 5%，最大不应超过 10%，且在掺入量超过 5%时，需调整饲料的营养成分，使受试物组与对照组饲料的营养成分基本保持一致。

（2）经呼吸道染毒：染毒时间通常为每日 2～6 小时，OECD 规范中对亚慢性吸入染毒的要求是在染毒柜中受试物浓度达到平衡后，持续 4 小时。

（3）注射染毒：静脉注射染毒在重复剂量和亚慢性试验中实施有一定难度，必要时可用腹腔注射作为替代方法，但长期反复腹腔注射应注意无菌操作。

3. 剂量选择和分组　对于短期重复剂量试验和亚慢性毒性试验而言，剂量设计是最重要的问题之一。要获得明确的剂量-反应关系并确定 NOAEL/LOAEL 值，至少设 3 个剂量组和 1 个阴性（溶剂）对照组，若计划试验中期观察或试验结束后做恢复期观察，应增加动物数，或在对照组和高剂量组增加卫星组。试验剂量的设计应参考 LD_{50} 和人体实际摄入量，原则上高剂量应使部分动物出现较明显的毒性反应，但不引起死亡；低剂量则不宜出现任何可观察到的毒效应（相当于 NOAEL）。对于有人群拟用剂量的化学品，如药品、食品添加剂等，一般应高于人的实际接触水平；中剂量介于两者之间，可出现轻度的毒性效应，以得出 LOAEL。剂量组间距一般以 2～4 倍递减为宜，如受试物剂量总跨度过大，可加设剂量组。具体剂量设计可参考以下原则：

（1）参考 LD_{50}：以同一动物品系和同一染毒途径 LD_{50} 为依据，28 天经口毒性试验可以 LD_{50} 的 10%～25%作为高剂量组，其具体选择可参考 LD_{50} 剂量-反应曲线的斜率，但最高剂量组动物死亡率不能超过 10%。然后在此剂量下设若干剂量组，一般为中、低剂量组，剂量依据选择的一般顺序是急性毒性试验→短期重复剂量试验→亚慢性毒性试验→慢性毒性试验。

（2）不能测出 LD_{50} 的化学物：毒性很小的化学品，如食品或中药等，尤其是人体主动摄入的一类受试物，一般测不出其 LD_{50}，可采用人体拟用的最高剂量为剂量设计依据。对药品而言，大鼠可用人临床拟用剂量的 10、30 和 100 倍，非啮齿类可用 5、15 和 50 倍。

对食品而言，试验剂量应尽可能涵盖人体预期摄入量的 100 倍量，在不影响动物摄食及营养平衡的前提下，应尽可能提高高剂量组的剂量。对于人体拟摄入量较大的受试物，高剂量组亦可以按最大给予量设计。由于各类化学品的特殊性及管理政策的不同，其相应的毒理学评价程序对剂量设计的要求也有一定差异。

4. 观察指标的选择 在短期重复剂量和亚慢性毒性试验中，除常规观察指标，最好使用能发现受试物的靶器官和敏感的毒性观察指标。一般而言，在短期重复剂量试验中，观察指标的范围应适当放宽，即进行较为全面、系统的观察，以免遗漏重要的信息。而在其后的亚慢性毒性试验中，则可重点观察意义较大而敏感的终点和毒性损伤指标。

（1）一般观察包括被毛、皮肤、眼、黏膜、分泌物、排泄物、呼吸系统、神经系统、自主活动（如流泪、竖毛反应、瞳孔大小、异常呼吸）及行为表现（如步态、姿势、对外界刺激的反应、有无强直性或阵挛性活动、反常行为等）。对有明显症状的动物应及时隔离，濒死和死亡动物应及时解剖并记录。

（2）体重、摄食及饮水消耗量每周称量和记录体重、摄食量，计算食物利用率；并计算整个试验（染毒）期间动物体重增长量、总摄食量和总食物利用率。受试物经饮水给予时，应每日记录饮水量。受试物经掺入饲料或饮水给予，还应计算和报告受试物各剂量组的实际摄入剂量。

（3）眼部检查在实验室有条件的情况下，试验前和试验结束时，至少对高剂量组和对照组实验动物进行眼部（角膜、球结膜、虹膜）检查，若发现高剂量组动物有眼部变化，则应对其他剂量组所有动物进行检查。

（4）血液学指标测定推荐指标为白细胞计数及分类（至少三分类）、红细胞计数、血红蛋白浓度、红细胞压积、血小板计数、凝血酶原时间（PT）等。如受试物对血液系统有影响，则还应加测网织红细胞、骨髓涂片细胞学检查等。

（5）血生化指标检查应空腹采血。测定指标应包括电解质平衡、糖、脂和蛋白质代谢、肝（细胞、胆管）功能和肾功能等方面。至少应包含丙氨酸氨基转换酶（谷丙转氨酶，ALT）、天门冬氨酸氨基转换酶（谷草转氨酶，AST）、谷氨酰转肽酶（GGT）、碱性磷酸酶（AKP）、尿素（Urea）、肌酐（Cre）、血糖（Glu）、总蛋白（TP）、白蛋白（Alb）、总胆固醇（TC）、甘油三酯（TG）、氯、钾、钠等指标。必要时还应检测钙、磷、尿酸（UA）、胆碱酯酶、山梨醇脱氢酶、总胆汁酸（TBA）、高铁血红蛋白、激素等指标。应根据受试物的毒作用特点或构效关系分析增加相关的检测指标。

（6）尿常规检查包括尿蛋白、比重、pH、葡萄糖和潜血等。若预期有毒性反应出现，还应增加尿沉渣镜检和细胞分析等相关项目。

（7）体温和心电图检查对于犬而言，在试验各阶段应进行体温和心电图检查。

（8）病理检查应包括：①大体解剖：试验结束时必须对所有动物进行大体解剖检查，包括体表、颅、胸腔、腹腔及其脏器，至少应称量心脏、胸腺、肾上腺、肝、肾、脾、睾丸的绝对重量，并计算相对重量（脏/体比值）；②组织病理学检查：可先对高剂量组和对照组动物进行主要脏器的组织病理学检查，如发现病变，则需再对较低剂量组的相应器官、组织进行检查。检测脏器应包括脑、甲状腺、胸腺、心脏、肝、脾、肾、肾上腺、胃、十二指肠、结肠、胰、肠系膜淋巴结、卵巢、睾丸、膀胱等，必要时增加脊髓（颈、胸、腰段）、垂体、食道、空肠、回肠、直肠、唾液腺、颈淋巴结、气管、肺、动脉、子宫、乳腺、附睾、前列腺、骨和骨髓、坐骨神经和肌肉、皮肤和眼球等组织器官的组织病理学检查。对肉眼可见的病变或可疑病变组织，尤其需要进行仔细的病理组织学检查。检查结果应出具详细的组织病理学检查报告，病变组织还需提供相关的照片和文字说明。

（9）其他特异性指标根据化学物不同，对机体毒作用产生特征性损伤的指标，常与其毒作用机制有关，有时还可作为效应标志物。故应根据受试物的相关毒性资料和构效关系线索等，增加相应的特异性指标，如内分泌毒性、免疫毒性或神经毒性的相关指标。

5. 观察时间 短期毒性试验一般试验时间为28天，若设恢复期观察，则动物应在停止给予受试物后继续观察14天；90天亚慢性毒性试验若设恢复期观察，则动物应在停止给予受试物后继续观察28天，以观察受试物所致毒性的可逆性、持续性和迟发效应等。试验期间至少应每天观察一次动物的一般表现，详细记录动物出现中毒表现的体征、程度、持续时间和死亡情况。必要时可在试验中期增加检测上述相关指标一次或多次。

（二）慢性毒性试验

慢性毒性试验的目的是确定在实验动物的大部分生命期间重复给予受试物而引起的慢性毒性效应，阐明受试物慢性毒性的剂量-反应关系和靶器官，并确定慢性毒性的NOAEL/LOAEL，为预测人群接触该受试物后可能发生慢性毒性的危险性，并为制定人群的接触限值提供依据。

1. 试验方法

（1）实验动物和染毒途径的选择：实验动物和染毒途径的选择与上述短期毒性和亚慢性毒性试验相同，染毒途径也应与同一受试物在相同物种动物的短期和亚慢性毒性试验一致。

（2）染毒剂量和期限的选择：试验应至少设受试物3个剂量组和1个阴性对照组。高剂量的选择应参考亚急性毒性试验的结果，原则上应使动物出现较明显的毒性反应，但不致引起过高的死亡率；低剂量不引起任何毒性效应；中剂量应介于高剂量与低剂量之间，可引起轻度的毒性效应。剂量组间距一般以2～4倍为宜。

慢性毒性试验的试验期限一般为12个月及以上。可根据需要设置卫星组，以监测由受试物所致毒性反应和改变的可逆性、持续性或延迟性作用，恢复期观察一般不超过主体试验期限的1/3。在试验期间，如最低剂量组或对照组存活的动物数仅为开始时的25%时（雌、雄性动物分别计算），应及时终止试验。高剂量组动物因明显的受试物毒性作用而出现较多的死亡，则不应终止试验。

（3）观察指标的选择：观察指标的选择亦与短期毒性和亚慢性毒性试验相同。但应依据亚急性/亚慢性试验的结果进一步确定重点观察的指标，或增加能反应受试物特异性毒作用的其他指标。

2. 慢性毒性试验的注意事项 慢性毒性试验由于周期长，动物消耗大，需要投入大量的人力物力。如果试验设计不严密或实施过程中发生失误，不仅影响试验结果，更可能带来难以弥补的损失。故实验室质量控制是保证实验成功并使实验结果具有科学性和准确性的先决条件。慢性毒性试验应严格遵循良好实验室规范（good laboratory practice，GLP）进行管理。

（1）合理的实验设计：剂量设计是慢性毒性试验成败的关键。只有在剂量设计达到有关技术规范的要求时，得到的结果，尤其是阴性结果才有意义，否则所得结论并不可靠。良好的实验设计也是获得明确的剂量-反应关系和理想的LOAEL/NOAEL的重要条件。

（2）动物质量和检疫：对动物质量的考查应注意：①对动物生产单位的考查；②按实

验方案的要求，选择实验动物的种类、品系、质量级别和性别等；③准确记录实际到达的动物的级别、动物数量（分性别）和体重范围等，然后通过检疫和适应性饲养，获得完整的检疫期动物的相关健康信息资料；④必要时进行动物的微生物检疫；⑤如果是长期实验，还应在实验方案中规定微生物检疫的时间及检疫动物的数量。

（3）动物的饲养环境：动物饲养室的温湿度和照明、动物喂养饲料和饮用水、垫料以及动物饲养室使用的消毒剂等均与动物的健康状况密切相关。在实施 GLP 的过程中最容易出现问题的环节之一是动物饲料、垫料及温湿度。如垫料中重金属的影响有时可能是致命的，因此需要对垫料进行严格的质量控制。对于饲料和饮用水，我国《药物非临床研究质量管理规范》明确规定："动物的饲料和饮水应定期检验，确保其符合营养和卫生标准。影响实验结果的污染因素应低于规定的限度，检验结果应作为原始资料保存"。动物设施内的温湿度控制也应予以重视，一旦温湿度超出规定的范围，应及时采取相应的纠正措施，并观察动物的状况，对异常情况及时进行记录，以判断对实验是否有影响。

（4）受试物的配制及管理：受试物的管理需要了解其相关背景，并对其接收、保存、使用、留样、剩余供试品的废弃、返还等进行详细记录和监控，做到总量、保存条件和使用过程都有严格的控制。此外还应注意：①根据受试物的特性，在适当的条件下进行保存；②准确、详细地记录受试物的配制方法，如果配制的供试品是混悬液，则其均匀度对给药量的影响很大，必须详细记录配制使用的容器、搅拌器、转速以及在给药过程中如何控制等；③应注意使用时是否需要避光、能不能反复冻融等。

（5）实验操作：在慢性毒性实验中，有以下几方面的实验操作需要特别关注：①规范观察动物的记录：要求观察者具有足够的毒理实验背景知识，并制定和完善症状观察标准操作规程（SOP），对中毒症状观察的具体要求须有统一的记录用语，并加强对实验人员的培训，避免实验人员出现主观影响及记录用语的混乱；②体重和摄食量的测定：避免人为因素，减少误差对实验产生的影响，特别是电子天平等仪器的操作 SOP 内容要简单和通俗易懂；③给药操作：实验人员首先要具备熟练的操作技术，避免因操作技术不熟练对实验产生不良影响；④动物血样采集：由于一般毒性实验的血样采集样本量大，注意避免取血后放置时间过长、温度差别等因素影响，尽量使样本处理条件一致。

（6）检测条件的控制：实验室检测指标在慢性毒性试验结果评价中占重要地位，且试验前、试验过程中和结束时往往需要多次进行指标检测，这就要求所有检测仪器和有关的辅助条件等尽可能一致，且在长期内稳定，具有可比性。对相关仪器实施严格的质量控制和管理是相当重要的。我国在临床检验规范化和质控方面有相应的规范和标准，承担慢性毒性试验相关检测的机构应主动建立和实施有关的质量控制体系。从仪器设备和试剂、耗材等的选购、安装调试、保管、维护和校正等方面保证指标检测的准确性和重现性。

三、结 果 评 价

重复剂量毒性试验、亚慢性毒性试验和慢性毒性试验的主要目的都是为了确认剂量-反应关系和毒作用的靶器官，并求得相应的亚急性/亚慢性/慢性 NOAEL/LOAEL。因此对其结果评价，需要全面分析和研究实验所得的数据资料，采用合适的统计学方法，并结合毒理学和相关学科的理论知识，才能得出较为可靠和科学的结论。

与同时设立的正常（阴性）对照组进行比较，是判断受试物对观察指标有无效应的基本方法。可根据资料和数据的类型，选择适当的统计学方法进行分析，但统计学分析仅能够判定对照组与处理组之间是否存在统计学上的显著性差异，而不能作为受试物生物学效应的唯一判断标准。实际工作中常可能遇到某指标在统计学上有显著性差异，而没有生物学意义和毒理学意义的情况。对于短期毒性试验和慢性试验等结果评价可从以下几方面考虑。

1. 剂量依赖性趋势　剂量-反应关系是反映所观察到的效应与处理因素相关的最重要的指标之一。如果剂量组与对照组的某效应结果之间存在差异，且随着受试物剂量的增加，该效应与对照组的差异也随之增加，那么此效应就很可能与受试物处理相关。若某效应只在对照组与高剂量组（或其他某剂量组）之间有差异，而其他剂量组与对照组之间并无显著性差异，同时也没有显示出一定的剂量-反应关系，在确定其是否有生物学意义时应十分谨慎。因此，适当的剂量设计极为重要，最好的试验结果是高剂量组毒效应明显，中剂量组有轻度表现，而低剂量组无明显的毒效应。

2. 反应重现性　若试验观察到的某种毒性效应可重复，则基本可确定该效应与受试物相关。重复可包括在同一研究中的不同时间点、在同一种系实验动物的其他试验研究中、或在另一种系动物的试验中发生相同或相似的改变。如研究结果不可重现，尤其是在实验条件相同的情况下不能重现，则所观察到的“毒性效应”可能是偶然的，其意义也有限。

3. 相关指标变化　与对照组比较，受试物处理组某项指标变化同时伴随其他相关的指标改变，则此效应可能与处理相关。如在分析血液生化指标时，应进行横向分析，即分析同类型的血液生化指标的变化情况，并结合相关的病理组织学结果进行判断。例如，肝损伤的观察指标，血清丙氨酸氨基转移酶活性升高，同时伴有天门冬氨酸转移酶活性升高，且病理组织学检查发现肝坏死，则可判断此效应与受试物处理相关。反之，如没有相关指标的改变支持，单凭某种酶活性的改变而判断其是否具有生物学意义就需要十分谨慎。

4. 性别差异　雌雄对外源化学物反应的差异可是性别或敏感性的差异。如果受试物处理组与对照组某指标的差异仅在一种性别的动物中发生，那有可能是在一定剂量范围内只有敏感性较高的性别组动物产生效应，故在分析结果时，应将两种性别分开分析并分别进行比较。

5. 效应的时间变化趋势　一般认为，所观察到的受试物处理组与对照组之间的效应差异，若是随实验时间的延长仍能继续观察到，且差异逐渐加大，则这种效应极有可能是由受试物引起的。但长期试验中，需要考虑动物重复接触化学物后产生的适应与耐受性，早期的改变，到了试验后期也许不明显了。

6. 效应差异的大小　受试物处理组与对照组之间效应差异的大小也往往可提示该效应与受试物的关联性大小。例如，虽然与对照组比较都具有统计学显著性差异，但受试物处理组血清丙氨酸氨基转移酶活性升高达对照组的 2 倍，比增加 10%或 20%更应考虑是与受试物相关的效应。但以差异大小来判断某种改变的毒理学意义时，需要明确该指标的正常值变动范围和变化趋势。

7. 历史对照的作用　本实验室的历史对照（正常值）参考范围可作为评价受试物处理组与对照组的差异是否有生物学意义的有用工具。历史对照资料可反映正常的生物学变异，其作用包括：①有助于判别阴性对照组是否正常；②有助于解释某些低发生率事件，如肿瘤、致死性畸形等，可能没有显著性差异，但仍可能有生物学或毒理学意义；③如受试物处理组某指标的变化与对照组相比有统计学意义，但仍在历史对照的范围内，也就是说在正常的生物学变异范围内，则该差异不能判断为受试物产生的作用。

即使受试物处理组与对照组之间某效应的差异有生物学意义，也还需进一步判断这种效应是否为有害效应。其差异的大小仍然是应主要考虑的问题之一，差异越大，越有可能是有害作用。如有以下情况，可帮助排除有害效应的可能：①动物的相关功能没有改变；②该效应为短暂的、适应性的改变；③没有其他相关指标或参数的变化。此外，还应注意某些指标变化的方向性不同，其意义大小也可能不同，如与对照组比较，受试物处理组的红细胞数和 Hb 含量有所增加，血清 ALT 或 AST 活性、肌酐或尿素氮含量有所降低，其毒理学意义就相对较小（与这些指标向相反方向改变的意义比较）。

总之，在重复剂量试验、亚慢性和慢性试验的结果评价过程中，必须对试验期间的全部观察和检测结果进行全面的综合分析，并结合受试物的理化性质和相似化学物的构效关系分析，综合应用统计学、生物学、毒理学和其他相关学科的理论知识和方法进行评价，并结合可能得到的人体资料和流行病学调查数据，力求得出科学、合理的结论，为有害化学物的危险性管理提供毒理学实验依据。

（徐培渝　单毓娟）

小　结

本章介绍了一般毒性的相关概念，阐述了急性、亚急性、亚慢性和慢性毒性试验的总体要求、主要方法和评价指标。一般毒性是外源化学物的基本毒性，与特殊毒性相对应。根据染毒时间的长短，将一般毒性作用分为急性毒性、亚急性、亚慢性毒性和慢性毒性。

急性毒性是指试验动物一次接触或 24 小时内多次接触某一化学物质，在短期内所出现的毒性效应（甚至死亡），对初步推测毒性靶器官具有重要参考意义。急性毒性试验设计的基本程序包括动物选择、剂量设计、暴露途径、暴露期限、观察指标和结果分析。我国现行的食品安全国家标准中的 5 种急性经口毒性试验方法是霍恩氏法、限量法、上-下法、寇氏法、机率单位-对数图解法。

亚慢性毒性指实验动物或人连续较长期（约相当于其生命周期的 1/10）接触外源化学物所产生的毒效应。亚慢性毒性试验已成为比较常用的长期重复染毒毒性试验，可基本确定外源化学物的 NOAEL/LOAEL。慢性毒性指实验动物或人长期接触外源化学物所引起的毒性效应。

短期或长期重复剂量毒性试验设计的基本程序与急性毒性相同，剂量设计是试验成败的关键，其依据可选择急性毒性的 LD_{50} 或人体拟用剂量，长期的毒性试验，应当特别重视试验过程的管理，且符合 GLP 的要求。试验结果的分析，选择合适的统计学方法分析数据，区分有害作用或非有害作用，获得 NOAEL/LOAEL。当受试物剂量组与对照组之间差别有显著性时，需要从有无剂量依赖性趋势、结果重现性、其他相关指标的变化情况、两种性别动物的一致性、效应的时间变化趋势等多方面来判别剂量组与对照组之间的差异是否具有生物学意义。

思　考　题

1. 什么是急性毒性试验？
2. 急性毒性试验的剂量设计原则是什么？

3. 简述经典急性毒性的分级。

4. 评价长期毒作用的目的有哪些？

5. 短期毒性、亚慢性毒性和慢性毒性试验的剂量设计原则是什么？主要观察指标有哪些？

6. 重复剂量染毒试验过程中应注意哪些问题？

参考文献

国家卫生和计划生育委员会. 2014. GB 15193.1—2014 食品安全国家标准-食品安全性毒理学评价程序.
李宝龙. 2009. 中药药物安全性评价. 哈尔滨：哈尔滨地图出版社.
单毓娟. 2013. 食品毒理学. 北京：科学出版社.
王心如. 2012. 毒理学基础. 第 6 版. 北京：人民卫生出版社.
周宗灿. 2006. 毒理学教程. 北京：北京大学医学出版社.
周宗灿. 2012. 现代毒理学简明教程. 北京：军事医学科学出版社.

第八章　遗传毒性及其评价

学习要求

掌握：遗传毒性的基本概念和类型；遗传毒性与致突变性、致癌性、致畸性的关系；遗传毒性试验组合的选择及应用。

熟悉：遗传毒性的不良后果；常用遗传毒性试验的检测终点、原理和基本方法。

了解：遗传毒性的形成机制及影响因素。

生命体可通过遗传物质这一相对稳定的因素来保证种族特征的相对稳定性，这一过程称为遗传（heredity）。据现代遗传理论，只有源于基因和染色体的变异才可能遗传，而这种遗传物质本身的变化称为突变（mutation）。1927 年，美国遗传学家 Muller 发现 X 射线可诱发果蝇产生基因突变，这一发现是遗传毒理学研究的起始，也使人们逐渐认识到环境因素可能会对遗传物质产生影响。随后 40 年间，随着 DNA 结构的阐明、化学物质被证实可引起哺乳动物的遗传变化等研究进展，遗传毒理学进入迅速发展的阶段。至 1969 年 3 月，美国“环境诱变剂学”会正式成立，标志着遗传毒理学（genetic toxicology）逐渐形成一门独立的学科。

突变依其发生方式可分为自发突变和诱发突变。自发突变（spontaneous mutation）是在遗传过程中自然发生的突变，其发生过程长、频率低，是物种进化的基础。而由某种化学、物理、生物因素诱发产生的突变称为诱发突变（induced mutation），其发生过程短、频率较高，常用于农、林等行业培育和筛选优良性状的新物种，但在一定条件下将对人体健康造成危害。环境中相当数量的化学物质可造成遗传物质损伤，从而诱发突变。遗传毒理学主要研究诱发突变，即外源化学物及其他环境因素对生物体遗传结构的损害作用及其规律。能引起致突变作用的化学物称为化学诱变剂（chemical mutagen）。有些化学物质具有很高的化学活性，其原型或其化学水解产物就可以引起生物体的突变，称为直接诱变剂（direct-acting mutagen）；有些化学物质其本身不能引起突变，必须在生物体内经过代谢活化才呈现致突变作用，称为间接诱变剂（indirect-acting mutagen）。

存在于食品中的许多物质都可能具有诱变性。这些物质可能是动植物食品中的天然毒素，如苏铁植物中的苏铁素、咖啡豆和茶叶中的黄樟素；可能来源于食品加工过程，如美拉德反应产生的杂环胺；还可能来自于食品添加剂、农药残留等。遗传毒理学在食品安全研究的主要任务是研究上述物质对人体可能引起致突变作用及机制，以及应用检测系统发现和探究食品中的致突变物，并提出评价、控制其健康危害的方法。

第一节　遗传毒性的类型及其形成机制

遗传毒性依分类方法不同可分为不同类型。从机制角度分，可分为以 DNA 为靶分子和不以 DNA 为靶分子，前者包括基因突变和染色体畸变，后者主要指染色体数目异常。

从遗传损伤能否为光学显微镜可见，分为细胞水平和分子水平。从遗传毒性的角度来讲，除基因突变、染色体畸变、染色体数目异常外，还包括 DNA 原始损伤。基因突变和染色体畸变的本质相同，其主要区别在于 DNA 的受损程度。

一、基 因 突 变

基因突变（gene mutation）指在基因中 DNA 序列的改变。基因突变是核苷酸水平的变化，在光学显微镜下无法看见，可通过核酸杂交技术、DNA 单链构象多态分析（single strand conformation polymorphism，SSCP）及 DNA 测序等方法确定。按照基因结构的改变，基因突变可分为以下类型。

（一）碱基置换

碱基置换（base substitution）指 DNA 序列上的某个碱基被其他碱基所取代，可分为转换和颠换两种。转换（transition）指嘌呤与嘌呤碱基、嘧啶与嘧啶碱基之间的置换；颠换（transversion）则指嘌呤与嘧啶碱基之间的置换。碱基置换是真正的点突变，其后果取决于是否在蛋白质合成过程中引起编码氨基酸错误的程度，可能出现同义突变、错义突变和无义突变。

如果碱基置换未使密码子意义发生改变，能够编码出同一氨基酸，则称为同义突变（samesense mutation），同义突变不会对基因表达结果产生影响。如果碱基置换导致了编码氨基酸被其他的氨基酸所取代，则称为错义突变（missense mutation）。错义突变有可能使基因产物失活，也可能仅对基因产物的功能产生一定影响甚至无影响，这取决于置换的氨基酸及其在蛋白质中的位置和作用。如果碱基置换的结果使密码子变成非编码的终止密码，称为无义突变（nonsense mutation）。无义突变可使蛋白质合成提前终止，所编码蛋白链缩短，致使功能不全或无功能。

（二）移码突变

移码突变（frame-shift mutation）指碱基对的添加和缺失，以致从受损点开始碱基序列完全改变，形成完全错误的密码子阅读框架，翻译成完全不同的肽链或提早完成肽链。由于移码突变对蛋白质的活性改变较大，较易引起致死性突变。

（三）整码突变

整码突变（codon mutation）指在 DNA 链中增加或减少 3 个或 3 的倍数个碱基对，正好为一个或几个密码子，故又称为密码子的缺失或插入。整码突变的基因产物多肽链中会增加或减少一个或几个氨基酸，此部位之后的氨基酸序列无改变。

（四）片断突变

片断突变指基因中某些小片段核苷酸的缺失和插入，是一个基因内或可跨越两个至数个基因的改变，涉及数以千计的核苷酸。缺失指基因中某段核苷酸序列的丢失，缺失长度远未达到显微镜下可见的染色体缺失程度，也称为小缺失。插入指游离出来的基因片段整合至某一基因中。缺失和插入可引起局部基因的重组和重排。重组指两个不同基因的局部片段的相互拼接和融合，形成亲代没有的基因组合；重排则指 DNA 链发生两处断裂，断片发生倒位后再重新接上。如果缺失和插入的起止处不是一个完整的密码子，就会引起移码突变的效果；若为完整的密码子则可引起整码突变的扩大。

二、染色体畸变

染色体畸变（chromosome aberration）指染色体结构的改变，是染色体或染色单体断裂后断端缺失或重排造成染色体结构畸变。染色体畸变牵涉的遗传物质改变的范围比较大，一般可通过光学显微镜观察细胞有丝分裂中期相来检测。

染色体畸变的机制是断裂-重接学说，凡能引起染色体断裂的物质称为断裂剂（clastogen）。紫外线及大多数化学断裂剂，只能诱发 DNA 单链断裂，故称紫外线断裂剂（ultraviolet-mimetic clastogen）；电离辐射及少数化学断裂剂，可诱发 DNA 双链断裂，称为放射性断裂剂（radiomimetic clastogen）。紫外线断裂剂致染色体损伤后，经过 S 期复制，可在细胞中期相表现为染色单体型畸变。放射性断裂剂若作用于细胞 G_1 期或 G_0 期，经 S 期可表现为染色体型畸变；若作用于细胞 S 期复制后及 G_2 期，在中期相则出现染色单体型畸变。染色单体型畸变在经过一次细胞周期后，会转变为染色体型畸变。

染色体畸变可分为染色单体型畸变（chromatid-type aberration）和染色体型畸变（chromosome-type aberration）。前者为染色体的一条染色单体上发生结构异常，后者为染色体两条染色单体同一位点受损后产生的结构异常。主要有如下表现形式。

（一）染色体型畸变

1. 断裂（break）**与裂隙**（gap） 两者皆为染色体上狭窄的非染色带。过去以带宽超过染色单体宽为断裂，否则为裂隙。自 20 世纪 70 年代中期开始，国外逐渐认为应以该带分割的两段染色体是否呈线性关系（直线或圆滑的曲线）来区分，线性者为断裂，否则为裂隙。现普遍认为裂隙并非染色质损伤，不属于染色体畸变范畴。

2. 断片（fragment）**、微小体**（minute body）**和缺失**（deletion） 若染色体发生一处或多处断裂，不重接且远远分开，就会出现一个或多个无着丝粒节段和一个有着丝粒节段。无着丝粒节段称为断片。有时断片比染色体宽度还小，呈圆点状，则称为微小体。当细胞分裂时因断片不能定向移动而丢失在细胞质中，着丝粒节段缺少了部分遗传物质，称为缺失。

3. 倒位（inversion） 在一条染色体上发生一处或两处断裂，其节段旋转 180° 后再重接，称为倒位。如果被颠倒的是有着丝粒的中间节段，称为臂间倒位；如被颠倒的仅是长臂或短臂范围内的一节段，称为臂内倒位。

4. 环状染色体（ring chromosome）**和无着丝粒环**（acentric ring） 染色体两臂都发生断裂且带着丝粒节段两端连接起来形成环，称环状染色体，也称着丝粒环。若某一无着丝粒节段两端连接而形成环，则称为无着丝粒环。环形染色体能否进入有丝分裂取决于两条染色单体是否以交叉方式连接。

5. 插入（insertion）**和重复**（duplication） 一条染色体臂内由于发生两处断裂而游离出的断片插入同一或另一染色体断裂处，称为插入。若插入使该染色体具有两段完全相同的节段时，称为重复。重复尚有其他含义，如多倍体也是重复的另外一种形式。

6. 易位（translocation） 从某一染色体断裂下来的节段接到另一染色体上称为易位。两条染色体各发生一处断裂，断片相互交换重接成为两个结构重排的染色体称为对称易位或平衡易位；若仅一个染色体的断片连接到另一染色体上，则称为单向易位或不平衡易位。如果不平衡易位为两个带有主缢痕功能的着丝粒节段的重接，则可形成双着丝粒染色体。如果三个或更多染色体发生断裂，其游离节段交换重排称为复杂易位，可形成三着丝粒染色体、四着丝粒染色体等多着丝粒染色体。对于生殖细胞，当两个非同源染色体发生相互易位，则称为易位杂合子。经减数分裂后，仅发生一次易位的杂合子可形成易位型四射体；若发生两次或多次易位，则可产生更复杂构型，如六价体、八价体、十价体。

7. 着丝粒融合（centric fusion）　两条非同源体在着丝粒处断裂后又相互融合，称为着丝粒融合。

8. 等臂染色体（isochromosome）　染色体着丝粒处发生横向断裂，形成等长臂或等短臂染色体。

（二）染色单体型畸变

1. 断裂、裂隙、断片、缺失、倒位　染色单体型畸变的概念与染色体型畸变基本相同，差异在于姐妹染色单体中仅有一条出现结构异常。

2. 染色单体交换（chromatid exchange）　两条或多条染色体断裂后变位重接，在同一条染色体内或单体内的染色单体交换称为内换，不同染色体间的单体交换称为互换。两染色体间的单体互换可产生三射体或四射体，三个或多个染色体间的单体互换可形成复合射体。

3. 姐妹染色体单体交换（sister chromatid exchange，SCE）　使用差示染色法时，可见到染色体的两条姐妹染色单体染成一深一浅。如果某一染色体在姐妹染色单体间发生等位节段的内换，就会使两条姐妹染色单体都出现深浅相同的染色（等位节段仍是一深一浅）。

以上的畸变类型中，如小的缺失、重复、臂间倒位、平衡易位等，因仍具有与正常染色体一样的着丝粒可进行有丝分裂，故畸变可留在体内，称为稳定性染色体畸变。而带有无着丝粒、环、双着丝粒等畸变的染色体，由于有遗传物质大范围的损失或对有丝分裂的妨碍，易造成细胞死亡，称为非稳定性染色体畸变。

三、染色体数目异常

真核生物中，一个配子所含全部染色体称为染色体组或基因组。进行有性生殖的生物，体细胞一般都具有两套同源的染色体组，称为二倍体；其成熟的生殖细胞，经减数分裂染色体减半，称为单倍体。染色体数目异常是以正常染色体数 $2n$ 为基准进行命名的，可分为整倍体和非整倍体改变。不同物种动物的染色体数目见表 8-1。

表 8-1　不同物种动物的染色体数目

物种	体细胞（$2n$）	性细胞（n）	物种	体细胞（$2n$）	性细胞（n）
人	46	23	猴（猕猴属）	42	21
大鼠	42	21	兔	44	22
小鼠	40	20	狗	78	39

（一）整倍体

整倍体（euploid aberration）也称基因组突变，是指染色体数目的异常是以染色体组为单位的增减，如形成单倍体（monoploid）、三倍体（triploid）、四倍体（tetraploid）等。超过二倍体的整倍体改变也称多倍体。

（二）非整倍体

非整倍体（aneuploid aberration）指细胞丢失或增加一条或几条染色体。缺失一条染色体时称为单体（monosome），增加一条染色体时称为三体（trisome），为人类常见的非整倍体改变。如果染色体成对缺失，则称为缺体（nullisome）。

四、DNA 损伤

从理论上讲，DNA 分子结构的任何异常改变都可看做是 DNA 的损伤。这种损伤改变涉及 DNA 分子一级结构中的碱基、脱氧核糖和磷酸，还包括 DNA 分子二级结构、三级结构及其构象动态变化的异常改变。这些损伤当中以碱基的损伤最为常见，且由于碱基序列决定了 DNA 编码的正确性，故该种损伤对生物个体而言也最为严重。任何 DNA 损伤，只要修复无误就不会发生突变；如果修复错误或没有修复，损伤就可以固定下来形成突变。由于 DNA 损伤是致突变作用的基础，故有关内容在下一部分详细介绍。

五、遗传毒性的形成机制及影响因素

遗传物质可能受到化学性、物理性或生物性因素的影响，产生损伤。而多种修复系统纠正了损伤后的 DNA 在复制中的发生的错误，以保证 DNA 正确传递。直接对 DNA 损伤可能造成突变或染色体畸变，不以 DNA 为靶的损伤可能造成突变、染色体结构畸变和染色体数目异常。外源化学物引起 DNA 损伤、诱发突变的机理较复杂，目前仅对少数化学物的 DNA 损伤作用机理比较清楚，本部分将介绍几种主要的作用方式。

（一）以 DNA 为靶的损伤机制

1. 形成 DNA 加合物（DNA adduct） DNA 加合物形成被认为是诱变作用的重要事件。这是由于诱变剂首先导致 DNA 损伤，损伤不能被正确修复可导致突变，而 DNA 加合物的形成则表示 DNA 发生了损伤。许多亲电子剂由于存在未配对的外层电子，化学性质活泼，极易与蛋白质或核酸大分子物质中富含电子的基团（如—SH、—OH 等）发生共价结合，形成加合物或交联分子。如黄曲霉毒素 B1 和苯并（a）芘可经生物活化形成环氧化物，与 DNA 发生共价结合形成大加合物，从而诱发突变。大加合物可使 DNA 构象发生明显变化，阻断受损部位 DNA 的半保留复制和转录。而烷化剂和亚硝基化合物可使碱基发生甲基化、乙基化等烷化加合反应，形成较小的加合物，不会阻断 DNA 复制，易造成碱基错配。

2. 形成交联（cross linkage） 许多化合物，如烷化剂、苯并（a）芘，砷化合物等，均可引起 DNA 链内、链间或 DNA 与蛋白质之间发生交联。交联的形成对 DNA 的构象和功能也具有严重影响。有的烷化剂可同时提供两个或三个烷基，称为双功能或三功能烷基，即多功能烷化剂。发生交联后 DNA 链不易修复或发生易错修复，因而高度致基因突变，也经常发生染色体或染色单体断裂，并易发生致死性突变。

3. 二聚体形成 紫外线或电离辐射可使相邻的两个嘧啶相互交联，形成嘧啶二聚体，如 T=T、C=T、C=C。该损伤也被认为是交联的一种，可对 DNA 造成较大损伤。

4. 碱基类似物掺入　有些化学物结构与碱基非常相似，可在DNA复制时掺入并与互补链上的碱基形成氢键配对，取代正常碱基的位置。单纯的替代并不能引起突变，因在下一轮的DNA复制时又可以产生正常的DNA分子。然而这些碱基类似物在掺入后常发生醇式或烯醇式的结构互变，在复制时可引起下一代DNA配对性质的改变，从而引发突变。常见的碱基类似物有5-溴尿嘧啶、2-氨基嘌呤等，所有碱基类似物引发的突变均为转换而非颠换。

5. 碱基的化学修饰　有些化学物并非掺入DNA中，而是以不同方式修饰DNA碱基的化学结构，从而改变其配对性质，引发突变。最常见的化学诱变剂有亚硝酸、羟胺、甲基磺酸乙酯等。亚硝酸常引起氧化脱氨反应，可作用于含有氨基（—NH_2）的碱基（A、G、C），使氨基变为酮基。烷化剂（如甲基磺酸乙酯）可使鸟嘌呤N-7和腺嘌呤N-3位点烷基化，有时也可使腺嘌呤N-7位烷化。鸟嘌呤N-7位点的烷基化可使第一位氨基上的氢解离，从而致使鸟嘌呤的配对性能发生变化，造成G∶C→A∶T的转换；还可使无碱基位点可插入任何一个碱基，产生去嘌呤作用，造成原来的G：C变为任意碱基对。

6. 平面大分子嵌入　吖啶橙、原黄素、吖黄素等吖啶类染料分子能以静电吸附形式嵌入DNA单链的碱基之间，或嵌入DNA双螺旋结构的相邻核苷酸之间，称为嵌合剂（intercalating agent）。嵌合剂大多具有多环平面结构，因其长度是6.8×10^2 nm，恰好是DNA单链相邻碱基距离的2倍，故易于嵌入。如果嵌入到新合成的互补链上，会使之缺失一个碱基；如果嵌入到模板链两碱基之间，则会使互补链插入一个多余碱基。这些改变均会引起移码突变。

7. DNA构象改变　不仅DNA的化学变化与突变有关，其物理构象改变也与突变有关。例如乙酰氨基芴（AAF）和*N*-2-氨基芴（AF）都作用于鸟嘌呤的C-8位点，形成加合物。但由于两者引起的DNA构象变化不同，造成突变的类型也不同。AAF插入DNA双螺旋中使鸟嘌呤突出，致使DNA双螺旋局部变性，主要导致移码突变；而AF保持在DNA链外，主要引起的是碱基颠换。

（二）不以DNA为靶的损伤机制

不以DNA为靶的损伤机制研究比较关注诱发染色体分离异常的问题，过去常概括为纺锤体毒作用。但事实上，不以DNA为靶的损伤不仅包括对纺锤体的损伤，还包括丝粒或其他可能的损伤机制，不仅包括有丝分裂的过程，还包括减数分裂的过程。

1. 对纺锤体的作用　纺锤体是细胞分裂过程中的一种与染色体分离直接相关的细胞器。高等动物细胞的纺锤体由中心体、微管、驱动蛋白构成，共同介导动物细胞的分裂过程。化学物对纺锤体的任何组成结构的损伤都可影响到细胞正常的分裂过程，引起非整倍体或整倍体改变。例如，秋水仙碱、长春花生物碱、水合氯醛等都可与微管蛋白结合，妨碍其聚合和正确组装；碘化二甲胂可作用于中心体，引发多极分裂。而近期研究显示，在阿尔茨海默症患者大脑和脊髓液中发现的高表达的微管连接蛋白Tau可损伤驱动蛋白-5（kinesin-5）的功能，形成非整倍体，从而导致细胞死亡。

2. 对着丝粒的作用　着丝粒是染色体上一个高度有序的特化结构，由着丝粒DNA和着丝粒蛋白组成，包括三个不同的结构域，分别为动力结构域、中央结构域和配对结构域。着丝粒是纺锤丝操纵染色体移动和排列的锚点，在减数分裂和有丝分裂过程中确保细胞的正确分离。对着丝粒的任一结构域造成损伤即会影响纺锤体与染色体结合，使染色体不能发生有序分离。在对着丝粒损伤研究过程中较为清晰的是罗伯逊易位，即两个亚端或端着丝粒融合成一个亚中或中着丝粒染色体（或其相反的过程），该损伤会导致两个染色体融合为一个染色体。若染色体着丝粒处发生横向断裂，则会形成等长臂或等短臂染色体。

3. 对 DNA 合成和修复有关酶系统的作用 遗传信息能够高度精确的传递取决于两点：一是 DNA 复制的高保真性；二是 DNA 损伤修复的有效性。突变频率与各种酶性 DNA 修复和防错系统的效率呈负相关。一些诱变剂除了可与核酸分子结合外，还可与蛋白质的某些氨基酸残基形成加合物，这些基团往往在构成酶的活性中心和特异性时起重要作用。一般认为蛋白质损伤对于机体的危害较小，但如果诱变剂攻击 DNA 聚合酶、错配修复酶等对 DNA 合成和修复重要的酶系统，使其特异性降低也可间接导致 DNA 损伤。例如一些氨基酸类似物可使 DNA 合成有关酶类受到破坏而诱发突变。此外，如果诱变剂作用于与 DNA 合成或修复相关酶的相关基因片段，也可导致相关合成和修复功能障碍，引起突变率增高。例如着色性干皮病（xerodermapigmentosum，XP）患者对紫外线敏感，并大多于 20 岁以前发展成皮肤癌。研究证明该病是由于 XP 患者基因组中 XPA、XPC、RPA 等基因发生了突变，这些基因是核苷酸损伤切除修复（nucleotide excision repair，NER）系统的相关基因。当 NER 相关基因发生突变时不能产生正常功能的 NER 相关酶类，故机体不能正常修复紫外线所致 DNA 损伤，从而引发癌症。

（三）遗传毒性的影响因素

外界因素对遗传物质的损伤程度，以及机体对遗传损伤的修复能力并非具有相同的水平。自然环境中，人群在相同条件下接触相同剂量的化学致突变物，也并不是均可引起致突变作用，个体间具有较大差异。除第三章中介绍的毒作用影响因素外，外源化合物遗传毒性的类型和大小还与致损伤机制、DNA 损伤修复途径、突变热点等多种因素有关。

1. DNA 甲基化 DNA 甲基化是指 DNA 甲基转移酶作用下，以 5-腺苷甲硫氨酸作为甲基供体，使胞嘧啶转化为 5-甲基胞嘧啶（5-mC）。DNA 甲基化是 DNA 修饰的一种，与 DNA 的正常复制和表达相关，不涉及 DNA 序列的改变，属于表观遗传学的内容。但 5-mC 本身具有高突变性，这是由于 5-mC 经脱氨形成胸腺嘧啶，如果修复不完善就可能引起 G=T 的错配。现已报道的 880 多种可引起人类遗传病的碱基置换中，有 38%的点突变发生于 CpG 岛中，且 86.6%属于 C→T 或 G→A 转换，均由 5-mC 自发脱氨所致。

2. 突变热点 从理论上将，DNA 分子上每一个碱基均有可能发生突变，但事实上的突变位点并非随机分布，而有不同的突变频率。某些位点的突变频率远高于平均数，称为突变热点（hot spots of mutation）。研究显示，基因突变与染色体畸变均存在热点。由于人基因组中有 70%～90%的 5-mC 发生于 CpG 二核苷酸中，而 5-mC 可导致碱基置换，故 CpG 岛被认为是人及其他脊椎动物的突变热点。在一个基因内，CpG 突变的分布也不是随机的。例如在 C 蛋白基因中有 12 处单碱基对置换，有 7 个发生在 CpG 二核苷酸中，其外显子 5、6 有 13 处突变但无 1 处发生在 CpG 中。该现象与 CpG 中的胞嘧啶甲基化水平不同有关。许多研究指出，染色体畸变的断裂位置也存在热点，这一位点是位于间隔 DNA（spacer DNA），即常染色质（R 深染带）和异染色质（G 深染带）的联结点。形成原因可能与常染色质修复较快而少畸变，异染色质修复较慢受到阻滞而出现较多畸变有关。此外，突变热点还与诱变剂有关，是受到诱变剂本身对 DNA 序列的某个碱基对的敏感性所影响。例如使用 5-溴尿嘧啶处理 λ 噬菌体，其 cI 基因 A-C-G-C 序列中的 A→G 转换率比 A-C-（非

G）-N 序列高 15 倍，比 A-非 C-N-N 序列高 100 倍。除上述热点外，转座元件、增变基因、紫外线所导致的致突变作用均具有不同程度的序列优先性。

3. DNA 损伤的修复途径　DNA 损伤类型不同，其修复途径也不同，可分为染色体修复、基因修复和核苷酸修复。对染色体损伤修复和基因修复目前了解极少，这两种修复可能通过配对染色体或染色质之间的重组进行修复。对核苷酸修复的研究相对较多，可分为直接修复、切除修复和重组修复。细胞内还存在一套错配修复体系，专门修正 DNA 合成时配对错误的碱基。已知直接修复、切除修复和错配修复基本属于无误修复，而重组修复则属于易错修复。不同损伤类型参与修复的机制可能不同，可影响突变率的高低。

4. DNA 损伤修复的不均一性和可诱导性　DNA 损伤修复的不均一性是指不同器官、细胞之间修复能力不同，也表现为同一细胞内不同基因片段间的损伤修复机会不同。表达基因的修复情况优于静止基因，调控基因则优于功能性基因。发生这种差异的原因可能与基因在复制和转录时 DNA 的高级结构和染色体变化有关。可诱导性是指 DNA 损伤修复的能力并非固定不变，而是在小剂量长期刺激下，其修复能力可发生诱导性升高。例如 *Gadd45* 基因家族是生长抑制与 DNA 损伤诱导基因（growth arrest and DNA damage-inducible gene，Gadd）中的一类，在 DNA 损伤的切除修复中起重要作用，其在人体细胞，尤其是静止期细胞中广泛、稳定表达。当外源性致突变因素（如紫外线、电离辐射、甲基磺酸甲酯等）对 DNA 造成损伤时，可随着 DNA 修复途径的启动而快速诱导表达。

六、遗传损伤的不良后果

现代医学研究证明，人类疾病都直接或间接地与基因相关。环境因素与遗传因素共同造成了疾病的发生，根据影响程度的不同，一般可分为三种情况：环境因素起主要作用的疾病；遗传因素起主要作用的疾病；环境和遗传因素均起主要作用的疾病。遗传因素提供了产生疾病必要的遗传背景，环境因素促使疾病表现出相应的症状和体征。图 8-1 举例说明了遗传因素和环境因素在疾病发生中的相互作用。

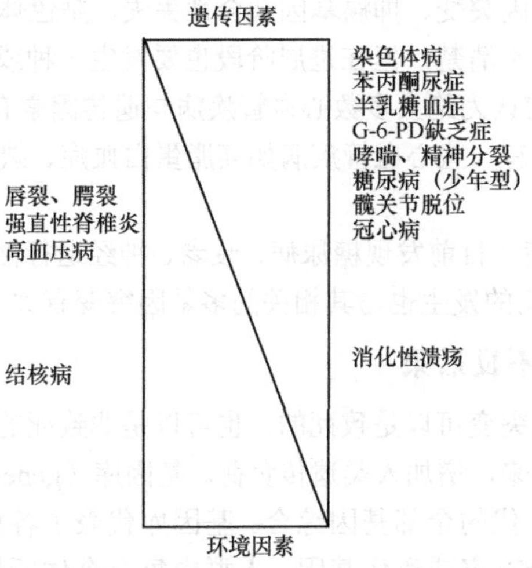

图 8-1　遗传因素和环境因素在疾病发生中的相互作用

诱变剂对人类的健康影响是多方面的，主要取决于靶细胞的类型。当体细胞发生突变时，只影响接触诱变剂的个体，不影响下一代；当生殖细胞发生突变时，则可能影响后代。图 8-2 显示了两种情况的突变后果。

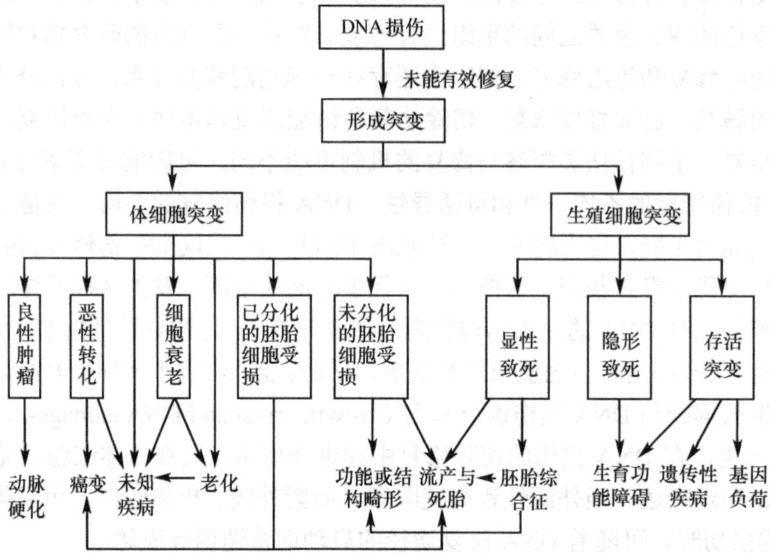

图 8-2　遗传因素和环境因素在疾病发生中的相互作用

（一）体细胞突变的不良后果

现研究显示，体细胞突变与心血管系统疾病、肿瘤、糖尿病等许多疾病相关。曾经认为是环境因素导致的疾病，如今也证明与遗传因素相关。

1. 肿瘤　肿瘤是环境因素和遗传因素相互作用而导致的一类疾病。遗传毒性致癌物主要通过突变导致原癌基因激活为癌基因/抑癌基因失活而产生致癌作用，其致癌机制主要为多阶段致癌学说。诱变剂与靶基因接触可引起一次遗传毒性事件，称为引发阶段或启动阶段，该阶段中可能发生基因突变、抑癌基因杂合性丢失、染色体缺失、倒位等。促进阶段是否涉及遗传毒性改变尚不清楚，但在进展阶段也要发生一种或多种遗传改变。

2. 心血管疾病　目前认为绝大多数心血管疾病与遗传因素有关。研究较为清晰的是动脉粥样硬化和高血压，还有一些心血管疾病如高脂蛋白血症、缺血性脑血管病中发现也与多种基因突变有关。

3. 其他常见多基因病　目前发现糖尿病、衰老、神经退行性疾病（帕金森、阿尔茨海默症等）、骨质疏松等疾病的发生也与其相关的多基因突变有关。

（二）生殖细胞突变的不良后果

诱变剂引起生殖细胞突变可以是致死的，也可以是非致死的。有的会在世代间传递，选择过程在人群中固定下来，增加人类遗传负荷。基因库（gene bank）是指人群生殖细胞内所具有的能遗传给下一代的全部基因综合。基因库代表了各种各样的基因型在人群中的分布，其中存在一部分有害或致病基因。人群中每个个体所携带有害基因的平均水平或频数称为遗传负荷（mutation load），当代人遗传负荷的大小直接影响到下一代或几代人的健康。

基因突变对遗传负荷的影响主要包括四类。第一类为显性致死性突变，可致卵子不能受精，或受精卵或胚胎在胎儿成熟前死亡；第二类为隐性致死突变，需纯合子或半合子才出现死亡，致死性突变均主要引起个体的死亡，不会对基因库造成影响；第三类为显性存活突变，此类疾病不会引起胚胎死亡，但会引起显性遗传性疾病，可传给后代、影响基因库，如先天性成骨不全、遗传性舞蹈病等；第四类为隐性突变，即通常所说的隐性遗传病，须在纯合子出现时才能出现疾病，该种突变可增加遗传负荷、影响人类基因库，如白化病、半乳糖血症等。

遗传性疾病可分为基因病和染色体病。基因病主要由基因突变引起，包括单基因病和多基因病，如白化病、阿尔茨海默症等。染色体病主要由染色体结构或数目畸变引起，包括唐氏综合征、性腺发育不全等。

第二节 遗传毒性试验方法

遗传毒性试验是指用于检测外源化学物通过不同机制直接或间接诱导遗传学损伤的体外和体内试验。即通过一系列的遗传毒性试验，评价和预测外源化学物的遗传危害性并预测其致癌的可能性。为降低人类的风险发挥重要作用。遗传毒性试验还可用于监测及评价食品/环境污染物的遗传毒性。目前已建立了 200 多种的遗传毒性试验，所用的指示生物涉及病毒、细菌、霉菌、昆虫、植物、培养的哺乳动物细胞和哺乳动物等。

一、常用的遗传毒性试验

（一）细菌回复突变试验（bacterial reverse mutation assay）

原理和方法：细菌回复突变试验是以营养缺陷型的突变体菌株为指示生物检测基因突变的体外试验。常用的菌株有组氨酸营养缺陷型鼠伤寒沙门氏菌和色氨酸营养缺陷型的大肠杆菌（如 E.coli wp2）。细菌回复突变试验利用鼠伤寒沙门氏菌和大肠杆菌来检测点突变，涉及 DNA 的一个或几个碱基对的置换、插入或缺失。鼠伤寒沙门氏菌和大肠杆菌的试验菌株分别为组氨酸缺陷突变型和色氨酸缺陷突变型，他们在无组氨酸或色氨酸的培养基上不能生长，在有组氨酸或色氨酸的培养基上才能正常生长。致突变物存在时可以回复突变为野生型，在无组氨酸或色氨酸的培养基上也可以生长。故可根据菌落形成数量来衡量受试物是否为致突变物。某些致突变物需要代谢活化后才能使上述细菌产生回复突变，受试物要同时在有和没有代谢活化系统的条件下进行试验。

在用细菌回复突变试验进行致突变性检测时，推荐使用一组菌株进行测试。我国推荐 5 种菌株组合：TA1535、TA97a 或 TA97 或 TA1537、TA98、TA100、TA102 或大肠杆菌 WP2uvrA 或大肠杆菌 WP2uvrA（PKM101）。另外，为增强对诱变物的敏感性还有一些附加突变，这样构成了多种的试验菌株。附加突变主要有脂多糖（rfa）突变、切除修复突变（△uvrB）、有些菌株带有 R 因子（pKM101）及 PAQl 质粒。脂多糖（rfa）突变导致细菌表面的脂多糖屏障部分丧失，增加了对不能通过正常细胞壁的大分子的通透性。切除修复突变（△uvrB）由于切除修复基因缺失，导致细菌对许多诱变剂的易感性显著提高。R 因子，是质粒的一种，PKM101 质粒可促使细胞通过易误修复来处理 DNA 损伤，从而使化学诱变能力提高。表 8-2 列出了 Ames 试验标准试验菌株的基因型和检测类型。

表 8-2 Ames 试验标准试验菌株的基因型和检测类型

菌株	组氨酸突变部位	突变类型	其他基因标志	检测类型
TAl537	hjC3076	C···C 区域+1	rfa，△ uvrB	移码突变
TA97	hisD6610	CCC 区域+4	rfa，△uvrB，PKM l01	移码突变
TA98	hisD3052	CG 区域-1	rfa，△uvrB，pKM l01	移码突变
TAl535	hisG46	AT→cc	rfa，△uvrB	碱基置换（主要检测攻击 G∶C 碱基的化学物）
Tal00	hisC46	AT→GC	rfa，△uvrB，PKM l01	碱基置换（主要检测攻击 G∶C 碱基的化学物）；部分移码突变
TAl02（PAQl）	hisG428	CC→AT	rfa，PKM l01	碱基置换（可检测攻击 A∶T 碱基的化学物）；部分移码突变
TAl04（pAQl）	hisG428	GC→AT	rfa，△uvrB PKM l01	碱基置换（可检测攻击 A∶T 碱基的化学物）；部分移码突变

鼠伤寒沙门氏菌缺乏哺乳动物的代谢酶，为了检测直接及间接诱变剂，在进行 Ames 试验时，应分别进行不加及加代谢活化系统的检测，最常用的活化系统是 S9 混合物。Ames 试验的方法可分为点试验法、平板掺入法及预培养平板掺入法。点试验法一般用于预试验，平板掺入法是 Ames 试验的标准试验法，对于某些受试物通过预培养可提高测试的灵敏度。

评价：通过直接计数培养基上的回变菌落数，计算各菌株各剂量 3 个平板回变菌落数和标准差。回变菌落数等于或大于未处理对照组的 2 倍，并有剂量－反应或某一测试点有可重复的阳性结果，则可判定所测物质为阳性结果。

（二）哺乳动物细胞基因突变试验（mammalian cell gene mutation assay）

哺乳动物细胞基因突变试验是体外培养细胞的基因正向突变试验。常用的试验方法有小鼠淋巴瘤（L5178Y）细胞胸苷激酶位点（TK）突变检测、中国仓鼠卵巢（CHO）细胞及中国仓鼠肺（V79）细胞次黄嘌呤鸟嘌呤转磷酸核糖基酶位点（HGPRT）突变检测和中国仓鼠卵巢细胞的 AS52 细胞株黄嘌呤鸟嘌呤转磷酸核糖基酶位点（GPT）突变检测。

原理和方法：TK 基因、HGPRT 基因及 GPT 基因编码的产物可催化相应核苷的磷酸化反应，生成相应的核苷单磷酸。核苷类似物（如 5-溴脱氧尿嘧啶核苷，三氟胸苷及 6-硫代鸟嘌呤等）也可作为其底物被磷酸化，这些磷酸化产物也可掺入 DNA 中，引起细胞死亡。可通过观察对核苷类似物的抗性，即观察在含核苷类似物的选择培养液中细胞集落形成的增加，检测受试物的致突变性。

TK 基因位于常染色体上，TK 基因的产物胸苷激酶在体内催化从脱氧胸苷（TdR）生成胸苷酸（TMP）的反应。在正常情况下，此反应并非生命所必需，原因是体内的 TMP 主要来自于脱氧尿嘧啶核苷酸（dUMP），即由胸苷酸合成酶催化的 dUMP 甲基化反应生成 TMP。但如在细胞培养物中加入胸苷类似物（如三氟胸苷，即 TFT，trifluorothymidine），则 TFT 在胸苷激酶的催化下可生成三氟胸苷酸，进而掺入 DNA，造成致死性突变，故细胞不能存活。若 TK 基因发生突变，导致胸苷激酶缺陷，则 TFT 不能磷酸化，亦不能掺入 DNA，故突变细胞在含有 TFT 的培养基中能够生长，即表现出对 TFT 的抗性。根据突变集落形成数，可计算突变频率，从而推断受试物的致突变性。

HGPRT 基因位于 X 染色体上，为半合子状态。HGPRT 基因的产物是次黄嘌呤鸟嘌呤磷酸核糖转移酶。在正常培养条件下能够产生次黄嘌呤鸟嘌呤磷酸核糖转移酶，在含有 6-硫代鸟嘌呤（6-thioguanine，6-TG）的选择性培养液中，HGPRT 催化产生核苷-5’-单磷酸（NMP），NMP 掺入 DNA 中使细胞致死。在致癌/致突变物作用下，某些细胞 X 染色体上控制 HGPRT 的结构基因发生突变，不能再产生次黄嘌呤鸟嘌呤磷酸核糖转移酶，从而使突变细胞对 6-TG 具有抗性作用，能够在含有 6-TG 的选择性培养液中存活生长。在加入和不加入代谢活化系统的条件下，使细胞暴露于受试物一定时间，然后将细胞再传代培养，在含有 6-TG 的选择性培养液中，突变细胞可以继续分裂并形成集落。基于突变集落数，计算突变频率以评价受试物的致突变性。

判定：受试物一个以上剂量组的总突变频率显著高于阴性对照组并有剂量趋势，则可判断为阳性。在相对存活率低于 20%的情况下未见突变频率的增加，可判断为阴性。

（三）染色体畸变试验（chromosome aberration test）

原理：染色体畸变试验是以整体动物的细胞或人和哺乳动物细胞系作为材料，制备细胞分裂中期相染色体标本，在光镜下直接观察细胞的染色体畸变，包括染色体数目和形态的改变，以评价受试物致突变可能性的一项试验。染色体是细胞核中具有特殊结构和遗传功能的小体。在实验动物给予受试样品或培养的哺乳动物细胞暴露于受试物后，用中期分裂相阻断剂处理，抑制细胞分裂时纺锤体的形成，以便增加中期分裂相细胞的比例，并使染色体丝缩短、分散、轮廓清晰。在显微镜下观察染色体数目和形态，以评价受试物致突变的可能性。

方法：染色体畸变试验也常称为细胞遗传学试验（cytogenetic assay）。染色体畸变试验可分为体外试验和体内试验。

体外染色体畸变试验（in vitro chromosome aberration test）：通过检测受试物是否诱发体外培养的哺乳动物细胞染色体畸变，评价受试物致突变的可能性。在加或不加入代谢活化系统的条件下，使培养的哺乳动物细胞暴露于受试物中。用中期分裂相阻断剂（如秋水仙素或秋水仙胺）处理培养的细胞，使细胞停止在中期分裂相，收获细胞、制片、染色，分析染色体畸变。常用的分析细胞为中国仓鼠卵巢（CHO）细胞、中国仓鼠肺（CHL、V79）细胞及外周血淋巴细胞等。染色体结构异常主要可观察到裂隙、断裂、断片、缺失、微小体、着丝点环、无着丝点环及各种辐射体等。染色体数目异常包括多倍体及非整倍体。由于在染色体标本制备过程中，受各种因素影响可人为地导致少数中期分裂相出现染色体数目的变化，往往很难判断由受试物引起的非整倍体。但有丝分裂指数升高，多倍体细胞比例增加可提示有可能引起非整倍体，此时应进行进一步的研究。体外试验常用中国仓鼠肺细胞（CHL），以及中国仓鼠卵细胞（CHO）和 V79 等细胞系。

体内染色体畸变试验（in vivo chromosome aberration test）：通过检测受试物是否诱发啮齿动物细胞染色体畸变，评价受试物导致整体动物细胞突变的可能性。体内染色体畸变试验主要有啮齿动物骨髓细胞染色体畸变试验（chromosome aberration of bone marrow cells）和啮齿类动物睾丸细胞染色体畸变试验（chromosome aberration test of testicle cells）。在啮齿动物骨髓细胞染色体畸变试验中，采用一次染毒或多次染毒方式。一次染毒应分两次采集标本，即每组动物分两个亚组，亚组 1 于染毒后 12～18 小时处死采集第一次标本，亚组 2 于亚组 1 处死后 24 小时采集第二次标本。如果采用多次染毒方式，可给予受试物 2～4 次，每次间隔 24 小时，在末次染毒后 12～18 小时采集一次标本。处死动物前 3～5 小时，按 4 mg/kg.bw 腹腔注射秋水仙素。采取股骨骨髓，洗入 10 ml 离心管，然后用吸管吹打骨髓团块使其均匀，将细胞悬液以 1000 r/min 离心 10 分钟，弃去上清液。在啮齿动物睾丸细胞染色体畸变试验中，常用的有精原细胞及初级精母细胞染色体畸变试验。观察精原细胞的染色体畸变同骨髓细胞一样是在染毒后经过一次有丝分裂的细胞中进行，一般在末次染毒后一天取样测定。初级精母细胞的染色体畸变试验，一般是在染毒后 12～14 天取样，观察受试物作用于前细线期引起的损伤在终变期的表现。大多数外源化学物引起 DNA 的单链断裂，必须经过 S 期复制才能表现出染色单体畸变。精子发生过程中进行减数分裂，DNA 合成在前减数分裂期已完成，以后的减数分裂过程不再有 DNA 复制。所以，诱变物只有作用于仅占少数的处于前细线期的细胞才可能在初级精母细胞观察到畸变，因此该方法检测断裂剂的敏感性低于精原细胞试验。对于初级精母细胞的染色体畸变分析，除了如前面体细胞染色体畸变试验中分析的内容外，还应分析染色体相互易位、X-Y 和常染色体的单价体。

判定：受试物剂量组染色体畸变率或畸变细胞率与阴性对照组相比，差异有统计学意义并有明显的剂量-反应关系，结果可判断为阳性。

（四）微核试验（micronucleus test）

原理：在细胞的有丝分裂后期染色体有规律地进入子细胞形成细胞核时，仍然留在细胞质中的染色单体或染色体的无着丝断片或环，单独形成一个或几个规则的小核存在于细胞质内。小核比主核小很多，故称为微核（micronucleus）。微核的出现往往是受到染色体断裂剂作用的结果，也可能是纺锤体在毒物的作用下，主核没有能够形成，代之以一组小核。此时小核往往比一般典型的微核稍大。通过观察有微核的细胞率来检测染色体断裂剂及非整倍体诱发剂。

方法：目前常规检测中应用最多的是啮齿动物骨髓红细胞微核试验（erythrocyte micronucleus test）。当成红细胞发展为红细胞时，主核排出，成为多染红细胞（polychromatic erythrocytes，PCE），这些细胞保持其嗜碱性约 24 小时，然后成为正染红细胞（normochromatic erythrocytes，NCE），并进入外周血。当主核排出时，微核可留在胞浆中。观察并计数嗜多染红细胞微核率可判断受试物对骨髓细胞染色体的损伤作用。诱变物作用于靶细胞导致微核的形成需要经过一次细胞分裂，为了排除细胞分裂速率不同对微核形成的影响，提高灵敏度，发展了胞质分裂阻断法微核试验（cytokinesis-block micronucleus test），即在体细胞培养系统中加入细胞松弛素 B（cytochalasin-B），使细胞胞质分裂受阻，但不影响核的分裂，形成双核细胞，仅选择双核细胞进行微核计数。最常用的是淋巴细胞，但也可用于其他哺乳动物细胞。现已建立了多种细胞的微核试验方法，如植物细胞（如紫露草花粉母细胞、蚕豆根尖等）、哺乳类动物细胞（肝细胞、脾细胞、肺细胞、淋巴细胞、精子、胃黏膜上皮细胞以及皮肤细胞等）、非哺乳类动物细胞（如鱼红细胞、蟾蜍红细胞等）微核试验方法。

微核试验和染色体畸变试验，在定性（判断是否为断裂剂）和定量（可检测的最小致突变作用剂量）上检测断裂剂的结果均有很好的相关性。故在断裂剂检测时二者都可使用。

判定：受试物组和对照组比较，受试物组的微核率明显升高并有明显的剂量-反应关系，结果可判断为阳性。

（五）显性致死试验（dominant lethal test）

原理：显性致死（dominant lethal）指发育中的精子或卵子细胞发生遗传学损伤，此种损伤并不引起生殖细胞（精子或卵子）的机能障碍，而是直接造成受精卵或发育期胚胎的死亡。一般认为显性致死主要是由于染色体损伤（包括结构及数目改变）的结果。显性致死试验是检测受试物诱发哺乳动物生殖细胞遗传毒性的试验方法，其观察终点为显性致死突变。致突变物可引起哺乳动物生殖细胞染色体畸变，以致不能与异性生殖细胞结合或导致受精卵在着床前死亡，或导致胚胎早期死亡。由于卵子对诱变物的敏感性相对较低，且受试物可能作用于母体动物，产生不利于胚胎发育的种种干扰因素，影响试验结果的准确性，故一般以受试物处理雄性啮齿动物，然后与雌性动物交配，按照顺次的周期对不同发育阶段的生殖细胞进行检测，经过适当时间后，检查雌性动物子宫内容物，确定着床数、活胚胎数和死亡胚胎数。如果处理组死亡胚胎数增加或活胚胎数减少，与对照组比较有统计学意义，并呈剂量-反应关系或试验结果能够重复者，则可认为该受试物为哺乳动物生殖细胞的致突变物。

方法：应选用成年性成熟动物，常用大鼠和小鼠。不同化学物可于精子发育的不同时期发挥其毒作用。为检测化学物对精子发育全过程的影响，并检出精子受遗传毒物作用时的发育阶段，在试验时，每周更换一批新的雌鼠与染毒雄鼠交配，小鼠持续 6～8 周，大鼠 8～10 周。表 8-3 列出了大、小鼠精子分化阶段与染毒后交配周次的关系。根据在不同周次交配的雌鼠发生胚胎显性致死可判断受试物遗传毒性作用于精子的发育阶段。

表 8-3 小鼠、大鼠精子分化阶段与交配周次的关系

给与受试物时精子所处的分化阶段	交配周次	
	小鼠	大鼠
输精管及睾丸中的精子	第一周	第一、二周
精细胞（后期）	第二周	第三周
精细胞（前期）	第三周	第四、五周
精母细胞（第二次减数分裂）	第四周	
精母细胞（第一次减数分裂）	第五周	第六～八周
精原细胞	第六周	第九周

判定：受试物组和对照组比较，受试物组的胚胎死亡率和（或）平均死亡胚胎数明显高于对照组并有剂量-反应关系，结果可判断为阳性。

（六）体外哺乳动物细胞 DNA 损伤修复/非程序性 DNA 合成试验（unscheduled DNA synthesis test，UDS test）

原理：在正常情况下，DNA 合成仅在细胞有丝分裂周期的 S 期进行。当化学或物理因素诱发 DNA 损伤后，细胞启动非程序性 DNA 合成程序以修复损伤的 DNA 区域。当 DNA 受损伤时，损伤修复的 DNA 合成主要在 S 期以外的其他细胞周期，称为非程序性 DNA 合成。先采用同步培养将细胞阻断于 G_1 期，并阻断正常的 DNA 半保留复制，然后用受试物处理细胞，并在加有 ^{3}H-胸腺嘧啶核苷（^{3}H-TDR）的培养液中进行培养。通过 DNA 放射自显影技术或液体闪烁计数法检测染毒细胞中 ^{3}H-TDR 掺入 DNA 的量，以此表示受损 DNA 修复合成的程度，从而间接反映 DNA 的损伤程度。

方法：许多种类的哺乳类细胞可用于 UDS 试验。原代培养细胞（如大鼠肝细胞）、人淋巴细胞或已建立的细胞系（如人二倍体成纤维细胞，Hela 细胞）都可用于本实验。人类细胞的 UDS 反应大于啮齿类细胞。人体细胞用于 UDS 试验可降低因种属差异而导致推论错误的风险。使用最多的人类细胞为成纤维细胞、外周血淋巴细胞、单核细胞和 Hela 细胞等。人羊膜细胞 FL 株是一种上皮细胞系，富含有可诱导的药物代谢酶系，也可用于 UDS 试验。

判定：受试物组的细胞 ^{3}H-TdR 掺入数随剂量增加而增加，且与阴性对照组比较有统计学意义，或至少在一个测试点得到可重复并有统计学意义的掺入量增加，均可判定为该试验阳性。

二、新发展的遗传毒性试验方法

遗传毒性试验是外源化学物质安全性评价研究的重要环节。除了要求灵敏、快速、经济外，还应尽量减少试验中动物数量和外源化学物质的用量，逐步实现高通量和自动化的要求。新发展了许多遗传毒性试验方法，以适应外源化学物质的遗传毒性研究和检测发展的需要。

（一）单细胞凝胶电泳试验（single cell gel eletrophoresis，SCGE test）

又称彗星试验（comet assay），是一种近年发展起来的在单细胞水平上检测有核细胞 DNA 损伤与修复的方法。是 Ostling 等在 1984 年首创的，1988 年经 Singh 等进一步完善而逐渐发展起来的一种快速检测单细胞 DNA 损伤的实验方法，因其细胞电泳形状似彗星，又称彗星试验（comet assay）。1999 年 Kizilian 改进了试验条件，可区别细胞凋亡和细胞坏死。SCGE 试验是评价遗传毒性损害非常敏感的技术。与经典的染色体畸变、微核、SCE 试验比较，SCGE 试验既可以用于活细胞又能用于死亡细胞 DNA 的检测，不仅可以研究低剂量下的生物效应，还可用于研究高剂量下的生物效应，同时 SCGE 试验还可提供 DNA 修复能力的信息。这些优点使得 SCGE 试验非常适用于评价受试物的遗传毒性。增加的 DNA 迁移是和增加的 SSB（单链 DNA 断裂）的水平有关。可进行体外试验和体内试验。获得细胞悬液，制作好含有细胞的琼脂糖的载玻片；裂解细胞以释放 DNA；在碱性溶液中（pH=13）获得单链 DNA，在碱性条件下电泳，中和碱，DNA 染色和彗星显像，记数彗星数。受试物组细胞彗星数随剂量增加而增加，且与阴性对照组比较有统计学意义，可判定为该试验阳性。

目前在彗星试验的基础上，又建立了高通量彗星试验。该试验采用一种特制的 96 孔板，可使 96 个样本同时进行电泳、裂解、染色等步骤，不需要每个样本单独处理，即可以高通量化进行试验，非常适合在研发早期筛选中应用。利用人成纤维细胞，通过摸索贴壁时间，找到一个最佳时间点，保证细胞在该时间范围内（种板后 2～4 小时）既能够贴壁又可以保持基本的圆形细胞形态。这样贴壁细胞不再需要消化，可以直接在单层细胞表面制备凝胶。另外，利用细胞内酯酶可以将荧光素二乙酸酯（fluorescein diacetate，FDA）转化为荧光素的特点，通过检测荧光产物的强度来反映细胞存活情况。该试验可以整合到彗星试验之前进行，即保证了细胞存活率和彗星试验二者检测的是相同的细胞样本。采用高通量检测，可以节省试验材料、细胞、受试物等，更重要的是在同一批细胞中获得的数据比较起来相关性更高。

（二）转基因动物致突变试验（transgenic animal mutagenicity test）

将外源基因整合或导入动物基因组中（可以是完整的基因或不完整的 DNA 片段），并能遗传给后代的一类动物称为转基因动物（transgenic animals）。这个外源基因称为转基因（transgene）（即转移来的基因），接受转基因的动物即为转基因动物（transgenic animals）。目前已建立了多种试验来检测外源化学物质的致突变作用。但这些检测方法中，体外试验系统不能精确模拟化学物在活体内的生物转运和生物转化过程及其他与突变发生有关的生理过程，而高等动物体内突变率很低，缺乏高效识别和分离突变基因的技术，虽然已有少数基因位点的识别与分离取得了成功，但不适用于大规模的基因突变的检测分析。近年来建立的转基因动物致突变检测模型为研究哺乳动物体内基因突变提供了有效的手段，可以在动物个体水平研究突变的器官、组织特异性。并可从动物基因组中重新回收导入的基因，进行进一步的序列分析。目前用于致突变作用研究的转基因动物主要有商品化的 Big Blue 小鼠和 Muta Mouse 小鼠。Big Blue 以大肠杆菌 LacI 为靶基因，Muta Mouse 以大肠杆菌 LacZ 为靶基因。在进行转基因动物致突变试验时，在染毒后先抽提不同器官或组织的基因组 DNA，然后把纯化的基因组 DNA 与噬菌体体外包装抽提物混合，而将导入的基因载体包装进噬菌体中，用这些噬菌体感染大肠杆菌，可形成噬菌斑，通过噬菌斑颜色变化进行突变的判断并获得突变子。虽然已有研究表明，外源靶基因的反应同内源基因一致，但仍需进一步证实。另外，检测方法的标准化及降低检测费用等也是将该方法应用于常规检测需要解决的问题。

（三）Ames Ⅱ 试验

又称为 Ames 波动试验，与传统的 Ames 试验原理类似，但发展了新的评价标准，具有传统 Ames 试验无法比拟的优点。Ames Ⅱ 采用液体微孔板培养，即在微孔板中进行受试物和菌株的孵育，利用培养基中的特殊指示剂溴甲酚紫，当孔中有回复突变的菌株生长，使培养基 pH 降低时，该指示剂由紫色变为黄色。利用酶标仪在特定波长进行扫描，可记录培养基为黄色孔的数量，反映出受试物的致突变性。该方法可在短期内对大量化合物进行自动化高通量筛选，省时省力，且受试物的用量约是标准 Ames 试验的 1/3。Ames Ⅱ 试验仅采用 TAmix 和 TA98 就可以检测出诱发点突变和移码突变的化学物。TAMix 是由 6 种沙门氏菌株（TA7001～TA7006）组成的等量混合物，可检测出所有可以诱发点突变的化合物。TA98 用来检验移码突变，两种菌株形成有效互补。这种新的 Ames 试验方法在遗传毒性筛选中有良好的应用前景，有望成为标准 Ames 试验的替代方法之一。

（四）Vitotox 试验

Vitotox 突变分析方法是一种以发光菌或基因工程菌为受试菌株的新型遗传毒性试验方法，同传统方法相比有更高的敏感性和特异性。Viotox 方法中常用菌株为 TA104recN2-4，该菌株含有受 recN 启动子调控的荧光素酶基因，recN 蛋白在 SOS 修复中有重要作用。正常情况下，recN 基因的表达受到抑制，当遗传物质受到损伤，启动 SOS 修复机制后，recN 蛋白大量表达，同时荧光素酶表达。加入荧光素后则可对发光进行定量分析。TA104prl 菌作为一种内控系统引入 Vitotox 试验，增加了 TA104recN2-4 单一菌评价系统的可靠性，与常规 Ames 试验结果相关性较好，且化合物用量很少（少于 20mg）。Vitotox 可在短期内对大量化合物进行高通量筛选，所需样品量仅需传统 Ames 试验的 1 /1000，且受试菌株和报告基因不仅仅局限于沙门氏菌和绿色荧光蛋白（green fluorescent protein，GFP）基因，大大提高了筛选的范围和灵敏度。

（五）Green Screen HC Gadd45a-GFP 遗传毒性试验

Gadd45 基因（growth arrest and DNA damage inducible genes）是生长抑制和 DNA 损

伤诱导家族的一员，是一种细胞增殖的负调控因子。它通过与增殖细胞核抗原（proliferating cell nuclear Antigen，PCNA）、细胞周期蛋白抑制因子 p21WAF1/Cip1、细胞周期蛋白激酶 Cdc2 和组蛋白等结合而发挥 DNA 修复、细胞周期检查点调控和诱导细胞凋亡等功能。多种遗传毒性物质如苯并芘、丝裂霉素 C、顺铂、过氧化氢等都可以诱导 Gadd45 基因的表达上调。利用这一特点，将 Gadd45 基因的启动子与 GFP 基因融合，构建了一个报告基因表达载体。将此载体转入人淋巴瘤 TK6 细胞中。用受试物处理细胞，通过检测细胞中的绿色荧光强度，可间接反映受试物的遗传毒性。这个试验克服了以前一些体外试验如小鼠淋巴瘤 TK 基因突变试验、体外染色体畸变试验等特异性较低的问题。

（六）微核流式细胞试验

哺乳动物体内微核试验能够检测染色体断裂剂和非整倍体剂，是一种广泛应用的遗传毒性检测方法。传统的微核试验较费时费力，且微核的形成是一种频率较低的事件，导致一些弱的染色体断裂剂和非整倍体剂被漏检。采用微核流式细胞试验，每个样本可分析 20000 个细胞。这使得一些弱的染色体断裂剂或非整倍体剂可以被检测出来，大大提高了敏感性。

（七）基因芯片技术在遗传毒性评价中的应用

近年来，毒理基因组学（toxicogenomics）概念的提出为遗传毒性评价带来了新的思路。毒理基因组学主要是利用芯片技术检测动物或体外细胞在接受化学物刺激后基因表达谱的改变，其理论基础是具有相似作用机制的化合物诱导相似的基因表达谱的改变。通过对已知作用机制的化合物的基因表达谱进行聚类分析，或将待评价化学物的基因表达谱与已知作用机制的化学物进行比较。在遗传毒性研究方面，根据遗传毒性化学物和非遗传毒性化学物诱导细胞产生不同的基因表达谱，利用这些差异表达的基因作为可能的遗传毒性生物标志物来评价未知化合物的遗传毒性。相比传统的遗传毒性试验，这种方法更快速，信息量更多，并且有助于深入研究化学物的毒性作用机制。全基因表达谱芯片成本较高，可利用定制的低密度芯片只选择感兴趣的基因（如差异表达的基因）进行基因表达分析将大大降低研究成本。

三、遗传毒性试验中应注意的问题

（一）遗传毒性试验设计的总体考虑

目前遗传毒性的试验方法较多，使用的生物材料多种多样，包括从原核细胞到真核细胞直至高等哺乳动物细胞。有的可在体外进行并添加代谢活化物质，有的可在整体动物身上进行，有的可用植物细胞进行。试验方法较多，根据试验检测的遗传终点可将检测方法分为三大类，即基因突变、染色体畸变、DNA 损伤与修复。从试验系统来分，遗传毒性试验可分为体内试验和体外试验。由于体内外的试验方案较多，具体试验时需根据具体情况具体分析常用方法及需要重点关注的问题。

（二）遗传毒性试验组合

遗传毒性试验方法有多种，但没有任何单一试验方法能检测出所有的遗传毒性物质，因此，通常采用体外和体内遗传毒性试验组合的方法，以减少遗传毒性物质的假阴性结果。

这些试验相互补充，对结果的判断应综合考虑。遗传毒性试验组合应反映不同的遗传学终点，包括体内和体外试验、原核细胞和真核细胞。因此遗传毒性试验组合应包含细菌回复突变试验和遗传损伤体内试验。细菌回复突变试验能检出相关的遗传学改变和大部分啮齿类动物遗传毒性致癌剂。遗传损伤体内试验可提供一个包括影响化合物遗传毒性作用的其他相关因素（吸收、分布、代谢、排泄）的试验模型，如啮齿类动物造血细胞染色体损伤体内试验。啮齿类动物染色体损伤体内试验包括骨髓细胞染色体畸变试验和骨髓细胞或外周血红细胞微核试验。

（三）遗传毒性试验的对照设置

在遗传毒性试验中，常以生物为实验对象，如大鼠、小鼠、果蝇、仓鼠、细菌及真菌等。生物本身存在变异，同时实验条件也会影响试验结果。对照是将实验组与非实验组即对照组的非处理因素处于相等状态，使试验结果判断为处理因素所致，且抵消试验误差。在遗传毒性试验中均应设立阴性对照和阳性对照，有效控制影响试验的各种因素，使所获数据更具可比性，从而作出科学判断。

阴性对照指未处理对照或溶剂对照。阴性对照除无处理因素外，其他因素与试验组完全相同，其目的是获得试验的基础数据。例如，Ames 试验的未处理对照可了解所用的细菌的自发回复突变率，溶剂对照证实除处理因素外无任何使回复突变率增加或减少的因素。阳性对照指用某种已知能产生阳性反应的物质作为对照，其目的是通过对阳性物质的试验证明实验方法的可靠性，并验证实验操作者在本实验条件下完成实验操作的能力。例如，Ames 试验中阳性对照未出现阳性结果，应考虑实验菌株可能发生问题，或可能代谢活化能力不足等。阳性对照结果未呈阳性，将大大降低其他实验组的实验数据的可靠性。

（四）遗传毒性试验的质量控制

在评定试验结果阳性或阴性之前，应检查试验的质量控制情况。遗传毒性试验的质量控制一般通过以下措施来实现：①设立阴性对照和阳性对照；②盲法观察，指观察人员不了解观察标本的染毒剂量或组别，以排除观察人员对试验数据产生主观影响；③资料的统计分析，它是检验各处理组与对照组之间的差异，研究剂量—反应关系和定量强度；④试验结果重现性，即重复试验所得到的相同结果。重复试验指在不同时间完成的试验，而并非试验中的平行样本。

（五）遗传毒性试验的结果判定

各种遗传毒性试验都有其特定的遗传学终点。在实验结束后均会面临一个共同问题，即试验所取得的数据表示阳性结果或表示阴性结果。根据实验结果或指标的变量类型是数值变量（计量资料）还是分类变量（计数资料），选用合适的统计方法进行整理分析。

对于遗传毒性试验结果的判定，应综合分析试验组的效应比阴性对照组是否明显增加、是否具有剂量—反应关系、对于弱的或可疑的效应结果是否具有可重复性等。另外，还应对试验条件进行分析。如对于体外试验阳性结果的判断还应考虑：阳性结果是否为体外特有的活性代谢物引起；效应是否由于在体内并不存在的某些因素引起，如过高或过低的 pH、渗透压，严重的沉淀等。对于细胞的试验，阳性是否仅在细胞生存率很低的情况下发生等。对于体外试验的阴性结果则应特别注意提供的代谢活化系统对于受试物的活化是否适合和充足。体内试验中致突变作用的发生直接与受试物到达靶组织的剂量有关，在判定体内试验的阴性结果时（特别是当体外试验已显示有遗传毒性时），应考虑受试物是否未能到达靶部位等因素。

第三节　遗传毒性试验策略及其在安全性评价中的应用

在致癌机制方面，体细胞突变学说有较长时间的研究基础，已有一定的实验依据。由于化学物的诱变性与动物致癌性之间存在的密切相关性，近 40 年来的遗传毒理学研究主要致力于如何使用致突变试验筛检诱变剂。传统动物致癌试验所需时间长（2～3 年）、花费大，而致突变试验大多较为快速简便，且花费较少。在这个背景下，逐渐发展起了数百种遗传突变试验，而遗传毒理学试验策略实际上一直围绕着如何利用致突变试验系统准确地筛检出致癌剂而制定的。

一、遗传毒性与致突变性、致癌性、致畸性的关系

（一）遗传毒性与致突变性

遗传毒性和致突变性的概念并不完全相同。近年来，分子遗传学界常将突变狭义地指基因突变，而遗传毒性仅指 DNA 损伤。而在毒理学和预防医学界，常采用更为广义的概念，即遗传毒性泛指对基因组的毒性，突变包括基因突变和染色体畸变。毒理学相关概念中，遗传毒性被定义为损伤 DNA 和改变 DNA 序列的能力，其概念包括对基因组毒作用引起的致突变性及其他各种不同的效应，故遗传毒性产生的效应可能转化为突变，也可能被修复。而致突变性是更精确的概念，指可引起遗传物质发生突变的能力，在一个实验群体中突变率可被定量检测。同理，广义的诱变剂在毒理学界的含义包括可引起基因突变、染色体结构或数目畸变的物质。狭义上的诱变剂仅指可引起基因突变的物质，可引起染色体结构畸变和染色体数目异常的物质则分别称为断裂剂和非整倍体诱变剂。

（二）遗传毒性与致癌性

化学物的遗传毒作用可导致机体不同类型和不同程度的损伤，遗传毒性物质作用于体细胞时可能会导致肿瘤的发生。但遗传毒性和肿瘤的发生并非为充分必要关系，即遗传毒性并非一定导致致癌性，而肿瘤的发生也并非一定需要致突变作用作为必要条件。

致癌作用是一个复杂、多阶段、多基因参与的长期过程，涉及基因表达、生理生化的多种相互作用。大多数环境因素是通过影响遗传物质起作用的，现已明确肿瘤多数是由体细胞中多基因突变累积的结果。三类细胞基因，即癌基因、抑癌基因和增变基因的突变都可能导致肿瘤的发生。遗传毒作用并非一定致癌的主要原因包括如下几点：①和机体修复系统有关：损伤程度较小或损伤能够有效修复则不引起细胞突变；②和突变类型有关：基因突变可能为同义突变，或发生致死性突变导致细胞死亡，从而不影响基因表达的结果和细胞功能；③和突变发生的区域有关：突变发生在无意义的非编码区可不影响基因表达的结果，但现在已有研究显示非编码区基因突变也可能导致细胞相关功能异常。肿瘤的发生也并非一定由于产生了基因突变。除体细胞突变学说外，还有非遗传毒性致癌学说，即非

突变机制也可能导致肿瘤发生。非遗传毒性致癌物可通过表观遗传修饰、细胞持久增生、内分泌失调、免疫抑制、受体介导等多种途径促成肿瘤发生。非遗传毒性致癌学说与体细胞突变学说并非相互矛盾，而是相辅相成，在许多肿瘤发生过程中可同时观察到两种致癌机制的作用。

（三）遗传毒性与致畸性

遗传毒性与致畸性的关系与致癌性相似，为非充分非必要关系。畸形是诱变剂作用于未分化的胚胎细胞的后果之一，除畸形外还可导致胚胎或早期胎儿死亡。如环境污染物甲基汞，既是诱变剂也是致畸剂，可通过基因突变、染色体结构和数目畸变等途径诱发胚胎发育基因开启/关闭协调异常，从而引起胚胎畸形或死亡等多种发育毒性。畸形发生的机制除致突变作用外，还可由表观遗传学改变、干扰基因表达等机制所导致。有学者收集了 86 种化学物的致畸性和体内遗传毒性试验的资料，发现诱变剂与致畸剂的相关性为 62%，而 60 种致畸性体内遗传毒性的资料分析显示相关性为 72%。由此可知，化学物引发的遗传毒作用和致畸作用存在一定差异。但值得注意的是，诱变剂和致畸剂的相关性较高，诱变剂的检测对于致畸剂的筛选具有积极作用，如果一种化学物显示致突变阳性，则应考虑它是一种潜在的致畸物。

二、遗传毒性试验组合及其选择原则

由于化学物的遗传毒性与致癌性之间存在的密切相关性，遗传毒性试验筛检策略主要围绕如何准确筛检出致癌剂而制定。每一项成熟的遗传毒性试验在预测受试物致癌性时都有其特定的性能，如真阳性、假阳性、真阴性、符合率等指标，综合反映了该试验方法筛查出致癌物的能力和排除非致癌物的能力。但由于检测结果外推的局限性、可检测的遗传学终点有限、实验性能差异等因素，单一遗传毒性试验结果常不能准确反映外源化学物的致癌性。为弥补单一遗传毒性试验的缺陷，目前常采用遗传毒性试验配套组合和分阶段测试的方法来提高遗传毒性试验对致癌剂的筛查能力。

（一）遗传毒性试验的选择因素

1. 研究对象的差异　遗传毒性试验的实验对象包括病毒、细菌、真菌、细胞、植物、昆虫到整体动物，均与人体存在较大差异。不同物种、不同实验对象对外源化学物的转化能力在质和量上都存在明显区别，即使是同种物种，如大鼠、小鼠，不同品系之间的生物转化能力也不尽相同。而生物转化能力的差异往往是引起致突变试验和致癌试验结果在各物种之间差异的主要原因。直接诱变剂试验结果在从低等生物外推至高等生物时的可靠性相对较大，而间接诱变剂由于需经过代谢活化作用，在外推时需更加谨慎。除生物转化因素，物种间解剖结构、生理生化的差异也会导致受试物在生物转运模式上有所不同。因此，单一遗传毒性试验的结果外推至人体存在较大的不确定性，而若化学物对多个实验对象均存在诱变性，则其为诱变剂的可能性更大。

2. 体内试验与体外试验的差异　遗传毒性试验包括体内试验和体外试验。体外试验检测周期较短、人力物力花费较少，而体内试验检测周期较长、人力物力花费较大。体外试验不具有整体动物条件下的代谢解毒系统，也不具有吸收、分布和排泄过程，因此体外试验的灵敏度较高，而特异度较低。但若体外试验时未使用或未正确使用外源代谢活化系统，则可能发生漏检。而体内试验的特异度较高，更接近实际情况，但由于毒代动力学或其他原因，受试物不能在目标组织达到有效浓度时，也可能会发生漏检。

3. 遗传学终点的差异 根据遗传毒性的损伤类型，遗传毒性试验的检测终点有 4 种，即 DNA 损伤、基因突变、染色体结构畸变和染色体数目的改变，图 8-3 依据波及的核苷酸大小展示了常见的遗传损伤类型。不同遗传毒性试验可检测的遗传学终点不同，且目前尚无一项试验可涵盖所有的遗传学终点。当一种化学物使用反映所有遗传学终点的遗传毒性试验结果均为阴性时，才能考虑其为非致突变物。

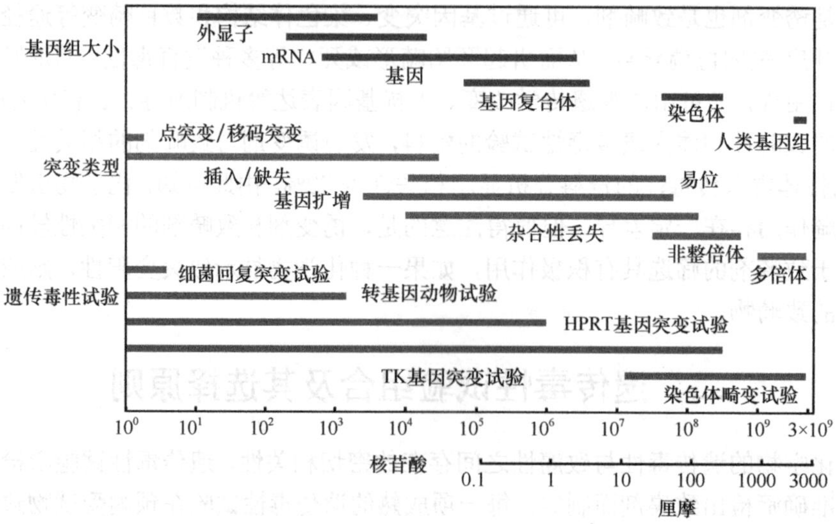

图 8-3 常用遗传毒理学试验的测试终点

（二）遗传毒性试验配套组合原则与优化

至今建立了使用不同生物材料的多种类型体内、体外遗传毒性试验系统，但任一一种遗传毒性试验检测系统均具有一定的假阴性率和假阳性率，这与试验本身的方法、检测终点等有关，也可能与假阴性结果中存在一部分非遗传毒性致癌物有关。表 8-4 列出了美国环境保护局遗传毒理学计划（Gene Tox）与美国国立环境卫生研究所国家毒理学规划（National Toxicology Program，NTP）对几个常用遗传毒理学试验灵敏度及特异度的分析结果。

国际环境诱变剂和致癌剂防护委员会（International Commission for Protection Against Enviroment Mutagens and Carcinogens，ICPEMC）于 1983 年提出了 5 类遗传毒作用终点，包括 DNA 损伤与修复、DNA 断裂、基因突变、DNA 重组和染色体结构异常、非整倍体和多倍体。目前遗传毒理学界常将观察终点简化为 4 类，与上述 5 类作用终点实际上一致，即①DNA 损伤；②基因突变；③染色体结构畸变；④染色体数目的改变。遗传毒性物质可通过不同作用机制导致遗传毒性，但目前尚无一项研究可覆盖所有的检测终点。故使用单一遗传毒性试验筛检出致癌剂的能力有限，而使用配套的遗传毒性试验则可显著提高诱变剂的检出能力。研究显示 Ames 试验、小鼠淋巴瘤细胞 TK 基因突变试验（mouse lymphoma assay，MLA）、体外微核试验（micronucleus test，MN）和体外染色体畸变分析（chromosomal aberration analyze，CA）的灵敏度分别为 58.8%（318/541），73.1%（179/245），78.7%（70/89）和 65.6%（231/352）。而 Ames+MLA+CA 试验组合的灵敏度为 84.7%（171/202），

Ames+MLA+MN 试验组合可达 90.7%（49/54）。由此可知，使用三项致突变试验联合时测试系统的灵敏度可显著提高。

表 8-4 几个遗传毒理学试验灵敏度及特异度比较

试验	灵敏度（%）		特异度（%）	
	GeneTox	NTP	GeneTox	NTP
Ames 试验	175/223（78）	20/44（45）66/119（54）	29/47（62）	25/29（86）51/73（70）
小鼠淋巴瘤细胞基因突变试验	45/54（87）	31/44（70）	0/5（0）	13/29（45）
CHO 细胞 HGPRT 基因突变试验	40/41（98）	–	1/1（100）	–
V79 细胞基因突变试验	84/104（81）	–	3/3（100）	–
果蝇伴性隐性致死突变试验	77/106（73）	4/18（22）	9/16（60）	9/9（100）
体外染色体畸变试验	40/54（74）	24/44（55）	2/6（33）	20/29（69）
体内染色体畸变试验	8/9（89）	9/15（60）	–	11/12（92）
体外 SCE 试验	100/101（99）	31/44（70）	0/10（0）	13/29（45）
体内 SCE 试验	21/21（100）	10/15（67）	–	5/12（42）
肝细胞 UDS 试验	19/22（86）	6/30（20）	–	13/14（93）

注：UDS 试验：unscheduled DNA synthesis，程序外 DNA 合成试验；SCE 试验：sister chromatial exchange test，姐妹染色单体互换试验

遗传毒性试验至今已建立了 200 多种短期试验，但这些已建立的试验系统各都有其优缺点，尚未发现单一试验在检测终点覆盖范围、灵敏度和特异性等方面均能达到令人满意的程度，且真正经过验证、有合适灵敏度和特异度的方法大概不到 10 种。因此，国内外均一致认为只有使用一组试验方法才能对化学物的遗传毒性作出较为可靠的评价。遗传毒性试验组合的选择考虑了结果评定的影响因素，主要原则有：①受试系统的多样性：应包含多种进化程度不同的物种，如原核细胞、低等和高等真核细胞、哺乳类动物等；②观察终点的多样性：应包括每一类遗传学终点；③体内外试验的兼顾。此外，还应综合考虑每一类试验方法是否具有鉴定目标所需的检出能力，兼顾对应的灵敏度和特异度等要求。

增加测试组合试验的数量可增加检测体系的灵敏度，但特异度会逐渐降低，而继续增加试验数量，测试体系的灵敏度也不会显著增加。此外考虑到成本-效益问题，一般遗传毒性测试体系中的配套试验不会超过 5 种。目前，欧盟、美国、加拿大、日本等国家和国际组织一般采用 3～5 种遗传毒性试验组成的检测系统。根据检测目的变化，不同国家和国际组织推荐或法定的遗传毒性试验组合的方法构成并不完全一致，且仍处于不断进展和优化中。

随着遗传毒性配套组合的应用，研究者和管理者均发现一些常用的遗传毒性检测体系灵敏度较高，但特异度较低，过高的假阳性结果可能干扰正确有效的决策和管理。研究显示，常用的体外试验组合 Ames+MLA+CA 的特异度仅有 22.9%（22/96），Ames+MLA+MN 试验组合仅有 5.0%（1/20）。因此，各国机构和国际组织正致力于提高检测结果和评估结果对致突变性/致癌性的预测力，主要在于提高检测体系的特异度及进一步推行“3R 原则”。人用药物注册委员会（International Conference on Harmonization，ICH）在 2011 年发布的遗传毒性检测标准中已将体外哺乳动物细胞致突变试验最高染毒剂量从 10 mmol/L 降低至 1 mmol/L，目的即是为了避免高染毒剂量时易导致的假阳性结果。目前，遗传毒性组合试验的优化主要集中在对试验方法或组合的优化、结果解释和分阶段测试方案上。结果解释

方面强调运用证据权重的方法综合分析遗传毒性的检测结果。分阶段测试方法着重将优化的组合试验分先后进行，也就是第一阶段先做体外筛检试验，有阳性结果时再做第二阶段体内诱变试验，生殖细胞可作为第三阶段试验。

三、遗传毒性试验组合的应用

基于不同的评价目的，遗传毒性试验组合和评价方法有一定程度上的差异，但均基于以上的选择和组合原则。通常情况下需要进行食品毒理试验的物质有：食品本身（原料、半成品、成品）、食品添加剂、污染物（农药、兽药、生物毒素、包装材料迁移物质）。大多国家和组织机构发布了相应的安全性评价标准和程序保证食物成分安全性，其中包括遗传毒性的评价。以下将主要介绍几个国家和组织在食品方面的遗传毒性试验组合和试验标准，表 8-5 简要总结了各个国家/组织的推荐试验组合的要点。

表 8-5　ICH、FDA、EFSA、中国食品安全性评价检测遗传毒性试验组合推荐

ICH	EFSA	FDA	中国
组合 1： （1）细菌突变试验（Ames 试验） （2）体外哺乳动物细胞染色体损伤试验（MN、CA、MLA） （3）体内哺乳动物造血系统细胞染色体损伤试验（MN、CA） 组合 2： （1）细菌突变试验（Ames 试验） （2）体内试验，使用两种不同的组织评估遗传毒性（MN、肝细胞 DNA 链断裂分析）	阶段 1 基本试验组合： （1）细菌突变试验（Ames 试验） （2）体外哺乳动物细胞微核试验 阶段 2 后续试验： （1）体内哺乳动物红细胞微核试验 （2）转基因动物体细胞和生殖细胞基因突变试验 （3）体内彗星试验	（1）细菌突变试验（Ames 试验） （2）体外哺乳动物细胞染色体损伤试验（MN、CA、MLA） （3）体内哺乳动物造血系统细胞染色体损伤试验（MN、CA）	组合 1： （1）Ames 试验 （2）体内哺乳动物红细胞 MN 或体内哺乳动物骨髓细胞 CA （3）小鼠精原细胞或精母细胞 CA 或啮齿类动物显性致死试验 组合 2： （1）Ames 试验 （2）体内哺乳动物红细胞 MN 或体内哺乳动物骨髓细胞 CA （3）体外哺乳类细胞 CA 或体外哺乳类细胞 TK 基因突变试验

（一）经济合作与发展组织

经济合作与发展组织（Organization for Economic Cooperation and Development，OECD）成立于 1961 年，是由 35 个市场经济国家组成的政府间国际经济组织，旨在共同应对全球化带来的经济、社会和政府治理等方面的挑战。OECD 并不同于联合国一样属于超国家的组织机构，而更像一个国家间论坛，用讨论的方式促使成员国之间达成一致的规则和协议，而这些规则和协议是国家之间解决贸易往来问题的基础。

OECD 相关项目中有评估化学品安全性评价的相关计划，发布了《OECD 化学品检测指南》。该指南汇总了国际公认的 150 余项试验标准方法，覆盖了化学品理化特性、环境效应和健康效应检测方法等多个方面，主要用于政府、行业和第三方实验室识别和描述化学品可能引起的危害。该指南可用于对新化学物、农药、药品和食品添加剂的安全性评价以及相应的风险管理。指南分为 5 个部分，分别为：①化学物的理化特性测定；②对生态系统的影响；③降解和蓄积；④健康效应；⑤其他检测标准。遗传毒性检测属于第 4 部分内容。

OECD 成员国若采用了指南的标准方法进行检验，则试验数据在成员国之间受到相互认可。该约定是 OECD 成员国之间的承诺，也是多数监管机构的政策依据。如美国环境保护局（Environmental Protection Agency，EPA）和美国食品与药品监督管理局（Food and Drug Administration，FDA）即采用了 OECD 指南中的检测方法对化学品安全性进行评定，若在特殊情况下需要对指南规定方法进行调整还需另外取得相关部门的批准。

（二）人用药物注册委员会

人用药物注册委员会（International Conference on Harmonization of Technical Requirements for Registration of Pharmaceuticals for Human Use，ICH）成立于 1991 年，由欧盟委员会、欧洲制药工业委员会、日本厚生省、日本制药厂商协会、FDA、美国药物研制协会，6 个官方机构和民间组织联合发起组成。世界卫生组织（World Health Organization，WHO）、欧盟自由贸易区和加拿大以观察员身份参加。ICH 与 OECD 类似，均是为了消除不同国家的监管部门和受监管单位在经济需求上的矛盾，为寻求统一标准而建立的机构。ICH 的所有决议文件三方均需遵守执行。

ICH 分别 1994 年和 1996 年发布了两项遗传毒性评价指南：《S2A 药品遗传毒性试验监管指南》和《S2B 遗传毒性：药品遗传毒性试验标准组合》，并于其后有过数次修改。2008 年时，ICH 将该两项指南合并为《S2（R1）人用药品遗传毒性试验指南和数据解释》，并于 2011 年时正式被 ICH 管理机构采用。ICH 遗传毒性检测和评估标准是欧盟、美国、日本等国家制定遗传毒性评价程序的基础。

ICH 认为，标准试验组合中应有一项细菌回复突变试验。而大量研究证实 Ames 试验可有效检测出遗传损伤，且其检出结果与致癌性结果一致性较高。标准试验中还应包括一项体外哺乳动物细胞染色体损伤试验，因该类试验的灵敏度较高。在体外哺乳动物细胞染色体损伤试验中，MLA、CA 和 MN 均属于同等考虑试验。此外，一些物质在体外试验条件下常为阴性，在体内条件下才表现出诱变性，且体外条件下不具有体内试验环境中的吸收、分布、代谢和排泄过程。故检测体系中还应包括一项体内遗传毒性试验。体内试验中可选用的有骨髓或外周血微核试验、骨髓或淋巴细胞染色体畸变分析。S2（R1）推荐有 2 种遗传毒性试验组合，具有同等效力。

组合 1：

（1）细菌突变试验，通常为 Ames 试验。

（2）一项体外染色体损伤试验，通常为体外 CA 或体外 MN；或选用 MLA 试验。

（3）一项体内遗传毒性试验，常检测啮齿动物造血系统细胞染色体损伤情况，即体内 CA 或 MN。

组合 2：

（1）细菌突变试验，通常为 Ames 试验。

（2）一项体内试验，使用两种不同的组织评估遗传毒性，通常为啮齿动物造血系统微核试验与肝细胞 DNA 链断裂分析。

组合 1 是前标准 S2A 和 S2B 中使用的检测组合，新标准 S2（R1）中新增的组合 2 为同等效力测试体系。新增组合 2 的原因为当有一项体外哺乳动物细胞试验检测结果为阳性时，两项良好的体内试验若在适宜暴露条件下和检测组织中检测结果均为阴性，可以考虑该受试物在体内不具有遗传毒性。因此，具有两项体内试验的组合 2 常用于当体外试验结果为阳性时的后续试验策略。

ICH 指出，当受试物具有较高细菌毒性时（如抗菌剂）仍应进行 Ames 试验。正如部分细胞毒素物质，虽然在体外哺乳动物细胞中具有较大的细胞毒性，但当其浓度较低时仍然具有诱变性。而具有高细菌毒性的物质中也可能存在此种情况。ICH 在 S2（R1）中取消了对生殖细胞诱变性的检测。ICH 认为，在作定性评估时绝大多数能够导致生殖细胞突变的诱变剂也可对体细胞产生遗传毒性，因此对体细胞进行的试验结果可代表对生殖细胞试验的结果。

（三）美国食品与药品监督管理局

美国 FDA 是美国卫生与人力资源服务部（Department of Health and Human Services，HHS）下属执行机构之一，主要管理食品、药品（包括兽药）、医疗器械、食品添加剂、化妆品、动物食品及药品等食药产品的监督检验。FDA 于 2000 年发布了《食物成分安全性评价毒理学原则红宝书 2000》（以下简称“红宝书”）用于指导生产者及其他相关人员在进行食品安全性评价时如何进行毒理学试验的设计、操作、结果分析和报告。FDA 在红宝书中规定，每人每日通过食物累积摄入量超过 1.5 μg（体重 60 kg 成人）的物质均需要进行遗传毒性检测，以明确该物质是否具有潜在致癌性或其他有害作用。

红宝书中推荐的遗传毒性试验组合包括：①细菌突变试验（通常为 Ames 试验）；②一项检测体外哺乳动物细胞染色体损伤的试验（可为体外 MN 或 CA）或一项体外小鼠淋巴瘤细胞 TK 基因突变试验（推荐使用 MLA）；③体内哺乳动物造血系统细胞染色体损伤试验（可为体内 MN 或 CA）。红宝书中指出，推荐使用 TK 基因突变试验的原因是其检测的致突变谱较广，包括基因突变和更大范围的染色体损伤。FDA 的遗传毒性试验组合及每项试验的具体方案均基于 OECD、ICH 和 EPA 的相关标准，若在红包书中未提及的内容也可参考该三个组织或机构的相关标准。

（四）欧盟食品安全局

欧盟食品安全局（European Food Safety Authority，EFSA）是欧盟于 2002 年设立的一个独立机构，主要工作是为议会提供独立的科学建议，以评估、管理和控制食品中可能发生的健康风险。EFSA 于 2011 年发布了《对应用于食品和食品安全评估的遗传毒理学试验策略科学意见》，对食品成分安全性评估方法作出了具体要求。在该指南中，EFSA 运用了两阶段测试方法对化学品的遗传毒性进行评估。EFSA 阶段性试验策略如下。

1. 阶段 1 基本试验组合

（1）Ames 试验。

（2）体外哺乳动物细胞微核试验。

2. 阶段 2 后续试验（当体外试验结果出现阳性时）：

（1）体内哺乳动物红细胞微核试验。

（2）转基因动物体细胞和生殖细胞基因突变试验。

（3）体内彗星试验。

EFSA 认为应设定一个体外试验先于体内试验进行的多阶段测试系统。第一阶段选用的两项试验均为较成熟的试验，其对遗传毒性致癌物的测定具有较高可靠性。选用该两项试验可用最少的测试数量同时涵盖三项遗传学终点的测定。而另外再增加体外试验不会再增加检测体系的灵敏度，还会导致测试体系的特异度下降。但如果体外试验的结果不明确或相互矛盾，则可采用其他体外试验来判定受试物的遗传毒性。若第一阶段两项体外试验结果均为阴性，则表明该化学物很可能不具有遗传毒性。EFSA 指出，由于体外条件下不具有体内条件下的代谢酶谱，因此该检测方案可能会漏检一部分在体外表现为阴性而在体内为阳性的诱变剂。但该缺陷同样也是其他测试组合中存在的问题，并不能完全避免，且这样的化学品十分罕见。若在评估时注意运用证据权重的方式进行决策，可在一定程度上避免漏检的发生。

若阶段 1 试验中出现阳性结果，则应进行第二阶段试验。EFSA 认为，第二阶段的体内试验应根据每个受试物的性质不同而有所变动，应针对在第一阶段体外试验中出现阳性结果的遗传学终点设计对应的体内试验。若阶段 2 检测结果为阳性，则不需要再进行其他试验，可说明该化学品很可能为诱变剂。若阶段 2 检测结果为阴性，说明该化学品可能不具有诱变性，但一些特殊情况下还需使用另一项体内试验在另外的组织中进行试验。EFSA 也同样指出，在体内条件下对体细胞为阳性的诱变剂也可到达生殖细胞从而对其产生致突变作用，因此没有必要在日常检测中开展对生殖细胞的遗传毒性试验。

（五）中国卫生与计划生育委员会

《中华人民共和国食品安全法》已于 2009 年 6 月 1 日起实施，其后经过一次修订，修订后的《食品安全法》于 2015 年 10 月 1 日实施。根据《食品安全法》及其实施条例的要求，我国卫生与计划生育委员会于 2013 年启动了食品毒理学安全性评价程序和方法标准清理，对食品安全国家标准 GB15193—2003 系列中 20 余项标准进行了修订。修订后的《食品安全国家标准食品安全性毒理学评价程序》（GB15193.1—2014）等标准已于 2014～2015 年陆续发布并执行。其中《体外哺乳类细胞 TK 基因突变试验》（GB15193.20—2014）等标准对单项遗传毒性试验方法均做出了具体规定。《食品安全性毒理学评价程序和方法》（GB15193.1—2014）中推荐的遗传毒性试验组合为如下。

1. 组合 1

（1）Ames 试验。

（2）体内哺乳动物红细胞 MN 或体内哺乳动物骨髓细胞 CA。

（3）小鼠精原细胞或精母细胞 CA 或啮齿类动物显性致死试验。

2. 组合 2

（1）Ames 试验。

（2）体内哺乳动物红细胞 MN 或体内哺乳动物骨髓细胞 CA。

（3）体外哺乳类细胞 CA 或体外哺乳类细胞 TK 基因突变试验。

此外备选遗传毒性试验有：果蝇伴性隐性致死试验、体外哺乳类细胞 DNA 损伤修复试验、体外哺乳类细胞 HGPRT 基因突变试验。如遗传毒性试验组合中两项或以上的试验结果为阳性，则说明受试物很可能具有遗传毒性，应放弃该受试物应用于食品。如遗传毒性试验组合中一项为阳性，则再选两项备选试验（至少一项为体内试验）；若再选的试验均为阴性，则可继续进行下一步的毒性试验；若再选的试验中有一项或以上为阳性，应放弃该受试物应用于食品。若三项均为阴性，可继续进行下一步的毒性试验。

（张立实　张　波）

小　结

本章主要介绍了外源化学物引起遗传毒性的机制、分类、后果以及评 c 价方法。

环境中相当数量的化学物质可造成遗传物质损伤，从而诱发突变，而存在于食品中的许多物质都可能具有诱变性。遗传毒理学在食品安全研究的主要任务是筛检出此类物质，对其作用机制进行研究，并提出评价、控制其健康危害的方法。外源化学物的遗传毒性作用终点主要分为四类，即基因突变、染色体畸变、染色体数目异常和 DNA 损伤。诱变剂对人类的健康影响主要取决于靶细胞的类型。当体细胞发生突变时，只影响接触诱变剂的个体，不影响下一代；当生殖细胞发生突变时，则可能影响后代。

遗传毒性试验是指用于检测外源化学物通过不同机制直接或间接诱导遗传学损伤的体外和体内试验。目前已建立了 200 多种的遗传毒性试验，所用的指示生物涉及病毒、细菌、霉菌、昆虫、植物、培养的哺乳动物细胞和哺乳动物等。常用的遗传毒性试验有细菌回复突变试验，哺乳动物细胞基因突变试验、染色体畸变试验、微核试验等，可针对不同的遗传学终点进行检测。由于对快速、灵敏、减少动物使用等需要，还发展了如彗星试验、Ames Ⅱ试验、Vitotox 试验、微核流式细胞试验等一系列新的试验技术和方法。

由于化学物的遗传毒性与致癌性之间存在的密切相关性，遗传毒性试验筛检策略主要围绕如何准确筛检出致癌剂而制定。由于检测结果外推的局限性、可检测的遗传学终点有限、实验误差等因素，单一遗传毒性试验常不能准确反映外源化学物的致癌性，故目前常采用遗传毒性试验配套组合和分阶段测试的方法来提高遗传毒性试验对致癌剂的筛查能力。基于不同的评价目的，遗传毒性试验组合和评价方法有一定程度的差异，但均基于类似的选择原则。在食品安全性评价方面，我国《食品安全国家标准 食品安全性毒理学评价程序和方法》（GB15193.1）系列标准的最新版本已于 2014～2015 年陆续发布并执行，其中对于遗传毒性评价组合的选择原则和单项遗传毒性试验方法等均做出了具体规定。

思　考　题

1. 什么是遗传毒性？遗传毒性如何分类？

2. 遗传毒性有什么不良后果？遗传毒理与致突变性、致癌性、致畸性有什么样的关系？

3. 如何应用遗传毒性试验筛选诱变剂？遗传毒性试验选择的原则是什么？我国推荐用于食品安全性评价的遗传毒性试验组合有哪两组？

参 考 文 献

国家卫生和计划生育委员会. 2014. GB 15193.1—2014 食品安全国家标准-食品安全性毒理学评价程序.

李寿祺. 2003. 毒理学原理与方法. 第 2 版. 成都：四川大学出版社.

印木泉. 2002. 遗传毒理学. 北京：科学出版社.

Cimino M. 2006. Comparative overview of current international strategies and guidelines for genetic toxicology testing for regulatory purposes. Environmental and Molecular Mutagenesis，47：362-390.

E.U. European Food Safety Authority（EFSA）. 2011. Scientific opinion on genotoxicity testing strategies applicable to food and feed safety assessment. EFSA Journal，9（9）：2379.

International Conference on Harmonization（ICH）. 2011. S2（R1）Guidance on genotoxicity testing and data

interpretation for pharmaceuticals intended for human use. http：//www.ich.org/products/guidelines.html.
Kirkland D，Aardemab M，Henderson L，et al. 2005. Evaluation of the ability of a battery of three in vitro genotoxicity tests to discriminate rodent carcinogens and non-carcinogens I. Sensitivity，specificity and relative predictivity. Mutation Research，584：1-125.
Organization for Economic Cooperation and Development（OECD）. 2005. Guidelines for the testing of chemicals，section 4. http：//www.oecd-ilibrary.org/books.
U.S. Food and Drug Administration（FDA）. 2007. Redbook 2000. Toxicological principles for the safety assessment of food ingredients. Center for Food Safety and Applied Nutrition. http：//www. cfsan. fda. gov/_redbook/red-ivc1.html.

第九章　化学致癌性及其评价

学习要求

掌握：化学致癌物筛查的基本方法；哺乳动物长期致癌试验；膳食结构与肿瘤的关系；食物中的抗癌成分；降低肿瘤风险的建议。

熟悉：化学致癌物的分类；常用的短期致癌试验；营养素与肿瘤的关系；肿瘤的营养支持治疗。

了解：化学致癌机制；转基因动物在致癌实验中的应用；膳食因素在癌变过程中的作用；食物中的致癌物质。

肿瘤（tumor）是机体细胞在不同致瘤因素长期作用下，基因发生了改变，失去对其自身的正常调控，从而发生过度增生及分化异常而形成的新生物，其外形通常表现为肿块。肿瘤的发生是由环境因素和机体的遗传易感性共同决定的。研究证明，80%～90%的人类肿瘤与环境因素有关，环境因素包括化学因素、物理因素、生物因素（病毒）等，而其中最主要是化学因素，约占90%以上。食品生产、加工、保藏、运输和销售过程中会涉及到很多可能诱发癌症的化学因素，如烧烤鱼、肉等蛋白质食品中的苯并（a）芘和杂环胺，霉变玉米中的黄曲霉素，油炸食品中的丙烯酰胺，腌制食品中的亚硝酸盐（亚硝胺类）等都具有致癌作用。在所有人类癌症中，1/3 以上与膳食有关。Doll 和 Peto 报告了归因于环境因素的癌症死亡百分率（范围）：与食品相关的酒类占 3%（2%～4%），饮食占 35%（10%～70%）。因此，研究化学致癌物及化学致癌机制，并对一些化学物质做出致癌性评价，有助于阐明癌症的本质和减少/控制食品中的致癌物，对防癌、治癌和降低癌症发病率等方面具有积极意义。

化学致癌作用（chemical carcinogenesis）是指化学物质（有机或无机、天然或合成的）引起或诱导正常细胞发生恶性转化并发展成为肿瘤的过程，具有这类作用的化学物质称为化学致癌物（chemical carcinogen）。然而，按现在的标准，这个定义已经不够准确。化学致癌物可定义为动物染毒一段时间后，与对照组比较，能引起某种组织或细胞肿瘤显著性增加的任何化学物质。

第一节　化学致癌机制和致癌物的机制与分类

一、化学致癌机制

目前化学致癌机制还未彻底阐明，在化学致癌机制研究中形成了多种学说，如体细胞突变学说、癌基因学说、癌变多阶段学说、表观遗传机制学说等。其中最经典的是体细胞突变学说或称遗传损伤机制学说，这里所指的遗传损伤指涉及 DNA 碱基序列改变，这种改变可以通过细胞分裂传递给子代。而与之相对应的非突变致癌机制学说泛指所有不涉及碱基序列改变的致癌机制。目前普遍认为外源化学致癌物诱导的肿瘤发生可能是上述两种主要机制共同作用的结果，两者协同作用，共同控制细胞癌变的过程。

化学致癌机制的现代概念认为：化学致癌是多因素引起的、多基因参与的、多阶段的过程。

（一）致癌过程的多阶段

癌变的阶段学说是在 20 世纪 40 年代，Rous、Mottram 和 Bemblum 等分别研究利用致癌性多环芳烃和巴豆油诱发小鼠皮肤乳头瘤，提出化学致癌的两阶段学说，即引发（启动，initiation）和促长（promotion）两个阶段。其实验证据是用亚致癌剂量（即在实验期间不引起肿瘤发生的剂量）的致癌物多环芳烃涂抹小鼠皮肤一次，20 周后不发生乳头瘤或很少发生。但如在使用剂量相同的致癌物之后再用巴豆油涂抹同一部位（每周 2 次，共 20 周），则有约 1/3～1/2 的小鼠发生乳头瘤。单独使用巴豆油或在涂抹致癌物之前使用巴豆油都不引起乳头瘤。据此提出化学致癌的引发和促长两阶段学说，将所用的致癌性多环芳烃称为引发剂（initiator），巴豆油称为促长剂（promotor），巴豆油中具有促长作用的有效成分经鉴定为佛波醇酯（12-O-tetradecanoylphorbol 13-acetate，TPA）。癌变的阶段学说在肝、膀胱、肺、胃肠道等癌症发生和体外细胞转化试验中得到证实。进一步的研究证明，癌变过程是多阶段过程，从良性肿瘤向恶性转变的过程称为进展（progression）阶段。化学致癌过程的主要阶段见图 9-1，在引发和进展阶段有细胞基因组（DNA）的结构改变。在促长阶段虽不涉及细胞基因组的结构改变，但依赖于基因的表达改变。

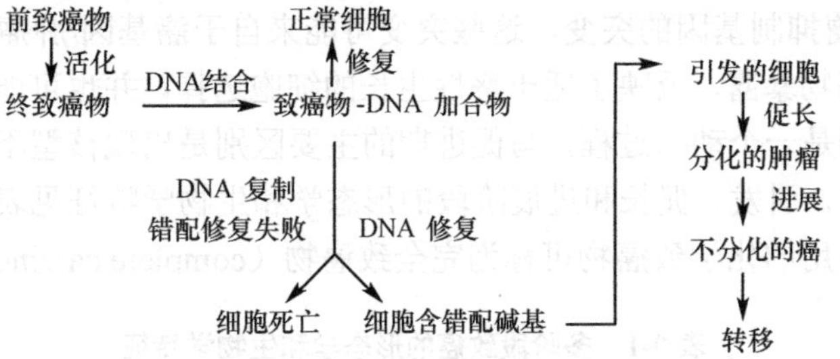

图 9-1 化学致癌过程的主要阶段

1. 引发阶段 引发阶段作为一个突变事件，是指化学物或其活性代谢物（亲电子剂）与 DNA 作用，导致体细胞基因突变成引发细胞癌变的阶段。引发阶段历时很短，对 DNA 的损伤是细微的，很可能仅仅是转换、颠换、缺失等基因突变，但使原癌基因活化或抑癌基因失活。引发所确定的基因型/表型是不可逆的，需要一次或多次细胞分裂来“固定”引发事件，但并非所有的引发细胞都将构成肿瘤，因其中大多数将经历程序性细胞死亡（凋亡）。引发细胞不具有生长自主性，因此不是肿瘤细胞。它在形态上与正常细胞很难区别，未凋亡的引发细胞将长期蛰伏，直至足量的促癌剂以较短的间隔持续反复作用才形成良性肿瘤。在引发过程中至少有三个细胞功能是重要的，即致癌物的代谢，DNA 修复和细胞增殖。

引发剂本身有致癌性，大多数是致突变物，且一般没有可检测的阈剂量，故引发作用是不可逆的并且是累积性的。引发阶段的个体变异、物种差异及亲器官特征主要取决于细胞对致癌物的代谢、DNA 修复及细胞增殖/凋亡的平衡。

2. 促长阶段 促长阶段是引发细胞增殖成为癌前病变或良性肿瘤的过程。促长剂单独使用不具致癌性，必须在引发剂后使用才发挥促长作用，促长剂通常是非致突变物，存在阈剂量和最大效应，其剂量反应关系呈 S 形曲线。促长剂可影响引发细胞的增殖，导致局部增殖并引起良性局灶性病理损害如乳头瘤、结节或息肉。这些病损很多会消退，仅少数细胞发生进一步突变为恶性肿瘤。促长剂的作用机制包括以下三个方面：①可能经特异的受体中介干扰细胞信号转导途径、改变基因表达；②可能在细胞和分子水平上通过改变细胞周期控制，选择性促进引发细胞的增殖；③可能抑制程序性细胞死亡（凋亡）。促长阶段历时较长，早期有可逆性，晚期为不可逆的，因此在促长阶段（特别是在早期）持续给予促长剂是必需的。促长阶段的另一个特点是对生理因素调节的敏感性，衰老、饮食和激素等因素均可影响促长作用。

3. 进展阶段 进展阶段是从引发细胞群（癌前病变、良性肿瘤）转变成恶性肿瘤的过程，在进展期肿瘤获得生长、侵袭和转移。当细胞开始失去维持核型稳定的能力并出现染色体畸变时，它们即进入进展期。在进展期中可观察到恶性肿瘤（癌）的多种特征，包括细胞自主性和异质性增加、生长加速、侵袭性加强、出现浸润和转移等恶性生物学特征。环境因素在早期可影响进展阶段，但随恶性肿瘤的生长和核型不稳定性的发展，对环境因素的反应可能丧失。作用于促长阶段的细胞转变成进展期的化学物称为进展剂（progressor），进展剂可引起染色体畸变，但不一定具有引发活性。进展剂导致核型不稳定性的机制可能是多方面的，包括有丝分裂装置的紊乱、端粒功能改变、DNA 低甲基化、重组、基因易位和基因扩增等。进展阶段是一个遗传毒性事件，主要的特征是核型不稳定性，肿瘤的染色体发生断裂和断片易位，存在多复本或部分/整个缺失。染色体结构改变伴有细胞癌基因/肿瘤抑制基因的突变，这些突变可能来自于癌基因/肿瘤抑制基因的功能改变或由于化学致癌物暴露，反映了适于恶性生长的细胞选择，并也可能反过来增加了核型不稳定性。进展期是一个动态过程，与促进期的主要区别是出现核型不稳定性及由它演变而来的染色体异常。引发、促长和进展阶段的形态学和生物学特征见表 9-1。兼有引发剂、促长剂和进展剂作用的化学致癌物可称为完全致癌物（complete carcinogen）。

表 9-1 多阶段致癌的形态学和生物学特征

引发	促长	进展
1. 不可逆性	1. 在基因表达和细胞水平上有可逆性	1. 不可逆性
2. 经引发的“干细胞”在形态学上不能鉴定	2. 持续给予促长剂才可维持促长细胞群	2. 核型不稳定性导致细胞基因组结构的形态学改变
3. 对外源化学物及其他化学因子敏感	3. 对衰老、饮食和激素因子敏感	3. 在进展阶段早期，已改变的细胞对环境因子敏感
4. 引发细胞可能自发(内源性)发生	4. 内源性促长剂可起“自发性”促长作用	4. 在进展阶段观察到良性或恶性能肿瘤
5. 需经细胞分裂“固定”	5. 剂量-反应关系显示有阈值和最大作用	5. 进展剂使已促长的细胞进入此期
6. 剂量—反应关系没有易于确定的阈值	6. 以能否有效地扩大引发细胞群来确定促长剂的相对强度	
7. 经规定的促长阶段后，定量癌前病变来确定引发剂的相对强度		

综上所述，化学致癌是长期的、复杂的多阶段过程，至少涉及引发、促长和进展三个阶段。在引发和进展阶段涉及遗传机制，在促长阶段主要是非遗传机制。在引发阶段主要是细胞原癌基因和肿瘤抑制基因的突变，在进展阶段主要是核型不稳定性。正常细胞经过遗传学改变的积累才能转变为癌细胞。

（二）体细胞突变学说

体细胞突变学说的理论提出基于以下几个方面的研究证据：①致癌物活化代谢后生成的DNA加合物诱导基因突变；②大多数的致癌物在致突变实验中呈阳性；③DNA修复缺陷可以导致肿瘤发生，如着色性干皮病、毛细血管扩张性共济失调等；④在许多肿瘤组织中发生染色体畸变或基因组不稳定性；⑤肿瘤细胞来源于单细胞克隆；⑥癌基因的突变以及抑癌基因突变或缺失在肿瘤细胞中普遍存在，而且突变的基因型可以通过细胞分裂传递给子代细胞。

大多数的化学致癌物进入体内，需经代谢活化转变为化学性质活泼、带电荷的亲电子物质，才具有致癌活性。这些活化了的致癌物与生物大分子物质如DNA、RNA、蛋白质等进行共价或非共价的结合并导致损伤效应。其中与DNA碱基的共价结合所形成的DNA加合物（DNA adduct），是DNA损伤的重要形式。但需说明的是，DNA加合物并不一定导致肿瘤，其后果取决于加合物在DNA链上的位置及加合物的性质。通常突变的频率或肿瘤的发生与加合物的形成量成正比，如黄曲霉毒素B_1、多环芳烃、芳香胺等致癌物，但也有例外，如N-亚硝胺诱发肿瘤的活性与形成量较少的加合物（O^6-烷化-G、O^4-烷化-T）关系密切。DNA加合物形成后可导致碱基突变、缺失、插入、交联等后果，严重的甚至发生DNA断裂，这些DNA改变成为体细胞突变机制的分子基础。由于DNA加合物的形成及持久性反映了生物体暴露于化学物的浓度及时间、生物体对化学物的吸收、代谢以及生物体对DNA损伤的修复能力。因此它既可以作为接触标志物，又可以作为效应标志物，在肿瘤防治、人群生物监测、环境化学物暴露风险评价中有着广阔的应用价值。

致癌物引起细胞的遗传学改变包括基因突变、基因扩增、染色体重排和非整倍性。已有大量研究报道表明，基因点突变和染色体重排在某些肿瘤中使原癌基因（pro-oncogene）激活或使肿瘤抑癌基因（tumour suppressor）失活，并观察到基因扩增和染色体数目改变在许多肿瘤的发生发展中起重要的作用。一般认为，化学物通过诱发基因突变或染色体突变（如缺失、插入、易位、扩增和数目改变），导致某一关键靶基因的可遗传改变对肿瘤的形成是必需的。

在环境有害因素作用下，部分原癌基因结构发生改变，引起异常激活成为癌基因（oncogenes），换言之，发生恶性转化的原癌基因即癌基因。已发现的癌基因有100多种，虽然它们的功能各不相同，但大体上可归纳为生长因子、生长因子受体、信号传导物、蛋白激酶和转录激活物等几大家族。大量研究证明原癌基因点突变是导致癌基因活化的主要形式，例如H-Ras基因第12密码子GGC突变为GTC，编码的蛋白（P21的前体蛋白）结构发生改变，从而影响Ras蛋白的GTP酶活性，使细胞增殖信号处于持续性激活的状态。与肿瘤发生密切相关的另一类基因是肿瘤抑制基因，也称抑癌基因或抗癌基因（anti-oncogen），是细胞内一类能对抗肿瘤作用的基因，抑癌基因属于隐性致癌基因，往往在细胞癌变或恶性变的过程发生突变或纯合缺失，导致基因功能丧失。通常情况下，抑癌基因在控制细胞生长、增殖等过程起负调控的作用，而在诱导细胞分化及凋亡的过程则发挥正向调节的功能。抑癌基因的失活一般涉及两个等位基因，如视网膜母细胞瘤基因（retinoblastoma gene，Rb）。视网膜母细胞瘤是发生于婴幼儿时期最常见的眼内恶性肿瘤，美国儿科医生Knudson AG发现在显性遗传的儿童视网膜母细胞瘤患者中Rb基因的缺失可能源于两次突变，并提出了著名的肿瘤“两次打击”的假说（two-hit hypothesis），认为在有遗传倾向的个体从亲代遗传了一个 Rb 突变的基因，在此基础上发生第二次突变时，即可导致肿瘤的发生，这种有遗传倾向的患者通常发病年龄小，且肿瘤为多发性。而非遗传性患者两次突变都在后天逐步发生，因此发病年龄大。已经明确 Rb 基因编码的蛋白是细胞周期重要的调控因子，通过自身的磷酸化状态，调节转录因子 E2F 的活性，控制细胞的增殖。另一个重要的抑癌基因是 p53。对 p53 基因的认识经历了几个阶段，即肿瘤抗原、癌基因和肿瘤抑制基因。直到 1989 年才知道其癌基因的作用实际上是突变型 p53 基因的作用，而野生型 p53 是一种肿瘤抑制基因。人类肿瘤中近 50%存在 p53 基因的异常，包括点突变、缺失突变、插入突变、移码突变、基因重排等。现已明确 p53 参与细胞周期调控、DNA 修复、细胞分化、细胞凋亡等过程，在细胞内的核心作用是介导 DNA 损伤后的应激反应、使细胞阻滞于 G_1 期以利于损伤修复和维持基因组的稳定性。突变了的 p53 失去了上述正常功能，细胞失去正常的监控进而发生恶变。

DNA 损伤后机体细胞会启动一系列修复系统，以维持遗传信息的完整性和稳定性。DNA 修复基本上可分为“无差错”修复及“易错”修复两大类，前者指能有效地去除损伤并恢复到原来的状态修复途径；而后者指能耐受 DNA 损伤的存在并绕过损伤部位继续复制，因此在 DNA 修复的同时伴有较高的突变频率。外源性化学物导致的 DNA 损伤主要修复途径有：①碱基切除修复（base excision repair，BER）；②核苷酸切除修复（nucleotide excision repair，NER）；③错配修复（mismatch repair，MMR）；④同源重组（homologous recombination，HR）和非同源末端连接（non-homologous end joining，NHEJ）。每条修复途径都有许多基因参与，组成复杂的功能体系。如果 DNA 损伤在复制前未正确修复，经历一个或多个细胞周期后，DNA 损伤即有可能固定为突变，如果突变累及的是一些重要基因（如癌基因和抑癌基因），就可能导致细胞恶变程序的启动。总之，DNA 结构的完整性和低突变率依赖于细胞内存在的强大的修复系统，这些系统在一定范围内使体细胞的突变以很低的频率在组织细胞内累计，保证了基因组复制的精确性和高保真度。但是没有绝对可靠的损伤修复系统，一些突变能够逃避系统的监察而幸存下来，且固定在细胞基因组中，并通过细胞增殖分裂传递给子代细胞。

点突变和染色体重排使原癌基因激活或过度表达，抑癌基因突变或失活，而导致细胞增殖失控，而 DNA 修复功能缺陷进一步促进基因组的不稳定性和增加肿瘤的易感性。上述遗传学改变在肿瘤细胞最常出现，也是体细胞突变机制学说的理论基础。

（三）非突变致癌机制

在正常的体细胞转变成为癌细胞的过程中，有时基因的结构即 DNA 的序列并没有发生突变，而是发生了基因外的一些变化，这些变化能影响基因的转录调控，使基因出现不正常的关闭和开放。如果这些基因异常的表达对细胞的增殖调控非常关键，就可能诱导细胞无限制生长等生物学特性。许多研究发现一些化学致癌物对细胞 DNA 并无致突变作用，说明突变不是致癌的唯一机制，因此有学者提出了非突变致癌学说。主要包括表观遗传变异、细胞异常增生、免疫抑制、内分泌激素失衡等。

1. 表观遗传变异 基因组含有两类遗传信息，一类是传统意义上的遗传信息，即 DNA 序列所提供的遗传信息，另一类是表观遗传学信息，提供何时、何地和如何应用遗传信息的指令，在时空顺序上控制基因的表达，它不涉及 DNA 序列改变但又可以通过细胞分裂遗传给子代细胞。真核细胞中存在着一个由 DNA 甲基化、组蛋白修饰、染色质重塑、非编码 RNA 等形式组成的表观遗传修饰网络，能动地调控着具有组织和细胞特异性的基因表达模式。大量研究证明表观遗传变异在肿瘤的发生发展中起重要作用。无论是在整体动物试验还是人体肿瘤细胞中都发现表观遗传变异的一些共同的特征包括整个基因组的低甲基化、某些抑癌基因和DNA修复基因的高甲基化以及印记丢失等。表观遗传调控模式中DNA甲基化是研究得最多的。所谓DNA甲基化是指在DNA甲基化转移酶的作用下，在基因组CpG二核苷酸的胞嘧啶5'碳位共价结合一个甲基基团。正常情况下，人类基因组“垃圾”序列的CpG二核苷酸相对稀少，并且总是处于甲基化状态，与之相反，人类基因组中大小为100～1000 bp左右且富含CpG二核苷酸的CpG岛则总是处于未甲基化状态，并且与56%的人类基因组编码基因相关。大多数看家基因的启动子和第一外显子都具有可被甲基化修饰的CpG岛，CpG岛的甲基化一般导致基因的沉默。如小鼠围生期暴露己烯雌酚导致雌激素受体下游基因启动子发生DNA甲基化改变，持久性改变相关基因表达并导致暴露细胞表型的改变。最新的研究发现一种进化过程中高度保守的、内源性非编码微小RNA（microRNA，miRNA）可以在转录和翻译水平调控基因的表达水平，miRNA介导的基因调控广泛存在于多种生物，是基因调控网络的一个重要参与者，它类似转录因子，是一类丰富的调控子。在生长发育、细胞分化、肿瘤、疾病发生等过程中发挥重要的作用。由于这种调控作用不涉及DNA序列改变，因此认为miRNA也是表观遗传调控的一种模式的观点已被普遍接受。RNA干扰也已大量应用于相关疾病的研究，为一些重大疾病的治疗带来了新的希望。

迄今，许多研究证明环境因素可以改变表观遗传模式产生毒作用效应。如何将DNA、核小体和染色质水平上的表观遗传调控信息加以整合，阐释更加复杂的基因表达调控网络是后基因组时代的重要研究方向之一，对重大疾病的预测、预防、诊断和治疗可产生深远影响。

2. 细胞异常增生 肿瘤是正常细胞在致癌因素长期作用下，出现过度增生或异常分化而形成的新生物。与正常细胞相比，肿瘤细胞具有超过正常的增生能力。增生可分为良性增生与异常增生（或称恶性增生），前者常有明显的刺激因素，且增生限于一定程度和一定时间，一旦刺激因素消除，即不再增生，但如超越一定限度，发生质变，则也可变为恶性增生。恶性增生的特点是细胞不受任何约束和控制，呈无规律的迅速生长，甚至可以破坏正常组织器官的结构并影响其功能。大量研究证明慢性炎症的刺激可以诱导局部组织的增生，反复的刺激可使良性增生发展为异常增生，最终导致肿瘤的发生。例如胃幽门螺旋杆菌感染与胃癌、乙肝病毒和丙肝病毒慢性感染与肝癌、人乳头瘤病毒感染与宫颈癌等。临床研究证明细胞增生是许多癌前病变的共同特征，例如乳腺囊性小叶增生、黏膜白斑病、慢性溃疡、大肠多发性息肉病、肝硬化等与肿瘤发生密切相关。一般认为细胞增殖可以通过多种机制影响致癌作用。诱发与致癌过程有关的细胞增殖的机制主要有两种，即再生细胞增殖和有丝分裂剂引起细胞增殖。再生细胞增殖是指某些因素导致细胞死亡的事件继之出现的再生增殖。在某些再生增殖情况下，由于癌前损伤的细胞比正常细胞更能耐受毒性效应，癌细胞可优先生长增殖。有丝分裂剂引起的细胞增殖是指某些化学物能直接诱导细胞增殖，并且常有组织特异性。癌前细胞灶优先生长，细胞数和细胞周期的增加，细胞周期缩短，进入S期前用于DNA修复的时间减少，可能增加发生进一步突变事件的可能性。

3. 免疫抑制 肿瘤的发生与机体的免疫状态密切相关，可能是免疫监视功能丧失，选择性放任瘤前细胞存在和增生的结果。例如胸腺摘除动物和胸腺先天发育不良患者，由于细胞免疫缺陷，恶性肿瘤发病率升高；原发性和继发性免疫缺陷患者，淋巴造血系统恶性肿瘤发病率上升；大剂量化疗、放疗、免疫抑制剂的使用，可能降低了机体的免疫监视功能，易引起肿瘤发生。艾滋病患者由于免疫缺陷，伴发Kaposi肉瘤和淋巴瘤也很常见。机体免疫功能增强，肿瘤可自行消退，如神经母细胞瘤、恶性黑色素瘤、绒毛膜上皮癌等均有少数自行消退的报告。由于肿瘤免疫原性非常弱以及主要组织相容性复合体（major histocompatibility complex，MHC）和肿瘤细胞协同刺激分子表达异常等原因，难以诱发机体产生有效的抗肿瘤免疫应答。此外，肿瘤细胞可破坏宿主的免疫功能，以保护肿瘤免受宿主细胞的攻击，使肿瘤细胞能继续生长、扩散，并发生转移，这就是免疫“逃避”。肿瘤逃逸机体免疫攻击的原因可能与肿瘤抗原的缺陷和抗原调变、MHC 抗原的表达异常、肿瘤细胞抗原的“封闭”或“覆盖”、肿瘤抗原的加工、处理和提呈障碍、肿瘤细胞协同刺激分子表达异常、肿瘤细胞的“漏逸”和“免疫刺激”、肿瘤细胞分泌免疫抑制性因子等因素有关。免疫抑制过程可从多方面影响肿瘤形成。如：硫唑嘌呤、6-巯基嘌呤等免疫抑制剂或免疫血清均能使动物和人发生白血病或淋巴瘤，但很少发生实体肿瘤。环孢素 A 是近年器官移植中使用的免疫抑制剂，曾认为不致癌。但现已发现，使用过该药患者的淋巴瘤的发生率增高。以往许多实验证明一些化学致癌物如多氯联苯、二噁英、7,12-二甲基苯蒽、三甲基胆蒽、苯并（a）芘、镉、砷等具有免疫抑制作用，表明外源化学物可以通过抑制免疫功能促进肿瘤的发生，而启动的癌细胞可通过免疫“逃避”躲开机体的免疫攻击。

4. 内分泌激素失衡 在动物实验中发现雌激素或孕酮诱导大鼠和小鼠发生垂体和乳腺肿瘤，许多人群流行病学资料也发现长期使用激素类药物会增加肿瘤发生的危险。一些药物如己烯雌酚、抗甲状腺类药物、抗肾上腺类药物等在治疗过程中也会导致内分泌系统的失衡继而诱发肿瘤。例如孕妇接触己烯雌酚可导致子代睾丸癌或阴道癌发生率上升。一些外源化学物可通过影响体内天然激素的产生、合成、释放、转运、代谢或清除，与相应的受体结合并随之在细胞内产生效应，干扰血液中激素正常水平的维持，模拟或干扰天然激素的生理、生化作用，这类物质统称为环境内分泌干扰物。食物中的很多成分具有弱雌激素样作用，如植物性食物中含有的黄酮类及木酚素类。谷物和豆类（包括高粱、小米，特别是大豆）均含异黄酮类化合物，其含量因收获的时间和生长地点的不同而异。接触环境内分泌干扰物不仅与生殖障碍、出生缺陷、发育异常、代谢紊乱相关，还与人类肿瘤的发生密切关联。人群流行病学调查以及实验研究都显示：许多环境内分泌干扰物如多氯联苯、DDT、二噁英（TCDD）等是明确的致癌物，也是典型的环境雌激素，与人类某些癌症如乳腺癌、睾丸癌、前列腺癌、卵巢癌等发生有关。有关内分泌干扰物的致癌机制目前尚未明确，可能与干扰激素的正常代谢；与激素受体结合而发挥拟激素作用；与大分子物质形成加合物；影响神经、免疫等其他系统而发挥内分泌干扰作用等相关。

二、化学致癌物的分类

化学致癌物种类繁多，分类方法有很多种，可根据不同的目的进行不同的分类，如可以按照来源、分子结构，在致癌过程中表现的作用等来分类。目前比较公认的主要有两种分类法，即根据对人类和动物的致癌性以及根据作用方式进行分类。

（一）根据对人类和动物致癌作用分类

世界卫生组织下属机构国际癌症研究所（International Agency for Research on Cancer，IARC）从 1971 年起组织专家组收集和评价世界各国有关化学物质对人类致癌危险性的资料。IARC 关于化学物质致人类癌症危险性分类只与该化学物致癌性证据的充分性（证据权重）有关，而并不涉及其致癌活性大小及其机制。IARC 将化学物对人类致癌性资料（流行病学调查和病例报告）和对实验动物致癌性资料分为四级：致癌性证据充分、致癌性证据有限、致癌性证据不足及证据提示缺乏致癌性。由于癌症流行病学研究是比较困难的，一般是在人群接触某种化学品多年之后进行，可能有很多混杂因素，并往往受到经费和时间的限制。为治疗目的给予化学品（药品）和职业性接触，较易控制接触条件，但个体数和接触期限常受到限制。因此，对于很多化学品需要通过动物致癌试验、短期试验等，为接触此化学品的致癌危险性提供论据（主要用于危害鉴定）。

实验动物致癌性资料证据评价标准：

（1）致癌性证据充分指确立了受试物与肿瘤发生率（恶性或恶性和良性肿瘤合计）增加的因果关系：①见于两种或两种以上动物；②一个物种但经两次或多次独立的试验（包括不同时间、不同实验室或在不同实验方案条件下）；③在一个物种一次试验中，恶性肿瘤发生率、部位、肿瘤类型或发癌时间得到肯定的阳性结果。

（2）致癌性证据有限指资料提示有致癌作用，但在作决定性评价中证据有限：①致癌性证据限于一个试验；②在设计、实施或结果解释的合理性方面尚有疑问；③仅有良性肿瘤、未确定致癌性潜力的损伤、或该种系中此肿瘤的自发率较高。

（3）致癌性证据不足指资料由于重要的定性或定量上的限制，不足以证明致癌作用的存在与否，或没有实验动物致癌性的资料。

（4）证据提示无致癌性是指有足够的资料（至少两种种系）证明该物质无致癌性。但需指出，证据提示无致癌性的结论必然限于所研究的种系、肿瘤部位和暴露剂量水平。

迄今为止，IARC 对超过 900 种的物质包括化学物、同类化合物、物理因素、生物因素、生产过程、职业接触等进行了致癌性综合评估，IARC 根据对人类和实验动物致癌资料，以及在实验系统和人类其他有关的资料（包括癌前病变、肿瘤病理学、遗传毒性、结构-活性关系、代谢和动力学、理化参数及同类的生物因子）进行综合评价，根据环境因子和类别、混合物及暴露环境与人类致癌危险性，把各种致癌因素分为以下四种：

（1）组 1，人类致癌物（carcinogenic to humans），对人类致癌性证据充分者属于本组。

（2）组 2，分为两组，即组 2A 和组 2B。组 2A，人类可能致癌物（probably carcinogenic to humans），指人类致癌性证据有限，而实验动物致癌性证据充分。组 2B，人类可疑致癌物（possibly carcinogenic to humans），指人类致癌性证据有限，实验动物致癌性证据亦不充分；或指人类致癌性证据不足，但实验动物致癌证据充分。

（3）组 3，基于现有证据不能对人类致癌性进行分类（not classifiable as to carcinogenicity to humans）。

（4）组 4，人类可能非致癌物（evidence of non-carcinogenicity for humans）。

截止 2016 年 5 月，IARC 专家组报告了对环境因子和类别、混合物及环境暴露与人类致癌关系评价结果。报告显示，目前在 IARC 已评估的物质中，属于组 1 的有 118 种、组 2A 有 80 种、组 2B 有 289 种、组 3 有 502 种，组 4 仅有 1 种（已内酰胺）。表 9-2 列举了部分人类确切致癌物、产生方式及其靶器官。

表 9-2 已知的人类致癌物及其靶器官举例

致癌物或生产方式	靶器官
黄曲霉毒素	肝（肺）
4-氨基酚	膀胱

续表

致癌物或生产方式	靶器官
砷及砷化合物	脾、皮肤
石棉	肺、胸膜、腹膜（胃肠、咽部）
硫唑嘌呤	淋巴系统、间质、肝胆系统、皮肤
苯	造血系统
联苯胺	膀胱
N-N 双（2-氯乙基）-2-苯胺	膀胱
双氯甲醚及工业及氯甲甲醚	肺
1，4，丁二醇-二甲磺酸盐	造血系统
口服避孕药（复合）	肝
口服避孕药（连续）	子宫
氡及裂变物产物	肺
含石棉纤维的滑石	肺
硫替哌	造血系统
Treosulphen	造血系统
氯乙烯	肝、血管（肺、脑、淋巴系统）
酒精饮料	咽、食管　肝、喉、口腔（乳房）
含非那西丁的退热剂	膀胱　肾
含烟草的槟榔	口腔、咽喉、食管
煤焦油沥青	皮肤、肺、膀胱（咽、口腔）
煤焦油	皮肤、肺（膀胱）
矿物油（轻度处理或不处理）	皮肤（肺、膀胱、胃肠道）
页岩油	皮肤（胃肠道）
烟炱	皮肤、肺
烟草制品（无烟）	口腔、咽、食管
烟草制品（有烟）	肺、膀胱、口腔、咽喉、食管、胰、肾
铝生产	肺、膀胱（淋巴系统）
金胺生产	膀胱（前列腺）
鞋制造与修理	鼻腔、造血系统（咽、肺、肝、胃、食道、膀胱）
煤气生产	皮肤、肺、膀胱
焦煤生产	皮肤、肺、肾
硬木家具	鼻腔
生产钢铁冶炼	肺（胃肠、生殖泌尿系统、造血系统）
异丙醇生产	鼻腔（咽）
品红生产	膀胱
职业油漆工	肺
橡胶业	膀胱、造血系统（肺、胃肠道、皮肤、淋巴系统）
地下开采赤铁矿接触氡	肺

（二）按化学致癌作用发生分类

化学致癌物按作用发生可分成三类：①不经过体内代谢活化就具有致癌作用的直接致癌物（direct acting carcinogen）；②必须经过体内代谢活化才具有致癌作用的间接致癌物

（indirect acting carcinogen）；③本身并不致癌，但对致癌物有促进作用的促癌物（tumor promoting agent）。

致癌物在活化代谢前称为前致癌物（procarcinogen），在活化过程中接近终致癌物的中间产物称为近致癌物（proximate carcinogen），近致癌物进一步代谢成为活化产物称终致癌物（ultimate carcinogen）。终致癌物通常是带正电荷的亲电子物质，化学性质非常活跃，但寿命极短，容易与 DNA、RNA 以及蛋白质等生物大分子物质共价结合并导致损伤，进而诱发肿瘤。

1. 直接致癌物　其化学结构的固有特性是不需要代谢活化即具有亲电子活性，能与大分子物质共价结合形成加合物（adduct）。这类物质包括：内酯类、烯化环氧化物、亚胺类、硫酸类酯、氮芥、活性卤代烃类、铂的配位络合物、镍、铬、钛、镉、砷或它们的盐类化合物。

2. 间接致癌物　这类致癌物需要在体内代谢活化后才具有致癌作用。代表性的化学物包括：多环或杂环芳烃[如苯并（a）芘、苯并（a）蒽、3-甲基胆蒽]、单环芳香胺（如邻甲苯胺、邻茴香胺）、多环芳香胺（如 2-萘胺、联苯胺等）、喹啉、硝基呋喃、偶氮化合物、亚硝胺类、甲醛和乙醛；氨基甲酸酯类、卤代烃中的氯乙烯等。一些天然物质如黄曲霉毒素、环孢素 A、烟草和烟气、槟榔及酒精性饮料等也是间接致癌物。其中黄曲霉毒素 B_1 是最强烈的致癌物之一，对人和大鼠等动物都能诱发肝癌。烟草的烟气中含有多种致癌物，如多环芳烃、杂环化合物、酚类衍生物等致癌物，与肺癌发生密切关联，嚼食烟叶和使用鼻烟时所含的亚硝胺能诱发口腔癌和上呼吸道癌。

3. 促癌物　虽然促癌物单独不致癌，却可使致癌剂诱发突变的细胞克隆扩增，具有促进肿瘤发展的作用。常见的促癌物有佛波酯（TPA）、巴豆油（croton oil）、煤焦油中的酚类、卤代烃等。TPA 是两阶段小鼠皮肤癌诱发试验中的经典促癌剂，在体外多种细胞系统中有促癌作用，通过与蛋白激酶 C（protein kinase C，PKC）高度特异性可逆地结合促进肿瘤的形成。苯巴比妥对大鼠或小鼠的肝癌发生有促癌作用。色氨酸及其代谢产物和糖精对膀胱癌也有促癌作用。近年来广泛使用丁基羟基甲苯（butylated hydroxy-toluene，BHT）作为诱发小鼠肺肿瘤的促癌剂，对肝细胞腺瘤和膀胱癌也有促癌作用。雌激素（包括自然和合成的雌激素）是其靶器官及肝脏肿瘤的促进剂。还有研究证明有机氯农药 DDT、多氯联苯、氯丹、二噁英是肝癌促进剂。

（三）按化学致癌物的化学结构分类

化学致癌物按化学结构可分为：烷化剂、多环芳烃类化合物、芳香胺类化合物、氨基偶氮染料、亚硝胺类化合物、黄曲霉毒素、植物毒素、金属致癌物、其他。

除了以上三种分类法，还有一种按照致癌机制的分类法，即根据是否直接作用于遗传物质把致癌物分成遗传毒性致癌物和非遗传毒性致癌物，或称诱变和非诱变致癌物。由于许多毒物的诱癌机制并不是单一的，既有诱导突变作用，也有非诱导突变的作用。另外目前已有大量的研究证明表观遗传变异也会导致人类遗传病的发生，如 Beckwith-Wiedemann 综合征。因此把表观遗传突变归入非遗传毒性致癌物，既不准确，也容易造成概念上的混淆。因此 IARC 早在 1983 年就指出此分类法存在一定的局限性。但是由于传统习惯，目前这种分法仍然普遍使用。

第二节 化学物致癌筛查的基本方法

由于化学物的致癌效应是一种严重的毒性后果，因此化学致癌物的判定是一项艰巨、慎重、复杂费时的工作。人群流行病学调查和动物试验结果是评价化学物致癌危险性的两类主要的证据。但是流行病学调查结果的可信度取决于严密的设计，而且研究过程受许多因素的限制和干扰；而动物诱癌试验花费大，周期长，动物使用数量大，也难以应对实际需要。人类所接触的外源化学物至少数十万种，遍及空气、水、食品、药品、化妆品、材料等。因此必须建立一套快速、高效、准确的外源化学物检测系统来预测外源化学物的致癌作用。目前通常先进行化学物构效关系分析、致突变组合试验、细胞恶性转化试验等对化学物的致癌性进行初步的筛查，若实验结果出现阳性才进行下一阶段的试验。随着分子生物学技术的发展，转基因动物在毒理学研究中的应用已越来越多，为快速检测致癌物、促癌物和研究化学致癌的机制提供了新的途径。

总之，上述各种评价系统和检测方法各有其优缺点，必须整合各方面的资料数据，综合分析后才能做出客观准确的判断。

一、定量构效关系分析

定量构效关系（quantitative structure-activity relationships，QSAR）是利用理论计算和统计分析工具来研究化合物结构与其生物学效应之间的定量关系，即基于特定毒性终点的先验数据，使用规则、模型与算法，预测新的分子是否具有相似的毒性倾向。构效关系分析多从一种同系物着手，找出该系物质化学结构中与致癌性关系最密切的结构成分，以及其他结构成分改变时所产生的影响。因此在预测外源化学物产生的健康损伤作用时，可以首先从有害物质的化学结构特点来评估化合物潜在的致癌危险性。对于 QSAR 构建和验证，OECD（http；//www.oecd.org）已经发布了相关的指导原则和工具包。

对数百种多环芳烃类化合物的小鼠皮肤癌诱发试验结果所做的构效关系分析表明，致癌性的强弱不仅与化学结构的微小变化相关，而且与其立体结构性的变化也有密切关联。构效关系分析快速、经济、有效，但是由于从化学分子结构导出的分子描述符，无法全面体现化学物质与生物大分子的相互作用以及后续的复杂响应过程，而且分析方法未能统一，因此目前还没有一个功能较为全面的构效关系分析系统，但随着计算毒理学的发展以及化学品毒性“大数据”的建立与完善，高效率且功能强大的分析系统将逐渐得到广泛的应用。

二、致突变试验

许多化学致癌物具有诱导突变的作用，因此目前致突变试验是毒理学安全性评价中应用最多的检测项目。由于每个试验只能反映 1～2 个遗传终点，通常采用组合试验，以灵敏度和特异性两个指标来衡量试验的可靠性。灵敏度亦称阳性符合率，即在试验中已知致癌物呈现阳性结果的比例。特异性亦称阴性符合率，是在试验中已知非致癌物呈现阴性结果的比例。致突变试验具有方法简单、快速、费用低、无需特殊检测仪器等优点，但缺点是无法检出非诱变性致癌物。致突变试验阳性结果提示受试物可能是诱变性致癌物，也可能是具有诱变性的非致癌物；而阴性结果提示受试物为非诱变性的非致癌物，也可能为非诱变性的致癌物。致突变试验常用的有细菌回复突变试验（Ames 试验）、微核试验、染色体畸变试验、程序外 DNA 合成试验、姐妹染色单体交换试验、TK 基因和 HGPRT 基因突变试验等。上述试验中，Ames 试验对致癌物的预测率最高，与动物诱癌试验结果比较，敏感性约为 54%（已知致癌物在 Ames 试验中呈阳性），特异性为 70%（非致癌物在 Ames 试验中呈阴性）。TK 基因突变试验的敏感性亦很高，但特异性较低。

三、细胞恶性转化试验

细胞转化是指外源因素对体外培养的细胞所诱发的与肿瘤形成有关的恶性表型改变，包括：细胞形态、细胞增殖速度、生长特性（锚着独立性生长或接触抑制消失等）、染色体畸变等变化，以及移植于动物体内形成肿瘤的能力。进行恶性转化试验的目的在于揭示体外培养细胞接触受试物后，细胞生长自控能力的丧失，接触抑制消失，细胞排列紊乱或呈灶状生长。其观察终点是细胞恶性变，因此本试验既可以筛查诱突变性毒物，也可以检测非诱变性毒物，这是致突变组合实验所不具备的。以往恶性转化试验主要采用动物原代细胞如叙利亚仓鼠胚胎细胞（SHE 细胞）；动物细胞系如 BALB/C-3T3、C3H10T1/2 和 BHK-21；病毒感染的永生化细胞如大鼠 RLV/RE 细胞和仓鼠 SA7/SHE 细胞等。细胞选择的主要原则为：①体外容易培养和传代，阴性细胞克隆背景较低；②细胞自发突变率低或自发转化能力很弱，动物裸鼠试验呈阴性；③已获无限生长能力，但仍保持接触抑制而无致瘤性的细胞系。细胞转化试验阳性说明受试物具有诱导细胞表型、生长特性发生改变的能力，提示受试物具有致癌的潜能。但是细胞转化试验是体外试验，不能代替整体动物试验；另外测试细胞中代谢酶活性低下，也降低了系统对间接致癌物的检测敏感性。

除了遗传毒性检测试验，体外细胞转化试验也可作为传统致癌试验的筛查试验。欧洲替代方法验证中心（ECVAM）已经把细胞转化试验研发为致癌试验的替代试验，其中叙利亚仓鼠胚胎 SHE 细胞形态转化试验是比较成熟的方法，其敏感性为 87%（26/30），特异性为 83%（15/18），与动物试验的一致率达 85%。

四、哺乳动物致癌试验

哺乳动物致癌试验按照观察时间和靶器官范围可分成两种类型：一种是哺乳动物长期诱癌试验，即终身试验（life-time test），是经典的和公认的化学物致癌性检测方法；另一种是短期动物致癌试验，又称有限动物试验（limited in vivo bioassay），实验观察时间不是终身而是在有限的时间范围内，并且观察的靶器官限定为一个而不是全部。转基因和基因敲除的动物模型为研究化学致癌作用提供了崭新的手段，对阐明化学物的致癌作用及其机制有重要的推动作用，并为快速检测致癌物提供了新的重要途径。具体内容见本章第三节。

五、促癌剂的检测

哺乳动物短期致癌试验的 4 种方法中，除大鼠乳腺癌诱发试验外，其余 3 种都适用于促癌剂的检测。具体方法是选用适当的启动剂，启动后的 1～2 周开始用受试物染毒。对于启动剂，在小鼠皮肤肿瘤诱发试验中可用多环芳烃类，在小鼠肺肿瘤诱发试验中可用氨基甲酸乙酯；在大鼠肝转变灶诱发试验中可用二甲苯并蒽，启动剂的剂量应较低，单独使用时不应引起或仅引起很少肿瘤形成。

由于促癌剂的器官特异性，对于一些作用靶器官未知的受试物，可以应用体外试验进行检测。常用的有细胞恶性转化试验、细胞间代谢合作试验、划痕试验等。

六、人群肿瘤流行病学研究

肿瘤流行病学调查是确定人类致癌物的重要手段。已知的许多环境致癌物是通过人群流行病学调查发现的，包括煤焦油、木焦油酚、芳香胺、矿物油、石油蜡、苯、石棉、砷、铬、镉、镍，以及电离辐射、紫外线和酒精饮料、烟草、槟榔等。除无机砷外，这些致癌物的致癌性都在动物实验中得到证实。

由于化学致癌的潜伏期很长，在人类短则几年，长可达 20～30 年。因此采用人群流行病学调查方法来确定一种新化学物是否为致癌物，需要的时间可能非常漫长。此外肿瘤发生的病因复杂，人群的环境暴露是多因素长期低剂量的联合作用，因此对于绝大多数的外源化学物，相关的流行病学研究资料是有限的，研究结果有时也不一致，可能的原因包括缺乏以往暴露的评估方法；无法估计多种化学物的联合效应；没有考虑到防护因素等。要从肿瘤流行病学调查中得到正确的结论，关键在于严谨的研究设计和研究条件的好坏。基本的条件是：①接触人群数量较多，其中有相当大一部分的接触史超过 20～25 年，每一个人的接触史都能够查出；②接触人群和对照组之间除接触因素的差异外，其他方面可能影响发癌率的因素有可比性；③接触组与对照组的医疗条件相当，都能及时和准确诊断肿瘤，而且涉及肿瘤诊断的档案齐全且保管良好等。

第三节 哺乳动物致癌试验

观察化学物致癌作用的基本方法包括短期试验、动物致癌试验和肿瘤人群流行病学调查。哺乳动物致癌试验是鉴定化学致癌物的标准体内试验，其优点主要包括：①试验周期短，人类接触受试物后往往需要几年至几十年的潜伏期，动物试验一般进行 1～2 年即可获得阳性结果；②能严格控制试验条件，排除人群流行病学不易控制的许多混杂因素的影响。该试验的最大局限性是动物试验结果外推至人时存在不确定性。按照观察时间和靶器官范围，哺乳动物致癌试验可分为两种类型：一种是哺乳动物长期诱癌试验，即终身试验，是经典和标准的化学物致癌性检测方法；另一种是动物短期致癌试验，实验观察时间不是终身而是在有限的时间范围内，而且观察的靶器官限定为一个而不是全部。

哺乳动物致癌试验用来确定受试物对试验动物的致癌性、剂量-反应关系及诱发肿瘤的靶器官。在下列情况下，一般应考虑进行致癌性评价：①人体可能长期暴露于该化学物；②该化学物或其代谢物的化学结构与已知致癌物相似；③反复染毒毒性试验提示该化学物可能产生癌前病变。此外，如 3 种遗传毒理学短期试验均得到阴性结果，可预测为非遗传毒性非致癌物；如经 5 种遗传毒理学短期试验仍不能预测其致癌性的化学品，应优先进行哺乳动物致癌试验。

一、哺乳动物短期致癌试验

哺乳动物短期致癌试验又称为有限体内试验，指时间有限（数月），靶器官有限。但它可以在一定程度上满足大量新化学物质不断出现，难以用长期动物致癌试验或流行病学调查来阐明其致癌性的需求；也可弥补短期致突变试验的筛试可能漏检非遗传毒性致癌物的问题。短期致癌试验是在给予受试物后，多次持续给予促癌物，在 20～30 周左右观察局部（如肺脏、肝脏、皮肤和乳腺等）组织有无肿瘤。短期致癌模型符合肿瘤发生的三阶段假设，即引发、促长和发展，除检测启动剂的致癌性，也可设计检测其促长活性。常用的短期致癌试验主要有下列四种：

1. 小鼠肺肿瘤诱发试验　染毒途径常用腹腔注射，也可灌胃或吸入，一般 30 周可结束实验，观察肺肿瘤的发生。较敏感的小鼠为 A 系小鼠。典型的引发剂为乌拉坦，促长剂为二丁基羟基甲苯（BHT）。

2. 小鼠皮肤肿瘤诱发试验　小鼠皮肤表面涂抹某些致癌物能诱发乳头状瘤或癌，皮下注射可诱发肉瘤。较敏感的动物为 Sencar 小鼠，一般 9 个月左右结束试验。典型的引发剂为致癌物多环芳烃，促长剂为佛波醇酯。如在启动后加用佛波醇酯，则试验周期可缩短至 20 周左右。

3. 雌性大鼠乳腺癌诱发试验　多环烃芳香胺、氯烷、亚硝基脲等能诱发乳腺癌。一般可用 SD 或 Wistar 大鼠，实验周期为 6 个月。

4. 大鼠肝转化灶诱发试验　肝癌发生过程有几种明显的肝细胞病灶，肝转化灶是癌前病变，可出现 γ-谷氨酰转肽酶活性升高，葡萄糖-6-磷酸酶和 ATP 酶活性降低，以及铁摄取能力降低。对大鼠进行肝大部切除术后，给予受试物，一般可在 8～14 周结束实验，观察肝转化灶生成情况，转化灶可用酶组织化学或免疫组织化学方法鉴定。典型的引发剂为二乙基亚硝胺，促长剂为苯巴比妥。

由于肺脏和肝脏是最常见的肿瘤发生器官，也是许多致癌物的靶器官，因此小鼠肺肿瘤诱发试验和大鼠肝转化灶诱发试验的应用价值较高。此四个试验不是成组试验，应根据受试物的特点选择使用。此四个试验任一试验得到阳性结果的意义与长期动物致癌试验相当，但阴性结果并不能排除受试物的致癌性。

二、哺乳动物长期致癌试验

哺乳动物长期致癌试验是目前公认的确认动物致癌物的经典方法，较为可靠。

1. 试验目的和原理　确定在试验动物的大部分生命期间，重复给予受试物引起的致癌效应，了解肿瘤发生率、靶器官、肿瘤性质、肿瘤发生时间和每只动物肿瘤发生数，为预测人群接触该受试物的致癌作用以及最终评定该受试物能否应用于食品提供依据。

2. 试验动物的选择　应符合 GB 14923、GB 14922.1、GB14922.2 等国家标准和有关规定。动物种属、品系、年龄、性别、肿瘤自发率、靶器官特异性等因素都很重要，应选择个体差异小、敏感性强、重复性较好、反应性较一致的动物，且自发肿瘤低、对致癌作用不过分敏感的种属和品系。一般选用啮齿类和非啮齿类两个种属，常规选用大鼠和小鼠，也可用仓鼠。啮齿类动物对多数致癌物易感性较高，寿命相对较短，费用也低，因此使用最广泛。应使用同等数量的雌雄两种性别的动物。为保证有足够长的染毒和发生肿瘤的时间，一般采用刚断乳动物（6～8 周龄大鼠、小鼠），幼年动物解毒酶及免疫系统尚未完善，对致癌作用比较敏感。美国国立肿瘤研究所（National Cancer Institute，NCI）推荐选用 Fischer 344 大鼠和 B6C3F1 小鼠。

3. 剂量设计 至少设三个受试物组，一个阴性（溶媒）对照组，必要时增设未处理对照组和阳性对照组，阳性致癌物最好与受试物的化学结构相近。高剂量应选择最大耐受剂量（maximal tolerable dose，MTD）。最大耐受剂量是由 90 天经口毒性试验确定的剂量，此剂量应使动物体重减轻不超过对照组的 10%，并且不产生非肿瘤因素引起的死亡及导致缩短寿命的中毒症状或病理损伤。原则上高剂量组应使动物出现比较明显的毒性反应，但不引起高死亡率。中剂量应介于高剂量与低剂量之间，可引起轻度的毒性效应，如有可能按受试物的毒物动力学性质来确定。低剂量应不影响动物的正常生长、发育和寿命，即不产生任何毒性效应。但低剂量应高于人的接触剂量，一般不低于高剂量的 10%。一般剂量的组间间距以 2～4 倍为宜，不超过 10 倍。

4. 受试物与染毒途径 选用适当的亚致癌剂量的启动剂，启动后 1～2 周开始用受试物染毒。受试物要优先选择短期致癌试验阳性的化学物质。应尽可能模拟人体可能的暴露途径，选择与人类相同的接触方式。主要途径有经口、经皮和吸入三种，应根据受试物的理化性质和接触方式选择确定。

5. 试验期限 哺乳动物长期试验期限依据不同种属寿命而定，原则上试验期限要求长期或终生。致癌试验期限为 24 个月。一般情况下，小鼠和仓鼠为 18 个月，大鼠为 24 个月，个别生命期较长和自发性肿瘤率低的动物可适当延长。试验期间，当最低剂量组或对照组存活的动物数仅为开始时的 25%时（雌、雄性动物分别计算），可及时终止试验；对于有明显性别差异的试验，则试验结束的时间对不同的性别应有所不同。高剂量组因明显的毒性作用出现早期死亡，不应终止试验。

6. 受试物给予 根据受试物的特性和试验目的，选择受试物掺入饲料、饮水或灌胃方式给予。若受试物影响动物适口性，应灌胃给予。由于致癌试验周期长，掺入饲料给予时需要注意动物营养均衡的问题。

7. 结果的观察、分析和评价 试验期间要密切观察动物，及时发现异常及死亡的动物，记录肿瘤发生的时间、发生部位、大小、形状和发展等情况。主要分析指标有肿瘤发生率、多发性和潜伏期。肿瘤发生率是最重要的指标，包括良性和恶性肿瘤总发生率、恶性肿瘤发生率、各器官组织肿瘤发生率等。多发性是化学物致癌的显著特征，指一个动物出现多个器官肿瘤或一个器官出现多个肿瘤。潜伏期是指从接触受试物到发现肿瘤的时间。致癌试验阴性结果确立的前提是小鼠在试验期为 15 个月或大鼠为 18 个月时，各组动物存活率不小于 50%；小鼠在试验期为 18 个月或大鼠为 24 个月时，各组动物存活率不小于 25%。阴性结果的判定应满足试验设计的最低要求：两种动物、两种性别、3 个剂量中有 1 个接近最大耐受剂量、每组有效动物数雌雄至少各 50 只。如将动物数增至每组 100 只，则假阴性概率可下降。因此即使符合最低要求得到阴性结果时，仅表明该受试物在特定染毒条件下不引起肿瘤净增率增高。

致癌试验阳性结果的判断可采用 WHO 提出的药物致癌性试验和评价原则，符合以下任何一条可判定受试物为对大鼠的致癌物：①肿瘤只发生在试验组动物，对照组中无肿瘤发生；②试验组与对照组动物均发生肿瘤，但试验组发生率高；③试验组与对照组动物肿瘤发生率虽无明显差异，但试验组中发生时间较早；④试验组动物中多发性肿瘤明显，对照组中无多发性肿瘤，或只是少数动物有多发性肿瘤。与对照组相比，在较高剂量组才出现显著差异，不如在较低剂量下或在人类可能实际接触的剂量出现显著差异的意义大。

需要注意的是，由于动物和人存在种属差异，致癌试验结果外推到人或用于风险评估具有一定的局限性。NOAEL 和 LOAEL 能为确定人群的健康指导值提供有价值的信息。

三、转基因动物在致癌实验中的应用

转基因动物是指将外源基因导入动物受精卵或胚胎，使之稳定整合于动物的染色体基因组并遗传给后代的动物。目前，已经被认可的哺乳动物致癌试验包括大鼠 2 年致癌实验、小鼠 1.5～2 年致癌实验、仓鼠 18 个月致癌实验以及转基因小鼠实验等。每年需要进行长期致癌实验的化学物质数量极其庞大，一些已经发现具有遗传毒性的化学物质依然需要进行致癌实验检测。转基因小鼠可以用于评价具有致癌作用等毒性作用，与传统致癌实验（每性别组 50～60 只）相比，转基因小鼠模型（每性别组 15～25 只），可较大幅度地降低动物的使用数量。转基因小鼠模型可用于短期致癌实验，或者研究在致癌过程中特定基因的作用，也可用于分析化学物-基因的相互作用。

应用大鼠 2 年致癌实验结合适宜的转基因小鼠致癌实验不仅可以增加评价的准确性，而且可以减少动物的使用数量并缩短试验周期，降低假阳性结果的发生率。

1. 致癌试验转基因小鼠模型　转基因小鼠分为转癌基因小鼠、肿瘤抑制基因敲除小鼠以及 DNA 修复相关基因敲除小鼠。目前可替代长期致癌实验的转基因小鼠模型有 6 种，即杂合 $P53^{+/-}$基因敲除鼠、Tgras H2 转基因鼠、Tg.AC 转基因鼠、纯合 XPA 基因敲除鼠、XPA/P53 敲除鼠以及新生小鼠和叙利亚仓鼠体外转染实验，现阶段最常用的是前 4 种。

2. 转基因小鼠模型在致癌性研究中的应用　每一种转基因鼠模型都可以用于鉴别人类致癌物质。当应用美国国家毒理学项目（National Toxicology Program，NTP）认可的两个种属致癌试验方法进行分析，假阳性结果的发生率较高。而应用转基因小鼠模型，可以排除这些假阳性结果的干扰。也就是说，与长期致癌实验相比，转基因小鼠模型产生的假阳性结果较少。当应用大鼠 2 年致癌实验结合转基因小鼠模型进行致癌实验分析，与 IARC/NTP 的一致性可由 69%（单独的两年致癌实验）增加到 85%（两年致癌实验结合转基因小鼠）。欧洲药品评价局（European Medicines Agency，EMEA）成立了一个特别的组织，专门总结转基因模型的数据库。Tg.AC 模型更适宜应用于皮肤的化合物致癌性筛选；现阶段，最常使用的是 Tgras H2、$P53^{+/-}$模型、$XPA^{-/-}$以及 XPA/P53 模型，但是还需要更多的数据和合理的试验设计，以证明它们适合用于致癌实验分析。

总之，使用转基因小鼠模型替代小鼠长期致癌实验，能够增加实验结果的准确性，降低假阳性率和假阴性率，减少实验动物的使用数量，降低自发性肿瘤的发病率和实验过程中的死亡率，以期降低化学物质研发的费用和缩短实验时间及化学物质的研发周期。

第四节　营养、食品成分及肿瘤

肿瘤形成与发展的原因复杂，而且是多因素相互影响，包括遗传因素、环境因素和精神心理因素等。80%的肿瘤是由不良的生活方式和环境因素所致，其中不合理膳食、吸烟、饮酒分别占肿瘤诱发因素的 35%、30%和 10%。WHO 指出，三分之一以上甚至约一半以上的肿瘤都是可以预防的。预防肿瘤的措施包括控烟，养成健康的饮食习惯、增加体力活动，减少职业危害和环境污染等。在肿瘤发生发展的过程中，膳食营养因素起着重要作用。

一、营养、食物与肿瘤的关系

（一）膳食因素在癌变过程中的作用

肿瘤的发生是一个多阶段过程，包括肿瘤的启动阶段、促进阶段和进展阶段。食物是人体联系外环境最直接、最经常、最大量的物质，也是机体内环境及代谢的物质基础。膳食、营养可以影响恶性肿瘤生成的启动、促进、进展的任一阶段。肿瘤与膳食的关系很早就受到人们的关注，英国流行病学家 Doll 和 Peto 最早报道了肿瘤与膳食的关系。大量的流行病学和实验数据证明，饮食因素可影响肿瘤的发病率，改善膳食和生活习惯可有效地预防肿瘤。膳食质量决定癌变过程的转归，如含致癌物质或促癌因素多、抗癌因素少，则会促进肿瘤发展；反之则抑癌。

（二）营养素与肿瘤

营养素除了可引起一般毒性外，某些膳食组分的致癌、致畸和致突变作用已得到广泛的重视和研究，这也是营养毒理学的主要研究内容之一。高脂肪饮食和高能量摄入都是肿瘤发生的相关因素，某些氨基酸和维生素也与肿瘤相关。在动物试验中，大剂量的硫胺素以及核黄素与酪氨酸的联合作用都可成为肿瘤的诱发因素。

1. 能量 较低的能量摄入可降低肿瘤的发生率，但是能量摄入过低又会影响人体的抵抗力而引起肿瘤的发生。流行病学资料显示，能量摄入过多，超重、肥胖者罹患乳腺癌、结肠癌、胰腺癌、子宫内膜癌和前列腺癌的机会高于体重正常者。缓慢地限制动物摄食（喂食对照食物的 50%～70%），可以抑制大部分肿瘤的生长及许多自发性肿瘤的发生，其受抑制程度主要与限制食物能量程度、范围及肿瘤类型等有关，适度降低食物能量最有效。限制 20%进食的大鼠，比自由进食的大鼠自发性肿瘤的发病率低，发生肿瘤的潜伏期延长。

2. 蛋白质 蛋白质摄入过低或过高均可促进肿瘤的生长。流行病学资料显示，蛋白质摄入过少易诱发食管癌和胃癌，摄入过多易引起结肠癌、胰腺癌、乳腺癌等。高蛋白质可促进癌细胞分化，降低亚硝胺毒性。高蛋白质食物可能抑制动物肿瘤的诱发。有调查资料显示，常饮牛奶者较不饮用者胃癌发病率低，常食用大豆制品者胃癌的相对危险度低于不常食用者。但是，过多摄入动物性蛋白质，使得结肠癌、乳腺癌和胰腺癌等的危险性升高。

3. 脂肪 膳食脂肪与肿瘤的关系可能是研究最彻底的因素。流行病学资料表明，脂肪的摄入量与结肠癌、直肠癌、乳腺癌、肺癌、前列腺癌呈正相关，与胃癌呈负相关。膳食脂肪的种类与肿瘤的发生也有关系。饱和脂肪酸和动物油脂的摄入与肺癌、乳腺癌等多种肿瘤的危险性增加有关；*n*-6 系列的亚油酸能促进乳腺癌细胞生长，而 *n*-3 系列的 DHA、EPA 对肿瘤有抑制作用。摄入脂肪过多还可促进雌激素和催乳素水平升高，也增加子宫内膜癌的发病率。在高脂饮食地区前列腺癌的死亡率也高，并且与卵巢癌及睾丸癌也有关系。高脂肪饮食影响大肠癌的发病机制，主要是高脂肪使肝脏胆汁分泌增多，胆汁中初级脂肪酸在肠道厌氧菌的作用下转变成脱氧胆酸及石胆酸，而脱氧胆酸和石胆酸是促癌物质。

此外，血清总胆固醇低的人群发生肿瘤的几率较高，特别是结肠癌，其次是肺癌、宫颈癌和乳腺癌；但也有报道认为血清胆固醇水平与肿瘤无关。我国 65 个县的生态学研究发现，血浆总胆固醇水平与多种主要肿瘤的死亡率呈明显正相关，进一步分析发现以多不饱和脂肪酸为主的植物油能促进致癌过程。因此预防肿瘤的膳食应强调减少膳食总脂肪的摄入。

4. 碳水化合物　在保证蛋白质、脂肪摄入的条件下，淀粉的摄入量与结肠癌的发病率呈负相关。高淀粉摄入人群胃癌和食管癌的发病率较高，而这些人群在高淀粉摄入的同时多伴随有低蛋白摄入。食用菌类食物及海洋生物中的多糖有预防肿瘤的作用，如蘑菇多糖、灵芝多糖、云芝多糖等有提高人体免疫力的作用，海参多糖有抑制肿瘤细胞生长的作用。膳食纤维是食物中不能被人体消化酶分解、吸收的碳水化合物，主要包括纤维素、木质素、抗性低聚糖、果胶、抗性淀粉等。膳食纤维有吸水并保存水分的特点，可吸收肠道内的有害物质，增加粪便体积和促进肠蠕动，减少粪便中致癌剂胆酸的浓度，阻止其与结肠黏膜相接触，从而缩短致癌物在肠道内存留时间，降低结、直肠癌的发病风险。肠道菌群还会与膳食纤维作用产生挥发性脂肪酸，起通便作用，在预防结肠癌方面亦发挥一定作用。对有癌前病变的多发性家族性腺瘤样息肉的患者进行 4 年营养干预治疗后发现，蔬菜、水果、谷物等富含膳食纤维的膳食有明显预防结、直肠癌的作用。

5. 维生素

（1）维生素 A：维生素 A 的重要作用是控制上皮组织分化，维持上皮组织细胞正常形态。维生素 A 具有将已经向癌细胞分化的移行细胞恢复正常的特殊作用，可以增加癌变细胞溶酶体的脆性，促进癌细胞的退化。维生素 A 还能增强人体的免疫力，从而增强对肿瘤的抵抗力。流行病学调查指出维生素 A 或 β-胡萝卜素的摄入量与肺癌、胃癌、食管癌、膀胱癌、结肠癌的发病率呈负相关。我国华北地区食道癌病因研究中进行维生素 A 抑制亚硝胺致癌作用的实验，发现对食管上皮增生、乳头瘤及肿瘤有抑制作用。经综合研究认为维生素 A 对气管、支气管上皮的作用是抑制基底细胞增生，保持良好的分化状态，并可改变致癌物质的代谢，增强机体的免疫力及对肿瘤的抵抗力。类胡萝卜素通过防止自由基对机体氧化损伤、维持细胞转录复制信息等稳定性来有效防止细胞突变发生。近年来，也有研究提示 β-胡萝卜素并不能抵抗肿瘤，但在预防肿瘤中可能起一定的作用。

（2）维生素 E：维生素 E 有较强的抗氧化作用，可抑制机体游离自由基的形成，保护细胞的正常分化，阻止上皮细胞过度增生角化，减少细胞癌变。维生素 E 能够限制过氧化物和环氧化物在体内的生成，保持细胞膜的稳定性，防止某些酶和细胞内部成分遭到破坏。维生素 E 与某些抗癌药物合用可增强疗效，也可以减轻化疗的毒性反应。

（3）维生素 C：维生素 C 有很强的防癌、抗癌作用，是一种较好的抗氧化剂，能够快速有效地阻断致癌物 N-亚硝基化合物的合成，可以促进淋巴细胞的合成，增强机体免疫功能，还可以通过影响能量代谢直接抑制癌细胞生长。国外研究提示，不吃新鲜水果和蔬菜的人患胃癌的可能性高，冰岛地区的人们以鱼肉为主，很少吃到新鲜的蔬菜和水果，维生素 C 的摄入量少，其胃癌的发病率比其他地区明显增高。我国食管癌高发区普遍缺少新鲜蔬菜、水果。增加维生素 C 的摄入量，可降低喉癌和宫颈癌的患病率。

（4）B 族维生素：B 族维生素对化学物致癌作用的影响较为复杂。维生素 B_2、泛酸和烟酸对于调整新陈代谢关键酶的合成起重要作用，对预防消化系统恶性肿瘤有重要意义。维生素 B_1 缺乏时可使肿瘤形成及生长速度加快；维生素 B_2 可抑制黄曲霉毒素的活性，减少肝癌的发生；维生素 B_6 可以抑制膀胱癌的进展和转移，缺乏时，可使机体的免疫体系受损，一些肿瘤复发，如乳腺癌；维生素 B_{12} 缺乏可增加胃癌和白血病的发病率，但过量则会使病情恶化。

6. 矿物质 矿物质与肿瘤的关系研究较多的有钙、镁、碘、硒、锌等，其他元素的研究尚不多。

（1）钙：钙离子参与上皮细胞增殖与分化的全过程，机体钙水平是直肠癌病因学因素之一。

（2）镁：镁有防止肿瘤侵袭的作用，人体内若长期缺镁，就有可能导致染色体突变，而此种突变会诱发肿瘤。同时，缺镁显然会使免疫功能降低，使肿瘤细胞得以迅速增殖。

（3）碘：碘缺乏与过多都会增加甲状腺瘤的危险性。缺碘不但可以引起甲状腺肿，而且可以诱发乳腺癌、甲状腺癌、子宫内膜癌、卵巢癌等。

（4）硒：硒是谷胱甘肽过氧化酶的重要组成部分，是强抗氧化剂，其抗氧化的作用可能比维生素 E 强 500 倍，参与调节体内氧化还原反应，降低氧化的速度能清除氧自由基，还能加强免疫功能。硒能加速体内过氧化物或自由基的分解，致使肿瘤细胞得不到分子氧的充分供应。在微量元素和肿瘤的关系的研究中，硒与癌的研究最多，也最受重视。流行病学的资料表明，硒与肺癌的关系最为肯定；对胃癌、肝癌、乳腺癌也有保护作用。

（5）锌：锌能促使胸腺激素分泌，使 T 细胞数量增加，提高机体免疫功能和抗癌能力。在很多肿瘤患者（如食管癌、肝癌、胃癌、乳腺癌、骨癌等）中往往出现血清锌浓度低于正常人的情况。动物试验结果显示锌缺乏可能与食管癌发生有关；但也有动物实验指出锌是肿瘤细胞生长必需的，摄入高水平的锌反而抑制免疫功能并抵消了硒的保护作用而使肿瘤生长加快。

（6）砷：砷在海产品中只有微量。但近年来在一般食品中，通过农药、食用色素等污染，使食品中砷的含量增高。流行病学调查资料显示，砷与皮肤癌及肺癌有关。

（7）其他矿物质：钼缺乏可能与食管癌有关。镉在职业性接触时能引起肾脏和前列腺癌，但膳食和饮水中镉的作用尚不确定。动物实验也未发现饮水中镉有致癌作用，但皮下及肌肉注射可致癌。铅过多可引起动物发生肿瘤，但缺乏流行病学证据。

（三）膳食结构与肿瘤

1. 以植物性食物为主的膳食结构 大多数发展中国家如印度、巴基斯坦及非洲一些国家的膳食结构属于此类型。该膳食结构的特点是以谷类食物为主，动物性食物的比例较低。人群中消化道肿瘤（如胃癌、食管癌）的发生率较高，乳腺癌、前列腺癌的发生率较低。

2 .以动物性食物为主的膳食结构 是多数发达国家如美国、加拿大、澳大利亚、西欧和北欧大部分国家的膳食结构，属于营养过剩型膳食。该膳食结构的特点是以动物性食物为主，以高能量、高脂肪、高蛋白、低膳食纤维为主要特点。脂肪摄入量高，谷类、蔬菜摄入量低。人群中乳腺癌、前列腺癌、结肠癌的发病率高，而胃癌、食管癌的发病率低。

3. 地中海膳食结构 该类膳食结构是居住在地中海地区居民特有的膳食类型，其特点包括：①富含植物性食物，如水果、蔬菜、谷类、土豆、果仁等；②食物加工程度低，新鲜度较高，以当地、当季食物为主；③橄榄油为主要食用油；④脂肪提供的能量占 25%～35%，饱和脂肪摄入较低；⑤每天食用适量的鱼、禽、少量蛋、奶酪和酸奶；⑥红肉摄入较少；⑦成年人有饮用葡萄酒的习惯。该膳食结构的突出特点是饱和脂肪摄入量低，膳食含大量复合碳水化合物，蔬菜水果摄入量高。这样的膳食结构使得该地区人群肿瘤死亡率比欧美国家低。

二、食物中主要的致癌物质或前体

食物中既存在致癌因素，也存在抗癌因素，二者均可影响肿瘤的发生。

1. 致癌因素 食品从生产、储存、运输、销售以及烹调过程中要接触各种设备、工具、容器及包装材料等，整个过程可能受到致癌物的污染。食物中致癌因素研究比较多的有N-亚硝基化合物、黄曲霉毒素、多环芳烃类化合物和杂环胺类化合物等。食品中残留的某些农药、重金属、激素、抗生素、二噁英、氯丙醇、丙烯酰胺，食品容器包装材料中残留的某些小分子物质等均具有一定的致癌作用。

2. 抗癌因素 除了维生素、矿物质、不饱和脂肪酸、膳食纤维等因素外，存在于植物性食物中的一些生物活性成分如植物化学物也具有抑制肿瘤的作用。

三、食物中的抗癌成分及作用机制

（一）植物性食物中的生物活性成分

许多植物性食物都含有多种具有生物活性的抗癌成分，如黄酮类化合物、蛋白酶抑制剂、植酸、葱属化合物、叶绿素、皂苷类、香豆素类、有机硫化物、萜类化合物等。还有一些能够提高免疫功能的食物，真菌类食物中的多糖有提高人体免疫功能的作用，如香菇多糖、蘑菇多糖、灵芝多糖等。此外，大枣、枸杞等也有提高免疫功能的作用。

十字花科植物中的芥子油苷可活化细胞中具有去毒作用的苯醌还原酶；某些酚酸可与活化的致癌剂发生共价结合并掩盖DNA与致癌剂的结合位点，这种作用可阻止由DNA损伤所造成的致癌作用；植物雌激素和芥子油苷的代谢产物吲哚-3-甲醇可影响机体雌激素的代谢。已知雌激素对某些肿瘤生长有轻度促进作用，而植物雌激素在人肝脏可诱导性激素结合球蛋白的合成，这样就可增加雌激素与该种转运蛋白的结合，从而降低雌激素促肿瘤生长的作用。大豆中存在的金雀异黄素，在离体条件下可抑制血管生长，并对肿瘤细胞的生长和转移也有抑制作用。植物化学物辅助抗肿瘤作用的另一可能机制是调节肿瘤细胞的生长，如莱姆树中的单萜类化合物可减少内源性细胞生长促进因子的形成，从而发挥抑制肿瘤细胞增生和促进肿瘤细胞凋亡的作用。次级胆汁酸促进细胞增生从而有增加结肠癌的发生的危险，植物化学物也能通过对次级胆汁酸这类代谢产物的内源性形成产生影响，进而改变结肠癌的发生。如植物固醇、皂苷和植物雌激素等植物化学物具有减少初级胆汁酸合成的作用，并可抑制它们向次级胆汁酸的转化。

（二）有防癌、抑癌作用的食物

目前较为关注的主要是大豆、茶叶、蔬菜和水果中的抗癌成分及其可能的抗癌机制。

1. 大豆 大豆中含有大豆异黄酮、大豆皂苷、蛋白酶抑制剂、植酸等多种植物化学物，它们具有辅助抗肿瘤的作用。近年来大量的流行病学调查表明，大豆不仅对心血管疾病、绝经后骨质疏松和更年期综合征等一些激素依赖型疾患有保护作用，而且大豆摄入量与乳腺癌、胰腺癌、结肠癌、肺癌和胃癌等许多肿瘤的发病风险呈负相关。大豆异黄酮的抗癌机制包括：①类雌激素作用以及抗雌激素样的作用；②抑制酪氨酸蛋白激酶和拓扑异构酶的活性；③调节细胞周期，诱导细胞程序性死亡（凋亡）；④抑制血管增生。

2. 茶叶 茶叶中的多酚类化合物约占茶叶干重的20%～35%，由30多种酚类物质组成，统称茶多酚，具有辅助抗肿瘤、抗突变和抗氧化等多种生物学作用。茶叶，尤其是绿茶，对实验性肿瘤具有一定的化学预防作用。它可以抑制表皮细胞的生长，从而抑制血管增生，也可以抑制肿瘤坏死因子而起到抑制肿瘤的作用，并证实其主要的物质基础是茶多酚。茶中所含的儿茶素能诱导肿瘤细胞分化和凋亡，对动物肿瘤生长有明显的抑制作用。茶叶辅助抗肿瘤的作用机制主要包括阻断亚硝胺类致癌物的合成、干扰致癌物在体内活化、清除自由基、抗突变、对肿瘤细胞直接抑制、增强机体的免疫功能等。流行病学调查显示，饮茶是胃癌、食管癌的保护因素之一。但也有一些相反的报道，美国研究人员发现茶可增加患膀胱癌的危险；有人认为饮茶过度是食管癌高发的原因之一；在伊朗食管癌发病率高的地区，人们饮茶量大于发病率低的地区。因此，目前尚不能对茶叶与肿瘤的关系作出肯定的结论。

3. 蔬菜、水果 蔬菜和水果中所富含的植物化学物多有预防人类肿瘤发生的潜在作用。大量流行病学、临床试验、动物试验和体外试验结果显示，蔬菜和水果摄入量高的人群较摄入量低的人群癌症发生率要低50%左右，摄入蔬菜和水果与消化道（口腔、食道、胃、结肠、直肠）和呼吸道（肺）肿瘤的危险性呈负相关。其他与蔬菜摄入量呈负相关或提示蔬菜有预防作用的肿瘤还包括肝癌、乳腺癌、脑胶质瘤等。蔬菜、水果的各种成分对于肿瘤的不同形成阶段的作用也不同，选用多种蔬菜或水果比选用单一的好。

（1）十字花科蔬菜：十字花科蔬菜含有的芥子油苷主要通过其降解产物异硫氰酸盐表现其生物学活性，包括对肿瘤的预防和抑制作用。异硫氰酸盐能够有效地防止膳食中多种致癌物所引起的肿瘤。流行病学资料显示，十字花科蔬菜能够降低多种肿瘤的患病风险。大量的动物实验和离体实验资料也表明，异硫氰酸盐对多种肿瘤的形成或肿瘤细胞生长的抑制作用。异硫氰酸盐辅助抗肿瘤作用的主要机制是增强Ⅱ相代谢酶对致癌物的解毒作用，同时抑制Ⅰ相代谢酶对前致癌物的激活。此外，还可以通过减缓肿瘤细胞生长、影响细胞周期、促进凋亡、提高机体免疫功能等实现。

（2）葱属类蔬菜：葱属类蔬菜包括大蒜、洋葱、小葱和韭菜等蔬菜。有充分的流行病学和实验室证据表明，葱属类蔬菜能预防胃癌、结肠癌、直肠癌等多种肿瘤。在葱属类蔬菜中以大蒜、尤其是大蒜油的研究较多。大蒜含有30余种有机硫化合物，其中主要为蒜氨酸和γ-谷氨酰-S-烯丙基半胱氨酸，对肿瘤有较强的抑制作用。流行病学资料证实，富含大蒜的膳食可以降低多种肿瘤的患病风险，对胃癌、食道癌、结肠癌、肝癌、肺癌、乳腺癌、白血病等多种肿瘤均有明显的抑制作用，且多呈浓度依赖性。大蒜能抑制胃液中的硝酸盐还原为亚硝酸盐，从而阻断致癌物亚硝胺的合成。大蒜有机硫化物还能通过抗氧化、抗突变、提高机体免疫力、对外源化合物的解毒作用、抑制细胞增殖、诱导细胞凋亡、影响组蛋白乙酰化和抑制肿瘤转移等多方面发挥抗肿瘤作用。

（3）绿叶蔬菜：许多流行病学调查研究表明摄入蔬菜多的人群肿瘤的发生率较低，其中深色绿叶蔬菜的保护作用高于浅色绿叶蔬菜，这可能与深色绿叶蔬菜中的β-胡萝卜素和其他类胡萝卜素的含量较高有关。β-胡萝卜素和其他类胡萝卜素具有显著的抗氧化活性，能够调节细胞信号传导、抑制肿瘤细胞增殖、诱导细胞分化及凋亡、抑制致癌物形成、调节药物代谢酶、增强免疫功能等，从而发挥辅助抗肿瘤作用。另一方面可能与绿叶蔬菜中普遍含有的叶绿素有关。在抗诱变方面，叶绿素既能抗移码突变，也能抗碱基置换突变，体外试验证明叶绿素能抑制苯并（a）芘、3-甲基胆蒽、*N*-甲基-*N'*-亚硝基胍、黄曲霉毒素

B_1等多种诱变剂的诱变作用。叶绿素在哺乳动物体内的研究报道较少。

（4）水果：研究表明，柑橘类水果能预防胃癌，很可能也可预防食管癌、口腔癌和直肠癌，其辅助抗肿瘤作用可能与其含有类胡萝卜素、*D*-柠檬烯和香豆素有关。*D*-柠檬烯又称为α-萱烯或柠檬苦素，属萜类化合物，对各种直接和间接致癌物诱导产生的个别部位肿瘤都有明显的抑制作用。另外，柑橘、浆果类水果还含有生物类黄酮，具有抑制肿瘤作用。猕猴桃、沙棘果汁有阻断亚硝胺生成的作用，猕猴桃还可抑制二乙基亚硝胺的致突变作用。

四、肿瘤的营养防治

（一）营养与肿瘤的预防

肿瘤的预防应包括免于罹患和延迟肿瘤的发生，大部分针对其他慢性病的预防策略也适用于肿瘤的预防。降低肿瘤危险性的主要方法包括避免使用烟草、摄入适宜的膳食、避免接触致癌物。世界癌症研究基金会指出，大多数肿瘤是可以预防的，健康饮食、积极参加体育活动并保持健康的体重，会大大减少肿瘤的发病风险。在“食物、营养、身体活动和癌症预防”报告的基础上，提出了降低肿瘤风险的10项建议。

（1）在正常体重范围内尽可能瘦。保持体重在正常范围，在整个成年期避免体重增长和腰围增加。身体脂肪过多会增加多种肿瘤的危险性，腰围每增加一英寸，患肿瘤的风险增加8倍，二者的关系非常密切，尤其是最常见的直肠癌等。有6个部位的肿瘤，包括最常见的结肠癌和乳腺癌肯定与肥胖有关，特别是中心性肥胖与肿瘤危险性增加密切相关。身体肥胖会影响激素水平，并能促进炎症标志物的产生。因此，保持健康体重可能是预防肿瘤的最重要方法之一。

（2）积极从事体力活动。每天至少进行30分钟的中等体力活动。随着身体适应能力的增加，每天可进行60分钟或以上的中等体力活动，或者进行30分钟或以上的重度体力活动。避免久坐。久坐是引起某些肿瘤以及肥胖的重要原因，因此体力活动能够预防某些肿瘤以及体重增加。

（3）限制摄入高能量密度的食物。高能量密度食物是指能量超过225～275 kcal/100g的食物，如含糖饮料和快餐。为了预防和控制体重增加，建议避免含糖饮料，限制果汁摄入，尽量少吃快餐。

（4）以植物来源的食物为主。每日至少吃5份（至少400 g）不同种类的非淀粉类蔬菜（如绿色叶菜、花椰菜、甘蓝、西兰花、茄子等）和水果；每餐都吃未加工或粗加工的谷类和/或豆类，限制精加工的淀粉类食物；将淀粉类根或块茎食物作为主食的人，要保证摄入足够的非淀粉类蔬菜、水果和豆类。大多数具有肿瘤预防作用的膳食，主要是由植物来源的食物组成的。非淀粉类蔬菜和水果不仅可能预防某些肿瘤的发生，而且由于能量密度低，还可以预防体重的增加。

（5）限制红肉摄入，避免加工的肉制品。加工肉制品通过烟熏、腌制或加入化学防腐剂进行保存，应尽量少吃。红肉和加工的肉制品与某些肿瘤的发生有关，而且含大量动物脂肪，能量通常也相对较高。

（6）限制含酒精饮料。如果喝酒，男性每天不超过2份（以一份酒含10～15 g乙醇计），女性不超过1份。

（7）限制盐的摄入量。每人每天盐的摄入量不超过 5 g，不吃或尽量少吃盐腌或过咸的食物，避免用盐腌保存食物。盐和腌制食物可能与肝癌和胃癌密切相关。

（8）通过膳食本身满足营养需要，不推荐使用膳食补充剂预防肿瘤。高剂量的营养素补充剂对人体可能有保护作用，但也可能诱发肿瘤。一般对健康人而言，最好通过膳食来解决营养素摄入不足的问题；在某些特殊情况下，可以考虑使用补充剂。

（9）婴儿最好母乳喂养，6 个月后添加辅食。母乳喂养对母亲和婴儿均有保护作用。对母亲来说，可以预防乳腺癌的发生；对于婴儿来说，能够增强免疫力，防止感染，预防超重和肥胖等。

（10）肿瘤患者接受治疗的同时，生活及饮食应该遵循肿瘤预防的建议。

除了膳食以外，还应不吸烟，避免与肿瘤发生有关的感染、性行为和职业、环境致癌因素，并加强立法；还要注意保持心理平衡、精神愉快。

（二）肿瘤的营养支持治疗

肿瘤的治疗除了手术切除、放疗和化疗等方法外，营养支持治疗也逐渐成为肿瘤综合治疗的重要组成部分。

1. 营养支持治疗的概念 营养支持治疗是根据患者的诊断和病理、生理及心理的变化，选择适宜的途径，补充人体适宜的营养物质和能量，达到疾病的好转或痊愈的治疗方法，主要分为肠内营养和肠外营养。

许多肿瘤患者因营养不良而发生恶病质，影响预后。尽管补充营养在改善病人营养状态的同时也会刺激肿瘤生长，但临床实践证明，营养支持治疗对肿瘤患者很重要，如营养状况得不到改善，其他治疗方法难以实施或难以达到预期效果。作为肿瘤治疗的重要辅助手段之一，营养支持治疗可以预防和纠正肿瘤患者出现的营养不良和体重减轻，延缓肿瘤的复发和转移。

2. 肿瘤患者营养支持治疗的原则

（1）营养状况良好或仅有轻度营养缺乏，估计自然饮食能够满足营养需要的患者，在手术、化疗或放疗时无需特殊的营养支持治疗；能经口饮食者，首选经口途径补充营养物质。

（2）发生严重营养缺乏或因胃肠道疾病，估计患者的饮食摄入不足超过一周，应给予肠内或肠外营养支持治疗，同时进行抗肿瘤治疗。

（3）对于化疗或放疗无效的进展期肿瘤患者，不主张静脉营养支持，但对于颈部癌和食管癌患者在放化疗期间应给予指导，以增减饮食摄入。

总之，营养支持疗法作为肿瘤综合治疗的一个重要环节，对改善肿瘤患者的全身状况，增强免疫功能，提高抗肿瘤效果都有重要作用。

（黄毅娜　赵　艳）

小　结

本章主要介绍了化学致癌机制，致癌物分类及基本筛查方法，哺乳动物致癌试验的检测方法及营养、食品成分与肿瘤的关系。

化学致癌物是指动物染毒一段时间后，与对照组比较，可引起某种组织或细胞肿瘤显著性增加的任何化学物质。化学物致癌机制已有多种学说，如体细胞突变学说、癌基因学说、癌变多阶段学说、表观遗传机制学说等，其中最经典的是体细胞突变学说。化学致癌机制的现代概念认为：化学致癌是多因素引起的、多基因参与的、多阶段的过程。化学致癌物种类繁多，分类方法有很多种，但目前比较公认的分类方法为根据对人类和动物的致癌性分类和根据作用方式进行分类。

由于流行病学调查易被限制和干扰，而动物诱癌试验需消耗大量人力物力，故目前通常先进行化学物构效关系分析、致突变组合试验、细胞恶性转化试验等初筛试验，若实验结果出现阳性才进行下一阶段的试验。哺乳动物致癌试验是鉴定化学致癌物的标准体内试验，用来确定受试物对试验动物的致癌性、剂量-反应关系及诱发肿瘤的靶器官，可分为哺乳动物长期诱癌试验和动物短期致癌试验两种类型。

在肿瘤发生发展的过程中，膳食营养因素起着重要作用，膳食、营养可以影响恶性肿瘤生成的启动、促进、进展的任一阶段。食物中既存在致癌因素，也存在抗癌因素，二者均可影响肿瘤的发生。其中致癌因素主要为食品从生产、储存、运输、销售以及烹调过程中受到的致癌物污染，抗癌因素包括营养素和食物中的生物活性成分等。

思 考 题

1. 举例说明肿瘤发生是多阶段多基因参与的过程，以及化学物在其中扮演了什么角色？
2. 国际癌症研究所 IARC 对致癌物的分类方法主要基于哪些研究证据？
3. 哺乳动物致癌试验有哪两种类型？常用的哺乳动物短期致癌试验有哪些？
4. 试述营养、食物与肿瘤的关系。

参 考 文 献

李寿祺. 2003. 毒理学原理与方法. 第 2 版. 成都：四川大学出版社.

石汉平，凌文华，李薇. 2012. 肿瘤营养学. 北京：人民卫生出版社.

王心如. 2007. 毒理学基础. 第 6 版. 北京：人民卫生出版社.

王心如. 2012. 毒理学实验方法与技术. 第 3 版. 北京：人民卫生出版社.

严卫星，丁晓雯. 2009. 食品毒理学. 北京：中国农业大学出版社.

Frank N Kotsonis. 2002. Nutritional toxicology. New York：Taylor & Francis Inc.

Stanley T. Omaye. 2004. Food and nutritional toxicology. Boca Raton：CRC press.

第十章　生殖发育毒性及其评价

学习要求

掌握：生殖发育毒性的基本概念；生殖发育毒性的作用特点；雄性和雌性生殖毒性特点；生殖发育毒性评价指标和意义。

熟悉：常用的生殖发育毒性试验的检测原理；常用的繁殖发育毒性试验方案。

了解：生殖发育毒性的形成机制及影响因素；三代繁殖试验、发育繁殖试验、发育毒性体外替代试验方法和进展。

人和哺乳动物在生殖细胞形成、受精、妊娠和分娩、出生后、直到性成熟的整个过程中，受到不利因素或环境条件的影响，均可导致生殖功能的损伤和/或异常发育。生殖和发育毒性关系密切，在毒理学领域往往一并介绍。食品中有毒有害物质的生殖毒性和发育毒性研究和评价是其安全性评价的重要内容。近年来，生殖毒理学和发育毒理学的评价程序发展迅速，一些替代方法也逐渐得到完善，在食品毒理学安全性评价与风险评估工作中的应用也越来越广泛。

第一节　生殖毒性与发育毒性

外源化学物对人体生殖发育功能的损害可分为对生殖过程的影响即生殖毒性，及对发育过程的影响即发育毒性两个方面，由此逐渐发展为生殖毒理学和发育毒理学。生殖毒理学（reproductive toxicology）主要研究外源化学物对生殖细胞发生、卵细胞受精、胚胎形成、妊娠、分娩和哺乳过程的损害作用及其评定，其评定方法即为生殖毒性试验。发育毒理学（developmental toxicology）主要研究外源化学物对胚胎发育、胎仔发育以及出生幼仔发育的影响及其评定，其评定方法称为发育毒性试验，其中主要为致畸试验。生殖和发育是紧密联系的个体生命阶段，在毒理学领域，生殖毒性和发育毒性密不可分，往往同时介绍。

一、生殖和发育毒性的基础知识

生物个体在受精卵、妊娠期、出生后、直到性成熟的发育过程中，受到不利因素或环境条件的影响，可导致异常发育。致畸性和致畸作用是指妊娠期（出生前）接触外源化学物或由于环境条件引起后代结构畸形的特性或作用。

（一）生殖毒性的基本概念

1. 生殖发育过程与致畸性　生殖发育过程也可称繁殖过程，生殖是使种族延续的各种生理过程的总称。其中包含生殖细胞发生，即精子发生（spermatogenesis）和卵细胞发生

（oogenesis）、配子的释放、性周期和性行为、卵细胞受精（fertilization）、受精卵的卵裂、胚泡的形成、植入（implantation）或着床（imbed）、胚胎形成、胚胎发育、器官发生（或称器官形成）、胎仔发育、分娩和哺乳过程。在生殖毒性评价中，畸形、畸胎和致畸物是几个重要的概念。畸形（malformation）是指器官形态的异常，是胚胎或胎儿的某些细胞在生长发育的最敏感阶段受损的结果。畸胎（terata）是外源化学物毒性作用的一种表现形式，是指具有畸形的胚胎或胎仔。致畸物或致畸原（teratogen）是指在一定剂量下，凡能通过母体对胚胎或胎儿正常发育过程造成干扰，使子代出生后具有畸形的物质。致畸性或致畸作用是指妊娠期（出生前）接触外源化学物引起后代结构畸形的特性或作用，评定外源化学物或其他有害因素是否具有致畸作用，主要通过致畸试验来实现。

2. 母体毒性（maternal toxicity） 是指外源化学物在一定剂量下，对受孕母体产生的损害作用。具体表现包括体重减轻、出现某些临床症状甚至死亡。母体毒性作用可分为轻度和严重母体中毒。轻度母体中毒的表现仅限于母体体重下降，正常增长受到抑制。抑制程度不超过对照组动物的 10%，肝重可略有增加，但生殖机能正常；严重母体中毒可出现体重增长大幅度抑制、持久性呕吐、过度安静或活动过度、呼吸困难、生育机能明显受损及其他中毒症状，甚至死亡。

3. 胚胎毒性（embryo toxicity） 是指外源化学物引起的胎仔生长发育迟缓和功能缺陷的损害作用。一般不包括致畸作用。如果诱发的畸形是在无明显母体毒性剂量下出现的，那么该物质就是一种真正的或选择性致畸物。

（二）外源化学物对生殖发育损害作用的特点

由于生殖发育过程较机体其他系统更为敏感，在一定剂量的外源化学物对机体其他系统或功能尚未造成损害作用时，生殖过程的某些环节就可能已经出现障碍。外源化学物对生殖发育过程影响的范围较大。一般毒性作用表现在接触某种外源化学物的个体损害上，而外源化学物对生殖发育过程的损害，除了可能影响雌雄亲代，还可以影响其第二代，甚至在第二代以后的个体中表现出来。

外源化学物与机体接触后，可以干扰生殖发育的任何环节，并造成损害作用。哺乳动物的性激素对生殖发育过程也具有调节作用，正常的生殖发育必须在激素调节作用下完成。所以外源化学物一方面可直接作用于生殖发育过程，另一方面又可以通过对内分泌系统，特别是对性腺的作用，发生间接的影响。此外，神经系统对内分泌功能也有调节作用，因而也可间接影响性腺功能以及生殖发育过程，即通过下丘脑-垂体-睾丸轴或下丘脑-垂体-卵巢轴两条途径作用于生殖发育过程。外源化学物的致畸毒性具有明显的毒理学特点。

1. 器官发生期的胚胎对致畸物最为敏感 具有发育毒性的外源化学物与发育中的胚胎或胎仔接触，可因胚胎或胎仔所处的发育阶段不同而呈现不同的敏感性。在致畸作用中，对致畸物最敏感的阶段是器官发生期，一般称为危险期或关键期。在常用试验动物中，自受精日起计算，大鼠器官发生期约为第 9～17 天，小鼠器官发生期为第 7.5～16 天，家兔为第 11～20 天。在器官发生期中，致畸物与胚胎接触可能造成形态结构异常，但如在着床前胚泡形成阶段接触致畸物，则往往出现胚胎死亡，畸形极少。大鼠着床前胚泡形成期，自受精日起计算，约为第 3～4 天，开始着床日约为第 5.5～6 天；小鼠分别为第 3～4 天和第 4.5～5 天；家兔分别为第 3～4 天和第 7 天。

2. 剂量与效应关系较为复杂 致畸试验主要观察指标为活产胎仔出生时存在的畸形，

所以如果胚胎或胎仔大量死亡，则影响对致畸作用的观察，即使受试物有致畸作用，亦将被掩盖，无法被观察到。一般把不产生致畸作用的最大无作用剂量称为致畸阈剂量。一般认为机体接触低于致畸阈剂量的致畸物时，先天畸形、胚胎致死和生长迟缓发生率的自然本底值并不增高。但也有人认为致畸作用中的最大无作用剂量很难判定，主要是目前尚不能明确区分低剂量致畸物的作用与畸形自然发生率的本底值。掌握致畸作用中剂量与效应关系的规律，对外源化学物致畸试验中适当剂量的确定，具有重要意义。过低剂量不足以显示确实存在的致畸作用，可得出错误的结论，即假阴性；剂量过高可使大量胚胎死亡或对母体毒性作用过强，检测不到致畸毒性，这两种情形都可影响结果的正确性。另外，评定一种致畸物对人体危害时，应充分考虑人体可能实际接触的剂量。

3. 物种差异以及个体差异在致畸作用中较为明显 任何外源化学物的损害作用都存在物种以及个体差异，但在致畸作用中更为突出。同一致畸物在不同动物并不一定都具有致畸作用，引起畸形的类型也不一致。例如，杀虫剂西维因对豚鼠具有致畸作用，对家兔和仓鼠并不致畸。农药二嗪农和除草剂草完隆对豚鼠与家兔致畸，但对仓鼠未见致畸作用。种间差异即同一物种中不同品系之间存在的差异，在致畸作用中也极明显。同一物种动物的不同品系对一种致畸物敏感性的差别很大。例如，脱氢皮质酮和生物染料锥虫蓝以及药物反应停（thalidomide）都有这种现象。物种及种间差异，可能由于同一致畸物在不同物种和同一物种的不同品系动物的代谢过程有一定差异；也可能由于致畸物主要是通过母体胎盘作用于胚胎或胎仔，而不同物种动物胎盘构造也不相同。这些差异可能是由于遗传因素，即基因型差异。

（三）致畸作用机理

发育的变化可以在动物的大小、生物化学和生理学、形态和功能等方面表现出来。这些变化受到调控基因转录的因素调节，细胞间和细胞内对正常发育所必要的信号传导路径已基本阐明，已知它们依赖于转录、翻译，以及翻译后（如磷酸化作用）的调控。外源化学物对发育损伤的机制十分复杂，多数还不清楚。1977 年，Wilsom 等提出了畸形发生的 9 种机制，包括突变、染色体断裂、有丝分裂改变、改变核酸完整性或功能、减少前体或底物的补给、减少能源支持、改变膜特性、渗透压不平衡和酶抑制作用。

1. 干扰基因表达 某些基因的表达受到抑制或异常表达可能引起畸形。如有报道在培养的小鼠胚胎中用反义寡核苷酸探针抑制原癌基因 Wnt-1 或 Wnt-3a，都可产生中脑和后脑，或中脑、后脑和脊髓的畸形。剔除 Wnt-1 基因的突变小鼠也可产生中脑和后脑的畸形。

2. 基因突变与染色体畸变 已发现诱变原有潜在致畸性，如电离辐射、烷化剂、亚硝酸盐、多数致癌物都可能产生致畸效应。大量的研究已证实，自发流产的胚胎中至少 50% 存在染色体畸变（主要是不分离）。电离辐射，病毒以及能引起染色体畸变的某些化学毒物都有致畸作用。

3. 损伤细胞和分子水平的翻译 细胞增殖对个体的正常发育非常重要，细胞增殖率在个体发生过程中空间和时间都在变化，需要在胚胎中细胞增殖、分化和凋亡之间有精致的平衡。DNA 损伤可导致细胞周期混乱和特定的细胞群体中的细胞死亡。如果 DNA 损伤被修复，细胞周期能恢复正常，个体不出现畸形，但如果损伤太广泛，或细胞周期抑制太久，可能引发细胞凋亡，出现畸形。

4. 细胞凋亡 又称程序性细胞死亡，指胚胎中在遗传基因的控制之下的特定类型的细胞死亡。细胞凋亡对来自细胞组织结构的维持是必需的。一些致畸物，如细胞生长依赖激素、乙醇、抗癌药物都能促进细胞凋亡。

5. 干扰细胞的相互作用 胚胎发育的各个时期均有细胞间通讯存在，细胞间通讯受到破坏即可能影响其正常生物学过程而引起畸形或功能障碍。反应停的代谢活化产物引起胚胎细胞的粘连受体下调，阻碍发育过程中细胞与细胞和细胞与基质之间的相互作用，干扰了细胞之间的通讯从而导致肢芽结构异常。

6. 通过胎盘毒性引起发育毒性 已知对卵黄囊或绒（毛）膜尿囊胎盘有毒性的毒物包括镉（Cd）、砷或汞、香烟、乙醇、可卡因、内毒素和水杨酸钠等。如 Cd 在妊娠中晚期通过引起胎盘毒性（坏死，减少血流）和抑制对营养物质的传送而导致发育毒性。

7. 干扰母体稳态 致畸物的发育毒性可通过引起严重的母体贫血并损耗红细胞 ATP 水平，影响母体的叶酸代谢，降低母体的心率进而引起胚胎的缺氧，减少子宫的血流以及母体缺乏代谢前体或营养物质等引起致畸。

8. 内分泌干扰作用 激素具有对内环境稳定的维护和发育过程的调节作用。内分泌干扰物可干扰激素的制造、释放、传送、代谢、结合、作用或排除。由于激素在许多组织中有指导分化的关键作用，发育中的生物体对有激素或抗激素活性的化学物尤其敏感。内分泌干扰物可通过以下作用模式引起发育毒性：①作为类固醇受体的配体起作用；②改变类固醇激素代谢酶；③扰乱下丘脑-垂体激素释放；④通过其他目前还不清楚的模式。

二、生殖毒性及其评价

评价外源化学物对后代的安全性，可以通过环境流行病学调查，动物发育毒性试验和体内外替代试验而获得。动物毒性试验的优点在于容易控制接触条件、接触动物数量、年龄、状态以及选择检测终点（效应指标），甚至一些轻微的效应。对新的化学物质或产品，不可能进行流行病学研究，必须根据动物试验结果来预测它们的生殖发育毒性。国际上对发育毒性的评价基本上采用欧洲经济与合作组织（OECD）为代表的试验程序和美国国家环境保护局（EPA）发布的改进版的发育神经毒性程序。OECD 为代表的试验程序提供了检测人用医药产品生殖毒性的国际协调会议（ICH）三阶段试验指南，包括动物种（系）选择、给药途径、剂量水平、给药次数和间隔、暴露期间试验的样本大小、观察技术、统计分析和报告要求的指南。近年来程序的改进包括将给药期延伸到发育的较早或较后的时间点，将观察期延伸到出生后并且选用较复杂的观察终点。美国 EPA 发布的改进版的发育神经毒性大鼠试验的程序，包括观察出生后的生长，青春期的发育界标（包皮腺分离，阴道开口），直到出生后第 60 天不同性别的运动性能、听觉惊愕、学习记忆和神经病理学的发育标记。研究的目的不仅在于明确受试物是否有生殖发育毒性，而且要在已知其具有发育毒性时，确定其对后代的 NOAEL 及剂量-反应关系。

我国毒理学发展有自己的独特的路径，2003 年发布的《食品安全性毒理学评价程序和方法》（GB15193—2003）中的《致畸试验》方法，主要关注的是对子代的致畸作用。2014～2015 年发布的新版《食品安全性毒理学评价程序和方法》（GB15193—2014/2015）中的《致畸试验》主要采用的是 OECD 和 EPA 规定程序的一部分内容，同时还有《生殖发育毒性试验》和《生殖毒性试验》两个标准。

外源化学物对生殖过程的损害作用可以表现为性淡漠，性无能或各种形式的性功能减退。雌性可出现排卵规律改变、月经失调或失经、卵巢萎缩、受孕减少、胚胎死亡、生殖能力降低、不孕或不育等。雄性可表现为睾丸萎缩或坏死，精子数目减少。

先天性畸形并不一定具有遗传性，且大多数先天畸形并不具有遗传性，但也确有一部分先天性畸形具有遗传性，可传给后代。凡由于外源化学物损伤生殖细胞所引起的先天性缺陷或异常，具有遗传性，可由亲代动物遗传给子代。如果此种损害仅涉及体细胞，与生殖细胞无关，则所引起的先天畸形不具有遗传性。

（一）雄性生殖毒性评价

1. 雄性生殖特点　雄性生殖器官产生精子，精子是一种高度分化的细胞，它不仅把父本的遗传信息传递给卵子，而且可决定新生后代的性别。精子的发生是指精原细胞发育成为成熟精子的过程。胎儿期至青春期，精原细胞在曲细精管中处于休眠状态，青春期启动后，数量开始增多。曲细精管基底膜上的精原细胞在性成熟期间不断分裂，同时产生初级精母细胞，经过减数分裂，形成两个单倍体的次级精母细胞，再经等数分裂，形成四个单倍体的精子细胞，精子细胞再进一步分化成为具有特殊形态的成熟精子。从一个精原细胞分化成为成熟的精子，各种动物所需要的天数是不同的。例如，小鼠为 34.5 天，大鼠为 48 天。

调节精子发生的激素主要有垂体前叶分泌的促性腺激素（FSH）、促黄体生成素（LH）以及睾丸间质细胞产生的雄激素。进入曲细精管的精子没有活动能力，在附睾中经过成熟过程才逐步获得了运动能力和受精力，变成了具有活泼运动能力的成熟精子。精子的发生是周期性变化的。对于同一种动物而言，精子发生所需要的时间相对恒定。所以了解生精上皮的周期性变化，对确定外源化学物对精子发育各阶段的影响有着重要意义。

2. 雄性生殖毒性试验

（1）精子分析：精子分析是生殖毒性较为敏感的指标，主要包括精子计数、精子运动能力以及精子形态的检查；试验常用小鼠或大鼠。收集精子的方法可采用交配射精后冲洗阴道的方式获取精子，但大多采用处死动物收集睾丸尾部和附睾中的精子。

（2）精子穿透试验：精子穿透试验实际上就是精子体外授精的试验。精子在体外成功地穿透卵子的能力是常规精子分析所不能显示的。其试验原理是哺乳动物受精过程中物种专一性主要表现在卵子的透明带上；获能及顶体反应是所有哺乳动物精子与卵子结合的先决条件。因此，采用受试动物的精子使去透明带的金黄地鼠的卵子受精，以综合评价外源化学物对精子授精能力的影响。

（3）大鼠睾丸支持细胞与间质细胞分离培养：虽然整体动物试验是评价化学物质性腺毒性的主要途径，但其耗时、费力，而且在中毒机制的研究中也受到诸多限制。应用睾丸体外培养的手段检测化学物质对睾丸功能的影响，有望作为一种简便、可靠的方法。

（4）睾丸中标志酶活性检测：睾丸中酶含量和活性的改变是生殖毒性的敏感指标之一，可以简便且可靠地反映出外源化学物对睾丸功能的损害。已知睾丸中的酶大致可分为两类，一类酶的含量和活性随着精子的形成、成熟而增高，如乳酸脱氢酶同工酶、山梨醇脱氢酶、透明质酸酶、α-磷酸甘油脱氢酶等；另一类酶则是随着精子的形成、成熟，其活性下降，如 6-磷酸葡萄糖脱氢酶、苹果酸脱氢酶、三磷酸甘油醛脱氢酶以及异柠檬酸脱氢酶等。

（5）雄性激素检测：睾丸生成精子的同时还具有分泌性激素的功能。雄性激素是睾丸中产生的主要性激素，睾丸的功能主要靠卵泡刺激素、促黄体生成素和睾酮来维持和调节。卵泡刺激素主要作用于曲细精管的支持细胞，使其合成与分泌雄性激素结合蛋白。后者的作用是使雄性激素浓聚，维持曲细精管中的雄性激素达到一定水平。促黄体生成素主要作用于间质细胞，使其合成和分泌睾酮。雄性生殖系统无论生精过程、精子成熟过程，还是附属性腺的分泌活动，都需要有足够的睾酮。检测上述三种性激素含量有助于生殖毒性的评价以及生殖毒性作用机制的探讨。

（6）雄性生殖器毒性病理检验：从形态学角度评价外源化学物对雄性生殖系统的毒性作用，是雄性生殖毒理学研究中不可缺少的较为敏感的指标和重要手段。睾丸、附睾、前列腺以及精囊的重量和大小的改变常是接触有害化学物质的明显征兆。睾丸组织最易受到外源化学物的侵害，因此在亚慢性或慢性动物试验中，睾丸组织形态检验是一项重要的指标。

（7）雄性生殖细胞遗传毒性检测：传统的哺乳动物生殖细胞突变试验如：小鼠睾丸染色体畸变分析、小鼠精子畸变分析、小鼠显性致死突变试验、黑腹果蝇染色体性隐性试验等。

（二）雌性生殖毒性评价

1. 雌性生殖特点　卵巢的内分泌功能受垂体前叶促性腺激素（FSH）和黄体生成激素（LH）的控制。垂体分泌的 FSH 又受下丘脑某些神经细胞产生的促性腺释放激素（GnRH）的调节。由于垂体分泌的促性腺激素 FSH 和 LH 的作用，促使卵巢内发生周期性的变化（卵泡的发育、排卵、黄体生成）。垂体分泌的 FSH 使卵泡生成，卵泡发育至次级卵泡时卵泡膜内层细胞分泌雌激素，雌激素作用于子宫内膜，使子宫内膜呈增生期改变。同时它们又反馈性地抑制下丘脑和垂体停止分泌促性腺激素，故黄体退化、血中孕酮和雌激素含量下降。此时，下丘脑及垂体不再受抑制，促性腺激素又开始分泌，卵巢中又有卵泡的生长。如此生长反复循环，从而形成卵巢内周期性变化。

2. 雌性生殖毒性试验

（1）发情周期的观察：随着卵巢激素的变化，脱落的阴道上皮细胞类型和形态也呈现周期性变化。啮齿类动物的发情周期可分为发情前期、发情期、发情后期及间期等四个期，通过逐日连续观察，可了解卵巢功能状况是否正常。正常大鼠或小鼠每一发情周期 4～5 天。外源化学物及不良环境因素会影响卵巢功能，使发情周期紊乱。

（2）排卵的观察：黄体重量减轻，排卵数目减少是外源化学物对卵巢功能损害的常见表现。染毒处理应在雌鼠处于发情间期进行，在染毒的第六天（发情前期）处死动物，分析卵巢重量，黄体数目及其总重量，卵细胞数等指标。也有将卵巢固定，做连续切片，观察计数各期卵泡，判断排卵情况。

（3）雌性激素检测：包括雌激素活性测定（TTC 还原试验），血浆雌二醇放免分析法，血浆孕酮放免分析。

（4）病理组织学检查：雌性生殖系统包括阴道、子宫、输卵管、卵巢等以及肾上腺和脑垂体。对其进行毒性病理学检查应注意有关器官的重量，如脑垂体、卵巢重量。同时应在光学显微镜下对与生殖有关的器官进行病理组织学检查，其中卵巢因其具有形成卵细胞和内分泌双重作用而更加重要。

（三）致畸试验方法

致畸试验是评定外源化学物是否具有致畸作用的试验方法，母体在孕期受到可通过胎盘屏障的外源化学物或物理因素作用，影响胚胎的器官分化与发育，导致结构异常，出现胎仔畸形。因此，在受孕动物的胚胎的器官形成期给予受试物，可检出该物质对胎仔的致畸作用，可用于检测妊娠动物接触受试物后引起的致畸可能性，并预测其对人体可能的致畸性。

1. 试验设计 致畸试验成功的关键是良好的试验设计，核心是染毒剂量。试验至少设3个剂量组，高剂量组原则上应使部分动物出现某些发育毒性或母体毒性，如体重轻度减轻等，但不至引起死亡或严重疾病，如果母体动物有死亡发生，应不超过母体动物数量的10%。低剂量组不应出现任何观察到的母体毒性或发育毒性作用。同时设溶媒对照组，溶媒对照组除不给受试物外，其余处理均同剂量组。必要时设阳性对照组，常用经口给予的阳性对照物及参考剂量为敌枯双（0.5～1.0 mg/kg.bw）、五氯酚钠（30 mg/kg.bw）、阿司匹林（250～300 mg/kg.bw）及维生素A（7500～13 000 μg 视黄醇当量/kg.bw）、环磷酰胺（15mg/kg.bw）等。

2. 受试物和试验动物 受试物应使用原始样品，若不能使用原始样品，应按照合理、科学的受试物处理原则对受试物进行适当处理。试验动物选用健康、性成熟的雄性动物和未经交配的雌性动物，致畸试验可选用二种哺乳动物，啮齿类一般首先考虑大鼠，此外可采用小鼠或家兔。

3. 观察指标 包括对母体的观察和胎仔的检查。母体观察是每日对动物进行临床观察，包括皮肤、被毛、眼睛、黏膜、呼吸、神经行为、四肢活动等情况，及时记录各种中毒体征，包括发生时间、表现程度和持续时间，发现虚弱或濒死的动物应进行隔离或处死，母体有流产或早产征兆时应及时剖检。胎仔检查包括胎仔外观检查，如胎仔性别、体重、体长，检查胎仔外观有无异常和胎仔骨骼及胎仔内脏检查。

4. 数据处理和结果评价 试验结果包括母体体重、体重增重（处死时母体体重—孕6天体重）、子宫连胎重、体重净增重（处死时母体体重—子宫连胎重—孕6天体重）、着床数、黄体数、早死胎数、晚死胎数、活胎数、死胎数及百分率、胎仔的体重及体长、有畸形的胎仔数（包括外观、骨骼和内脏畸形），有畸形胎仔的窝数及百分率，计算动物总畸胎率和某单项畸胎率。对胎仔的相关指标统计应以窝为单位。

2003版我国国家标准《传统致畸试验》里有致畸指数的指标，但在实际的应用过程中很少使用该指标，故2015版国家食品安全标准中删除了该指标。在国际生命科学院（International Life Sciences Institute，ILSI）1989年提出化学物致畸潜力分类和安全系数确定中，根据动物试验中发育毒性效应的类型、严重性和发生率将化学物分为A、B、C、D四类，并规定各类型的不同的安全系数范围，分别是～400、～300、～250和～100，用以评定待测物发育毒性的危险度。ICH在人类用药危险度分类的研究设计中，规定根据动物发育毒性的研究结果和从人类使用经验得到的信息，将妊娠用药分5类，并要求医生在开处方时遵守，确保怀孕妇女按规定使用这些药品。OECD建议致畸物的参考分级标准为：已证实对人致畸（1级）；对人可能致畸（2A、2B级）；可以认为对人无致畸作用、但应继续研究（3级）；及对人无致畸作用（4级），见表10-1。致畸试验结果应该结合亚慢性、繁殖毒性、毒物动力学及其他试验结果综合解释。由于动物和人存在物种差异，试验结果外推到人存在一定的局限性。

表 10-1　欧洲经济与合作组织（OECD）建议致畸物的参考分级标准

级别	分级依据	对人类危险性
1	已确定人类母体接触后可引起子代先天性缺陷	已证实对人致畸
2A	对动物肯定致畸，但对人类致畸作用尚未确定因果关系	对人可能致畸
2B	动物试验结果肯定致畸，但无人类致畸资料	对人可能致畸
3	尚无结论性肯定致畸证据或资料不足	可以认为对人无致畸作用、但应继续研究
4	动物试验阴性，人群调查结果未发现致畸	对人无致畸作用

三、发 育 毒 性

通过生前经父体和（或）母体接触外源化学物引起子代出现有害作用，其表现形式包括结构畸形、生长迟缓、功能障碍及死亡，即认为该外源化学物具有发育毒性（developmental toxicity），能造成发育毒性的物质称为发育毒物（developmental toxicant），应是在未诱发母体毒性的剂量下产生发育毒性的物质。外源化学物对发育损害作用的特点与生殖毒物的损害特点非常一致，也存在器官发生期敏感性、试验设计剂量与效应关系的复杂性、物种以及个体反应的差异性等问题。发育毒性作用的表现一般可分为以下四种。

1. 生长迟缓（growth retardation）　即胚胎与胎仔的发育过程在外源化学物影响下，较正常的发育过程缓慢。

2. 致畸作用（teratogenic effect）　由于外源化学物干扰，活产胎仔胎儿出生时，某种器官出现形态结构异常。致畸作用所表现的形态结构异常，在出生后立即可被发现。

3. 功能不全或异常（functional deficiency）　即胎仔的生化、生理、代谢、免疫、神经活动及行为的缺陷或异常。功能不全或异常往往在出生后一定时间才被发现，因为正常情况下，有些功能在出生后一定时间才发育完全。

4. 胚胎或胎仔致死作用（death of the developing organism）　某些外源化学物在一定剂量范围内，可在胚胎或胎仔发育期间对胚胎或胎仔具有损害作用，并使其死亡。具体表现为天然流产或死产、死胎率增加。在一般情况下，引起胚胎或胎仔死亡的剂量较致畸作用的剂量为高。

以上四种发育毒性的具体表现并不一定在一种外源化学物作用下同时出现，有时只出现其中的一种或几种。此外，有些外源化学物通过胎盘与发育中的胚胎或胎仔接触，还可以引起子代肿瘤发生率增高。在毒理学测试方法中，一般利用致畸试验检测发育毒物，也可在三代繁殖毒性试验中，通过观察对胎仔（F_1代）的毒性影响，包括死亡、畸形（结构异常）、生长异常和功能性毒性等测定发育毒物。

第二节　生殖毒性试验

目前人类先天缺陷的成因基本可以归为三大类，即遗传因素（染色体畸变和基因突变，占 25%），环境因素（物理因素、宫内感染、母体疾病、药物与环境化学物质，占 10%），和原因不明的出生缺陷（可能是由于遗传因素与环境因素相互作用，占 65%）。全世界每年有大量的新化合物合成。这些新合成的化合物对于人类健康和环境生态存在潜在影响，使得对这些物质的毒性筛选显得日益重要。抗早孕反应的药物反应停（thalidomide）是20世纪60年代前后在欧洲和日本作为抗早孕反应药物使用，开始认为是安全有效的。1961～1962年，不断出现了大量罕见的短肢畸形儿，多数为四肢缺陷、无眼、腭裂、骨骼发育不全、十二指肠和肛门闭锁等，且同一时期，全球出现了大量的短肢畸形儿，经研究均确认与孕妇服用反应停有关。“反应停事件”是人类历史上的一个悲剧，由此也促进了生殖发育毒性研究、评价以及法规和技术的进步。

一、三段生殖毒性试验

外源化学物对生殖过程毒作用的评定主要通过生殖毒性试验来进行，也称为繁殖试验。生殖毒性试验可以全面反映外源化学物对性腺功能、发情周期、交配行为、受孕、妊娠过程、分娩、授乳以及幼仔断乳后生长发育可能发生的影响。通过生殖毒性试验，估计生殖毒性的作用特点，并获得NOAEL（No observed adverse effect level）和LOAEL（Lowest observed adverse effect level）等毒理学参数。为了适应化学致畸毒性的研究以及建立相关管理法规的需要，一些国家的管理机构开始发展动物测试方法并将其与慢性毒性研究分开设立，以评估药物对妊娠的影响。1966年美国食品药品监督管理局（FDA）提出了三段生殖毒性试验指南，包括对致畸等发育毒性的评价。20世纪80年代后期美国环境保护局（EPA）提出可疑发育毒物危险度评价指南，第一次明确提出了对发育毒性的评价。在我国从70年代起，就已开始了对药品、农药、食品添加剂和环境污染物的致畸性评价和研究，改革开放以后，由于贸易的全球化，大量的药品、食品、农药和化学品进入中国市场，我国有关行政管理部门已将致畸试验、生殖毒性试验列为新药、农药、食品及首次进口化学品等的安全性毒理学评价的重要组成部分。随着我国化学品安全评估方法和理念与国际发达国家的交流和借鉴，三段生殖试验也逐步被接受。

（一）三段生殖毒性试验的基本内容

三段生殖毒性试验是由美国食品药品管理局（FDA）提出的生殖毒性试验方案。主要用于评价药品的生殖发育毒性。一些机构和单位在评价化学品的安全性时，也常参考这种评价策略和方法。三段生殖毒性试验的第一阶段试验，主要设计了评价化学品的生育力与早期胚胎发育毒性试验，目的是评价外源化学物对配子的发育与成熟、交配行为、生育力、胚胎着床前和着床的影响。第二阶段试验设计了评价化学品的胚体-胎体毒性试验（又称致畸试验），目的是评价母体自胚泡着床到硬腭闭合期间（器官形成期）接触化学品对妊娠雌性和对胚体-胎体发育的有害影响。第三阶段试验设计了评价仔胎出生前后的发育毒性试验（又称围生期毒性试验）。受孕动物在妊娠期的第15天开始接触化学品，直到幼仔断奶，以评定受试物可能对胎体发育后期、母体妊娠、分娩和授乳，以及幼仔在新生期间存活和生长发育的影响。一般三段生殖毒性试验试验动物首选大鼠。

（二）三段生殖毒性试验的评价方法

1. 基本原则 生殖毒性试验的设计，应在对化学品认知的基础上，遵循“个案原则”。应根据受试物的结构特点、理化性质、已有的毒理研究信息、人群使用特点等选择合理的试验方法，设计适宜的试验方案，并综合上述信息对试验结果进行全面分析评价。生殖毒性试验应符合一般动物试验“随机、对照和重复”的基本原则。了解受试物毒（药）代动力学的信息对于动物种属选择、试验设计与染毒方式的调整等有重要提示作用。

（1）试验动物：应采用哺乳动物进行生殖毒性试验。在选择动物种属和品系时，应考虑动物的背景资料、实用性、与人的相关性等。应从受试物、采用的试验方案和阐明试验结果的角度考虑所选择动物种属和品系的优缺点。应注意选用与人类相关的动物。如果已有的药代动力学、药理毒理研究信息能显示某种属与人类相关，则可仅采用此一种动物进行试验。如果某一种属动物未表现出（与第一种动物相同的）与人类的相似性，则将其选作第二种动物的价值很小。通常应采用与其他毒理学试验相同的动物种属和品系，这样与其他毒理学试验结果具有可比性，并可能避免进行过多的预试验。大鼠实用性好、与其他试验结果的可比性高、并已积累了大量的背景资料，因此可作为生殖毒性试验首选的啮齿类动物。在胚胎-胎仔发育毒性研究中，一般还需要采用第二种哺乳动物，其中家兔已积累了丰富的背景资料，且容易获得和实用，因此家兔为优先选用的非啮齿类动物。家兔不适合时，可根据具体情况，选择另一种可替代的非啮齿类动物或第二种啮齿类动物。通常选用年轻、性成熟的成年动物，雌性动物须未经产。

（2）剂量选择：剂量选择是生殖毒性试验设计的关键问题之一，这点在三段生殖试验中同样重要。可根据已有的研究资料来选择高剂量，如果已有资料信息不足，应进行预试验。若选择与重复给药毒性研究相似的剂量，可参考全身毒性表现，以分析对生育力方面的影响。可根据已有的研究资料（药理、急性毒性和慢性毒性、药代动力学研究）或预试验以及受试物的理化性质和给药途径来进行剂量设计。为观察剂量-反应关系，至少应设三个剂量组，必要时可增加剂量组。高剂量应出现一些轻微的母体毒性反应，或为最大给药量/最大耐受量。低剂量应为生殖毒性终点的“未观察到不良反应的剂量水平(NOAEL)”。高剂量与低剂量间根据具体情况可设计1～2个剂量，以观察可能的剂量-反应关系。生殖毒性研究中存在许多可变因素，剂量-反应关系趋势的存在与否，是判断效应与药物相关性的一个关键性依据。由于剂量-反应关系曲线可能是陡直的，故不建议设计宽的剂量间距。若试图通过一项研究来分析效应的剂量-反应关系，应至少设三个剂量组和适当的对照组。若还不能确定其剂量-反应关系，应增设剂量组，避免剂量间距过大，并应确定生殖毒性的NOAEL。

（3）染毒途径和对照组：一般情况下，染毒途径应与实际暴露的途径一致，食品毒理学一般使用经口染毒方式。应设赋形剂对照组，其给药途径、频率应与受试物剂量组相同。当赋形剂可能产生作用或影响受试物的作用时，应另设空白对照组。此外，根据具体情况考虑是否设阳性对照组，如新的动物系统、较长时间未进行过试验、新的试验设施等。

（4）方案选择：一般考虑在选择试验方案时，应借鉴受试物已有的或同类化学物的毒理和药代动力学资料，特别是在生殖毒性方面的信息。建议优先考虑采用较为成熟的试验设计方案。对大多数受试物而言，三段试验方案（常用的试验方案）通常比较合适，能够识别有可能发生损害的生殖发育阶段。联合进行多项生殖毒性试验时，应注意在动物成年期和从受孕到胎仔性成熟的发育各阶段给予受试物。为发现给药所致的速发和迟发效应，试验观察应持续一个完整的生命周期，即从某一代受孕到其下一代受孕期间的时间周期。为方便试验，可将一个完整生命周期过程分成以下几个阶段：①从交配前到受孕（成年雄性和雌性生殖功能、配子的发育和成熟、交配行为、受精）；②从受孕到着床（成年雌性生殖功能、着床前发育、着床）；③从着床到硬腭闭合（成年雌性生殖功能、胚胎发育、主要器官形成)；④从硬腭闭合到妊娠终止（成年雌性生殖功能、胎仔发育和生长、器官发育和生长）；⑤从出生到离乳（成年雌性生殖功能、幼仔对宫外生活的适应性、离乳前发育和生长）；⑥从离乳到性成熟（离乳后发育和生长、独立生活的适应能力、达到性成熟的情况）。

2. 常用的试验方案

（1）生育力与早期胚胎发育毒性试验（Ⅰ段）：试验目的包括生命周期从交配前到受孕（成年雄性和雌性生殖功能、配子的发育和成熟、交配行为、受精）以及从受孕到着床（成年雌性生殖功能、着床前发育、着床）阶段，对雌雄动物由交配前到交配期直至胚胎着床给受试物，以评价受试物对动物生殖的毒性或干扰作用。观察内容包括配子成熟度、交配行为、生育力、胚胎着床前阶段和着床等。对于雌性动物，应对动情周期、受精卵输卵管转运、着床及胚胎着床前发育的影响进行检查。对于雄性动物，应观察生殖器官组织学检查方法可能检测不出的功能性影响（如性欲、附睾精子成熟度等）。

动物选择和给药至少采用一种动物，推荐用大鼠。动物数应满足数据分析的需要，通常大鼠不少于 20 只/（性别·组）。一般情况下，交配前给受试物时期可定为雄性动物 4～10 周，雌性动物 2 周；雄性动物给受试物时期应持续整个交配期直至被处死，雌性动物至少应持续至胚胎着床（妊娠第 6～7 天）。应对交配前给受试物时期长短的选择进行说明并提供依据。生育力试验，尤其减少雄性动物交配前给药期，应根据前期试验所积累的资料以及对精子发生过程基础研究的再评价而设计（对精子发生的研究以往尤其要求较长的交配前给药期）。

观察指标包括试验期间的观察指标和试验结束的终末检查两部分，前者包括体征和死亡情况，体重和体重变化，摄食量，交配期间至少每日进行阴道涂片检查以检查是否对交配或交配前时间有影响，以及其他毒性研究中已证明有意义的指标。终末检查包括观察异常器官，组织学检查（睾丸、附睾或卵巢、子宫），精子计数和精子活力，黄体数、活胎、死胎、吸收胎和着床数。

（2）胚胎-胎仔发育毒性试验（Ⅱ段）（传统致畸试验）：试验目的包括上述生命周期的从着床到硬腭闭合（成年雌性生殖功能、胚胎发育、主要器官形成）和从硬腭闭合到妊娠终止（成年雌性生殖功能、胎仔发育和生长、器官发育和生长）阶段的试验。妊娠动物自胚胎着床至硬腭闭合给受试物，评价受试物对妊娠动物、胚胎及胎仔发育的影响，亦称为传统致畸试验，致畸作用是发育毒性中最重要的一种表现，多年来很多国家和机构都采用和推荐这一方法。我国《食品安全性毒理学评价程序和方法》也包含这一基本方法，主要评价内容包括对妊娠动物的毒性（与雌性非妊娠动物比较）、胚胎胎仔死亡、生长改变和结构变化等。

动物选择和给药，通常采用两种动物：一种为啮齿类动物，推荐用大鼠；另一种为非啮齿类动物，推荐用家兔。妊娠动物数应满足数据分析的需要，通常大鼠不少于 20 只/组，家兔不少于 12 只/组。由胚胎着床到硬腭闭合（即到第 3 阶段末）给药。通常，大鼠为妊娠第 6～15 天给受试物，家兔为妊娠第 6～18 天给受试物。

动物处理，在大约分娩前处死并检查雌性动物，正常情况下，大鼠约为妊娠第 20～21 天，家兔约为妊娠第 28～29 天。检查所有胎仔的存活和畸形情况。当所用技术方法要求分别检查软组织和骨骼改变时，最好是每窝分配 50%的胎仔进行骨骼检查。不管使用何种方法，至少应对 50%的大鼠胎仔进行内脏检查。对于家兔，检测软组织改变，采用新鲜显微解剖技术较适合，此时，100%的家兔胎仔需进行软组织和骨骼检查。在评价胎仔的内脏和骨骼异常情况时，若高剂量组与对照组无显著性差异，一般不需要对中、低剂量组动物进行检查。但建议保存固定的标本以备检查。

观察指标包括试验期间的观察指标和试验结束的终末检查两部分，前者包括体征和死亡情况、体重和体重变化、摄食量、其他毒性研究中已证明有意义的指标；终末检查包括出现异常的器官，计数黄体数、活胎、死胎、吸收胎并计算着床数，测定胎仔体重、胎仔顶臀长，记录胎仔异常（包括外观、内脏、骨骼），胎盘肉眼观察。

（3）围产期毒性试验（Ⅲ段）（围生期毒性试验）：试验目的包括生命周期中从着床到硬腭闭合（成年雌性生殖功能、胚胎发育、主要器官形成）、硬腭闭合到妊娠终止（成年雌性生殖功能、胎仔发育和生长、器官发育和生长）、出生到离乳（成年雌性生殖功能、幼仔对宫外生活的适应性、离乳前发育和生长）和从离乳到性成熟（离乳后发育和生长、独立生活的适应能力、达到性成熟的情况）阶段试验。检测从胚胎着床到幼仔离乳给受试物对妊娠/哺乳的雌性动物以及胚胎和子代发育的不良影响。由于对此段所造成的影响可能延迟，试验应持续观察至子代性成熟阶段。评价内容包括妊娠动物较非妊娠雌性动物增强的毒性、出生前和出生后子代死亡情况、生长发育的改变以及子代的功能缺陷，包括 F_1 代的行为、性成熟和生殖功能。

动物选择和给药：至少采用一种动物，推荐用大鼠。妊娠动物数应满足数据分析的需要，通常大鼠不少于 20 只/组。雌性动物给受试物期间应从胚胎硬腭闭合至哺乳结束（即上述生命周期中的 3 阶段至 5 阶段），通常，大鼠为妊娠第 15 天至离乳（出生后第 21 天）。

动物处理：雌性动物分娩并饲养其子代至离乳，每窝选择雌、雄子代各 1 只，饲养至成年，然后进行交配检测其生殖能力。

观察指标包括试验期间的母体动物和试验终末检查的母体动物及子代动物。有害影响主要包括增加对妊娠动物的毒性。处死时对所有亲代和 F_1 代成体进行尸解，肉眼检查任何存在的结构异常或病理改变，特别要注意生殖系统的器官，保存发现改变的脏器和进行可能的组织学评价，并保存足够对照组的相应脏器，以供比较。检查着床数，对明显未孕大鼠或小鼠（但不是家兔）可用硫化铵染色以证实胚胎着床前死亡。

子代需检查每窝出生时活仔数、死仔数、畸形数、出生时和断乳前后存活率、体重、身长、身体发育、性成熟和生育力、感觉功能、反射和行为等。身体发育的最好指标是体重。断奶前还包括张耳、开眼、出毛、出牙。断乳后包括表明性成熟开始的雌性阴道张开和雄性龟头包皮分开。建议在达标时记录体重，以辨别与对照的任何差异是特异的，还是与一般生长有关。功能试验目前未规定专门的试验方法，鼓励对感觉功能、反射、运动能力、学习和记忆的检测方法进行探索。

（4）结果评定：通常情况下，应对受试物在动物中表现出来的生殖和发育两方面的毒性进行分析评价。如果出现阳性的生殖毒性或发育毒性结果，应评估人体中出现生殖毒性和发育毒性风险的可能性，这些阳性的毒性结果可能是在生殖毒性或一般毒性试验中出现的，也可能是在人体研究中出现的。

1）生殖毒性判定：生殖毒性为可能影响母体（F_0 代）生殖能力的结构和功能性改变，包括对生育力、分娩和哺乳的毒性影响等。

生育力与给药相关的雄性生殖毒性可表现为生殖器官的退变或坏死、精子计数减少、精子活力或形态学改变、交配行为异常、不能交配、内分泌功能改变或总体生育力降低。

与给药相关的雌性生殖毒性可表现为生殖器官损伤、配子成熟和释放相关的内分泌调节改变、交配行为异常、不能交配或总体生育力降低。

分娩动物产程和分娩的影响可表现为分娩起始和持续时间的改变。分娩持续时间通常报告为平均每胎耗时，或总分娩时间。

哺乳期给受试物后，可能对幼仔产生暴露，也可能改变母鼠的哺乳过程（乳汁质量和数量）或改变母鼠的哺乳行为。

2）发育毒性：在三代繁殖毒性试验中，观察对胎仔（F_1代）的毒性影响，包括死亡、畸形（结构异常）、生长异常和功能性毒性等测定发育毒物。由于发育毒性导致的死亡可能发生于自妊娠早期到离乳后的任何时间（“胚胎-胎仔死亡”仅是发育毒性所致死亡的一种）中。阳性结果可能表现为着床前或着床后丢失、早期或晚期吸收、流产、死产、新生仔死亡或离乳后死亡。结构异常，通常表现为子代骨骼或软组织畸形或变异。生长异常通常表现为生长迟滞，有时生长过快或早熟也被认为是生长异常。评估生长速率的最常用指标为体重，同时也可测定顶臀长、肛门与生殖器间距离等。功能性毒性包括任何正常生理或生化功能的持续改变，但通常仅测定神经行为和生殖功能。常规测定指标包括自主活动、学习记忆、反射、性成熟时间、交配行为和生育力。

3）其他很多情况下，亲代和子代所表现出来的生殖毒性可能是母体毒性所继发的。应结合相关毒性研究结果，如长期毒性研究等，判断表现出来的生殖毒性是否为母体毒性的继发结果。由于生殖毒性是多个环节复合作用的结果，应结合受试物的毒性特点、其他毒理学研究的结果（特别是长期毒性试验和遗传毒性试验结果）、毒（药）代动力学和受试物的预期使用情况等进行综合评价。

二、生殖发育毒性试验

三段生殖毒性试验设计了生命萌发到子代出生以后的多阶段毒性测试，但在实际采用的过程中全程做完需要比较长的时间和经费投入。我国的食品毒理学工作者针对食品毒理学的特点，通过多年的实践经验，选取三段生殖试验的最主要精华，提出了《生殖发育毒性试验》方法，并且已列入《国家食品安全标准食品安全性毒理学评价程序和方法》（GB15193—2014/2015）中。生殖发育毒性试验包括三代（F_0、F_1和F_2代）动物试验。F_0和F_1代给予受试物，观察生殖毒性，F_2代观察功能发育毒性。提供关于受试物对雌性和雄性动物生殖发育功能影响，如性腺功能、交配行为、受孕、分娩、哺乳、断乳以及子代的生长发育和神经行为情况等。毒性作用主要包括子代出生后死亡的增加，生长与发育的改变，子代的功能缺陷（包括神经行为、生理发育）和生殖异常等。这种试验设计，可以在一次动物试验中测试生殖毒性指标和发育毒性指标，减少动物用量、降低试验成本，提高评价效率。

1. 动物选择 应选择已有资料证明对受试物敏感的动物物种和品系，一般啮齿类动物首选大鼠，避免选用生殖率低或发育缺陷发生率高的品系。为了正确地评价受试物对动物生殖和发育能力的影响，两种性别的动物都应使用。所选动物应注明物种、品系、性别、体重和周龄。同性别试验动物个体间体重相差不超过平均体重的 20%。选用的亲代（F_0代）雌鼠应为非经产鼠、非孕鼠。

2. 试验动物数目 为了获得具有统计学要求的基本试验数据，正确地评价受试物对动物生殖发育过程（包括 F_0 代动物生殖、妊娠和哺育的过程，子一代（F_1 代）动物从出生到成熟过程中的吸乳、生长发育情况，以及子二代（F_2 代）动物从出生到断乳的生长发育过程相关指标）可能引起的毒性作用，交配的动物数应保证每个受试物组及对照组都能至少获得 20 只孕鼠。一般在试验开始时两种性别每组各需要 30 只（F_0 代），在后续的试验中用来交配的动物每种性别每组各需要 25 只（F_1 代）（至少每窝雌雄各取 1 只，最多每窝雌雄各取 2 只）。

3. 剂量及分组 将动物按体重随机分为至少设三个受试物组和一个对照组。如果受试物使用溶剂，对照组应给予溶剂的最大使用量。如果受试物引起动物食物摄入量和利用率下降时，那么对照组动物需要与试验组动物配对喂饲。某些受试物的高剂量受试物组设计应考虑其对营养素平衡的影响，对于非营养成分受试物剂量不应超过饲料的 5%。在受试物理化和生物特性允许的条件下，最高剂量应使 F_0 和 F_1 代动物出现明显的毒性反应，但不引起动物死亡；中间剂量可引起轻微的毒性反应；低剂量应不引起亲代及其子代动物的任何毒性反应。如果受试物的毒性较低，1000mg/kg.bw 的剂量仍未观察到对生殖发育过程有任何毒副作用，则可以采用限量试验，即试验不再考虑增设受试物其他剂量组。若高剂量的预试验观察到明显的母体毒性作用，但对生育无影响，也可以采用限量试验。

4. 试验步骤 所有动物应采用相同的方式给予受试物；如受试物经灌胃给予，灌胃频次按每天 1 次，每周 7 天给予受试物。各代大鼠给予的受试物剂量（按动物体重给予，mg/kg.bw 或 g/kg.bw）、饲料和饮水相同。选用断乳后 7～9 周的 F_0 代雄鼠，适应 3～5 天后开始给予受试物，大鼠给予受试物持续 10 周（小鼠 8 周）。交配结束后，对 F_0 代雄鼠进行剖检。F_0 代雌鼠适应 3～5 天后开始给予受试物，到交配前至少持续 10 周。在 3 周交配期、妊娠期，直到子代 F_1 断乳整个试验期间，F_0 代雌鼠每天给予受试物。F_1 代仔鼠断乳后，每天给予受试物，并将一直延续直到 F_2 代断乳。试验期间根据受试物的代谢和蓄积特性，可适当调整给予剂量。

5. 观察指标

（1）一般观察：对试验动物做全面的临床检查，记录受试物毒性作用所产生的体征、相关的行为改变、分娩困难或延迟的迹象等所有的毒性指征及死亡率。判断雌鼠的发情周期有无异常，摄食量，体重，精子形态、数量以及活动能力观察，每窝仔鼠数量、性别、死胎数、活胎数和是否有外观畸形，对明显未孕的大鼠和小鼠（不包含兔）采用硫化铵染色等方法检查着床数。仔鼠体重称量，并观察和记录母鼠及子代生理和活动是否存在异常。以窝为单位，检查并记录全部 F_1 代仔鼠和 F_2 代仔鼠生理发育指标、神经行为指标。如果有资料提示受试物可能对认知能力有影响，需要进一步的进行感觉功能、运动功能的检测，并可根据文献报道和前期的研究结果有针对性地选择相关学习和记忆检测方法。如果无上述信息的提供，推荐使用主动回避试验、被动回避试验以及 Morris 水迷宫试验等作为试验方法。

（2）生殖毒性病理学检查：生殖发育毒性试验过程中，处死的或死亡的所有成鼠和仔鼠均需进行大体病理解剖，观察包括生殖器官在内的脏器是否存在病变或结构异常。在大体解剖的基础上应对子宫及卵巢、睾丸及附睾、前列腺、精囊腺、脑、肝脏、肾、脾、脑垂体、甲状腺和肾上腺等重要的器官进行称量，并记录。用于交配和发育毒性检测的 F_0 代和 F_1 代动物，保留其卵巢、子宫、子宫颈、阴道、睾丸、附睾、精囊腺、前列腺、阴茎以及可能的靶器官进行组织病理学检查。雄鼠还应判断精子的数量是否改变，是否出现精子畸形。大体解剖中显示病变的组织应做显微镜检查，建议对怀疑不育的动物的生殖器官做显微镜检查。受试物组相关的标本也应做进一步的检查。于 F_2 代仔鼠出生后第 11 天和第 70 天，分别进行相关仔鼠的神经病理学检查。可先进行高剂量组和对照组的检查，如发现有意义的神经病理改变，再继续进行中、低剂量组检查。神经发育毒性病理检查建议观察嗅球、大脑皮层、海马、基底神经节、丘脑、下丘脑、中脑、脑干以及小脑等组织。

6. 数据处理和结果评价 将所有的数据和结果以表格形式进行总结，数据可以用表格进行统计，表中应显示每组的试验动物数、交配的雄性动物数、受孕的雌性动物数、各种毒性反应及其出现动物百分数。生殖、生理发育指标数据，应以窝为单位统计。神经发育毒性以及病理检查等结果应以适当的方法进行统计学分析。一般情况，计量资料采用方差分析，进行多个试验组与对照组之间均数比较，分类资料采用 Fisher 精确分布检验、卡方检验、秩和检验，等级资料采用 Ridit 分析、秩和检验等。逐一比较受试物组动物与对照组动物观察指标和病理学检查结果是否有显著性差异，以评定受试物有无生殖发育毒性，并确定其生殖发育毒性的 NOAEL 和 LOAEL。同时还可根据出现统计学差异的指标（如体重、观察指标、大体解剖和病理组织学检查结果等），进一步估计生殖发育毒性的作用特点。生殖毒性试验检验动物经口重复暴露于受试物产生的对 F_0 和 F_1 代雄性和雌性生殖功能的损害及对 F_2 代的功能发育的影响，并从剂量-效应和剂量-反应关系的资料，得出生殖发育毒性作用的 LOAEL 和 NOAEL。试验结果应该结合亚慢性试验、致畸试验、生殖毒性试验、毒物动力学及其他试验结果综合解释。由于动物和人存在物种差异，故试验结果外推到人存在一定的局限性。但也能为初步确定人群的允许接触水平提供有价值的信息。

第三节 繁殖毒性试验

一、繁殖毒性试验的历史

繁殖毒性测试方法是随着化学工业的发展和毒理学评价技术的进步而发展的。早在 1925 年 Jackson 在营养学研究中，发现营养素的缺乏可以引起胎儿和幼仔的发育和存活障碍，1933 年 Hale 发现维生素 A 缺乏可以引起胎儿畸形。但是当时的主流学术观点认为，母体的胎盘屏障可以保护胎儿免受宫外有害作用的影响，对外源化学物对胎儿和子代的影响没有引起重视。直到 1941 年 Gregg 报道麻疹病毒可以引起胎儿失明、耳聋和死亡，才引起各方的关注，打破了胎盘屏障的绝对保护的概念。1949 年 Lehman 首先对化学品对动物繁殖的影响在毒理学的应用做了介绍，提出在毒理学试验中增加动物繁殖毒性的测试方法。美国 FDA 制定了世界最早的繁殖毒性试验规程，并在食品添加剂的毒性评价中确定了三代繁殖毒性试验的要求。考虑到某些化学品对母体没有毒性作用，而且染毒时间和剂量的不同可以引起胎儿明显的障碍，美国 FDA 1961 年又将三代一窝繁殖试验改为三代二窝繁殖毒性试验，用于食品添加剂和药品的安全性毒理学评价。

二、繁殖毒性试验的分类

繁殖毒性主要研究和评价外源化学物，如药品、食品添加剂、环境污染物长期接触动物，对整个生殖发育过程的影响，包括动物的性腺功能、胚胎形成、器官发育、交配行为、受精、着床、胎仔发育、分娩授乳和离乳后发育情况等。繁殖毒性主要通过动物的受孕率、妊娠率、出生成活率、哺乳成活率的观察评价繁殖毒性。繁殖试验由于母体在交配前长期给予受试物，有导致动物机体对受试物产生耐药性的可能，对致畸的结果发生影响，故不能得出确切的结论，近年美国、日本、OECD 在毒性评价的规范中，分别采用了致畸试验方法和繁殖试验方法。

繁殖毒性试验方法包括一代繁殖试验、二代繁殖试验和多代繁殖毒性试验。最早由美国 FDA 提出的三代繁殖试验方法，后又改为三代二窝繁殖毒性试验方法，受到大部分国家的接受。期间 Kcross 提出多代繁殖方法，需进行六代二窝，观察内容除生殖毒性外，还包括致畸试验、长期试验和致癌试验，由于试验周期长、观察内容复杂、结果不如单项试验准确，这种多代繁殖毒性试验方法未被广泛接受。三代繁殖试验和二代繁殖试验，以及一代二窝还是一窝，在毒理学界有过长期争论，现在一般认为进行二代一窝即可，随着遗传毒理学和致突变试验的发展，可有更好的方法检出对遗传的影响，故没有必要再进行三代繁殖毒性试验。

（一）一代繁殖毒性试验

一代繁殖毒性试验是指仅亲代（F_0代）动物直接接触受试物，子一代（F_1代）将在母体子宫内及经哺乳接触受试物。例如将生育力研究和出生前后研究的染毒期合并，雄性在交配前 4 周，雌性在交配前 15 天直至断乳接触受试物，就构成了一个典型的一代繁殖毒性研究。

（二）两代（多代）繁殖毒性试验

两代繁殖毒性试验是指仅对两代动物成体进行染毒，即 F_0代直接接触受试物，F_1代既有直接接触，也有通过母体的间接接触，第三代动物（子二代，F_2代）将在子宫和经哺乳接触受试物。三代及多代的研究也照此规定类推。

1. 试验动物　试验动物的选择应符合国家标准和有关规定。首选大鼠，选用 7～9 周龄，试验开始时动物体重的差异应不超过平均体重的 20%。试验前动物在试动物房至少应进行 3～5 天环境适应和检疫观察。每组应有足够的雌鼠和雄鼠配对，产生约 20 只受孕雌鼠。为此，一般在试验开始时两种性别每组各需要亲代（F_0代）大鼠 30 只；在继续的试验中用来交配的各代大鼠[子一代（F_1代）、子二代（F_2代）以及子三代（F_3代）]每种性别每组需要 25 只（至少每窝雌雄各取 1 只，最多每窝雌雄各取 2 只）。选用的 F_0代雌鼠应为非经产鼠、非孕鼠。

2. 剂量及分组　食品毒理学的受试物应使用原始样品，若不能使用原始样品，应按照受试物处理原则对受试物进行适当处理。将受试物掺入饲料、饮用水或灌胃给予。给予受试物时，将动物按体重随机分为至少设三个受试物组和一个对照组。应考虑受试物特性（如生物代谢和生物蓄积特性）的影响作用。如果受试物使用溶媒，对照组应给予溶媒的最大使用量。如果受试物引起动物食物摄入量和利用率的下降时，则对照组动物需要与试验组动物配对喂饲。某些受试物的高受试物组设计应考虑其对营养素平衡的影响，对于非营养成分类的受试物剂量不应超过饲料的 5%。

在受试物理化和生物特性允许的条件下，最高剂量应使 F_0代动物出现明显的毒性反应，但不引起动物死亡；中间剂量可引起轻微的毒性反应；低剂量应不引起亲代及其子代动物的任何毒性反应（可按最大未观察到有害作用剂量的 1/30，或人体推荐摄入量的 10 倍）。

3. 试验动物处理

（1）受试物的给予：试验期间所有动物应采用相同的方式给予受试物，每日在同一时间段给予受试物，每周 7 天。受试物应在交配前连续给予两种性别的各代大鼠至少 10 周，并继续给予受试物至试验结束，其中子代的雌鼠和雄鼠在断乳后每日给予。同组各代大鼠给予的受试物剂量（按动物体重给予，mg/kg.bw 或 g/kg.bw）、饲料和饮水相同。据受试物的特性或试验目的选择合适的给予方式。首选掺入饲料，若受试物加入饲料或饮水中影响动物的适口性，则应选择灌胃给予受试物。

受试物灌胃给予，要将受试物溶解或悬浮于合适的溶媒中，首选溶媒为水，不溶于水的受试物可使用植物油（如橄榄油、玉米油等），不溶于水或油的受试物亦可使用羧甲基纤维素、淀粉等配成混悬液或糊状物等。受试物应新鲜配制，有资料表明其溶液或混悬液储存稳定者除外。应每日在同一时间灌胃 1 次，每周称体重 2 次，根据体重调整灌胃体积。灌胃体积一般不超过 10ml/kg.bw，如为水溶液时，最大灌胃体积可达 20ml/kg.bw；如为油性液体，灌胃体积应不超过 4ml/kg.bw；各组灌胃体积一致。

受试物掺入饲料或饮水给予，要将受试物与饲料（或饮水）充分混匀并保证该受试物配制的稳定性和均一性，以不影响动物摄食、营养平衡和饮水量为原则，受试物掺入饲料比例一般小于质量分数 5%，若超过 5%时（最大不应超过 10%），可调整对照组饲料营养素水平（若受试物无热量或营养成分，且添加比例大于 5%时，对照组饲料应填充甲基纤维素等，掺入量等同高剂量），使其与剂量组饲料营养素水平保持一致，同时增设未处理对照组；亦可视受试物热量或营养成分的状况调整剂量组饲料营养素水平，使其与对照组饲料营养素水平保持一致。受试物剂量单位是每千克体重所摄入受试物的毫克（或克）数，即 mg/kg.bw（或 g/kg.bw），当受试物掺入饲料其剂量单位亦可表示为 mg/kg（或 g/kg）饲料，掺入饮水则表示为 mg/ml 水。受试物掺入饲料时，需将受试物剂量（mg/kg.bw）按动物每 100g 体重的摄食量折算为受试物饲料浓度（mg/kg 饲料）。

（2）交配：每次交配时，每只雌鼠应与从同一受试物组随机选择的单个雄鼠同笼（1：1 交配），直到检测到阴栓，或者经过 3 个发情期或 2 周。查到阴栓后应将雌、雄鼠分开，如果经过 3 个发情期或 2 周还未进行交配也应将雌雄鼠分开，不再继续同笼。配对同笼的雌雄鼠应作标记。所有雌鼠在交配期应每天检查精子或阴栓，直到证明已交配为止。查到阴栓的当天为受孕 0 天。预计已受孕的雌鼠应分开放入繁殖笼中，孕鼠临产时应提供筑巢的垫料。

（3）每窝仔鼠数量的标准化：将每窝仔鼠于出生后第 4 天调整至相同数量（每窝 8～10 只），尽量做到每窝内雌、雄数量相等，也可以窝内雌、雄数量不等，但每窝之间雌、雄动物数应分别相同。原窝中多余的鼠应随机取出，而不应按体重选择。

（4）观察代数：观察代数随受检目的而异，可作一代、二代、三代或多代观察。如果在两代生殖试验中观察到受试物对子代有明显的毒性作用，则需要进行第三代繁殖试验，进一步观察受试物的生殖毒性作用。

4. 观察指标

（1）一般毒性指标：对试验动物做全面的临床检查，记录一般健康状况、受试物的所有毒性和功效作用所产生的症状、相关的行为改变、分娩困难或延迟的迹象、所有的毒性体征及死亡率，通过每日检查（F_0、F_1代雌鼠）阴道和子宫颈，以判断雌鼠的发情周期有无异常。

F_0、F_1代和 F_2 代动物在给予受试物的第一天称重，以后每周称重 2 次，母鼠应在受孕的第0天、第7天、第14天和第21天称重，在哺乳期应同时称仔鼠的窝重。

在交配前及受孕期，记录每周摄食量，如经饮水给予受试物，还应记录每周饮水量。

试验结束时，根据试验设计，各代雄鼠均应对附睾的精子进行检查，对精子的形状、数量以及活动性能力进行评价。精子的活动能力和精子形态，可只检查对照组和受试物高剂量组的各代雄鼠，每只动物至少检查200个精子。

（2）仔鼠观察指标：在分娩后（哺乳0天）应尽快检查记录每窝仔鼠的数量、性别、死产数、活产数及肉眼可见的异常，在出生当天死亡的，应尽可能检查其缺陷和死亡原因。记录活产数量、性别，并在出生当天对单个活产仔鼠称重，此后在哺乳期的第4天、第7天、第14天和第21天对仔鼠进行称重。观察并记录阴道开放或龟头包皮分开的日龄，以及试验结束时对用来交配的F_1代断乳鼠称重，观察性成熟情况。

试验结束时对所有F_0、F_1代动物脏器称重：子宫（包括输卵管和子宫颈）、卵巢；睾丸、附睾；脑、肝、肾、脾和已知的靶器官。

（3）大体解剖和组织病理学检查：试验结束时和试验期间死亡的所有F_0代动物均应做大体解剖和组织病理学检查，观察各种形态结构异常及病理改变，特别注意生殖器官。如果每窝仔鼠的数量足够，F_1代、F_2代和F_3代每窝每种性别至少取3只仔鼠进行同样检查。检查的器官及组织应包括子宫、卵巢、睾丸、附睾以及靶器官脏器。

5. 数据处理和结果评价

（1）繁殖指数的计算：受孕率的计算见式（10-1）：

$$受孕率（\%）=\frac{怀孕动物数}{交配雌性动物数}\times 100\% \tag{10-1}$$

妊娠率的计算见式（10-2）：

$$妊娠率（\%）=\frac{分娩有活体幼仔的动物数}{怀孕动物数}\times 100\% \tag{10-2}$$

出生活仔率的计算见式（10-3）：

$$出生活仔率（\%）=\frac{出生时活的仔鼠数}{出生时仔鼠总数}\times 100\% \tag{10-3}$$

出生存活率的计算见式（10-4）：

$$出生存活率（\%）=\frac{产后4d仔鼠存活数}{出生时活的仔鼠数}\times 100\% \tag{10-4}$$

哺乳存活率的计算见式（10-5）：

$$哺乳存活率（\%）=\frac{21d断乳时存活的仔鼠数}{出生4d后存活的仔鼠数}\times 100\% \tag{10-5}$$

性别比的计算见式（10-6）：

$$性别比=\frac{仔鼠出生后雄鼠数}{仔鼠出生后雌鼠数} \tag{10-6}$$

（2）数据处理和结果评价应将所有的数据和结果以表格形式进行总结，数据可以用表格进行统计，表中应显示每组的试验动物数、交配的雄性动物数、受孕的雌性动物数、各种毒性反应及其出现动物百分数。数据应进行统计分析，可采用适当的统计方法进行处理。

第四节 生殖发育毒性试验的替代方法

使用整体动物试验来检测、研究化学毒物的生殖发育毒性既耗财力时间，还需使用大量的试验动物，不能满足对化合物生殖发育毒性测试的高通量的要求。毒理学试验的“3R”原则提出使用简单、快速的体内和体外试验方法来评价化学毒物的发育毒性和探讨其作用机制成为近来研究的重点。由于生殖过程涉及性功能、胚胎形成、器官发育、交配行为、受精、着床、胎仔发育、分娩授乳和离乳后发育等情况，所以任何单一的体外测试方法都不能涵盖所有需测试的方面，而一套完整的生殖发育体外测试评价方法才能使测定结果接近于动物试验测试的结果。要完成这一目标，在生殖发育毒性替代研究中需引入组合的概念。Sogor 等提出化学品体外生殖发育毒性体外试验组合的建议，包括首先进行短期（5 天内）细胞试验以评价早期阶段的分化毒性，之后进行超过 6 天的细胞毒性试验，评价晚期细胞分化毒性。Piersma 等应用小鼠配套干细胞方法、斑马鱼胚胎毒性测定以及 CYP17 和 CYP19 细胞活力测定的组合，进行了化学品体外生殖发育毒性体外试验组合的探索。通过广泛的研究，目前一般认为，在整合生殖发育毒性体外试验组合时，需要考虑测试方法是否涵盖生殖细胞和体细胞、覆盖生殖周期、能测试出胚胎毒性和致畸性、克服代谢问题的干扰、包含不同的动物种属，此外，还要考虑高通量测定技术和利用定量构效关系（quantitative structure-activity relationships，QSARs）以生理为基础的毒代动力学（physiologically based pharmacokinetic modelling，PBPK）等方法的利用。

一、发育毒性的体内预筛试验（C.K.试验）

大多数出生前受到的损害将在出生后表现为存活力（存活率）下降和（或）生长迟缓。因此对妊娠动物在主要的器官形成期以接近母体毒性的有限数量的剂量水平染毒，待自然分娩后，通过观察出生后 3 天内的新生仔外观畸形、胚胎致死、生长迟缓等发育毒性表现，对新生子代进行外部畸形、生长和生存能力的评估。而不进行传统常规试验中内脏和骨骼的检查，就可达到筛试的目的。该方法是 1982 年由 Chernoff 和 Kavlock 提出的，C .K.试验方法的优点在于：①可提供常规致畸试验所不能获得的新生动物存活、生长和功能不全的资料；②终点易于观察，不像常规试验需要专门技术。对原有的发育毒性的体内预筛试验方法进行了改进，它已被证明对很多的化学物是可靠的，使得其较体外试验方法有了更大的接受度，美国 EPA 在“可疑发育毒物危险度评价指南”（1985）中指出，在该试验中造成胎仔死亡的毒物应优先考虑进行深入的发育毒性试验，影响胎仔生长的毒物次之，该试验结果阴性而且试验设计合理者，原则上不作进一步的测试。

体外筛选方法由于缺乏母体－胎盘－胚胎间物质交换、代谢等相互作用，一些检测技术和某些检测终点意义尚不完全明确，因此体内预测方法就有特别重要的意义。

二、发育毒性检测的体外替代试验

尽管发育毒性体外筛选方法与繁殖发育毒性整体动物试验、甚至与发育毒性体内预测方法比有明显的缺点，但由于效率高，花费少，在外源化学物数量不断增加、人们对环境和食品安全健康要求日益提高、政府监管日趋严格的背景下，获得了长足的发展。发育毒性体外筛选方法随其复杂性的增加可大致分为 3 种类型，即细胞培养、器官培养和胚胎培养。

（一）原代细胞的微团培养

从 20 世纪 80 年代以来，根据化学物是否有抑制集落形成（与细胞分化、转移、迁徙、黏附、通讯等有关）从而检测有无致畸作用这一原理先后建立了小鼠、大鼠枝芽细胞和中脑细胞微团等培养方法。从目前的检测结果看，大鼠枝芽细胞和中脑细胞微团培养可用于潜在的致畸性研究，可作为发育毒性的选择项目之一。

（二）非哺乳动物胚胎体外培养

目前广泛应用于发育毒性模型、生态毒性监测以及化学毒物潜在致畸性检测，常用的亚哺乳脊椎动物有水螅、鱼、蛙、果蝇、蟋蟀、黏菌等。

（三）哺乳动物全胚胎培养

已建立了从受精卵到器官形成期，不同阶段的体外哺乳动物全胚胎培养方法，其中小鼠的着床前阶段培养效果较好。全胚胎培养方法的机理在发育毒性、胚胎毒性应用方面显示了独特的优越性，目前已被推荐为发育毒性的可选方案。

目前已建立了多种体外试验方法，常用的 15 种发育毒物体外筛选试验方法见表 10-2，这些方法采用的检测材料主要是原代和传代细胞，检测终点也以抑制细胞分化为多。

表 10-2　15 种发育毒物体外试验名称、缩写、检测终点以及检测的化学物数目

名称	缩写	检测终点
小鼠卵巢肿瘤细胞贴附抑制试验	MOT	细胞间相互作用
V79 细胞代谢协调试验	MCO	细胞间通讯
人胚上腭间质细胞生长抑制试验	HEM	细胞增殖
动物病毒（POX）筛选试验	POX	细胞生长
啮齿类动物全胚胎培养试验	WEC	胚胎生长
爪蟾胚胎致畸筛选试验	FET	胚胎生长
果蝇胚胎细胞培养试验	DEC	细胞分化
神经胶质瘤细胞分化抑制试验	DNC	细胞分化
胚胎神经脊细胞分化抑制试验	ENC	细胞分化
胚胎癌细胞分化抑制试验	EC	细胞分化
胚胎干细胞分化抑制试验	ES	细胞分化
大鼠胚胎中脑及肢芽细胞培养试验	MIC	细胞分化
鸡胚神经视网膜细胞试验	ENR	生长、分化、相互作用
胚胎干细胞细胞毒性试验	ESC	A/D 比值
水螅试验	HYD	A/D 比值

A/D 比值：成体（adult）和发育体（development）的最低毒作用浓度/剂量比值

三、常用的体外胚胎毒性试验方法

近年进行过较广泛的确认研究的主要有三种体外的胚胎毒性试验，即大鼠全胚胎培养试验，大鼠胚胎肢芽微团试验和小鼠胚胎干细胞试验。这些试验不论是作为相应的筛选试验还是用于解释发生机制的研究，均可与整体动物试验相结合，提供有价值的资料并间接减少所用动物的数量。

（一）体外大鼠全胚胎培养试验方法

大鼠全胚胎培养（whole embryo culture，WEC）是由 20 世纪 30 年代美国 Nicholas 和 Rudnick 等提出的。New 等通过不断的改进，于 70 年代提出成熟的体外 WEC 培养方法，主要有间歇充气旋转瓶/管道培养法和连续充气旋转管培养法。大鼠胚胎体外培养的成功，是动物试验胚胎学研究方面重大的突破。基于 WEC 模型的研究对象是正处于器官形成期的胚胎，而此期的胚胎对外源化学物极为敏感，因此该方法备受欢迎并被引入毒理/药理学、畸胎学和生理学等领域。目前对 WEC 法的基本共识是：WEC 为体外动态观察胚胎的正常生长发育和探索研究外源化学物的致畸性、致突变性、胚胎毒性等提供了一种有效的和特殊的研究手段。9.5 天龄大鼠胚胎最适合于体外培养。大鼠全胚胎培养（whole embryo culture，WEC）是从孕期第 9～10 天大鼠子宫取出胚胎，剥去 Reichert 膜，放入培养液中加入受试物，在含 O_2、CO_2、N_2 环境中，旋转培养。观察胚胎发育情况，记录胚胎存活，检测胚芽、卵黄囊直径、体节和体长等。以胚胎的心跳和血液循环是否存在作为胚胎存活的指标；以卵黄囊直径、颅臀长和头长、体节数和胚胎重作为胚胎生长发育的指标；根据 Brown 评分对器官形态分化作出评价。可筛查化学物的发育毒性，探讨其剂量-反应关系和作用机制。

（二）大鼠胚胎细胞微团培养方法

大鼠微团培养（micromass culture）是一项介于单细胞培养和器官培养的体外试验技术，因其花费少、周期短、操作简单、准确性高等优点而广泛应用于筛检化学物质的致畸性，根据培养细胞集落数目减少程度定性及定量评价化学物质的致畸作用。

胚胎细胞微团培养是从第 11 天的大鼠胚胎取得代表中枢神经系统的原代中脑细胞微团、肢芽区或其他区的细胞微团，在培养瓶中分别加入不同浓度的受试物共同培养 5 天；用中性红染色判断细胞是否存活；用 ALcian 蓝染色判断肢芽软骨细胞分化数量；苏木素染色判断中枢神经系统细胞分化数量。对结果进行处理，求出影响终点的半数抑制浓度（IC50）。比较受试物组与对照组数据，评价化学毒物的细胞毒性和发育毒性。

目前常用的方法包括以下几种：

（1）将受试物直接加入细胞培养液中，通过观察受试物对细胞分化、增殖抑制作用可测试母体代谢的影响，排除母体的干扰。

（2）代谢活化系统和受试物同时加入细胞培养液中，观察受试物是否经过活化代谢后对细胞产生毒性作用。

（3）体内/体外结合法，将受试物染毒孕鼠，经过一段时间后再取出枝芽细胞进行培养，观察体内生物转化对受试物致畸作用的影响。

（4）加入人或者动物血清于细胞培养基中，以测试血清中是否存在致畸因子。

胚胎细胞微团培养细胞培养的最大优点在于简化了环境条件，排除了整体动物试验中复杂因素的干扰。人为的改变培养条件，有利于应用不同的技术手段观察和研究细胞结构和生化功能的变化，可以从细胞水平揭示外源化学物的致畸作用机理。

（三）小鼠胚胎干细胞试验方法

胚胎干细胞（embryonic stem cell，ES cell）来源于早期胚胎,它在体外既可维持不分化而无限增殖,又能参与胚胎发育分化为各种类型细胞和组织而形成器官,因此被称为多（潜）

能性细胞。自从 1981 年 Martin、Evans 等成功地分离培养出未分化小鼠 ES 细胞以来，人们纷纷利用 ES 细胞体外特性开展了多方面研究，根据 ES 细胞的特性而发展起来的胚胎干细胞试验（embryonic stem cell test，EST），可以从细胞毒性、分化抑制以及分子生物学水平反映发育毒性，作为一种体外替代试验方法越来越为人们所关注。

小鼠胚胎干细胞试验（the mouse embryonic stem cell test，MEST）是利用小鼠胚泡内细胞团衍生的胚胎干细胞（embryonic stem cells，ES 细胞）在特定条件下可定向分化为机体多种细胞的特性，测试这些物质对细胞及个体是否存在发育毒性以及致畸能力的强弱，并依据测试结果将受试物分成三类，即无胚胎毒性、弱胚胎毒性和强胚胎毒性。因此可作为生物测试系统，用于哺乳动物细胞分化、组织形成过程的发育毒性研究。目前采用体外长期培养的细胞系进行的试验中，较成熟的 ES 细胞是小鼠 ES 细胞株 D3，它可分化成各种类型的细胞，包括心肌细胞、内皮细胞、胰岛细胞、神经细胞等。其中一个实例是 ES 细胞分化成心肌细胞的 EST，选择心肌细胞作为分化后的发育衡量指标的原因，一方面是其灵敏度较高，可以检测到发育过程中细微的分化；另一方面是心肌细胞的作用与窦房结、心房、心室的完整功能相似，能够反映整个组织的发育特点；最后一点是可以不用进一步显微操作，就可以获得定量的心肌收缩数据。另外该试验同时采用 D3 和小鼠已分化的成纤维细胞株 3T3，其中 D3 用于评价染毒后分化成为心肌细胞的能力，D3 和 3T3 用于比较分析细胞的存活能力。

EST 中关键的指标为分化后的发育衡量指标，目前常用的判别 ES 细胞分化的手段主要有三种：①由于不同毒性受试物对细胞形态的影响不同，这是 EST 判断化合物毒性的标准，所以依靠显微镜观察细胞形态的变化，可以对受试物进行毒性结果分析，但是分化的具有收缩功能的心肌细胞定量在镜下很难做到标准化，需要训练有素且有经验的技术人员才能做到相对准确的定量；②提取发育过程中的细胞 RNA，进行 RT-PCR 分析，然后再进行 TaqMan PCR 实时分析，研究在受试物作用下，分化的心肌细胞中所含的特异的肌球蛋白重链基因（MHC 基因）的定量表达，从而判断受试物抑制 ES 细胞分化的情况，这样 EST 在受试物分类筛选中会有更高的灵敏度和准确性，同时会缩短培养时间；③通过载体将绿色荧光蛋白基因转染 ES 细胞，受试物引起的 ES 细胞向心肌细胞分化的异常，可以启动荧光蛋白基因复制，产生特异的绿色荧光蛋白，发出波长在 509nm 的绿色荧光，通过检测荧光的强度，判断分化的程度。

小鼠胚胎干细胞试验用于受试的体外筛选，具有比其他方法优越的一些特点。首先 EST 是一种体外检测方法，与体内方法相比，不用考虑对人体及动物体的副作用，而且可以区分受试物的效应细胞为生殖细胞还是体细胞；同时与其他体外方法（如用体外全胚胎或胚胎肢芽培养进行的筛选测试）相比，ES 细胞的获得不用大量的怀孕动物，一旦建系，就可以获得源源不断的细胞用于研究。其次 ES 细胞体外分化的潜能，使 EST 可以研究对胚胎发育的毒性，有利于阐明发育毒理学；同时就细胞毒性而言，ES 细胞对受试物的敏感性高于成体组织，并且细胞检测中已有的关于特异基因和报告子检测方法的应用，使得研究受试物胚胎毒性更简便。

四、发育毒性体外筛选技术的进展

高通量筛选试验方法具有节省大量人力、物力的优点，但在许多方面还需进一步完善。

因为发育毒性涉及亲代两性，从雌雄配子到下一代出生的多个发育阶段，中间环节复杂，各种调控因素众多，简单的几种体外测试方法确定发育毒性尚不成熟。同时，由于缺少与发育过程一致的复杂性以及母代与发育个体之间互动的动力学机制，这些试验并不能肯定某种效应的存在，缺乏公认的标准，来自试验的敏感性的意义和对结果的特异性的评价都有疑问，尚不能替代整体动物生殖毒性检测试验，所以目前各国均未将其纳入产品登记必须资料之列。正因为有多种缺陷，发育毒性体外测试方法的进展也很快，表现在如下几个方面。

（一）体外代谢模型的应用

在发育毒性安全性评价过程中，外源化学物的体内吸收、代谢、分布、代谢途径信息在判定毒性时可提供非常有价值的帮助，在体外测试系统中缺乏动物整体生物转化体系，受试物的毒作用机制与整体毒性方法存在较大的差异，测试获得结果与实际情况有可能出入，因此建立科学的体外模拟代谢消化模型，补充体外测试系统的缺陷，提高体外毒性测试的有效性，是体外发育模型需要解决的主要问题之一。体外模拟代谢模型建立的基础依靠人体生物转化功能体系机制的阐明，以及人体相关生物信息数据的利用和再加工。通过数据的整合，建立数学模型，模拟受试物在体内的吸收、代谢、分布、代谢过程，比如模拟受试物在血液和组织中的溶解性、血液流进和流出组织的数量，组织对受试物的代谢能力等，估算受试物在不同组织、器官分布的量、血液的实际浓度以及靶器官的作用浓度，为筛选体外测试模型提供依据。

（二）毒理基因组学的应用

分子遗传学和分子生物学与毒理学的结合，开创了毒理基因组学的概念。通过基因组学理论和技术应用于毒理学，使研究组织细胞特定基因的功能状况评价或预测受试物的毒性成为一种可能。毒理基因组学有以下特点：同时可以从多途径对受试物的细胞正常功能或结构的干扰引起的基因层面的表达改变进行检测，进而全面研究受试物的毒性作用；某些病理结果与特定基因的表达有关联，通过对该基因的检测和基因表达分析，可以为解释该病理现象提供线索或依据；由于基因表达的变化快于或早于一般毒性结果的发生，通过DNA微阵列分析具有更高的灵敏性和特异性；利用相关的基因群组作为毒物暴露生物标志物，可用于毒性机制的预测和研究。现一般认为，毒性基因组学及相关技术在研究毒性作用机制、化合物毒性预测、剂量-反应关系、试验数据外推、混合化合物的毒性鉴定等方面有较大的利用价值。

（三）斑马鱼试验模型的应用

在化合物毒性筛选方法上，斑马鱼试验模型用于体外发育毒性预测方面有很大的进展。斑马鱼由于体积小、繁殖速度快、鱼卵透明、遗传背景清晰、成熟周期短、基因易于检测分析、发育过程易于观察等诸多优点，在发育毒性筛选和安全性评价，如生殖毒性、发育毒性、急性毒性、神经毒性、行为毒性、致癌机制、心血管及内分泌毒性等领域已得到广泛应用。

（徐海滨　姚　平）

小　结

本章主要介绍了生殖发育毒性的相关概念、毒作用表现和机制以及毒性评价方法。生殖发育毒性包括生殖毒性和发育毒性两部分，但因生殖和发育是紧密联系的个体生命阶段，在毒理学中密不可分，故往往一并介绍。

生物个体在受精卵、妊娠期、出生后、直到性成熟的发育过程中，受到不利理化因素或环境条件的影响，可导致异常发育。生殖发育毒性的特征是在器官发生期对致畸物最为敏感、剂量-反应关系较为复杂、具有物种差异以及个体差异。外源化学物的生殖毒性可表现为性淡漠，性无能或各种形式的性功能减退；发育毒性可表现为结构畸形、生长迟缓、功能障碍或死亡。

生殖毒性试验可检测外源化学物对性腺功能、发情周期、交配行为、受孕、妊娠过程、分娩、授乳以及幼仔断乳后生长发育可能发生的影响。常使用的生殖毒性试验方法是三段生殖毒性试验，我国使用的检测方法—生殖发育毒性试验也来源于此。三段生殖毒性试验的第一阶段试验主要用于评价化学品的生育力与早期胚胎发育毒性；第二阶段试验主要用于评价化学品的胚体-胎体毒性（又称致畸试验）；第三阶段试验用于评价仔胎出生前后的发育毒性（又称围生期毒性试验）。

繁殖毒性主要研究和评价外源化学物对整个生殖发育过程的影响，包括动物的性腺功能、胚胎形成、器官发育、交配行为、受精、着床、胎仔发育、分娩授乳和离乳后发育情况等。繁殖毒性试验方法包括一代繁殖试验、二代繁殖试验和多代繁殖毒性试验。目前认为一般进行二代一窝繁殖试验即可。美国、日本、OECD 在其毒性评价规范中，分别采用了致畸试验方法和繁殖毒性试验方法。

为遵循“3R”的原则，生殖发育毒性的评价和研究方法还可采用体内预筛试验（C.K.试验）或体外原代细胞微团培养、非哺乳动物胚胎培养、哺乳动物全胚胎培养等方法。

思　考　题

1. 什么是生殖毒性？什么是发育毒性？
2. 发育毒性作用表现的主要种类有哪些？各自的作用特点是什么？
3. 致畸物、畸形、畸胎的概念是什么？
4. 致畸作用的机制有哪些？
5. 发育毒性测试方法的主要观察指标是什么？致畸毒性测试方法的主要观察指标有哪些？
6. 体外发育毒性的筛选替代方法可分为哪几种类型？举例每类中的 1～2 种方法。

参 考 文 献

顾祖维. 2005. 现代毒理学概论. 北京：化学工业出版社.

国家卫生和计划生育委员会. 2014. GB 15193.25—2014 食品安全国家标准生殖发育毒性测试.

李宁，马良. 2016. 食品毒理学. 第 2 版. 北京：中国农业大学出版社.

李寿祺. 2003. 毒理学原理与方法. 第 2 版. 成都：四川大学出版社.

李勇，张天宝. 2000. 发育毒理学研究方法和实验技术. 北京：北京医科大学出版社.

王心如. 2007. 毒理学基础. 北京：人民卫生出版社.

周宗灿，2006. 基础毒理学教程. 第 3 版. 北京：北京医科大学出版社.

Adrian J，Hill，Hiroki Teraoka，et al. 2005. Zebrafish as a model vertebrate for Investigating for Chemicai

Toxicity. Toxicogical sciences，86（1）：6-19.

Ahuja Y R，Vijayalakshmi V，Polasa K. 2007. Stem cell test；a practical tool in toxicogenomics. Toxicology，231（1）：1-10.

Curtis D，Klaassen. 2005. Toxicology. New York：The McGraw-Hill Companies.

EisenbrandG ,BakerV. 2002. Methods of in vitro toxicology. Food and ChemicalToxicology. 40（2-3）：193-201.

Flick B，Klug S. 2006. Whole embryo culture：an important tool in development toxicology today. Current Pharmaceutical Design，12（12）：1467-1488.

Organization for Economic Cooperation and Development. 2001. OECD Guidelines for the Testing of Chemicals；Prenatal Development Toxicity Study.

Organization for Economic Co-operation and Development. 2001. OECD Guidelines for the Testing of Chemicals； Two-generation Reproduction Toxicity Study.

Organization for Economic Co-operation and Development. 2007. OECD Guidelines for the Testing of Chemicals； Developmental Neurotoxicity Study.

Stigson M，Kultima K，Jergil M，et al. 2007. Molecular targets and early response biomarker for the prediction of development toxicity in vitro. Altern Lab Anim，35（3）：335-342.

第十一章　免疫毒性及其评价

学习要求

掌握：免疫异常的种类；外源化学物的免疫毒性的特点；免疫抑制的评价原则及方案。

熟悉：超敏反应、自身免疫反应的概念及其评价方法；食品中的主要免疫毒性物质的种类。

了解：免疫应答与致癌性的关系；免疫毒性评价方法的发展。

免疫应答是机体的一种重要防御和调节机制，由多种免疫细胞和免疫因子参与完成。免疫毒理学是毒理学的一门分支学科，与免疫学、分子生物学、微生物学、药理学等多门学科结合紧密、相互交叉，主要研究外源化学物和物理、生物因素对机体免疫系统的有害作用及其机制。食品中有毒有害物质的免疫毒性及其机制是免疫毒理学研究的重要内容之一，也是全面评价化学物安全性的重要内容。免疫毒性评价策略和测试方法的发展对化学物和其他有害因素的风险评估有重要作用，但免疫系统和功能的复杂性是免疫毒性评价方法发展必须面对的主要问题和挑战。随着科学技术的发展，免疫毒性评价程序和替代方法等将得到进一步发展和完善，并越来越多地应用于食品中有毒有害化学物和其他有害因素的安全性评价和风险评估等实际工作中。

第一节　免疫应答的生物学基础

免疫是一系列精密平衡的、复杂的、多细胞的生理学机制，使个体可区分外来物，并中和并清除外来物。免疫的作用是维持机体免于罹患感染性疾病的稳态环境，其特征包括许多特异性的指令系统、高度特异的效应器、复杂的调节机制和到达全身的能力。免疫系统对大量潜在的病原生物提供快速和高度特异的应答，具有免疫防御、免疫监视和免疫自稳功能。

一、免疫系统的组成及功能

免疫系统由免疫器官、免疫细胞和免疫分子组成，构成天然免疫系统和获得性免疫系统。

（一）免疫器官

免疫器官由骨髓、胸腺、脾、淋巴结和黏膜免疫系统组成。

1. 骨髓　骨髓是所有免疫细胞的发源地和 B 淋巴细胞发育、分化和成熟的场所，是机体重要的中枢免疫器官。骨髓位于骨髓腔中，分为红骨髓和黄骨髓，是由骨髓基质细胞（stromal cell）、造血干细胞（hemopoietic stem cells）和毛细血管网络构成的海绵状组织。基质细胞及其所分泌的细胞因子构成了造血细胞赖以分化、发育和成熟的环境，称为造血诱导微环境（hemopoietic inductive microenvironment，HIM）。

骨髓产生的造血干细胞在造血诱导微循环中定向分化成髓样干细胞和淋巴样干细胞。髓样干细胞最终可分化为中性粒细胞、嗜酸性粒细胞、嗜碱性粒细胞、红细胞、血小板和单核-巨噬细胞；淋巴样干细胞可分化为有待进一步分化的祖 T 淋巴细胞以及成熟的 B 淋巴细胞和自然杀伤（natural killer，NK）细胞。

骨髓也是发生再次免疫应答的主要部位，其缓慢地、持久地产生的大量抗体是血清抗体的主要来源。

2. 胸腺 哺乳动物的胸腺为实质性器官，分为左右两叶，表面有结缔组织被膜包裹，其被膜伸入胸腺实质，将其分为若干小叶，小叶的外层为皮质区，内层为髓质区，皮髓交界处含有大量血管。胸腺皮质分为浅皮质和深皮质，由密集的胸腺细胞组成，其中 85%～90%为未成熟的处于增殖状态的 T 细胞，并有胸腺上皮细胞、巨噬细胞和树突状细胞等。胸腺基质细胞以胸腺上皮细胞为主，与巨噬细胞和树突状细胞构成一个网络，是胸腺细胞发育的微环境，在祖 T 淋巴细胞分化发育为成熟 T 淋巴细胞过程中发挥重要作用。

胸腺是 T 淋巴细胞分化、发育和成熟的主要器官。成熟胸腺细胞可表达两种 T 细胞受体（T cell receptor，TCR），分别是 $TCR_{\alpha\beta}$ 和 $TCR_{\gamma\delta}$。

3. 脾 脾是胚胎时期的造血器官，自骨髓开始造血后，脾演变成人体最大的外周免疫器官。脾外层为结缔组织被膜，被膜向脾内伸展形成若干小梁。脾实质可分为白髓和红髓，红髓部分居多，围绕白髓，两者交界的狭窄区称为边缘区。白髓的中央动脉周围有淋巴组织围绕，称为中央动脉周围淋巴鞘（periarterial lymphoid sheath，PALS），主要由致密 T 细胞组成，少量是树突状细胞和巨噬细胞。PALS 在旁侧有淋巴滤泡，又称脾小结，为 B 细胞区，含有大量 B 细胞以及少量的巨噬细胞和滤泡树突状细胞。

脾是淋巴细胞的定居地，是机体对血源性抗原产生免疫应答的主要场所，在机体的防御、免疫应答中具有重要地位。此外，脾还具有储藏血小板、红细胞和粒细胞的功能，同时处理和清除衰老的血小板和红细胞。

4. 淋巴结 人体全身约有 500～600 个淋巴结，是结构完整的外周免疫器官，广泛存在于全身非黏膜部位的淋巴通道上。在身体浅表部位，淋巴结常位于凹陷隐蔽处，如颈部、腋窝、腹股沟等处，内脏的淋巴结多成群存在于器官门附近，沿血管干排列。淋巴结的实质分为皮质区和髓质区，皮质区为近被膜的外层区域，是 B 细胞定位部位，大量 B 细胞在区内积聚形成淋巴滤泡，又称 B 细胞区或胸腺非依赖区，还含有少量的滤泡树突状细胞和巨噬细胞。浅皮质区与髓质之间的深皮质区又称副皮质区，主要由 T 细胞组成，T 细胞依赖型抗原进入机体可引起该区 T 细胞的活化增殖，故又称 T 细胞区或胸腺依赖区。髓质位于淋巴小结中心，由髓索和髓窦组成。髓索由致密的淋巴细胞组成，主要是由 B 细胞、浆细胞、T 细胞和大量巨噬细胞组成。

淋巴结是成熟 T 细胞和 B 细胞的主要定居部位，其中 T 细胞占 75%，B 细胞占 25%。巨噬细胞或树突状细胞等抗原处理及呈递细胞在周围组织中捕获抗原后可迁移至淋巴结，并将加工、处理的抗原肽呈递给 T 细胞，使其活化、增殖、分化成效应性 T 细胞。效应性 T 细胞除在淋巴结内发挥免疫效应外，更主要的是能够通过输出淋巴管，经胸导管进入血液，再分布至全身，发挥免疫效应。淋巴液在淋巴窦中的缓慢移动有利于巨噬细胞吞噬、清除抗原异物。淋巴结还参与体内的淋巴细胞再循环，使淋巴组织内的淋巴细胞得到不断的补充，从而增加了与抗原接触和活化的机会，活化的淋巴细胞及时进入病原微生物入侵的部位，产生有效的免疫应答。

5. 黏膜免疫系统 也称黏膜相关淋巴组织（mucosal-associated lymphoid tissue，MALT），由呼吸道、消化道、泌尿生殖道的黏膜上皮中的非被膜化弥散淋巴组织以及被膜化的淋巴组织所组成，机体接近 50%的淋巴组织存在于黏膜系统。该系统是病原微生物等抗原性异物入侵机体的主要门户，故 MALT 是人体重要的防御屏障，又是发生局部特异性免疫应答的主要部位。MALT 中的 B 细胞多为产生分泌型 IgA 的浆细胞。

（二）免疫细胞

免疫细胞广义地指对抗原物质产生特异性和非特异性免疫应答的各种细胞。大体上分为免疫活性细胞、辅佐细胞和其他细胞三类。

1. 免疫活性细胞（immunocompetent cell，ICC） 是指能识别特异性抗原以及受抗原刺激后向母细胞转化、分裂增殖并分化为能产生免疫效应物质（如抗体、淋巴因子）的淋巴细胞群，包括 T 淋巴细胞和 B 淋巴细胞。

T 细胞分型可按以下 4 种分类方法进行：①按 TCR 不同可分为 TCR1 型和 2 型：1 型是由 γ、δ 链异二聚体构成，它不在胸腺中发育，主要分布在肠黏膜和皮肤；2 型为 α、β 链异二聚体，是常规 T 细胞。②按 CD 表型，T 淋巴细胞可分为 CD4+和 CD8+两大亚群。CD4+T 细胞按分泌细胞因子种类不同，又分为 Th0（IFN-γ+、IL-4+）、Th1（IFN-γ+、IL-4–）、Th2（IFN-γ–、IL-4+）以及 Th3（TGF-β+）4 个亚群；CD8+T 细胞也因分泌细胞因子种类不同分为 Tc1、Tc2 和 Tc3。Th1 细胞促使 T_C 细胞和迟发型超敏反应 T（TD）细胞分化成熟，故增强抗体介导的细胞免疫；Th2 细胞促使 B 细胞增生和分化，故增强抗体介导的体液免疫。③按功能不同，可分为辅助性 T（Th）细胞、杀伤性 T（T_C）细胞、抑制性 T（T_S）细胞和 T_D 细胞。细胞表型与功能的关系是：Th 细胞为 CD4+T 细胞，T_C 细胞为 CD8+T 细胞，次要是 CD4+T 细胞；T_S 细胞既有 CD8+，又有 CD4+，关键是分泌 IL-4 或 TGF-β 的 T 细胞；T_D 细胞主要是 CD4+细胞，次要是 CD8+T_C 细胞。④按接触抗原与否，分初始（native）T 细胞和活化或记忆 T 细胞，前者表型为 CD45RA+、CD25–，后者表型为 CD45RO+、CD25+。

T 细胞受到抗原刺激后，增殖、分化、转化为致敏 T 细胞（也叫效应 T 细胞），当相同抗原再次进入机体的细胞中时，致敏 T 细胞对抗原的直接杀伤作用及致敏 T 细胞所释放的细胞因子的协同杀伤作用，统称为细胞免疫，其具有记忆功能。

B 细胞与其他血细胞一样，也是由骨髓内多能干细胞分化而来，在骨髓内的发育经过了祖 B 细胞（pro-B）、前 B 细胞（pre-B）、不成熟 B 细胞（immature B）及成熟 B 细胞（mature B）几个阶段。人的 B 细胞按表型和功能不同，分为 CD5+的 B1 和 CD5–的 B2 两个成熟的亚群。以 B 细胞产生抗体来达到保护目的的免疫机制即为体液免疫。B 细胞是负责体液免疫的细胞。

2. 辅佐细胞（accessory cell，简称 A 细胞） 在免疫应答中主要作用是呈递抗原，故又称抗原呈递细胞（antigen presenting cell，APC），主要有树突状细胞（dendritic cell，DC）、单核细胞和巨噬细胞。

树突状细胞的生物学功能：①摄取、加工处理并呈递抗原、激发机体产生免疫应答是 DC 的最重要的功能。DC 可经受体介导的内吞作用、吞饮作用和吞噬作用摄取抗原，并在细胞内处理抗原。通过抗原呈递，DC 对 T 淋巴细胞、B 淋巴细胞具有直接或间接激活作用。②DC 参与了胸腺内 T 淋巴细胞的阳性选择和阴性选择。DC 是胸腺中的重要细胞，通过阳性选择保留了主要组织相容性复合体（major histocompatibility complex，MHC）的限制性单阳性 T 淋巴细胞；通过阴性选择去除自身反应性 T 淋巴细胞，保留抗原反应性 T 淋巴细胞，形成 T 淋巴细胞的中枢耐受。③DC 能产生细胞因子调节免疫应答。

单核-吞噬细胞的生物学功能：①单核-吞噬细胞能有效地吞噬和清除病原微生物。②单核-吞噬细胞能有效地加工和处理抗原，启动适应性免疫应答。单核-吞噬细胞是专职的抗原呈递细胞（APC），可以将摄入的外来性抗原加工处理成为具有免疫原性的小分子肽段，以 MHC Ⅰ/Ⅱ抗原肽复合物的形式表达于巨噬细胞表面，为特异性应答的 CD4+和 CD8+T 细胞活化提供第一信号。③单核-吞噬细胞能够介导并促进炎症反应。④单核-吞噬细胞对肿瘤和病毒感染等靶细胞有杀伤作用。⑤单核-吞噬细胞在免疫调节中发挥重要作用。

自然杀伤（natural killer，NK）细胞的生物学功能：①NK 细胞杀伤肿瘤细胞；②NK 细胞杀伤病毒感染细胞；③NK 细胞杀伤细胞内寄生菌；④NK 细胞杀伤真菌；⑤NK 细胞具有免疫调节功能。

中性粒细胞、嗜酸性和嗜碱性粒细胞及肥大细胞：中性粒细胞（neutrophils）来源于骨髓干细胞，是血液中数目最多的白细胞，约占外周血白细胞的 50%～70%。功能：①中性粒细胞是感染发生时最早到达炎症部位的效应细胞，6 小时左右细胞数量达到高峰，约增加 10 倍以上，是机体急性炎症反应的重要部位；②中性粒细胞具有很强的吞噬能力。嗜酸性粒细胞（eosinophil）来源于骨髓，在粒细胞-巨噬细胞集落刺激因子（GM-CSF）、IL-2 和 IL-3 的诱导下发育成熟，占血液白细胞总数的 1%～3%，在血液中停留时间较短。组织中的嗜酸性粒细胞的数量是外周血中的 100 倍左右，主要分布于呼吸道、消化道和泌尿生殖道黏膜组织中。在变应反应和寄生虫感染时，嗜酸性粒细胞会被聚集到炎症或感染部位，导致局部组织和外周循环中的嗜酸性粒细胞明显增多。嗜酸性粒细胞主要参与抗寄生虫感染，在Ⅰ型变应反应中，嗜酸性粒细胞可分泌某些酶类等活性物质，发挥负调节作用。嗜碱性粒细胞（basophil）在骨髓内发育成熟，成熟细胞存在于血液中，只有在发生炎症时受趋化因子诱导才迁移出血管外。变应原与已结合在嗜碱性粒细胞表面 FcεRI 受体上特异性 IgE 抗体结合导致 FcεRI 的交联，可触发细胞脱颗粒，释放出各种生物学活性介质，在Ⅰ型变应反应中发挥重要作用。肥大细胞（mast cell）来源于骨髓干细胞，在祖细胞时便迁移至外周组织中，就地发育成熟。肥大细胞广泛分布于皮肤、黏膜下层结缔组织中的微血管周围，以及内脏器官的被膜下。嗜碱性粒细胞膜表面表达大量的 FcεRI。变应原与已结合在肥大细胞表面 FcεRI 上特异性 IgE 抗体结合导致 FcεRⅠ的交联，可触发细胞脱颗粒，释放各种生物学活性介质，在Ⅰ型变应反应中发挥重要作用。

（三）免疫分子

免疫分子主要包括免疫球蛋白（immunoglobulin，Ig）、补体（complement）、细胞因子（cytokine，CK）和 HLA 分子。

1. 免疫球蛋白 免疫系统受抗原刺激后，B 细胞转化为浆细胞，分泌能与相应抗原特异性结合的蛋白，即免疫球蛋白，又称抗体（antibody，Ab）。Ig 是抗体的化学结构，抗体是 Ig 的功能。

2. 补体（用 C 表示） 是正常人及动物血清中存在的一组具有酶活性的、不稳定的、无抗体活性的，但能帮助抗体溶解靶细胞的一组蛋白，称补体系统。它至少有 30 多个成分，分为 3 类，补体系统的固有成分、调节和控制补体系统活化的成分和补体系统的受体。其生物学作用有：溶解细胞与杀菌作用、促炎作用、中和及溶解病毒作用。

3. 细胞因子（CK）　是指由活化的免疫细胞（包括淋巴细胞和非淋巴细胞）和某些基质细胞分泌、介导和调节免疫应答及炎症反应的小分子蛋白类因子，它们是除 Ig 和补体之外的另一类非特异性免疫效应物质。细胞因子包括淋巴细胞产生的淋巴因子（lymphokine）和由单核巨噬细胞产生的单核因子（monokine）等。产生细胞因子的细胞种类极多，主要有 3 类：①激活的免疫细胞，包括 T 细胞、B 细胞、NK 细胞、单核-巨噬细胞、粒细胞、肥大细胞等；②基质细胞，如骨髓和胸腺基质细胞、血管内皮细胞、成纤维细胞、上皮细胞等；③某些肿瘤细胞，如白血病、淋巴瘤、骨髓瘤、肝癌等肿癌细胞。

虽然不同的因子功能不尽相同，但可归纳为五方面功能：①介导天然免疫应答和效应功能；②免疫调节功能；③调节炎症反应；④刺激造血细胞增殖和分化成熟的功能；⑤抗肿瘤生长的功能。

二、免疫异常的类型

在神经内分泌系统的调节下，免疫系统不同的免疫细胞和免疫分子协同作用，产生适当的免疫应答，这时免疫系统处于“正常状态”。在这种状态下，免疫系统能够充分且适宜地发挥其免疫防御和免疫监视功能。当外源化学物和物理因素直接损伤免疫细胞的结构和功能或通过干扰神经内分泌网络，影响免疫分子的合成、释放和生物活性，使免疫系统对抗原产生过高或过低的应答，即发生免疫异常。免疫异常的类型可分为四种，一是应答过低，可引起免疫抑制；二是无应答或应答严重抑制，称为免疫缺陷；三是应答过高所致的超敏反应；四是自身免疫识别系统出现故障，所致的自身免疫异常。

（一）免疫抑制

多数外源化学物免疫毒性的机制是引起机体免疫抑制，可以是体液免疫功能、细胞免疫功能、巨噬细胞功能、NK 细胞功能及宿主抵抗力的抑制。外源化学物免疫抑制的结果是机体抵抗力降低，主要表现为抗感染能力降低和肿瘤易感性增加。如自身免疫性疾病、慢性炎症或器官移植的病人使用免疫抑制剂后，细菌、病毒和寄生虫感染性并发症的发生率或继发肿瘤发生率增高。

外源化学物引起人群免疫抑制的研究也有不少报道，如中国台湾多氯联苯和二呋喃污染食用油中毒事件中，受害者免疫功能出现下降，肺部感染率增高。

（二）免疫缺陷

免疫缺陷（immunodeficiency，ID）是指因先天性或继发性免疫系统功能不全的疾病。这主要源于抗体缺陷、细胞免疫缺陷、巨噬细胞缺陷或补体系统缺陷。发生免疫缺陷的主要原因是先天性免疫系统遗传基因异常（如常染色体隐性遗传或 X 连锁隐性遗传等）。此外，感染（如 HIV）、药物作用、外源化学毒物接触、罹患疾病（如恶性肿瘤等）、营养不良等导致继发性免疫缺陷。

婴儿在出生前已形成或存在免疫系统功能不全即为免疫出生缺陷（birth immunodeficiency）。免疫出生缺陷除了先天性遗传基因异常外，也可因妊娠期（出生前）接触外源性理化因素所引起。后者导致的免疫缺陷可能是可遗传的，也可能是非遗传性的。

导致胎儿出现免疫缺陷的作用又常被称为免疫致畸作用（immunological teratogenic effect）。

免疫出生缺陷的临床表现复杂多样，与免疫缺陷相关的主要临床特征如下：

（1）高度可疑：①反复感染；②慢性感染；③偶见的传染因子；④感染与治疗效果间的关系不甚明确。

（2）中度可疑：①皮疹（湿疹、念珠菌疹等）；②慢性腹泻；③严重发育不良；④反复性脓肿；⑤反复性骨髓炎；⑥肝脾大。

（3）特殊的免疫缺陷症状：①共济失调；②毛细血管扩张；③短肢侏儒；④软骨、毛发发育不全；⑤特发性内分泌病；⑥局部白化病；⑦血小板减少；⑧湿疹；⑨抽搐或肌强直。

外源因素引起的免疫出生缺陷的研究近年来引起了人们的关注。妊娠期或围生期接触外源化学物会严重影响胎儿出生后 T 细胞、B 细胞、吞噬细胞的发育、迁移、归巢及其功能可能暂时或永久性地损伤机体的免疫系统。例如：接触氯氰菊酯可诱导胸腺细胞的分布和功能的改变，干扰某些细胞因子（如 IL-2 等）的产生与释放并因此导致胸腺细胞增殖障碍，引起子代胸腺细胞减少。动物实验已证实妊娠期（尤其是围生期）接触能引起子代肿瘤高发的外源化学物（称发育致癌物）已有三十余种。这些儿童高发肿瘤（如急性淋巴细胞性白血病、神经母细胞瘤、胚性腺瘤等）的发生除了与处于围生期的细胞增殖快、药物代谢酶活性发育不全等因素有关外，也与化学物导致机体免疫监视功能低下或缺陷有关。

（三）超敏反应

超敏反应是危害人类健康的重要疾病之一。据估计，美国至少有 3500 万人患有超敏反应性疾病，其中 2%～5%由职业性接触引起。接触外源化学物引起的超敏反应，主要的有接触性皮炎（包括光敏性皮炎）和过敏性哮喘。此外，尚有过敏性鼻炎、过敏性肺炎、肺部肉芽肿等。

能引起超敏反应的外源化学物或混合物至少有数百种，可以来自食物、药物，也可以从职业或生活环境中接触，主要可分为以下几类：①食品：常见的有牛奶、鸡蛋、坚果、芒果、花生、豆类、贝类、鱼类、芹菜、芝麻、蓖麻子、生咖啡豆、谷物和面粉；②药物：青霉素类、磺胺类、新霉素、哌嗪、螺旋霉素、盐酸安普罗胺；③化妆品；④工业化学物；⑤混合物有机体。

（四）自身免疫

正常生理条件下，机体存在多种自身反应的免疫细胞和抗体以清除损伤和衰老的细胞/成分。免疫系统对自身组织成分或细胞失去免疫耐受性，导致自身抗体或自身免疫效应细胞对其产生作用称为自身免疫。外源化学物引起自身免疫反应和自身免疫疾病的基本病理特征为化学物质诱导体内自身抗原，刺激机体免疫活性细胞，尤其是辅助 T 淋巴细胞，进而激活 B 淋巴细胞，产生一种或多种自身抗体，抗原与抗体结合形成免疫复合物，随血液循环到某些部位沉积下来，干扰相应器官的正常生理功能，并通过激活补体使炎性细胞浸润，造成组织损伤。外源化学物引起自身免疫的机制尚不清楚。目前认为，可能的机制有：①外源化学物可引发机体针对自身抗原产生自身抗体进行免疫应答，如多氯联苯等可引发抗甲状腺激素受体的自身 IgG 抗体，作用于该受体，刺激甲状腺细胞过度分泌甲状腺素，而引起甲状腺功能亢进；②外源化学物引发机体产生针对自身抗原的自身应答性 T 细胞进行免疫应答；③外源化学物可以造成自身隐蔽抗原的暴露或释放、改变自身抗原或形成新的自身抗原，从而引起自身免疫；④某些药物改变血细胞或其他组织细胞的抗原性，这种改变了的抗原刺激机体产生自身抗体，如甲基多巴能改变红细胞膜上 Rh 系统的 e 抗原，使机体产生抗红细胞抗原；⑤外源化学物还可以影响正常的免疫调节功能，如激活对自身抗原处于耐受态的 T 细胞，或通过抗原提呈细胞表面辅助刺激因子异常表达，或引起 Th1 和 Th2 功能失衡，引起自身免疫。

此外，许多细胞因子，如 TNF-α、干扰素、多种白细胞介素，以及一氧化氮等前炎症因子在自身免疫性疾病的发病机制中也有重要作用。

三、免疫应答与癌症发生的相关性

在癌症形成过程中，免疫监视与防御发挥着重要的作用。众多数据显示，使用免疫抑制剂的器官移植病人继发肿瘤的发生率增高。许多免疫抑制药物与 B 细胞淋巴瘤、鳞状细胞癌、卡波西肉瘤的发生率上升密切相关。在一项大规模的临床研究中发现，存活 10 年的肾移植病人癌症发生率可高达 50%，出现的肿瘤是异源性的，包括皮肤癌和唇癌（发病率比普通人高 21 倍），非霍奇金淋巴瘤（高 28～42 倍），卡波肉瘤（高 400～500 倍）和宫颈癌（高 14 倍）。

免疫失调导致的长期慢性炎症也是癌变发生的重要因素之一。抗炎的 CD4（+）调节性 T 细胞（Treg）抗癌的主要机制即为在长期炎症的环境中维持体内免疫稳态。在 IL-10 与 Treg 细胞的抗炎作用减弱的情况下，机体更易发生炎症相关的癌症。

多环芳烃（PAHs）是人类最早发现的致癌物，1775 年就证实其与烟囱清洁工阴囊癌发病有关。人们食用高温烹制（如烤、炸）的食物，可能会引起某些器官（尤其是胃和食管）发生癌症，例如，冰岛居民喜欢吃烟熏食品，其胃癌标化死亡率达 125.5/10 万。整体实验表明，较低剂量的 PAHs 可以诱导免疫抑制，而高剂量 PAHs 可引起实验动物胸腺、脾、骨髓、淋巴结及肠系膜淋巴结等淋巴组织的萎缩，这可能与 PAHs 诱导程序性细胞死亡有关。其中，2,3,7,8-四氯二苯-p-二噁英已被 WHO 定为人类 I 级致癌物。有机磷农药（organophosphorous pesticides，Ops）对免疫器官、体液免疫和细胞免疫均有抑制作用。2004 年国际癌症研究所将敌敌畏归为 2B 类，即人类可能致癌物；将马拉硫磷、甲基对硫磷、对硫磷、杀虫畏、美曲膦酯归入 3 类，现有证据不能对人类致癌性进行分类。虽然大部分有机磷农药品种的致癌试验为阴性，但有实验结果显示，有机磷农药有促癌作用。氨基甲酸酯类农药作为人工合成的广谱杀虫剂，可通过消化道、呼吸道及皮肤进入机体，经口给予大鼠大剂量西维因可引起肉瘤，还可引起小鼠的多种恶性肿瘤；体外试验结果也显示其具有免疫抑制作用。目前有流行病学研究提示多种农药残留的混合暴露是癌症发病率升高的重要原因之一。

第二节　免疫毒性评价方法

外源化学物引起免疫抑制的机制较为复杂，可分为直接作用和间接作用两大类。外源化学物可直接作用于不同的免疫器官、免疫细胞或免疫分子而干扰正常的免疫应答。外源化学物可引起细胞死亡（如胸腺细胞凋亡），从而导致免疫细胞数目减少、免疫器官萎缩、免疫功能抑制，还可作用于淋巴细胞的成熟、定植、分化、增殖等过程，从而抑制免疫功能。间接作用是指外源化学物通过影响神经内分泌系统造成免疫功能紊乱或继发于其他靶器官毒性的免疫损伤，如近年来发病率不断上升的多种化学物敏感综合征即被认为是神经-内分泌-免疫网络受损导致。外源化学物还可通过对营养和代谢的影响而引起免疫抑制。用于外源化学物免疫毒性检测和研究的方法不少，且随着免疫学发展而不断地增加，这些方法各有优缺点，几种方法的联合应用才能更加全面地评价外源化学物毒性或了解免疫毒作用机制。

一、免疫抑制作用的评价原则与方案

近年来，国内外已建立了一些免疫毒性检测方法，评价免疫毒性（尤其是免疫抑制作用）的指导原则也在不断完善。但由于免疫系统的复杂性，目前国内外对药物和化学物的免疫毒作用机制的认识仍较有限，检测方案也未完全统一。免疫抑制的评价涉及体液免疫反应、细胞免疫应答、巨噬细胞功能、NK 细胞活性、免疫中枢器官及外周器官的组织病理评价等多个方面。

（一）免疫抑制作用检测方案

2006 年人用药品注册技术要求国际协调会（International Conference on Harmonization of Technical Requirements for Registration of Pharmaceuticals for Human Use，ICH）颁布了人用药物的免疫毒性试验指导原则（ICH S8），对药物非临床安全性评价中的免疫毒性研究的方法达成了共识，即使用常规的毒性试验结合附加的免疫抑制评价试验，采用证据权衡方法进行综合分析和结果判定。常用方法包括 T 细胞依赖性抗体反应（T cell dependent anti-body response，TDAR）、淋巴细胞表型分析、自然杀伤（NK）细胞活性检测、宿主抵抗力试验、巨噬细胞中性粒细胞功能试验、细胞介导的免疫应答测定。其他补充方法包括抗体空斑形成细胞（plaque forming cell，PFC）试验、迟发性变态反应（delayed type hypersensitivity，DTH）试验、免疫原性—豚鼠最大反应试验（guinea pig maximization test，GPMT）、有丝分裂原刺激或抗体刺激的淋巴细胞增殖反应、混合淋巴细胞反应（mixed lymphocyte reaction，MLR）试验、杀伤性 T 淋巴细胞（cytotoxic lymphocytes，CTL）介导的试验等。美国国家毒理计划（National Toxicology Program，NTP）推荐的小鼠免疫毒性检测方案主要是依据分层实验的原则，具体方法见表 11-1。第一级试验为筛选实验，即筛查确定可能的免疫毒性物质，评价内容包括免疫病理、体液免疫应答、细胞免疫应答、非特异性免疫应答等。第二级试验是针对在第一级试验中显现出对一个或多个试验有影响的化合物，采用进一步试验进行免疫毒性作用特性的研究，以确定免疫应答改变的类型、影响的细胞类型、作用的可恢复性和对适合的模型产生的宿主抵抗力的改变，评价内容包括免疫病理、体液免疫、细胞免疫、非特异性免疫、宿主抵抗力模型。此外，美国食药局药品评价和研究中心（the Center for Drug Evaluation and Research，FDA/CDER）推荐的免疫毒理学评价规范，主要用于新药免疫毒性评价。

表 11-1　NTP 推荐的小鼠免疫抑制检测方案

筛选研究（一级）	
免疫病理及血液学指标	血液学：白细胞总数和分类 血浆蛋白（白、球蛋白比）、血浆免疫球蛋白 脏器重量/脏体比：脾脏、胸腺、肾脏、肝脏 组织学：脾脏、胸腺、淋巴结 细胞学：脾脏的 B 细胞、T 细胞和淋巴细胞亚群
体液免疫	通过 IgM 噬菌空斑形成细胞试验（PFC）
细胞免疫	对有丝分裂原 LPS 的反应 对有丝分裂原 ConA 的反应 混合淋巴细胞反应
非特异性免疫	NK 细胞活性

续表

深入研究（二级）	
免疫细胞	血和脾中 T 细胞和 B 细胞各亚型定量分析
体液免疫	通过 IgG 噬菌空斑形成细胞试验（PFC）
细胞免疫	细胞毒性 T 细胞杀伤试验（CTL） 迟发型变态反应（DTH）
宿主抵抗力	同种移植瘤：PYB6 肿瘤细胞、B16F10 肿瘤细胞 细菌感染：李斯特菌、链球菌 病毒感染：A2 型流感病毒 寄生虫感染：旋毛虫

（二）免疫抑制毒性测定实验

1. 免疫病理学检查 免疫病理学检查是对机体免疫器官（胸腺、脾脏、淋巴结）的组织结构进行分析以评价外源化合物对免疫功能的影响。外源化学物的免疫毒性可表现为淋巴器官重量或组织病理学的改变、外周淋巴细胞或骨髓细胞的量或质的变化、及淋巴细胞表面标记的改变等。故需要在血常规检查中注意血细胞计数和分类，并在动物解剖后通过肉眼和组织病理学检查评价胸腺、脾脏、淋巴结和骨髓的组织结构和细胞类型，同时应注意局部黏膜相关淋巴组织，如鼻黏膜淋巴组织、支气管黏膜相关淋巴组织、肠黏膜相关淋巴组织、皮肤黏膜相关淋巴组织的改变等。

2. 非特异性免疫应答

（1）NK 细胞活性测定：NK 细胞作为主要效应细胞在机体抗肿瘤、抗感染及免疫调节中起着重要作用，作为非特异性免疫屏障之一，可清除体内肿瘤细胞、病毒感染细胞等。NK 细胞活性测定目前是免疫功能测试中的必测项目，其测定方案主要是通过观察 NK 细胞（效应细胞）对敏感的肿瘤（靶）细胞（小鼠 NK 细胞敏感的靶细胞为小鼠淋巴瘤 YAC-1 细胞株、人 NK 细胞敏感的靶细胞为人白血病 K562 细胞株）的溶解作用。检测 NK 细胞活性的方法主要有同位素释放法和乳酸脱氢酶（LDH）释放法。^{51}Cr 释放法是检测细胞杀伤能力的传统“金标准”，其测定原理是用 ^{51}Cr（铬酸钠，$Na_2{}^{51}CrO4$）标记靶细胞，^{51}Cr 通过胞膜进入胞质并与胞质蛋白结合，在细胞存活时很难释放出来，故通过测定 NK 细胞与靶细胞反应后 ^{51}Cr 的释放量可判断靶细胞的存活情况，从而计算 NK 细胞的杀伤能力。^{51}Cr 释放法需价格昂贵的仪器，并有放射性污染环境的问题。LDH 释放法同样可得到客观、准确的结果，却无上述的缺点。

（2）巨噬细胞试验：可通过测定体内对异物的清除率、体内和体外对细菌及异源细胞的吞噬作用、对肿瘤细胞的生长抑制能力来评价巨噬细胞的功能。经典的方法是同位素标记的鸡红细胞吞噬法，近年来为避免同位素导致的放射性污染，一般是采取在显微镜下直接观察巨噬细胞对鸡红细胞的吞噬情况，并计算出吞噬百分比和吞噬指数。反映巨噬细胞功能的方法还有碳廓清试验、巨噬细胞溶酶体酶测定、巨噬细胞促凝血活性测定、巨噬细胞细胞因子释放测定等。碳廓清实验原理是小鼠肝脏和脾脏血管内固有的吞噬细胞能吞噬碳粒，如果静脉注入碳粒，上述细胞可以将其从血流中除去。正常小鼠肝脏枯否氏细胞吞噬可清除 90%碳粒，脾脏巨噬细胞约吞噬清除 10%碳粒。具体方法为自定量静脉注入印度墨汁起计时，间隔一定时间取静脉血，测定血中碳粒的浓度，用血流中碳粒廓清的速度，可以间接表示单核细胞的功能。

3. 体液免疫应答 体液免疫应答一般用特异性抗原免疫动物，刺激脾 B 淋巴细胞活化并分泌抗体，然后观察抗体生成量（抗体滴度）或抗体形成细胞数，空斑形成细胞等。PFC 试验是一种灵敏且常用的方法。通常用的抗原有绵羊红细胞（sheep red blood cells，SRBC）、牛血清白蛋白（bovine serum albumin，BSA）、脂多糖（lipopolysaccharides，LPS）等。对抗体可用血凝法、酶联免疫吸附分析法、免疫电泳、免疫扩散等方法进行检测，对抗体形成细胞可用 Jeme 改良玻片法、Cunningham 小室法进行测定，方法简单、特异性较强，不需要特殊的仪器。

4. 细胞免疫功能 细胞免疫功能主要由 T 细胞完成，细胞免疫担负着迟发型变态反应（DTH）、移植排斥、肿瘤免疫等。用于测定细胞免疫功能的方法有细胞毒性 T 细胞杀伤试验（CTL）、T 淋巴细胞增殖试验、迟发型变态反应、移植物抗宿主反应、皮肤移植排斥反应等。CTL 试验评价 T 淋巴细胞识别和溶解经抗原处理后的靶细胞的能力。测定方法为先将待测淋巴细胞与特定的靶细胞（常用可传代的已建株的肿瘤细胞如肝癌、食管癌、胃癌等细胞株）共同孵育以致敏，再收集已获得记忆的致敏 T 细胞与相应靶细胞抗原反应，可表现出破坏和溶解靶细胞，它是评价机体细胞免疫水平的一种常用指标。DTH 试验先用某种抗原致敏，再用相同抗原激发作皮肤试验，观察局部出现的以肿胀为特征的迟发性超敏反应，致敏的方法可采用局部涂抹或皮内注射，常用的如小鼠足跖肿胀实验等。

5. 淋巴细胞增殖反应 淋巴细胞增殖是免疫应答过程中的重要放大机制，是细胞免疫应答中的一种。正常机体抗原特异性淋巴细胞的数量极少，只有经过迅速克隆扩增，才能发挥其效应功能。由 T 细胞介导的细胞免疫应答需经过抗原识别（诱导期）、活化与分化（增殖期）和效应期才能发挥细胞免疫作用，即抗原诱导淋巴细胞的激活和增殖是机体细胞免疫和体液免疫的关键步骤，淋巴细胞分裂转化能力可直接反映其功能高低。有丝分裂原刺激的淋巴细胞增殖试验已广泛应用于免疫毒理学和临床免疫学中，是反映机体致敏淋巴细胞活化和增殖能力的常用体外实验。检测淋巴细胞增殖功能一般选用不同有丝分裂原刺激体外培养的淋巴细胞，再观察淋巴细胞的增殖情况。细胞增殖检测目前常用的方法有形态计数法、同位素氚标记胸腺嘧啶（^{3}H-thymine deoxyriboside，^{3}H-TdR）掺入法、MTT 比色法、5-溴脱氧尿嘧啶核苷（bromodeoxyuridine, BrdU）标记法和流式细胞分析等。^{3}H-TdR 掺入法是最早用来检测淋巴细胞增殖的一种方法，其原理是细胞在合成、分裂、增殖时需要摄取各种嘧啶核苷，^{3}H-TdR 作为 DNA 补救合成的前体，掺入细胞 DNA 中，可应用放射性仪器动态观察细胞复制分裂情况。但这种方法只能提示细胞群体的分裂水平，不能反映单个细胞的分裂状况，且该法还有易导致放射污染、技术难度大、实验周期长、需要特殊仪器设备等缺点。非放射性标记物 BrdU 是 DNA 前体胸腺嘧啶核苷类似物，通过竞争掺入 S 期细胞单链 DNA 核苷酸序列替代胸腺嘧啶。BrdU 掺入受细胞内外环境影响小，标记在 DNA 中的存留将是永久的，但 BrdU 具有一定的细胞毒性。MTT 比色法的原理是依据活细胞内线粒体琥珀酸脱氢酶能将淡黄色的 MTT 还原为蓝紫色的结晶，形成的甲臜量与活细胞数呈正相关，而通过比色间接反映整体活细胞的数量。流式细胞分析通常是利用活体细胞荧光染料（如二乙酰羧基荧光素-琥珀酰亚胺酯）等装载淋巴细胞，染料随细胞分裂可平均分配到两个子代细胞，在流式细胞仪分析图上表现为直方图上荧光强度递减的峰，从而直观地显示增殖并可计算增殖指数。

6. 宿主抵抗力实验 外源化学物的免疫抑制作用可表现为机体对感染因子或肿瘤细胞的抵抗力发生改变，包括对细菌、病毒、寄生虫及可移植肿瘤细胞的抵抗力。宿主抵抗力实验是动物整体试验的一部分，检测机体在接触化学物质后，对细菌、病毒、寄生虫及可移植肿瘤和自发肿瘤的抵抗力。常用的细菌有李斯特菌、链球菌、绿脓杆菌等，病毒包括脑炎-心肌病毒、单纯疱疹性病毒、流感A型病毒等，寄生虫如毛线虫和疟原虫，在小鼠上应用的肿瘤细胞有PYB6细胞株，是由多形瘤病毒在C57BL/6小鼠诱发的一种肿瘤，可选择的肿瘤细胞株还有B16F10黑色素瘤细胞株、Madisonl09肺癌细胞株等。

在进行宿主抵抗力检测时，要保证肿瘤的诱发及统计学意义，所用感染因子的剂量及动物数十分重要。常选用的剂量为使10%～30%对照组动物产生肿瘤或死亡，可将所用的剂量略降低而使实验的敏感性有所提高。目前由于宿主抵抗力实验通常需要较多的动物，与免疫功能检测相比其敏感性较差，因此在免疫毒性筛选时，一般不做宿主抵抗力检测。

7. 免疫生物标志物测定 免疫系统包含多个免疫器官，机体的免疫反应也涉及多种免疫细胞的交互作用及许多相关生物标志物，如细胞表面标记、细胞因子、趋化因子等，目前已涌现了一些高通量检测方案以测定成组的免疫生物标志物。在免疫毒性评价及筛查中常用的免疫毒性生物标志物见表11-2。

表11-2 常用免疫毒性生物标志物

生物标志物分类	典型检测指标	生物标本
细胞表型	CD3、CD4、CD8、CD11c、CD19、CD25、CD56、CD14	全血、尿液
细胞激活表面标记	CD69、CD45RO、CD45RA	全血、尿液
抗体	IgM、IgD、IgG、IgA、IgE	血浆、乳汁
细胞因子	IL-2、IL-4、IL-5、IL-10、IL-13、IFN-γ、TNF-α、GM-CSF	血清/血浆、外周血、唾液、尿液
化学因子	RANTES、IP-10、MIP-1α、MIP-1β、MDC、TARC	血清/血浆

CD4+和CD8+细胞是执行不同功能的T淋巴细胞，但也在T细胞活化中起到共受体的作用。CD4+细胞激活B细胞，并上调与Th1和Th2相关细胞因子的表达，而CD8+细胞主要表达溶解性分子如溶菌酶等并进一步分化为细胞毒性杀伤细胞。研究提示CD4+和CD8+细胞对某些外源化学物的敏感作用不一。CD69分子又称活化诱导分子，本身是一种细胞表面的磷酸化的同二聚体蛋白，属C型凝集素，活化后其在细胞表面的表达上调，它是T细胞活化的早期标志，表达后作为共刺激信号促进多种淋巴细胞的活化、分化及增殖。以CD69的表达作为T细胞的早期活化标志来研究外在因素对T细胞活化的影响已成为重要的免疫学研究手段。细胞因子和趋化因子的测定也已成为免疫应答中重要的生物标志物。

（三）免疫抑制作用评价实验中需注意的问题

1. 实验动物选择 在免疫毒理学研究中，最常用的是啮齿类动物。在环境毒理学研究中，除啮齿类动物外，鱼类也用得较多，鱼类是研究环境污染物对机体免疫功能影响很好的模型。在品系选择时最好选用纯系动物以消除个体差异，美国NTP推荐用B6C3F1小鼠作为实验动物。我国推荐采用Balb/c或C57BL/6小鼠，实验动物年龄多选择成年动物，也可根据不同研究目的，选用不同年龄的动物进行实验。

2. 受试物暴露时间 实验动物接触受试物时间的长短需要根据实验目的及受试物的性质来决定，目前一般推荐在亚急性（28天）的实验中观察免疫功能的相关变化。

3. 受试物暴露剂量 在进行免疫毒性检测时，应避免选用导致动物产生明显一般毒性的剂量。为了推导剂量-反应关系及未观察到不良作用的水平，至少应设三个剂量。在对实验结果的解释上，避免受高剂量受试物可能导致严重的应激及营养不良的影响。

4. 抗原的选择和给予 抗原的来源、给予途径、剂量、免疫后二次激发时间等均对免疫反应有一定的影响。绵羊红细胞（SRBC）是小鼠免疫抑制实验中最常用的抗原，通常采用静脉注射或腹腔注射的途径予以免疫。

5. 免疫毒性指标的检测 免疫器官的检测应包括中心免疫器官（如胸腺）和外周免疫器官（脾脏和局部淋巴结）的检测，特异性和非特异的免疫指标均应涵盖，并结合受试物的特征选择其他特定的指标。

6. 结果评价 对实验动物免疫毒性检测应综合考虑其统计学意义和生物学意义，特别是注意分析其剂量-反应关系和毒作用的可逆性。且由于免疫应答的双重性，需谨慎评价检测指标对受试物产生的免疫刺激或免疫抑制作用。

二、自身免疫反应评价方法

目前尚未彻底阐明自身免疫反应发生的机制。近年来有关环境因子与自身免疫疾病的相关性受到广泛关注。药物引起的自身免疫疾病较常见，如普鲁卡因胺、氯丙嗪、异烟肼等可能导致系统性红斑狼疮。在食品的有毒有害物质中，金属镉、汞等可能导致免疫复合物性肾小球肾炎，多溴联苯、多氯联苯等可能导致自身免疫性甲状腺疾病。化学物引起自身免疫的主要特点是具有遗传易感性和遗传抗性，在实验动物中某些品系的小鼠自身免疫疾病的发病率较高。主要组织相容性复合体与自身免疫疾病的关系特别受到重视，如肼苯哒嗪易在 MEg-DR4 特异性抗原人群中诱发系统性红斑狼疮，硫代金盐诱发的自身免疫肾病易发生在 HLA-DR3 和 HLA-B8 特异性抗原的人群中。

近年来，有研究者采用腘窝淋巴结（popliteal lymph node，PLA）试验进行可诱导自身免疫反应化学物的筛选，主要依据是可导致自身免疫反应的一些化学物同时可引起腘窝淋巴结增大，且淋巴结局部的病理组织学变化与宿主抗移植物反应类似。故通过给小鼠足趾部皮下注射化学物，通过其引起腘窝淋巴结内 T、B 淋巴细胞增殖而使淋巴结肿大的程度来检测外源化学物引起的自身免疫反应。

三、超敏反应评价方法

超敏反应（hypersensitivity）又称变态反应（allergy），指已致敏机体接触相同抗原时，所引起的组织损伤和生理功能紊乱。超敏反应与免疫反应本质上都是机体对某些抗原物质的特异性免疫应答，只不过表现为异常的或病理性的免疫应答，正常的免疫反应则主要表现为生理性防御效应。

（一）超敏反应的评价

对于化学物引起的过敏，目前常规的研究都是采用豚鼠进行皮肤致敏试验、主动过敏试验或被动过敏试验，研究对象是引起皮肤或全身过敏的化学物，给药方式包括经皮肤或静脉给药。较经典的方法包括局部淋巴结试验（local lymph node assay，LINA）：将致敏物涂抹到小鼠耳表面皮肤后，通过皮肤吸收，引起结缔组织中免疫相关细胞致敏，当再次接触该化合物后，由于记忆细胞作用，会促进接触局部回流淋巴结内的 T 淋巴细胞大量增殖，可通过其增殖能力强弱而评价该化学物致敏性。常用的方法为将二硝基氟苯（DNFB）作为一种半抗原，将其稀释后涂抹于动物的腹壁皮肤，4～7 天后再将其涂抹于耳部或足部皮肤，使局部产生迟发型变态反应。一般在抗原攻击后 24～48 小时反应达到高峰，因此在此时测定肿胀程度。目前也有研究采用巨噬细胞体外实验通过其诱发的特定蛋白（如细胞间黏附分子、CD86 等主要组织相容性复合物共刺激分子等）及炎症性细胞因子水平变化来预测化学物的致敏性强弱。

（二）食物过敏及其评价

食物过敏又称食物变态反应，一般是指个体在摄入某一种食物后，由机体免疫调节所引发的不良反应。过敏原指食物中所含有的抗原类物质。食物过敏特异性很强，同一抗原对不同个体所产生后果不同。在过敏反应中，过敏原或变应原多为分子量在 18 000～36 000 道尔顿之间的糖蛋白。不同食物的致敏性不同，但同类食物往往可能引发类似的过敏反应，尤以植物性食物更为明显，如对花生过敏的人常对其他豆科食物有不同程度的过敏。各国家、各地区的人群致敏的食物不尽相同，如欧美人群对麦麸、芹菜等过敏的较多，在我国则极少见到。食物过敏所诱发的症状有多种，包括消化系统症状以及皮肤和呼吸道系统的症状。食物过敏也可能诱发系统性过敏反应，其症状表现为恶心、腹痛、腹泻、发绀、血压降低、血管性水肿，不及时抢救可引起休克甚至死亡。

目前食物中过敏原的评价方法主要有：生物信息学分析、模拟胃液消化、血清学分析、动物模型试验和细胞模型试验。其中认为动物模型试验是评价食物潜在致敏性最有效的方法。食物诱发的过敏反应主要是 IgE 介导的免疫反应，主要为 I 型超敏反应。机体首次接触致敏原后 IgE 抗体反应体系被激活。再次接触相同致敏原后，肥大细胞膜上的特异性受体与 IgE 抗体结合，经过抗原的交联作用，激活肥大细胞脱颗粒，释放出组胺、细胞因子等多种类型的过敏介质而出现食物过敏症状。目前一般利用人类临床资料对已知的食物致敏原进行评估。对于人类未曾摄入过的蛋白质新种类，主要通过与人类已知过敏原进行结构及组分比对，以及测定其体外消化率来进行致敏性评估（通常认为致敏性强的食物过敏原一般具有抗消化性）。生物信息学分析是目前国际上公认的一种评价蛋白质致敏性的方法，也是 FAO/WHO 推荐的外源蛋白致敏性评价方法之一。过敏反应是由蛋白质上的线性或构象抗原决定簇引发的，这些表位是与体内的免疫细胞和抗体结合的位点，是蛋白质诱发过敏的功能单位，生物信息学分析即主要对过敏原抗原表位进行预测，评价食物蛋白的致敏性强弱。

大部分食物蛋白质是通过胃肠道途径引发致敏反应的，理论上致敏蛋白在通过小肠吸收进入免疫系统前需耐受消化降解（抗酸、抗胆盐和蛋白水解作用），保持足够完整又有免疫原性的蛋白或蛋白片段才具有潜在致敏性的可能。故蛋白质消化稳定性是评价其潜在致敏性的重要参考依据，其与食物过敏的关系需考虑试验条件、食物致敏原类别和食物基质及食物加工等多因素的影响。

各研究机构尝试采用动物模型预测食物过敏，狗、幼猪、豚鼠、BALB/c 小鼠、BN 大鼠等作为食物过敏动物模型的试验研究均有报道，但目前仍没有完全证实一种动物模型可全面评价蛋白或食物的致敏性，由于不同动物的遗传背景和敏感性不同，决定了它们对致敏蛋白产生的反应也可能不同。故国际上目前仍尚未建立食物致敏原评估的标准动物模型。

四、免疫毒性检测方法技术的发展

标准免疫毒性试验加上有针对性的新检测方法，将成为检测免疫毒性更为有效的手段。在标准重复给药毒性研究中整合免疫毒性生物标志物的检测能够满足任何免疫毒性预测的需要，最大限度地获得相关信息，减少动物的使用。

免疫毒性评价策略和测试方法的发展对食品中化学物和其他有害因素的风险评估有重要作用，但免疫系统和功能的复杂性是免疫毒性评价方法发展必须面对的主要问题和挑战。随着科学技术的发展，免疫毒性评价程序和替代方法等将得到进一步发展和完善，并越来越多地应用于化学物和其他有害因素的安全性评价和风险评估等实际工作中。

（一）体外免疫毒性检测方案的发展

近年来，利用体外替代方法，快速对大量食品化学污染物的免疫毒性进行初筛是目前的重要研究方向之一。免疫系统包含多个免疫器官，机体的免疫反应也涉及多种免疫细胞及许多相关因子的交互作用，故免疫毒性的体外测试系统也应包括具有不同功能的细胞或组织，体外检测也应用一组实验指标或分层检测的方案来发展体外替代方法。

欧洲替代方法验证中心（European Centre for the Validation of Alternative Methods，ECVAM）工作组提出的免疫抑制分层检测方案如图 11-1 所示，将骨髓毒性作为第一步测试实验，阳性物质可能具有免疫毒性，随后酌情依次进行淋巴细胞活性和功能的检测。体外免疫毒性实验研究应使用原代人类细胞作为首选，但也可应用特性明确且经过验证的人或动物的细胞株；同时建立一个人类免疫毒性的关于药物和化学物的体内实验数据库以进行比较验证。

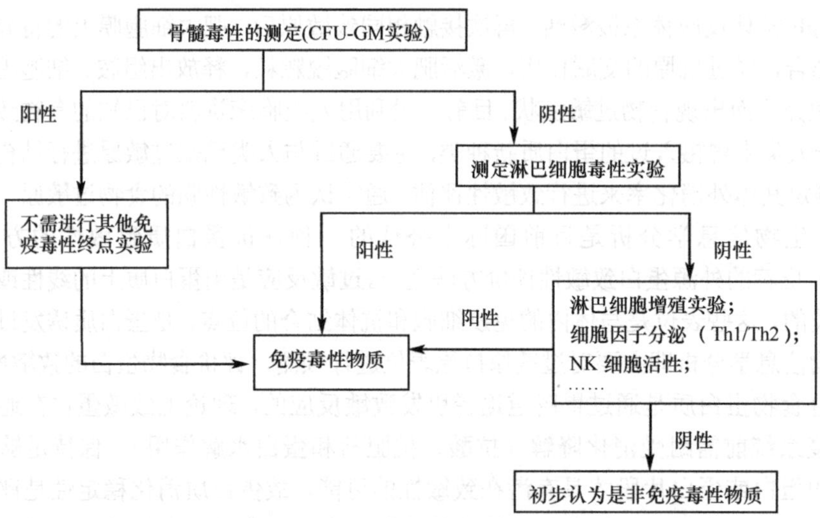

图 11-1　ECVAM 提出的免疫毒性体外分层检测方案

在非特异性免疫应答方面，对巨噬细胞采用体外毒性检测逐渐得到推广，常用的如小鼠单核巨噬细胞株 J774A.1 和 RAW 264.7 等。现已发现了一些与巨噬细胞代谢相关的生物标志物，如检测诱导性一氧化碳合成酶及一氧化氮等分子的表达量。为保证体外系统的全面性和系统性，人类全血细胞测试系统（多用于细胞因子分泌的测定）也逐渐受到重视，因为其可最大限度地模拟体内环境，对过敏性、抗原性物质和免疫抑制物都有较好的指示作用。

（二）免疫毒理基因组学的发展

毒理基因组学在免疫毒性检测方面的应用近年来也有研究，与免疫毒性相关的基因目前应用较多的包括与细胞表型、细胞周期与增殖、细胞损伤与死亡等相关的基因。探索方向包括：过敏性预测、对免疫缺陷相关基因的诠释、对相关基因与健康和疾病关系的研究等。体内/体外实验中，对基因表达谱测定的器官/细胞标准选择中，初级（来源于胸腺和骨髓）和次级（来源于脾和外周血）淋巴细胞都需要考虑。外周血是人类淋巴细胞的主要来源，并可提供种间比较。免疫毒性基因表达的最佳实验条件如暴露剂量（环境中的低剂量）、暴露时间（早期暴露（早期通常有较多的基因改变发生）和较长期暴露）等的选择仍有待商榷，对相关基因与体液免疫、细胞免疫、非特异性免疫的确切关系等也有待进一步验证。目前免疫毒性的评价尚不足以完全凭借基因组学，直接比较基因表达尚无法达到，必须要结合表型分子表达等，且尚缺乏公认的可引发免疫反应的元件。故将免疫毒理基因组学应用于化学物的风险评估尚有很长的一段路。

（三）新技术方法在免疫毒性试验中的应用

^{51}Cr释放法向来被作为NK细胞活性测定试验的金标准。但^{51}Cr自发释放率高，效应细胞、靶细胞通常会发生自发性的死亡和非特异性的杀伤，^{51}Cr释放法无法对其分辨且易产生放射性污染。目前在国内的保健品测试中，常用的乳酸脱氢酶（LDH）释放法实验结果受环境影响大，导致试验结果重复性较差，且效、靶细胞混合培养上清中的酶可以来自效、靶双方，灵敏性不高，易出现假阳性。流式细胞法是基于靶细胞的单细胞水平，实验原理是先用第一种荧光染料如 FITC（与细胞结合不稳定，且可能对细胞有活化作用）、PKH-26等标记靶细胞以区分效应细胞，反应完成后再用第二种DNA荧光染料（如PI等）来标记膜已被破坏的受损靶细胞。

活体染料羧基荧光素二乙酰羧基荧光素-琥珀酰亚胺酯（carboxyfluorescein diacetate-succinimidyl ester，CFDA-SE）利用其荧光强度随细胞增殖每代减半的特征，可实现在荧光显微镜下对8～10个细胞分裂周期的定量观察，可应用于T、B淋巴细胞的增殖能力评价。与传统检测T淋巴细胞功能的体外试验，即使用抗原或有丝分裂原刺激和掺入^{3}H-TdR的放射性测量法比较，CFDA-SE结合流式细胞术的淋巴细胞增殖试验可直观展示淋巴细胞的分裂和增殖，不仅省时省力，还可避免放射性污染，并可对特殊淋巴细胞亚群设门并检测其增殖，其与传统的^{3}H-TdR掺入法的结果也有良好的相关性。

免疫生物标志物发展的高通量检测方案也发展较快，包括流式细胞术，可一次性检测细胞亚型，激活标志及多种细胞因子，已逐渐替代ELISA；细胞因子微珠阵列（CBA）亦可一次性检测多个细胞因子，并已逐渐发展为“Luminex”液相荧光分析系统。在分子生物技术上，一种体外免疫毒性检测的 “荧光细胞芯片”以“报告基因”的原理，应用体外细胞因子表达来预测免疫系统损害，以绿色荧光蛋白（EGFP）报告基因结合调控细胞因子表达的基因转染细胞（如小鼠EL-4胸腺瘤细胞株），化合物在调控细胞因子如IL-1、IL-2、IL-4、IL-10、TNF-α的同时可调控EGFP的表达，故在不同的细胞株上可检测出与细胞因子表达水平相对应的不同强度的绿色荧光。相似原理的高通量“细胞芯片”也已发展用于筛查化学物的其他免疫生物标志物，从而预测化学物毒性。

（四）发育免疫毒性评价方法的发展

发育免疫毒性即在成年前暴露环境中有害因子（化学、生物、物理、心理应激）所导致的免疫系统发育障碍。发育中的免疫系统较成年免疫系统对有毒因素暴露更为敏感。免疫系统发育过程中的五个标志期为：血细胞生成；干细胞迁移和扩增；骨髓和胸腺的定植；

免疫力的成熟；免疫记忆的建立。一些实验研究提示某些特定的化合物在免疫发育特定窗口期的暴露可导致免疫功能失调（如铅即为一种在不同阶段接触可表现出不同免疫毒性的物质，T 细胞对铅高度敏感的时期是围生期，铅可影响胸腺细胞的成熟和分化）。且发育免疫毒性的易攻击性不仅包括免疫系统的损伤，如胸腺细胞的定植等，也包括与免疫成熟相关的神经系统的事件，如星形胶质细胞的出现和扩增等。所以对发育免疫毒性的评价不仅应包括系统性的免疫反应，也应包括淋巴组织以外的免疫群的检测。目前发育免疫毒性检测的发展方向包括以下几点：确保发育免疫毒性测试对人类免疫疾病的相关性；深入研究免疫系统发育的关键窗口期；探索可影响窗口期的环境因素；寻找可引发潜在免疫缺陷的发育免疫毒性的测试终点。

第三节　食品中常见有害物质对免疫系统的影响

食品中已知的免疫毒性物质包括铅、镉等重金属，黄曲霉毒素、镰刀菌毒性等真菌毒素，及多种有机污染物，它们所表现的免疫毒性作用的性质和机制各异，因此在食品毒理学安全评价中应予以重视。

一、外源化合物对机体的免疫毒性的特点

由于免疫系统结构和功能的复杂性，外源化合物在机体中所表现出的免疫毒性具有如下特点。

（一）免疫系统对外源化合物的易感性

现有研究表明免疫系统对化合物的毒性效应较其他系统更为敏感且毒作用出现较早，尤其对影响细胞增殖/分化过程的物质更为敏感。如真菌毒素中的单端孢霉烯族化合物中的呕吐毒素—脱氧雪腐镰刀菌烯醇（deoxynivalenol，DON）作用机制为影响细胞中的核糖体合成相关步骤，其主要敏感毒效应即表现为免疫毒性。在动物试验中，通常增殖更新较快的骨髓、血液系统和胸腺中淋巴细胞变化是免疫毒作用较明显的信号。

（二）免疫系统反应的复杂性

外源化学物对免疫系统的影响的复杂性表现为免疫应答的双向性和作用的选择性。免疫系统对外源化学物的反应根据其剂量、接触途径、作用时间及检测指标的不同，可表现为免疫刺激或免疫抑制。如 DON 在低剂量时可表现为免疫刺激作用，促进淋巴细胞增殖、促炎细胞因子分泌等，而高剂量时则表现为免疫抑制，如淋巴细胞增殖能力和活化减弱等。化学物引起的超敏反应亦不遵循剂量-反应关系的一般原则，通常微量即可引起反应。就作用的选择性而言，多数外源化学物可选择性的损伤一种特异性免疫应答、免疫细胞亚类或免疫分子，如环磷酰胺主要对活化增殖的细胞有毒性，对 B 细胞的毒性大于 T 细胞；铅可降低 CD4+淋巴细胞/CD8+淋巴细胞的比例，即作用于不同亚类的淋巴细胞。

（三）免疫毒性表现的个体差异

外源化学物引起的自身免疫和超敏反应存在明显的个体甚至群体差异，如食物过敏。欧美等国家约有 1%和 0.5%的儿童及成人对花生过敏，而在亚洲人群中对花生过敏的例数较少见。

二、食品中常见的免疫毒性物质的种类及作用

在食品中常见的在一定剂量下具有免疫毒性的物质包括以下几类。

（一）农药

研究提示多种杀虫剂、除虫剂、杀真菌剂等可能对机体的免疫系统有影响，如有机氯、甲基对硫磷、氨基甲酸酯类等。研究提示百草枯等除草剂与肾脏自身免疫性疾病的发生有关，某些含氯杀虫剂可能加速自身免疫损伤的发展。动物试验表明，对硫磷、二嗪农和甲基对硫磷可导致脾脏和胸腺的重量下降和病理性损伤；林丹、乐果、西维因等都会引起动物胸腺和脾脏指数降低。在体液免疫应答方面，二嗪农、灭害威、马拉硫磷、氰戊菊酯和毒杀芬能引起总 IgG 和 IgM 下降，对抗体应答、抗体空斑形成细胞数量也有影响，主要显现下调效应。一些农药还能引发细胞免疫能力的降低，五氯苯酚和阿特拉津等可抑制 T 淋巴细胞增殖，氯氢菊酯会使孕鼠后代的 T 淋巴细胞亚群细胞减少。

（二）多卤代芳烃类

包括多溴联苯、多氯联苯、2，3，7，8，-四氯二苯并-p-二噁英（2，3，7，8，-tetrachlorodibenzo-p-dioxin，TCDD）、六氯苯等。TCDD 敏感毒作用之一即是免疫毒效应，其中胸腺对其尤为敏感，其对体液免疫的抑制作用机制与其与芳香烃受体（AhR）的结合有关。对多种动物（大鼠、小鼠、豚鼠、家兔、猴等）的研究发现，低剂量的 TCDD 即可引起免疫毒效应。猴暴露于 TCDD 10 ng/kg.bw 即可导致血液中白细胞数下降；而以 10 ng/kg.bw 的剂量一次性对小鼠染毒 TCDD，小鼠感染流感病毒的死亡率增加。围生期暴露于 TCDD 会影响胸腺的发育，导致细胞免疫持续性抑制，且围生期暴露导致的 T 细胞功能减弱程度和持续时间均高于成年期暴露。TCDD 对免疫系统的作用机制包括直接效应和间接效应，一方面 TCDD 可直接作用于免疫系统，导致特异性免疫功能降低；另一方面，TCDD 可能通过干扰内分泌系统（作用于糖皮质激素、肾上腺素、甲状腺素等）从而导致免疫功能紊乱。

（三）真菌毒素

黄曲霉毒素（aflatoxin，AFB）、DON、T-2 毒素、伏马菌素（fumonisins，FB）、赭曲霉毒素（ochratoxins，OTA）等。AFB 主要作用于细胞介导的免疫功能及吞噬作用。DON 等单端孢霉烯族化合物所引起的免疫调节作用较为复杂，动物试验表明其可由于染毒剂量、染毒频率、免疫功能应答测定时间差异而导致免疫抑制或免疫刺激。近年来研究发现 OTA 还可导致发育免疫抑制作用。目前研究提示长期暴露于多种混合真菌毒素所导致的免疫抑制作用可能增加其对人群的致癌作用。

（四）金属及其化合物

铅、镉、汞、砷、铜、铝及其化合物等均具有免疫毒性。动物实验研究表明，铅、汞和镉等金属可抑制抗体反应和细胞免疫，继而导致对感染的易感性增加。实验表明，氯化镉可能导致促进自身免疫抗体形成，并引发自身免疫反应。汞及其化合物（无机汞及有机汞）可从不同侧面不同程度的引起人群和动物的免疫抑制作用，低剂量汞还可促进自身免疫抗体形成从而导致免疫刺激作用。流行病学资料表明，铅暴露会导致体内 T 淋巴细胞、B 淋巴细胞及 NK 细胞减少，并降低机体对感染性疾病的抵抗力；铅暴露还可导致发育免

疫毒性作用。铜可作用于体液免疫效应，导致 IgA 及 IgG 分泌减少。

（陈锦瑶　王金勇）

小　结

本章主要介绍了外源化学物引起免疫毒性的分类、机制、评价方法及免疫毒性评价方法的发展，并侧重于食品中有毒有害化学物的免疫毒性研究。

免疫毒理学是毒理学的一门分支学科，与免疫学、分子生物学、微生物学、药理学等多门学科结合紧密、相互交叉，主要研究外源化学物和物理、生物因素对机体免疫系统的有害作用及其机制。食品中有毒有害物质的免疫毒性及其机制是免疫毒理学的重要内容之一。

免疫毒性评价策略和测试方法的发展对化学物和其他有害因素的风险评估有重要作用，但免疫系统和功能的复杂性是免疫毒性评价方法发展必须面对的主要问题和挑战。免疫系统包含多个免疫器官，机体的免疫反应也涉及多种免疫细胞及许多相关因子的交互作用。目前国内外免疫抑制的测定方案多为使用常规的毒性试验结合附加的免疫抑制评价试验，采用证据权衡方法进行综合分析和结果判定。常用方法包括 T 细胞依赖性抗体反应、淋巴细胞表型分析、NK 细胞活性检测、宿主抵抗力试验、巨噬细胞中性粒细胞功能试验、细胞介导的免疫应答测定、抗体空斑形成细胞试验、迟发性变态反应试验、有丝分裂原刺激或抗体刺激的淋巴细胞增殖反应、混合淋巴细胞反应试验、杀伤性 T 淋巴细胞介导的试验等。化学物引发的自身免疫反应及超敏反应的动物模型及评价程序的认可尚在建立和完善的过程中。

食品中有毒有害物质可引起免疫毒性的种类主要包括农药类、有毒重金属类、多环芳烃类等。化学物引起的免疫毒性与其致癌性的相关性值得进一步研究。

近年来，利用体外替代方法对大量食品化学污染物的免疫毒性进行初筛、免疫毒理基因组学、流式细胞技术在免疫毒性测试中的应用、以及发育免疫毒性均是目前的重要研究方向。随着科学技术的发展，免疫毒性评价程序和替代方法等越来越多地应用于食品中有毒有害化学物和其他有害因素的安全性评价和风险评估等实际工作中。

思 考 题

1. 什么是免疫毒理学？免疫毒理学研究的范畴包括哪些？
2. 免疫毒性可分为哪几类？
3. 免疫抑制毒性评价的方案是什么？主要包括哪几类测试？
4. 简述食品过敏评价的研究现状。

参 考 文 献

谭壮生，赵振东. 2011. 免疫毒理学. 北京：北京大学医学出版社.

王心如. 2012. 毒理学基础. 第 6 版. 北京：人民卫生出版社.

周宗灿，付立杰. 2012. 现代毒理学简明教材. 北京：军事医学科学出版社.

周宗灿. 2006. 毒理学教程. 第 3 版. 北京：北京大学医学出版社.

Luebke R. 2012. Immunotoxicity screening and prioritization in the twenty-first century. Toxicol Pathol，40（2）；294-299.

Robert V. 2007. House and Jacques Descotes. Cytokines in Human Health； Immunotoxicology，Pathology，and Therapeutic Applications. New Jersey：Human press.

U.S. Food and Drug Administration（FDA），Center for Drug Evaluation and Research（CDER）. 2002. Guidance for Industry Immunotoxicology Evaluation of Investigational New Drugs. http：//www.fda.gov/ -downloads/ Drugs/ GuidanceComplianceRegulatoryInformation/Guidances/ucm079239.pdf.

第十二章　神经行为毒性及其评价

学习要求

掌握：神经毒理学与行为毒理学的基本概念；神经毒作用机制与神经毒性研究的基本原理与方法；行为毒理学研究的主要内容。

熟悉：神经毒作用靶点；常用行为毒理学的研究方法及其应用。

了解：神经系统的结构与功能、神经毒作用特点；几种有害因素对神经行为功能的影响。

神经系统（nervous system）是机体主要且最为复杂的功能调节系统，人体所有器官、系统的功能只有处于神经系统直接或间接的调控之下，才能成为彼此协调的功能整体，应对和适应内、外部环境的变化。人类的神经系统高度发达，其中大脑皮层不仅进化成为调节控制的最高中枢，而且能够进行思维活动，使得人类不但能适应环境，还能认识和改造环境。

然而，神经系统对各种物理性、化学性、生物性有害因素极为敏感，这些因素可能选择性地直接损害神经系统，也可能通过作用于其他系统间接损害神经系统，引起神经功能及相应行为的改变。食品神经行为毒理学作为神经行为毒理学（neurobehavioral toxicology）的重要分支，主要研究食品中各种污染物或有害成分及其代谢产物对神经系统及行为的毒效应（神经系统结构、功能改变与行为的异常）与毒作用机制，探索救治与防护措施等。

第一节　神经毒理学的研究及评价方法

神经毒性（neurotoxicity）是指外源化合物引起神经系统结构与功能损害的能力。神经毒理学（neurotoxicology）是研究外来物质对神经系统的结构、功能产生有害作用及其机制，即神经科学与毒理学相结合的一门综合学科。神经系统对食品污染物等的神经毒性非常敏感，神经毒理学评价是食品中神经毒物及食品新成分、新原料等安全性评价的重要内容之一。通过系统、灵敏的神经毒理学评价，可为主要为慢性低剂量暴露的食品污染物的分析、评价、监测和限量标准的制定提供科学依据。

一、神经毒物作用靶点

食品神经毒物是指食品中含有或污染的具有神经毒性即可引起机体神经系统结构、功能损害的物理性、化学性、生物性成分。在神经系统中，神经元、轴索、成髓鞘细胞以及神经递质因其特殊的解剖结构或生理生化特点而成为食品神经毒物最常见的作用靶点。

（一）神经元胞体

由于神经元具有独特的性质和功能特征，如具有相对较高的代谢率、快速去极化和复极化功能的可兴奋生物膜，以及需要胞体长轴突和树突的支持等，导致神经元对神经毒物本身及其引起的缺氧、缺血特别敏感，因而成为神经毒物最常见的作用靶点。神经元病是指原发病变部位是神经元胞体的一类广泛损伤性疾病。一般来说，早期神经元发生损害，随后出现凋亡或坏死，导致神经元的永久性丧失。从对神经元的损害程度上来看，一些毒物在低剂量时，可以选择地损害特殊的神经元亚群，但在高剂量时，这些毒物的作用非常广泛，中毒表现往往是弥漫性脑病，并伴有全身功能障碍。

神经元病根据不同损害后果可分为运动神经元病和感觉神经元病。运动神经元病主要因脊髓前角、锥体束及脑干运动神经核等受损引起，病理上以肌肉萎缩和瘫痪为主要特征，如肌萎缩侧索硬化、进行性脊肌萎缩症、原发性侧索硬化和进行性延髓麻痹。感觉神经元病则是由于感觉神经传导速度减慢、动作电位幅度降低、潜伏期延长引起的深或浅感觉障碍；深感觉障碍主要症状为步态僵硬、笨拙，行走困难，浅感觉障碍则主要表现为感觉异常、过敏或麻木。

引起神经元病变的神经毒物达 30 余种，主要有药物、工业化学物、环境毒物、有机溶剂等。工业化学物和环境毒物主要有铝、铅、锰、铋、无机汞、甲基汞和三甲基锡等重金属。有机溶剂包括甲醇、乙醇。引起神经元病变的药物则有阿霉素、链霉素、奎宁、苯妥英等。同时，一氧化碳、氰化物和四氯化碳也可引起原发性和继发性神经元病。其中，甲醇、乙醇及重金属等也是食品中常见的神经毒物。甲基汞农药的使用、环境汞污染和生物富集，导致食品汞污染在部分地区较为普遍和严重，如 20 世纪 50 年代日本的“水俣病事件”、1972 年伊拉克甲基汞杀菌剂处理过的小麦种子误食中毒事件。甲基汞进入人体，在胃内转化为氯化甲基汞，经肠道吸收入血，与红细胞中血红蛋白的巯基结合，透过血脑屏障侵犯神经系统，尤其是中枢神经系统（central nervous system，CNS）小脑和大脑神经元。成年视皮质神经元和小脑皮质的小颗粒细胞内层神经元损伤最为典型，常引起失明及严重的共济失调；儿童则因血-脑屏障效率低可引起广泛的神经元损害，大剂量接触甚至可引起严重的智力发育迟缓和瘫痪。

（二）轴索

轴索实际是指参与形成神经纤维的神经元轴突和感觉神经元的长树突。轴索本身作为毒作用原发部位而产生的中毒性功能障碍称为中毒性轴索病。该病神经元胞体本身能够保持完好无损，仅表现为轴索与包裹轴索的髓鞘的结构和功能障碍，其中以涉及感觉及运动的周围神经系统（peripheral nervous system，PNS）中长轴索和远端轴索病变较为常见，因而常见症状为感觉和运动障碍。一般认为轴索病是由于外源神经毒素化学“切断”轴索所致。毒物对整条轴索某点产生“化学性切断”后，断点远端的轴索在生物学上即与神经元胞体分开，不能接收来自胞体的信息和能量传递，进而发生变性、坏死，轴突远端支配的感觉和运动出现异常（如脚和手），严重时逐渐向脊髓神经轴突支配的近端肢体蔓延。

轴索毒物如部分有机氯农药（DDT、林丹等），作为轴突 Na^{+}-K^{+}通道阻断剂，可引起感觉障碍、不安、兴奋、震颤、痉挛等轴索中毒症状。食品在高温烘烤时产生的较高水平丙烯酰胺，也具有轴索毒性。食物中毒引起的远端轴索病始于神经末梢变性，病理检查发现突触囊泡和线粒体密度减少、神经丝蓄积、微管泡形状改变、末梢长出新芽等；随后远端轴索线粒体和神经丝多灶性蓄积，轴突末端球形、棒形膨大，丝状伪足成分丧失等，出现轴索运输受阻的特征性表现；进一步发展会引起较近端轴索变性，出现“返死”或“逆行性死亡”。人类慢性中毒以周围神经症状为主，表现为四肢末端多发性、对称性感觉和运动障碍；急性或亚急性中毒早期以精神症状为主，即使停止接触，数周后也会出现感觉或运动性多发神经病。

（三）髓鞘

髓鞘是包裹神经元突起的电绝缘物质，髓鞘缺乏将延缓神经传导，并使邻近突起间的冲动传递异常。髓鞘病（myelinopathy）是中枢或外周神经元隔离层，特别是轴突及轴索突起隔离层损伤的结果。神经胶质细胞，尤其是 PNS 的施万细胞，在外源神经毒物的作用下发生一系列的改变，引起髓鞘水肿（早期可逆）和脱髓鞘（demyelination），使轴索失去髓鞘的保护。尽管 PNS 施万细胞在脱髓鞘性损害后可进行髓鞘再生，CNS 在脱髓鞘的局限部位也可髓鞘再生，但再生修复程度均有限。

脱髓鞘的神经元仍可维系其与外周组织的联系，但因髓鞘连续性缺失，轴突的完整性改变，出现神经丝磷酸化及组装紊乱、轴突直径异常等，引起轴突转运和神经冲动传导功能障碍。六氯苯随污染食物进入神经系统，可引起 CNS 与 PNS 髓鞘水肿，导致空泡形成、脑海绵样水肿；持续高剂量接触则出现弥漫性髓鞘损害和广泛的轴索变性。无机铅导致施万细胞损伤以及脱髓鞘的作用可能与线粒体膜离子转运紊乱、线粒体氧化磷酸化解偶联或抑制等有关。

（四）神经传导

神经细胞具有通过化学递质将信息继续传递给其他神经细胞或效应细胞的能力，神经毒物常通过对多种突触传递机制的损害（如阻断冲动的传导、降低或放大神经突触传递的通讯、阻止神经递质的再吸收、干扰第二信使等）而表现神经毒性，但短时间内并不引起神经元或其轴突退化或变性。几乎所有神经毒物到达一定剂量皆可干扰化学传递过程而引起相应的神经毒性。结构相似的化合物常具有相同的毒性，其中能模拟交感神经传递过程的化合物被称为拟交感神经物质。一些植物性和动物性神经毒素可高度选择性地作用于某些神经递质的传递而表现出强烈的神经毒性。例如，河豚中的胍基生物碱毒素，通过特效阻断钠离子通道而表现出强烈的麻痹性神经毒性，严重时常因呼吸与循环中枢麻痹而致死。

二、神经毒物的毒作用特点

如前所述，神经毒物对神经系统的作用，可能会涉及多个靶点和多种机制，其作用具有如下特点。

（一）神经系统损伤方式多样

食品神经毒物可直接或间接损伤神经系统而产生相应的毒效应：①直接损伤神经系统：部分神经毒物可直接进入神经系统，从而改变神经系统的代谢，如改变离子浓度或比例、破坏原有氨基酸的平衡、影响酶的功能等，进而改变神经系统功能，导致一系列症状的出现。如长期摄入铝污染的食品，铝可突破血-脑屏障进入大脑，导致海马区域铝离子浓度升高而铁、锌离子浓度下降，谷氨酸（glutamic acid，Glu）、天门冬氨酸（aspartic acid，Asp）与氨基丁酸（GABA）等比例失调，颞叶皮质、海马胆碱乙酰转移酶活性下降 25%～40%，颞叶、顶叶、额叶皮质 5-羟色胺、去甲肾上腺素含量下降，大脑皮层神经元 cAMP 水平升高，从而引起脑神经功能紊乱；②影响神经系统血、氧供应间接引起神经系统的损伤：中枢神经系统主要以有氧代谢的方式获得能量，尽管相对于体重比例很低，但对血供和氧耗要求极高。例如，每 100 g 脑组织每分钟需供血 50 ml，耗氧 3.5 ml，消耗葡萄糖

5.5 g；整个大脑的耗氧量占全身耗氧量的20%。如食物中的氰化物可阻止血红蛋白与氧结合，亚硝酸盐中毒时亚硝酸盐可氧化亚铁血红蛋白而使之失去携带氧气的能力，引起脑细胞缺氧性损伤；③影响神经传导功能：食物残留或污染的有机磷农药，可抑制胆碱酯酶，使乙酰胆碱不能被降解，突触间隙中的乙酰胆碱升高，导致胆碱能神经系统持续处于兴奋而引起有机磷农药中毒。

（二）作用靶点与机制多样

大部分神经毒物对神经系统的作用靶点并不专一，可通过多种机制作用于多个靶点，引起神经系统多方面的损伤。神经毒性是铅中毒最主要表现，具体体现在学习记忆能力下降，认知发育缺陷，易怒、多动、注意力不集中等行为障碍，视神经视网膜病变，严重者甚至会出现昏迷、谵语、抽搐等临床表现，相关机制涉及氧化应激、离子通道受损、神经递质紊乱以及神经细胞损伤等。铅对神经系统的作用靶点包括CNS（中毒性脑病）和PNS（脱髓鞘），其中以CNS表现最为明显，并且发育未成熟的神经系统最易受到铅暴露的影响。慢性食物锰中毒，早期通过影响机体代谢导致多巴胺及其产物代谢异常而产生相应的精神症状；晚期则通过引起黑质纹状体永久性退行性病变而导致帕金森病样综合征。

（三）损伤多具有长期性甚至终生性

神经系统生长缓慢，再生性差，有些神经元特别是CNS神经元因高度分化已几乎完全丧失再生能力，一旦损伤则其功能可能长期甚至永久丧失，产生后遗症。同时，神经元胞体损害可继发性波及轴索和包裹轴索的髓鞘，引发广泛性损害。霉变甘蔗中的3-硝基丙酸，具有强烈的嗜神经毒性，且主要损害中枢神经系统。如果中毒后没有得到及时救治，可能会产生后遗症，主要为锥体外系神经损害。有机磷农药中毒7～14天后，也可能出现迟发性神经病。

（四）毒性受机体代谢的影响

神经毒物通常随着对神经系统作用和损伤时间的延长而毒性增强，但部分毒物会随着机体的代谢与转化发生毒性的改变。通常在机体解毒酶的作用下，外源化学物的神经毒性下降，但有些毒物毒性反而增强。例如甲醇在体内代谢产生甲醛后，抑制神经系统内ATP的生成，导致神经细胞能量耗竭而产生强烈的神经毒性，视神经对此尤为敏感。

（五）毒性受神经系统自身功能的影响

CNS的血-脑屏障系统，PNS的血-神经屏障系统在神经组织物质转运方面具有重要作用。发育中的神经系统由于屏障发育尚未完全，使得婴幼儿比成年人更容易发生中毒性铅性脑病。

三、神经毒物作用机制

食品中含有或污染的神经毒物因剂量、暴露时间的不同，对神经系统毒作用靶点可能并不唯一，相应机制也不相同。通常情况下，可能是多种机制在神经毒物的作用过程中交织并存，彼此既相互独立，又相互影响，甚至互为因果。

（一）神经递质紊乱

神经递质（neurotransmitter）的合成、贮存、释放、与突触后膜受体作用和失活等一系列过程，是一个复杂和精细的受控过程，食品神经毒物对其中任何一个环节的影响都可能引起神经递质含量、分布与作用的异常，从而导致神经传导功能的改变。

1. 乙酰胆碱（acetyl choline，ACh） ACh 是第一个被确认的神经递质，是中枢胆碱能系统中重要的兴奋性神经递质，外周运动神经、自主神经系统的节前纤维和副交感神经的节后纤维也能合成和释放 ACh。ACh 广泛参与学习和记忆、睡眠和觉醒、温度和皮肤感觉等生理过程，以及多种神经系统疾病如阿尔茨海默病等病理过程。

肉毒毒素是食品常见污染菌——肉毒梭菌（*clostridium botulinum*）分泌的一种强烈的胆碱能神经毒素，由重链（～100 kD）和轻链（～50 kD）通过二硫键连结而成，依血清反应特异性差异可分为 A、B、C_1、C_2、D、E、F、G 共 8 种血清型，其中 A、B、E、F、G（少见）可引起人类肉毒毒素中毒。吸收入血的肉毒毒素在重链亲胆碱能特异作用下靶向结合于中枢神经系统的脑神经核、神经-肌肉的接头部和自主神经末梢突触前膜的表面受体，被细胞内吞（endocytosis）、降解而释放出具有锌肽链内切酶（endopeptidase）活性的轻链。参与突触 ACh 囊泡与神经细胞膜融合的蛋白复合物 SNARE（soluble NSF-attachment protein receptor），包括囊泡相关膜蛋白 VAMP 即 synaptobrevin、突触相关膜蛋白 SNAP-25 和突触融合蛋白 syntaxin，在轻链的作用下水解（A、E 型作用于 SNAP-25，B、D、F 型作用于 VAMP，C 型作用于突触融合蛋白），导致囊泡融合与 ACh 释放受阻，使胆碱能神经尤其是神经-肌肉接头部位冲动传导受阻，导致全身随意肌松弛麻痹和神经功能障碍，重症者可因呼吸麻痹猝死（图 12-1）。

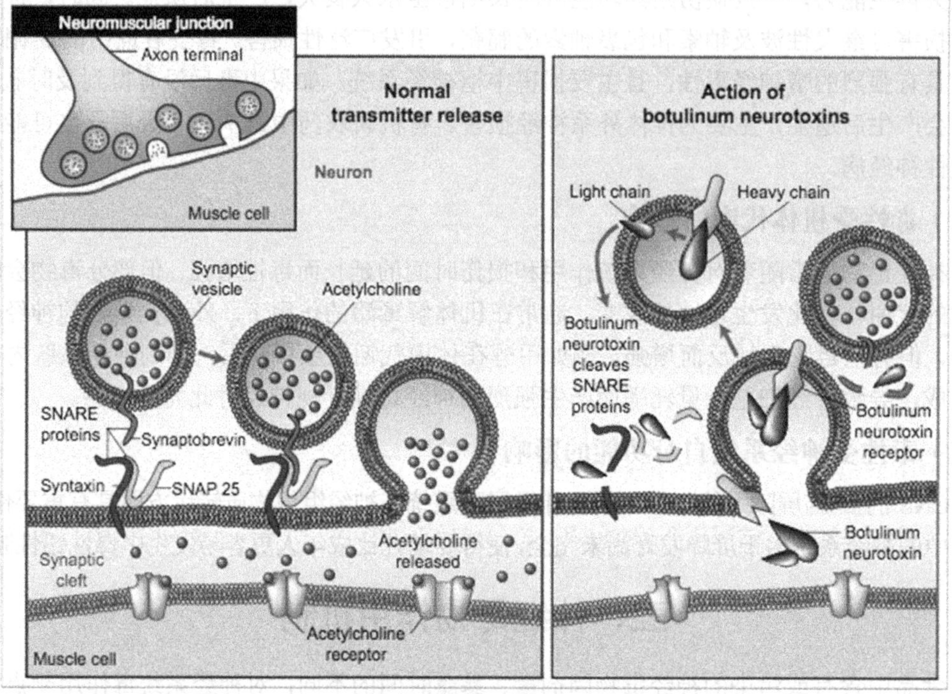

图 12-1　肉毒毒素中毒机制

（http：//pharmatips.doyouknow.in/Articles/Botulinum-Toxin.aspx）

食品中残留或污染的有机磷和氨基甲酸酯类农药，作用于乙酰胆碱酯酶，使催化位点磷酰化或氨基甲酰化，导致 ACh 水解受阻，突触间隙 ACh 蓄积，胆碱能神经元过度兴奋，最终因呼吸抑制导致死亡。

2. 氨基酸类神经递质 兴奋性氨基酸类神经递质主要有 Glu、Asp 等，而抑制性氨基酸类神经递质主要是 GABA 和甘氨酸（glycine，Gly）等。两类氨基酸在体内维持动态平衡，共同调节和维持神经的正常功能。神经元中毒所引起的细胞损伤或死亡多由 Glu 或 Asp 等兴奋性神经递质的合成增加/失活减少所致。例如，长期低剂量膳食铝暴露使内源性的 Glu 前体谷氨酰胺（Gln）合成受阻，Glu 含量下降，Glu 与 *N*-甲基-*D*-天门冬氨酸（NMDA）受体的亲和力减弱，长时程增强（long term potentiation，LTP）形成受阻；高剂量铝使大鼠海马 Gln 和 Asp 水平显著升高，增加 Glu 与 NMDA 结合力，上调一氧化氮合成酶（NOS）活性，合成过量的一氧化氮（NO）产生兴奋性神经毒性。

3. 单胺类神经递质 单胺类神经递质是指母核含有芳乙胺结构的神经递质，包括儿茶酚胺类和 5-羟色胺。儿茶酚胺类是指含有邻苯二酚结构的胺类物质，包括多巴胺、去甲肾上腺素、肾上腺素。5-羟色胺则是色氨酸在色氨酸羟化酶作用下 5-位羟化，再经 5-羟色氨酸脱羧酶作用转化为 5-羟色胺。神经元细胞内的单胺类递质多由单胺氧化酶氧化降解；胞外的单胺类递质由儿茶酚胺-氧-甲基转移酶（catechol-*O*-methyltransferase）通过甲基化降解。在单胺类递质代谢过程中所涉及的酶常常是神经毒物作用的靶点。一些金属类神经毒物如铅、铝、锰等可直接干扰单胺类神经递质的代谢，对合成、存储、释放及分解等代谢过程的一个或几个环节产生影响，从而引起神经行为功能改变，甚至是 CNS 损害。慢性锰中毒时，过量锰蓄积在苍白球、尾状核、壳核、黑质网状带等部位，抑制多巴脱羧酶，使左旋多巴胺含量下降，而多巴胺氧化和消耗增加。此外，过量锰导致基底节和黑质多巴胺能神经元变性，多巴胺递质也减少，从而破坏了左旋多巴胺-ACh 的平衡，出现运动不能和肌肉僵直等帕金森氏症的临床表现。

4. 肽类及其他神经递质 肽类神经递质主要是由神经元分泌的生物活性多肽，即神经肽，如脑内阿片肽（包括 β-内啡肽、脑啡肽和强啡肽三类）、脑肠肽（如胆囊收缩素、促胰液素等）、下丘脑垂体肽和室旁核升压素与催产素、速激肽等。肽类神经递质属于大分子神经递质，其代谢与经典小分子神经递质不同。此外，垂体肽等肽类递质还兼具激素的作用，不仅存在于神经组织，还存在于其他组织。然而，关于神经毒物对肽类神经递质影响的针对性研究目前还较少。

其他神经递质如 NO 作为中枢神经递质广泛存在于 CNS 的大脑皮层、纹状体、海马、中脑、下丘脑、小脑及延髓等，参与突触可塑性和长时程增强过程，与学习记忆、神经发育、睡眠、神经元死亡等有关。但 NO 也是自由基，不同于一般神经递质，合成后不贮存在囊泡中，通过弥散而非胞吐式释放，作用于鸟苷酸环化酶而非受体蛋白。神经毒物多通过改变或干扰 NO 合成酶、鸟苷酸环化酶的活性而间接影响 NO 的神经信号传递，或通过诱导氧化应激表现出神经毒性。

（二）信号转导异常

神经细胞信息传递机制主要有四个环节：信息物质释放、靶细胞受体识别、细胞内信号传递（级联反应）、产生生物效应（应答反应）。食品中的神经毒物被摄取后，直接或间接作用于神经组织，甚至是中枢或周围神经元、神经胶质细胞的第一信使，通过作用于膜表面或胞内受体、靶酶，激活第二信使并启动级联反应，引起相应的生物学效应。神经毒物对神经细胞内信号转导通路的影响是神经毒理学的重要分子机制，且神经细胞具有丰富多样的信号传递途径，各途径间彼此交叉、相互联系，主要的信号转导途径有：

1. Ca^{2+}信号 每一个神经细胞都存在复杂的Ca^{2+}信号系统，无论是电信号或化学信号，都作用于Ca^{2+}通道，借此实现细胞的基本功能。Ca^{2+}与钙调蛋白结合后激活Ca^{2+}/钙调蛋白（CaM）依赖蛋白激酶或磷酸酯酶，从而调节神经递质的胞外分泌，建立突触后神经细胞兴奋和胞内事件整合之间的联系，控制突触强度、基因表达和记忆功能，影响神经元-神经胶质细胞环路信息的传递和整合。神经元内Ca^{2+}稳态失调，是CNS损伤的中心环节之一。许多神经毒物如无机汞、甲基汞、铅、三乙基铅、三甲基锡、氰化物以及某些有机磷农药和拟除虫菊酯类杀虫剂等均可引起神经细胞内Ca^{2+}依赖机制破坏，造成胞内Ca^{2+}水平持续增高，Ca^{2+}信号转导异常，神经可塑性与基因表达失调，神经元-胶质细胞交互紊乱，导致细胞功能紊乱甚至死亡。

神经毒物引起胞浆Ca^{2+}升高的机制主要有：①细胞膜Ca^{2+}通道开放：神经毒物激活和磷酸化细胞激酶C（protein kinase C，PKC），促进电压依赖性Ca^{2+}通道开放；或通过作用于G蛋白偶联Ca^{2+}通道，促使配体门控Ca^{2+}通道开放和Ca^{2+}内流。②Ca^{2+}-ATP酶（钙泵）抑制与Na^{+}/Ca^{2+}交换障碍：多种二价和三价金属离子可抑制Ca^{2+}-ATP酶活性，影响细胞Ca^{2+}排出胞外。③线粒体受损：线粒体膜损伤，导致呼吸抑制氧化磷酸化解偶联，线粒体储存钙释放或线粒体内膜单向运送Ca^{2+}减少。④影响内质网肌醇磷脂系统或Ryanodine受体系统，引起胞内钙池贮存钙的释放；或抑制胞内钙池Ca^{2+}-ATP酶，降低内质网钙储存。⑤作用于钙结合蛋白，影响钙存储、释放与调节：如多种金属可通过抑制CaM而活化Ca^{2+}-ATP酶。

2. 环核苷酸信号 环磷酸腺苷（cAMP）和环磷酸鸟苷（cGMP）并称为环核苷酸，是中枢神经细胞中肽类激素、儿茶酚胺和前列腺素等的第二信使，通过cAMP-蛋白激酶A（cAMP-PKA）或cGMP-蛋白激酶G（cGMP-PKG）途径磷酸化下游蛋白，对CNS活动起重要调节作用。特别是cAMP在神经元生长、神经突触传递、脑细胞活化、学习记忆等方面具有重要作用。许多神经毒物可抑制腺苷酸环化酶、鸟苷酸环化酶或磷酸二酯酶，如茶碱、可可碱和咖啡因通过抑制磷酸二酯酶，影响cAMP和cGMP的合成或降解，干扰cAMP和cGMP的水平，从而改变CNS功能。

3. 磷脂酰肌醇信号 1,4,5-三磷酸肌醇（IP_3）和甘油二酯（DAG）又称为“双信使系统”（double messenger system），是G蛋白偶联受体介导信号转导通路中的非环核苷酸第二信使通路。神经毒物直接或间接作为胞外信号分子与胞膜G蛋白耦联型受体结合，激活膜上的磷脂酶C（phospholipase C，PLC），使膜内侧4,5-二磷酸磷脂酰肌醇（phosphatidylinositol 4,5-bisphosphate，PIP2）水解成IP_3和DAG。IP_3在激活胞膜Ca^{2+}通道的同时迅速向胞内扩散，进而激活内质网IP_3配体依赖的Ca^{2+}通道，使胞内Ca^{2+}浓度升高，激活各类钙依赖性蛋白，并使胞浆中非活化的PKC转位到胞膜，再被DAG活化而级联放大。神经毒物如铝可抑制G蛋白-PLC偶联及PLC活性；而Cr^{3+}、As^{3+}、Se^{4+}则抑制PLC，使IP_3和DAG合成减少，信号传导受阻而导致神经功能障碍。

4. 酪氨酸激酶 酪氨酸激酶信号转导途径包括受体酪氨酸蛋白激酶途径和非受体酪氨酸蛋白激酶途径，参与CNS的发育以及神经细胞的增殖、分化，并与脑肿瘤、缺血等病理过程密切相关。受体酪氨酸激酶（receptor protein tyrosine kinase，RPTK）为酶联受体，结合信号分子后形成二聚体，并发生自磷酸化而活化，活化的RPTK激活Ras，引起蛋白激酶的磷酸化级联反应，最终激活有丝分裂原蛋白激酶（mitogen-activated protein kinase，MAPK），磷酸化特异转录因子转位入核，激活靶基因，引起细胞应答和效应。非受体酪氨酸蛋白激酶途径的受体本身不具有酪氨酸蛋白激酶活性，但胞内的酪氨酸激酶 JAK（janus kinases）接受配体信号后二聚化和自磷酸化，进而磷酸化各种靶蛋白如信号传导与转录激活剂（signal transducers and activators of transcription，STAT）等的酪氨酸残基以实现信号从胞外到胞内的传递。长期低剂量接触植物性杀虫剂鱼藤酮的人群帕金森病的发病几率高于未暴露人群，其机制与海马 RPTK-Ras 活化诱导神经元凋亡有关。

（三）毒物受体介导

在神经分子毒理学中，毒物受体通常是指对外源化学物具有高亲和力结合位点，并由外源化学物诱导特定生物学改变的生物大分子。外源化学物与受体之间的相互作用是神经毒性作用机制研究的重点之一，现代生物分子技术，尤其是环境基因组学提供了毒物受体结构和功能的生物信息，有助于更好地诠释外源化学物受体分子作用机制。

有些毒物受体具有明确的内源性配体，但有些至今没有发现。例如，拟除虫菊酯类化合物、河豚毒素、二噁英等受体，与相应的外源性配体有极高亲和性，一旦结合则表现出强烈的神经毒性且难以解毒；但其内源性配体目前仍不明晰。吗啡受体是最先被发现的毒物受体，但其配体除外源性的吗啡类物质外，还有内源性阿片肽。有些受体能同时结合内、外源性多种配体，不同配体可能与受体的不同位点结合而互不干扰，也可能相互影响（结合一个配体后受体构象改变而影响到受体与其他配体的结合），也可能因结合同一位点而相互竞争抑制。如 GABA 受体具有内源抑制性神经递质 GABA 和致焦肽的识别与结合位点，该位点既可结合外源化学物如毒蕈的毒蝇碱和镇静药物安定，也可结合抑制性巴比妥类、致痉挛的印防己毒素以及兴奋性的类固醇类激素和兴奋剂等 3 种互相变构的外源化学物。

受体与配体的相互作用具有高选择性、高亲和力、可饱和性、可逆性和竞争性等基本特征。外源性神经毒物可模拟内源性配体与受体结合，引起激动剂或拮抗剂样作用，从而干扰 CNS 的正常功能。毒物受体与食物中污染或含有的神经毒素配体相互作用方式在概念上类似于酶与底物之间的相互作用，但略有区别：一是受体与外源化学物配体的亲和力通常是高于酶与底物之间亲和力的两个或两个以上数量级；二是外源性配体结合受体后通过一系列信号转导而发挥其作用，而不像酶通过生物化学方式改变底物分子发挥作用。

食品神经毒素除了与相应的毒物受体直接作用以外，在一些情况下，这些毒素可以通过改变受体的数量间接影响受体的功能。例如，有些神经毒素通过损伤神经元引起突触传递功能降低，神经系统通过代偿机制，可能增加靶神经元受体数目。相反，神经毒素长时程活化受体引起突触传递功能的增强，神经系统也可代偿性降低靶神经元的受体数目。

（四）炎症反应

神经炎症主要表现为炎性刺激或神经毒物的作用下，激活的脑内吞噬细胞、胶质细胞旁分泌大量炎症因子，引发神经细胞炎症反应，进而导致相关神经元损伤。小胶质细胞作为中枢神经系统的免疫感受器和“巨噬细胞”，具有吞噬和清理细胞碎片的功能，是神经炎症的主要参与者。小胶质细胞接受刺激后活化，细胞形状发生改变（细胞体积增大、突起变短甚至消失而呈“阿米巴状”），具有吞噬功能，可释放大量细胞因子、趋化因子、活性氧、前列腺素代谢产物等，表达非特异性、特异性免疫相关分子如 Toll 样受体（TLR）、主要组织相容性复合物Ⅱ、免疫球蛋白 Fcγ 受体（FcγR）和补体受体，对神经炎症与免疫具有重要意义。活化的小胶质细胞中，经典的 M1 态细胞通过分泌促炎因子如肿瘤坏死因子-α（tumor necrosis factor-α，TNF-α）、白细胞介素-1β（interleukin-β，IL-1β）、干扰素-γ（interferon-γ，IFN-γ）及活性氧（reactive oxygen species，ROS）等产生神经损伤；而 M2 态则通过抑制促炎细胞因子的释放、吞噬碎片、促进组织修复和释放神经营养因子发挥抗炎作用。小胶质细胞与炎症相关的信号通路主要有核因子 κB（nuclear factor kappa B，NF-κB）、TLR、MAPK、JAK-STAT、过氧化物酶体增殖物激活受体（peroxisome proliferator-activated receptor，PPAR）、Notch 等。淡水水体富营养化最常见的一类藻类毒素微囊藻毒素（microcystins，MC），可通过激活小胶质细胞产生大量的炎性细胞因子如 NO、IL-6 及 TNF-α 等，引起神经系统的炎症反应。

（五）氧化应激

神经组织能量代谢强度大，多不饱和脂肪酸含量高，抗氧化系统相对较为脆弱，因而对氧化应激非常敏感。生理状态下，细胞内的 ROS 水平被控制在很低的范围。但在神经毒物的作用下，神经组织 ROS 生成迅速增加，或者抗氧化系统受到破坏，导致氧化应激和抗氧化防御间平衡失调，从而引起生物膜和生物大分子氧化损伤与功能紊乱。具有神经毒性的外源化学物常以线粒体和内质网为靶细胞器，线粒体电子传递或微粒体混合功能氧化受阻，可能是 ROS 大量产生的主要机制。例如，镍、锰、铅、汞等重金属和有机农药等可引起神经组织线粒体氧化磷酸化异常和呼吸链功能紊乱，抑制超氧化物歧化酶（SOD）、过氧化氢酶（CAT）、谷胱甘肽过氧化物酶（GSH-Px）等抗氧化酶活性，激活 iNOS（诱导型一氧化氮合酶）产生过多的 NO，导致维生素 C、维生素 E、牛磺酸等非酶性抗氧化剂过度消耗，细胞氧化-抗氧化失衡，导致 β-淀粉样蛋白（Aβ）聚集、Tau 蛋白异常磷酸化、神经原纤维缠结，诱发阿尔茨海默病（Alzheimer disease，AD）等神经退行性病变。

除直接的氧化毒性外，更关键的是 ROS 还可能通过一些途径促进神经的兴奋性毒性：①动员线粒体或内质网贮库内 Ca^{2+}释放，直接引发兴奋性神经毒性，或通过修饰 NMDA 受体膜蛋白以增强细胞对 Glu 的敏感性；②抑制谷氨酰胺合成酶导致脑内 Glu 含量增加，或引发兴奋性氨基酸（EAA）胞外释放，或通过抑制 GABA 功能间接促进兴奋性。当然，神经过度兴奋也会导致 ROS 生成增加。在神经损伤过程中，氧化应激和兴奋性神经毒性可同时或相继发生，两者可相互增强，但也可能彼此独立。

四、神经毒理学研究方法

神经科学领域的技术方法已广泛用于神经系统的毒理学研究中，如神经行为学方法、神经生理学方法、神经形态学方法等。现代生物医学技术（如分子生物学、各种组学技术等）的发展，以及学科间的交叉与融合进一步推进神经毒理学的研究，使得人们能深入探究毒物致神经系统损伤的分子基础，为揭示神经毒性效应的机制、明确损伤靶点、寻找灵敏可靠的生物标志物提供了有效的手段，对于毒物暴露所致神经功能损伤的早期评价、预防和治疗具有重要的意义。

（一）神经电生理学方法

神经电生理学方法（electroneurophysiology）是观察神经系统活动最重要的手段之一，目前已广泛应用于临床和实验室研究中，实验对象既可以是人体或实验动物，也可以是脑片、体外培养的神经细胞等。对于 CNS，临床上常使用脑电图（electroencephalogram，EEG）、诱发电位（evoked potential，EP）等测试其电活动状态。EEG 是将引导电极置于头皮或直接放在大脑皮层的表面上，通过脑电图仪器放大并记录大脑皮层的自发电位，以综合反应大脑大量神经元的自发性、节律性活动。EEG 对于癫痫、脑外伤、感染等颅脑疾病与损伤的诊断具有较好的参考价值，但缺乏特异性。EP 测试是指对外周感觉器官、感觉神经、感觉通路或与感觉系统任何有关结构进行特定的刺激后，测定脑中相应部位的电位变化，如视觉诱发电位、听觉诱发电位及躯体感觉性诱发电位等，具体检测指标有肌电图、神经传导速度等。肌电图是将肌肉兴奋时发出的生物电的变化引导、放大，作为判断神经损伤、修复的依据。神经传导速度是检查神经传导性和兴奋性的定量方法，可作为早期观察神经损伤与功能恢复的指标，包括运动神经传导速度（motor nerve conduction velocity，MCV）和感觉神经传导速度（sensory nerve conduction velocity，SCV）两个部分。

在实验室研究中，常采用膜片钳（patch clamp recording）等技术评价离体单个神经细胞的单个离子通道及其受体的电活动，从而将传统的神经电生理学研究提高到分子水平。膜片钳由电压钳（voltage clamp）发展而来，可以敏感地检测出单个离子通道的微小电流，从而分析内源性活性物质和外源性药物、毒物对离子通道电流的影响。

（二）神经功能评价方法

有机磷类和有机氯类农药、神经性毒剂（如氢氰酸、氯化氢）等许多毒物可造成神经系统功能的损伤，表现出意识状态、感觉、运动、反射等功能的异常。

1. CNS 功能评价 临床上主要包括意识水平、瞳孔状态、十二对脑神经功能等。其中对意识水平的评估常使用格拉斯哥昏迷量表（Glasgow coma scale）判断患者的意识状态。通过呼唤患者的名字、简单的对话、用手拍打患者的面颊、压迫眶上神经、刺激角膜等反射，判断患者意识水平。瞳孔的检查主要包括瞳孔大小、形状、对光反射等。而对嗅神经、视神经、听神经等脑神经的功能损害则主要依据其相应的临床表现来评价。在动物试验中，功能观察组合试验（functional observation battery，FOB）、Irwin’s 法等，被用于评价药物或毒物对神经系统的影响。其中 FOB 方法可综合观察实验动物的自主活动、体征、意识、情绪、反射、肌张力等指标，现已被美国食品和药品管理局（Food and Drug Administration，FDA）和世界卫生组织（World Health Organization，WHO）纳入新药神经毒性安全性评价程序中。

2. PNS 功能评价 PNS 的主要功能为接受和产生刺激，其功能评价主要包括：①感觉功能：PNS 损伤后感觉功能障碍主要表现为感觉减退或消失、感觉过敏、主观麻木感、自发疼痛等，临床常用检查有触觉、压觉、痛觉、温度觉、皮肤定位觉、震动觉、运动觉、位置觉以及神经干叩击试验（Tinel 征）等，常用评定量表有英国医学研究会（British Medical Research Council，BMRC）制定的感觉功能评定标准、Mackinnon-Dellon 标准、Battiston 改良 Mackinnon-Dellon 法、美国手外科指南感觉分级法等，其中 BMRC 感觉功能评定标准最常用。实验动物感觉功能的评价常通过反射试验或联合运动功能检测，如耳廓反射、翻正试验、平衡木试验等。②运动功能：PNS 损伤后运动功能障碍主要表现为迟缓性瘫痪、肌张力降低、肌肉萎缩、腿反射减弱或消失等，评价主要依据有皮肤完整情况、肌肉有无肿胀或萎缩、肢体有无畸形、姿势或步态有无异常、肢体周径测量、肌力和关节活动范围评定等，大多为定性指标。肌力是目前评价运动功能的主要指标：BMRC 肌力评价标准对同时支配近、远侧肌肉的单根神经运动功能评价较准确，Lovett 法适于评价单块肌肉的运动功能，捏力计、握力计、总主动活动度、关节活动度可用于评价上肢神经损伤。在实验室研究中，可采用姿势反射试验、双杠试验、滑棒试验等检测动物的前后肢肌力及运动功能。③自主神经功能：交感神经皮肤反应（sympathetic skin reponse，SSR）是由内源或外源性刺激诱发的多突触构成的交感皮肤催汗反射，SSR 潜伏期反映引起发汗的神经冲动在整个反射弧的传导时程，而波幅反映有分泌活性的汗腺的密度，因而 SSR 是反映外周交感神经活性的可靠指标。R-R 间隔变化（R-R internal variation，RRIV）通过休息和深呼吸时心率的变异程度评价心脏迷走神经的副交感功能。心血管压力感受器反射功能测试通过刺激动脉窦等方法使血压被动变化，观察刺激前后心率与血压的变化，分析压力感受器反射的敏感性。指端收缩血压是将被测手指中指节分别置于不同温度中，以应变容积描记技术测出末指节在各种温度下的收缩压，以拇指动脉收缩压作为对照，评价交感神经功能亢进程度。

（三）神经形态学方法

在神经生理与毒理学研究中，神经形态学技术方法长期占据着重要的地位，并随着方法学的不断发展和创新，应用越来越广泛和深入，特别是在神经毒理学中，为研究神经毒物对神经细胞的结构和功能的损伤、特定分子表达和分布的影响、神经毒作用机制分析等提供了有力的工具。

1. 普通染色 普通染色是对神经组织结构直接染色成像，具有方法简便、省时省力、成本较低等特点，是研究神经形态的常用手段。常用的如苏木精-伊红染色（HE 染色）用于观察细胞形态、凋亡等；尼氏染色（Nissl staining）可通过对神经细胞内尼氏体的染色而观察神经元的细胞结构；高尔基染色（Golgi staining）主要用于观察神经元树突和树突棘的形态；氯化金浸染（gold impregnation）为观察骨骼肌运动终板的经典方法。然而，普通染色无法在分子水平观察特定蛋白或受体的表达分布。

2. 组织（细胞）化学方法 利用抗体与抗原结合的原理，对组织、细胞特定抗原或抗体（多肽、蛋白质等大分子物质）进行定性、定位检测的一种方法，具有灵敏度高、特异性强等特点。免疫细胞化学方法常用的标记物有荧光素、酶、生物素、铁蛋白、金、放射性同位素等；常用方法有免疫荧光法（immunofluorescence）、酶标记抗体法（enzyme-labelled antibody）、原位杂交组织化学（in situ hybridization histochemistry，ISHH）、免疫电镜（immunoelectron microscopy）等。其中免疫电镜技术将免疫化学技术与电镜技术相结合，使抗原和抗体在超微结构水平上结合和定位的一种方法。它一方面具有抗原和抗体之间相互作用的特异性，另一方面又具有电镜可进行超微结构观察和高分辨率的优点，为在超微结构和分子水平上研究神经细胞的结构、以及毒物对特定蛋白在细胞内分布的影响提供了有力的工具。

3. 神经束路示（追）踪法 利用神经细胞轴浆运输的原理，以追踪神经纤维投射途径或神经元的传出、传入联系，常用的示踪剂有辣根过氧化物酶（horseradish peroxidase，HRP）、荧光素、植物凝集素、放射性同位素、细菌毒素、病毒等。HRP 可用于逆行示踪、顺行示踪及跨节标记，常用显色剂有四甲基联苯胺（tetramethylbenzidine，TMB）、二氨基联苯胺（diaminabenzidine，DAB）。荧光染料示踪利用某些荧光素可被神经末梢摄取，并通过轴突逆行运输到胞体的特性，通过荧光显微镜观察神经元的末梢、神经纤维和胞体形态。不同荧光素标记神经元的部位不同，可实现多重标记和示踪定位。放射自显影神经示踪技术（auto radiographic nerve tracing method，ARNT）基于轴浆运输的机理，用放射性同位素（^{3}H、^{14}C、^{35}S 等）标记的亮氨酸（主要为大、中型神经元摄取）、脯氨酸（小型神经元摄取）示踪其在神经元中的摄取、利用和运输。ARNT 法灵敏度较高，而其最大优点就是不标记过路纤维，克服了 HRP 法和荧光染料示踪法中过路纤维也被标记的缺点。

4. 神经影像技术（neuroimaging） 电子计算机断层扫描（computed tomography，CT）利用计算机对各种组织 X 线吸收的系数不同显示脑的病理改变。磁共振成像（magnetic resonance imaging，MRI）利用 H 质子在主磁场中被激发产生的共振信号经图像处理重建得到的影像，分析脑结构的病理改变。功能磁共振成像（functional magnetic resonance imaging，fMRI）利用磁振造影测量神经元活动时的磁场变化分析进入脑细胞的血液动力学改变，实现脑功能成像，可更精确探索脑结构与功能的对应关系。单光子发射型电子计算机断层摄影（single photon emission computed tomography，SPECT）和正电子发射计算机断层显像（positron emission tomography，PET）则将医用 γ 光子或可发射正电子的放射性核素引入体内，体外应用相应的显像设备进行探测成像，其断层图不受邻近层面核素干扰，定位准确，能获得活体三维解剖影像，并能定量计算病变部位的大小、体积及局部血流量等，是核医学技术里程碑式的应用。

（四）神经化学方法

主要研究神经化学物质（包括神经递质、精神药物、神经肽等）对神经元的影响。神经化学方法（neurochemistry）的主要目的就是分离和分析这些与神经功能活动及疾病相关的化学组分。近 30 年来，神经化学的研究逐渐集中于对神经疾病中神经递质、调质、激素、生长因子及其受体、生化标志物等的作用及其机制。经典的神经化学方法包括离心、电泳、色谱、质谱等，另外还有放射免疫法（radioimmunoassay，RIA）、放射受体等与其他学科实验技术交叉产生的方法。离心技术在神经毒理学研究中应用非常广泛，可用于体外培养细胞的收集、细胞器的分离提取、组织细胞蛋白和核酸的提取、神经突触体的分离制备等。聚丙烯酰胺凝胶电泳和琼脂糖凝胶电泳分别用于不同分子量的蛋白质和核酸的分离、鉴定和纯化。色谱法（chromatography）是利用混合物中不同组分在流动相和固定相之间的分配系数的不同而加以分离的技术。毛细管电泳技术（capillary electrophoresis，CE）是一类以毛细管为分离通道、以高压直流电场为驱动力的新型液相分离技术。质谱法（mass spectrometry，MS）的原理是使样品中的各种组分在离子源中电离生成不同荷质比的带电离子，再在加速电场的作用下形成离子束，然后在电磁场的加速下按质荷比分离、鉴定。MS 是样品定性分析和分子结构研究的重要手段，并常联合其他分离方法以提高分离、鉴定的效率。电喷雾电离（electrospray ionization，ESI）和基质辅助激光解吸电离（matrix assisted laser desorption ionization，MALDI）的应用使 MS 的分辨率、灵敏度和检测分子量范围大幅度提高。生物质谱（biomass spectrometry）的出现则进一步拓展了 MS 的应用领域。

（五）分子神经生物学方法

分子神经生物学的大多数方法都可用于神经毒理学的研究。如聚合酶链式反应技术（polymerase chain reaction，PCR）、核酸分子杂交技术（nucleic acid molecular hybridization）、蛋白质印迹技术（Western blotting）等可用于毒物暴露后神经系统特定基因的 mRNA 和蛋白表达水平变化。基因芯片（gene chip）和蛋白芯片（protein chip）等可以检测和分析暴露毒物后神经系统发生改变的大量基因序列或蛋白，具有突出的高能量优势。在针对特定基因功能的神经毒理学研究中，可用 DNA 重组技术将分离纯化或人工合成的目的基因 DNA 序列导入神经细胞中，使之表达和扩增；或采用 RNA 干涉技术（RNA interference，RNAi）使细胞表现为特定基因表达关闭，从而导致基因转录后水平沉默，实现对神经系统特定基因的表达和功能进行深入探讨，在分子水平上阐明神经系统相关病变发生的机制、为寻找基因诊断和药物治疗靶点提供了重要的手段。

分子神经生物学研究常用的实验对象包括实验动物、体外培养的细胞和原核生物等。其中动物模型最常用的有大鼠、小鼠、斑马鱼、线虫等。斑马鱼由于其繁殖能力强、胚胎发育速度快且同步、基因与人类基因相似度高达 87%等特点，在胚胎发育机理和基因组研究等方面具有优势，其应用也逐渐拓展到分子神经毒理学领域，已被用于在分子水平上研究毒物影响神经发育和功能、诱导神经退行性疾病的机制等方面。此外，线虫在神经发育的遗传学机制、神经退行性疾病发病机制等研究中也具有显著的优点。转基因动物在神经毒理学中的应用也越来越受到重视。如在探讨神经毒物诱导帕金森病（Parkinson's disease，PD）、阿尔兹海默病（Alzheimer's disease，AD）等神经系统疾病机制的研究中，α-synuclein 转基因小鼠、Parkin 基因敲除小鼠、APP/PS1 转基因小鼠等转基因动物模型已被广泛使用。另外，转基因动物还可用于研究外源化学物对神经受体、神经递质、神经因子、炎性因子等的影响，对于明确相关蛋白分子在毒性效应中的作用具有重要的意义。

需要指出的是，由于神经系统结构和功能的复杂性，神经毒理学的研究应是建立在神经解剖、神经生理、神经发育等学科基础知识之上的多层次的、系统的研究。任何一种研究方法都不是完美的，在具体应用过程中需要结合研究的目的和内容加以选择并综合使用。

第二节　行为毒理学的研究及评价方法

神经行为毒理学（neurobehavioral toxicology）是研究环境中有害因素对正在发育的、成熟的和老化的神经行为产生不良影响的一门学科。神经行为毒理学又可以简称为行为毒理学（behavioral toxicology），是神经毒理学（neurotoxicology）的研究内容之一，行为毒理学是应用心理学与毒理学相结合的新型交叉学科，主要研究各种有害因素对人体和动物神经行为功能的影响，目的是阐明有害因素的神经行为毒性。神经行为毒性是一种反映环境有害因素对生物个体整体水平的健康危害指标，是一种非死亡的有害效应。

一、行为毒理学的研究内容

（一）有害因素对情绪的影响

WHO 为了研究的方便，把人的情绪分为愤怒-敌意（anger-hostility，POMSA）、困惑-迷茫（confusion-bewilderment，POMSC）、忧郁-沮丧（depression-dejection，POMSD）、疲惫-惰性（fatigue-inertia，POMSF）、紧张-焦虑（tension-anxiety，POMST）、有力-好动（vigor-activity，POMSV）6 种状态。有学者随机对 1987～1998 年间的 63 篇有关环境有害因素神经行为测试结果进行分析显示，情绪状态易受环境中有害因素的影响，与对照组相比，得分阳性率较高，为 80%～100%，且波动范围较小。

（二）有害因素对认知功能的影响

认知功能是基本的神经行为过程，是心理过程（知、情、意）的基础。认知功能包括感觉、知觉、记忆、思维、注意等。感觉可分为视觉、听觉、嗅觉、味觉、皮肤温痛觉和触压觉等外部感觉以及躯体运动觉、平衡觉、内脏感觉等内部感觉，知觉可分为空间知觉、时间知觉、运动知觉，根据记忆时间的长短可将记忆分为感觉记忆（瞬时记忆）、短时记忆、长时记忆，思维可分为动作思维、形象思维、抽象思维，注意可分为有意注意和无意注意。注意具有广度性、稳定性、分配和转移性等三个基本特征。通过对 1987～1998 年间的 63 篇有关环境有害因素神经行为测试结果进一步分析显示，手提转速度、目标追踪、简单反应时、数字译码、视觉保留、数字广度等 6 项反映眼-手协调和感知及记忆功能等神经行为测试的阳性率，依次为：噪声 44.6%～100%、化学因素尤其是重金属 63.3%～93%、有机溶剂 47.6%～89%、其他物理因素 9.6%～85.2%、工效学因素 23.9%～89.5%。

（三）有害因素对子代的影响

已有大量资料证明，发育时期的机体比生命任何时期对环境中有害因素的暴露更敏感，容易引起行为和心理功能的改变。如镉可影响儿童的智力发育；铅可引起儿童心理改变、智力衰退和多动症；羟基脲、酒精、反应停、苯丙胺等都可使母体影响子代神经系统发育，从而导致行为异常。

行为畸胎学是应用行为毒理学和畸胎学相结合的方法，研究母体在孕期接触低剂量的毒物后对子代各系统，尤以神经系统功能发育的影响以评价化学物的行为致畸性，并结合神经生化和神经病理的改变，探索机制。行为畸胎学主要研究功能改变，一般不伴有形态异常和外观畸形，所以须在出生后相当长时间才能出现，不能用一次性横断面研究，须采用纵向研究，难度较大，即在生命周期的各个阶段进行动态观察。

（四）几种有害因素对神经行为功能的影响

1. 乙醇　酒是人们日常消费品之一，但过量饮酒和酗酒对人体和社会造成的危害很大。酒的主要成分是乙醇（也称为酒精），乙醇为强神经性毒物，对中枢神经系统的影响远较其他器官显著。乙醇的慢性中毒的神经行为损害是逐渐发展的，早期标志是记忆障碍，主要表现为外显记忆和回忆记忆信息来源的能力下降。随后出现认知功能障碍，主要表现为学习、抽象思维灵活性、注意力、视觉空间的协调性、视觉运动的协调性、空间知觉等方面的能力下降，并出现夸大主观评价、缺乏理性和缺乏自知之明的倾向，但没有语言和阅读功能障碍。严重时，可以发展成痴呆。乙醇慢性中毒的机制主要是额叶损害、大脑右半球损害、弥漫性大脑损害。乙醇的神经毒性作用机制主要是减少大脑皮层膜蛋白总量，触发细胞凋亡，减少颞叶和额叶的神经胶质细胞。

2. 毒品　最常见的毒品是海洛因等阿片类药物，其对人体的毒害主要是通过与中枢神经系统内的阿片类受体结合产生毒性作用。阿片类药物能作用于边缘系统，间接使得多巴胺水平升高，从而产生强烈的快感。阿片类药物与主要分布在痛觉传导区以及与情绪和行为相关区域的受体结合后，改变神经细胞内酶的活性。Klee 认为，吗啡或脑啡肽引起的腺苷酸环化酶活性增高是产生耐受性的生化基础，去除吗啡或脑啡肽后产生该酶活性的进一步增高可能是产生戒断症状的生化基础。

3. 铅　铅主要经呼吸道和消化道进入人体，被吸收的铅主要经尿液排出。铅中毒多为慢性中毒，主要表现为神经衰弱，如记忆力减退、头昏、全身无力等。神经行为功能测试显示，铅接触者的最慢反应时延长，非利手提转敏捷度和数字译码及视觉保留得分、目标追踪正确数和总和得分均明显降低。其行为毒性机制主要是使得血中δ-氨基乙酰丙酸（δ-ALA）增多，在脑内与 GABA 产生竞争性抑制作用；铅还对脑内儿茶酚胺代谢产生影响，使脑内和尿中高香草酸（HVA）和香草扁桃酸（VMA）显著增高；铅还可以损害神经元内的线粒体和微粒体，从而毒害神经系统并造成神经行为异常；铅可降低大脑皮层运动区的谷氨酸含量，产生抑制性神经毒性。

4. 铝 铝主要经呼吸道和消化道进入人体，主要经尿液排出。观测铝作业工人，可见到记忆力、注意力、心理运动能力和反应速度下降及脑电图改变。神经行为功能测试显示，铝接触者的手提转敏捷度、数字译码、视觉保留得分随接触时间延长而降低。随着铝接触剂量的增高，认知功能的损害加重。铝接触工人的行为功能改变以平衡障碍、记忆困难和逻辑推理能力下降为主，运动协调能力与接触水平呈负相关。其行为毒性机制可能与铝抑制突触前膜对单胺类神经递质的再摄取有关，从而导致脑组织神经递质含量降低，使尿中 HVA 和 VMA 显著增高，此点与铅行为毒性机制相似；铝还可使大鼠脑组织中的神经胶质酸性蛋白和淀粉样前体蛋白表达增加，脂褐素沉着及细胞凋亡增加；铝可减少谷氨酸释放，产生抑制性神经毒性。

5. 汞 汞又称水银，是唯一在常温下呈液态并易流动的金属。微量的液体汞吞食一般是无毒的，但汞蒸气和汞盐都是剧毒的，口服、吸入或接触后可以导致脑和肝损伤，汞主要由尿液排出。汞慢性中毒多见，主要表现为植物神经功能紊乱，重者可出现易兴奋症、意向性震颤、口腔炎。神经行为功能测试显示，199 名金矿汞蒸气接触者的注意力、手眼配合协调能力、记忆力、学习能力下降并有情绪状况异常，提示在较低浓度接触汞蒸气时，神经行为功能已经受到不良影响。其行为毒性机制主要与汞经血脑屏障正向运输和经轴索逆向运输共两条途径在脑组织神经元中的蓄积有关，汞可与蛋白质及酶系统中的巯基结合，抑制蛋白质和酶的功能并使其失活，从而影响大脑丙酮酸的代谢等神经细胞活动；甲基汞可增加谷氨酸释放、抑制谷氨酸摄取，产生兴奋性神经毒性。

二、行为毒理学的研究方法

行为毒理学的研究方法是一种敏感且相对特异的方法，对长期慢性低剂量毒物作用于神经系统的早期亚临床表现的发现是非常重要且必要的。我国在行为毒理学方法上的研究工作尚不多见，在此领域迫切需要更多的科学工作者开展研究工作。

行为毒理学的研究方法一般可分为动物实验和人类观察两类。OECD 就动物神经行为测试方法于 1995 年 3 月在渥太华召开的特别会议上提出了最终版神经毒性测试规范（OECD 424）。在规范中推荐使用一组行为测试试验组合，将感觉、运动、认知等指标综合起来评价被测化学物质的神经行为毒性。动物神经行为测试还没有一套标准模式的神经行为功能测试组合，研究者根据需要选择不同的测试方法。常用的动物神经行为实验中有感觉行为、非条件行为以及操作式条件反射实验、学习记忆力测定、运动功能测定等。行为畸胎学观察动物发育，如体格发育、反射发育等方面的试验等。对人类观察主要用神经心理学方法或神经生理学方法。行为功能较复杂，且波动性较大，影响因素很多。因此，选用神经行为的方法应尽量排除各种混杂因素，以获得较理想的测试结果。

(一) 动物实验方法

1. 测试感觉行为的常用方法　感觉系统包括视觉、听觉、味觉、嗅觉、体温调节、自体感觉（压力、轻触、四肢位置）、伤害性知觉（痛性刺激），针对不同的感觉系统设计专门的仪器设备及不同的测试方法。

热板试验、甩尾试验主要用于测试神经毒物诱导的伤害性知觉改变；感觉刺激测试主要用于测试实验动物眼睛受刺激所产生的反应程度；操作性自体感觉辨别试验主要用于测试对一种固定刺激（如光、噪音、气味）的反应，通过改变刺激方式，测量动物的辨别能力；听觉辨别试验、听觉惊吓反应主要用于测量动物的听觉能力；视觉辨别试验主要用于测量动物的视觉能力；嗅觉定向试验主要用于测试幼鼠寻宫能力和嗅觉发育状况。

2. 非条件行为实验方法　此为非特异性简易方法，主要对中枢神经系统的一般效应进行检测，目的为估计暴露毒物的水平及范围。方法有非训练的行为及比较简单训练的行为观察实验。常用的方法有：

翻正反射方法为提动物尾巴转圈 2～3 次，抛出后观察动物落地的姿势。正常姿势为四肢着地，站立平稳。若以侧位或背向下则为异常姿势，反复实验 5 次，然后定出级数。比较实验组与对照组的差异。

开阔法实验装置比一般饲养动物的笼大，本法适用于测定动物探究反应和情绪反应。将大鼠（或小鼠）放在中央圆形区观察 3 分钟，3 分钟内大鼠（或小鼠）行走的格数和站立次数表示探究行为，大鼠排便的次数表示恐惧情绪。

活动测定可用三光道鼠活动测定仪测定。基本原理为根据动物，如大鼠或小鼠在测定室内（此室为具备三光道室）活动时的光电反应，由电脑控制记数器累计动物活动次数。

3. 操作式条件反射实验方法　与经典式条件反射不同，操作式条件反射是在动物做某种操作后才产生。利用大鼠等踩杠杆或鸽啄键盘等操作，与食物、糖水或一般的水等非条件刺激相结合，形成条件反射，可将条件反射和强化之间的关系，形成固定比例、固定间隔、不定间隔、低频率反应选择性强化等各种程序，以研究有害因素作用前后的条件反射和强化之间的关系改变情况。

4. 学习记忆力测定　通过动物实验观察毒物对动物记忆的影响。目前一般采用迷宫、穿盒等试验仪器进行动物实验观察，也是条件反射的一种方法。

迷宫试验在一个 Y 型迷宫内（图 12-2），分安全区和电击区。给动物小鼠或大鼠以电击刺激，迫使动物逃避至安全区，使动物获得迅速找到安全区的记忆力。然后使动物暴露毒物后观察毒物是否影响动物的记忆力。

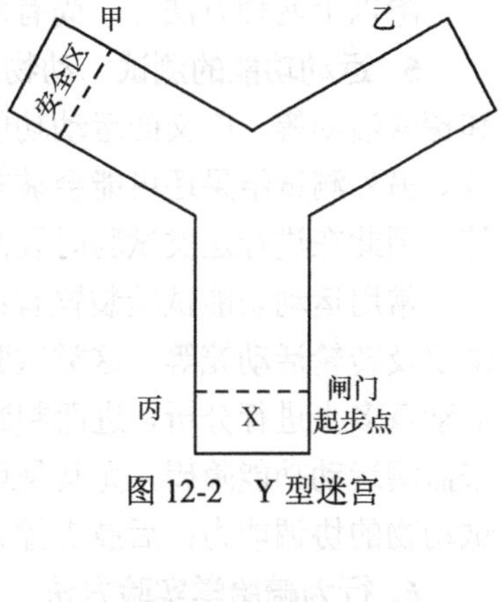

图 12-2　Y 型迷宫

实验时将鼠放在起步点，使鼠适应环境一分钟。打开闸门并按动电钮，给鼠以电击刺激，调节电压，以能引起鼠奔跑逃避为度，鼠奔跑中，最后进入安全区。使鼠在此停留 10 秒钟，以巩固记忆。将鼠从安全区取出，放回起步点休息一分钟。再给予第二次电刺激。鼠又可逃至安全区，反复训练，以鼠在给以电击后能从丙臂直接进入安全区的反应，作为正确反应。如鼠先进入乙臂，再进入安全区，或进入乙臂又返回丙臂，再进入安全区均为错误反应。要求连续 10 次电击后，其中仅有 1 次错误，作为训练成功，即鼠已获得记忆。

给已训练成功的鼠有害因素作用后，再进行上述试验，连续给予电击，直至鼠在连续 10 次电击中，正确反应达到 9 次为止。此时记下电击测验的总次数并减去 10，然后求得全组平均值，与染毒前进行比较，也可进行每只动物自身比较，观察有害因素作用前后记忆力变化情况，以评价毒物对记忆力的影响。对照组也需比较前后两次测验结果有无变化，以排除其他因素的干扰。应用记忆力保存率进行评价。

$$记忆力保存率（\%）=（A-B）/A\times 100\%$$

式中 A 为有害因素作用前连续 10 次电击中有 9 次正确的总次数减 10，即获得记忆所需电击的总次数减 10；B 为有害因素作用后，连续 10 次电击中有 9 次正确的总次数减 10。

此外还可利用 ZTCI 型条件反射测试仪进行自动控制条件反射实验。以穿梭方式建立回避性条件反射的实验，并可自动测试数据且显示所测实验次数，非条件反射延迟时间，并可显示巩固性条件反射的连续次数。操作过程如图 12-3：

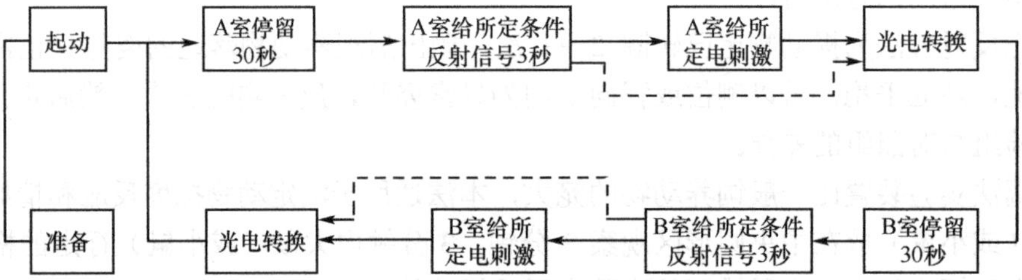

图 12-3　自动控制条件反射实验

此种仪器包括 A 及 B 两室，两室间有门洞可通过。将小鼠放入 A 室可按上述操作过程，以穿梭方式进行实验，根据所显示的各种数据，判定结果。此种自动控制条件反射测试方法可避免人为的干扰及人为的差异。

除以上两种方法外，尚有水迷宫试验、小鼠食饵迷宫试验等，意义类似，不再赘述。

5. 运动功能的测试　动物运动功能一般是指跑动、站立、修饰、自发活动、强迫活动和探索活动等。广义的运动功能还包括神经运动能力、握力、运动协调能力、后肢支撑力等。另外测试结果还可能会被非神经因素影响，例如疾病、饮食限制、测试时间点的不同等，因此在进行这类试验时要注意以上影响因素，尽量排除这些影响。

常用运动功能试验装置有：矿场试验、有孔板试验、运动解析装量、昼夜自主活动记录仪及转轮活动笼等，这类试验装置主要通过动物活动类型（如垂直活动、水平活动）及活动量多少进行分析，进而判断被受试物质是否对运动功能产生损害。握力试验主要是用来监测运动功能障碍，尤其是可以对骨骼肌的肌力做定量评价；转棒运动试验主要用于测试动物的协调能力；后肢支撑力测试主要用于测试坐骨神经病变。

6. 行为畸胎学实验方法　行为畸胎学动物模型主要采用出生前母体染毒，但出生后一段时间神经系统的后期发育也存在特异敏感期，因此出生后染毒方法成为另一种行为畸胎学模型。在采用前一种方法时，为了排除一些混杂因素，如子代出生后接受母体所接触的毒物，母体因毒物作用影响抚养行为，所生子代直接从环境中接触毒物等，使用交叉抚养，即将子代交不同处理的非生母及生母抚养。一般致畸试验的指标有胎儿死亡、器官结构畸形、明显的功能障碍、发育迟缓。通过纵向观察从出生至成年早期开眼及开耳的时间、生长情况、复位反应、活动度、感觉功能、神经-肌肉工作能力、学习能力（记忆能力：用迷宫方法）等。定期检查以上指标，最后评价。目前，有两套测试组合，一为辛辛那提行为畸胎学测试组合，另一为行为畸胎学研究组合，前者侧重于学习能力，后者侧重于运动功能的研究，这两套组合已用于不同类型化学毒物的行为致畸测试。

另外，可用交叉抚养方法，以行为致畸指标观察：暴露组母体所生仔鼠由对照组母鼠哺乳抚养，对照组母体所生仔鼠由暴露组母体抚养。如果由暴露组母鼠抚养之幼鼠出现行为致畸，则说明是由于暴露组母鼠乳汁中毒物所致。如果是由对照组抚养之仔鼠出现行为致畸，则说明仔鼠的异常系由暴露组母鼠所致之先天性损伤所致。

（二）人群的神经行为功能测定

1. 韦氏成人智力量表　韦氏成人智力量表（Wechsler adult intelligence scale，WAIS），包括 11 个分测验，6 个为文字的，即常识、理解、算术、相似性、词汇及数字广度等组成言语量表；5 个非文字的，即数字译码、图画补缺、积木图案、图片排列、图像组合等组成操作量表。言语量表与操作量表的总和构成全量表。

龚耀先于 1981 年主持修订 WAIS（1955 年版），为中国修订韦氏成人智力量表（WAIS-RC）。WAIS-RC 分城市式和农村式，两式项目数相同，记分标准也相同。较长时间生活、学习或工作在县属集镇以上的人口，适用城市式；长期生活、学习或工作在农村的人口采用农村式。

WAIS-RC 可以测验言语理解能力、记忆能力、注意能力与知觉组织能力，也可用来评估精神发育迟滞、痴呆导致的智力障碍严重程度、认知功能损害程度。

WAIS-RC 具有广泛的用途，特别是在临床应用上发展很快。它不仅可以评估智力的一般情况，而且可以分别评估各种智能。有人应用它来比较言语智商和操作智商的差异，还有人用它作为判断脑损伤的重要依据。实际上，它现已成为神经心理测验中一个不可缺少的测验。

2. 韦氏记忆量表　韦氏记忆量表（简称 WMS）是 D. Wechsler（1945，甲式）和 C. P. Stone（1947，乙式）所编，包括 7 个分测验，即经历和常识、定向、心算、故事逻辑记忆、数字广度、视觉再生及联想学习。可测量几方面的记忆：个人经历、时间和空间定向、数字顺序关系、逻辑（理解）记忆、顺背和倒背数字、视觉再生和联想学习等。此记忆量表在临床上应用甚广。使用韦氏记忆量表注意记分系统仿 Wechsler 离差智商的计算方法，将各分测验的原始分数换算成量表分，再将各年龄组的总分换算成标准分，即离差记忆商数（MQ），其记忆商划分等级标准类似于韦氏智力量表。

3. 世界卫生组织核心测验组合　世界卫生组织核心测验组合（WHO neurobehavioral core test battery，WHO/NCTB）包括七个分测验，每一个测验，测试一个方面的心理功能，共同构成了测量神经系统整个行为功能（或心理功能）。由于心理功能测验影响因素较多，如受试者的年龄、职业、文化水平等，此方法尽量不受这些干扰因素影响，且方法较简单，尤其适用于现场人群的调查。

要求受试者进入测试点，测试者询问其基本情况，包括性别、出生年月、受教育年数、生活习惯（吸烟、饮酒）、职业史、工龄、疾病史，通过询问后如实填写。WHO/NCTB 测试项目见表 12-1。

表 12-1 神经行为测试项目

测试项目	反映内容
情感状态（profile of mood states，POMS）	情感状态
简单反应时（simple reaction time test，SRT）	反应速度/注意力
数字广度（digit span test，DSP）	听觉记忆力
提转捷度（Santa Ana manual dexterity test，SAN）	手工操作敏捷度
数字译码（digit symbol test，DSY）	感知/运动速度
目标追踪（pursuit aiming test，PA）	手工操作速度及精确性
视觉保留（Benton visual retention test，BVR）	视感知/记忆

（三）计算机化神经行为评价系统

1985 年美国神经毒理学家 Baker 等为神经行为测试创立了电子计算机化评价系统（neurobehavioral evaluation system，NES），包括行为测试操作、资料贮存、结果分析等过程，在国外已较广泛使用。1988 年上海医科大学劳动卫生教研室首次研制出中文微机化神经行为评价系统（NES-C1），并于 1992 年和 1998 年分别发展出性能更为良好的第二代（NES-C2）和第三代中文微机化神经行为评价系统（NES-C3）。2000 年第四军医大学航空航天医学系在 NES 和 NES-C 的基础上，用 Visual Basic 语言编制出一套可以在 486 以上计算机的 Windows 环境下运行的新的计算机化神经行为测试系统软件，用于测查感知觉、记忆、思维、心理运动及注意等基本认知能力。

测试过程：测试前备有健康问卷。正式测试时，主试者介绍指导语，继之由受试者独立操作。测试项目见表 12-2。

表 12-2 神经行为评价系统（NES）测试项目

所反映的行为功能	测试名称	耗时（分钟）
学习	联想学习（associate learning）[2,3]	7
联想记忆	联想回忆（associate recall）[2,3]	2
记忆/速度	记忆扫描（memory scanning）[3]	10
认知功能		
词汇能力	词汇测试（vocabulary test）[1,3]	7
算术能力	横向加法（horizontal addition）[3]	3
其他	注意力调转（switching attention）[3]	7
	语法推理（grammatical reasoning）[3]	6
情感状态		
情感	情感量表（mood scales）[1,3]	5

注：1：NCTB 测试项目；2：NCTB 附加测试项目；3：适宜重复使用的测试项目

NES 目前主要用于现场横断面流行病学调查及研究评价慢性低剂量毒物暴露对健康的影响。通过实践证实 NES 在程序化、规范化及定量化上有所发展，并成为评价神经行为的一种敏感模式系统。NES 与其他神经行为测试方法存在相同的问题，即如何更有效地反映神经毒物对中枢神经系统的早期影响，尚须进行大量基础研究工作。

（姚　平　戴秋萍）

小　结

本章在简要介绍神经系统结构与功能的基础上，重点从神经毒理学角度分析了食品神经毒物引起神经毒效应的作用靶点、作用机制和作用特点，概述了食品神经毒理学研究的基本原理与方法；从行为毒理学角度探讨了其主要研究内容和具体研究方法。

神经系统是机体主要且最为复杂的功能调节系统，然而，神经系统对各种物理性、化学性、生物性有害因素极为敏感，这些因素可能选择性地直接损害神经系统，也可能通过作用于其他系统间接损害神经系统。食品神经毒物通过直接或间接作用于神经元胞体、轴索、髓鞘或神经传导等靶点，引起神经递质紊乱、信号转导异常、炎症反应、氧化应激或通过毒物受体介导产生相应的毒效应，导致神经系统结构与功能及相应行为的改变。

神经电生理学方法、神经功能评价方法、神经形态学方法、神经化学方法、分子神经生物学方法等已广泛地应用于食物中外源化学物的神经毒理学研究；动物行为毒理学方法与人的生理功能检测，以及计算机化神经行为评价系统已成为行为毒理学研究的常用手段。然而，由于神经系统结构和功能的复杂性，神经与行为毒理学的研究应是建立在神经解剖、神经生理、神经发育等学科基础知识之上的多层次的、系统的探讨，在具体应用过程中需要结合研究的目的和内容加以选择并综合应用和评价。

神经行为毒理学是研究环境中有害因素对正在发育的、成熟的和老化的神经行为产生不良影响的一门学科，简称行为毒理学。行为毒理学是应用心理学与毒理学相结合的新型交叉学科，主要研究环境中各种有害因素对人体和动物神经行为功能的影响，目的是阐明有害因素的神经行为毒性。神经行为毒性是有害因素对神经系统和神经行为产生有害作用的能力。神经行为毒性是一种反映环境有害因素对生物个体整体水平的健康危害指标，是一种非死亡的有害效应。

人类和动物的神经行为是神经系统功能活动的宏观表现，是机体对各种环境刺激的综合协调的应答反应，包括感觉和运动的神经反射及信息整合等行为表现。因此，从整合的角度去探索脑的活动及其受食物/环境有害因素影响的特征，正在进一步引起人们的关注。

思　考　题

1. 什么是神经毒性？食品神经毒物对神经系统的作用有哪些常见靶点？
2. 食品神经毒物的作用机制有哪些？
3. 如何评价食品毒物的神经毒性？
4. 行为毒理学的基本概念。
5. 行为毒理学的研究内容有哪些？
6. 常用行为毒理学的研究方法有哪些？

参　考　文　献

梁友信，陈自强. 1993. 环境的行为效应. 上海：上海科技教育出版社.

刘胜学，杨录军. 2006. 卫生毒理学实验教程. 西安：第四军医大学出版社.

裴秋玲. 2008. 现代毒理学基础. 第 2 版. 北京：中国协和医科大学出版社.

屈哲，吕建军，林志等. 2015. 神经毒性体外评价系统研究进展. 中国新药杂志，24（15）：1702-1706.

任雁，董田甜，邹莉波等. 2011. 神经发育毒性体内及体外评价方法. 毒理学杂志，25（1）：61-64.

王心如. 2012. 毒理学基础. 第 6 版. 北京：人民卫生出版社.

徐厚恩，张铣. 1991. 卫生毒理学基础. 北京：北京医科大学/中国协和医科大学联合出版社.

严卫星，丁晓雯. 2009. 食品毒理学. 北京：中国农业大学出版社.

赵超英，姜允申. 2009. 神经系统毒理学. 北京：北京大学医学出版社.

Bowler RM，Lezak MD. 2015. Neuropsychologic evaluation and exposure to neurotoxicants.Handbook of Clinical Neurology，131：23-45.

Garman RH，Fix AS，Jortner BS，et al. 2011. Methods to identify and characterize developmental neurotoxicity for human health risk assessment. Environmental Health Perspectives，109（1）：77-100.

Gura T. 2008. Toxicity testing moves from the legislature to the petri dish-and back. Cell，134（4）：557-559.

Maurer LL，Philbert MA. 2015，The mechanisms of neurotoxicity and the selective vulnerability of nervous system sites.Handbook of Clinical Neurology. 131：61-70.

第十三章　其他毒性及其评价

学习要求

掌握：外源化学物对肝脏、肾脏、心脑血管系统以及消化系统毒性及其评价方法。

了解：外源化学物对肝脏、肾脏、心脑血管系统及消化系统毒作用的损伤机制。

食品中的有毒有害物质常常对于某些器官或系统具有特殊亲和力，可造成以特定器官或系统损伤为特征的毒作用，如汞、镉等金属是常见的肾毒物，黄曲霉毒素是典型的肝毒物。靶器官毒理学（target organ toxicology）是毒理学领域的重要分支学科，近年来发展迅速。肝脏、肾脏、心血管系统和消化系统在人和哺乳动物体内有重要的生理生化功能和特殊结构，故也常成为食品中有毒有害物质的重要靶器官。肝脏毒理学（hepatotoxicology）、肾脏毒理学（nephrotoxicology）、心血管系统毒理学（cardiovascular toxicology）和消化系统毒理学（gastrointestinal toxicology）是研究毒物对相应靶器官的损害作用、作用机制以及对中毒的诊断、治疗和预防的学科。

第一节　肝毒性及其评价

肝脏是人体最大的实质器官，是生物转化的主要场所。肝也是人体最大的消化腺，参与机体中物质的合成、分解、转化、贮存、解毒等作用。肝产生胆汁，参与脂类物质的消化吸收，还具有吞噬、防御以及在胚胎时期造血等重要功能。外源化学物经胃肠道吸收后，经门静脉进入肝脏进行各种生物转化。肝脏能容纳 30%的循环血量，通常机体总血量的10%～15%存在于肝脏中，因此各种外源化学物在血液中的浓度与其在肝脏中的浓度密切相关，这也是肝脏易受损伤的重要原因之一。

一、肝损伤的类型及机制

外源化学物经胃肠道吸收后，需经过肝脏的生物转化作用，包括糖类储存和代谢、激素以及外源化学物和内源性代谢废物的代谢、血浆蛋白合成、尿素形成、脂肪代谢以及胆汁形成，然后再分布到机体其他部位。因此，通常肝脏中潜在的毒作用物质浓度较高，肝脏较易直接受外源化学物的影响。当外源化学物对肝脏的损伤超过其代偿功能时，可导致一系列代谢障碍，严重时将引起肝脏功能衰竭。

（一）肝损伤的类型

肝损伤的类型取决于外源化学物的性质、剂量和持续时间。损伤的类型或表现的症状也与肝脏不同部位的易感性有关。外源化学物急性染毒常引起肝细胞脂肪变、变性、坏死以及胆汁淤积。外源化学物慢性染毒常引起脂肪肝、肝细胞坏死、免疫介导型反应、胆小管胆汁淤积、胆管损伤、胆血窦异常、纤维变性和硬化以及肝肿瘤。

1. 脂肪肝 脂肪肝指肝脏脂肪含量显著增加，当脂质含量超过肝脏总重量5%时称为脂肪肝或脂肪变性。脂质以空泡形式聚积在胞浆中，通常可呈大而清楚的一个空泡（称为大泡脂肪变性）或呈许多小空泡（称为微泡脂肪变性）。许多外源化学物和药物均可引起脂质在肝脏中的聚积。这些脂肪变性类型都是在某些疾病或用药情况下特殊的肝毒性特征。如微泡脂肪变性与四环素、丙戊酸钠、水杨酸盐、抗病毒核苷类似物等有关，大泡脂肪变性则与乙醇等有关。抑制脂蛋白合成、降低甘油三酯与脂蛋白结合、抑制极低密度脂蛋白转运出细胞使其在胞内积聚、增加脂肪酸的合成等化学反应可导致脂质在细胞中的聚积。脂肪肝可单独产生，也可与肝细胞坏死共同出现。

2. 肝细胞死亡 肝细胞死亡方式包括坏死和凋亡两种。许多肝脏毒物可直接损伤肝细胞，导致肝细胞坏死或凋亡。细胞坏死的形态标志是细胞肿胀并渗漏、核染色质分解、线粒体极端肿胀、质膜碎裂及细胞碎片的形成。肝细胞的死亡模式分灶性、带性以及全腺泡性三种，灶性细胞坏死的特征是单个或单块肝细胞随机死亡；带性细胞坏死的特征主要指1带（门周区）或3带（小叶中心区）的肝细胞坏死；全腺泡性坏死指肝细胞大量死亡。肝脏凋亡细胞在形态上与坏死细胞差别很大，凋亡细胞通常保持质膜的完整性、细胞质浓缩和核染色质密集，出现凋亡小体，但局部不形成炎症，不呈现细胞炎性浸润现象。肝细胞凋亡是机体用于清除不再需要或不再有正常功能细胞的正常生理过程。肝细胞具有很强的再生能力，中等程度的片状坏死细胞若干天后可被清除，以再生的细胞重建正常的结构和功能。但如果损害的细胞过多，肝脏难以自我修复，则可导致肝功能衰竭。

肝细胞坏死时，由于质膜破损而使一些肝细胞内的酶逸出细胞外，如乳酸脱氢酶、转氨酶（丙氨酸氨基转移酶、天冬氨酸氨基转移酶）在血清中的浓度骤然升高，通过测定血清酶水平可评价外源化学物和药物对肝脏的损伤。

3. 胆小管胆汁淤积 胆汁淤积指的是胆汁形成减少或特殊成分进入胆汁造成分泌受阻。胆汁淤积的生化特征是某些胆汁中浓度较高的物质，其血清浓度升高如胆盐和胆红素。严重的胆汁淤积可导致细胞肿胀、细胞死亡以及炎症的发生。许多外源化学物，包括金属、激素和药物，均可导致胆汁淤积。

4. 胆管损伤 肝内胆管损伤又称胆管损伤性胆汁淤积。胆管损伤常见的生化改变主要是胆管酶尤其是血清中碱性磷酸酶水平显著升高。此外，像胆小管胆汁淤积一样，血清胆盐及胆红素含量也升高。单次给予胆管损伤剂造成的初始损伤，包括胆管上皮肿胀，胆管腔内出现受损细胞碎片及门管区出现炎性细胞浸润。长期给予胆管损伤剂持续损伤可导致胆管增生以及胆管纤维变性。

5. 肝纤维化与肝硬化 肝纤维化是指肝脏内弥漫性细胞外基质（特别是胶原物质）的过度沉积，是机体对各种病因引起的慢性肝损伤的修复反应。许多外源化学物的反复刺激使肝脏纤维组织逐渐增多，最终胶原纤维蓄积导致肝纤维化。肝纤维化是肝硬化的早期可逆阶段，如不及时治疗则可能发展成为失代偿期肝硬化并出现各种肝病并发症。

肝硬化出现于慢性进行性肝损伤的末期，病理形态学特征为许多假小叶取代了正常的肝小叶结构。假小叶是由增生的纤维组织将肝细胞再生结节分割包绕成大小不等的圆形或椭圆形的肝细胞团组成。假小叶内肝细胞索排列及走向紊乱，肝细胞可有不同程度的变性坏死、中央静脉缺如、偏位或有两个以上。肝硬化具不可逆性，通常是肝脏毒物反复作用的最终结果。肝硬化一旦发生则不可逆且预后不良，直至肝功能衰竭。长期大量饮酒导致肝纤维化甚至肝硬化是常见的例子。

6. 肝血窦损伤　肝血窦是由特殊的毛细血管组成的位于肝板之间，呈放射状分布，并相互沟通形成的网络结构。肝血窦面以一层内皮细胞覆盖，其内壁上有高渗透性窗孔成群聚集，成筛板状分布于肝血窦壁。肝血窦腔膨胀或阻塞以及内皮细胞壁进行性损伤均可破坏肝血窦的功能完整性，肝血窦严重阻塞可导致肝充血甚至引起休克。

研究表明，有些外源化学物造成肝损伤首先发生于肝血窦，可不经肝细胞代谢活化而直接损伤肝血窦内皮细胞，导致肝血窦破裂。肝血窦破裂是静脉阻塞病的早期结构特征。一些含有吡咯烷类生物碱的植物如单野百合碱、倒千里光碱等是已被证实的造成静脉阻塞病致病原。肝血窦完整屏障结构的破坏将成为肝损伤机制研究的热点。

7. 肝肿瘤　外源化学物引起的肝脏肿瘤包括肝细胞瘤、胆管细胞瘤或罕见的血窦内皮细胞恶性血管肉瘤等。许多外源化学物和药物可引起肝脏肿瘤，尤其在实验性啮齿动物中常见。亚硝酸盐、性激素、合成抗氧化剂、苯巴比妥以及遗传毒物均有引起肝脏肿瘤的可能。肝癌与食用被黄曲霉毒素污染的食物等也有关。

（二）肝损伤的机制

肝血窦壁的通透性较大，血浆可经内皮细胞窗孔进入窦周隙即内皮细胞与肝细胞之间的狭窄间隙。肝细胞血窦面的微绒毛浸于窦周隙的血浆中，微绒毛使肝细胞与血浆的接触面增大六倍左右，有利于物质交换，也易“首过性”摄取有害物质。肝脏主动摄取和贮存的生理过程可使毒物在肝脏蓄积。肝损伤的机制包括脂质过氧化、生物大分子结合、线粒体损伤、细胞骨架损坏、大量钙内流（钙超载）以及抗体介导的免疫攻击。

1. 脂质过氧化　外源化学物质代谢活化后转变成自由基，引发脂质过氧化反应。自由基及脂质过氧化的一些降解产物对生物大分子物质产生一系列作用，引起质膜的结构和功能损害，如质膜离子泵损害、膜紧密连接破坏，造成离子随浓度差进出细胞。离子失控引起水进入细胞，造成细胞肿胀。可引起质膜损伤的毒物有对乙酰氨基酚、乙醇、汞制剂、鬼笔环肽等。一些中草药含生物碱类、苷类、蒽醌衍生物类、毒蛋白类等引起肝损害比率也较高。

2. 钙稳态失调　细胞内钙浓度保持稳定的状态称为细胞内的钙稳态，细胞通过质膜对钙的不渗透以及钙从胞浆的清除机制来保持细胞内外的钙平衡。保持细胞内的钙稳态在许多细胞生理功能调节中起重要作用，如神经传导、肌肉收缩、细胞增殖和分化、细胞衰老以及维持细胞正常形态等。如果细胞内钙稳态失调，将导致细胞功能异常，甚至导致细胞死亡。一些外源化学物如四氯化碳、鬼笔环肽、对乙酰氨基酚等可促进钙的细胞内流或抑制钙的细胞外流，导致细胞内钙水平的升高。持续高胞浆钙浓度可导致细胞内能量储备的耗竭、微丝功能障碍、蛋白质降解、磷脂和核酸水解酶活化、活性氧和活性氮大量生成，使细胞变性甚至死亡。

3. 共价结合　外源化学物及其活性代谢产物与生物大分子特别是与细胞中重要的生物大分子如核酸、蛋白质、脂质等共价结合形成加合物，将导致生物大分子如蛋白质结构和功能的改变、DNA 损伤等，最终导致细胞损伤甚至死亡。如自由基 OH·可与 DNA 碱基结合形成 8-羟基嘌呤、5-羟甲基嘧啶、胞嘧啶二羟基醇，CL_3·与脂质结合形成含氯甲基化脂肪酸。溴苯是一种重要的肝脏毒物，进入机体后经细胞色素 P450 作用生成 3，4-环氧溴苯，与蛋白质共价结合产生肝毒性。另外，溴苯可代谢为氢醌类代谢产物，与蛋白质中的半胱氨酸等含硫基团共价结合产生肝毒性。

4. 炎症与免疫反应　近年来越来越多的证据表明，免疫因素在外源化学物肝损伤中起重要作用。在肝脏，外源化学物和药物经过细胞色素 P450（CYP450）催化的羟化反应形成活性代谢产物，这些活性代谢产物有的结合于 CYP450 的活性中心，有的与肝脏其他蛋白共价结合。这些共价结合物被免疫系统识别为“异己”，表达“异己”抗原的肝细胞便受到免疫攻击。如乙醇在肝脏中代谢为乙醛和乙酸，丙二醛是乙醇诱导的脂质过氧化产物，丙二醛和乙醛可形成一种杂合蛋白加合物——丙二醛-乙醛加合物（malondialdehyde acetaldehyde adduct，MAA）。MAA 还具有启动前期纤维形成的作用。Ito 细胞是肝脏纤维化的主要效应细胞，乙醛可进入 Ito 细胞，刺激胶原合成并与前胶原形成加合物。MAA 加合物还可增加化学趋化物和黏附分子趋化免疫细胞进入肝细胞，造成肝损伤。总之，阐述免疫因素如何参与外源化学物肝损伤已成为国内外研究的热点。

5. 线粒体功能障碍 每个肝细胞内约有 1000～2000 个线粒体散布于细胞质中，参与肝细胞内一系列的生理活动，是肝细胞各项生命活动的基础。各种药物以及外源化学物都可能会诱导肝细胞钙离子超载，生成大量自由基，使得线粒体膜通透性转运孔开放，细胞因子过量释放，从而损害肝细胞线粒体的氧化磷酸化，导致三羧酸循环循环信号通路传导及能量代谢功能异常，最终导致肝细胞凋亡或坏死。线粒体在肝细胞凋亡中起中重要作用，其功能损伤将导致线粒体肝病的发生发展。CCl_4 损伤肝细胞的机理可能是由于线粒体内钙超载导致线粒体膜通透性转运孔的高通透性开放，线粒体功能受损，最终导致肝细胞凋亡或者坏死。

6. 胆汁淤积 外源化学物导致胆汁淤积的机制主要包括胞膜运载胆盐的受体、细胞膜的流动性、Na^+-K^+-ATP 酶活性、离子交换、细胞骨架和细胞质膜的完整性改变等。此外，蛋白同化激素可影响微粒体酶的羟化作用，使胆汁酸合成过程中的羟化作用发生障碍，从而引起毛细胆管的胆汁淤积。导致胆汁淤积的另一个机制涉及位于胆小管周围的肌动蛋白纤维的断裂，从而阻止了正常的搏动收缩，如与肌动蛋白纤维结合的药物能产生这种类型的损伤，最终导致胆汁不能正常通过小管系统流入胆管。雌激素和避孕药物则可通过改变肝细胞内胆固醇的代谢而造成胆汁淤积。对某些药物性肝病患者进行肝活检发现，其肝细胞内有一种促胆汁淤积的淋巴因子，提示免疫因素可能在药源性胆汁淤积的发病中起重要作用。药物性胆汁淤积的发生率较高，引起胆汁淤积的常见药物有蛋白合成激素、雌激素、氯丙嗪、红霉素、环孢霉素以及完全性肠道外营养等。氯丙嗪所引起的胆汁淤积主要是氢氧化中间代谢产物造成肝细胞膜的 Na^+-K^+-ATP 酶的活性受损，以及毛细胆管周围的肌动蛋白纤维受损引起胆汁酸排泄受到抑制的结果。红霉素则主要通过抑制肝细胞膜的 Na^+-K^+-ATP 酶活性和毛细胆管膜的 Mg^{2+}-ATP 酶活性引起胆汁淤积。

二、肝毒性的评价方法

胃肠道吸收的大部分药物、食品中有害有毒物质以及外源化学物首先经肝门静脉转运到肝脏，使肝脏成为外源化学物灌流的重要器官。肝毒性的评价方法包括整体动物试验和体外试验。

（一）整体动物试验

利用整体动物试验研究外源化学物的肝脏毒性，从外源化学物的摄取、吸收、分布、代谢等方面模拟人体，具有体外试验不能替代的优点，是必不可少的肝毒性评价方法。

1. 肝毒性的组织学分析 动物处死后，将肝脏经固定、包埋、切片及染色后，在光学显微镜下可观察其结构变化，如肝细胞是否有肿胀、脂肪变、坏死等，是否有炎性细胞浸润、肝索排列是否整齐等。制备电镜观察切片，观察细胞器如线粒体、内质网的数量和结构改变，可从超微结构水平评价外源化学物的肝毒性。

2. 血清酶学分析　肝细胞受损后释放多种酶进入血液，检测这些酶在血清中的活性是肝脏毒理学研究最有用的方法之一。动物试验性肝损伤后，血清转氨酶如门冬氨酸氨基转移酶（AST）、丙氨酸氨基转移酶（ALT）活性显著提高，故常采用这两种酶的活性检测来评价动物的肝脏损伤。鸟氨酸氨基甲酰转移酶（OCT）主要存在于肝细胞线粒体中，在急慢性肝疾病和动物肝脏毒性损伤时，血清 OCT 活性明显提高。山梨醇脱氢酶（SDH）是一种肝脏相对特异的胞浆酶，也是一种相对敏感的肝细胞损害的指标。相比之下，OCT 和 SDH 对肝脏的专一性比 AST 和 ALT 强。另外，乳酸脱氢酶同工酶活性检测也是重要的辅助检测指标。

3. 肝脏排泄功能分析　经肝排泄的物质分为三类。第一类为钠离子、钾离子、氯离子以及葡萄糖等；第二类为胆盐、胆红素、磺溴酚酞（BSP）、外源化学物及其代谢产物；第三类为菊粉、磷脂黏蛋白以及白蛋白等。BSP 贮留试验是常用来评价肝功能的敏感指标。静脉注射 BSP，以 BSP 从循环系统消除的时间来评价肝功能，肝功能障碍时血清清除 BSP 的时间延长。应用吲哚氰绿（indocyanine green，ICG）试验通过测定吲哚氰绿的滞留率来评估肝脏的排泄功能，该方法的优点是 ICG 不需代谢，可直接测定血浆中其含量。胆红素是血红蛋白的降解产物，正常情况下胆红素被排泄进入胆汁。血清胆红素浓度的升高可用于评价化学物引起的肝脏损害，但灵敏度较差。

4. 肝脏化学组分的改变　通过测定肝组织匀浆的一些化学成分的变化，可定量分析外源化学物的肝损伤作用。这些指标包括蛋白含量、脂质过氧化产物、肝酶活性、肝脂质含量、DNA 合成和损伤标志物、活性代谢产物含量以及肝组织羟脯氨酸含量等。

肝酶活性改变是肝细胞损伤的标志之一。葡萄糖-6-磷酸酶活性抑制表示肝细胞线粒体损伤。细胞色素 P-450 活性变化可评价外源化学物肝损伤的部位和损伤程度。肝匀浆脂质过氧化产物丙二醛（MDA）的含量以及机体对脂质过氧化的防御体系包括过氧化物酶、超氧化物歧化酶、谷胱甘肽过氧化酶以及还原型谷胱甘肽等也作为肝细胞损伤的标志。肝组织胶原含量增加是肝纤维化的基础，故可测定肝组织羟脯氨酸含量来评价肝纤维化的程度。另外，肝匀浆甘油三酯的含量升高也是肝脂肪变评价的重要指标。

（二）体外试验

外源化学物致肝损伤是毒理学研究的重要组成部分，与体内试验相比，体外试验不仅能控制环境条件，排除各系统间的相互作用，而且可从组织、细胞以及分子水平研究外源化学物致肝损伤的机制，因此体外试验在肝脏毒理学研究中的作用日趋重要。肝脏毒理学研究中常用的体外试验模型有离体肝脏灌流、肝组织切片、肝细胞培养（包括原代肝细胞培养以及肝细胞系培养）、分离的细胞器培养（包括微粒体、线粒体、细胞膜培养、遗传工程细胞）等。这些试验模型各有优缺点，其中最常用的是离体肝脏灌流、肝组织切片以及肝细胞培养。

1. 离体肝脏灌流　1855 年 Claude 首次采用离体肝脏灌流模型观察糖原转变成糖的过程，1951 年 Miller 等改进了灌流方法，使离体肝脏灌流技术快速发展起来。目前离体肝脏灌流技术已广泛应用于外源化学物代谢和肝毒性的研究。离体肝脏灌流最大的优势在于保持了肝组织结构和功能的完整性，而且灌流状态下的肝脏有正常的摄取、转运、代谢、排泄和分泌功能，氧、营养物质和外来化学物质可经正常的生理途径进入细胞。灌流过程中可从灌流液多次采样，分析其中外源化学物及其代谢产物的变化及其规律，灌流结束后还可进行组织学观察。

2. 肝组织切片 Otto Warburg 于 1923 年首次建立肝组织切片技术，20 世纪 80 年代，Knmadieck 首次报道用组织切片机进行切片，获得厚薄均一的且对肝组织损伤很小的切片。此后随着培养介质的改进和动态孵育系统的建立，解决了肝切片培养过程中氧和营养物质供应不足的缺陷，肝组织切片被广泛应用于生物化学、生理学、药理学和毒理学研究中。肝组织切片技术的优点在于不仅保存了肝脏的组织结构，而且操作较离体肝脏灌流简单。另外，还可通过外科手术或针刺活检进行人肝切片试验。肝组织切片不足之处是胆管系统被破坏，无法收集胆汁进行分析等。

3. 肝细胞培养 原代肝细胞培养包括肝细胞的分离和细胞培养两部分。Seglen 等人经过一系列深入细致的研究，创立了 Seglen 两步灌流法（原位胶原酶灌注法），这一方法是目前国际公认的原代肝细胞分离方法。两步灌流法主要是通过门静脉先后用含 EDTA 或 EGTA 缓冲液和胶原酶缓冲液进行灌注来分离肝细胞。许多学者不断改进两步灌流法的灌注条件，进一步减少了分离过程中肝细胞的损伤，大大提高了肝细胞的存活率。理想的肝细胞体外培养方法应尽可能地模拟肝细胞在体内生长的微环境，提供肝细胞黏附表面、重建三维立体结构、增强细胞间相互作用、加快营养物质及代谢产物的交换。目前主要的肝细胞培养技术介绍如下。

（1）单层培养法：是目前主要采用的培养方法。该方法短时间内所得细胞具有较高生物活性及增殖能力，培养数天后便丧失分化和分泌能力，细胞的形态与功能仅能维持一二周。Tilles 等在平板载体中添加产氧薄膜提高了培养体系中的氧含量，从而提高了细胞的产量及白蛋白和尿素合成功能，肝细胞保持其功能可超过 10 天。

（2）胶原凝胶三明治培养法：是较为常用的三维培养方法。首先在培养器皿底部铺上一层胶原，待其凝固后加入细胞悬液。肝细胞贴壁生长后再加入胶原，凝固后其上再加悬液，反复多次形成多层结构。应用该方法培养大鼠肝细胞可保持正常细胞形态并能合成分泌白蛋白、转铁蛋白、胆汁酸和尿素超过数周。

（3）微载体黏附培养法：将新分离的肝细胞悬液加入微载体间隙，通过振动促使肝细胞黏附于微载体来进行细胞培养。该法在单位体积内提供较大的细胞贴壁生长表面积，为细胞生长提供了三维空间，微载体的悬浮状态可使细胞在培养体系中充分进行物质交换。

（4）微囊包裹培养法：微囊是一种由人工聚合而成的多聚体半透膜，具有良好的生物相容性、免疫阻隔和选择性物质渗透作用。肝细胞在微囊内聚集成球形三维结构，细胞间接触良好，可进行较大规模培养。

（5）球形聚集培养法：利用新分离的肝细胞具有相互聚集的特性，在抑制细胞贴壁生长的旋转培养箱等装置中进行培养，使肝细胞聚集成直径 50～200μm 的球形体。球形体中的肝细胞呈现紧密连接的胆管样肝组织特征结构。

（6）中空纤维培养法：其原理是在体外构建多孔中空纤维管使细胞黏附生长于其上。其优点是纤维间大量的孔隙为细胞生长提供了三维空间，增加了肝细胞与培养体系的接触面积，有利于物质交换，提供更接近于体内的生存环境，从而获得大量、高密度、特异性功能好的肝细胞。

第二节 肾毒性及其评价

肾脏是机体最主要的排泄器官，以尿的形式排出体内的代谢废物，同时对水盐代谢平衡起调节作用，以维持机体内环境理化性质的相对稳定。

肾脏是机体血流量最大的器官，如人体肾脏重量不到体重的0.4%，肾皮质血流量却占全身的 1/4。因此，经吸收进入血液的外源化学物流经肾脏时，会造成肾脏特别是肾皮质的损伤。血液吸收的外源化学物经肾小管的主动转运进入肾小管液，使肾小管细胞接受的外源化学物的浓度可能远高于其在血液中的浓度。肾脏高度的浓缩功能使血浆中浓度较低的毒物也可在肾脏达到毒性阈值。一些离子由于高度浓缩而沉淀、析出，堵塞肾小管等管腔。肾脏富含细胞色素 P450 等代谢活化酶，催化各种代谢反应以及肾脏强的蓄积能力均可引起肾脏功能的损害。此外，肾脏具有机体最大的内皮细胞网，是毒物引起免疫性内皮细胞损伤的靶点。因此，肾脏的结构及生理特性决定了其对毒物的易感性，肾脏成为外源化学物毒作用的主要靶器官。

一、肾损伤的类型及机制

（一）肾损伤的类型

一些外源化学物可引起双侧肾脏在短期内滤过功能急剧降低，导致机体内环境严重紊乱，进而导致急性肾功能衰竭。还有一些药物如非甾体抗炎药等可引起免疫复合物经肾小球时沉积在局部，继而引起Ⅲ型变态反应（炎症反应和组织损伤），进而导致免疫复合物肾小球肾炎。镇痛类药物可引发以肾间质炎症及肾小管损害为主的疾病，主要表现为肾功能减退甚至肾衰竭、少尿无尿，以及程度不一的蛋白尿、血尿、白细胞尿、嗜酸细胞尿等。磺胺类可引起肾小管梗阻性损伤，表现为血尿、肾绞痛、甚至少尿、无尿甚至肾衰竭。肾损伤还可变现为肾病综合征、尿崩症、水电解质紊乱或缓慢进展的肾功能减退等疾病。

1. 急性肾功能衰竭 急性肾功能衰竭特征为肾小球滤过率快速减少和血中含氮物质增加。导致急性肾功能衰竭的机制很多，如引起肾脏血管收缩使到达肾小球的血量以及滤过血量减少。这种由于肾小球损伤，进入肾小管的滤过量减少，称为低滤过作用。除了在器官水平产生毒作用，许多毒物也影响肾单位的特定部位，如损伤肾小球和肾小管结构如毛细血管丛、远曲小管以及集合管等。近曲小管是毒物最易损伤的部位。低滤过作用也可继发于肾小管损伤。毒物引起肾小管坏死，通透性增加，滤过物通过肾小管基底膜逆向扩散渗漏入空隙并进入循环，使得肾小球滤过率降低。有些毒物可降低小管细胞相互黏连作用，妨碍滤液重吸收，从而导致肾小管内压力增加，滤液进入肾小管的阻力增大。急性肾功能衰竭临床表现为少尿或无尿，实验室检查显示血肌酐和尿素氮水平迅速升高、肌酐清除率下降、尿比重和尿渗透压降低，可伴有代谢性酸中毒及电解质紊乱。

2. 毒性刺激的适应性 肾脏功能具有代偿性，如果失去一个肾，则另一个肾能够增加40%～60%的肾小球滤过率。每个肾单位通过增加水和溶质的重吸收以维持渗透压平衡，肾功能检查可不出现异常。短期内代偿机制可保护细胞器官，但长期代偿反应使肾小球压力增加，可导致肾血管硬化及毛细血管丛退变、部分肾单位及其清除废物的能力丧失，最终可导致慢性肾功能衰竭。

3. 慢性肾功能衰竭 慢性肾功能衰竭指各种原因造成的慢性进行性肾实质损害，导致肾功能渐进性下降，直到肾功能完全丧失。慢性肾功能衰竭是肾功能损伤的严重阶段。

慢性肾功能衰竭病理表现为间质纤维化、肾小管萎缩以及局灶性淋巴-单核细胞浸润，严重者可伴有局灶性或完全性肾小球硬化。各种原发或继发的肾小球疾病、肾小管-间质性疾病、肾血管病变、肾囊肿、肾肿瘤以及高血压、糖尿病、梗阻性肾病等都可以导致慢性肾功能衰竭。

重金属如汞、铅、镉可经土壤、空气和水体并通过一定的途径进入人体，引起人体内这些重金属负荷水平的改变，导致肾功能异常。

（二）肾损伤的机制

1. 内质网应激反应与细胞死亡 内质网应激反应是细胞自身的一种保护性机制，适度的内质网应激可恢复内质网的稳态，保持细胞的活性，对细胞具有保护作用。但强烈或过长时间的内质网应激可诱导细胞释放大量细胞因子，最终导致细胞死亡。许多外源化学物可引起肾细胞坏死或凋亡。细胞坏死和凋亡在细胞形态以及生理上有很大的差别，坏死细胞的形态以细胞肿胀、渗漏，核染色质分解、线粒体极端肿胀、质膜碎裂及细胞碎片形成为特点，细胞坏死常累及一群细胞且伴有炎症。凋亡是机体清除不需要或丧失正常功能的细胞的、有严密调控的正常生理过程。细胞凋亡往往只影响散布的个别细胞，细胞分解后被周围的细胞或巨噬细胞吞噬，不引起炎症反应。许多毒物在较低剂量水平引起细胞凋亡，当毒物浓度增加时则更多引起细胞坏死。

2. 氧化应激 机体的氧化应激反应与多种疾病的发生、发展相关。当氧化应激发生时，机体未能及时清除的高浓度的细胞活性氧，通过与细胞内的脂质、核酸、蛋白质发生反应，导致机体组织脂质过氧化、DNA 氧化损伤和细胞内蛋白变性，对细胞造成损伤。活性氧（reactive oxygen species，ROS）还可作为细胞内信使，活化许多信号传导通路如细胞凋亡通路，间接导致细胞损伤，细胞损伤进一步使细胞内产生更多 ROS。可见，氧化应激是肾脏损伤的重要机制，参与了肾脏疾病的发生发展。

3. 细胞容积和离子内稳态 细胞容积和离子内稳态有密切联系，对于肾小管上皮的重吸收也至关重要。外源化学物一般都是通过与细胞膜作用，增加离子通透性和抑制能量产生，从而影响细胞容量和离子内稳态。膜的正常转运可维持细胞内离子的平衡和跨膜离子的运输。随着 ATP 的耗竭，Na^+-K^+-ATP 酶活性受到抑制，引起钾离子外流，钠及氯离子内流，细胞肿胀，最终细胞溶解和死亡。

4. 细胞骨架和细胞极性 外源化学物在早期就可破坏膜的完整性，这是由于外源化学毒物可诱导细胞骨架的组成成分发生改变以及影响细胞骨架与细胞膜之间的相互作用，或引起能量代谢、钙或磷脂的稳态失衡。正常情况下，肾小管上皮细胞对于一定的转运体和酶而言是有极性的，然而在体内缺氧和体外 ATP 耗竭的情况下，Na^+-K^+-ATP 酶与肌动蛋白之间脱耦联，从肾近曲小管细胞膜的底部转到顶端从而使细胞的极性改变。

5. 细胞钙的内稳态 肾细胞中的 Ca^{2+}包括与大分子物质的阴离子位点结合的钙以及分散在亚细胞器内的浓度约为 100 nmo1/L 的游离 Ca^{2+}。游离 Ca^{2+} 是细胞内起重要调节作用的钙库，游离 Ca^{2+} 浓度的异常升高可引起 Ca^{2+} 依赖性酶如磷脂酶和蛋白酶发生降解，从而破坏细胞骨架的成分、结构及功能的完整性。

二、肾毒性的评价方法

肾毒性研究的传统方法主要是动物实验。随着国际上使用实验动物倡导“3R”即减少（reduction）、替代（replacement）、优化（refinement）的原则，研究和建立肾毒性体外评价方法已经成为重要的发展方向。

（一）整体动物模型

整体水平及器官水平动物试验是研究外源化学物肾毒性的传统方法。通常在动物给药后，观察其一般状况如活动状况、体重、毛色变化等，并在连续给药一段时间后，收集其尿液、血清，检测尿素氮、肌酐、尿蛋白等生化指标。之后进行解剖，摘取主要脏器计算脏器重量和脏器系数，并留取肾脏组织做病理学检查，必要时进行免疫组化或者电镜观察。根据动物的主要生化指标以及肾脏组织切片的病理变化来研究外源化学物的肾脏毒性。

（二）体外肾细胞模型

整体动物试验所需样品和动物量大，实验成本高，不太适合毒性机制的研究。近年来，多种体外细胞培养体系已成为肾毒性研究的有力工具。肾近端小管对外源化学物的损害十分敏感，是肾损伤最常见的部位。因此，肾近端小管细胞系在外源性化学物肾毒性评价中应用广泛。目前常用的肾脏体外模型包括离体肾脏模型、离体肾单位模型、肾脏切片模型、离体肾小球和肾小管节段模型及肾细胞体外模型，其中，肾细胞体外模型较其他模型具有离体存活时间长、易于传代培养的优点而最为常用。

肾细胞体外模型主要包括原代肾细胞和肾细胞系，两者各有优缺点。原代肾细胞培养，可直接由活组织分离肾细胞进行短期培养。细胞来源广泛且保持了与体内基本一致的活性。目前肾细胞分离的方法有酶分离法、化学分离法、筛网分离法、显微解剖分离法、流式细胞仪分离法以及免疫分离法等。肾细胞系具有相对的无限生长能力、代谢转化和生物转化功能，并且部分保持体内前体细胞分化状态，可在一定条件下长期接触受试化学物，已成为研究肾毒性重要的细胞模型。其中，肾近端小管细胞系以其庞大的转运系统和丰富的生物转化酶已成为研究肾毒性及机制的重要细胞系。例如，人肾小管上皮细胞系（HK-2和HKC）保持了肾小管上皮细胞特有的钠依赖性葡萄糖转运系统，对甲状旁腺激素的调节作用也很敏感，且功能接近原代培养的肾小管上皮细胞。猪肾小管上皮细胞系（LLC-PK1）具有钠依赖性的葡萄糖、氨基酸、磷酸盐和乳酸盐转运系统以及非钠依赖性的己糖转运系统和多胺转运系统，高表达谷胱甘肽S-转移酶、还原型辅酶Ⅱ和细胞色素C还原酶。

（三）代谢组学方法

代谢组学方法评价肾毒性是继基因组学、转录组学和蛋白质组学之后发展起来的一种新技术。近年来，代谢组学方法广泛应用在研究毒性机理，寻找相关的生物标志物，确定毒作用靶器官等方面。应用核磁共振、液相色谱-质谱联用、气相色谱-质谱联用等现代仪器分析手段定性定量检测生物体液（尿液、血浆等）中尽可能多的代谢物，并借助化学计算方法对获得的动态数据加以分析，了解机体的整体状态。因此，代谢组学方法揭示的是整体的生物学改变，而不是仅仅反映孤立的组织特异性行为。如采用核磁共振代谢组学方法分析不同时间点，大鼠尿液中柠檬酸、2-酮戊二酸、马尿酸盐等代谢产物的含量变化及肾脏组织的病理改变来评价外源化学物对大鼠的肾毒性作用。

（四）探针技术

1. 肾功探针法 肾功探针法是采用一些对肾脏较为敏感的探针试剂来评价肾脏功能。与传统肾生化及病理组织学评价方法比较，具有灵敏、快速的特点。对氨基马尿酸和菊糖是常用的肾功探针试剂。对氨基马尿酸在机体内代谢不与血浆蛋白结合，无蓄积性，当其随血液流经肾脏时，全部由肾小球滤过，肾小管排泌至管腔，不在肾小管内被重吸收。因此，对氨基马尿酸的血浆清除率等于肾脏的每分钟血浆流量。菊糖不参与任何化学反应，不与血浆蛋白结合，分布于细胞外液，并且菊糖从机体清除时只从肾小球滤过，不经过肾小管重吸收或排泌，体内既不能合成也不能分解，故菊糖能准确反映肾小球滤过功能，其清除率可代表肾小球滤过率。由于菊糖与对氨基马尿酸在体内特殊的代谢特点，其肾清除率已成为国际上公认的评价肾脏功能的敏感指标。所以在给药后一定时间，静脉注射菊糖及对氨基马尿酸，并检测其在不同时间点的血、尿浓度，通过肾清除率等动力学参数来评价动物的肾功能状况，探讨不同外源毒物对肾脏的毒性及其机制。

2. 荧光探针法 荧光探针大多为含有共轭双键的有机化合物，容易吸收近紫外光区或可见光区的激发光，发射出可见光。荧光探针只能吸收或发射一定波长范围内的光，探针的发射波长总是大于其激发波长，该波长差值称为 Stokes 位移。荧光探针技术结合生物成像包括活体成像和细胞成像，尤其是利用量子点荧光探针的非入侵性活体成像已成为生物学研究最重要的技术之一，广泛应用于检测细胞凋亡，研究细胞毒性等方面。例如，应用荧光探针二乙酸荧光素（fluorescein diacetate，FDA）与人肾小管上皮细胞系 HK-2 细胞快速筛查技术对一些有毒中药进行规模化筛查，发现巴豆、常山、蛇床子川楝子、吴茱萸等 14 种中药材对 HK-2 细胞有明显的细胞毒性，提示这些中药材可能含有肾毒性成分。

第三节 心血管系统毒性及其评价

心血管系统是一个封闭的管道系统，由心脏和血管组成。心脏是由心肌组成的动力器官，血管是运输血液的管道系统，分为动脉、静脉和毛细血管三部分，动脉由心室发出，运输营养物质和氧气到达组织和细胞，静脉是将组织和细胞的代谢产物运送回心房，毛细血管是动脉和静脉的桥梁。由于心血管系统在机体中的重要作用以及心血管疾病在人类重大疾病中的重要地位，近几年对心血管系统的毒性研究十分活跃，取得了显著的研究成果。心血管系统毒性是由一系列心血管毒物所引起的心血管系统损伤及导致的心血管疾病的总称。心血管毒物的种类很多，根据其来源可分为环境心血管毒物、工业心血管毒物、药物、具有心血管毒性的内源性物质和天然物质。心血管毒物对心血管系统的作用是多方面的，可以高剂量暴露作为直接病因引起心血管系统毒效应，也可以低剂量长期暴露作为诱发心血管病危险因素之一。对于接触剂量的描述，基于以下情况，在实验动物长期毒性试验并未发现心血管系统毒效应的药物，但在人群临床应用时，出现心血管系统有害效应；且有些药物的心脏毒性作用最先是在人体上检出的，之后才在动物体内进行了复制，得到了相关的试验结果。

不同的外源化学物对心血管系统的影响随其种类、暴露水平、中毒类型和个体差异的不同而异，表现形式亦不相同。尽管如此，心血管系统对外源化学物的反应还是相当敏感的，表现往往是非特异性的，故不能单纯依靠病理形态和病理生理表现来进行区别，而必须仔细分析，见表 13-1。

表 13-1　外源化学物和心脏血管的疾病的因果关系

动脉粥样硬化缺血性心脏病	直接的心肌损伤	高血压
二硫化碳（1）	钴（3）	铅（2）
一氧化碳（3）	砷（1）	镉（3）
燃烧产物（3）	三氢化砷（1）	二硫化碳（2）
烟草烟雾（2）	铅（3）	有机溶剂（3）
砷（3）	锑（2）	外周动脉的闭塞疾病
非动脉粥样硬化缺血性心脏病	有机溶剂（3）	砷（2）
有机硝酸酯类（1）	心律失常	铅（2）
心肌缺氧	卤代烃（1）	二硫化碳（2）
一氧化碳（1）	有机磷酸酯（1）	
氰化物（1）	锑（2）	
氢硫化物（1）	砷（2）	
	三氢化砷（1）	

注：因果关系的可能性：（1）肯定的；（2）很可能的；（3）可能的

心血管毒物可引起心血管系统复杂的生物效应，表现为心脏和血管的功能紊乱，导致心律失常、传导阻滞、心肌肥大、缺血性心脏病、心肌及血管细胞凋亡、坏死和心力衰竭等一系列的功能与器质性改变。

一、心脏损伤的类型和机制

（一）心脏毒性的表现

随着心血管毒物作用时间的延长，心脏的损害呈进行性改变。当心血管毒物短时间作用于心脏时，出现的反应是生化改变，如心肌酶活性变化，能量代谢以及离子稳态改变，通常导致心律异常，但一般可恢复；若心脏传导系统受损则可引起传导阻滞，早期最重要的心电图改变为 QT 间期延长，继而出现 ST-T 波改变，严重时可出现 ST 段弓背向上抬高，病理 Q 波，T 波倒置。严重的急性损伤可导致心肌细胞死亡和心力衰竭。

当心血管毒物持续作用时可激活转录因子，引发心肌细胞的一系列细胞及分子调控事件。初期引起的心肌损伤是可逆性的，如果持续作用将导致以心肌细胞凋亡和坏死为形态学特征的细胞死亡，并进一步发展为不可逆性的心肌损伤甚至心力衰竭。

（二）心脏损伤的类型

病理检查是判断心脏损伤类型最为直观和可靠的测定指标，外源化学物致心脏毒性的主要病理类型见表 13-2。

表 13-2　心脏毒性的主要病理类型

主要病理类型	病理表现	常见心血管毒物	备注
中毒性心肌炎	急性期：主要为心肌间质水肿，心肌纤维凝固性坏死，伴有淋巴细胞、浆细胞和中性粒细胞浸润； 晚期：多为扩张性心肌病，有散在灶性肌溶解和间质纤维化，或伴有灶性心内膜增厚和附壁血栓	阿霉素、柔红霉素	

续表

主要病理类型	病理表现	常见心血管毒物	备注
过敏性心肌炎	主要特征：以间质内有明显的嗜酸性粒细胞、淋巴细胞和浆细胞浸润为特征，伴有多灶性的肌溶解 病灶分布：多分布在心内膜下，但炎细胞的浸润可波及心外膜	甲基多巴胺、双氢克尿噻、磺胺、氯霉素	
原发性心脏病	病理表现的类型：可分为扩张性、肥厚性、限制性等型，改变是非特异的，主要表现为两侧性室性肥厚、扩张、间质纤维化、灶性心内膜增厚和附壁血栓	慢性酒精中毒，营养不足，一些毒物、药物等	必须排除缺血性心脏病、高血压性心脏病、瓣膜性心脏病，或先天性心脏病等

（三）心脏损伤的机制

心血管毒物种类繁多，所致心血管系统的损伤效应也很复杂，不同的心血管毒物毒作用机制不尽相同，心脏毒性的一般机制及产生的毒性效应见表 13-3。

表 13-3　心脏毒性的一般机制

机制	细胞紊乱	器官表现
干扰离子稳态		
抑制 Na^+-K^+-ATP 酶	$[Ca^{2+}]$↑；传导速率↓	正性变力效应；促心律失常
Na^+通道阻滞	Na^+通道活性↓；传导速率↓	促心律失常
K^+通道阻滞	K^+通道活性↓；复极化↓；动作电位延续时间↑	促心律失常
Ca^{2+}通道阻滞	*L*-型 Ca^{2+}通道活性↓；诱导 Ca^{2+}释放；AV 传导↓	负性变力效应；心动过缓；负性变时效应
冠状血流改变		
冠状血管收缩或闭塞	缺血（ATP 耗竭，细胞内酸中毒）	心肌梗死；心肌改构；心肌细胞死亡
缺血/再灌注损伤	氧化应激反应 Ca^{2+}↑；细胞 pH 改变	心肌细胞死亡
氧化应激反应	过氧化作用；线粒体功能障碍；DNA 损伤；$[Ca^{2+}]$稳态改变	心肌细胞死亡
细胞器功能紊乱		
肌纤维膜损伤	改变膜完整性	心肌细胞死亡
肌浆网功能紊乱	改变$[Ca^{2+}]$稳态	心肌细胞死亡
线粒体损伤	ATP 耗竭；细胞色素 C 释放；改变线粒体$[Ca^{2+}]$稳态	心肌细胞死亡
细胞凋亡	细胞皱缩；肌纤维出胞；染色质凝聚；膜磷脂再分布；DNA 断裂	心肌细胞死亡
细胞胀亡	细胞肿胀；肌纤维膜出胞；染色质凝聚；线粒体肿胀	心肌细胞死亡

二、血管损伤的类型和机制

常见的具有血管毒性的物质见表 13-4。

表 13-4　常见的具有血管毒性的物质

分类	常见血管毒性物质
环境和工业毒物	胱基胺类、重金属类、硝基芳香胺类、多环芳烃类、一氧化碳、二氧化硫、丁二烯、氮氧化物、臭氧
药物	拟交感神经胺类、精神类药物、抗肿瘤药物、非甾体类阵痛抗炎药物、口服避孕药、放射性药物、磷酸二酯酶抑制剂
天然物质和内源性物质	细菌内毒素、T-2 毒素、同型半胱氨酸、联氨安息香酸、维生素 D

（一）血管毒性的表现

1. 引起/促进动脉粥样硬化过程　多数学者支持动脉粥样硬化发病机制是内皮损伤反应学说，认为本病各种主要危险因素最终都损伤动脉内膜，而粥样硬化病变的形成是动脉对内膜损伤作出的炎症-纤维增生性反应的结果。

2. 中毒性血管炎　血管毒性物质可导致中毒性血管炎，出现血管坏死，形态相似于结节性动脉炎。受累血管多数为中到小动脉。病变常呈节段性分布。大体见结节直径为 2～4mm。在镜下病损呈节段性，血管壁全层炎细胞浸润。各种炎细胞均可见到，但活动性病变则以中性粒细胞为主。内膜层和中层常有坏死，伴出血和血栓形成。

3. 过敏性血管炎　血管毒性物质还可导致过敏性血管炎，主要累及小动脉和毛细血管，偶尔也累及小静脉。血管的三层结构均可有炎细胞浸润，严重者可伴纤维样坏死。炎细胞主要为淋巴细胞和嗜酸性粒细胞。由药物导致的过敏性血管炎，常有服药后 1 天至 1 周发病，如别嘌呤醇、氨苄西林、溴化物、卡马西平、氯霉素、氯磺丙脲、金霉素、氯噻酮、色甘酸钠、秋水仙碱、右旋糖酐、安定、苯妥英等均可导致过敏性血管炎。

（二）血管损伤的机制

从毒物的生物转运过程来看，无论何种暴露方式，在到达靶部位之前都要先接触血管，这样使血管细胞极易成为毒物的靶细胞而遭受损害，流行病学调查及实验室研究也证实了血管毒物与动脉粥样硬化及其相关心血管疾病发病率及死亡率有关。

血管毒性可涉及多种细胞和细胞成分的相互作用，并在形态、代谢和基因水平表现出来，毒性损伤一般从血管内腔到血管壁深层，内皮细胞是第一层细胞屏障，这种位置使内皮细胞更易受到损害。血管毒物可引起内皮细胞中层平滑肌细胞和外膜或纤维细胞的损伤。血管毒性反应受以下因素影响：①细胞外基质蛋白；②凝血因子；③调节血管功能的激素和生长因素；④血浆脂蛋白。

对血管细胞的毒性损伤可能涉及 4 种机制，包括：①毒物改变膜结构和功能，引起血管反应性改变；②在某种形式的化学诱导的血管损伤时，化学物的暴露与氧化还原应激有关，导致基因调节的破坏，抗氧化防御系统的受损，以及泛化的稳态丧失；③另外，血管细胞可能使前毒物以血管特异的形式激活以产生有活性的中介物和由氧衍生的自由基诱导细胞损伤；④血管细胞也可能选择性的蓄积有潜在的毒物，不同的血管毒物常涉及不同机制，也可能多种机制并行，但血管细胞的生长和分化调节通常是血管毒性的观测终点。

血管对某些血管毒物的选择性蓄积是引起血管毒性的一个重要因素，目前虽有多种血管毒物成分在动脉粥样硬化灶中被确认，但对血管毒物选择性蓄积的机制尚不清楚。血管毒性的产生是血管毒物与血管细胞及非血管细胞如单核细胞、T 淋巴细胞相互作用的结果，在此过程中血浆脂蛋白、胞外基质蛋白、凝血因子、免疫复合物、激素及细胞因子具有重要作用，所涉及的信号传导及分子调控过程有待深入研究。

三、心血管毒性的评价方法

心血管毒性的研究方法可分为宏观研究和微观研究，宏观研究方法主要采用循证医学和流行病学的理论和方法，研究心血管毒物暴露与疾病的关系，观察暴露人群发病率和死亡率变化，进行归因分析及危险度评价，包括回顾性调查、病例对照研究、定群研究、前瞻性队列研究及回顾性队列研究。目前采用流行病学方法研究悬浮性颗粒、吸烟与被动吸烟、汽车尾气等环境和职业心血管毒物，已明确得出某些心血管毒物与心血管疾病的关系。采取相应的干预措施后，心血管疾病的发病率明显下降，但是还有很多不确定因素需要进一步研究证实。而心血管毒理学的微观研究方法可分为人体研究和实验研究两类。人体研究主要采用临床医学方法，如心血管功能检测可采用心电图、心电向量图、心阻抗血流图、超声心动图及磁共振技术等，研究心血管毒物暴露与心血管疾病的关系。实验研究是指心血管毒理学试验，可以体内和体外两种方式进行。实验动物和细胞模型是毒理学研究不可缺少的条件。通过体内试验，结果能够反映毒物作用在机体整体、器官、组织、细胞和生物大分子水平产生的毒性效应。采用心血管疾病动物模型和转基因动物模型进行的体内试验，可从特定的疾病和基因的角度获取重要信息，有助于机制研究。体外试验的方法如胚胎心肌细胞培养、立体心脏灌流模型、全胚胎培养模型等可满足心血管毒理学研究的特殊需要，但由于是离体条件，实验结果需要验证。用于研究血管功能的部分方法见表 13-5。

利用动物实验可了解心血管毒物在实验动物体内的吸收、分布、代谢、蓄积和排泄过程；分析在不同作用时间和剂量条件下，机体尤其是心血管系统出现的急性毒性、蓄积毒性、亚慢性毒性和慢性毒性；可观察心血管毒物可能引起的基因突变、染色体损伤及其不良后果，探讨心血管毒物的毒作用机制，并依据掌握的毒理学资料对受试毒物进行安全性评价和采取必要的防治措施。

表 13-5　用于研究血管功能的部分方法

体内方法	体外方法
流量探测器	分离组织制备
• 多普勒	• 动脉
• 电磁	• 静脉
• 超声体积	• 完整/裸露的内皮
温差电	分离细胞方法
声呐微测量法	• 新分离的平滑肌细胞
血管内超声波	• 培养内皮细胞
压力肌动描记器	电生理学方法
血管的成像	生物化学方法

续表

体内方法	体外方法
血管造影术（数字减影）	免疫组织化学染色
指示染料稀释	
体积描记法	

第四节 消化系统毒性及其评价

消化系统由消化道和消化腺两部分组成，消化道是一条起自口腔，止于肛门的很长的肌性管道，其中经过的器官包括口腔、咽、食管、胃、小肠（十二指肠、空肠、回肠）及大肠（盲肠、结肠、直肠）等部，即通常所说的胃肠道。这些管道状器官的组织结构包括：黏膜层（上皮、固有层、黏膜肌层）、黏膜下层、肌层及外膜。其生理功能包括：①摄入食物，消化吸收及排泄。②消除有毒物质和致病微生物，参与免疫功能，分泌多种激素，参与消化系统和全身生理功能的调节。消化腺有小消化腺和大消化腺两种，小消化腺散在消化管各部的管壁内，大消化腺包括唾液腺、肝和胰。大消化腺分泌的消化液通过导管排入消化管内。胰不仅可分泌消化液，还可分泌激素，激素入血后可发挥其生理功能。

消化系统作为外源化学物的靶器官的原因：①消化系统与皮肤和肺相似，直接暴露于经口给予的高浓度物质（入口效应）。②消化系统内含有大量的细菌和丰富的消化酶，可能改变外源化学物的毒性（活化或减毒），例如苏铁苷经肠道细菌作用后可致结肠癌，吸收后可导致肝和肾的肿瘤；胃和小肠内某些细菌可促进硝酸盐还原成亚硝酸盐，进而形成亚硝胺。亚硝胺是最重要的化学致癌物。③消化道黏膜细胞内某些酶类，如细胞色素 P450、羟化酶、脱甲基酶等，对某些外源化学物的代谢转化起着重要的作用，其活性在胃幽门处最高，往下逐渐降低。④肠肝循环会使某些外源化学物原型及中间产物在肠腔内的局部毒效应更强烈更持久。⑤从其他途径吸收的外源化学物可经血流到达胃肠道，并导致胃肠道有害作用。因此胃肠道可能从多种途径暴露于外源化学物。⑥消化系统上皮更新旺盛，其完整性会影响外源化学物吸收的量。如胃肠上皮出现糜烂，则吸收的量会大大增加。

同时，消化系统也具有自我保护机制：①前上皮扩散屏障（pre-epithelial diffusion barriers)，由 200～600nm 静止水层组成，降低亲脂性物质与上皮细胞的接触和吸收；②黏膜的再生能力旺盛；③胃肠道黏膜具有Ⅰ相和Ⅱ相药物代谢酶，具有首过消除效应；④胃肠道的自我保护，即呕吐和腹泻；⑤胃肠道的“细胞保护”。

外源化学物所引起的口腔、胃、肠道和胰的病理改变，同其他器官系统一样，具有多样性。

许多物质能直接或间接的引起胃肠道的急性损伤。损害机制可分为如下四种：①直接伤害黏膜层细胞；②外源化学物与胃肠道受体的交互作用；③外源化学物引起的蠕动减少；④致癌作用。

高度氧化性物质或 pH 明显的改变能损害黏膜层细胞的细胞膜，并引起坏死作用。急性经口毒性，例如毒蕈碱或卡巴胆碱，这些物质进入胃内可强烈刺激胆碱能受体，导致胃肌肉突然过度收缩和呕吐。其他的受体交互作用包括增加或降低神经递质浓度（有机磷酸酯导致乙酰胆碱蓄积)。

一、消化系统损伤的类型和机制

外源化学物引起消化系统损害的类型，见表 13-6。

表 13-6　消化系统毒性损害的类型

损伤类型	化学物	暴露来源	生物效应
功能紊乱*	阿托品	颠茄属植物	蠕动抑制
	对硫磷	杀虫剂	蠕动增加
	霍乱毒素	霍乱感染	水分泌
糜烂、溃疡	酒、咖啡	习惯	胃刺激性
	酸、碱液	清洁剂	口、食道、胃坏死
	重金属	化学品	坏死
	细胞毒性药物	药物、毒素、化学品	坏死
过敏反应	过敏原（如营养蛋白）	食品成分	过敏（局部或全身）
	非过敏原（如水杨酸）	食品成分	过敏样症状
癌症	槟榔	习惯	口腔癌
	纸烟烟雾	习惯	食管癌
	酒精	习惯	结肠癌
	亚硝胺	食品	食管癌
	维生素不足	食品	消化道癌症？胃癌？
	低纤维的摄入量	食品	结肠癌？

注：*腹绞痛见于铅、铊、砷、有机磷中毒

（一）消化系统的非特异性损害

消化系统中上皮的损伤大多数涉及轻度的损害（刺激），取决于暴露的性质和范围及受损的位置，显示不同的损害，即变性，炎症或增殖。尤其重要的是损害发生的位置，因为消化系统各处黏膜层结构并不相同。

1. 对唇、口、咽的毒作用　包括：牙龈炎、口腔炎（牙松动）、水肿、疼痛和溃疡、流涎、口干、舌变色等。外源化学物引起人的口腔病损易于查见，且为临床上的重要体征。如慢性铅中毒在牙龈的边缘可形成特殊的灰蓝色铅线；慢性汞中毒口腔炎牙龈呈棕红色，龈缘可出现棕黑色或蓝黑色汞线。

2. 对食管和前胃的毒作用　外源化学物对食道和前胃可引起许多刺激性变化，特别在大鼠进行了较多的研究，但大鼠有前胃与其他实验动物和人不同。外源化学物引起食道和前胃刺激的病理学反应与皮肤相似。轻度的损伤引起轻度的增生性改变，可能造成过度角化或棘层增厚；强刺激物引起上皮的坏死和引起间质显著的炎症反应。如果刺激物继续作用，可能发生变性增殖，导致上皮增厚成疣（wart）样结构，此在处死后解剖检查时容易识别。

3. 对胃腺的毒作用　高度特异的胃腺上皮对刺激物非常敏感。胃内表面的黏液层可有效地保护胃的上皮层，因此发生刺激性损害常比预期的少。非甾类抗炎药，例如阿司匹林可在该组织引起糜烂和胃壁溃疡变化。在胃腺可能被发现的病理变化包括糜烂、溃疡和弥散性胃炎，引起疼痛、呕吐、呕血。

一些化学物引起胃黏膜广泛的损害，从口服阿司匹林或食用辛辣食物引起的轻度浅表的损害，到由腐蚀性液体引起的严重坏死性胃炎。慢性的轻度刺激可能在黏膜层产生过度增生。

4. 对小肠的毒作用　环境因素引起的一般为急性肠炎，临床上突出表现为腹泻、腹痛等肠功能严重紊乱等症状。病理上按损害的主要区段，可大致分为小肠炎和大肠炎。当小肠复杂的生理学平衡被打破时，发生病理学变化是常见的。这些紊乱主要涉及功能变化包括液体或电解物的过度损失、吸收障碍、呕吐和腹泻。很少观察到非肿瘤形态学变化。小肠的黏膜层圆柱状上皮层排成一行，而且理论上如胃一样对糜烂敏感，然而溃疡性损害远不如在胃中常见。

5. 对大肠的毒作用　对大肠的作用机制和病理学本质上与胃和小肠相同。非甾体抗炎药和一些化学物可能引起糜烂或溃疡，有时也可能引起弥漫性炎症，如大肠炎。一些化学物的慢性摄入能导致黏膜过度增生，鳞状化生或发展为肿瘤。有些化学物也可能在组织中蓄积。伪膜性结肠炎是结肠的一种炎性疾病，其特征为在充血水肿的结肠黏膜上形成纤维素性渗出为主的假膜覆盖，其病因与大量使用抗生素引起肠道菌群紊乱有关。如前所述，化学物由于影响肠菌丛可对大肠引起间接作用。

化学药物从直肠途径引起中毒是不常见的，仅有少数药物，如三溴乙醇经此途径给药引起中毒和死亡的例子。肝功能不全者对这种麻醉剂经直肠给药特别敏感。

（二）外源化学物在消化系统引起的特异性损害

致癌物如多环芳烃、亚硝胺、杂环胺等可引起消化道增生性特异损害。胃内每个节段的黏膜层均可发生肿瘤。肿瘤发生过程有：①过度增生→增生异常→息肉→肿瘤；②萎缩→化生→肿瘤；③腺瘤→癌。

1. 食道　食道内膜由角质化复层上皮构成。在食道中可能发生的损害与口腔内发现的损害类似。流行病学研究显示在多年暴露于致癌性染料的个体中的角质化上皮有肿瘤性改变。食道癌时常见于有失弛缓症、细菌生长或化学性食管炎的病人。化学性诱发的炎症特征为黏膜下层内淋巴细胞和浆细胞的浸润，血管扩张和乳头状表面。

食管炎可能是癌前病变。食用非常热的食物引起的烫伤，每日摄入食物中的致癌物污染和缺乏维生素也可能在食管癌的发生中起重要作用。猴食用含I-甲基-I-亚硝基脲饲料，观察到萎缩—过度角化—癌的过程。约一年之后，经致癌物处理的猴中71%发现癌。

2. 胃　在患恶性贫血、胃息肉、慢性胃溃疡或经胃切除术的个体中，胃癌发生率高于正常人群。在智利、日本、哥斯达黎加、冰岛和芬兰等均发现高危险人群。对肿瘤的诱发进行了广泛研究，结果发现与含硝酸盐类的饮食摄入相关。

对恶性贫血病人的研究和实验动物致癌作用的研究显示胃癌能以胃炎—萎缩—化生—癌的顺序发展。一般假定，在胃萎缩期提示黏膜层的细菌过度增殖，这使含有使硝酸盐转变成亚硝酸盐的微生物的上皮产生集落。硝酸盐转变成亚硝酸盐的反应在低pH时发生，并当胺存在时可生成致癌物亚硝胺。

在组织学上，胃癌可分成两型。胃癌可类似肠上皮的细胞或类似胃黏膜层细胞。细胞类型为腺癌和其他癌。胃腺癌中黏液的量变化很大，常发现含印戒细胞的腺癌。

与严重的增生异常相区别，胃癌有以下各项特性：细胞分化的缺失，无腺体结构，侵袭至周围组织，与周围的组织有一定的界线。

3. 小肠 小肠较少发生腺癌。这与肠的内容物迅速的经过、相对较少的肠菌丛和肠上皮细胞的迅速更新有关。但小肠也可能发生慢性炎症，如部分性梗阻、肠菌丛改变和修复过度增生的 Crohn's 病。这些过程是癌前病变，且认为 Crohn's 病增加腺癌发生的危险性。

在非热带性口炎性腹泻者中观察到小肠淋巴肉瘤发生率增加。这种疾病是由于对饮食中的麸质过敏，造成肠上皮细胞早期死亡，肠腺隐窝过度增生，在黏膜下层有淋巴细胞和浆细胞的弥漫性增殖。

4. 大肠 大肠的癌前病变主要有溃疡性大肠炎和结肠腺瘤。

溃疡性大肠炎以结肠上皮的慢性炎症为特征。结肠隐窝有细胞退化和细胞死亡。在隐窝中急性炎症反应产生溃疡，淋巴细胞和浆细胞参与炎症过程。常观察到再生性过度增生，如扁平黏膜层，绒毛黏膜层或息肉样黏膜层等，但增生异常和癌较不常见。

结肠腺瘤由肿瘤上皮肿块所组成，凸出在结肠和直肠的正常的黏膜层表面上，结肠腺瘤有各种不同的组织学类型，管状的腺瘤被视为结肠或直肠的上皮发育不良小管，其间有固有层；绒毛状腺瘤由发育不良的上皮成为手指样的突起所组成。在结肠和直肠中腺瘤发生率随年龄增加而增加。

二、可诱发消化系统肿瘤的化学物

在啮齿类动物长期致癌试验已发现，可诱发消化系统癌的化学物有：亚硝胺类化合物、2-乙酰氨基芴和 3-甲基胆蒽、多环芳烃类、二甲基肼、多氯联苯、T-2 镰刀菌毒素、角叉菜和糖酐酯等。

由于消化系统癌症是人类重要的癌症，特别是结肠癌、胃癌、食道癌等已成为肿瘤学和毒理学的重要研究课题，近年来在多个方面取得很大的进展。Ras 基因家族的表达有相对的组织特异性，如 K-ras 主要在肺癌和结肠癌中表达较高，H-ras 和 K-ras 在胆囊癌、胰腺癌的表达较高。

三、消化系统毒性的评价方法

（一）消化系统结构完整性的评价

1. 组织学评价 组织学检查是发现化学物质对消化系统毒作用结果的有效方法，在制作胃肠组织切片时必须与纵轴垂直，以便检查到胃肠凹陷、腺体及肠绒毛的形态。纤维内镜可直接观察胃肠道腔内表面，并可取活检，该法不能显示胃肠道的功能改变，微小损伤易漏检。

2. 便血检查 检查粪便来估计胃肠道出血情况，此法不损害胃肠道。可用显色法或放射性核素法来监测粪便中的隐血。

3. 脱落细胞检测 检测胃肠腔内脱落细胞率是定量检测胃肠道表面损伤的一种方法。细胞脱落率的定量方法是测定腔内液体中 DNA 的含量。据报道用放射免疫法测定 DNA 含量可大大提高检测脱落细胞的灵敏度和可行性。

4. 对黏膜细胞增生的分析 外源化学物对胃肠道的潜在毒作用可改变细胞增生过程，

其分析方法有组织学检查、细胞动力学分析等。

5. 黏膜细胞的增殖分析　包括体内 ^{3}H-胸苷掺入技术，组织学切片的细胞周期相关蛋白的抗体免疫组化技术。

（二）胃分泌活性的测定

胃的基本功能之一是分泌胃酸，胃酸是胃蛋白酶原发挥最适活性不可缺少的成分，食物中蛋白质的初步消化需要胃蛋白酶参与，因此胃分泌胃酸成为评价胃分泌功能的一项指标。胃肠激素对胃功能影响已研究得比较清楚的有：促进胃液分泌的胃泌素和胆囊收缩素、抑制胃液分泌的肠抑胃素、抑制胃蠕动的抑胃肽等。研究方法可分体内试验和体外试验，体内试验又分损伤性法与非损伤性法，体外试验法可以利用分离胃腺和单个细胞类型进行研究。

（三）对胃肠道吸收功能的评价

对胃肠道吸收功能进行评价，可研究外源化学物在胃肠道的吸收、代谢、排泄及其影响因素，了解外源化学物对日常食物成分或经口服用药物吸收功能的影响。体内试验可测量胃肠道吸收总量，此方法是根据经口染毒后，测定体液中外源化学物的有效浓度，是评价外源化学物利用度的最好方法，也可评价影响全身吸收的动力学因素，还可作为研究外源化学物能否引起营养成分吸收障碍的筛选方法。体内试验的具体方法有：

胃肠道总范围的测定，包括：①肠节段封闭技术（in vivo intestinal closed-segment technique），通过检测所给受试物在胃肠道的减少量来评价吸收功能，该技术设备要求少、易做，并可测出吸收率。②肠灌注技术（intestinal perfusion techniques），该法是以匀速向肠腔内灌注受试液，通过比较灌入量与流出量之差确定净吸收量来表示单位时间内的吸收量，该法特别适用于研究水的转运和研究外源化学物引起的机体代谢紊乱。通过检测肠腔内未吸收溶液的浓度变化来进行定量研究，C^{14} 聚乙烯乙二醇是最常用的标志物。③翻囊技术是体外试验的一种，它将肠腔翻过来，二端结扎囊内充满受试液，其吸收程度可通过测定囊内受试物量的变化来定量。已发展了一些体外试验电解质和营养素在肠道吸收的细胞机制，包括肠黏膜细胞培养等，如人结肠癌细胞系 Caco-2 细胞在结构上和生物学性质上与人小肠吸收细胞相似，广泛用于肠道吸收筛选和机制研究。

（四）在消化系统毒性中的菌丛作用

包括对引起腹泻的肠道菌毒素研究的方法，利用无菌动物评价肠道菌丛代谢在中介的胃肠道和全身毒性的作用的实验方法。

（五）胃肠道推进功能的评估

目前已发展了多种体内腔内容物运送的测量试验和体外培养胃肠道平滑肌收缩性的测定技术。

胃肠道是一个很复杂的器官，含有多种组织成分。在胃肠道内，外源化学物的转归及其生物效应不仅与本身物理化学性质密切相关，又受胃肠道的内环境及同时存在的食物的影响，其所致的胃肠疾病可以即刻发生，也可能在多年后才发生，并且人体对胃肠道紊乱和损伤很敏感并有主诉，而动物实验较难观察，因此胃肠毒理学的研究存在很多困难，有待于进一步探讨和深入。

四、胰腺毒性的类型和机制

药物和外源化学物可引起胰腺多种病理学损害：腺泡细胞脱颗粒、腺泡萎缩、腺泡变性、腺泡坏死、胰腺炎、腺泡过度增生/肥大、脂肪变、间质细胞空泡形成。对胰毒作用的主要表现：胰脏肥大、急性/慢性胰腺炎、胰腺癌、糖尿病等。

（一）胰腺外分泌毒性

1. 胰腺肥大 大豆含多种蛋白质，其中有胰蛋白酶抑制剂。胰蛋白酶抑制剂以其活性形式存在于生大豆中，但加热后灭活。生大豆可增加胰腺中蛋白质合成和刺激酶分泌，并能引起胰腺的肥大。此作用与大豆中胰蛋白酶抑制剂形成无活性的胰蛋白酶-复合物，并增加胰酶分泌有关。

2. 急性胰腺炎 外源化学物可能引起急性胰腺炎的机制仍然不清楚。胰腺炎是以自溶开始，在胰腺中胰蛋白酶由于缺血，缺氧和创伤被活化，这些活化的酶（主要是胰蛋白酶）活化其他的酶，最后造成胰腺和周围组织脂肪变性。

急性胰腺炎的两个主要原因是酒精和胆道疾病。在美国和澳洲中，大约 50%急性胰腺炎因酒精引起。通常的主诉包括反胃、呕吐，由于动力减退和化学性腹膜炎导致腹部的膨胀。导致胰腺炎的药物可分为 3 类：①肯定与胰腺炎关联的药物，如使用该药物时引起炎症，当停药时症状消失，继续使用症状重新开始，如硫唑嘌呤、磺胺类、苯噻嗪类利尿药、雌激素（口服避孕剂）、四环素和丙戊酸；②怀疑有上述特性，可能与胰腺炎关联的药物，如氯噻酮、普鲁卡因胺、*L*-天冬酰胺酶和甲基多巴；③如果数据不充分或有矛盾，与胰腺炎关联可疑的药物，如皮质甾类。

3. 慢性胰腺炎 酒精显然是慢性胰腺炎最通常的原因，其作用模式还没有完全被解释，但是动物实验显示在分泌管中有蛋白质沉淀物，继而狭窄、阻塞、胰腺腺泡细胞萎缩和纤维化。蛋白质阻塞物由胰酶被降解的胰蛋白酶原和胰蛋白酶所组成。

慢性胰腺炎在病理组织学上可见白细胞和浆细胞的浸润，也可能被观察到胰腺腺泡的数量和大小的减少，分泌管有节段的扩张和狭窄。

（二）胰腺癌

外分泌胰腺癌主要来自导管上皮细胞，来自腺泡细胞者少见。环境因素中，与胰腺癌有关的因素包括吸烟、高动物蛋白和高脂膳食，及职业性接触化学物如β-萘胺、联苯胺和煤焦油类。用二甲基苯蒽和二丙基亚硝胺等致癌剂能在啮齿类实验动物成功地诱发胰腺癌，而且这些化学物所致的动物模型组织学上也是导管腺癌，并伴有从上皮增生—化生—不典型增生—浸润癌的全部演变过程，与所见人类胰腺癌类似，因而支持胰腺癌与环境因素有关联的观点。

（三）糖尿病

外源化学物或药物与人糖尿病的关系尚少报告。动物实验性糖尿病已经有几种肯定的动物模型，包括小鼠先天性糖尿病，四氧嘧啶（alloxan）或链脲佐菌素（streptozotocin）所致实验性糖尿病。上述药物，特别是链脲佐菌素能特异地损伤胰岛的β-细胞，只需一次静脉注射，在光镜和电镜下，胰岛β-细胞脱颗粒和核固缩，于给药后 1 小时即可看见，6～8 小时即出现β-细胞的弥漫性坏死，胰岛大部毁损，动物迅速出现胰岛素缺乏，血糖升高和糖尿。此结果在小鼠、大鼠、豚鼠等动物都具有可重复性，并提示外源化学物作为人糖尿病病因的潜在可能性。

（张　波　王金勇）

小　结

本章节针对肝脏、肾脏、心血管系统及消化系统等前面未提及的脏器系统毒作用类型、毒性机制及相关评价方法进行了阐述，为相关专业人员的学习提供参考。

肝脏是体内最大的器官，是机体碳水化合物、蛋白质、脂肪、维生素合成代谢最主要的场所。肝脏又是体内主要的解毒器官，许多药物和外源化学物、多种激素、血红蛋白代谢产物、血氨等物质的分解代谢、灭活和排泄都在肝内进行。肝脏担负胆红素的摄取、结合、转运和分泌的功能。当肝脏受到各种因素损害超过其代偿功能时，将导致机体一系列的代谢障碍而表现相应症状和体征，严重者最终导致肝功能衰竭而危及生命。

肾脏是维持机体内环境相对稳定的最重要的器官之一，在排泄废物、调节细胞外液容量、电解质和酸碱平衡上起了很重要的作用，也参与一些激素的合成和释放。多种药物、环境化学物和金属能引发肾毒性，也间接影响全身生理功能。

心血管疾病属于人类重大疾病，严重威胁着人类健康与生命。在传染病的发病率和死亡率逐渐下降的同时，心血管疾病发病率和死亡率却呈上升趋势，在一些发达国家和工业化国家中，缺血性心脏病已成为常见病和多发病。在我国，心血管疾病居于慢性疾病死因顺位的前列，已超过日本和法国等发达国家。心血管毒物可以导致多种心血管疾病的发生。心血管毒性的研究方法可分为宏观研究和微观研究，宏观研究方法主要采用循证医学和流行病学的理论和方法，研究心血管毒物暴露与疾病的关系，观察暴露人群发病率和死亡率变化，进行归因分析及危险度评价。而心血管毒理学的微观研究方法可分为人体研究和实验研究两类。

消化系统是人体的重要系统之一，主要功能是对食物进行消化和吸收，为机体新陈代谢提供物质和能量来源。消化系统还有清除外源化学物和致病微生物的能力，参与机体的免疫功能，分泌多种激素参与消化系统和全身生理功能的调节。各种外源化学物不论由何种途径进入机体，所引起的口腔、胃、肠道和胰的病理改变，同其他器官系统一样，病理改变具有多样性。

思　考　题

1. 为什么说肝脏是外源化学物作用的重要靶器官？
2. 肝损伤有几种类型？
3. 外源化学物对肾脏毒性作用的机制如何？
4. 心血管系统的毒作用表现有哪些？
5. 心血管系统的毒性评价方法有哪几种？
6. 简述外源化学物对胃肠道引起的增生性损害表现。
7. 简述消化系统结构完整性的评价方法。

参考文献

草毅. 2011. 泌尿系统毒理学（靶器官毒理学丛书）. 北京：北京大学医学出版社.
王民生，马文军. 2011. 消化系统毒理学（靶器官毒理学丛书）. 北京：北京大学医学出版社.
王心如. 2012. 毒理学基础. 第 6 版. 北京：人民卫生出版社.
周宗灿. 2006. 毒理学教程. 第 3 版. 北京：北京大学医学出版社.
周宗灿，付立杰. 2012. 现代毒理学简明教材. 北京：军事医学科学出版社.

第十四章　食品安全性毒理学评价程序

学习要求

掌握：食品安全性毒理学评价的概念；食品安全性毒理学评价程序的适用范围和试验项目；“实质等同性”的概念与应用；转基因食品安全性评价的原则与要点。

熟悉：对不同受试物进行食品安全性毒理学评价时选择毒性试验的原则；进行食品安全性评价需要注意的问题；转基因食品致敏性评价、营养成分分析、毒理学评价的内容。

了解：食品安全性毒理学评价的发展；各毒理学试验项目的目的及结果判定方法；转基因食品的标识；非预期效应。

食品安全性毒理学评价是运用食品毒理学的方法，对于直接和间接用于食品的，存在潜在危害的各种因素（化学、生物和物理因素等），进行综合分析、评价其是否影响人体健康的科学过程。即通过开展一般毒性试验、遗传毒性试验、生殖毒性试验、致癌试验等，了解待评价物质的毒作用性质、特点、剂量-反应关系，确定安全系数，然后外推到人，结合人群实际接触情况，进行综合分析，作出安全性评价。食品安全性毒理学评价为正确认识和安全使用食品添加剂（包括营养强化剂）、开发食品新资源和新资源食品及保健食品的开发提供了可靠的技术保证，为正确评价和控制食品容器和包装材料、辐照食品、食品及食品工具与设备用洗涤消毒剂、农药残留及兽药残留的安全性提供了可靠的操作方法。

为了统一各评价试验的内容、目的和结果判定，规范不同受试物选择毒性试验的原则，我国制定了一系列的国家标准，包括“食品安全性毒理学评价程序”、“食品毒理学实验室操作规范”及各项具体试验的操作评价标准，即GB15193系列。

转基因食品（genetically modified food，GMF）是通过DNA重组技术改变生物基因组构成得到的转基因生物，包括植物、动物、微生物，利用以转基因生物为直接食品或为原料加工生产的食品。转基因食品与传统食品最大的区别在于其含有由DNA重组构建的外源基因。目前有关转基因食品和转基因作物的潜在危险和安全性一直备受争议，因此应用前进行安全评价是十分必要的。在我国，转基因食品的毒理学安全性评价程序与方法遵循国际原则，单独管理。

第一节　我国食品安全性毒理学评价的发展

一、起　步

我国的现代食品毒理学研究和评价工作始于新中国成立后。20世纪50～60年代食品毒理学在我国开始起步，70～80年代得到很大发展，80～90年代，在已开展了大量的食品安全性毒理学评价及其相关工作的基础上，由卫生部食品卫生监督检验所和中国预防医学科学院营养与食品卫生研究所牵头，组织相关高等院校、防疫站等组成全国性的协作组，展开了食品安全性毒理学评价程序和方法标准的研制工作，1983 年提出《食品安全性毒理学程序》（试行草案）；1985 年卫生部颁布了修改后的《食品安全性毒理学评价程序》（试行），并在全国执行。

该“程序”中“适用范围”基本上覆盖了与食品安全有关的物质；提出的安全性评价原则，考虑了食品安全性评价中涉及的多种重要因素，使安全性评价具有科学性和可行性。同时，由于安全性评价的多学科性和复杂性，“程序”中特规定在某些试验结果有争议时，由有关专家评议，以保证在现有科学技术水平下，结合实际，使评价更具有客观性。

二、1994 年版

随着国际上毒理学理论和技术的发展，以及食品卫生管理要求的提高，试行版的“程序”仍有相当的差距，需汲取国际上的新理论和先进技术，以提高和完善该“程序”及方法。

在十余年的试验数据和经验积累的基础上，通过三次（1991～1992 年）“全国食品安全性毒理学评价程序质控及修订研讨会”的方法质控、验证、总结，1994 年 8 月 10 日，卫生部正式发布并实施国家标准《食品安全性毒理学评价程序》，编号为 GB15193.1～19—1994。GB15193 系列标准的颁布和实施，在规范和促进我国食品安全性毒理学评价工作方面起到了重要的作用。

该标准对食品毒理学评价的目的与原则、不同物质的试验选择要求、具体试验方法和结果判定、实验室操作规范等作出了规定，包括 1 个程序和 18 个试验方法。在《食品安全性毒理学评价程序》GB15193.1—1994 中，将毒性评价试验分为四个阶段，不同种类受试物的评价程序对毒性试验划分的阶段性有不同的要求。本标准是国内外较完整的食品安全性评价系统，在国际上是不多见的。

GB15193 系列标准有两大特色：一是实施中具有强制性；这与一般国外的安全性评价程序的原则性规定有很大不同—这是基于我国食品毒理学检测机构的技术力量比较薄弱，标准的强制性更有利于全国毒理学检测工作的统一化和标准化而决定的。二是评价试验分阶段性实施；这是结合了我国国情的国家卫生标准，通常先行安排试验周期短、费用低、预测价值高的试验。GB15193 系列标准的建立对国内的食品卫生监督和国际食品贸易都有重大意义，也是我国食品毒理学发展的里程碑。该标准 1996 年获卫生部医药卫生科技进步二等奖。

三、2003 年版

进入 21 世纪后，由中国疾病预防控制中心营养与食品安全所牵头，组织了对 1994 年版《食品安全性毒理学评价程序》的修订工作。2003 年 9 月 24 日卫生部和国标委联合发布，2004 年 5 月 1 日起实施 2003 版的《食品安全性毒理学评价程序》（GB15193.1～21—2003）。

GB15193—2003 与 GB15193—1994 比较：

（1）在内容和文本格式等方面作了大量的修改完善。

（2）增加了《TK 基因突变试验》（GB15193.20—2003）和《受试物处理方法》（GB15193.21—2003）两个试验标准。

（3）在“毒理学评价试验的第二阶段试验”的“遗传毒性试验”项目中增加了“TK 基因突变试验”；V79/HGPRT 基因突变试验从备选试验改为与 Ames 试验并列的基因突变试验的必选项目。

此标准提高了我国食品检验机构出具报告的科学性、权威性，有利于国际交流，为我国食品毒理评价工作进入规范化、标准化及和国际上有关程序和方法接轨提供了保证。

四、2014/2015 年版

为了适应毒理学科的发展、国际交流的需要和《食品安全国家标准“十二五”规划》、《中华人民共和国食品安全法》的要求，原卫生部于 2009 年启动了对该系列标准的第二次修订工作，直至 2014 年和 2015 年陆续完成颁布。

经第二次修订后的 GB15193 系列标准是《中华人民共和国食品安全法》配套的强制性国家标准，兼顾科学性和合理性，既与国外食品毒理学评价程序接轨，又符合我国食品安全工作的实际需要。

2014/2015 版与 2003 版比较，有较大的变化：

（1）取消“四阶段”的概念，根据需要选择试验。

（2）对 2003 版 21 个标准中的 19 个进行了不同程度的修订。

（3）废止《小鼠精子畸形试验》（GB15193.7—2003）标准，该试验方法存在检测终点影响因素较多、特异性较低等问题。

（4）《果蝇伴性隐性致死试验》（GB15193.11）仅在文本形式和文字编辑上进行修改。

（5）修改了遗传毒性试验组合。

（6）拆分《30 天/90 天喂养试验》，将“30 天喂养试验”改为《28 天经口毒性试验》，并增加了检测指标。

（7）“急性经口毒性试验”中增加“上下法”。

（8）新制定了 6 项食品安全国家标准，分别是《28 天经口毒性试验》（GB15193.22—2014）、《体外哺乳类细胞染色体畸变试验》（GB15193.23—2014）、《食品安全性毒理学评价中病理学检查技术要求》（GB15193.24—2014）、《生殖发育毒性试验》（GB15193.25—2014）、《慢性毒性试验》（GB15193.26—2015）、《致癌试验》（GB15193.27—2015）。

五、GB15193 系列标准中试验项目的变化

在《食品安全性毒理学评价程序》GB15193.1 中要求的试验项目由原来的分阶段测试，变更到取消“四阶段”概念；试验项目内容不断调整，适时增减；遗传毒性试验组合的变化比较明显，详见表 14-1。

表 14-1 食品安全性毒理学评价程序的沿革

食品安全性毒理学评价程序（试行）卫生部 1985	食品安全性毒理学评价程序 GB15193.1—94	食品安全性毒理学评价程序 GB15193.1—2003	食品安全国家标准 食品安全性毒理学评价程序和方法 GB15193.1—2014
毒理学评价程序包括四个阶段，即急性毒性试验，蓄积毒性和致突变试验，亚慢性毒性（包括繁殖、致畸）试验和代谢试验，慢性毒性（包括致癌）试验	毒理试验的四个阶段和内容 1：第一阶段：急性毒性试验。经口急性毒性：LD_{50}，联合急性毒性 2：第二阶段：遗传毒性试验，传统致畸试验，短期喂养试验。遗传毒性试验的组合必须考虑原核细胞和真核细胞、生殖细胞与体细胞、体内和体外试验相结合的原则 2.1 细菌致突变试验：鼠伤寒沙门氏菌/哺乳动物微粒体酶试验（Ames 试验）为首选项目，必要时可另选和加选其他试验 2.2 小鼠骨髓微核率测定或骨髓细胞染色体畸变分析 2.3 小鼠精子畸形分析和睾丸染色体畸变分析 2.4 其他备选遗传毒性试验：V79/HGPRT 基因突变试验、显性致死试验果蝇伴性隐性致死试验，程序外天 NA 修复合成（U 天 S）试验 2.5 传统致畸试验 2.6 短期喂养试验：30 天喂养试验。如受试物需进行第三、四阶段毒性试验者，可不进行本试验 3：第三阶段：亚慢性毒性试验——90 天喂养试验、繁殖试验、代谢试验 4：第四阶段：慢性毒性实验（包括致癌试验）	毒理试验的四个阶段和内容 1：第一阶段：急性毒性试验。经口急性毒性：LD_{50}，联合急性毒性，最大耐受剂量法 2：第二阶段：遗传毒性试验，传统致畸试验，30 天喂养试验 遗传毒性试验的组合： 2.1 鼠伤寒沙门氏菌/哺乳动物微粒体酶试验（Ames 试验）或 V79/HGPRT 基因突变试验，Ames 试验首选，必要时可另选其他试验 2.2 骨髓细胞微核试验或哺乳动物骨髓细胞染色体畸变试验 2.3 TK 基因突变试验 2.4 小鼠精子畸形分析或睾丸染色体畸变分析 2.5 其他备选遗传毒性试验：显性致死试验、果蝇伴性隐性致死试验，非程序性天 NA 合成试验 2.6 传统致畸试验 2.7 30 天喂养试验。如受试物需进行第三、四阶段毒性试验者，可不进行本试验 3：第三阶段：亚慢性毒性试验——90 天喂养试验、繁殖试验、代谢试验 4：第四阶段：慢性毒性实验（包括致癌试验）	1：急性经口毒性试验 2：遗传毒性试验组合。推荐下列遗传毒性试验组合： 组合一：细菌回复突变试验；哺乳动物红细胞微核试验或哺乳动物骨髓细胞染色体畸变试验；小鼠精原细胞或精母细胞染色体畸变试验或啮齿类动物显性致死试验 组合二：细菌回复突变试验；哺乳动物红细胞微核试验或哺乳动物骨髓细胞染色体畸变试验；体外哺乳类细胞染色体畸变试验或体外哺乳类细胞 TK 基因突变试验。 其他备选遗传毒性试验：果蝇伴性隐性致死试验，非程序性天 NA 合成试验、体外哺乳类细胞 HGPRT 基因突变试验 3：28 天经口毒性试验 4：90 天经口毒性试验 5：致畸试验 6：生殖毒性试验和生殖发育毒性试验 7：毒物动力学试验 8：慢性毒性试验 9：致癌试验 10：慢性毒性和致癌合并试验

第二节　食品安全性毒理学评价程序的主要内容

《食品安全性毒理学评价程序》（GB15193.1）是开展食品安全性毒理学评价的标准程序。在GB15193.1—2014中，根据《中华人民共和国食品安全法》和《新食品原料安全性审查管理办法》等标准修改了检验对象和受试物要求；修改了食品安全性毒理学评价试验的内容，取消了四个阶段的提法，明确了遗传毒性试验组合；修改了对不同受试物选择毒性试验的原则、毒理学试验的目的、各项毒理学试验结果的判定、进行食品安全性评价时需要考虑的因素。

一、适 用 范 围

该标准适用于评价食品生产、加工、保藏、运输和销售等过程中所涉及的可能对健康造成危害的化学、生物和物理因素的安全性。检验对象包括：

（1）食品及其原料、食品添加剂、新食品原料、辐照食品；

（2）食品相关产品，用于食品的包装材料、容器、洗涤剂、消毒剂和用于食品生产经营的工具、设备；

（3）食品污染物，如农药残留、兽药残留、生物毒素、重金属等。

二、对受试物的资料要求

应尽可能掌握受试物的基本资料，包括受试物的名称、批号、含量、保存条件、原料来源、生产工艺、性状、规格、人体推荐（可能）摄入量等有关资料。

对单一成分的物质，还应了解受检物质的组成成分和杂质，以及物理、化学性质如熔点、沸点、密度、水溶性或脂溶性、溶解度、乳化性或混悬性、储存稳定性、化学结构、纯度等，根据这些信息可能可以预测一些化学物质的毒性大小。

若受试物为配方产品，应是规格化产品或市售产品，其组成成分、比例及纯度应与实际应用的相同，以反映人体实际接触的情况。当需要确定该化学品的毒性来源于化学物质还是所含杂质时，通常采用纯品和应用品分别试验，再将结果进行比较。

若受试物是酶制剂，应该使用在加入其他复配成分以前的产品作为受试物。

在进行毒理学安全性评价之前还应了解受试物的使用情况包括该物质的使用方式及人体接触途径、用途及使用范围、使用量。如果受试物曾被人群接触过，应收集人群流行病学资料，若有中毒事故的调查与记载可提供人体中毒和效应的资料。以此了解人类可能接触的途径和剂量，过度接触以及滥用或误用的可能性等，以便预测毒性和进行合理的试验设计。

三、食品安全性毒理学评价试验

（一）急性经口毒性试验

1. 目的　了解受试物的毒性强度、性质和可能的靶器官，测定 LD_{50}，为进一步进行毒性试验的剂量和毒性判定指标的选择提供依据。

2. 方法 选用霍恩氏法、上下法、寇氏法、机率单位-对数图解法、急性联合毒性试验等方法测定 LD_{50}；或用限量法，即至少给予 10.0 g/kg 剂量或给予动物最大剂量（最大使用浓度和最大灌胃体积），一次或 24 小时内多次经口灌胃给予受试物，在观察期内（一般观察 14 天，必要时延长至 28 天）记录动物的毒性体征、严重程度、持续时间、可逆情况及大体解剖所见。

3. 结果判定原则 根据 LD_{50} 查“急性毒性剂量分级表”，判断受试物毒性分级。如 LD_{50} 小于人的推荐（可能）摄入量的 100 倍，则一般应放弃该受试物用于食品，不再继续进行其他毒理学试验。

（二）遗传毒性试验

1. 目的 了解受试物的遗传毒性以及筛选受试物的潜在致癌作用和细胞致突变性。

2. 方法 一般应遵循原核细胞与真核细胞、体内试验与体外试验相结合的原则。根据受试物的特点和试验目的，推荐下列遗传毒性试验组合：

（1）组合一：细菌回复突变试验；哺乳动物红细胞微核试验或哺乳动物骨髓细胞染色体畸变试验；小鼠精原细胞或精母细胞染色体畸变试验或啮齿类动物显性致死试验。

（2）组合二：细菌回复突变试验；哺乳动物红细胞微核试验或哺乳动物骨髓细胞染色体畸变试验；体外哺乳类细胞染色体畸变试验或体外哺乳类细胞 TK 基因突变试验。

其他备选遗传毒性试验：果蝇伴性隐性致死试验、体外哺乳类细胞天 NA 损伤修复（非程序性天 NA 合成）试验、体外哺乳类细胞 HGPRT 基因突变试验。

3. 结果判定原则

（1）如遗传毒性试验组合中两项或以上试验阳性，则表示该受试物很可能具有遗传毒性和致癌作用，一般应放弃该受试物应用于食品。

（2）如遗传毒性试验组合中一项试验阳性，则再选两项备选试验（至少一项为体内试验）。如再选的试验均为阴性，则可继续进行下一步的毒性试验；如其中有一项试验阳性，则应放弃该受试物应用于食品。

（3）如三项试验均为阴性，则可继续进行下一步的毒性试验。

（三）28 天经口毒性试验

1. 目的 在急性毒性试验的基础上，进一步了解受试物在短时间内重复给样引起的毒作用性质、剂量-反应关系和可能的靶器官，得到 28 天经口未观察到有害作用剂量（NOAEL），初步评价受试物的安全性，并为下一步较长期毒性和慢性毒性试验剂量、观察指标、毒性终点的选择提供依据。

2. 方法 选择已有资料证明对受试物敏感的物种和品系，一般啮齿类动物首选大鼠，非啮齿类动物首选犬。试验至少设 3 个受试物剂量组，1 个阴性（溶媒）对照组，必要时增设未处理对照组。

试验剂量设计参考急性毒性 LD_{50} 剂量和人体实际摄入量进行，原则上高剂量应使部分动物出现比较明显的毒性反应，但不引起死亡；低剂量不宜出现任何观察到毒效应（相当于 NOAEL），且高于人的实际接触水平；中剂量介于两者之间，可出现轻度的毒性效应，以得出最小观察到有害作用剂量（LOAEL）。一般递减剂量的组间距以 2～4 倍为宜。能求出 LD_{50} 的受试物，以 LD_{50} 的 10%～25%作为 28 天经口毒性试验的最高剂量组，此 LD_{50} 百分比的选择主要参考 LD_{50} 剂量-反应曲线的斜率，然后下设几个剂量组，最低剂量组至少是人体预期摄入量的 3 倍。求不出 LD_{50} 的受试物，试验剂量应尽可能涵盖人体预期摄入量 100 倍的剂量；对于人体拟摄入量较大的受试物，高剂量组亦可以按最大给予量设计。

根据受试物的特性和试验目的，选择受试物掺入饲料、饮水或灌胃方式，连续给予 28 天。记录给样期间动物的临床体征、体重、摄食及饮水消耗量，进行眼部检查、血液学检查、血生化检查、尿液检查、体温和心电图检查（犬）、病理检查。

3. 结果判定原则　对只需要进行急性毒性、遗传毒性和 28 天经口毒性试验的受试物，若试验未发现有明显毒性作用，综合其他各项试验结果可做出初步评价；若试验中发现有明显毒性作用，尤其是有剂量-反应关系时，则考虑进一步的毒性试验。

（四）90 天经口毒性试验

1. 目的　观察受试物以不同剂量水平经较长期喂养（90 天）后对动物的毒性作用性质和靶器官，得到 90 天经口最小观察到有害作用剂量（LOAEL）和未观察到有害作用剂量（NOAEL），初步确定受试物的经口安全性，并为慢性毒性试验剂量选择以及获得“暂定的人体健康指导值”提供科学依据。

2. 方法　选择已有资料证明对受试物敏感的物种和品系，一般啮齿类动物首选大鼠，非啮齿类动物首选犬。试验至少设 3 个受试物剂量组，1 个阴性（溶媒）对照组，必要时增设未处理对照组；若计划试验中期观察血液生化指标、尸检或试验结束后做恢复期观察，对照和高剂量需增设卫星组。

试验剂量设计参考急性毒性 LD_{50} 剂量、28 天经口毒性试验和人体实际摄入量进行，原则上高剂量应使部分动物出现比较明显的毒性反应，但不引起死亡；低剂量不宜出现任何观察到毒效应（相当于 NOAEL），且高于人的实际接触水平；中剂量介于两者之间，可出现轻度的毒性效应，以得出 LOAEL。一般递减剂量的组间距以 2～4 倍为宜。能求出 LD_{50} 的受试物，以 28 天经口毒性试验的 NOAEL 或 LOAEL 作为 90 天经口毒性试验的最高剂量；或以 LD_{50} 的 5%～15%作为最高剂量组，此 LD_{50} 百分比的选择主要参考 LD_{50} 剂量-反应曲线的斜率，然后下设几个剂量组，最低剂量组至少是人体预期摄入量的 3 倍。求不出 LD_{50} 的受试物，试验剂量应尽可能涵盖人体预期摄入量 100 倍的剂量；对于人体拟摄入量较大的受试物，高剂量组亦可以按最大给予量设计。

根据受试物的特性和试验目的，选择受试物掺入饲料、饮水或灌胃方式，连续给予 90 天。记录给样期间动物的临床体征、体重、摄食及饮水消耗量，在试验前和试验结束进行眼部检查，在试验中期、试验结束和恢复观察期结束均进行血液学检查、血生化检查、尿液检查、病理检查。

3. 结果判定原则

（1）未观察到有害作用剂量（NOAEL）小于或等于人的可能摄入量的 100 倍者表示毒性较强，应放弃该受试物用于食品。

（2）未观察到有害作用剂量（NOAEL）大于 100 倍而小于 300 倍者，应进行慢性毒性试验。

（3）未观察到有害作用剂量（NOAEL）大于或等于 300 倍者则不必进行慢性毒性试验，可进行安全性评价。

（五）致畸试验

1. 目的 了解受试物是否具有致畸作用和发育毒性，并可得到致畸作用和发育毒性的未观察到有害作用剂量。

2. 方法 实验动物的选择，啮齿类首选大鼠，非啮齿类首选家兔。

试验至少设 3 个剂量组，同时设阴性对照组，阴性对照组除不给受试物外，其余处理均同剂量组。试验剂量设计应参考急性毒性 LD_{50} 剂量、28 天经口毒性试验、90 天经口毒性试验和人体实际摄入量进行，原则上高剂量组应使部分动物出现某些发育毒性和（或）母体毒性，如体重轻度减轻等，但不致引起严重疾病，如母体动物有死亡发生，应不超过母体动物数量的 10%；低剂量不应出现任何观察到的母体毒性或发育毒性作用。建议递减剂量的组间距以 2～4 倍比较合适。能求出 LD_{50} 的受试物，根据 LD_{50} 值和剂量-反应曲线的斜率设计高剂量，然后下设几个剂量组；求不出 LD_{50} 的受试物，如果 28 天或 90 天经口毒性试验得到最大未观察到有害作用剂量，则以该 NOAEL 值作为高剂量；如果 28 天或 90 天经口毒性试验得到最小观察到有害作用剂量，则以该 LOAEL 值作为高剂量，以下设 2 个剂量组。

性成熟雄性和雌性动物通常按 1∶1 或 1∶2 比例合笼交配。雌性、雄性动物同笼后，对雌鼠检查阴栓或进行阴道涂片检查是否有精子，查出阴栓或精子，认为该动物已交配，当日作为"受孕"零天。每个剂量组的怀孕动物数，大鼠不少于 16 只，家兔不少于 12 只。

受试物通常经口灌胃给予，若选用其他途径应说明理由。通常，在器官形成期给予受试物（大鼠孕期的第 6～15 天，兔孕期的第 6～18 天）。每日观察母体临床体征，记录体重变化。

于分娩前 1 天（一般大鼠为孕第 20 天，家兔为孕第 28 天）处死母体，剖腹检查亲代受孕情况和胎体发育，并进行母体的大体解剖和肉眼观察，如肉眼发现异常改变的脏器，则需进行组织病理学检查。对胎仔进行外观检查、骨骼标本检查和内脏检查。

3. 结果判定原则 根据观察到的效应和产生效应的剂量水平评价是否具有致畸性，及畸形的类型。若致畸试验结果阳性则不再继续进行生殖毒性试验和生殖发育毒性试验。在致畸试验中观察到的其他发育毒性，应结合 28 天和（或）90 天经口毒性试验结果进行评价。

（六）生殖毒性试验和生殖发育毒性试验

1. 目的 了解受试物对实验动物繁殖及对子代的发育毒性，如性腺功能、发情周期、交配行为、妊娠、分娩、哺乳和断乳以及子代的生长发育等。得到受试物的未观察到有害作用剂量，为初步制定人群安全接触限量标准提供科学依据。

2 方法

（1）生殖毒性试验：观察代数随受检目的而异，可做一代、二代和三代或多代观察。试验期间，所有动物应采用相同的方式给予受试物，首选掺入饲料，也可选择灌胃给予受试物。试验至少设 3 个剂量组，同时设阴性对照组。在受试物理化和生物特性允许的条件下，最高剂量应使 F_0 代动物出现明显的毒性反应，但不引起动物死亡；中间剂量可引起轻微的毒性反应；低剂量应不引起亲代及其子代动物的任何毒性反应（可按最大未观察到有害作用剂量的 1/30，或人体推荐摄入量的 10 倍）。

受试物应在交配前连续给予两种性别的各代大鼠至少 10 周，并继续给予受试物至试验结束，其中子代的雌鼠和雄鼠在断乳后每日给予。观察和记录实验动物的摄食量、体重变化，全面的临床检查。在分娩后（哺乳 0 天）应尽快检查记录每窝仔鼠的数量、性别、死亡数、活产数及肉眼可见异常。记录F_1代生殖器官的发育。试验结束，各代雄鼠均应对附睾的精子进行检查；所有F_0、F_1代动物大体解剖，脏器称重和组织病理学检查。计算指标有：受孕率、妊娠率、出生活仔率、出生存活率、哺乳存活率、性别比等。

（2）生殖发育毒性试验：该试验包括三代（F_0、F_1、F_2代）。试验至少设3个剂量组，同时设阴性对照组。在受试物理化和生物特性允许的条件下，最高剂量应使F_0代动物出现明显的毒性反应，但不引起动物死亡；中间剂量可引起轻微的毒性反应；低剂量应不引起亲代及其子代动物的任何毒性反应。如果受试物的毒性较低，1000 mg/kg体重的剂量仍未观察到对生殖发育过程有任何毒副作用，则可以采用限量试验，即试验不再考虑增设受试物其他剂量。

F_0和F_1代给予受试物，观察生殖毒性。受试物应在交配前连续给予两种性别的F_0代大鼠至少10周，交配期、妊娠期、直至F_1代断乳整个期间，F_0代雌鼠每天给予受试物。F_1代自断乳后，给予受试物，并一直延续到F_2代断乳。

对F_2代进行生理发育、神经行为指标检测，观察功能发育毒性。试验结束，对所有动物进行大体解剖和相应的组织病理学检查及F_2代的神经发育毒性病理学检查。

3. 结果判定原则

（1）未观察到有害作用剂量（NOAEL）小于或等于人的推荐（可能）摄入量的100倍者表示毒性较强，应放弃该受试物用于食品。

（2）未观察到有害作用剂量（NOAEL）大于100倍而小于300倍者，应进行慢性毒性试验。

（3）未观察到有害作用剂量（NOAEL）大于或等于300倍者则不必进行慢性毒性试验，可进行安全性评价。

（七）慢性毒性和致癌试验

1. 目的 了解经长期接触受试物后出现的毒性作用以及致癌作用；确定未观察到有害作用剂量，为受试物能否应用于食品的最终评价和制定健康指导值提供依据。

2. 方法 包括慢性毒性试验、致癌试验、慢性毒性和致癌合并试验。

实验动物的选择，慢性毒性试验首选大鼠或犬，致癌试验可选用大鼠或小鼠，合并试验首选大鼠。

试验至少设3个受试物剂量组，1个阴性（溶媒）对照组，对照组除不给予受试物外，其余处理均同受试物组。高剂量应根据90天经口毒性试验确定，原则上高剂量应使部分动物出现比较明显的毒性反应，但不引起过高死亡率；低剂量不宜出现任何观察到毒效应（相当于NOAEL）；中剂量介于两者之间，可出现轻度的毒性效应，以得出剂量-反应关系、NOAEL、LOAEL。一般递减剂量的组间距以2～4倍为宜，不超过10倍。

根据受试物的特性和试验目的，选择受试物掺入饲料、饮水或灌胃方式，连续给予。慢性毒性试验期限至少12个月；致癌试验期限大鼠24个月、小鼠18个月；合并试验期限为24个月。

记录给样期间动物的临床体征、体重、摄食及饮水消耗量，在试验前和试验结束进行眼部检查，在试验中定期（第3个月、第6个月、第12个月、第18个月）和试验结束均进行血液学检查、血生化检查、尿液检查、病理检查。试验期间每组动物非试验因素死亡率应小于10%，濒死动物应尽可能进行血液生化指标检测、大体解剖以及病理组织学检测，每组生物标本损失率应小于 10%。

3. 结果判定原则 根据慢性毒性试验所得的最大无作用剂量进行评价的原则是：①未观察到有害作用剂量小于或等于人的推荐（可能）摄入量的 50 倍者，表示毒性较强，应放弃该受试物用与食品；②未观察到有害作用剂量大于 50 倍而小于 100 倍者，经安全性评价后，决定该受试物可否用于食品；③未观察到有害作用剂量大于或等于 100 倍者，则可考虑允许使用于食品。

根据致癌试验所得的肿瘤发生率、潜伏期和多发性等进行致癌试验结果判定的原则是（凡符合下列情况之一，可认为致癌试验结果阳性。若存在剂量-反应关系，则判断阳性结果更可靠）：①肿瘤只发生在试验组动物，对照组中无肿瘤发生；②试验组与对照组动物均发生肿瘤，但试验组发生率高；③试验组动物中多发性肿瘤明显，对照组中无多发性肿瘤，或只是少数动物有多发性肿瘤；④试验组与对照组动物肿瘤发生率虽无明显差异，但试验组中发生时间较早。

（八）毒物动力学试验

1. 目的 了解受试物在体内的吸收、分布和排泄速度等相关信息；为选择慢性毒性试验的合适实验动物种、系提供依据；了解代谢产物的形成情况。

2. 方法 试验中至少需要选用两个剂量水平，每个剂量水平应使其受试物或受试物的代谢产物足以在排泄物中测出。剂量设置时应充分考虑现有的毒理学资料所提供的信息。如果缺乏相应的毒理学资料，则高剂量水平应低于 LD_{50}，或低于急性毒性剂量范围的较低值。低剂量水平应该是高剂量水平的一部分。

一般采用灌胃的途径，还可以采用吞服胶囊、掺入饲料、静脉注射的方式，可单次或重复多次给予受试物。检测指标有：测定血中受试物浓度-时间数据，求得受试物的主要毒物动力学参数；进行吸收试验，方式有胃肠道吸收、静脉吸收等；进行组织分布试验；代谢试验，有条件时可进一步进行代谢产物的分离和鉴定；排泄试验，收集尿、粪、呼出气等排泄生物样本。

最关键的步骤是生物样本分析方法的建立和确证。由于生物样本一般来自全血、血清、血浆、尿液、器官或组织等，具有取样量少、受试物浓度低、干扰物质多以及个体差异大等特点，因此必须根据受试物的结构、生物介质和预期的浓度范围，建立灵敏、特异、精确、可靠的生物样本定量分析方法，并对方法加以验证。常用的生物样本分析方法有：色谱法、免疫学方法（放射免疫分析法、酶免疫分析法、荧光免疫分析法等）、微生物学方法、同位素示踪法等。

3. 结果解释 根据试验结果，对受试物进入机体的途径、吸收速率和程度，受试物及其代谢产物在脏器、组织和体液中的分布特征，生物转化的速率和程度，主要代谢产物的生物转化通路，排泄的途径、速率和能力，受试物及其代谢产物在体内蓄积的可能性、程度和持续时间做出评价。结合相关学科的知识对各种毒物动力学参数进行毒理学意义的评价。

四、评价试验的运用原则

1. 总原则

（1）凡属我国首创的物质，特别是化学结构提示有潜在慢性毒性、遗传毒性或致癌性或受试物产量大、使用范围广、人体摄入量大，应进行系统的毒性试验，包括经口毒性试验、遗传毒性试验、90 天经口毒性试验、致畸试验、生殖发育毒性试验、毒物动力学试验、慢性毒性试验和致癌试验（或慢性毒性和致癌合并试验）。

（2）凡属与已知物质（指经过安全性评价并允许使用者）的化学结构基本相同的衍生物或类似物，或在部分国家和地区有安全食用历史的物质，则先进行急性经口毒性试验、遗传毒性试验、90 天经口毒性试验和致畸试验，根据试验结果判定是否需进行毒物动力学试验、生殖毒性试验、慢性毒性试验和致癌试验等。

（3）凡属已知的或在多个国家有食用历史的物质，同时申请单位又有资料证明申报受试物的质量规格与国外产品一致的，则可先进行急性经口毒性试验、遗传毒性试验和 28 天经口毒性试验，根据试验结果判断是否进行进一步的毒性试验。

2. 食品添加剂、新食品原料、食品相关产品、农药残留和兽药残留的安全性毒理学评价试验的选择

（1）食品添加剂

1）香料：凡属世界卫生组织（WHO）已建议批准使用或已制定日容许量者，以及香料生产者协会（FEMA）、欧洲理事会（COE）和国际香料工业组织（IOFI）四个国际组织中的两个或两个以上允许使用的，一般不需要进行试验。

凡属资料不全或只有一个国际组织批准的，先进行急性毒性试验和遗传毒性试验组合中的一项，经初步评价后，再决定是否需进行进一步试验。

凡属尚无资料可查、国际组织未允许使用的，先进行急性毒性试验、遗传毒性试验和 28 天经口毒性试验，经初步评价后，决定是否需进行进一步试验。

凡属用动、植物可食部分提取的单一高纯度天然香料，如其化学结构及有关资料并未提示具有不安全性的，一般不要求进行毒性试验。

2）酶制剂：由具有长期安全食用历史的传统动物和植物可食部分生产的酶制剂，世界卫生组织已公布日容许摄入量或不需规定日容许摄入量者或多个国家批准使用的，在提供相关证明材料的基础上，一般不要求进行毒理学试验。

对于其他来源的酶制剂，凡属毒理学资料比较完整，世界卫生组织已公布日容许摄入量或不需规定日容许摄入量者或多个国家批准使用的，如果质量规格与国际质量规格标准一致，则要求进行急性经口毒性试验和遗传毒性试验。如果质量规格标准不一致，则需增加 28 天经口毒性试验，根据试验结果考虑是否进行其他相关毒理学试验。

对其他来源的酶制剂，凡属新品种的，要先进行急性经口毒性试验、遗传毒性试验、90 天经口毒性试验和致畸试验，经初步评价后，决定是否需进行进一步试验。凡属一个国家批准使用，世界卫生组织未公布日容许摄入量或资料不完整的，进行急性经口毒性试验、遗传毒性试验和 28 天经口毒性试验，根据试验结果判定是否需要进行进一步的试验。通过转基因方法生产的酶制剂按照国家对转基因管理的有关规定执行。

3）其他食品添加剂：凡属毒理学资料比较完整，世界卫生组织已公布日容许量或不需规定日容许量者或多个国家批准使用的，如果质量规格与国际质量规格标准一致，则要求进行急性经口毒性试验和遗传毒性试验。如果质量规格标准不一致，则需增加 28 天经口毒性试验，根据试验结果考虑是否进行其他相关毒理学试验。

凡属一个国家批准使用，世界卫生组织未公布日容许摄入量或资料不完整的，则可进行急性经口毒性试验、遗传毒性试验、28 天经口毒性试验和致畸试验，根据试验结果判定是否需要进行进一步的试验。

对于由动、植物或微生物制取的单一组分、高纯度的食品添加剂，凡属新品种的，需要先进行急性经口毒性试验、遗传毒性试验、90 天经口毒性试验和致畸试验，经初步评价后，决定是否需进行进一步试验。

凡属国外有一个国际组织或国家已批准使用的，则进行急性经口毒性试验、遗传毒性试验和 28 天经口毒性试验，经初步评价后，决定是否需进行进一步试验。

（2）新食品原料按照《新食品原料申报与受理规定》（国卫食品发[2013]23 号）进行评价。

（3）食品相关产品按照《食品相关产品新品种申报与受理规定》（卫监督发[2011]49 号）进行评价。

（4）农药残留按照 GB 15670《农药登记毒理学试验方法》进行评价。

（5）兽药残留按照《兽药临床前毒理学评价试验指导原则》（中华人民共和国农业部公告 1247 号）进行评价。

五、进行食品安全性评价时需要考虑的因素

1. 试验指标的意义 试验中某些指标在试验组与对照组的比较中有统计学上的显著性差异，这时还应根据其有无剂量反应关系、同类指标横向比较、两种性别的一致性及与本实验室的历史性对照值范围等，综合考虑指标差异有无生物学意义，并进一步区分是生理学表现还是受试物的毒性作用，判断是否具有毒理学意义；如在受试物组发现某种在对照组没有发生的肿瘤，即使与对照组比较无统计学意义，仍要给予关注。

2. 受试物毒性结果的分析

（1）应结合人体推荐（可能）摄入量考虑。若给予受试物量过大时，可能影响营养素摄入量及其生物利用率，从而导致某些毒理学表现，而非受试物的毒性作用所致。

（2）对由受试物引起实验动物的毒性效应进行分析评价时，要考虑在同一剂量水平下毒性效应随时间的变化情况。

（3）特殊和敏感人群。除一般人群的摄入量外，还应考虑特殊和敏感人群（如儿童、孕妇、乳母及高摄入量人群）。对孕妇、乳母或儿童食用的食品，应特别注意其胚胎毒性或生殖毒性、神经毒性和免疫毒性等。

（4）由于存在着动物与人之间的种族差异，在评价食品的安全性时，将动物试验结果推论到人时，应尽可能收集人群接触受试物后反应的资料，如职业性接触和意外事故接触等。在确保安全的条件下，可以考虑按照有关规定进行必要的人体试食试验。志愿受试者的毒物动力学或体内代谢资料对于将动物试验结果推论到人具有重要意义。

（5）在试验得到阳性结果，而且结果的判定涉及受试物能否应用于食品时，需要考虑结果的重复性和剂量-反应关系。

3. 不确定系数 即安全系数，将动物毒性试验结果外推到人时，鉴于动物与人的物种和个体之间的生物特性差异，不确定系数通常为 100。但可根据受试物的原料来源、理化性质、毒性大小、代谢特点、接触的人群范围、食品中的使用量和人的可能摄入量、使用范围及功能等因素，综合考虑增大或减小安全系数。

4. 毒物动力学试验的资料 毒物动力学试验是对化学物质进行毒理学评价的一个重

要方面，因为不同化学物质、剂量大小，在毒物动力学或代谢方面的差别往往对毒性作用影响很大。在毒性试验中，原则上应尽量使用与人具有相同毒物动力学或代谢途径和模式的动物种系来进行试验。研究受试物在实验动物和人体内吸收、分布、排泄和生物转化方面的差别，对于将动物试验结果外推到人和降低不确定性具有重要意义。

5. 综合评价　在进行综合评价时，应全面考虑受试物的理化性质、结构、毒性大小、代谢特点、蓄积性、接触的人群范围、食品中的使用量与使用范围、人的推荐（可能）摄入量等因素。对于已在食品中应用了相当长时间的物质，对接触人群进行流行病学调查具有重大意义，但往往难以获得剂量-反应关系方面的可靠资料；对于新的受试物质，则只能依靠动物试验和其他试验研究资料。然而，即使有了完整和详尽的动物试验资料和一部分人类接触者的流行病学研究资料，由于人类的种族和个体差异，也很难做出能保证每个人都安全的评价。所谓绝对的安全实际上是不存在的。

在受试物可能对人体健康造成的危害以及其可能的有益作用之间进行全面权衡和考虑实际可能，以食用安全为前提，从确保发挥该受试物的最大效益，以及对人体健康和环境造成最小危害的前提下做出结论。

安全性评价的依据不仅是安全性毒理学试验的结果，而且与当时的科学水平、技术条件，以及社会经济、文化因素有关。因此，随着时间的推移，社会经济的发展、科学技术的进步，有必要对已通过评价的受试物进行重新评价。

第三节　转基因食品的安全性评价程序与方法

转基因生物技术的迅速发展使其成为解决粮食安全问题及提高粮食营养和加工品质的主要手段。随着转基因作物商品化生产进程不断推进，转基因食品种类和数量急剧增加，但其安全性亦引起了民众的高度关注。本节简述了转基因食品安全性评价的要点和原则，多角度阐述了转基因食品安全性评价的关键问题，并简要叙述转基因食品的标识。

一、转基因食品概述

通过DNA重组技术改变生物基因组构成得到的生物为转基因生物，包括植物、动物、微生物。利用转基因生物生产的食品即为转基因食品（genetically modified food，GMF）。转基因食品与传统食品最大的区别在于其含有由DNA重组构建的外源基因。目前对转基因生物及转基因食品对人类健康和环境的影响还不尽了解，因此在应用前进行安全评价是十分必要的。

目前转基因食品多数来自转基因植物，也有少部分来自微生物和动物。受体生物是指被导入重组DNA分子的生物。传统对照物是指有传统食用安全历史并可作为转基因生物及其产品安全性评价参照对比物的非转基因生物，包括受体生物及其他相关生物。

目前依据重组基因给食品所带来的新特性，可将转基因食品分为以下几类：①环境适应类转基因食品：通过基因工程技术改造而具有抗除草剂、抗昆虫、抗真菌、抗病毒或固氮等特性的农业生物的产品及以该产品为原料加工生产的食品。②品质改良类转基因食品：通过基因工程技术改造而使其产物具有耐储存、抗腐败等优良特性的农业生物的产品及以该产品为原料加工生产的食品。③营养改善类转基因食品；通过基因工程技术改造而使其产物改变性状、改变营养成分种类、含量及配比等特性的农业生物的产品及以该产品为原料加工生产的食品。

有关转基因食品和转基因作物的潜在危险和安全性一直备受争议，转基因作物的安全性主要涉及食品/饲料安全和环境/生态安全两个方面。目前转基因食品的食用安全性问题主要包括潜在毒性、过敏性、产生对抗生素的抗性基因、食物的营养价值的改变等。到本书完成尚未有报导 GMF 对人类健康有害的案例，但人类长期食用 GMF 的安全性仍然值得关注，而联合国粮农组织（Food and Agriculture Organization，FAO）、世界卫生组织（World Health Organization，WHO 及经济合作与发展组织（Organization for Economic Co-operation and Development，OECD）等国际权威组织及科学界对转基因食品长期食用的安全性也没有共识。转基因食品的安全性评价还有待进一步的研究和时间上的验证。

二、转基因食品安全性评价的原则

1990 年，FAO/WHO 召开的联合会议上提出了“用相似的传统食品作物标准评价源于生物技术作物的食品，同时考虑到食品的加工和用途”的观点，在此基础上，1993 年 OECD 提出了转基因食品安全性评价的实质等同性原则（substantial equivalence），即如果用转基因植物生产的食品与相应的传统食品具有实质等同性，则可认为是安全的。即如果某个新食品或食品成分与现有的食品或食品成分大体相同，那么它们是同等安全的。OECD 认为，转基因食品及成分是否与市售的传统食品具有实质等同性，这是转基因食品及成分安全性评价最为实际的途径。若用转基因植物生产的食品与传统食品不存在实质等同性，则应进行严格的安全性评价。该原则意味着应首先评价转基因食品及食品成分是否与传统食品具有实质等同性，包括表型和成分的比较，以及插入性状、过敏性和标记性状安全性等方面的分析评价。

根据“实质等同”分析评价的结果，可将转基因作物归纳为以下 3 类：①转基因作物与对照物具有实质等同性，即一般认为转基因作物与对照物具有同等安全性，不需要进行进一步的安全性评估，但这种情况并不多见，用转基因作物加工的产品如精炼油、玉米淀粉、精制糖等可归为此类。②除了一些明确的差异（即转入基因表达的蛋白）外，转基因作物与对照物具有实质等同性。目前第一代转基因作物大都在此范畴内，对此类作物的进一步安全性分析主要应围绕这些差异进行。③在多个方面转基因作物与对照物不具有实质等同性，或找不到可进行比较的传统对照物，则需要对该转基因作物进行全面的安全性分析。

“实质等同”实际上是引入了一个比较的原则，但需要注意的是该原则也有其局限性，对引入某个基因或者重组蛋白的表达而导致食物引起的直接、间接、急性或慢性/蓄积性的影响难以评价。尤其是当怀疑非预期效应可能发生的情况下，应当进行动物喂养实验以获得额外的信息来支撑食品毒理学和营养价值的评价。“实质等同”评估是转基因食品评价的起点而不是终点，应按照逐步（stepwise）和个案分析（case-by-case）的原则进一步分析。且随着对转基因食品认识的不断提高，应引入风险分析的原则，并不断对转基因食品的食用安全性进行重新评估和审核。

三、转基因食品安全性评价的程序和要点

目前我国农业部颁布的《NY1101－2006 农业部转基因植物及其产品食用安全性评价

导则》中规定了转基因植物及其产品的安全评价的要点，其中主要规定了以下几方面的内容：①基因受体植物的安全性评价：包括背景资料；对人体及其他生物是否有毒，如有毒，应说明毒性存在的部位及其毒性特征；是否有致敏原，如有致敏原，应说明致敏原存在的部位及其致敏特性；对人类健康是否发生过其他不良的影响；生产加工过程对其食用安全是否存在影响；是否有长期安全食用史。②基因供体生物的安全性评价：包括背景资料；安全状况，包括毒性、过敏性、抗营养作用、致病性；与人类的接触途径及水平。③基因操作的安全性评价：转基因植物中引入或修饰性状和特性的描述；实际插入或删除序列资料；目的基因与载体构建的图谱，载体的名称、来源、结构、特性和安全性、载体是否具有致病性以及是否可能演变为有致病性；载体中插入区域各片段的资料；转基因方法；插入序列表达的资料。④转基因植物及其产品的毒理学评价：主要包括对转基因植物及其产品中新生成物质的毒理学评价和转基因植物及其产品的致敏性评价。⑤转基因植物及其产品的关键成分分析和营养学评价：转基因植物及其产品的关键成分分析评价包括营养成分、抗营养成分和天然毒素、营养成分以外的其他有益的成分、因基因修饰生成的新成分和其他可能产生的非预期成分；以改变营养质量和功能的转基因植物及其产品应进行营养学评估，包括人群营养素摄入情况的改变和对人群所可能带来的营养影响等，特别应考虑最大摄入量对健康的影响和对特殊敏感人群的营养作用；加工条件下对转基因植物及其产品主要营养成分、抗营养成分和其他有益成分含量、结构和功能及生物利用率的影响评价。⑥转基因植物及其产品中外源化学物蓄积性评价：对转基因植物及其产品是否会导致农药残留增加，霉菌毒素及其他对人体有害的主要污染物的蓄积增加进行评价。⑦转基因植物及其产品的耐药性评价：转基因植物及其产品中如果含有耐药性标记基因，应对其耐药性进行评价。转基因食品安全性评价的要点主要包括以下几类。

（一）外源基因和蛋白质的特征鉴定

对外源基因和蛋白质的特征鉴定主要是利用分子生物学技术对外源基因的序列分析比对及对其在受体生物中所表达蛋白质的序列分析和鉴定，以预测蛋白的功能或可能的作用机制。当基因重组对转基因生物的代谢途径和生物合成途径不造成影响时，对食品的品质和安全的影响作用也相对较低。

在植物转基因过程中，外源基因对于植物受体细胞的直接转化频率相当低，因此通常将标记基因与目的基因构建在同一表达载体转入植物。目前，植物遗传转化中所使用的标记基因尚无直接毒性和过敏性的证据。WHO 提出了标记基因安全性分析与评价原则：明确标记基因的分子、化学和生物学特征；标记基因的安全性应与其他基因一样进行评价；原则上某一标记基因的安全性资料一旦建立，可用于任何一种植物，且可用于与任何一种目的基因连接。

新表达蛋白质（包括目标基因和标记基因所表达的蛋白质）的分子和生化特征分析包括以下一些信息：分子量、氨基酸序列、翻译后修饰、功能叙述等资料；表达产物若为酶，应提供酶活性及其影响因素（如 pH、温度）、底物特异性、反应产物等；新表达蛋白质与已知毒性蛋白质和抗营养因子（如蛋白酶抑制剂、植物凝集素等）氨基酸序列相似性比较的资料；新表达蛋白质热稳定性试验资料，体外模拟胃液蛋白消化稳定性试验资料，必要时提供加工过程对其影响的资料。

应提供与非转基因对照物相比，生产、加工、储存和烹调过程是否可改变转基因植物产品特性的资料，包括加工过程对转入 DNA 和蛋白质的降解、消除、变性等影响的资料，如油的精炼、微生物发酵、加工、储藏等对所表达蛋白含量的影响。

（二）致敏性评价

转基因技术可能产生新的未知过敏原，可能导致过敏原从已知过敏性食品转移到受体，或使受体过敏原的过敏性水平提高。因此，对在转基因食物中出现的基因修饰表达的蛋白质，应遵循整体、分步和个案分析的原则，对其潜在致敏性进行综合评价，评价通常包括以下几方面的内容。

（1）来源：根据基因供体生物致敏性的信息，确定评价致敏性所采用的方法和数据。基因供体生物致敏性信息包括可获得的筛选血清、过敏类型、过敏反应程度和频率、外源基因表达蛋白质结构特征和氨基酸序列、外源基因表达蛋白质物理化学性质和免疫学特性。

（2）氨基酸序列的同源性：外源基因表达蛋白质与已知致敏原氨基酸序列的同源性比较。对于来源于已知致敏原或与已知致敏原具有序列同源性的蛋白质，如果可获得过敏血清，可采用免疫学方法评价；对于来源于非已知致敏原或与已知致敏原不具有序列同源性的蛋白质，必要时，应进行目标血清的筛选。

（3）稳定性：外源基因表达蛋白质在加工过程和胃肠消化系统的稳定性。

目前，国际上公认的转基因食品中外源基因表达产物的过敏性评价策略是 2001 年由 FAO/WHO 颁布的，并于 2003 年被国际食品法典委员会（Codex Alimentarius Commission，CAC）采纳。主要包括氨基酸序列同源性的比较、血清筛选试验、模拟胃肠液消化试验和动物模型试验等，最后综合判断该外源蛋白的潜在致敏性的高低。图 14-1 为 FAO/WHO 于 2001 年提出的致敏性评价的决策树。

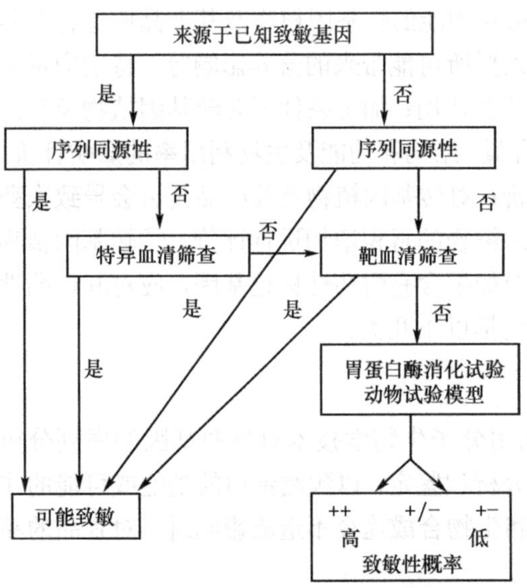

图 14-1　评价转基因作物中转入蛋白致敏性的决策树（FAO/WHO，2001）

（三）营养成分及其他成分分析

在分析转基因食品的营养成分时，需要综合考虑所要测定的营养成分种类、转基因食品和相应非转基因食品营养成分比较、转基因食品对公众健康的长期影响等。确定某种营养成分的适当摄取量还应考虑营养成分本身和消费者所处的环境。

从目前的多项研究结果来看，大多数转基因作物如抗虫玉米、耐除草剂玉米、抗虫大米以及富含直链淀粉的大米等转基因食品的营养成分与传统食品是基本一致的。但有些针对性改良营养成分的转基因食品其目标成分会有较大变化，如富含赖氨酸的玉米。

许多传统食品含有毒素，其表达水平对人体是安全的。转基因技术可能会把毒素引入到食品中或提高已有食品的毒素水平，因此在分析转基因食品的毒性时，应考虑如果受体生物含有毒素，转基因生物的毒素含量是否在受体生物水平的范围内或低于受体水平；如果外源基因的供体能表达毒素，毒素或毒素合成过程的关键酶是否能伴随外源基因转入转基因生物，生产加工过程是否对转基因食品毒素造成影响。故须检测毒素的含量和活性。目前在转基因植物及其产品的评价中还需根据实际情况对其含有的抗营养素，如棉酚、植酸、硫代葡萄糖苷等进行测定。

在进行各成分分析和评估时，还应考虑到加工条件下对转基因植物及其产品主要营养成分、毒素、抗营养素和其他有益成分含量、结构和功能及生物利用率的影响评价。

（四）毒理学评价

转基因食品的安全性评价所采用的动物包括大鼠、小鼠、猪、牛、羊、鱼类等。由于啮齿类动物成本低、生命周期短、易于操作、且在长期的研究易标准化，故应用较多。但需注意的是，应根据具体研究目的选择适宜动物，如猪的亲缘关系和人很接近，器官大小也接近于人，比较适合营养代谢等方面的研究。

转基因食品中新生成的物质包括蛋白质、脂肪、碳水化合物、维生素、代谢产物及其他成分，在进行毒理学评价时，可以使用从转基因食物中分离的物质，或通过其他途径产生在结构和功能上与转基因食物中该物质完全相同的物质作为受试物进行评价。并在毒理学评价时综合考虑新生成物质在植物可食部分的含量及不同人群的暴露水平。

外源基因表达蛋白质与已知有安全食用历史的蛋白质在氨基酸序列上有差异时，或有研究提示因基因修饰而改变的特性可能带来潜在的毒性效应，应视具体情况对其进行急性经口毒性试验、亚急性经口毒性试验等，必要时进行免疫毒性评价。如转基因食物中引入蛋白质以外无安全食用历史的其他成分，不同的成分需要根据个案分析的原则选择毒物动力学试验、急性毒性试验、遗传毒性试验、致畸试验、亚慢性毒性试验、生殖发育毒性试验和慢性/致癌毒性试验等进行评价，如对于化学结构提示具有慢性毒性、遗传毒性或者致癌性的可能性，以及产量大、使用范围广者，则须进行慢性/致癌毒性试验。

在以全食品为受试物的转基因食物评价中，通常按照食品毒理学安全性评价的程序实施动物试验，综合分析转基因食品组、传统食物对照组和常规基础饲料对照组的试验结果，在尽量平衡并排除营养不平衡等因素对结果影响的基础上，判定转基因产品与传统食物对照物在动物试验中的实质等同性。在毒理学试验中通常使用的是极端大剂量，即在考虑转基因食品在人群膳食组成中所占比例的基础上，在饲料中掺入最大暴露量的转基因食物，故在结果评估时应予以分析。同样，由于人和动物在解剖结构、生理病理上存在差异，以及实验动物自身存在个体差异和生长效率的不同，用动物试验的方法评价转基因食品的安全性与其他健康相关研究一样存在局限，需要纳入相关的不确定系数，结合多方面研究进行评价。

四、转基因食品的标识和管理

国际最早的转基因生物法规是美国国立卫生研究院（National Institute of Health，NIH）于 1976 年发布的《重组 DNA 分子研究准则》。随后欧洲各国相继制定了有关重组 DNA 技术安全操作指南或准则。目前 CAC 已经发布的转基因相关食用安全检测指南（标准）有《现代转基因食品的安全风险评估原则》、《重组 DNA 植物及其食品安全性检测指南》以及《重组 DNA 微生物及其食品安全性检测指南》，是各国制定转基因作物安全性评价方法的指导性文件。我国农业转基因生物安全标准体系也已初步形成，已颁布《农业转基因生物安全评价管理办法》、《农业转基因生物进口安全管理办法》和《农业转基因生物安全管理条例》等标准条例，针对转基因农产品安全性问题制定了一系列的转基因农产品安全评价、审批程序、标识管理制度。其中 2001 年颁布实施的《农业转基因生物安全管理条例》要求在我国境内种植和销售的转基因农产品都要开展安全评价，并制定了相应的转基因农产品安全评价指南，并对转基因作物及其产品进行生产许可、经营许可、加工审批制度，并采取转基因成分标识，同时严格实施 GMF 的进出口监管。

在全球加强转基因生物安全性评价管理与实施转基因生物标识制度。美国对转基因产品实施自愿标识制度。欧盟则对转基因产品实施强制性标识和追踪溯源的管理制度，即从种子生产到农田到餐桌全过程都要与非转基因产品分开，许可的转基因成分大于 0.9%必须标识。日本转基因食品标识的阈值为 5%，但用 100%转基因大豆加工的大豆油不用标识。韩国转基因食品标识的阈值为 3%，规定食品中前 5 种含量最高的成分中若转基因成分含量超过 3%时需要标识，最终产品中不含外源 DNA 或蛋白质则不需标识，如大豆酱油和食用油等。澳大利亚、新西兰规定，终产品（如来源于转基因大豆、玉米和油菜的油、糖、淀粉等）中不含新的 DNA 或蛋白质的食品、食品添加剂或加工辅料、终产品中转基因成分含量不超过 0.1%的调味品、以及在餐饮业等加工场所的食品可不进行标识。我国采用的是定性强制标识制度，即只要含有转基因成分，就必须标识。

五、转基因食品安全性评价前景与发展

综上所述，目前对于转基因食品的安全性评价程序较为完善，且随着新技术的发展，这一过程还将不断完善，目前市面上的转基因食品是经过了严密的安全性评估的。但转基因食品安全性评价是一个动态的过程，其发展主要包括以下几方面。

（一）上市后监测

欧盟现要求转基因作物需进行市场后监测。较暴露量易控制的药品相比，转基因作物食品的上市后监测相对困难，主要问题是暴露量难以监控及计算，且人的膳食组成较复杂，相关性难以确定等。食物中转基因成分的含量的检测也需要相关技术的配套标准化与发展。

（二）转基因动物的安全性评价

转基因动物的发展相对于转基因植物还相对滞后。随着转基因动物的研发和产业化，转基因动物食品及其制品也必将更加丰富，相伴随的便是其安全性评价体系的建立，这一领域的发展将是未来转基因动物食品的重点，也是转基因动物食品顺利进入市场的安全保证。有学者指出由于动物的生存周期长，某些转入基因可能导致动物体内对兽药、重金属等外源化学物质的累积增多，或某些转基因动物可能与新的病原菌共生，从而增加人畜共患病的风险等。目前对生物技术发展的动物性食品的安全性尚无定论，国内外还没有公认一套适用于转基因动物及其产品的食用安全评价技术体系。但普遍认可的安全性评价原则也是实质等同性原则，并不涉及伦理、道德、社会经济和动物福利相关内容，从转基因动物的分子特征、遗传稳定性、健康状况、环境安全和食用安全性、表达产物的毒性和生物活性、潜在致敏性、非预期效应等方面分别进行评价。

（三）非预期效应评价

非预期效应是指除了由目的基因插入导致的预期效应之外，在相同条件和环境下种植的转基因植物与非转基因亲本相比，在表型、反应和成分上呈现出的显著差异，如随着目标性状的导入，某些与遗传改良非相关的突变的发生；新导入的 DNA 也许插入到染色体转录活跃区域，继而使宿主基因沉默或者改变表达的调控；基因的变化造成基因的表达产物或者代谢物与细胞的其他产物相互作用产生有毒的物质等。研究非预期效应的方法主要包括代谢组学、蛋白组学和转录组学等分子生物技术，这些技术尚未标准化且成本昂贵，不建议将其纳入转基因食物的评价中。实际上传统生长的作物也可能与亲本发生遗传变异，迄今所进行的非预期效应研究案例均认为现代生物技术与传统育种所引起的非预期效应是等同的。

（四）基因水平转移

基因水平转移问题也是转基因食物安全性方面的一个颇受关注的话题。基因水平转移对人类可能产生的危害主要包括以下两方面：①转基因食物中重组的 DNA 分子是否会进入人或动物的体内而引起不良效应；②如转入抗生素标记基因，其是否会进入，进而定居于人或动物胃肠道的微生物细胞中，导致相应药物失效。目前关于基因水平转移的研究主要是通过 PCR 方法，对可能发生水平转移的组织或微生物进行目的基因的扩增，直接检测水平转移的可能性及频率。而现有研究结论是食品中的基因水平转移或整合到胃肠道组织及微生物中的概率非常小，摄入转基因食品中的 DNA 水平转移不应引起安全性问题。

（五）肠道微生物

肠道微生物菌群的状态反映了饮食对肠道健康产生的影响，近年来肠道微生物对人类健康效应的作用及与众多疾病的相关性已得到共识。研究方法主要采用微生物基因组学、基因测序等前沿的分子生物学技术。通过对动物或人体肠道微生态的评价可以作为转基因食品食用安全评价的评判佐证。

（帅　怡　陈锦瑶）

小　结

本章介绍了食品安全性毒理学评价的发展、评价程序的主要内容及转基因食品评价的原则和基本方法。

食品安全性毒理学评价是运用食品毒理学的方法，对于直接和间接用于食品的，存在潜在危害的各种因素（化学、生物和物理因素等），进行综合分析、评价其是否影响人体健康的科学过程。为了统一各评价试验的内容、目的和结果判定，规范不同受试物选择毒性试验的原则，我国制定了一系列的国家标准，包括“食品安全性毒理学评价程序”、“食品毒理学实验室操作规范”及各项具体试验的操作评价标准，即 GB15193 系列。

转基因食品，是通过 DNA 重组技术改变生物基因组构成得到的转基因生物而生产的食品。与传统食品最大的区别在于其含有由 DNA 重组构建的外源基因。1993 年 OECD 提出了转基因食品安全性评价的实质等同性原则，即如果用转基因植物生产的食品与相应的传统食品具有实质等同性，则可认为是安全的。目前我国农业部颁布的《NY1101－2006

农业部转基因植物及其产品食用安全性评价导则》中规定了转基因植物及其产品的安全评价的要点。

思 考 题

1. 什么是食品安全性毒理学评价？

2. 现行的 GB15193 标准中，毒理学试验项目有哪些？

3. 简述：进行食品安全性评价时需要考虑的因素有哪些？

4. 我国农业部颁布的《NY1101－2006 农业部转基因植物及其产品食用安全性评价导则》中主要规定了转基因植物及其产品的安全评价的几方面内容？

参 考 文 献

戴寅，陈君石，李悠慧，等. 1997. 食品安全性毒理学评价程序和方法. 医学研究杂志，26（12）：9-10.

韩驰. 2003. 中国食品毒理学的现状和发展. 中国食品卫生杂志，（6）：481-483.

李宁. 2007. 国内食品安全性毒理学评价的现状和发展. 毒理学杂志，21（5）：368-370.

浦惠莉，俞莎，于村. 2000. 食品安全性评价和卫生标准制定的探讨. 浙江预防医学，12（3）：28.

沈明浩，易有金，王雅玲. 2014. 食品毒理学. 北京：科学出版社.

徐海滨，徐丽萍. 2008. 食品安全性评价. 北京：中国林业出版社.

张立实. 2010. 功能性食品安全性评价. 见中国环境诱变剂学会风险评价专业委员会第四届第三次委员会议暨全国第 11 届学术会议——低碳环境与遗传损害研讨会论文集. 西宁：中国环境诱变剂学会.

赵文. 2013. 食品安全性评价. 北京：化学工业出版社.

郑定仙. 2006. 我国食品毒理学回顾与展望. 中国热带医学，（10）：1880-1881.

中华人民共和国国家标准化管理委员会. 2003. GB15193.1～15193.21—2003. 食品安全性毒理学评价程序和方法.

中华人民共和国国家卫生和计划生育委员会. 2014. GB15193.1—2014. 食品安全国家标准食品安全性毒理学评价程序.

中华人民共和国农业部. 2006. NY1101－2006. 农业部转基因植物及其产品食用安全性评价导则.

著者. 2013. 食品毒理学评价程序及方法标准清理情况. 中国卫生标准管理，4（2）：161-164.

Bartholomaeus A.，Parrott W.，Bondy G. et al. 2013. The use of whole food animal studies in the safety assessment ofgenetically modified crops：Limitations and recommendations. Crit Rev Toxicol，43（S2）：1-24.

OECD. 2006. Series on the Safety of Novel Foods and Feeds，No. 14.An introduction to the food/feed safety consensus documents of the Task Force. Report of the Joint Meeting of the Chemicals Committeeand the Working Party on Chemicals，Pesticides and Biotechnology. Paris，France：OECD.

第十五章　食品安全风险分析

学习要求

1. 掌握：食品安全风险分析的概念及组成；食品安全风险评估的步骤；化学性危害风险评估的步骤及基本方法；微生物危害风险评估的原则。

2. 熟悉：微生物危害风险评估的步骤；食品安全风险管理的框架。

3. 了解：食品安全风险交流的策略及要点。

食品从原料生产、加工、贮运、销售直到消费的各个环节都可能存在物理、化学、生物等不安全因素。随着新食品资源的不断开发，食品及食品相关材料的品种不断增加，生产规模的不断扩大和改变以及消费方式的多样化，食品安全问题的分析的重要性日益突显。20 世纪 80 年代，风险分析（risk analysis）方法开始应用于食品中有毒有害物质对人体危害的安全性评价，近年来在食品安全事件的应对中起到了不可忽视的重要作用。本章将系统介绍食品安全风险分析的框架，食品安全风险管理、风险交流、风险评估的内容，以及化学性食品安全风险评估和生物性食品安全风险评估的实施步骤。

第一节　食品安全风险分析与风险评估概述

食品安全问题由于其复杂的环境因素等多方面原因，食品危害与人体健康效应之间的关联有时难以确定、更加难以量化，且即使确定了二者的关联，所需要采取的干预措施可能从技术、经济或者管理角度来看并不总是切实可行。食品安全风险分析在此类食品安全问题的分析和应对中起到了不可或缺的作用。

一、食品安全风险分析

食品安全风险分析包括风险评估、风险管理和风险交流三个不可分割的部分。在联合国粮农组织（Food and Agriculture Organization of the United Nations，FAO）和世界卫生组织（World Health Organization，WHO）早期的风险分析框架中，风险评估、风险管理和风险交流三部分是相互交叉的品字形构架，各部分相对独立地运行，风险交流主要用于辅助风险评估和风险管理。后来风险交流的全程性逐渐被意识到，于是 2006 年 FAO/WHO 提出了现行的食品风险分析圆圈框架，将风险评估与风险管理置于风险交流的圆圈之内（见图 15-1），这意味着各部分之间不是从属关系，而更强调了融合，同时也体现了风险交流的桥梁作用。风险评估主要是基于数据的科学评判，而风险管理则基于风险评估的结果实施政策性的管理措施，风险交流应贯穿于风险分析的整个过程。其中风险评估是风险分析的基础，其目的是判定食品中某种有害物质对人群健康危害的风险程度。

图 15-1　食品安全风险分析的组成部分

风险分析是一种为食品安全决策提供参考的系统化、规范化方法，包括以下几点特征：①系统性：风险分析应基于一定的架构和程序进行，并具有一定的重复性和一致性，即在出现新信息时可重复应用该风险分析方法。②科学性：风险分析是一门系统科学，需要连贯的方法学思维（如生产到消费）、广泛的数据收集及模型建立、综合各方因素分析的方法等。③持续性、动态性：风险分析是一个不断重复且持续进行的过程，存在较多反馈环节和按需重复的步骤。风险管理者、评估者以及其他参与者之间不断重复的互动，即使达成或实施了某项决策，风险分析也并不会就此结束；而在获得新信息或控制措施取得成效时，应对措施做出相应调整。④公开性、透明性：应尽量保证风险分析实施过程的公开性和透明性，并保留整个过程中的文件记录。

风险分析可对具体风险管控措施的影响做出系统评价，有利于制定与公众健康风险相应的科学决策。风险分析还可对风险管理的执行成本和预期收益进行比较，并为不同的食品安全问题政策制定的优先顺序提供技术支撑。通过实施风险分析，政府可有效履行卫生与植物卫生（sanitary and phytosanitary，SPS）协定中的义务，并提升其在国际贸易中的地位。通过风险分析可发现现有数据对于风险认知的差距和不确定性，有助于确定用于保护消费者健康研究的优先顺序。

美国科学院国家研究理事会于 1983 年发布的红皮书《风险评估在联邦机构风险管理中的作用》，最先将风险评估引入环境管理和食品安全乃至整个公共卫生领域。1991 年，FAO 和 WHO 建议国际食品法典委员会（Codex Alimentarius Commission，CAC）把风险评估原则应用于食品标准的制定过程。1993 年第 20 届 CAC 大会提出，食品安全标准的制定应以风险评估为基础。1995 年、1997 年和 1998 年，FAO/WHO 先后召开了有关风险评估、风险管理和风险交流的专家咨询会议，出台了一系列有关食品安全风险分析基本原理、方法和应用的文件和报告，构建了食品风险分析的基本框架。

实施卫生与植物卫生措施协定（SPS 协定）允许各国采取正当措施保护消费者的生命与健康，但前提是这些措施必须被证明是科学的，且不会对贸易产生不必要的阻碍。SPS 协定第 5 条要求各成员应保证其卫生与植物卫生措施的制定以对人类、动物或植物的生命或健康的风险评估结果为依据，同时考虑有关国际组织和机构制定的风险评估技术。目前发达国家食品安全监管已基本建立在风险分析框架上，食品安全标准和风险预警等风险管理措施均基于食品安全风险评估结果；而风险监测不仅是风险评估的基础数据来源，也是评估风险管理措施的重要依据。如何建设国家食品安全风险评估体系及有效发挥其作用是保障我国食品安全的重点方向。

二、食品安全风险管理

(一)风险管理与风险管理者

风险管理是一个在与各利益相关方磋商过程中权衡各种措施、方案的过程。该过程需要考虑风险评估的结果、保护消费者健康及促进公平贸易活动相关的因素,在必要时选择适当的预防和控制方案。风险管理是一个科学性、系统性的过程,并且具有可重复、公开、透明等性质。

政府食品安全监管机构通常扮演着风险管理者的角色,他们不仅对风险分析的实施负有全面责任,也担负着选择和实施食品安全控制措施的职责。风险管理者通常不需要详细了解如何实施风险评估,但他们必须知晓在何种情况下需要委托风险评估任务并追踪其实施的全过程,并能了解风险评估的结果据此做出正确的风险管理决策。同样,风险管理者也不必是风险交流方面的专家,但必须知道风险交流在风险分析中的重要作用,并确保在风险评估和管理的过程中风险交流得以恰当而充分的实现。

(二)风险管理框架

风险管理可大致分为 4 个部分:①初步风险管理活动;②风险管理方案的确定;③风险管理措施的实施;④全过程的监控与评估。WHO/FAO 推荐的风险管理的一般框架如图 15-2,但需注意的是,各个国家政府组织可依据自身的组织架构及所应对食品安全问题的性质,进行相应的食品安全风险管理活动。

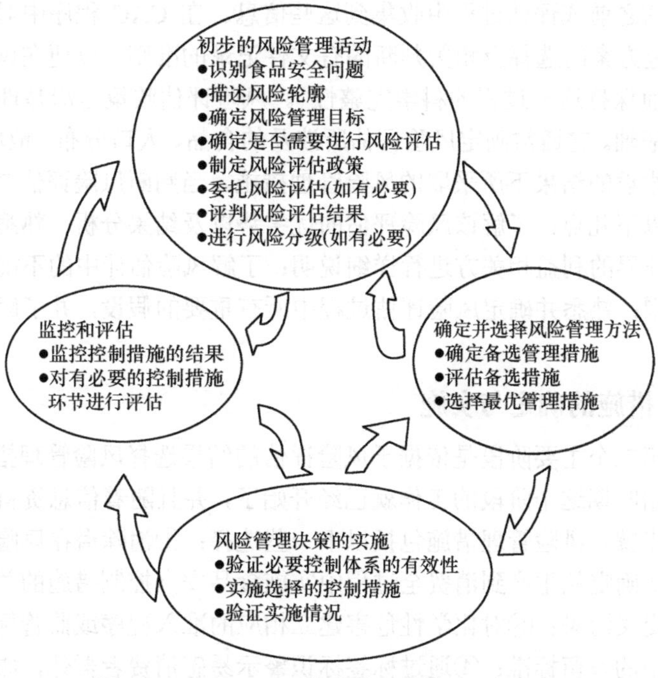

图 15-2 WHO/FAO 推荐的风险管理一般框架

（三）食品安全问题的识别及风险评估的启动

初级风险管理活动主要是识别食品安全问题并确定是否及如何进行风险评估，从而启动风险评估。食品安全监管机构需通过不同的途径了解需要解决的食品安全问题，主要包括以下途径：国内常规监管、食源性疾病暴发、食品安全标准调研、进出口食品检疫、食品风险监测、环境监测、流行病学与临床研究、毒理学研究、新资源食品/食品添加剂及食品相关产品的申请与审批、食品安全相关学者建议、媒体及消费者投诉等。确定食品安全问题后，需要描述风险轮廓（risk profile），即根据现有信息大致描述该风险，主要目的是帮助风险管理者采取进一步行动。风险轮廓描述所收集信息的范围和程度因具体情况而异，但应足以指导风险管理者决定是否需要进行风险评估及评估的程度，并为进一步的行动提供背景和指导。如果有明确资料对风险进行了科学描述、食品安全问题相对简单或不属于风险管理范畴、或要求做出紧急监管措施的情况下，可能不启动风险评估。如果食品安全问题非常紧迫，须在有限时间内找到解决方法并迅速付诸行动时，所进行的风险分析受条件限制，备选方法相当有限；而对于不太紧急的问题，风险管理者需综合资源的局限性、法律、政治角度及其他因素考虑，对特定情况下开展风险分析的范围做出可行且有效的决策。

在初级风险管理活动中应明确风险管理的目标，如制定/修订食品安全标准、评估某危害的分布水平、评估某种新的食品添加剂对消费者的健康有无影响等目标。在制定风险评估政策/程序的时候，需要重点考虑的方面包括需要解决什么问题、采用何种方法可能产生有用的结果、目前缺乏哪些数据、存在哪些不确定性。在启动阶段明确缺失的关键数据也有助于在风险评估之前或评估过程中收集到这些信息。在 CAC 程序中对风险评估政策的定义为“关于备选方案的选择及相关判断的有文件记录的准则，以便在风险评估的关键点上加以应用，从而保持这一过程的科学完整性”。风险评估政策是清楚理解风险评估范围及其进行方式的基础。它通常确定风险评估所涉及的食品、人口分布、地域及时间周期等，并会提出在各种假设的结果下所采取的风险管理措施。当判断风险评估是否完善时，风险管理者需要做到以下几点：了解该风险评估的优劣势以及结果分析；熟悉风险评估中使用的技术，以便向外界的利益相关方进行详细说明；了解风险估计中的不确定性和变异性的本质、来源及范围；熟悉并确定风险评估过程中所有重要的假设，并了解它们对结果产生的影响。

（四）风险管理措施的确定与实施

风险管理的第二个主要阶段是依据于风险评估的结果选择风险管理措施。但实际上，在风险分析的初始时期这个阶段的工作就已经开始了，并且随着信息资料的逐步完善与量化而不断重复该步骤。风险管理措施包括以下一些选择：①消除潜在风险，如禁止使用某种食品添加剂；②确定从生产到消费全过程中实施食品安全控制措施的关键点，如在食品加工生产中预防交叉污染；③对化学性危害建立相应的准入程序或监管标准，如制定某种农药在某种作物中的残留标准；④通过标签标识警示易感消费者群体，如在食品标签中强制标识反式脂肪酸含量；⑤当风险很大程度上在监管部门的管辖之外时，应确定非监管性的措施对相应群体进行宣贯，如鼓励食品生产企业实施危害分析和关键点控制（hazard analysis critical control point，HACCP）计划、教育消费者在家中制作食物中生熟分开等；⑥不采取任何措施，如果风险评估提示该食品安全问题不造成人群健康风险，可不采取任何措施。

风险管理决策由多方实施，包括政府官员、食品企业与消费者。实施类型依食品安全问题、风险管理决策及涉及机构的性质而有所不同。

在实施决策后，风险管理并没有因此停止。风险管理者还应确认降低风险的措施是否达到预期的结果、是否产生与措施相关的非预期后果、风险管理目标是否可以长期维持。在数据收集过程中需对风险管理决策进行定期的评估。风险管理的监控与评价阶段包括收集与分析风险相关的各类数据，形成对食品安全及消费者健康的总体评估。在某些情况下，常规的监测结果可能表明需要进行新一轮的风险评估以降低以往评估的不确定性、或新发现的学术研究结果可能更新风险评估的结果、改变风险管理目标，而社会价值变化、技术革新等因素均可导致重新考虑以往采取的风险管理决策。

三、食品安全风险交流

（一）风险交流的定义与意义

依据 CAC 的定义，风险交流是指在风险分析全过程中，就危害、风险、风险相关因素和风险认知在风险评估人员、风险管理人员、消费者、产业界、学术界和其他感兴趣各方中对信息和看法的互动式交流，内容包括但不限于对风险评估结果的解释和风险管理决策的依据。即从广义上讲，风险分析涉及的所有人及社会团体都是风险交流的参与者，包括政府管理者、风险评估专家、消费者、企业、媒体、非政府组织等。欧洲食品安全局（European Food Safety Authority，EFSA）对风险交流的描述是："在正确的时间通过正确的方式将正确的信息传达给正确的人"。

风险交流是风险分析中具有重要作用但却常常利用不足的一个部分。良好的风险交流要求有条理的计划和一定的资源投入。风险管理者可为风险交流提供基础设施、并鼓励交流；使交流能顺利进行是风险管理成功实施的重要环节。风险评估专家、风险管理者及风险交流专家需要系统的知识和交流策略以便于进行有效的风险交流。风险交流是风险管理框架中不可缺少的要素，风险交流有助于给风险分析团队成员以及其他利益相关方及时获取有用的信息。成功的风险交流是有效的风险管理和科学的风险评估的前提，有助于风险分析过程的透明化，可促进大众理解和接受风险管理的决策。风险交流应是风险管理框架中事先计划的有序部分，可作为辅助解决食品安全问题的有效方法。

风险交流是一个双向过程，涉及风险管理者与风险评估者之间、风险分析所有成员和外部的利益相关方之间的信息传递、反馈和共享。风险管理者倾向于把风险交流看作对外公布信息的过程，即就食品安全风险评估结果和管理措施向公众提供清晰、及时的信息，但这只是风险交流的侧重点之一，通过风险交流获得信息反馈也同等重要。这个双向的过程有助于形成更有效的决策，便于解决各个利益相关方所关注的问题。

风险分析涉及的所有人员都可算是风险交流过程中某一环节的风险交流者，较为理想的情境是风险评估者、风险管理者和外部的参与者都具有风险交流意识和技能，并尽早地将风险交流融入到风险分析的各个阶段中。

（二）风险交流在风险分析中各个环节的作用

在理想的情况下，风险交流应在风险分析的各个环节得到良好实施并起到相应作用。

1. 识别食品安全问题、形成风险轮廓 在风险管理的起始阶段，所有利益相关方之间的开放式的交流对于准确识别食品安全问题极为重要。风险管理者与生产加工食品的企业相关人员、科学家和其他可能受影响的利益相关方人员的经常性反复交流有助于对食品安全问题形成更为清晰的认识。在风险轮廓的形成中，交流主要在风险管理者与负责建立风险轮廓的风险评估者和其他科学家之间进行，但在该过程中保持与利益相关方开放的交流网络并利用其获取信息和反馈可获得更加全面的信息。

2. 建立风险管理目标、确定风险评估流程 风险管理者不应在信息隔绝的情况下决定一项风险评估是否必要。风险管理目标中涉及的风险管理政策视具体情况有所不同，在这个过程中他们与风险评估者和外部利益相关方之间的交流至关重要。确定风险评估流程的核心交流过程主要涉及风险评估者和风险管理者。风险评估流程可体现在书面上，并可向利益相关方征求意见。

3. 组织风险评估小组 在此过程中最重要的交流就是风险评估者和风险管理者之间的交流。交流应包括的内容是风险评估者应回答的问题、风险评估的目的和范围、及评估成果的提交和期限。能保证风险管理者和风险评估者之间有效交流的方式较多，而两个群体之间面对面的会议一般是最有效的交流机制。在国家层面上，交流机制需要取决于政府的管理结构、法律规定等。

4. 实施风险评估 风险评估是风险分析体系中一个相对封闭的环节。但因为风险评估试图解决的问题可能会随着评估过程中所收集信息的完善而发生改变，故在这个过程中与风险管理者保持交流非常必要。同时，也应与评估数据来源方（如关注化学物的生产方）进行有效的科学信息交流。故目前鼓励外部利益相关方更多地参与到风险评估的后期过程中。

5. 风险评估的结果交流 风险评估结果的完成和提交通常意味着风险评估者和风险管理者的密集交流阶段，风险评估者需要确定风险管理者充分理解风险评估结果及相关的不确定性，并共同讨论相应的风险管理措施可能带来的影响。同时，评估结果需要向利益相关方和公众公布，并进行适当的解释。因为风险评估的过程和结果技术性含量较高，故这个阶段中交流的有效性很大程度取决于风险分析早期过程中的适当交流。

6. 确定风险管理措施 风险管理措施的关键是在综合考虑风险评估结果和经济性、成本效益和实现适当保护水平的基础上形成决议。虽然基于经验，风险管理者对可供选择的风险管理措施可能已有初步的选项和倾向，但对利益相关各方的咨询在选择管理措施时至关重要。

在食品安全控制措施的有效性、技术及经济上的可行性方面，食品产业界的技术专家可提供实用的信息；而作为食品安全问题的承担者—消费者也可就风险管理措施提供重要意见。如果拟采取的风险管理办法包括以信息为基础的方法（如警示、食品标签、食品安全宣教等），就此类措施与消费者进行交流，对于获悉措施的类型和途径是至关重要的。

在涉及争议时，生产者、消费者似乎往往把彼此及政府作为对立面，尽管生产者和消费者的需求看似存在不可避免的矛盾，但是并不完全是对立和不可调和的。故除了通常的生产者和消费者各自与政府机构进行交流外，风险管理者也应促进生产者和消费者之间进行直接交流。

7. 风险管理措施的实施、监控和评估 为确保最终选择的风险管理措施得到有效实施，政府风险管理者需要与措施实施方保持密切、持续的交流和合作。如企业生产者实施相应措施，政府应与其共同设计认可的方案、并通过监督、审查和认证的方式监控其进程和执行情况；当风险管理措施涉及消费者时，常常需要利用医疗和公共卫生工作者参与信息发布等开展额外的交流工作，并通过各种途径了解消费者接受和遵循政府建议的效果。在监控和评估时，风险管理者需要通过与各方交流收集相关数据，并积极通过咨询其他团体以获得所关注的信息。风险管理者有时尚需通过正式的风险交流过程确定是否有必要采取进一步控制风险的其他措施。

（三）风险交流的策略与要点

风险交流的第一步是确定交流的目的是什么，每一步的交流均有不同的侧重点，计划交流活动的成员首先应把握以下三点：①风险交流的主题（如阐释风险评估的结果、确定和选择风险管理的措施）；②参与人员；③什么时候应进行哪种形式的交流。

目前国内外已发展一些具体、有效的风险交流策略，相应的策略可灵活运用于不同文化背景下食品安全问题的处理，主要原则如下：收集、分析并交流有关该食品安全风险的各方面背景信息；了解风险评估者、风险管理者和其他利益相关方对该食品安全风险或相关风险的理解和认知、相应的态度和与风险相关的行为；了解风险分析团队外部利益相关方对该风险的关注点以及他们对风险分析过程的期望，并保持敏感性；明确利益相关方认为重要并希望获得的风险信息类型；确定需要从外部利益相关方获得的信息种类，并寻求信息来源；解释风险评估实施的过程，包括如何说明不确定性；在所有的风险交流活动中尽量确保公开、透明和灵活性等。风险交流的案例见附录 15-1。

在与消费者进行相关食品安全或健康相关问题的风险交流时，适宜的风险交流可帮助消费者做出正确的选择。风险分析团队应首先意识到以下几方面：①认识到“消费者”与“专家”对“风险”的感知是不一样的，风险评估是一个技术性很强的工作，专家倾向于基于数据和不确定性而做出“风险”的判断，而对消费者而言，风险是相对主观、并且倾向于依据经验来判断的，风险交流应着力于沟通专家与消费者对风险感知方面的差异；②认识到风险中的不确定性是不可避免的，而这一点会对消费者的理解产生不良影响；③理解消费者是基于何种原因选择相应的风险相关行为（如媒体引导、传统、畏惧、习惯性行为、侥幸心理、或本身倾向于选择不作为）；④需要认识到消费者最想要了解的问题，而不是在风险评估中最需要解释的问题；⑤包含太多复杂专业信息的交流可能导致消费者基于经验可能认为该风险较高，甚至对风险评估者产生不信任感；⑥不要回避矛盾的学术发现，并尽可能地提供适宜的背景知识；⑦消费者容易误解复杂的专业术语（如“统计学意义”、“观察性研究”等）和数据信息，应尽可能的简化所交流的信息。

鉴于以上几点固有的差异，科学家、健康工作者、政府官员对消费者进行风险交流时，可依照“计划、听取、关注”（“plan，listen，care，PLC”）的步骤及原则进行风险交流。在计划交流的过程，应认识到风险交流是一个持续的过程，首先把握风险交流的目的、需要传达的信息、消费者可针对风险采取的行为，根据“简洁、实时、准确、重复、一致”的原则来设计风险交流的信息，综合“消费者需要知道的信息、消费者希望了解的信息以及消费者最可能误解的信息”三个方面来组织交流的内容，不要一味的安慰消费者，而是为消费者提供具体可行的信息来控制风险。在风险交流过程中“听取”包括对消费者意见、媒体看法、及消费者情绪的观察，可帮助风险交流者对风险交流各方的风险感知的差异有所了解，并有助于消除各方的不信任及情绪壁垒。“关注”则要求风险交流者与消费者建立信任关系，并在交流中表达关切与共鸣。

在风险交流收集和传播信息的方面，应根据食品安全问题的性质、涉及利益相关方的数量和性质、相应的社会文化背景以及风险分析过程中的阶段等选择适宜的风险交流途径。单向的交流模式如广告和传单、电视和广播、报告&手册和通讯、展览和条幅等。一般来说双向交流方式的使用范围更广，如听证会、公众会议、简报、专题讨论会、新闻发布会、研讨会、访谈、网络和电话等形式。

四、食品安全风险评估

（一）风险评估的程序与方法

食品安全风险评估是指对食品、食品添加剂、新食品原料和食品相关产品（食品包装材料等）中的生物性、化学性和物理性危害或条件对人体健康可能造成的不良影响所进行的科学评估，包括危害识别、危害特征描述、暴露评估和风险特征描述四个步骤，食品法典委员会所推荐的风险评估的框架见图 15-3，但应注意的是，暴露评估可独立于“危害识别和危害特征描述”步骤直接在各个国家和地区开展，危害识别与危害特征描述有时不能完全人为分隔。

危害识别及危害特征描述的主要数据来源于动物实验以及人类流行病学研究。危害识别与危害特征描述重点之一在于人类健康指导值的确定。健康指导值的工作依赖全世界的共同努力，FAO/WHO 等国际组织和发达国家（如欧盟、美国等）的风险评估活动充分利用发达国家已经开展的工作而形成健康指导值，方式和结论同样可以适用于各个国家。但由于不同国家膳食结构和食物生产方式使得食物消费量和污染水平存在很大差别，膳食暴露量和暴露来源因此存在较大差别。所以，各国需各自开展食品污染监测与膳食暴露评估。

暴露评估是指对危害的不同暴露人群摄入的危害水平进行评价与特征描述。这个阶段的分析需要利用食品原辅料/整体膳食环境中的某种因素危害水平或“生产与消费”过程中的危害水平变化，并将其与目标消费人群的食品烹调/消费模式相结合，以评估目标人群特定时期内实际消费食品中危害的暴露情况。

根据关注的重点是急性还是慢性不良健康效应，暴露的特征描述会有所不同，对化学性危害的风险评估通常针对危害的长期或终生慢性暴露，但对某些污染物，如农药等，在某些情况下也需考虑到急性暴露；此外，对某些化学物，还需要考虑到混合暴露。微生物危害风险的评估通常针对一种受污染食品的单一暴露，通常情况下一种食品消费时的微生物危害水平受到整个“生产与消费”过程的影响。理想的微生物暴露评估是通过科学的方法评价整个生产过程中危害水平的变化，从而估计食品消费时危害的可能水平。

风险特征描述是对前述 3 个步骤的结果进行整合，形成对风险定性或定量的估计，还应描述不确定性和变异性。风险特征描述常常包括对风险评估其他方面的叙述，如对各种假设情形中风险的变化、及为减小不确定性而需进一步开展的工作。风险评估在食品安全中的应用涉及各个方面，可通过食品接触到的各类危害人类健康的因素均可以用风险评估的原则进行处理，目前针对食品中的化学性、生物性污染因素、食品添加剂、营养素、食品包装材料等均制定了相应的风险评估指南。

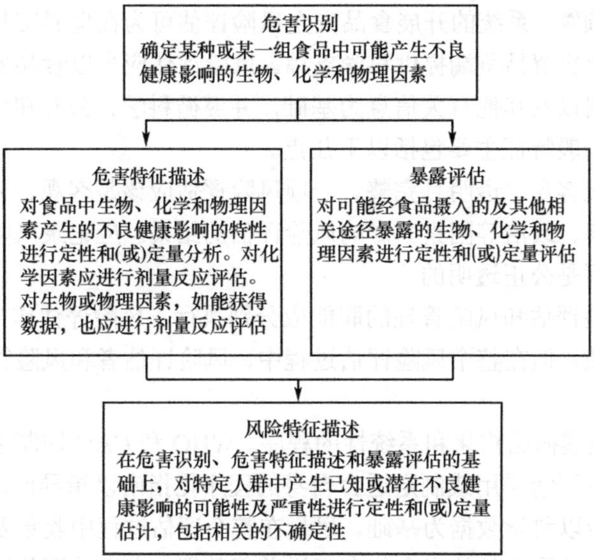

图 15-3 食品法典委员会所推荐的风险评估要素构成

根据危害的类型（化学性、生物性或物理性）、食品安全问题的特点（新出现的危害、关注度高的已知危害）以及可用的时间和资源，所采用的风险评估方法也不尽相同。化学性危害与生物性危害由于其在食品中的危害特征差异较大，所采用的风险评估方法存在系统性的差异。化学性危害一般由食品原料或配料本身带入或由加工步骤引入，存在水平通常不会发生显著变化，可能带来急性或慢性的健康效应，同一人群不同个体对其敏感性通常差异不大。而微生物危害可以“从生产到消费”中各个环节进入食品、且危害水平会在各个环节发生变化，带来的健康效应通常是急性的，不同个体对其反应的差异也较大。故目前化学物风险评估通常采用的是基于“安全性评价”的方法，而微生物风险评估通常采用的是从“生产到消费”环节的分析。

风险评估结果可定性或定量的表述。在定性风险评估中，结果用描述性词语表示，如高、中、低；在定量风险评估中，结果则以数值形式表示，同时可能包括对不确定性的数字描述；半定量风险评估可能对评估过程的每一步骤都赋予分值或权重，结果可能以风险分级的形式表示。数据的复杂性、资料的可及性、食品安全问题的性质及紧迫性、以及资源的程度通常是决定风险评估以定性、定量或半定量的形式进行的主要因素。

风险评估的方法还可分为确定性评估与概率性评估。确定性评估是指一种在风险评估的各个步骤都采用一个数字点的方法，如采用均值或第 95 位百分位数作为风险估计值的计算，确定性方法是化学性风险评估中的常用方法。概率性评估是采用科学证据来描述模拟单个事件发生的可能性，并将这些单个事件结合在一起，确定一种不良健康结局发生的可能性。概率性评估要求对所涉及现象的变异性进行数学模拟，其最终的风险估计不是一个点，而是一个概率分布。一般认为该方法最能反映真实情况。概率性评估在微生物评估中应用较多，可将危害从生产到消费的传播动态进行数学模拟和表述。

（二）风险评估的意义与特点

风险评估结果是制定、修订食品安全标准和对食品安全实施监督管理的科学依据，是科学解读食品安全事件、风险交流工作的重要信息来源。同时在风险评估的过程和结果解读中还可提示风险预警。系统的开展食品安全风险评估可为在世界贸易组织框架协议下开展国际食品贸易、解决贸易争端提供科学支撑。风险评估应当以食品安全风险监测和监督管理结果、科学数据以及其他有关信息为基础，并遵循科学、公开和个案处理的原则。食品安全风险评估的一般特征主要包括以下几点。

（1）风险评估应客观、透明且完整。一项风险评估应该是客观、无偏见的，不应让非科学的因素（如法律、政治等因素）影响风险评估的结果。应记录风险评估的全过程，并保证风险评估的过程是公正透明的。

（2）原则上风险评估和风险管理的职能应分别执行，风险评估作为一个客观的过程，应由科学家独立完成，但在整个风险评估过程中，风险评估者和风险管理者应保持不断的双向交流。

（3）风险评估应遵循结构化和系统性的程序。WHO 和 CAC 均制定了风险评估的方法学指南，各国可根据国情采用或制定适合自身的程序化指南以指导风险评估的实施。

（4）风险评估应以科学数据为基础。尽量在整个评估过程中收集及运用具有代表性的高质量数据，并注意从国内外的多个信息渠道获得数据。在风险评估过程的某些步骤不可避免地需要运用默认的假设，过程中须尽可能保持客观假设、并符合生物学原理。有时当数据缺乏时，可用专家意见来解决重要问题和不确定性，在此种情况下，应注意专家的客观性并利用相应的数学方法来处理专家意见。

（5）风险评估存在一定的变异性和不确定性。变异性是天然存在的无可避免的，是一个观察值和另一个观察值不同的现象，即客观世界存在的随机性，如同一人群中个体对同一种食品的摄入量不同、同一种食品中的污染物也可能在两份同等处理方式的食品中存在差异。不确定性是未知性、可通过知识的积累或人力物力投入的增多而降低，如由于现有数据不足或者由于对涉及的生物学现象理解不足导致的。不确定性可分为以下三类：危害的不确定性：包括危害的描述、专业判断的失误以及信息丢失造成分析的不完整性；参数选择的不确定性：暴露参数的选择，不同的人群包括性别、年龄和体重等；模型本身的不确定性：选用的数学模型往往根据对真实情况的简化后得到，与实际发生的情况存在差异。其中参数选择的不确定性可采用一定的方法予以分析和应对：敏感度分析（确定参数值的变化对暴露-剂量评估结果的影响）、不确定性传播的分析（通过数学微分的变量传播确定参数的变化、不确定性对暴露-剂量的变化和不确定性结果的影响）、概率的不确定性分析（通过蒙特卡罗分析法等模拟确定参数的变化和不确定性对暴露-剂量的变化及不确定性结果的影响）。风险评估者应对风险估计中的不确定性及其来源进行明确的描述，风险评估还应描述默认的假设如何影响评估结果的不确定度。如有必要，风险评估结果的不确定度应当与生物系统的内在变异性所造成的影响分开描述。

（6）风险评估遵循相应的程序和结构，当有新的信息或需要新的资料时，应该对风险评估进行审议和更新。

（三）风险评估方法的进展

近年来，风险评估的方法在其原有基础上不断的扩展，应用范围也不断扩大。

1. 概率评估的发展 风险评估的分析方法中，概率评估同点评估的原则基本相同，只是要求输入变量更加详细和精确（如消费量数据分布、含量数据分布等），其与非概率评估的主要区别在于至少有一个输入变量是分布函数而不是一个单一的数值。概率分析可采用

@Risk 专业的风险概率分析软件来实现。以概率统计为核心的蒙特卡罗方法（Monte Carlo analysis，MCA）因建模预测的可靠性、高效性和适用性，应用范围较广。蒙特卡罗方法是运用概率方法传播参数的不确定性，以更好的表征危害和暴露。其分析步骤包括定义输入参数的统计分布（建立概率分布模型）；筛选出对模型影响较大的不确定因素的来源，从分布中随机取样；使用随机选取的参数系列重复模型模拟；分析输出值得到较合理的结果。运用 MCA 方法可分析不同概率情况下的参数变化发生的风险改变，给风险管理者提供更为客观全面的参考。关于概率评估的分析方法和应用在美国环保署（Environmental Protection Agency，EPA）、FAO/WHO、欧洲 EFSA 等组织可查到具体的应用指南。

2. 风险-收益评估 风险-收益评估（risk-benefit assessment）是对同种营养素/食物/膳食的风险及收益综合评定的方法，由 EFSA 于 2006 年提出。该方法具体分三步进行：风险评估、收益评估和风险-收益比较。目前主要应用于营养强化食品及鱼类等水产品的风险分析。如鱼的食用可提供必需脂肪酸等人体必需的多种营养成分，但因水产品中含有甲基汞等污染物，使得人类在食用鱼类产品时必须考虑到该类物质食用后所产生的风险及收益。国外学者以神经系统症状为共同指标、利用模型定量比较了鱼类等水产品食用后的风险及收益，从而为孕妇的膳食指南制定提供了技术支持。国外学者还利用风险-收益方法评估了叶酸强化面包以及维生素 D 补充剂的风险及收益，协助确定和评价营养素强化剂和营养素补充剂的法规、标准限量。

3. 累积风险评估 累积风险评估（cumulative risk assessment）是指对两种或两种以上可引起相同健康效应的化学物引起的不良健康效应进行评估。WHO 于 1997 年强调，应重视具有相同毒性作用机制的化学物的联合暴露问题。此后，美国 EPA 和 EFSA 等机构先后提出了食品中化学物的累积暴露风险评估方法。相同机制的农药残留（如胆碱酯酶类农药）、类雌激素作用物质（双酚 A、异黄酮）等在人体的累积暴露风险应予以重视。目前的累积暴露评估方法通常是以剂量相加或效应相加为基本假设。如果几种化学物在结构或代谢上相关且显示出相似的毒性，那么就可为这组化学物建立一个每日可容许摄入量/每日耐受摄入量值，限制它们的总摄入量，如 T-2 毒素和 HT-2 毒素。替代方法主要用于混合物的累积风险评估，是以混合物中某单一成分的浓度来衡量整个混合物的效应。该方法假设各成分引起的效应与替代成分的浓度呈比例关系，并要求各成分的化学结构和毒理学特征一致，可以作为替代化学物使用，如以苯并（a）芘作为指示物对多种致癌性多环芳烃的评估。危害指数法是常用的初级累积风险评估的方法，危害指数（hazard index，HI）是各化学物危害商（hazard quotient，HQ）之和，HQ 为有害物质暴露量与其健康指导值的比值，当 $HI<1$ 时，有害物质所造成的累积风险被认为是可接受的。

4. 毒理学关注阈值 毒理学关注阈值（threshold of toxicological concern，TTC）的理论基础是对化学物结构和毒性的认识，即毒性与化学结构和暴露程度密切相关。主要用于食品包装材料、食用香料等化学物质的风险评估。TTC 的基本原则是在对大量化学物的化学结构特征和相关毒理学数据分析的基础上，为不同类别化学物的人体暴露水平建立一个安全阈值（如摄入量低于该阈值，可预测其不会产生不良健康效应）。TTC 是化学物风险管理决策筛选和确定优先性的工具，尤其是在数据不完整时可发挥重要作用。

（四）风险评估中常用的概念

1. 健康指导值（health-based guidance values，HBGV） 指人类在一定时期内（终生

或 24 小时）摄入某种（或某类）物质，不产生可检测到健康危害的安全限值，通常以每千克体重的摄入量表示。

2. 剂量-反应关系（dose-response relationship） 是指一个生物、系统或（亚）人群摄入或吸收某种物质的量与其发生的基于该物质暴露而发生的毒理学效应之间的关系。

3. 每日可容许摄入量（acceptable daily intake，ADI） 人类终生每日经食物或饮水摄入某种化学物质，不产生可检测到的对健康产生危害的量。适用于食品添加剂、食品中农药残留和兽药残留等添加或使用的化学物。暂定 ADI 是指现有资料足以得出该物质的 ADI 值在相对较短的时间内属于安全保护水平，但还不足以得出该物质终生使用是安全的结论。

4. 耐受摄入量（tolerable intake，TI） 指人类终生经食物或饮水摄入某种化学物质，不产生可检测到的不良健康效应的量。

5. 每日耐受摄入量（tolerable daily intake，TDI） 指几乎对所有个体观察不到不良健康效应的平均每日化学物最高摄入量，适用于无蓄积作用的物质。

6. 暂定每周耐受摄入量（provisional tolerable weekly intake，PTWI） 指几乎对所有个体观察不到不良健康效应的平均每周化学物最高摄入量，适用于有蓄积作用的物质；暂定每月耐受摄入量（provisional tolerable monthly intake，PTMI），适用于有较强蓄积作用或较长半衰期的物质。

7. 急性参考剂量（acute reference dose，ARfD） 指人类在 24 小时或更短的时间内摄入某化学物质（如农药），而不产生可检测到的健康危害的量。

8. 适当保护水平（appropriate level of protection，ALOP） ALOP 的概念于 2004 年被 CAC 采纳使用，被定义为："国家（CAC 成员国）在建立卫生和植物卫生方法体系以保护其领土范围内的人、动物和植物的生命或健康时所确定的一个适当保护水平"

9. 合理范围内可达到的最低水平（as low as reasonably achievable，ALARA） 指根据风险评估的结果，若风险在可接受风险水平之上，综合考虑安全性、技术可行、经济效益的基础上，尽可能将风险降低到合理可接受的水平。

10. 未观察到不良作用的水平（no observed adverse effect level，NOAEL） 是指通过人体资料或动物试验资料，以现有的技术手段和检测指标未观察到任何与化学物有关的有害作用的最大剂量。

11. 观察到不良作用的最低水平（lowest observed adverse effect level，LOAEL） 是指通过人体资料或动物试验资料所观察到的化学物引起人群或实验动物组织形态、功能、生长发育等产生有害效应的最小作用剂量。

12. 基准剂量（bench mark dose，BMD） 是一个可使化学毒物有害效应的反应率稍有升高（通常计量资料为 5%，计数资料为 10%）的剂量。它是依据剂量-反应关系曲线的所有数据、利用统计模型获得的；其 95%可信限区间下限值称为基准剂量下限（bench mark dose lower confidence limit，BMDL）。

13. 起始剂量（point of departure，POD） 指从人群资料或实验动物的观察指标的剂量-反应关系得到的剂量值，即剂量-反应曲线上的效应起始点或参考点，用于外推健康指导值，如 NOAEL、BMD 等。

14. 有阈值化学物 一般为非遗传毒性物质，暴露到达一定剂量才引起健康损害，在阈值以下不会发生可观察到的不良健康效应。

15. 无阈值化学物 一般为遗传毒性化学物，在任何暴露水平下都具有理论上的不良健康效应发生，即无阈值剂量。

16. 不确定系数（uncertainty factor，UF）　指在制定健康指导值时，用于将实验动物数据外推到人或将部分个体数据外推到一般人群或敏感人群时所采用的系数。

（五）我国风险评估工作的进展

20 世纪 80～90 年代，在我国食品安全性毒理学展开了食品安全性毒理学评价程序和方法标准的研制工作，并于 1983 年提出《食品安全性毒理学程序》（试行草案）。1994 年 8 月卫生部正式发布并实施《食品安全性毒理学评价程序》（GB15193.1～19），对食品毒理学评价的目的与原则、不同物质的试验选择要求、具体试验方法和结果判定等作出了规定。GB15193 的颁布和实施，在规范和促进我国食品安全性毒理学评价工作方面起到了重要的作用。近年来，国家对食品安全的重视程度进一步提高，国家科技支撑计划和科技部重点计划等先后资助了多项食品毒理学相关研究课题，进一步促进了我国食品毒理学研究和安全性评价工作的进展。近几年，由国家食品安全风险评估中心牵头，对 GB15193 再次进行了修订，于 2014～2015 年陆续发布实施。目前我国已启动了国家食品毒理学计划，开展特殊物质的系统毒性评价，逐步积累具有自主知识产权的危害识别数据，为中国开展这类物质的风险评估提供基础数据。

我国已于 1959 年、1982 年、1992 年、2002 年、2012 年进行了五次中国居民营养与健康调查，从 2008 年启动了第五次国民营养监测工作，初步积累了我国居民膳食消费基础数据。20 世纪 90 年代启动了中国总膳食研究，而后针对苏丹红、丙烯酰胺等食品安全事件开展了应急评估，但真正系统的食品安全风险分析工作起步和发展于 2009 年。《中华人民共和国食品安全法》（2009 年颁布，2015 年修订）中规定国家建立食品安全风险评估制度，运用科学方法，根据食品安全风险监测信息、科学数据以及有关信息，对食品、食品添加剂、食品相关产品中生物性、化学性和物理性危害因素进行风险评估。2009 年成立了国家食品安全风险评估专家委员会，负责制定风险评估计划、审议风险评估报告、提供风险评估技术支持和风险评估政策咨询等。2011 年成立了国家食品安全风险评估中心，组织实施国家卫生行政部门委托的风险评估任务，开展风险评估结果的解释与交流，负责风险评估工作。我国风险分析案例见附录 15-2。

《中华人民共和国食品安全法》实施以来，我国逐步完善了食品安全风险评估配套管理制度，陆续发布食品安全风险评估技术规范，在工作中形成一套有效的食品安全风险评估工作程序和工作机制，并开展食品安全风险评估技术研发与基础数据库构建，逐步夯实中国食品安全风险评估工作基础。针对中国食品安全监管、公众科普宣教以及突发事件处置的需求，组织实施食品中镉、铝、铅、邻苯二甲酸酯类物质、反式脂肪酸、沙门氏菌、氨基甲酸乙酯、硫氰酸盐、甲醛、硼等风险评估项目，这些工作在提升中国食品安全标准水平、甄别食品安全问题真相、确定食品安全应急处置措施、促进食品产业发展和保障国际食品贸易等方面发挥了重要技术支撑作用。

第二节　化学性危害的风险评估

化学性危害的食品安全风险评估分为危害识别、危害特征描述、暴露评估、风险特征描述四个步骤，主要用于食品中化学污染物、食品添加剂、真菌毒素、新食品原料等的风险评估。

一、危害识别与危害特征描述

危害识别描述了物质的不良健康效应，及可能处于风险之中的人群特征，如年龄组、性别等。危害特征描述是推导现有研究中最敏感不良健康效应的剂量-反应关系，且应包括毒性机制方面的内容。危害特征描述须对与特定危害相关的不良健康影响的性质和程度进行描述。尽可能针对消费环节中食品危害的不同暴露水平与各种不良健康影响发生的可能性之间建立剂量-反应关系，可以用来建立剂量-反应关系的资料类型包括动物毒性研究、临床人体研究以及流行病学数据。一般来说各类研究的权重顺序由大到小如下：流行病学研究、体内动物毒理学研究、体外试验以及化学物构效关系。综合评价时，对各项研究要应从研究设计、生物学意义、统计学处理等方面进行全面分析。由于一般不能获得足够的流行病学研究资料，因此常利用动物实验以及体外实验的毒理学研究结果来进行化学物的危害识别和特征描述。

（一）人群研究

化学物危害识别与危害特征描述的人群数据可能来自人类志愿者受控试验、监测研究、不同暴露水平的人群流行病学研究，以及在特定人群进行的试验或流行病学研究、临床报告（例如中毒）、个案调查等。观察终点包括安全或耐受检测、食物/食物成分的营养或功效、受试物的毒代动力学、作用模式、生物标志物研究、意外暴露污染物引起的不良健康效应等。

流行病学被越来越多地运用于食品安全领域，主要用于研究特定人群中不良健康影响发生频率和分布状况与特定食源性危害之间的联系。流行病学方法主要包括对人类疾病的观察性研究，如病例-对照研究、监测数据的分析研究及数据挖掘研究。流行病学作为一个独立的手段，利用人类疾病的资料以确定食源性风险及风险因素的来源。流行病学研究也是评估当前疾病负担，追踪一段时间内疾病变化趋势以及风险溯源的可靠方法。

流行病学研究对因果关系最有说服力的研究方法是队列研究，即为选择化学物不同程度的暴露者，并依此暴露水平对个体疾病的关系进行调查；横断面研究可鉴定危险因素和疾病，但由于是同一时间段的观察指标，不适用于因果关系的推断；病例-对照研究是通过比较病例、对照组暴露史的差异来确定暴露因素，回忆偏倚影响较大。近年来，生物标志物的应用和分子流行病学的发展使流行病学研究中发现的疾病-暴露相关性更具有生物学意义。

（二）动物试验研究

对大多数食品污染物和天然有毒有害成分而言，人群流行病学资料和临床资料通常难以得到，且大部分流行病学调查的统计结果不足以得出人群低暴露水平所致的健康危害效应。故目前食品污染物和天然有毒有害成分的危害特征描述一般仍以动物毒性试验和体外试验的资料为依据。

目前普遍认为对动物试验要尽可能切实可行地采用 3R 原则（减少、优化和替代）。尽管体外试验进展较快，但目前对于大多数终点而言，替代动物试验的时机尚不成熟。尽管没有一种动物种属能够完全代表人类，但只要动物试验实施规范、数据解释合理，动物试验通常是评价食品中化学物质潜在毒性的一种有效手段。

食品安全性毒理学评价是食品安全风险评估的一大组成部分，主要提供危害识别与危害特征描述的数据，是通过动物试验和对人群的观察，阐明待评估物质的毒性及潜在的健康危害，决定其能否进入市场或阐明安全使用的条件。安全性毒理学评价需按一定的程序进行，且需要在动物毒性试验和体外毒性试验等的基础上，根据该物质的毒作用模式、剂量-反应关系及人群实际接触情况等，进行综合分析，并进行不确定性分析。

在安全性评价初期进行的物质吸收、分布、代谢和排泄（ADME）研究可帮助确定合适的实验动物种属和毒理学试验剂量，分析受试动物和人体在 ADME 方面的任何定性或定量差异，都可给风险评估提供重要的信息。

为了评价外源化学物的系统毒性，通常按个案分析的原则进行急性、亚急性/亚慢性、慢性/致癌试验、必要时进行生殖发育毒性试验，以明确毒性靶器官，同时可能提示是否需要进行特殊毒理学试验（如神经毒性、免疫毒性）。对一种待评价的新化学物，通常情况下，推荐试验使用两个种属、两个性别的动物，啮齿类和非啮齿类动物各一种或两种啮齿类动物，以最大限度地发现可能的健康效应。慢性/致癌试验通常包括啮齿类动物的致癌试验。目前致癌试验的替代方法有多种，包括肿瘤的启动/促进模型、新生小鼠模型和转基因小鼠模型等。

动物试验应该以最能反映人类暴露模式的方法进行。剂量选择应该考虑预期的人类暴露情况、暴露频率以及持续时间。对食品中存在的外源化学物，动物试验中的给药方式通常是掺入饲料中、灌胃或饮水。理想情况下，设计的剂量水平应该是最高剂量组出现毒性效应而无死亡或严重损伤，而最低剂量组则无不良反应，并呈现出随着剂量的增加而毒性效应加强的趋势。试验设计应足以确定危害特征描述的起始剂量（POD），例如 NOAEL 或 BMD。在所有试验设计中均应仔细考虑剂量组间隔、试验分组、各试验组包含的雌雄动物数、对照组的选择、受试物给予方案、确认给予剂量与设定剂量的一致性和受试物的真实摄入量（例如饲料的适口性、饲料的损耗）。

判定一种化合物是否具有遗传毒性应基于对现有数据的综合评估结果。如没有须特别关注的原因（例如高水平或持续的人群暴露、结构因素等），体外配套遗传毒性试验的结果均为阴性，通常判定受试物无遗传毒性。相反，若一个或多个体外遗传毒性试验结果为阳性，则通常需进行后续的体内遗传毒性试验。应将遗传毒性试验结果与啮齿类动物的致癌试验结果综合考虑。阳性的遗传毒性试验结果可提供致癌物作用模式的信息，并影响后续风险评估方法的选择。对啮齿类动物致癌试验阳性结果的解释需要慎重，建议考虑作用模式、不同种属动物间肿瘤的本底发生率、对照组与受试物组肿瘤发生率的差异以及从高剂量到低剂量的外推等。

可采用证据权重方法对实验所得的毒理学终点进行评估，对所有可利用的研究数据中指标相同或功能相关的试验数据进行研究。不同研究中的相似结果以及剂量-反应关系证据可增加危害特征描述的权重。

（三）体外研究与结构-活性关系研究

利用人类或动物的器官、组织、细胞或细胞株进行的体外实验可提供与化学物毒性相关的机制研究的资料。结构-活性关系（structure activity relationship，SAR）最早用于药物设计与安全性评价。在缺乏毒性资料的情况下，SAR 分析应当首先用于危害识别，尤其是对于化学物的遗传毒性有较高预测价值。多数化学诱变剂包括与其诱变性和可能致癌性相关的“警示结构”基团，如磷酰或磺酰烷化酯、脂肪或芳香硝基基团、芳香叠氮基团、芳香烷化胺或双芳香烷化胺基团、烷化乙醛等 10 多种结构。在人群资料和动物实验数据不充分时，SAR 分析可以帮助人们提高对化学物危害识别的能力，在预测化学物潜在致突变性、致癌性方面发挥重要的作用。目前发展迅速的计算毒理学在 SAR 分析中意义重大，该方法不必进行大量实验操作，而是利用计算机技术对化学物的分子结构、电子密度、代谢活性及活性代谢物的共价结合特性进行分析，从而达到预测目标化合物各种毒性的目的。

（四）剂量-反应关系评估

剂量-反应评估一般是为化学物提供定量或定性的风险估计，对如食品添加剂、食品中农药残留和兽药残留等暴露可控的情况，建立健康指导值，如 ADI 或 TDI，即“没有明显健康风险”的人体暴露水平。剂量-反应关系评估可以解答人群在化学物的不同暴露水平下，健康效应的发生及其发生率增加的问题，是判断化学物与机体出现健康效应之间因果关系的主要依据。一般是以最低的剂量所可能产生的不良健康效应为依据。这里的“最低剂量”即为阈值，主要用 NOAEL/LOAEL 或 BMD 评估。阈值主要应用于非致癌化学物的危险度评定，对于致癌性物质，即便只有微量暴露也可导致健康效应，对于此类物质以致癌性健康效应风险评估来进行。

当一个试验系统获得多个基于不同观察终点的 NOAEL 值时，原则上应选择公认的最敏感物种的敏感终点的 NOAEL 值或该系统中最低的 NOAEL 值。对于证据权重相同的不同试验系统获得的基于相同观察终点的 NOAEL 值，可基于保守原则选择最低的 NOAEL 值，也可参照相关国际组织的原则和方法剔除明显偏高的 NOAEL 值。

BMD 法使用数学模型对化学物的剂量-反应关系曲线进行拟合，不再依赖于实验设计剂量本身，充分考虑了剂量-反应关系曲线斜率，克服了 NOAEL/LOAEL 作为 POD 的很多缺陷。但推算 BMD 对数据有一定要求，需要满足以下条件：样本量充足；至少有 2 个剂量组，且不同剂量下产生不同强度的毒性效应；对于计量指标，尽量有个体数据用于计算 BMD，如果仅有均数、标准差等数据，需进行综合分析；对计数资料，需每一个剂量组的阳性例数和总例数。BMD 的推导可应用美国 EPA 开发的 BMD 软件程序（http://www.epa.gov/NCEA/bmds/）和荷兰公共卫生与环境国家研究院开发的 PROAST 软件（http://www.rivm.N1/proast）。BMD 法可对数据的不确定性进行量化，特别适用于下列情况：①NOAEL 不能确定的情况；②BMDL 可作用具有遗传毒性和致癌的物质分离点；③可对观察流行病学资料进行剂量-反应评估。

进行剂量-反应关系评估主要分两步，第一步是依据实验或调查数据进行剂量与反应的关联性评估；第二步是应用多种数学模型进行模拟，并初步估计到人群低剂量的暴露风险。可分为有阈值化学物的剂量-反应关系评估和无阈值化学毒物的剂量-反应关系评估两种，如有阈值，则推测参考剂量（reference dose，RfD）；如无阈值，则一般需查询剂量-反应关系曲线的斜率因子，作为非致癌性或致癌性风险计算的基础。

RfD 与每日容许摄入量（ADI）在含义上是相同的。对有阈值的化学物来说，在制定 RfD 过程中，首先从人群流行病学或动物实验研究中根据最敏感的毒性终点确定 NOAEL/LOAEL/BMD，同时确定 UF，有阈化学物的 RfD 计算公式如下：

RfD = NOAEL 或 LOAEL 或 BMD/UFs

式中：RfD、NOAEL、LOAEL 及 BMD 的单位均为（kg.bw • d），UF 为不确定系数。UF 的选择应根据可利用的科学证据。将动物资料外推到人的 UF 通常选择 100 倍作为起点（即长期动物试验资料外推的不确定系数 100），可因毒效应性质和毒理学资料的质量而改变。如某化合物的大鼠慢性毒性实验的对肾功能损伤（认为是敏感毒效应）的 NOAEL 值为 10 mg/（kg.bw • d），取种间差异和种内差异的 UF 为 10，则该物质的 ADI 值＝NOAEL/UFs=10 mg/（kg.bw • d）/100＝0.1 mg/（kg.bw • d）。

根据评估需要，可能会基于评估时所获得的所有数据制定急性参考剂量（ARfD）。ARfD 通常以体重表示，意指在 24 小时或更短时间内从食品和/或饮用水中摄入某种物质的量，此量不会对人体产生明显的健康风险。

无阈值化学物主要指遗传毒性致癌物及致突变物，目前通常认为某化学物终生暴露的危险度在百万分之一（10^{-6}）或以下为可接受的风险。目前一般应用数据外推模型进行低剂量范围的外推。在无阈值化学物的剂量-反应关系评价中，理论上在没有暴露的情况下，是不会有不良健康效应发生的。在现实的实验数据中，可利用已知的剂量观察发生癌症的情况，确定与原点（即没有剂量也没有效应的情况）所观察得到的直线的斜率（称为斜率因子）。癌症发生的终生风险评估主要就是以暴露的强度与斜率因子来进行推估。美国 EPA 在 1986 年的致癌物危险度评定指南中建议用线性多阶段模型进行剂量-反应关系的评定，但在 2005 年强调了对作用模式不同的致癌物利用不同模型评定，对致突变性致癌物利用线性外推，对非致突变性致癌物可选择非线性外推如根据作用模式建模或上述 NOAEL-不确定系数法。

（五）不确定性及不确定系数的确定

在化学性危害安全性毒理学评价中，应当考虑到的问题包括试验指标的统计学意义、生物学意义和毒理学意义；特殊人群和易感人群；人群资料；不确定系数。而不确定系数的推导通常来源于以下几点：物种间推导的不确定性、人长时间低剂量暴露与动物实验短期高剂量暴露的不确定性、特殊人群和易感人群、人群个体间的变异性、LOAEL 推导到 NOAEL 的不确定性、毒物动力学等试验的资料不足的情况等。

最简单的 UF 所包含的部分为物种之间或同一物种不同个体之间的差异，一般种间差异（可分为毒代动力学和毒效动力学，4 倍×2.5 倍）和种内差异（分为毒代动力学和毒效动力学，3.16 倍×3.16 倍）各取 10。如将短期暴露研究结果外推到慢性暴露，或实验动物数不足及出现某些实验条件限制时、毒物动力学资料不足的情况下，则需考虑其他附加 UF；不同特性的人群的外推可能也需要设置适宜的 UF，原则上把每种不确定系数的默认值定为 10。逐一的个例评判是正确选择 UF 的基础，美国 EPA 的个例研究说明利用化学物特性资料选择 UF 比直接选用 10 这一默认值更为确切。UF 的选择和使用时还应考虑以下多方面因素。

（1）如果有来源于人体的相关资料，则 10 倍的物种间变异可能不是必需的。但在人体安全性评价相关研究中的参数常较少，尤其是缺乏关于致癌性、生殖和慢性毒性的资料。因此，即使在人体测定的某些参数与在实验动物测定的最敏感的有害作用相同（如红细胞胆碱酯酶抑制），对其他参数的潜在毒作用的不确定性仍然存在。因此 UF 极少低于 10 倍。

（2）确定 NOAEL 的动物实验（或人体实验）研究资料的质量。如缺失重要的资料，或实验设计和质量欠佳等，则应增加 UF。

（3）使用 LOAEL 而不是 NOAEL 时，应增加 UF。

（4）对可逆的毒效应，UF 可适当降低。

（5）实验动物数量不足或暴露时间不够长（如使用亚慢性实验而不是慢性实验得到的 NOAEL 或 LOAEL），应增加 UF。

（6）剂量-反应关系的形状可影响 UF 的确定。

（7）毒物代谢动力学的资料可影响 UF 的确定。

（8）实验动物与人体毒作用机理的比较研究资料可影响 UF 的选择。

（9）如涉及特殊敏感人群（如婴幼儿、孕妇、老年人等），UF 应适当增加。

二、暴露评估

暴露评估是对机体经由食物或饮水摄入化学物的定性和/或定量评价，包括描述暴露途径、强度、频率、时间。在定量评价中，要充分利用暴露资料，评估要点不仅包括总暴露量、类型，也应考虑到内暴露、靶组织量、并描述暴露人群的特征。暴露场景（exposure scenario）指用于评价和定量暴露的来源、途径、外源化学物量/浓度、暴露机体、人群（分布、易感性等）的组合。

（一）膳食暴露评估

食物消费量数据反映个体或群体消费固体食物、饮料（包括水）和膳食补充剂的量。笼统的食物消费资料可以从食物平衡表中得到，食物平衡表包含有大多数国家的用于人类消费的食物数量，这一数据是从各国食物生产、损失或使用情况的国家统计资料中导出。较准确的食物消费量数据可以通过个体和家庭水平的食物消费量调查获得，亦可通过食物生产统计进行估计。食物消费量调查包括食物记录、24 小时膳食回顾、食物频率、膳食史等方法。

食品中化学物的含量数据来源包括：食品添加剂的建议的最高水平（maximum level，ML）或最大使用限量、农药/兽药最大残留限量（maximum residue level，MRL）、食品污染物含量监测数据、各个国家/地区总膳食研究、GEMS/Food 数据库以及科学文献。

膳食暴露评估是将食物消费量数据和食品中所关注化学物在食品中的含量数据相结合，推算消费者暴露于该化学物的水平。膳食暴露评估有多种方法，使用时根据评估目的进行选择。应考虑到评估过程中所使用的数据、情形假设、局限性和不确定性。国家数据或区域数据在使用时应注意其代表性。膳食暴露评估应当覆盖一般人群和重点人群。重点人群是指那些对化学物造成的危害更敏感的人群或与一般人群的暴露水平有显著差别的人群，如婴儿、儿童、孕妇等。

双份饭方法和总膳食研究可测定直接入口的膳食暴露状况，充分考虑了烹调加工影响，是目前最为准确的获得膳食暴露评估数据的方法。由于双份饭方法能够提供个体膳食暴露状况，因此在模型验证及病因学中研究化学危害物十分有效，但由于其花费人力、物力和时间巨大，仅适用小规模调查。而总膳食研究是研究和估计某一人群通过烹调加工的、可食状态的代表性膳食（包括饮水）摄入的各种膳食化学成分（污染物、营养素）的一种方法，是 WHO 近 30 年来一直致力于推广的开展食品中化学污染物风险评估的方法。

膳食暴露评估的点估计方法包括以下三种。

（1）筛选法是通过对食物消费量和化学物含量的保守性推测，来对高消费人群的膳食暴露量进行高估的方法。包括产销量数据法（用于食品添加剂，包括香料）、预算法（budget method）（已被用于某些食品添加剂的每日最大膳食理论暴露量的评估）和模型膳食法（根据已有的食物消费量数据构建的代表目标人群的典型膳食模式）。

（2）依靠对消费量粗略假设的暴露评估方法，如理论每日最大摄入量（theoretical maximum daily intake，TMDI）及其他模型膳食模式。TMDI 法是利用每种食物的全人群平均消费量乘以相应食物中被评价食品添加剂的最大使用量（ML）后，再将各种食物来源的被评价食品添加剂的平均暴露量相加，得出总的暴露量。TMDI 法是保守的评估方法，只是一个粗略的、理论的膳食暴露评估，其假设所有允许使用被评价食品添加剂的食物在加工过程中均使用了该添加剂、食品添加剂在食物中的最终含量始终为最大允许使用水平、消费者终生每日都食用含有被评价添加剂的食物、同时食物烹调和生产加工过程不会降低添加剂在食物中的含量。

（3）以实际食物消费数据和食品中化学物含量数据为基础的更为精确的暴露评估方法。典型如基于个体食物消费量数据的估计每日摄入量（estimated daily intake，EDI）计算模型的公式如下：

$$个体EDI=\sum_{i-1}^{n}\frac{(F_i \times C_i)}{W}$$

式中个体 EDI 为某个体每天每公斤体重该化合物的摄入量，单位 mg/（kg.bw • d）。*Fi* 为某个体第 *i* 种食物的消费量，单位 g/d。*Ci* 为第 *i* 种食物中某化学物的含量，单位 mg/kg。*W* 为某个体的体重，单位 kg。

在得到个体 EDI 基础上，最终可获得全部被调查者添加剂摄入量的分布，并可获得平均暴露水平、高暴露人群（如 P90、P95、P97.5、P99）及食用人群的膳食暴露水平。

概率评估法可对暴露的变异性进行分析，在计算过程中需利用专用统计学软件（如 @Risk 等），建立膳食暴露评估概率模型的方法包括简单的经验分布估计、由数据集建立概率模型、随机抽样（蒙特卡洛模拟法）和拉丁超正方体模型。应用 MCA 拟合方法进行规定次数的迭代和拟合，获得可能的膳食暴露分布，即人群暴露水平是一组在一定范围内变化的数值。其结果常使用频数分布或连续性概率分布来表示，水平轴对应的是暴露水平，纵轴对应的是人群的相对百分比。

（二）生物标志物与内暴露

不同污染物由于不同的来源可以产生不同的暴露途径，即多介质暴露，而不仅限于食品摄入，如铅暴露也可来源于呼吸暴露。故仅从环境介质进行暴露评估并不能完整表征化学污染物的健康风险，因为这仅仅涉及环境外暴露剂量，并不代表吸收、分布、代谢和消除（ADME）之后的暴露内剂量和生物有效剂量。因此，开展机体负荷和生物监测是研究污染物对于健康影响的重要手段。而生物有效剂量的评估又依赖机体的反应（特别是早期效应），这就需要寻找能够监测这些状态的生物标志物。

生物标志物指能反映生物机体与环境因素相互作用而引起的机体任何可测定的改变因子。应用灵敏、特异性的生物标志物能准确地表述从接触危险因素至发病过程的暴露水平、生物学效应和遗传易感性。在暴露评价中，可根据公式推算或已经验证的生物学标志代表内剂量，尽可能保证人群的实际暴露和剂量-反应关系的准确性。

生理药代动力学模型（physiologically based pharmacokinetic model，PBPK）是建立在机体的生理、生化、解剖和药物动力学性质基础上的一种整体模型，它将相应的组织、器官作为一个房室，房室间借助于血液循环连接。生理毒代动力学模型（physiologically based toxicokinetic model，PBTK）是研究毒物在组织器官中的分布、转化和代谢的模型，在毒理学及风险评估中，PBPK 模型和 PBTK 模型可通用。生理药效动力学模型（physiologically based pharmaco dynamic model，PBPD）是基于生理的药物发生作用的动力学模型。PBPK 模型常用于确定化学物的生物有效剂量（biologically effective dose），即直接导致毒效应的内剂量，及该指标的不同染毒途径、剂量和种系间（实验动物到人）的外推。在以往的剂量-反应关系中多采用动物实验的方法得出 NOAEL 或 LOAEL，再根据体重和安全系数外推到人得出容许摄入量或接触量。由于人体和所选用的动物在生理解剖、代谢等方面的差异，这样的直接外推存在着较大的不确定性。PBPK 模型与 PBPD 模型结合则产生了生物学基础的剂量-反应关系（biologically based dose-response，BBDR）模型，可用于化学物的定量风险评估。BBDR 模型是根据毒理学机制，结合 PBPK 和 PBPD 模型的基础上建立的，可反映从分子水平、细胞水平到器官水平多个阶段的生物学变化，定量地描述外剂量和毒作用终点的关系。PBPK 模型的建立主要由它要描述的物质的代谢特征和建模目的来决定。通常确定的组织房室应包括主要生命器官、消除器官、靶器官。PBPK 模型的确定尚需要实验动物和人体的生理资料（如体重、脏器重量、脏器血流量、心输出量等）、组织器官分配系数、胃肠道吸收参数，以及化学物的外暴露等。目前可根据以上数据利用程序模拟化学物的时间浓度曲线并进行外推，计算身体中各个关键组织、体液中的化学物浓度。

（三）暴露评估的描述及其不确定性

对不同的化学物及群体，暴露评估的重点和方法有所差别，但暴露评估的内容主要包括以下几个方面。

1. 暴露人群 界定本次风险评估所涉及的暴露人群，应特别注意高暴露且易产生不良健康效应的人群，如孕妇、老人、儿童或营养健康状况不良的人群。

2. 暴露测定 测定食物中化学物含量或内暴露的方法，方法的准确性和灵敏度等；采用均值、四分位数或函数分布的形式描述暴露的测定结果。

3. 暴露情境 以可能发生的实际情形构建暴露情境。说明相关的暴露途径、暴露来源及暴露人群。应对高暴露的情境或易感人群进行描述。

4. 暴露参数 暴露参数是用来描述人体经呼吸道、消化道、皮肤暴露于化学毒物的量和速率，以及人体特征（如体表面积、体重等）的参数。不同性别、年龄、生理状态的人群，暴露参数的数值有所差别。因此，在暴露剂量计算过程中，引用合理的参数极为重要。美国、欧盟、日本、韩国等国已发布了各自的暴露参数手册，然而，由于人种、生活习惯等方面存在着差异，国外的暴露参数不能代表我国居民的暴露特征和行为，故在测算暴露量过程要尽可能利用本国本地区有代表性的调查研究。

5. 总暴露剂量 综合上述信息，采用一定的模型估算特定人群总的暴露剂量。

6. 暴露评估的不确定性 暴露评估需要各种来源的数据信息、大量假设和数据模型的建立和推导。故暴露评估是整个风险评估过程中不确定性的主要来源之一。各种外源化学物在食物链中的分布、转运，烹调对其的影响，生物体对这些物质的摄入、分布、生物转化、降解、排泄的不同，数据的代表性、模型的运用等，都是暴露评估中不确定性的来源。

三、风险特征描述

风险特征描述应包括以下几方面：有关危害、剂量-反应和暴露的主要结论；关键支撑数据和分析方法的性质；风险评估过程中的不确定性，包括当数据缺失或不确定时默认值选项的使用；数据分析和模型建立的重要优缺点；与相似的同类物质风险分析的比较分析；全人群风险、处于风险的人群比例、特定人群风险；风险主要贡献食品；并综合上述分析结果，提出相应的风险管理措施。

风险特征描述是最后一步，是在危害识别、危害特征描述和暴露评估的基础上对评估结果进行综合分析、描述危害对人群健康产生不良作用的风险及不确定性，并对风险管理提供科学指导的过程。化学性风险特征描述主要采取与一个产生“理论零风险”的暴露水平比较的方式，该“理论零风险”水平即危害特征描述阶段确定的健康指导值或近年来所采用的适当保护水平（ALOP）（设定在任何可造成不良健康效应的相关剂量之下）。故风险特征的描述通常是将估算出的人体暴露量，并将其与健康指导值（ADI、PTWI、PTMI等）或其他 ALOP 进行比较。

实验动物的 NOAEL 值(包括遗传毒性致癌性)还可评价暴露边界比(margin of expose，MOE)。MOE 是动物实验得出的 NOAEL 值或 POD（在致癌效应为中剂量-反应关系中确定的参考点）与估测人群实际接触剂量的比值，可评估化学物的风险，比值越大、风险越小。在动物中产生的 NOAEL 表示为 mg/（kg.bw · d)，用该值可与人类可能的暴露水平相比较。例如，如果大米中某种化学物含量平均值为 1 mg/kg，假设人每日平均食用大米为 0.4kg，则对于一个体重 50kg 的女性来讲，每天暴露值是 1 mg/kg×0.4 kg/d÷50 kg = 0.008 mg/（kg.bw · d)。如果此种物质最敏感毒性（如发育毒性、神经毒性或遗传毒性）的人类 NOAEL 值为 16 mg/（kg.bw/d)，则经食用大米摄入某类毒性物质的 MOE 等于 NOAEL 值/实际摄入量，计算得为 2000。低 MOE 值表示人类的暴露水平接近动物的 NOAEL 值。虽然国际上尚无判定 MOE 值描述健康风险性质的通用标准，但已有一些国家对此进行了规定。加拿大卫生部以 MOE 值<5000、5000～500 000 以及>500 000 分别对应高、中、低优先级别的风险管理顺序；EFSA 认为当 MOE 值达到 10 000 以上时，待评估化学物的致癌风险已经很低。MOE 也可用作各个化学物的风险分级和优先管理的筛选，高 MOE 的物质可降低关注度，而低 MOE 的物质需优先管理。

第三节 生物性危害的风险评估

生物性风险评估通常是在“生产到消费”的过程中采用一定的模型来定量描述基本的生物性危害水平及食品安全状况，并估计目前情境下的风险水平。随后根据可行的风险管理措施，改变所建立模型中的相应的输入变量（如原料食品中的危害水平、加工条件、存放温度等），通过与基线模型估计出的风险进行比较，从而使风险评估者和风险管理者可预见各种控制措施对风险水平的影响。在食品安全中常涉及的微生物种类主要包括细菌（大肠杆菌、志贺菌、沙门氏菌、空肠弯曲菌、李斯特氏菌、副溶血性弧菌等）、真菌（青霉菌、黄曲霉菌等）、病毒（诺如病毒、甲肝病毒等）、阮病毒，也包括一些原生动物（弓形虫、隐孢子虫等）等。

微生物的风险评估之所以与化学物风险评估差异较大的原因主要包括以下几点：①微生物具有特定的生长、繁殖和死亡的特性：不同种类（甚至同种不同血清型）的微生物具有不同的生长曲线，环境应激、食品基质等各种因素均可以改变微生物的致病力。②宿主的免疫性和易感性：虽然体重、年龄、性别、代谢等均可以导致人群对化学物的敏感性不一，可通过分组、不确定性描述等方法予以评价，但对微生物反应的个体敏感性更为显著，宿主的免疫状态、遗传特征、疾病状态均可能影响其对微生物的反应性。③不良健康效应的多样性：即便是摄入相同剂量的微生物，由于宿主特性和暴露情境的不同，可能导致一系列不同的症状，包括无症状、轻微到严重的系统症状、特定器官/系统的症状、甚至死亡。也可能导致不同的急性或慢性症状。例如弯曲菌感染可能导致不同程度的胃肠道症状，也可能导致关节炎、炎性肠病等慢性疾病。④微生物的基因多态性和进化：微生物的基因组进化可通过基因变异或者横向基因转移，同时发生表型（致病力、抗生素抗性等）的改变，同一种细菌的不同血清型可能针对不同的宿主及不同的致病力。⑤二次传播的潜力：微生物可能从一个宿主传播到另一宿主，如在屠宰的牛、羊、猪肉等动物源性食品中进行传播。⑥单次暴露的健康风险：化学物评估一般会考虑急性暴露和慢性多次暴露产生的长期危害，但微生物风险评估多考虑一次摄入导致的健康风险。⑦在环境和食物样品中的时空分布差异较大，可增加采样的难度、影响采样的代表性及暴露评估的确定性。⑧检测方法的敏感性，传统培养方法可能无法检测到一些致病因子。

在微生物的风险评估中，概念模型的建立是至关重要的，在风险评估初期需要确定概念模型，即确定如何通过数据收集和模型模拟来达到评估目的，例如通过来源-通路-感染或农田到餐桌的途径进行逐步分析。由于微生物通常有较为特定的食品基质作为其进入人体的渠道，故微生物风险评估通常不仅只针对病原，而针对相应危害-食品组合（如鸡蛋中沙门氏菌、猪肉中金黄色葡萄球菌、熟肉制品中单增李斯特氏菌、杂色蛤中副溶血性弧菌、米饭中蜡样芽孢杆菌等），通常通过对某类食品的某种细胞的风险评估为确认风险管理的重点对象或进行风险分级。致病菌与宿主间关系的生物学特性通常是不确定的，因此建立从生产到消费的暴露模型常常面临严重的数据缺失。但微生物风险评估较大的优势在于它能够对不同食品控制措施以及它们对相对风险估计的影响进行模拟。

一、危害识别与危害特征描述

危害识别是确定微生物（毒素）及其引起的不良健康效应的种类（如致病菌对正常成年人的不良健康效应、条件致病菌对免疫力低下的人群的健康效应），数据可来源于流行病学研究、食源性疾病监测、临床病例报告、微生物研究等。危害特征描述着重于特定微生物的致病力、与宿主的关系及剂量-反应关系。

（一）病原微生物危害识别

在病原微生物危害识别阶段需要描述微生物的信息包括：①感染力：微生物侵入宿主、存活及繁殖的能力；②侵袭力（invasiveness）：微生物侵入宿主细胞的能力；③病原性（pathogenicity）：导致疾病状态的能力，致病力（virulence）与侵袭力的累积效应；④宿主范围：微生物可侵袭宿主的种类；⑤水平基因转移：遗传物质从不同微生物之间转移，可能导致抗生素抗性或致病力的获得；⑥繁殖力：微生物在环境或宿主中的繁殖能力；⑦存活力：微生物在环境或宿主中的生存能力；⑧传播性：微生物在机体或环境中的复制、传播能力；⑨条件性致病性：通常不具有致病性的微生物在易感宿主中导致疾病的能力；⑩分类学及血清型别；此外还包括微生物对处理和控制措施的敏感和抗性等，如氯化消毒处理的效果等。

宿主信息一般包括以下几方面：①年龄/生命阶段：生命阶段是指一段时间内生理和/或心理具有较稳定的特点的一段时期，儿童和老年期均可能对病原微生物更为易感；②孕期：孕期妇女及胎儿是对微生物危害更为敏感和易感的人群，潜在原因可能包括孕期免疫力下降；③免疫状态：机体免疫力的高低对病原微生物的清除很重要，对某些病原微生物来说，一次感染和有免疫记忆的二次感染效应差异极大，即使同样的微生物感染，免疫力低下的人群跟正常人群发病率不同，不良健康效应的表现也可能不同；④宿主机体内本身的微生物生态：经常应用抗生素可能改变肠道微生物组，也可导致对肠道病原微生物的易感性增加，但人体的微生物生态较为复杂，研究尚在不断深入中；⑤营养：宿主的营养状态主要通过影响免疫反应而影响对微生物的易感性；⑥异物清除机制：除免疫系统的巨噬细胞相关的异物吞噬机制，机体还包括鼻腔、口腔的异物清除系统，胃液的酸度也是异物侵袭的重要屏障之一，故影响机体清除机制的行为（如吸烟）也应考虑在内；⑦遗传因素：机体的遗传特性可能影响特定微生物在体内代谢动力学等；⑧携带者状态：在评价病原微生物的传播时应考虑到无症状携带者；⑨社会行为学特征：如喜欢生食肉类等行为特点。此外还应根据评估目的和病原特点分析宿主的二次传播、治疗有效性的特点。

除微生物和宿主的信息外，与微生物存活、繁殖、和产毒的环境条件（如温度、湿度、食物基质等）也应进行描述。

一般来说，微生物导致疾病的机制较为复杂，包括侵入宿主细胞、定植、直接损坏组织、激发宿主反应或在宿主机体内产生有毒副产物。许多微生物在死亡的情况下（如大肠杆菌），其产生的毒素（如肠毒素）仍可直接导致健康效应。故微生物在环境或宿主中一定条件下产毒是评估中不可忽略的环节。

微生物性食源性疾病的发病过程涉及病原、宿主、环境三者及其关系。病原微生物首先吸附于相应的组织表面，随后侵入组织表皮细胞后在相应的“龛”中繁殖和产毒。虽然目前还不能根据发病的过程进行模拟和评估，但了解微生物在特定环境中对宿主的发病机制仍然十分重要。

（二）剂量-反应关系评估

在危害特征描述步骤中，由于宿主易感性、病原菌侵袭力、病原菌菌株的毒力、食品本身的特性均存在较大差别，对致病菌风险的定量描述需要更多的食源性疾病暴发和流行病学方面的数据，包括受污染食品所含细菌的数量、食品的摄入量、对于患病和暴露人口数量的精确估计及对于人口的精确描述。故流行病学相关数据对于进行完整的危害特征描述是十分关键的。来自暴发调查的数据是建立剂量-反应关系的有用资源。

与化学性危害因素不同，除微生物数量以外，传染性、毒力、抗生素耐药性和宿主因素（如生理易感性、免疫状态、并发疾病等）都能够影响剂量-反应关系。量化的“反应”指标包括与不同微生物感染剂量相关的感染率、发病率、住院率和死亡率。

病原体的剂量-反应评估是通过一定的数学模型得出某个特定人群摄入某种致病微生

物的量与其引起不良健康反应发生的关系。剂量水平可以是某种微生物数量、菌落形成单位（colony forming unit，CFU）、空斑形成数（plague forming unit，PFU）或由分子生物学方法定量测得的结果。剂量-反应关系通常是将人群/动物实验基于一定的生物学意义采用数据模型拟合，近年来也有研究者将食源性疾病暴露的数据用于剂量-反应关系的拟合。生物性危害的剂量-反应评估的数据来源主要有以下四类：

（1）病原体的人体干预试验：是指人类志愿者摄入已知剂量的病原体，并在一段特定的时间观察胃肠道反应的试验数据，通常较为有效，这类研究通常会采集生物标本（如粪便、呕吐物、血清、唾液等），这类研究的数据可直接用于剂量-反应关系的模拟，但这类研究必须经过严格的伦理审查，需表明研究是在志愿者健康得到充分保护的情况下进行。一般情况下，只有充分证据表明该病原体的不良健康效应仅包括自限性的暂时性胃肠道症状，方可进行人体实验。在使用人体试验数据外推时需要注意到人体干预试验受试者通常都是健康成年人，采用的都是非野生的病原体，而病原体存在的基质通常有利于其存活。

（2）流行病学研究和监测数据（主要是回顾性的食源性疾病暴发分析）：此类数据的宿主-病原-食品基质的情境更接近于实际情况，但剂量的估计、暴露人群、出现症状人群的测算也会带来一定的不确定性，流行病学数据较人体干预试验的一大优势之一是可估计易感人群的相对风险。流行病学数据还可提供一般人群及易感人群的症状反应谱，包括感染、自述症状、门诊、住院、后遗症状、死亡等。暴发数据通常可为风险评估提供病因学的信息及一定程度的验证剂量-反应关系模型，也可提供暴露情境的信息，但由于通常无法测得食物或饮水中病原微生物的具体含量，通常无法直接用于推导剂量-反应关系。国家每年的监测数据也可提供相应的信息，并且可提供特定生命阶段的人群的信息。将剂量-反应模型与暴露估计的结果相结合所得出的发病率与国家监测的数据比较，可协助判断风险评估模型和风险预测的准确性和实用性。

（3）动物实验剂量-反应关系：此类数据主要用于种间差异的探讨以及人群剂量-反应关系的推导，种间差异是这一类数据最大的不确定性，但动物实验研究应注意病原体的宿主特异性，如隐孢子虫在人体内主要导致腹泻等症状，而对免疫低下小鼠则产生系统症状而死亡，不出现胃肠道反应。故将动物实验数据用作剂量-反应的关系的推导时，必须阐明其发病机制与在人体的发病机制是相同的。目前有研究将流行病学数据与动物剂量-反应关系结合推导人群剂量-反应关系。猪和人体的免疫系统相类似，无菌仔猪的模型可用于侵入性的细菌及隐孢子虫的剂量-反应推导（已用于空肠弯曲菌、志贺菌、隐孢子虫、轮状病毒、沙门氏菌、大肠杆菌等）。动物实验还可测定最终处死动物的不同器官组织中的病原体数量并分析定植水平及清除时间。

（4）体外实验数据主要用于侵入和发病的机制研究，通常不用于剂量探讨。

由于微生物在食物基质中的分布极不均匀、常有菌丛产生，一般推荐采用概率性的分布拟合而不采用点评估。致病菌的剂量属于离散型变量，泊松分布假设所摄入的病原体是同质的且每一个都具有相同的致病能力，故β-二项分布和泊松分布是常用的模型。但由于食源性疾病暴发的数据通常包含较高剂量，故暴发数据一般不采用泊松分布。β-二项分布的假设是摄入的病原体数量已知，故常适用于剂量已知的摄入实验。指数模型与β-泊松分布假设同一剂量组内的受试者各自摄入的病原体呈泊松分布并具有相同的均值。如有明确的证据提示摄入病原体菌丛产生现象明显，可酌情选用更为偏态分布的模型。实际上干预实验及经验总结均无法得出病原体的致病阈剂量，单个病原体的感染、生长、繁殖即有可能引起疾病，故目前常用非阈剂量的一次击中（one-hit）理论。适宜的数据模型通常在较低剂量时形成一定曲度提示“类阈剂量”的表现或亚线性，但并不适用于在食物中产生毒素引起疾病的病原微生物。使用一次击中模型即意味着任何数量的病原体在宿主体内引发感染的可能性均是大于0的。一次击中模型也适用于一旦个体感染病原体，疾病的进展就不需要额外的暴露。但通常一次击中模型仅适用于病原体的感染预测，而不用于患病及死亡的预测。

剂量-反应关系评估中需考虑到的重要因素包括以下几种：①暴露途径：由于病原体进入机体须穿过机体的保护屏障，暴露途径不同会影响致病剂量以及症状表现，故暴露途径的描述很重要，在本章中通常仅考虑经口暴露。②暴露介质：就经口暴露而言，病原体可通过食物或水进入机体，或通过手一口接触。在此过程中，介质与消化系统的相互作用较为重要，如果介质可增加胃酸pH，则通常病原体存活的概率升高；饮水也不会保护病原体不受胃酸侵蚀。食品基质的结构及脂肪含量的不同可导致病原体在食物及机体胃肠道的生存情况也不相同。故在剂量-反应关系的讨论中需要比较推导剂量-反应关系所用的人群/动物试验的食物基质与所评估的食物基质的异同。③病原体：在剂量-反应关系评估阶段中主要讨论推导剂量-反应关系所用的人群/动物试验所采用的病原体与所评估的病原体是否一致。由于微生物存在各种亚型，致病力及抗性都不一致，故需要考虑到所采用评估的病原体的代表性。④宿主：在剂量-反应关系评估阶段中主要讨论推导剂量-反应关系所用数据的人群对所评估人群的代表性，应描述在该人物实验所推导的剂量-反应关系对其他生命阶段的人群的应用，并尽可能的综合流行病学的研究予以分析。⑤终点：在剂量-反应关系评估中常用的终点为感染、疾病以及死亡。实际上“感染”是最直接也较易模拟的终点，但在人群中“感染”通常不如“疾病”易于观察，且也有志愿者在摄入病原体后表现出临床症状但在相应的生物标本中无法检测感染病原体。“疾病”的终点可从胃肠道应激到后遗症状。“疾病”与“死亡”的发生风险有时从“感染”的风险推导得出，在某些实例中也可直接模拟。在风险评估的过程中，须注意到在流行病学研究及干预实验中所应用的数据对“疾病”的终点的定义是否一致，如对“腹泻”的定义可能直接影响到病例纳入和数据分析。

β-泊松模型和指数模型是定量微生物风险评估（quantitative microbiological risk assessment，QMRA）中常用的模型。两模型基于同一假设，即单一微生物对机体产生的危害相同或相近。在运用上述模型时应十分谨慎，因为它们并不适用于因产生毒素而致病的微生物。贝叶斯法（Bayesian models）可用于剂量-反应关系模型构建并评估其不确定性，尤其适用于有来源于多个研究数据的剂量-反应关系推导，其中贝叶斯一阶段或等级模型还可结合马尔科夫链蒙特卡罗模拟（Markov Chain Monte Carlo simulation，MCMC）进行模拟。

由于不同国家或地区的消费模式、人群特点等存在差异，利用来自西方发达国家资料建立的模型对于本国人群疾病发生的适用性可能较差。同时也应注意到剂量-反应关系的推导过程中由于病原微生物特征、宿主特征、摄入途径、模型选择及模拟而带来的不确定性。

与化学物剂量-反应关系相比，微生物风险评估中尚没有关于选择不确定系数的较明确的指南和共识。病原微生物剂量-反应关系推导也涉及种间差异、易感生命阶段的外推等不确定性。但由于许多病原体都是宿主特异且针对不同的宿主诱导不同的不良效应，故采用不确定系数的可信度较低。故仍建议根据个案分析的原则选择相应的不确定系数或修正系数，如在美国FDA对即食食物中的单核细胞增生李斯特氏菌的风险评估中运用一定的校正等级因子（从流行病学数据推衍）来校正由小鼠实验推导的剂量-反应关系。

二、暴露评估

暴露评估是对人体暴露于微生物危害的可能性以及摄入量的估计。因为病原菌是在不断地生长和死亡的过程，故评估微生物暴露较化学物更为复杂，准确地预测食品消费前的病原菌的数量较难，目前使用模型进行预测来解决这一问题。

在暴露评估环节通常要建立一个包括消费环节在内的食物链暴露途径模型，并不是所有时候都要考虑“从生产到消费”的整个食物链的情况，但应尽量考虑到决定人体最终暴露水平的各个环节，包括原料食品的初始污染程度、与危害生物体的存活/繁殖/产毒有关的食物基质特点和加工过程以及储存和制备条件等。

预测微生物学是一门运用数学模型定量描述特定环境条件下微生物的生长、存活和死亡动态的学科。微生物预测模型分为一级模型、二级模型和三级模型 3 个级别。其中，一级模型用于描述一定环境条件下微生物生长、失活与时间之间的函数关系；二级模型表达由一级模型得到的参数与环境因素之间的函数关系，可用于描述环境因素对微生物生长的影响（如温度、pH、水分活度等）变化的反应；三级模型主要是指建立在一级和二级模型基础上的软件程序，用于预测相同或不同环境条件下同一种微生物的生长或失活情况。微生物预测模型被用于描述在食物链不同环节如加工、销售、运输、消费等过程中环境因素对微生物数量变化的影响，是暴露评估必不可少的重要组成。

理论上仍可采用保守点估计的方法进行病原微生物的暴露评估，但由于病原体本身来源的变异性较大、在暴露途径中的消长不一、在最终摄食的分布较不均匀等因素，点评估可能严重的导致对暴露的高估或低估，故通常不推荐用点估计（确定性评估）的方法进行微生物的暴露评估。随机的概率模型通常将参数以函数分布的形式进行模拟，可较好的表现不确定性和变异性，蒙特卡罗模型是在微生物评估中常用的概率评估方法。

蒙特卡罗模型中的每个参数（如污染率、消费频率、生长率、贮存时间等）由其在数值范围的分布状况来表示。因此，模型必须依赖于参数数据的可及性才能建立。故目前暴露评估所采用的建模方式可称为“过程风险评估”或“模块式建模”，即通过描述每个处理步骤中病原微生物危害的污染率和浓度的变化，包括生产、加工、运输、处理和消费在内的食品路径的传播，综合后估计摄食时食品中的微生物病原体的剂量。这种策略将微生物生长动力学融合进微生物风险评估中，以数据和统计推断为基础或从可得数据进行外推。模式化过程风险建模方法中，模块可采用不同类型技术，将各模块连接即可得到最后的输出。由此，蒙特卡罗法可与贝叶斯等各类建模技术结合应用。

通过建模还可评估食品加工及消费者行为中特定的风险控制策略或假定场景对食品安全的影响。在病原微生物的暴露评估中，暴露情境是指一个关于微生物来源、暴露途径、病原体数量/浓度、暴露人群特征的组合。一个理想的暴露评估应包括不同情境的假设。建模的过程中常见的问题包括：变量之间本身存在联系，即非独立变量会影响模型的准确性；可能缺乏用于模拟分布的必要数据；模型本来具有的主观性。风险评估者需要意识到以上局限性并适宜的采用敏感性分析等方法验证模型。

在暴露评估建模前需要考虑到的问题包括以下几方面：疾病是否已暴发、是否有人力、物力、时间进行详细的暴露评估；暴露评估是否应建立在保守的假设上；暴露评估焦点是长期暴露还是短期暴露、高水平暴露和/或低水平暴露；评估是否需要考虑到所有来源的暴露；病原体在食物基质或在机体中的消长是否需要模拟。

理论上来说，暴露评估应从目标病原体在某种介质中的出现开始，这个起始点应考虑到数据的可及性、暴露评估的目的和风险管理的需求；确定起始点后，可采用微生物转移模型（fate and transport modelling）或上述预测微生物学进行评估，过程中可包括一些关键点的分析和模拟，主要过程可包括生长、消亡、混合以及分隔，并分析相应过程中的关键影响因子。食品和饮水的微生物暴露评估通常包括以下三个顺次环节：处理、运输、摄食。如果风险评估的目的是寻求在运输过程中冷冻是否要有效降低风险，则批量运输环节的暴露情境模拟就极为重要。如为了估计碎牛肉中大肠杆菌 E.coli O157：H7 的风险，暴露评估从农场、屠宰、储存、加工阶段依序进行，这个较为详尽的农田－餐桌的模型分析了季节、活畜感染率、运输、宰杀、尸体消毒、冷却、去皮、去内脏去骨、碾磨、储存、烹调、到进食整个阶段的病原体消长。此外，在暴露情境中应注意需要基于评估目的选择暴露评估的人群，在暴露情境中需要考虑到暴露人群中的因素包括：暴露期限和频率（特定的群体可能有较高的暴露频率/期限等）、暴露途径（某些人群可能具有特定高危行为，如与宠物接触、异地旅游等）、异感人群或生命阶段（儿童、老年人或免疫低下人群）。

交叉污染也是微生物暴露评估中需要考虑到的一个重要污染来源。影响微生物交叉污染过程转移率的因素主要有两类：一是环境因素，包括接触面的物理化学性质、温度、湿度、压力、接触时间、清洗消毒剂的使用和食物特性等；二是微生物自身因素，包括细菌自身产胞外多糖能力、是否形成菌膜、菌落的形态等结构以及是否有胞外结构等。交叉污染模型应包括两个基本要素：细菌从一种基质向另一基质的转移率，以及食品加工过程中与卫生习惯有关的人类行为发生频率。目前用于研究交叉污染的模型主要有两种，一种是实验受控条件的模拟研究，即通过严格控制的实验条件、实验步骤和影响因素（温度、湿度、接触面积、接触时间以及个人卫生知识等）来研究上述影响因素对交叉污染结果的影响。而另一种方法则是现场研究，在各种影响因素不受控的条件下，定量测定交叉污染率，同时识别环境（如工厂、家庭厨房等）中交叉污染的真实途径，这种方法更加接近真实情况。但实验受控模型有助于确定影响交叉污染的某些因素，却无法解释实际复杂系统中的全部影响因素。因此，实际工作中将实验室受控模型的研究结果与现场研究的信息结合会更加可靠。

敏感性分析是指从风险评估的众多不确定性因素中找出最有重要影响的敏感性因素，并分析、测算其对最终风险的影响程度和敏感性程度；是一种不确定性分析技术，其实质是通过逐一改变相关变量数值的方法来解释关键指标受这些因素变动影响大小的规律。敏感性分析在概率性评估中较为重要，可为风险管理提供重要的信息。

三、风险特征描述

微生物风险特征描述是上述三个步骤的总结和提炼，并根据相应的暴露情境假设提出对应的风险管理措施。风险特征描述又可分为风险估计和风险描述。风险估计是将危害特征描述与暴露评估的结果进行比较分析所得的定性或定量的结果。微生物的风险估计可表示为个体发生该病原体带来的不良健康效应的概率（如 1/1000），或在人群水平的风险估计（某地区 100 万人口每年发生 100 例疾病）。风险描述主要涉及以下几个方面：①关键信息：重要文献来源、在风险估计假设和外推采用的默认参数、默认的风险管理措施、主要数据的科学性和前瞻性、变量的变异性；②背景：如回应风险管理提出的问题、此次评估的风险估计与其他同种危害风险估计的比较；③敏感人群：受危害影响的所有人群是否包含敏感人群，是否存在特定敏感的年龄阶段、或具有某些特定的行为和特征使该人群易感于所评估的病原体，是否针对敏感人群进行了风险评估；④科学假设：关键数据是否缺乏，在评估中的关键假设，假设是如何影响评估结果的；⑤政策选择：此次风险评估是否根据相应的指南和程序进行；⑥不确定性：描述评估中存在的不确定性（如测量不确定性、模型不确定性、数据缺乏带来的不确定性等），分析及降低不确定性的方法（如不确定性分析、敏感性分析等），不确定性降低如何影响评估结果；⑦此次评估的优劣势：对评估结果及其证据、数据来源质量等进行优势/劣势分析；⑧主要结论：风险估计及其他需要说明的结论；⑨评估结果及方法比较：如运用其他模型的可能结果、或与其他类似风险的比较；⑩下一步研究需求：由数据缺乏、方法局限所提示的未来研究方向和要点。

微生物定量风险评估的结果可应用于制定质量控制体系和设定食品安全目标两方面。制定质量控制体系主要体现在危害分析和关键点控制计划（HACCP）方面，HACCP 是一种基于预防性过程控制的食品安全防御系统，将微生物风险评估（尤其是过程概念评估模型）与 HACCP 结合，对于有效防控食品加工过程中关键环节的致病菌的传播和繁殖，从而减少致病菌危害和食品安全事故的发生更具实用意义。风险评估的结果还可用于设定食品安全目标。2002 年，国际食品微生物标准委员会（International Commission of Microbiological Specializations on Food，ICMSF）提出了食品安全目标（food safety objectives，FSO）的概念，并基于微生物风险评估对其做了进一步说明。FSO 是指采取一定措施预防或消除食品安全危害或将危害降至可接受水平，即食用时提供或促进 ALOP 的食品中某种危害的最大允许频率或浓度。微生物风险评估的结果有助于 FSO 的建立，并可为食物中致病菌限量标准的制定提供一定参考。如果某种食物被微生物初始污染并存在潜在二次污染等问题时，FSO 即是经过采取一定干预措施，确保消费者在食用该食物时由微生物造成的危害符合 ALOP 水平。FSO 事实上是 ALOP 的量化表现，可以直接用于指导生产控制措施。执行目标（performance objectives，PO）是在食用前，食物生产控制链某个特定阶段能酌情实现或促进 FSO 或 ALOP 的食品中某种危害的最大允许频率或浓度。执行标准（performative criteria，PC）是为实现或促进 PO 或 FSO 而应用一种或几种控制措施必须实现的效力（以危害的频率或浓度表示）。

鸡蛋和肉鸡中沙门氏菌的风险评估简述见附录 15-3。

（李　宁　张立实　陈锦瑶）

附录 15-1　风险交流案例：欧盟如何化解“疯牛病危机”

1986 年始发于英国的疯牛病，最初被认为是一种普通的动物疫情。疫情开始时，英国政府一方面宣布委任专家对疯牛病的源头进行调查，另一方面又表示并无任何证据显示疯牛病可以传染给人类，农业部官员公然在电视里表演吃牛肉汉堡以示并无风险。1996 年 3 月权威机构才正式承认疯牛病会传染给人类。

同时，政府初期的一些不当行为也加剧了危机。如在未明确向牛农、牛肉经营者及消费者传达危机严重性的同时，拒绝以市场价收购病牛，导致牛农将可能染病的牛另找销路出售，从而造成大量病牛肉进入市场。为减少经济损失，虽然早在 1988 年就认定动物饲料蛋白质是造成疯牛病的最大嫌疑，但 1996 年才正式在全球禁止这种饲料出售。英国政府的初始危机管理失败直接导致了危机的蔓延及涟漪效应。

危机后期，英国政府危机管理及风险交流的可取之处包括：定期向公众和欧盟委员会通报事件处理的进程，保持危机管理和风险信息的及时传递；重视风险的研究及各相关部门间的合作；采取一系列危机应对措施，如屠宰病牛、发放屠宰补贴、进行市场干预性购买、维持牛肉价格体系等；积极与欧盟和欧洲其他国家协调，防止危机扩大与恶化。

附录 15-2　风险分析案例

（改编自中国国家食品安全风险评估中心 http：//www.cfsa.net.cn/Article/News.aspx?id=8A3799CA13864872A8A97D9679A9BB05AB173DF5C30CC413）

国家卫生计生委发布白酒产品中塑化剂风险评估结果，结果显示白酒产品中邻苯二甲酸二（2-乙基己基）酯（DEHP）和邻苯二甲酸二丁酯（DBP）的含量分别在 5 mg/kg 和 1 mg/kg 以下时，对饮酒者的健康风险处于可接受水平。

一、相关背景

2012 年 12 月以来，白酒中塑化剂问题引起社会广泛关注。在国务院食品安全办的协调下，原卫生部委托国家食品安全风险评估中心开展风险评估工作。国家食品安全风险评估中心成立专项工作组，对现有数据进行科学分析，开展风险评估工作，并就相关技术问题征询国家食品安全风险评估中心国际顾问委员会意见。评估过程和结果经国家食品安全风险评估专家委员会全体会议审议通过。

二、风险评估过程

白酒产品中塑化剂风险评估工作严格遵循国际通用的风险评估原则和方法，充分利用国家食品安全风险监测、专项检测和监督抽检数据，并考虑我国居民食物（包括白酒）消费模式和特点，科学回答了 DEHP 和 DBP 的健康危害以及我国居民的膳食暴露水平及其潜在风险等问题。

1. 收集国内外科学资料，明确 DEHP 和 DBP 的毒性和安全限量　通过检索国际化学物安全规划署、欧洲食品安全局、美国环境保护署、美国食品药品管理局、英国卫生部、澳大利亚新西兰食品标准局等近 10 个国际权威网站，收集了约 30 篇科学文献。科学分析后发现，DEHP 和 DBP 对实验动物具有内分泌干扰作用，可影响实验动物的生殖发育，但目前尚缺乏人体健康损害的直接证据。目前，不同国际组织提出了不同的 DEHP 和 DBP 安全限值（每日耐受摄入量（TDI)。国家食品安全风险评估中心综合分析后认为，欧洲食品安全局经科学评估后制定的 DEHP 和 DBP 的 TDI（分别为 0.05 和 0.01 mg/kg 体重）较为科学可靠，可用于本次风险评估。即成人（体重以 60 kg 计）每天摄入 3.0 mg 的 DEHP、0.6 mg 的 DBP 不会对健康造成损害。

2. 全面分析我国主要食品中 DEHP 和 DBP 的含量水平，确定白酒产品中 DEHP 和 DBP 的“份额”　按照污染物暴露的通用原则，获得 DEHP 和 DBP 膳食暴露的允许水平。通常情况下，膳食暴露占机体总暴露的 80%，即每天允许来自膳食的 DEHP 和 DBP 分别为 2.4 mg 和 0.48 mg。

虽然本项风险评估是针对白酒产品中的塑化剂，但鉴于塑化剂也在其他食品中存在，因此需要考虑其他食品中的塑化剂。专项工作组收集谷类、蔬菜、乳类、禽畜肉类、水产品、饮用水、蛋类、饮料、方便面、植物油、果冻、果蔬调味料、调味料等食品中 DEHP 和 DBP 的含量数据，结合我国居民各类食物消费量，计算通过其他食品摄入的 DEHP 和 DBP 水平。从膳食允许暴露水平中去除通过其他食品摄入的 DEHP 和 DBP，获得 DEHP 和 DBP 来自白酒产品的“份额”，即每天允许通过白酒产品摄入的 DEHP 和 DBP 水平。

3. 估计白酒产品中 DEHP 和 DBP 的最大允许含量 为了避免白酒产品中 DEHP 和 DBP 对饮酒者造成健康损害，专项工作组采用保守估计方法，假定饮酒者每天饮酒量达到 6 两以上（调查发现这类人仅占 5%左右），推算出白酒产品中 DEHP 和 DBP 的最大含量不应超过 7.3 mg/kg 和 1.2 mg/kg。

考虑到本次评估所涉及的食品类别和样本量的局限性等不确定因素，国家食品安全风险评估专家委员会认为，白酒中 DEHP 和 DBP 的含量分别在 5.0 mg/kg 和 1.0 mg/kg 以下时，对饮酒者的健康风险处于可接受水平。

三、风险评估结果的意义和作用

本次风险评估工作充分考虑了 DEHP 和 DBP 的非膳食来源以及在其他主要食品中的存在等因素，所得出的白酒产品中 DEHP 和 DBP 最大允许含量相对保守。对现有监测数据进行分析发现，绝大多数白酒产品的 DEHP 和 DBP 含量低于本次风险评估结果。在正常饮食习惯下，只要白酒产品中 DEHP 和 DBP 含量低于本次风险评估结果，膳食中的 DEHP 和 DBP 一般不会对饮酒者造成健康损害。

需要指出的是，该风险评估结果是从保护健康角度得出的，未考虑其他相关因素，不是食品安全国家标准。

注：每日耐受摄入量（TDI）是指一生中每天摄入而不会造成健康损害的剂量。低于此剂量，发生健康损害的可能性很小。

附录 15-3 鸡蛋中沙门氏菌风险评估

（总结自 WHO/FAO 风险评估报告《鸡蛋和肉鸡中沙门氏菌风险评估》）

1. 危害识别 近年来，肠炎沙门氏菌已成为许多国家人类食源性疾病的重要病原体，在西方国家，鸡蛋是传播该病原体的主要传染源。肠炎沙门氏菌的血清型变种在母鸡卵巢组织繁殖能力非常强，且常存在于完好的蛋壳内。肉鸡是许多国家食用的主要禽类品种。在肉鸡生长过程中，沙门氏菌在鸡体内大量繁殖。在屠宰和加工过程中，鸡胴体的皮和肉常常污染沙门氏菌。鸡蛋是人感染沙门氏菌的主要传播媒介，评估鸡蛋沙门氏菌的流行程度、生长及传播影响因素，评估其对人体带来的相关风险，有助于风险管理者制定相关措施减少人类食源性疾病。

2. 危害特征描述 这部分描述了公共卫生措施、肠炎沙门氏菌的特性、宿主的特性及与食品有关的各种因素。剂量反应模型描述了摄入沙门氏菌菌量与人患病概率之间的关系。并对已有的疾病暴发数据进行详尽的阐述。通过重新抽样的方法，运用这样数据建立了一个新的剂量反应模型。最后，展开假设推断单独的反应曲线是否可将人群根据年龄和易感性分组，推断肠炎沙门氏菌的剂量反应模型是否有别于其他沙门氏菌的剂量反应模型。

既往沙门氏菌剂量反应模型：1966 年，某学者应用 β-泊松模型模拟沙门氏菌摄入实验，得到当地人群数据；美国肠炎沙门氏菌风险评估利用人体摄入替代病原体（痢疾志贺氏菌）实验获得的数据，以患病为终点描述剂量反应模型；加拿大运用 Weibull-Gamma 剂量反应关系拟合了多个病原体摄入实验的数据，并用贝叶斯模型将这些数据与关键的沙门氏菌疾病暴发数据结合。

上述剂量反应模型不能完全阐明疾病暴发数据中的关系，本次评估基于疾病暴发数据建立了一个新的剂量反应模型，但当前疾病暴发数据仍有不确定度，某些数据仍需假设，且疾病暴发数据来源于几个发达国家，可能不适用于其他地区。未进行因患者年龄、沙门氏菌血清型变种或剂量等因素引起的疾病严重性评估，目前数据库的信息还不足以给出这些因素的定量推测。

3. 暴露评估和风险特征描述　在以往的模型中，均包含一个“生产”模块、一个“带壳蛋加工和销售”模块、一个“蛋制品加工”模块以及一个“制作和食用”模块。“生产”模块可预测鸡蛋被沙门氏菌污染的可能性。沙门氏菌的群流行率（即一个鸡群里有一只或多只受感染母鸡的概率）还取决于将沙门氏菌传播到鸡群的各种因素（如原来受感染的鸡群污染环境、食物被污染等）。“带壳蛋加工和销售”模块和“制作和食用”模块可预测人体暴露于含有不同剂量沙门氏菌的受感染鸡蛋的可能性。因为食用被污染鸡蛋制作的食物而感染沙门氏菌的剂量取决于从产蛋到制作食物这一段时间沙门氏菌的生长情况、及鸡蛋的烹调方式。被污染鸡蛋上沙门氏菌的生长情况随储存时间和温度而变化。评估结论为每食用一份含有被污染鸡蛋的食物造成人患病的概率。

鸡蛋中肠炎沙门氏菌的风险特征描述不代表任何特定国家和地区的情况。但有些模型是基于某一地区的情况建立的，故将模型用于其他国家或地区时应慎重。

食用一份含有被污染鸡蛋的食物而引起疾病风险的概率随鸡群肠炎沙门氏菌流行率的升高而增加。但随着肠炎沙门氏菌流行率的升高，预测风险的不确定度也增加。肠炎沙门氏菌流行率的降低与人患病风险的减少成正比，如食用肠炎沙门氏菌个体流行率为 1%的鸡群所产蛋引起人患病的风险是食用肠炎沙门氏菌流行率为 10%的鸡群所产蛋引起疾病风险的十分之一。

调整从产蛋到食用之前的储存时间与温度，对人体患病风险有很大的影响。食用一份含蛋食物造成人患病的风险，与产蛋时污染鸡蛋的肠炎沙门氏菌的数量无显著相关性。

报告还评估了不同频率的鸡群病原体检测的效果，如四年间每年检测 1 次，可使食用一份含有被污染鸡蛋的食物引起的疾病风险减少 70%以上。该报告还评价了免疫接种和冷冻等措施的效果。如把储存温度保持在低于 7.7℃的情况下，食用一份含有被污染鸡蛋的食物的患病风险可降低 60%；保质期减少为 7 天时，该风险也可减少 60%。

4. 不确定性及局限性　此风险评估的数据较有限，故存在大量的不确定性，且难以对不确定性进行量化，故未充分探讨统计学和模型的不确定性。模型采用的预测微生物学是基于鸡蛋内肠炎沙门氏菌生长的非常有限的数据，本次评估中未使用其他函数模型。就管理措施而言，评估未衡量检测方法的敏感性、疫苗免疫接种效力的不确定性等。

小　结

食品安全风险分析（risk analysis）方法已逐渐应用于食品中有毒有害物质对人体危害的安全性评估，近年来在食品安全事件的应对中起到了不可忽视的重要作用。本章系统介绍了食品安全风险分析的框架及应用，食品安全风险管理、风险交流、风险评估的内容，以及化学性危害食品安全风险评估和生物性危害食品安全风险评估的原理、实施步骤及应用。

食品安全风险分析包括风险评估、风险管理和风险交流三个不可分割的部分。风险评估主要是基于数据的科学评判，而风险管理则基于风险评估的结果实施政策性的管理措施，风险交流应贯穿于风险分析的整个过程。其中风险评估是风险分析的基础，其目的是判定食品中某种有害物质对人群健康危害的风险程度。

食品安全风险评估是指对食品、食品添加剂、新食品原料和食品相关产品（食品包装材料等）中的生物性、化学性和物理性危害或条件对人体健康可能造成的不良影响所进行的科学评估，包括危害识别、危害特征描述、暴露评估和风险特征描述四个步骤。

化学性风险特征描述主要采取与一个产生“理论零风险”的暴露水平比较的方式，该“理论零风险”水平即危害特征描述阶段确定的健康指导值或近年来所采用的适当保护水平（ALOP）（设定在任何可造成不良健康效应的相关剂量之下）。故风险特征的描述通常是将估算出的人体暴露量，并将其与健康指导值（ADI、PTWI、PTMI 等）或其他 ALOP 进行比较。生物性风险评估通常是在“生产到消费”的过程中采用一定的模型来定量描述基本的生物性危害水平及食品安全状况，并估计目前情境下的风险水平。

思　考　题

1. 食品安全风险分析包括几部分？请简单描述各组成部分的关系。
2. 食品安全风险评估有哪几大步骤？
3. 请简述化学性危害与生物性危害的食品安全风险评估的异同。

参 考 文 献

国家食品安全风险评估中心. 2010. 食品安全风险评估工作指南. 北京.

国家食品安全风险评估中心. 2015. 食品中化学物健康指导值制定指南（试行）. 北京.

Codex Alimentarius Commission. 2015. Principles and guidelines for the conduct of microbiological risk assessment，CAC/GL-30. http: //www.codexalimentarius.org/input -/download/ standards/10741/CXG_063e.pdf.

World Health Organization/Food and Agriculture Organization of the United States（WHO/FAO）. 2006. Food safety risk analysis – a guide for national food safety authorities（FAO Food and Nutrition Paper No. 87），87: ix-xii，1-102.

World Health Organization/Food and Agriculture Organization of the United States（WHO/FAO）. 2002. Principles and guidelines for incorporating microbiological risk assessment in the development of food safety standards，guidelines and related texts. Kiel：FAO/WHO.

World Health Organization/Food and Agriculture Organization of the United States（WHO/FAO）. 2016. A handbook on risk communication applied to food safety.

第十六章　分子生物学技术在食品毒理学中的应用与发展

学习要求

了解：主要分子生物学技术的概念、基本原理及其在毒理学中的应用。

分子生物学（molecular biology）是在分子水平研究生命现象、生命本质、生命活动及其规律的一门生命学科，是生物学的一个分支。分子生物学技术始于20世纪80年代中期，这种主要以核酸、蛋白质等生物大分子为研究对象的新技术已经逐步成为医学领域不可或缺的辅助研究手段之一，为人类认识生命、利用和改造世界带来了新的机会并具有广阔的前景，已被广泛应用于工农业、食品加工、医疗保健等许多领域。

近20年来，随着物理、化学、信息科学、环境科学和生物医学等多学科互相渗透，不同领域的新技术如差异显示技术、荧光原位杂交技术、流式细胞技术、凝胶电泳技术以及穿梭质粒、转基因技术等得到了充分的开发和应用。近十年来生命科学、医学与生物学新技术迅速发展，微电子与计算机科学、信息科技和精密仪器等高新技术的发展成果在生物医学领域中的大量应用，对毒理学领域的研究和发展也产生了重大的影响。不仅为毒理学工作者提供了全新的概念和技术，同时也促进了食品毒理学研究方法的改进和创新，为食品毒理学的研究带来了新的启迪和机遇。本章主要介绍与毒理学相关的几种常用的分子生物学技术。

第一节　生物芯片技术

生物芯片技术是20世纪90年代在生命科学领域迅速发展起来的一项新技术，是综合运用生物、微电子、微加工和计算机技术等发展起来的一项高科技技术。生物芯片作为一种微型生物化学分析系统，具有高通量、高集成、微型化、连续化、自动化等优点，芯片上每平方厘米可密集排列成千上万个生物分子，能快速准确地检测细胞、蛋白质、DNA及其他生物组分，并获取样品中的有关信息，其效率是传统检测方法的成百上千倍。

一、生物芯片技术的概念

生物芯片技术是模拟计算机芯片的制备技术，采用光导原位合成或微量点样等方法，将大量生物大分子（如核酸片段、多肽分子、组织和细胞等）样品有序地固化于载体（如玻片、硅片、聚丙烯酰胺凝胶、尼龙膜等）的表面，组成密集二维分子排列，然后与已标记的待测生物样品中的靶分子杂交，通过特定的仪器如激光共聚焦扫描或电荷偶联摄影像机对杂交信号的强度进行快速、并行、高通量的检测分析，从而计算和判断样品中靶分子的数量。

在食品、医疗、环境等领域，生物芯片技术常使用狭义概念，仅用于指代微阵列（microarray）技术，如基因芯片、蛋白质芯片等。而从广义上讲，生物芯片技术涵盖一切采用生物技术制备或可应用于生物技术的微处理器，如三维电子芯片、生物计算机等。

二、生物芯片技术的主要类型

生物芯片技术的分类有多种分法。根据探针不同，生物芯片技术可分为基因芯片（gene chip）、蛋白质芯片（protein chip）、细胞芯片、组织芯片等；根据原理的不同，可分为芯片缩微实验室、元件型微阵列芯片、通道型微阵列芯片、生物传感芯片等；根据片基不同，还可分为无机片基和有机合成物片基；根据应用的不同可分为表达谱芯片、诊断芯片、检测芯片等。在以上众多生物芯片技术中应用最多、应用范围最广的是基因芯片、蛋白质芯片和芯片缩微实验室三类。

（一）基因芯片

基因芯片又称 DNA 芯片（DNA chip），是基于基因探针的一项分子生物学技术。基因芯片将大量的探针分子固定在支持物上，根据碱基互补配对原理，与标记的样品分子杂交，检测杂交信号的强度及分布，获取样品分子的数量和序列分析信息。

基因芯片利用大规模集成电路的手段控制固相合成大量（成千上万个）靶基因或寡核苷酸探针，并把它们有序高密度地排列在玻璃或硅片等不同载体上。它将生物学中许多不连续的分析过程移植到固相的介质芯片上，达到使其连续化和微型化检测的目的。一块基因芯片相当于一个集成处理器，其中的每个探针相当于一个探头，能对相关的大量信息实现同时、自动和快速的采集传输、分析和处理，并给出相应的检测、诊断结果。

（二）蛋白质芯片

随着生物技术的发展，以蛋白质为研究对象的蛋白组学也越来越重要，发展高通量、微型化、自动化的蛋白质检测技术已成必然。

蛋白质组学（proteomics）是以组织细胞与体液中动态变化的蛋白表达情况为基础，通过比较、鉴定与分析手段来识别外源性化合物作用于生物系统，产生毒效应靶蛋白及其可能的毒作用机制。

蛋白质芯片主要是利用抗体与抗原结合的特异性，实现抗原抗体的互检即蛋白质的检测。由于蛋白质不能靠扩增的方法达到要求的灵敏度，蛋白质之间的特异作用主要是利用抗原与抗体反应，没有序列特异性，而只有专一性，所以检测蛋白质沿用基因芯片的模式有一定的局限性。

（三）芯片缩微实验室

缩微芯片实验室也被称为缩微芯片，采用类似集成电路制作过程中半导体光刻加工的缩微技术，把样品制备、生化反应和检测分析等复杂、不连续的过程全部集成到芯片上，使其连续化和微型化，构建成“缩微实验室”。

缩微芯片的核心技术是在芯片上含有 DNA 样品制备、纯化与检测等微电子制备和检测系统，不仅所需样品量小而且灵敏度高，因而可以快速、精确地完成从样品制备到反应结果显示的全部分析过程，系统稳定性能较佳，能有效克服人工操作的实验误差。

三、生物芯片技术在食品毒理学中的应用

生物芯片技术在食品毒理学的应用主要包括食品中有害物质的损伤机制研究和食品安全检测两方面。

（一）毒性预测和毒作用机制研究

利用生物芯片技术筛选食品中外源化学物的毒作用靶点及相关毒作用机制研究（基因表达谱分析、基因突变检测、基因功能研究、基因组多态性分析、DNA 测序等），是生物芯片技术在食品毒理学中应用较多的一个方向，也是生物芯片技术应用最为成熟和广泛的领域。在传统食品毒理学研究中，毒物的整体毒性效应和毒物代谢研究具有不可替代的作用，但这不仅需要消耗大量的动物，而且费时费力。同时，由于所用的动物模型的种属差异，并且动物实验中所使用的毒物剂量也远远大于人的暴露水平，并不能反映真实的暴露情况，得出的结果往往并不适宜外推至人。而生物芯片技术可同时对成千上万个基因的表达情况进行分析，为研究外源化学物对生物系统的作用提供全新的线索；还可对化学物质在低剂量条件下单独/联合暴露的毒性进行初步测定，并且辅助分析推断出该物质有害作用的最低剂量。使用生物芯片技术可有效弥补传统毒理学技术的不足，满足了现代毒理学对生物检测技术高效、精确的要求。

1999 年，美国环境卫生科学研究所（National Institute of Environment Health Sciences，NIEHS）基于基因组技术和 DNA 芯片技术，开发出了一种新的生物芯片—毒理芯片（Toxchip）。毒理芯片的原理是通过揭示某类化学物对特定生物机体损伤的基因表达特征谱，构建其生物标志数据库，获得不同化学物导致机体损伤的基因指纹图谱。当对一种新化学物进行检测时，可通过毒理芯片检测该物质的基因表达谱，从而预测其毒作用特征。目前毒理芯片主要应用于外源化学物的毒性预测和毒作用机制研究。

（二）在食品安全检测中的应用

在食品安全检测领域，生物芯片技术主要用于食品中微生物及其毒素、农药兽药残留、有害化学物质等的检测，可用于迅速确定食源性疾病病原。例如，以抗体固定化毛细管反应器和酶联免疫反应剂阵列为基础的缩微生物芯片系统可用于食品中大肠杆菌 O157∶H7 的检测；表面等离子体共振生物芯片可用于棒曲霉素毒素的污染检测；青霉素酶生物芯片可用于食品中青霉素 G 的检测。生物芯片技术以其高效、高通量、高准确度的特征，有望用于建立食品监督管理的预警和快速反应系统，可成为食品卫生监督和商品检验检疫中的重要工具。然而由于需要昂贵的仪器设备、成本过高、尚未形成统一标准等原因，目前生物芯片技术尚未常规应用于食品安全监督及检测。

鉴于生物芯片技术的诸多优点，其有望成为 21 世纪应用最广的技术之一，但在目前的技术条件下仍具有一定局限性：①检测设备昂贵，目前的基因芯片技术大多采用荧光标记技术，使得检测不仅需要复杂昂贵的芯片制作系统，而且还需要激光共聚焦扫描仪等昂贵的仪器设备，高昂的成本严重限制了芯片技术的普及应用；②操作复杂、费时，对操作

人员的专业素质要求较高；③在样品目标物放大反应的过程中，容易造成样品污染，也会影响到检测信噪比和检测结果的准确性和重现性；④生物芯片微细制备技术以及如何进一步提高生物芯片微阵列的密度等也限制了该技术的市场推广。

第二节 转基因技术

1972 年 Berg 等在体外成功将不同来源的 DNA 片段进行了重组，对基因工程的可行性进行了初探，标志着基因工程的诞生。自此，基因工程迅速发展，并在动物、植物、微生物等领域得到广泛应用。基因工程与发酵工程、蛋白质工程、酶工程、细胞工程共同构成了生物工程，其中基因工程是其他工程技术的核心，带动其他技术的发展。上述五项工程技术相互联系、互相渗透，并没有严格的界限或区分。

从狭义上来说，基因工程即是 DNA 重组技术（recombinant DNA technology），也称基因克隆技术或分子克隆技术；从广义上来说，DNA 重组技术仅是基因工程的一部分，此外还包括 DNA 重组技术的产业化设计和应用等。同样，对于转基因技术这一概念也有狭义和广义的区分。广义上转基因技术常用于指代 DNA 重组技术，而从狭义上来说，DNA 重组技术是实现转基因技术的一个手段，转基因技术是 DNA 重组技术的应用。

一、转基因技术的概念

转基因技术是使用酶学的方法，将外源性基因与载体基因在体外进行重组，将形成的重组因子转入受体细胞，使外源性基因在受体细胞中复制表达，从而改造生物特性，生产出人类所需要产物的新生物技术。

传统意义上的转基因技术一般包括以下四个过程：①制备目的基因：分离、纯化或人工合成所需要的特定基因；②构建重组载体：通过限制性核酸内切酶的切割和连接酶的连接，在体外将目的基因与具有自我复制能力的载体基因结合而构成重组 DNA；③导入目的基因：使用一定的方法将重组载体导入受体细胞；④产物表达：外源性基因在受体细胞中复制与表达，产生大量该基因所编码的蛋白质，从而表现出新性状的过程。

二、转基因技术的常用方法

转基因技术按其受体细胞的不同可分为植物细胞转基因技术、动物细胞转基因技术和微生物转基因技术，其中食品毒理学的研究对象多为微生物和动物细胞。使用载体将重组分子导入受体细胞的方法通常用于原核生物（如大肠杆菌、枯草杆菌、蓝藻等），而真核生物（真菌、酵母、动物细胞、植物细胞等）细胞结构较原核生物复杂得多，故该方法并不适用于真核生物。现已发展出一系列可有效转化各种受体细胞的方法，其中植物细胞转基因技术主要是应用 Ti 质粒作为载体进行转化，还有多聚物介导法、花粉管通道法等。因植物细胞转基因技术常用于农林业，较少用于食品毒理学方向，故本章中不作详细介绍。

（一）微生物转基因技术

可用于基因工程的微生物有细菌、酵母等，其中大肠杆菌是研究最早、使用最为广泛的受体。微生物转基因技术中，原核微生物与真核微生物的基因重组方法有所差异。

1. 原核微生物的转基因方法 原核生物通常可通过转化、转导和三亲本杂交等途径将重组 DNA 分子导入受体细胞。①转化：以质粒为载体构建重组 DNA 分子导入受体细胞的过程称为转化；②转导：以噬菌体或真核病毒为载体构建重组 DNA 分子导入受体细胞的过程称为转导；③三亲本杂交：当重组 DNA 不能直接转化受体菌时，可将含重组 DNA 分子的供体菌、被转化的受体菌和含有广泛宿主辅助质粒的辅助菌三者进行共培养，称为三亲本杂交。

2. 真核微生物的转基因方法 对酵母等真菌的转化方法主要有以下几种：①原生质体转化：酵母原生质体在氯化钙和多聚醇作用下其细胞膜通透性增大，形成感受态细胞，可摄入外源性 DNA；②碱金属介导转化：Li^{+}等碱金属盐处理细胞后可介导酵母等真菌完整的细胞转化，聚乙二醇（PEG）和热休克也产生类似作用；③电穿孔法：利用脉冲电场提高细胞膜的通透性，可在细胞膜上形成纳米级的微孔，从而使外源性 DNA 转移到细胞中。

（二）动物细胞转基因技术

重组 DNA 分子导入哺乳动物细胞的方法大致可分为三类，即物理法、化学法和生物法。其中物理方法常用的有电穿孔法、基因枪法等；化学方法有磷酸钙沉淀法、二乙氨乙基（diethylaminoethyl，DEAE）葡聚糖转染法、脂质体转染法等；生物方法主要是通过携带有重组 DNA 分子的病毒介导来感染靶细胞。此外，转基因技术还可在染色体水平上进行，通过染色体分离或染色体切割，将包含有目的基因的染色体或染色体片段转入受体细胞。

1. 物理方法 物理方法主要有以下三种方法：①电穿孔法：利用脉冲电场提高细胞膜的通透性，可在细胞膜上形成纳米级的微孔，从而使外源性 DNA 转移到细胞中；②微注射法：选用精细显微注射针将外源基因注入受精卵或胚泡内，使外源基因整合入实验动物基因组，是目前获得转基因动物的常规方法之一；③裸露 DNA 直接注射法：将裸露的 DNA 直接注射到组织中，该方法最简单，但转移效率低。

2. 化学方法 主要原理是通过改变细胞膜的通透性或增加 DNA 与细胞膜的吸附作用来完成 DNA 转移，主要包括以下几种方法：①DEAE 葡聚糖法：将外源性 DNA 片段与 DEAE 葡聚糖等高分子糖类相融合，DEAE 颗粒可吸附 DNA 分子，同时可黏附于受体细胞表面，借助胞饮作用将 DNA 送入细胞；②磷酸钙-DNA 共沉淀法：将 DNA 溶解于含磷酸根离子的缓冲液，在特定 pH 条件下加入氯化钙可使 DNA 共沉淀形成大颗粒，加入受体细胞培养一段时间后 DNA 可通过脂相收缩时细胞膜裂开的空隙或胞吞作用进入细胞；③脂质体载体包埋法：将外源性 DNA 包埋于脂质体内，再与受体细胞混合后，脂质体膜可与受体细胞膜融合，从而将外源性 DNA 导入受体细胞。

3. 生物方法 主要采用的是病毒介导的基因转移。根据受体细胞的类型可选择不同宿主范围和不同感染途径的病毒作为载体。常使用的病毒载体有 DNA 病毒载体（如腺病毒、牛痘病毒）和反转录病毒载体。

三、转基因技术在食品毒理学中的应用

转基因技术可用于目标蛋白质的获得和生产携带目的基因的动物、植物、细胞等，在疾病研究、基础医学、农牧业等行业均起到了重要作用。在食品毒理学领域，利用转基因技术可建立含有目标基因的动物模型、细胞模型和微生物模型，可用于食品中有害物质的

安全性评价、毒性预测和机制研究。

（一）基因重组微生物与基因重组细胞

细菌、酵母菌等微生物及动物细胞系具有便于培养、生命周期较短等特点，常用于卫生检测、安全性评价等领域。而经基因重组后的微生物或细胞系携带有目的基因，其表达的蛋白质具有相应的生物功能，常用于毒作用机制研究和毒性检测，具有高灵敏度、高效性、省时省力等优点。

细胞色素 P450 家族（CYP450）是一类研究最为广泛的混合功能氧化酶系统，使用其编码基因构建各类基因重组细胞和微生物的研究已较为成熟。将人类 CYP450 基因转移到不含内源性 CYP450 的受体细胞中建立的体系可构建产生人类 CYP450 蛋白的转基因模型，对于毒物的代谢研究和机制研究具有重要作用。目前已建立的转基因受体系统包括细菌、酵母菌、昆虫细胞和哺乳动物细胞。此外，还有学者构建了可用于定量检测雌激素活性、致突变性等特殊毒性的转基因微生物和细胞系，这些利用转基因技术建立的检测体系在食品中外源化学物的检测和安全性评价方面具有重要的意义和广阔的应用前景。例如可高表达和稳定表达CYP450的转基因细胞株CHL-1A1、CHL-2B6和CHL-3A4对前诱变剂具有代谢活化能力，因此在体外试验中可免加外源性代谢活化系统，有重要的应用价值。

（二）转基因动物

转基因动物是转基因技术在动物细胞中的应用，指通过转基因技术将外源基因导入动物受精卵或胚体，由此稳定整合到动物基因组并能将该外源基因遗传给后代的动物。目前常用于培养转基因动物的方法有基因显微注射法、反转录病毒载体法和胚胎干细胞介导技术（图 16-1）。在毒理学中，转基因动物主要用于外源性化学物的安全性评估，包括致癌、致突变评价、生殖和毒物代谢方面的评价，其优点主要在于：①可从整体水平比较不同器官突变的组织特异性，从而确定敏感的靶器官，并在同一动物进行多终点的比较研究；②易于从动物基因组中回收导入的基因以进行机制研究（如测序、测定突变谱、研究突变热点等）；③敏感性高、可在低剂量下检测，特别适宜观察慢性低水平暴露时的 DNA 损伤。

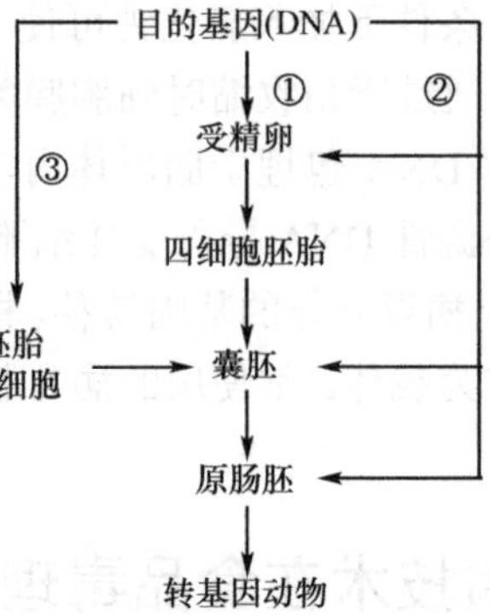

图 16-1 培养转基因动物的三种方法示意图

①基因显微注射技术；②反转录病毒载体法；③胚胎干细胞介导技术

1. 转基因动物致癌性检测系统 传统哺乳动物长期诱癌试验的检测时间长、成本高，而使用转基因动物进行中短期致癌试验除可减少动物数量、省时省力外，还具有提高人类致癌风险预测的准确性等优点（表 16-1）。转基因动物致癌性检测系统具有广阔的应用前景，但仍存在一些局限性，如尚无被广泛认可的试验体系、同一动物模型对遗传毒性和非遗传毒性致癌物的反应不一致、动物模型遗传背景对肿瘤发生率有影响等。常用的转基因动物有 CB6F1-Tg RasH2、Tg.AC、C57BL/6（N5）-Trp53$^{+/-}$、Xpa$^{-/-}$、Xpa$^{-/-}$/p53$^{+/-}$转基因小鼠模型等。

表 16-1　长期致癌试验与转基因动物短期致癌试验比较

特征	长期致癌试验	转基因动物短期致癌试验
实验周期	小鼠 1.5～2 年，大鼠 2 年	小鼠 6～9 个月，大鼠 2 年
动物数量	雌雄各 50～100 只/组	雌雄各 15～20 只/组
肿瘤自发率	肿瘤自发率高，个体差异较大（遗传背景差异较大）	肿瘤自发率低，个体差异较小（遗传背景差异较小）
致癌机制	无法确定致癌机制	可确定是否为遗传毒性致癌物
靶器官的确定	无法确定靶器官/组织	可确定靶器官/组织
灵敏度	灵敏度低，成本高	灵敏度高，成本较低
特异度	假阴性和假阳性均较高	假阴性和假阳性均较低

2. 转基因动物致突变检测系统　转基因动物基因突变试验可在整体状态下检测基因突变，比较不同组织（包括生殖系统）的突变率，从而确定靶器官，对遗传学终点作精确分析。目前经充分验证、可用于致突变检测的转基因动物模型有 lacZ 基因噬菌体转化小鼠（Muta™ 小鼠）、lacZ 基因质粒转化小鼠、gpt delta 转基因小鼠和大鼠、lacI 转基因小鼠和大鼠（Big Blue®）等。针对转基因动物已发展了一系列相应的检测试验：lacI、lacZ、cII 和 gpt 基因点突变试验用于检测碱基置换、移码突变和小的缺失/插入等遗传学终点；可用于检测大缺失的试验有 Spi$^-$基因选择试验和 lacZ 基因质粒试验。通过上述转基因动物致突变检测系统可获得准确的突变率，可用于评价受试物的致突变性。

（三）基因打靶技术及其应用

20 世纪 80 年代，在基因重组技术的基础上发展出了一种可按预期方式精细改造生物遗传信息的手段，即基因打靶技术（gene targeting）。基因打靶技术是利用细胞染色体 DNA 同源性重组的原理，将外源性 DNA 定向打入受体细胞 DNA 某一特定位置的技术。外源性 DNA 打入受体细胞后可产生三种结果：定点引入了一个全新外源性基因（基因不存在或已失活的），称为基因敲入（gene knock-in）；使特定的内源性靶基因丧失活性，称为基因敲除（gene knock-out）；靶基因被外源性基因替代，称为基因替代（gene replacement）。

在食品毒理学领域，基因打靶技术主要应用于模型生物的建立，包括微生物、动物细胞系和整体动物等，在食品外源化学物的毒性评价和毒作用机制研究中具有较为广阔的应用前景。例如，NADPH-CYP450 还原酶是所有 CYP450 酶的氧化还原搭档，其表达的缺失将抑制所有 CYP450 酶的活力。通过条件敲除方法去除 NADPH-CYP450 还原酶基因，可得到在肝、肺、心脏等低表达 CYP450 酶的特异性敲除小鼠模型。该基因敲除小鼠的研究已较为成熟，已用于评价苯并（α）芘在生物活化中的作用、马兜铃酸的肾毒性、环磷酰胺的毒代动力学研究等。

第三节 代 谢 组 学

一、代谢组和代谢组学

随着人类基因组测序工作的完成，基因功能的研究成为新热点，随之出现了一系列的“组学”研究：包括研究转录过程的转录组学（transcriptomics），研究某个生物体系中所有蛋白质及其功能的蛋白质组学（proteomics），研究代谢产物变化及代谢途径的代谢组学（metabolomics/metabonomics）。

（一）代谢组学的发展

代谢组学是随着生命科学的发展而发展起来的。代谢组学是通过考察生物体系（细胞、组织或生物体）受刺激或扰动后（如将某个特定的基因变异或环境变化后），其代谢产物的变化或其随时间的变化，来研究生物体系的一门科学。代谢组（metabolome）是基因组的下游产物也是最终产物，是一些参与生物体新陈代谢、维持生物体正常功能和生长发育的小分子化合物的集合，主要是相对分子质量小于 1000 的内源性小分子。代谢组中代谢物的数量因生物物种不同而差异较大。例如拟南芥约产生 5000 种代谢产物，动物约产生 2500 种代谢物，而微生物的代谢产物约 1500 种。在人体内，由于存在共存的微生物、食物及其代谢物本身的再降解，因此很难估计到底有多少种代谢产物。

（二）代谢组学的特点及优势

1. 代谢组学的特点

（1）关注内源化合物。

（2）对生物体系中的小分子化合物进行性定量研究。

（3）上述内源化合物的上调和下调指示了疾病、毒性、基因修饰或环境因子的影响。

（4）上述内源性化合物的知识可以被用于疾病诊断和药物筛选。

2. 与转录组学和蛋白质组学相比，代谢组学具有的优势

（1）基因和蛋白质表达的微小变化会在代谢物上得到放大，从而使检测更容易。

（2）代谢组学研究不需要建立全基因组测序及大量表达序列标签（EST）的数据库。

（3）代谢物的种类远远小于基因和蛋白质的数目（每个组织中大约为 10^3 数量级，即使在最小的细菌基因组中也有几千个基因）。

（4）对于给定的代谢物来说，可采用通用的一种技术来测定不同组织中的含量。

二、代谢组学的研究内容及策略

代谢组学研究一般包括样品采集和制备、代谢组数据的采集、数据预处理、多变量数据分析、标志物识别和途径分析等过程。生物样品可以是尿液、血液、组织、细胞核培养液等，采集后首先进行生物反应灭活、预处理，然后运用核磁共振、质谱或色谱等手段检测其中的代谢物的种类、含量、状态及其变化，得到代谢轮廓或代谢指纹；随后采用多变量数据分析方法对获得的多维复杂数据进行降维和数据挖掘，识别出有显著变化的代谢标志物，并研究所涉及的代谢途径和变化规律，从而阐明生物体对相应刺激反应机制，达到分型和发现生物标志物等目的。

根据研究目的和研究对象的不同，代谢产物的分析可以分为以下四个层次。

1. 代谢物靶标分析 对某个或某几个特定组分的分析。在这个层次中，需要采取一定的预处理技术，除掉干扰物，以提高检测的灵敏度。

2. 代谢物轮廓分析 对少数预设的代谢产物的定量分析。如某一类结构、性质相关的化合物、某一代谢途径的所有中间产物或多条代谢途径的标志性组分。进行代谢轮廓分析时，可以充分利用这一类化合物特有的理化性质，在样品的预处理和检测过程中，采用特定的技术来完成。

3. 代谢组学分析 限定条件下特定生物样品中所有内源性代谢组分的定性和定量。进行代谢组学研究时，样品的预处理和检测技术必须满足对所有的代谢组分具有高灵敏度、高选择性、高通量的要求。代谢组学涉及的数据非常大，因此需要有能对其数据进行解析的化学计量学技术。

4. 代谢指纹分析 不具体鉴定单一组分，而是通过比较代谢物指纹图谱的差异对样品进行快速分类。

从以上分类可以看出，只有第三层次才是严格意义上的代谢组学研究。

（一）样品采集与制备

样品的采集与制备是代谢组学研究中的初始步骤也是最重要的步骤之一。

1. 样品采集 在样本采集数量上，要求足够多，以减少生物样品个体差异对分析结果的影响。实验设计中对样本收集的时间、部位、种类、样本群体等应给予充分考虑。在研究人类样本时，还需要考虑饮食、年龄、地域、性别和昼夜等因素的影响。在分析过程中，要有严格的质量控制，需要考虑样本的重复性、分析精度、空白等。

2. 样品制备 样品提取和预处理的方法的选择受研究对象、研究目的影响，并与研究手段（技术）有关。例如采用核磁共振（nuclear magnetic resonance，NMR）技术平台，只需对样品做较少的预处理即可进行分析测定。体液样本分析前，一般只需要用缓冲液或水控制 pH 和减少黏度即可。对于代谢轮廓分析或者靶标分析，常需要做较为复杂的预处理，如常用固相微萃取、固相萃取、亲和色谱等预处理方法。用气相色谱或气-质联仪时，样本常需要进行衍生化处理以增加样品的挥发性。

3. 样本储存 通常代谢组学分析的样本较多，特别是做动态观察时，样本有时不能一天全部采集完成，这涉及样本的保存问题。建议进行代谢组学的样本最好保存在–80℃的条件下。有研究发现，尿样在–40℃冰箱中可保存 9 个月，血浆在–80℃下存放 6 个月后，在 NMR 谱上没有发现明显的变化。

（二）代谢组学数据的采集

完成样本的采集和预处理后，样品中的代谢产物需通过合适的方法进行测定。代谢组学分析方法要求具有高灵敏度、高通量和无偏向性的特点。至今为止，尚无一个能满足上述所有要求的代谢组学分析技术，最好采用联用技术和多个方法的综合分析。色谱、质谱、NMR、毛细管电泳、红外光谱、电化学检测等分离分析手段及其组合都已应用于代谢组学的研究中。色谱-质谱联用方法兼备色谱的高分离度、高通量及质谱的普适性、高灵敏度和特异性，NMR 特别是 ^{1}H-NMR 以其对含氢代谢产物的普适性而成为最主要的分析工具。用于代谢组学研究中最常用的三种检测技术包括 NMR、气相色谱-飞行时间质谱（gas chromatography - time of flight mass spectrometry，GC-TOF/MS）和超高效液相色谱-飞行时间质谱（ultra performance liquid chromatography-time of flight mass spectrometry，UPLC-TOF/MS）。

1. 核磁共振（NMR） 是一种基于具有核磁矩的原子核在外磁场作用下，吸收射频辐射而产生能级跃迁的谱学技术。NMR 方法具有无损伤性，不会破坏样品的结构和性质，可在一定的温度和缓冲液范围内选择实验条件；可以进行实时和动态的检测；可设计多种编辑手段，实验方法灵活多样。NMR 另一个重要特点是无偏向性，对所有化合物的灵敏度是一样的，因而能够检测到在其范围内的所有包含氢原子的有机分子。NMR 氢谱的谱峰与样品中各化合物中含有氢原子的基团是一一对应的，所测样品中的每一个氢原子在图谱中都有其相关的谱峰，图谱中信号的积分强度与样品中各组分的含量成正比。因此，NMR 氢谱方法很适合研究代谢产物中的复杂成分。

2. 气相色谱-质谱（gas chromatography-mass spectrometry，GC-MS） 是另一种被广泛应用于复杂组分的分离与鉴定的分析技术，具有 GC 的高分辨率和质谱的高灵敏度，是生物样品中药物与代谢物定性、定量研究的有效工具。GC 一直以来都是植物代谢组学研究的优选方法，并不断扩展到动物及人类代谢组学研究的领域中。但由于 GC-MS 只能对样品中的挥发性组分进行分析，从而并不能得到待测体系中难挥发的大多数代谢组分的信息。另外，该方法需要对样品进行衍生化处理，过程比较复杂，有可能出现衍生化不完全而造成结果不正确。对于血样，还需要先用甲醇或乙腈等沉淀除去蛋白质。由于 GC-MS 方法有相对丰富的标准谱图数据库（如 NIST/EPA/NIH 数据库）可供利用，使检测者能够方便、快捷地对所得代谢物进行鉴定。

结合了高效液相色谱（high performance liquid chromatography，HPLC）强大分离能力和质谱（MS）高灵敏度的液相色谱-质谱（liquid chromatography- mass spectrometry，LC-MS）技术既可进行定性测定又可进行定量测定，且与 GC-MS 相比，基本不需要进行衍生化的前处理，被认为是最有前途的代谢组学研究技术之一。除了常规的 HPLC，与 MS 联用的液相技术还包括超高效液相质谱（ultra performance liquid chromatography，UPLC）、多维液相色谱等技术。UPLC-MS 与 HPLC-MS 相比，其灵敏度、分辨率和分析速度明显提高，分析时间急剧缩短，有利于代谢组学的高通量筛选功能。

（三）数据分析平台

代谢组学得到的是大量、多维的信息，对这些数据信息的分析需要应用一系列化学计量学方法。数据分析过程中应用的主要手段为模式识别技术，包括非监督学习方法和有监督学习方法。

1. 非监督学习方法 非监督学习方法用于从原始谱图信息或预处理后的信息中对样本进行归类，并采用相应的可视化技术直观地表达出来，不需要有关样品分类的任何背景信息。该方法将得到的分类信息和这些样本的原始信息进行比较，建立代谢产物与这些原始信息的联系，筛选与原始信息相关的标志物，进而考察其中的代谢途径。用于这个目的的方法没有可供学习利用的蓄念样本，所以称为非监督学习方法。主要有主成分分析（principal components analysis，PCA）、非线性映射、簇类分析等。

2. 有监督学习方法 有监督学习方法用于建立类别间的数学模型，使各类样品间达到最大的分离，并利用建立的多参数模型对未知的样本进行预测。在这类方法中，由于建立模型时有可供学习利用的训练样本，所以称为有监督学习。这种方法经常需要建立用来确认样品归类的确认集和用来测试模型性能的测试集。应用于该领域的主要是基于 PCA、偏最小二乘法（partial least squares，PLS）、神经网络的改进方法，常用的有类模拟软独立建模和偏最小二乘法-判别分析（PLS-discriminant analysis，PLS-DA）、正交（O）-PLS。

PCA 和 PLS-DA 是代谢组学研究中最常用的模式识别方法。这两种方法通常以得分图（score plot）获得对样品分类的信息，载荷图（loading plot）获得对分类有贡献变量及其贡献大小，从而用于发现可作为生物标志物的变量。需要注意的是，由上述分析仪器导出的元数据（metadata）不能直接用于模式识别分析，还需对数据进行预处理，将元数据转变为适合于多变量分析（主要是模式识别）的数据形式，使相同的代谢产物在生成的数据矩阵中由同一个变量分析，所有的样品具有相同的变量数。最后用于模式识别的数据为二维矩阵数据形式，行代表样品或实验数目，列表示相应的单个测定指标。

（四）代谢组学数据库

代谢组学分析离不开各种代谢途径和生物化学数据库。与基因组学和蛋白质组学较完善的数据库相比，目前代谢组学研究尚未有类似的功能完备的数据库。一些生物数据库可供未知代谢物的结构鉴定或用于已知代谢物的生物功能解释，如连接图数据库（Connections Map DB）、京都基因与基因组百科全书（KEGG）、METLIN、HumanCyc、EcoCyc 和 metacyc、BRENDA、LIGAND、MetaCyc、UMBBD、EMP 项目、WIT2，IRIS、AraCyc、PathDB、生物化学途径（ExPASy）、互联网主要代谢途径（main metabolic pathways on Internet，MMP）、Duke 博士植物化学和民族植物学数据库、Arizona 大学天然产物数据库等，其中 IRIS、AraCyc 分别为水稻和拟南芥的有关数据库。表 16-2 中列出了常见的一些代谢组学数据库。

表 16-2　一些常用的与代谢产物相关的数据库

序号	数据库名	网址
1	KEGG	http：//www.genome.jp/kegg/ligand.html
2	HumanCyc	http：//biocyc.org
3	代谢的原子重构（ARM）项目数据库	http：//www.metabolome.jp
4	新药及其代谢产物质谱库	http：//www.ualberta.ca/_giones/mslib.htm
5	METLIN 数据库	http：//metlin.scripps.edu/
6	肿瘤代谢组数据库	http：//www.metabolic-database.com
7	Lipodomics：Lipid Maps	http：//www.lipidmaps.org/data/index.html
8	Lipidomics：SphinGOMAP	http：//sphingomap.org/
9	Lipidomics：Lipid Bank	http：//lipidbank.jp/index00.shtml
10	人类代谢组数据库	http：//www.hmdb.ca
11	ChemSpider Beta	http：//www.chemspider.com
12	Pubmed 化合物数据库	http：//www.nist.gov/srd/nistl.htm
13	NIST 质谱数据库	http：//www.nist.gov/srd/nistl.htm

理想的代谢组学数据库应包括各种生物体的代谢组信息以及代谢物的定量数据，如人类代谢组数据库（http：//www.hmdb.ca）中所包含的信息。但实际上，这方面的信息非常缺乏。一些公共数据库对各种生物样本中代谢物的结构鉴定也非常有用，如 Pubmed 化合

物库，ChemSpider 数据库，后者包含约 1650 万个化合物的结构信息，可供网上检索。

三、代谢组学在食品毒理学中的应用

代谢组学自从出现以来，引起了各国科学家的极大兴趣，已广泛地应用于各个领域，如疾病诊断、药物研发、营养学、毒理学，以及由此派生出来的植物代谢组学、微生物代谢组学等。鉴于本书主要是阐述食品毒理学的相关内容，在此重点介绍代谢组学在食品毒理学中的应用。

（一）外源化学物的毒理学评价

通过代谢组学技术可以研究毒性物质造成的生化代谢的异常，追踪毒性作用的靶器官和生物标志物，还能对毒性效应随时间的发展进行直观描述。运用代谢指纹图谱研究首次发现，土豆中存在青藤碱等多胺类物质，说明代谢指纹在食品毒理学研究领域有着广泛的应用空间。Chen 等用 LC-MS 研究了马兜铃酸的肾脏毒性，结果表明 95%的大鼠能正确归类到受试组和对照组，并且找到了相对应的代谢通路变化，这种方法可以应用于复杂成分下机体的毒理学反应。另一项典型的研究案例为采用代谢组学技术研究黄曲霉素 B1 对大鼠的肝毒性，结果发现血清中葡萄糖、氨基酸和胆碱类代谢物等代谢物水平升高，血脂水平降低、肝组织中脂质、氨基酸（酪氨酸等）、胆碱及核酸的代谢产物（肌苷等）与肝糖原和葡萄糖的水平一起提升。尿液中三羧酸循环中间产物（2-酮戊二酸和柠檬酸）水平下降，同时肠道菌群的代谢产物（马尿酸等）升高。这表明黄曲霉素 B1 能够影响脂质和细胞膜代谢、蛋白质的生物合成、糖酵解、三羧酸循环及肠道菌群的代谢等。该研究为进一步阐明黄曲霉素 B1 的毒性作用机制提供了新思路。

（二）检测食品掺假

常规的食品分析检测只检测目标化合物，而往往不能检出掺假食品。代谢组学技术侧重于食品所有成分组成的整体定性定量分析，适用于对掺假食品进行分析鉴别，在该领域的应用例子也较多。国外学者通过代谢组学技术，利用气相色谱质谱联用仪成功地区分出机械回收肉和人工剔骨肉，为防止机械回收肉以次充好提供了检测依据。Goodacre 等利用电喷雾电离质谱结合主成分分析技术和偏最小二乘法统计模型对橄榄油中掺入菜籽油和花生油进行鉴别。所建立的模型能够很好地对橄榄油是否添加了菜籽油和花生油做出快速的判断，具有一定的实际应用价值。

（三）非法添加物在食品中的检测

我国卫生部自 2008 年以来陆续发布了五批《食品中可能违法添加的非食用物质和易滥用的食品添加剂名单》，但是将禁用物质添加到食品中的事件还是屡禁不止。研究人员运用超高效液相色谱飞行时间质谱仪（UPLC-QTOF），结合主成分分析和正交偏最小二乘法判别分析进行数据分析，通过对由三聚氰胺导致肾结石的儿童和健康儿童的尿液研究，发现了三聚氰胺导致代谢异常的生物标记物次黄嘌呤，为进一步研究三聚氰胺对机体的影响提供了理论依据。

代谢组学技术作为继基因组学和蛋白组学之后新发展的一门学科，在食品毒理学领域已显示了良好的应用前景。目前这方面的研究资料还非常有限。还有待进一步开发和研究，建立相应的分析方法，使其在食品毒理学领域有更广泛深入的应用。

第四节　生物信息学

一、生物信息学概念

生物信息学（bioinformatics）是20世纪80年代末随着人类基因组计划的启动而催生的一门新兴交叉学科，体现了生物学、计算机学、数学、物理等学科间的渗透和融合。它通过对生物学实验数据的获取、加工、存储、检索与分析，揭示数据所蕴含的生物学意义，最终解读生命活动的规律。

1. 经典生物信息学　早期狭义的定义指用计算机的手段和方法来对生物遗传信息和数据进行管理和分析。后来则指利用计算机、应用数学和信息学理论、方法，对生物大分子（核酸和蛋白质层次）信息进行收集、储存、分类、检索与综合分析，研究生命现象，以达到认识理解生物信息的生物学意义的科学。

2. 现代生物信息学　现代生物信息学是指利用包括信息学、计算机学等现代技术，在对生物大分子信息进行收集、储存、分类、检索、交流以及在综合分析生命信息基础上，深入了解其三维结构和生物功能，并对其进行开发利用的一门新型科学。

3. 广义生物信息学　广义生物信息学泛指任何运用计算机及其网络和数据库进行大规模生物学数据的收集、组织、管理、分析和应用以及相关的所有生物学的工作，涉及生命科学全部研究领域的内容。生物学与信息科学是当今世界上发展最迅速、影响最大的两门科学。而这两门科学的交叉融合形成了广义的生物信息学，它以崭新的理念和现代的先进技术吸引着科学家的注意。广义生物信息学主要包括遗传信息学、细胞生物信息学、整个有机体生物信息学、生命活动调控的信息学、人体信号的生物信息学、脑和神经系统与感觉系统的生物信息学等。

需要强调的是，生物信息学主要是基因组层次上的生物信息。生物信息学是把基因组DNA序列分析作为源头，其核心是基因组信息学，包括基因组信息的获取、处理、存储、分配和解释。基因组信息学的关键是“读懂”基因组的核苷酸顺序，即全部基因在染色体上的确切位置以及DNA片段的功能；同时在发现了新基因信息之后进行蛋白质空间结构模拟和预测，然后依特定蛋白质的功能进行进一步设计。了解基因表达的调控机制也是生物信息学的重要内容。总之，生物信息学是研究和分析生物大分子信息结构和功能的科学，是一门解释和认识生命的起源、进化、发育、遗传和变异的科学。

二、生物信息学的研究内容

（一）生物信息学数据库

生物信息学很大一部分工作体现在生物数据的收集、存储、管理与提供上。主要包括建立国际基本生物信息库和生物信息传输的联网系统；建立生物信息数据质量的评估与检测系统；生物信息工具开发和在线服务；生物信息可视化和专家系统。

1. 数据库建设　生物数据库的建设是进行生物信息学研究的基础，目前已经有一些公共的数据库如GenBank及相应的生物分析软件如NCBI的BLAST系列工具。但是在进行专项研究时，往往需要组建新的数据库。

2. 数据库整合和数据挖掘 生物数据库覆盖面广，分布分散且异质。当根据一定的要求将多个数据库整合在一起提供综合服务、提供数据库的一体化和集成环境时，最简单的方法是用超级链接或进行拷贝再整理；但往往简单的连接并不能达到要求，同时再整理涉及数据下载和更新的问题，不是真正意义上的整合。目前使用较多的是联合数据库系统，还可使用基于 Internet 技术而进行的远程查询。

（二）序列分析

1. 序列比 对生物信息学最基本的操作对象是核酸序列和氨基酸序列。序列比对的目的是发现相似的序列，得到保守的区域，它们可能有功能、结构或进化上的关系。对于一个感兴趣的 DNA 或蛋白质序列，寻找到与它同源的序列是基本工作。目前，比较合适的序列比对工具有 BLAST，FASTA 以及在此基础上开发的 PSI-BLAST 和 mega BLAST 等。

2. 基因序列注释 测序工作的开展和增多，迫切需要全基因组的自动注释，这是生物信息学研究的重要领域。自动寻找基因和调控元件的工作主要包括：①翻译起始点和终止点的确定；②潜在的阅读框和剪切位点的识别；③基因结构的构建；④各种反式和顺式调控元件的识别等。

（三）代谢网络建模分析

代谢网络涉及生化反应途径、基因调控及信号转导过程等。后基因组时代将研究大规模网络的生命过程，又称为“网络生物学”研究。

1. 预测调控网络 目前已经有多个代谢网络途径数据库在应用，但是这些数据库又都有一定的局限性和准确性。因此，还需要从基因组角度来预测网络，或有针对性地去整合某些数据，研究其规律，开发算法模型等。

2. 网络普遍性分析 构建调控网络后，人们对网络的“图论”方面的属性做了分析，如最短距离、连接度等，试图给出一些重要的结论；也分析其最小单元的代谢途径等。此外，相关人员开始开发专门的软件工具来自动分析大规模网络系统的物理属性，提供路径导航、模式搜索、图形简化等分析手段。

3. 建立模型分析 目前已经有若干个比较优秀的代谢网络建模工具，如 Gopasi（http：//www.Copasi.org）、E-cell（http：//www.e-cell.org）等，它们大都基于代谢控制分析原理，使用常微分方程来求解反应速率。基于标准化数据输出考虑，已经组成了合作组，共同支持 SBML（http：//www.sbml.org）数据交换。其他形式的建模工具还有 Petri Net 等。

（四）其他研究内容

1. 比较基因组学 比较基因组学的核心课题是识别和建立不同生物体的基因或其他基因组特征的联系。利用比较基因组学方法可以研究不同物种间的基因组结构的关系和功能；发现基因组中新的非编码功能单元。通过比较不同物种间的同源基因可大大提高预测的精度和准度。

2. 基因和蛋白质的表达分析 目前多种生物学技术可用于测量基因的表达，如微阵列、表达序列标签、基因表达连续分析、大规模平行信号测序、多元原位杂交法等。通过蛋白质微阵列技术或高通量质谱分析对生物标本进行测量所获得的数据中，包含有大量生物标本内蛋白质的信息，生物信息学被广泛地应用于这些数据的分析。

3. 生物芯片大规模功能表达谱的分析　生物芯片具有高集成度、高并行处理能力和可自动化分析的优点，可对不同来源、不同细胞类型、不同生理状态的基因表达和蛋白质反应进行监测，从而获得功能表达谱。但是，无论是生物芯片还是蛋白质组技术的发展，都更强烈地依赖于生物信息学的理论与工具。

4. 蛋白质结构预测　蛋白质结构预测是生物信息学最重要的任务之一。蛋白质的一级结构决定其高级结构，而后者又决定着它的生物学功能。蛋白质结构预测主要是通过氨基酸序列来预测出蛋白质的三维空间结构。目前该功能已经广泛用于药物设计、特殊用途酶的设计等。对于序列同源性大于25%的蛋白质，可以使用比较同源建模的方法预测蛋白质结构，如SWISS-MODEL和Model-ler软件。对于没有合适的模板的蛋白质预测，可使用折叠识别方法。折叠识别方法尝试寻找该目标序列可能适合的已知的蛋白质三维结构。如前两种方法都无效，则要从头预测（de novo modeling），其缺点是计算量大、耗时、仅适用于长度为几十个氨基酸的蛋白质片段。

除以上应用外，生物信息学还在合成生物学、生物系统模拟、计算进化生物学以及生物多样性研究、蛋白质与蛋白质相互作用中得到了不断的应用，相关研究成果也不断增加。

三、生物信息学在食品安全检测中的应用

食品安全是关系到人类健康和国计民生的重大问题。随着我国各类食品数量与日俱增，运输、流通、销售范围广，食品的卫生安全更引起了广泛的关注。生物信息学是现代社会发展最为迅速的领域，将信息学理论与技术应用于食品生产、流通、运输、销售等环节，可有效地解决现在面临的问题。生物信息学理论与技术目前已经在食品中有害微生物的检测中得到了广泛的应用。

（一）食品细菌学检测

食品在加工、制作、储存过程中往往需要经过加热、酸化、冷冻等处理方式，经这些加工工艺处理后，食品中存在的致病性细菌数量大大减少，而且受到不同程度的损伤。在进行食品中致病菌检测时首先要进行前增菌和选择性增菌。传统的检测方法耗时长、检出限低，灵敏性差。随着PCR技术的广泛应用，国内外研究者已经将这一技术引入食品致病菌检测领域；基于PCR原理基础上的实时荧光PCR技术和基因芯片检测技术也已在食品致病菌检测领域得到广泛应用。这些方法建立的前提是找到特异、灵敏的扩增引物和探针。这就需要运用生物信息学方法获得各种致病菌的核酸序列，对这些序列进行比对，筛选出可用于检测的引物和探针。

另外，运用生物信息学方法对各种致病菌的毒力基因和耐药基因进行研究，筛选保守的特异性的核酸序列作为引物，可对食品中分离得到的阳性菌株进行毒力和耐药性的鉴定，为食品安全监督管理提供有说服力的技术指标。同时，可对从不同国家和地区食品中分离出的致病菌毒株进行核酸序列的分析和比较，进行毒力基因和耐药基因的研究，运用生物信息学方法建立数据库实现信息资源的共享。利用这一数据库，可对分离的菌株进行溯源，从而判定菌株污染来源和污染途径，可为控制和治疗食源性疾病提供理论依据和对策。

（二）食品病毒学检测

能够通过食品传播的病毒包括甲肝病毒、诺如病毒、戊肝病毒、轮状病毒、星状病毒和肠道腺病毒，其中最为重要的有甲肝病毒和诺如病毒。近年来国际上多次暴发甲肝病毒和诺如病毒中毒事件，引起了国际社会的广泛关注。在核酸技术诞生之前，病毒的检测方法主要依赖于分离培养，检测周期长、检测灵敏度差（病毒感染剂量低），也不能用于食品中病毒的检测。随着核酸技术的发展，多种 PCR 技术应用于食品中病毒的检测。这些方法通过对病毒目标基因片段的扩增来进行检测，特异性强和灵敏度高。使用这些方法进行病毒检测，需要找到可扩增病毒核酸的引物及对扩增产物特异性进行验证的探针，引物和探针的可靠性是检测成功的关键技术。因此，首先需在生物信息数据库中查询这一病毒的核酸序列，对于具有不同基因型的、核酸序列同源性差的病毒，需进行大量的核酸序列比对，这些过程都必须依赖于生物信息学的技术和经验。此外，基因芯片技术也是未来食品病毒检测的发展方向。这些方法都需要运用生物信息学技术进行引物和探针的筛选。对于阳性的检测产物进行测序后，同样需要使用生物信息学方法将测序的核酸序列与已经公布的同种病毒序列进行比对，这是对产物进行进一步确认的过程。同时使用相应的软件可构建遗传进化树，鉴定检测到的毒株的基因型。通过众多研究者提供的信息的积累，可建立食源性病毒生物信息数据库，从中发现病毒核酸和蛋白变化规律，预测病毒变异趋势，为预防和治疗食源性病毒性疾病提供指导。

第五节　其他常用技术

电泳技术、核酸分子杂交技术、聚合酶链反应等常用分子生物学技术已有较长发展时间，它们是基因工程、转基因技术等新兴方法的技术基础，已在环境科学、基础医学、药学等各个学科和研究领域有成熟应用。在食品毒理学领域，这些常用的分子生物学技术已在食品中外源化学物的致癌性、致突变性研究中发挥重要作用，并在食品安全检测、特殊毒性机制研究等方面也有重要的应用价值。

一、电泳技术

电泳（electrophoresis）是指带电粒子在电场中向异性电极移动的现象，利用该特性来分离、纯化、鉴定生物大分子（如蛋白质、核酸、糖蛋白等）的技术，称为电泳技术。电泳技术的出现是生命科学发展史中一个重要的里程碑，许多生命科学的重大发现都与生物大分子在电场中不同的泳动规律有关，例如检测诱变剂、射线等对 DNA 的损伤、监测环境污染物对机体的遗传损害、研究毒物致癌机制等。

（一）电泳技术的基本原理

任何物质由于其本身的解离作用或表面上吸附其他带电质点，在电场作用下会向一定的电极移动。在生命科学中，带电颗粒可以是小的离子，也可为生物大分子，如蛋白质、核酸、病毒颗粒、细胞器等。这些生物分子带电颗粒在电场中将向着与自身电荷相反的电极泳动，不同的颗粒泳动速度不同，故可使用电泳技术将其分离。带电颗粒的泳动特性常使用“迁移率”的概念表示，指的是单位电场强度下带点颗粒的泳动速度。迁移率的计算公式为：

$$\mu = \frac{v}{E} = \frac{Q}{6\pi r\eta} \tag{16-1}$$

式中 μ 表示迁移率；v 为颗粒移动速度；E 为电场强度；Q 为颗粒所带电量；r 为球形颗粒半径；η 为溶液的黏度。

由公式可看出，影响电泳迁移率的因素有如下几个方面：①样品本身性质：样品所带电荷、颗粒大小、形状均可影响其迁移率；②电场强度：电场强度越高，带电颗粒移动速度越快；③电泳缓冲液 pH：电泳缓冲液的 pH 决定生物分子的解离程度、所带净电荷多少，故可影响其在电场中的泳动速度和泳动方向；④缓冲液的离子强度：溶液中所有类型的离子所产生的静电力即为离子强度，缓冲液离子强度过高或过低均可影响电泳速度；⑤支持介质：电泳支持介质的电渗作用、分子筛作用和吸附作用可影响迁移率；⑥温度：产热可对电泳过程产生不利影响。

（二）电泳技术的分类与应用

根据电泳时是否使用支持物，可分为自由界面电泳和区带电泳。前者不使用支持物，但因区带界面扩散后易发生相互干扰而很少使用；后者是在支持物上进行的电泳，可防止溶液自由移动，是目前应用最为广泛的电泳技术。区带电泳技术根据支持物的不同可分为纸电泳、醋酸纤维薄膜电泳、琼脂糖凝胶电泳、聚丙烯酰胺凝胶电泳、十二烷基硫酸钠-聚丙烯酰胺凝胶等，还可与其他技术结合，如电泳层析法、免疫电泳等。

1. 醋酸纤维薄膜电泳 醋酸纤维薄膜电泳是以醋酸纤维薄膜为支持介质的区带电泳。电泳介质是由醋酸纤维加工制成的一种细密且薄的微孔膜，可根据其乙酰化程度、厚度、孔径和网状结构等方面不同而具有不同类型。目前已广泛应用于临床医学中，主要用于分离蛋白质、固醇等，如血清蛋白、血红蛋白、球蛋白、脂蛋白等。

2. 琼脂糖凝胶 电泳琼脂糖凝胶电泳是以琼脂糖为支持介质的电泳技术，其电泳介质琼脂糖是从琼脂中提取出来的链状多糖，具有对蛋白质吸附小、重复性高、分辨率高、电泳速度快、区带可染色、样品易回收等优点。琼脂糖凝胶电泳常用于分离、鉴定核酸，如 DNA 鉴定、DNA 限制性内切酶图谱制作等，为 DNA 分子及其片段的相对分子质量和构象分析提供了重要手段，已成为基因工程中常用技术方法之一。

3. 聚丙烯酰胺凝胶电泳 聚丙烯酰胺凝胶电泳的电泳介质为聚丙烯酰胺凝胶，是由单体丙烯酰胺和交联剂 *N,N*-甲叉双丙烯酰胺在加速剂和催化剂的作用下聚合交联成的三维网状结构凝胶。聚丙烯酰胺凝胶电泳具有机械性能好、化学性能稳定、对 pH 和温度变化反应稳定、几乎无电渗作用、样品不易扩散、分辨率高、孔径可调节等优点，广泛应用于蛋白质、酶类、核酸等生物分子的分离、定性或定量分析，还可用于测定相对分子质量和等电点。

（三）电泳技术在食品毒理学中的应用

1. 安全性评价和毒作用机制研究 单细胞凝胶电泳技术也称“彗星试验”，是遗传毒理学评价及毒作用机制研究中应用最广泛的技术方法之一。可利用细胞 DNA 损伤后产生的碎片在电场中的迁移情况来检测各种理化因素所致的DNA链断裂、DNA切除修复、DNA交联等原始损伤，适用于动植物、人类的多种器官和组织的细胞，包括原代细胞和培养细胞。人用药物注册委员会（International Conference on Harmonization of Technical

Requirements for Registration of Pharmaceuticals for Human Use，ICH）已将单细胞凝胶电泳技术纳入药物遗传毒性评价试验组合，欧盟也已将其纳入食品安全性评价遗传毒性试验组合，用于检测和评价外源化学物的遗传毒性。除单细胞凝胶电泳外，其他适用于生命科学机制研究的电泳技术，如DNA琼脂糖凝胶电泳等，在食品中外源化学物毒作用机制和通路研究中也已发挥了重要作用。

2. 在食品安全检测中的应用 电泳技术可用于检测食品中病原微生物、添加剂、生物毒素、农药兽药残留等，而应用最为广泛的是毛细管电泳技术。其中，毛细管区带电泳或胶束电动毛细管色谱法可测定食品中的添加剂，如防腐剂、抗氧化剂、甜味剂、色素、发色剂、咖啡因和苯甲酸等，还可用于饮用水、牛乳、啤酒、谷物等食品中农药残留检测。还有报道使用毛细管电泳法检测畜产品、水产品和蜂蜜制品中的抗生素污染，食品中黄曲霉毒素、贝类毒素污染等。变性梯度凝胶电泳技术是目前研究微生物群落结构的主要分子生物学方法之一，可用于食品微生物的快速鉴定、致病菌的快速检测和分型等，在食品生产过程监测和质量控制等方面具有较大的应用前景。

二、聚合酶链反应

1985年，Mullis等利用大肠埃希菌DNA聚合酶I的Klenow片段成功地在体外扩增了哺乳动物基因，发明了具有划时代意义的聚合酶链反应技术（polymerase chain reaction，PCR）。PCR技术可在体外条件下将极微量的目的基因在几个小时内成百万倍地扩增，且可特异性扩增任何目的基因或DNA片段，具有高特异性、高效性、高敏感性、快速简便等突出特点。自该方法报道以来，已广泛用于微生物学、医学检验学、分子遗传学、农业、食品成分测定及卫生监督等诸多领域，在越来越多的领域发挥着重要作用。

（一）聚合酶链反应的基本原理

PCR技术的基本原理类似于DNA的天然复制过程，即利用在体外条件下DNA分子变性和复性特性与DNA半保留复制的机制，在模板DNA、引物和4种脱氧核苷三磷酸（dNTPs）存在的条件下，依赖DNA聚合酶的酶促合成反应，其特异性依赖于与靶序列两端互补的寡核苷酸引物。

PCR全过程包括变性、退火和延伸三个基本步骤：①变性：加热至93℃左右时，模板DNA双链或经PCR扩增形成的双链DNA解离成单链，以便与引物结合；②退火：当温度降至25～65℃左右时，引物与模板DNA单链的互补序列配对结合；③延伸：DNA模板-引物结合物在Taq DNA聚合酶的作用下，以4种dNTPs为反应原料、靶序列为模板，按碱基配对与半保留复制原理，合成一条新的与模板DNA链互补的半保留复制链。

重复循环变性、退火和延伸3个反应过程，就可获得更多的“半保留复制链”。每循环一次，目的DNA拷贝数可加倍，经过n次循环后，PCR扩增倍数为$(1+X)^n$（X为扩增效率，平均为75%）。经扩增后的DNA产物大多为介于引物与原始DNA相结合的位点之间的片段，而在反应前几轮循环产生的超过引物结合位点的较长链的DNA比例将随着循环不断地进行稀释至可以忽略的程度。

（二）聚合酶链反应的主要类型

PCR技术建立以来，以其较高的实用性而在各个领域广泛使用。除原始技术方法外，还不断发展出了反转录 PCR、巢式 PCR、多重 PCR、定量 PCR 等新技术类型。

1. 反转录 PCR　反转录 PCR（reverse transcription PCR，RT-PCR）是将 RNA 的反转录反应和 PCR 反应联合应用的一种技术。RT-PCR 首先以 RNA 为模板，在反转录酶的作用下合成 cDNA，再以 cDNA 为模板通过 PCR 反应来扩增目的基因。RT-PCR 是目前从组织或细胞中获得目的基因及对已知序列 RNA 进行定性定量分析的最有效方法。

2. 巢式 PCR　巢式 PCR（nested-primer PCR）是一种高特异性和高效率的 PCR 方法，其基本原理是首先使用一对外侧引物扩增含目的基因的大片段，再使用内侧引物为模板扩增获取目的基因。

3. 多重 PCR　多重 PCR（multiple PCR）是在一次反应中加入多对引物，同时扩增一份 DNA 样品中不同序列目的基因的过程。由于每对引物扩增区域位于模板 DNA 的不同部位，扩增片段长短不同，故可用于检测某些基因片段的突变。

4. 原位 PCR　原位 PCR（in situ PCR）是指在固定组织细胞内的 DNA 或 RNA 为靶序列进行 PCR 的过程，省去了从组织细胞中提取模板 DNA 或 RNA 的步骤，是 PCR 与原位杂交相结合而发展起来的一项新技术。

5. 定量 PCR　定量 PCR（quantified PCR）是指可对扩增产物进行定量分析的 PCR 技术，可用于评估样品中靶基因的数量。定量 PCR 有广义和狭义的概念。在广义上，定量 PCR 是指以外参或内参为标准，通过对 PCR 终产物的分析或 PCR 过程的检测，进行起始模板的定量；在狭义上，定量 PCR 是指使用外标法检测 PCR 过程精确定量起始模板数，同时以内对照排除假阴性结果。目前最常用的定量 PCR 技术是实时荧光定量 PCR。

（三）聚合酶链反应在食品毒理学中的应用

1. 毒作用机制研究　PCR 技术在外源化学物对 DNA 作用的机制研究中发挥了重要作用，主要包括以下两个方面：①寻找食品中外源化学物毒作用的靶基因；②确定外源化学物对 DNA 的损伤类型和损伤程度。PCR 技术高度敏感，对模板 DNA 的含量要求很低，在进行体外研究时可使用极少的细胞数量获得目的基因片段，从而有利于 DNA 序列测定等机制分析。PCR 技术与其他分子生物学技术结合还可较大幅度提高致突变性检测的敏感性，如基因芯片技术、单链构象多态性分析等。

2. 在食品微生物检测中的应用　食品微生物的主要检测方法有培养法、免疫学方法和分子生物学方法。微生物培养法检测过程烦琐、耗时长、工作量大，一般需要 4～7 天才能得到检测结果；免疫学方法检测中常出现假阳性结果，故常需要其他试验进一步确认。常用的分子生物学方法中，PCR 技术具有特异性强、灵敏度高、操作简便等优点，已越来越多地应用于食品中微生物的检测。

使用 PCR 技术可定性或定量检测食品中的细菌、真菌、病毒等微生物。在细菌检测方面，PCR 技术已应用于食品非致病菌或致病菌的检测。例如有学者使用常规 PCR 与套式 PCR 结合的方法检测食品中的沙门氏菌，灵敏度可达到 3 CFU。使用多重 PCR 技术还可同时检测食品中的多种病原微生物，如同时检测食品中的肝炎病毒、肠道致病菌等，具有较好的应用前景。

三、流式细胞术

流式细胞仪（flow cytometer，FCM）是融合了物理电子技术、光电测量技术、计算机技术、免疫学技术等多种技术的设备，是生命科学研究领域中先进的仪器之一。基于流式细胞仪的实验技术—流式细胞术起源于自20世纪60年代，具有高通量、高灵敏度、快速、分选纯度高等特点，在近几十年中发展迅速，现已广泛应用于临床检测和各领域的基础研究。

（一）流式细胞仪的基本结构和检测原理

流式细胞术是利用流式细胞仪对处于快速直线流动状态中的单列细胞或生物颗粒进行逐个、多参数、快速的定性、定量分析及分选技术。流式细胞仪的基本结构包括四大模块：流动室与液流系统、光源与光学系统、信号收集与信号转换系统、计算机与分析系统，具有分选功能的流式细胞仪还配有分选系统。

1. 流动室与液流系统 流动室与液流系统的作用是使激发光路与待测微粒悬液的轴心正交，且保证待测微粒分散而不聚集成团，以便于液流在入口处形成检测点。

2. 光源与光学系统 该模块由激发光源和一系列用于光通过、光反射的镜片组成。激发光源用于激发待测微粒上的荧光基团，使其发射一定波长的激发光；光学系统的作用是将不同波长的光信号送入不同的探测器。

3. 信号收集与信号转换系统 该模块主要由光电转换器件、放大器和信号处理电路组成，其主要功能是将光信号转换为电流信号，经放大后转变为脉冲信号，以数字形式输入计算机系统。

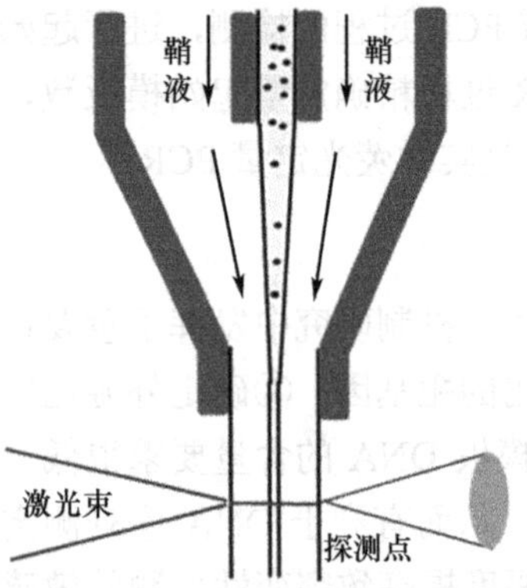

图 16-2 流式细胞术检测原理

4. 计算机与分析系统 流式细胞仪的计算机系统用于控制整个仪器的运行、数据采集和分析。

流式细胞仪的基本工作原理是将待测微粒进行荧光染色后制成悬液标本，在一定气体压力下将待测样品加入流动室，用不含细胞或微粒的缓冲液在高压下从鞘液管喷出，鞘液包裹细胞单行排列依次通过流式细胞仪的检测区域，光电倍增管收集到待测微粒上的荧光信号后由计算机转化为数字信号，由此可以获得待测细胞或微粒的相关参数。流式细胞仪的基本工作原理见图16-2。

（二）流式细胞术在食品毒理学中的应用

1. 安全性评价研究 流式细胞术以其快速、准确、多参数和高通量等优势，在毒理学安全性评价研究领域，特别是免疫毒性、血液学系统毒性、遗传毒性评价等领域中得到了较广泛的应用。例如在免疫毒理学研究中，T淋巴细胞以表达CD3为主要特征，分为CD4+和CD8+两个亚群，CD4+和CD8+淋巴细胞比例的变化是机体免疫功能发生变化的特征之一，当CD4+ /CD8+比值下降表明机体免疫功能低下，而CD4+/CD8+比值上升表明机体免疫亢进。流式细胞术可特异识别CD3阳性细胞群从而识别T淋巴细胞，并进一步通过识别CD4、CD8等特异性抗原区分淋巴细胞亚群，从而进行免疫功能的评价。

2. 毒作用机制研究 在基础研究方面，流式细胞术可对各种微粒进行定性、定量的检测和分选，可对细胞形态结构、细胞内组分、细胞凋亡情况进行检测，还可检测细胞内Ca^{2+}离子浓度、pH、胞膜电位等，故常用于外源化学物对机体的损伤机制研究。

（1）细胞凋亡的检测：细胞凋亡的特异性指标之一是线粒体膜电势差的降低。当线粒体膜处于正常高电位时，亲脂性阳离子荧光染料如四甲基若丹明乙酯（TMRE）与之结合较多，而发生细胞凋亡的线粒体膜电位下降，染料就会脱离下来。根据该原理，使用FCM检测不同荧光信号的强弱即可得知线粒体膜电位变化，可由此判断样品中凋亡细胞及其比例，进一步研究外源化学物诱导细胞凋亡过程中线粒体功能改变及其毒理机制。

（2）细胞周期检测：在细胞周期中，DNA含量随着细胞增殖周期的不同而发生变化，用荧光染料如碘化丙啶（PI）与细胞内DNA结合，应用FCM能够准确、直接地检测各个细胞周期DNA含量的变化，计算出不同细胞时期的分布比例，进而可分析外源化合物对细胞的细胞周期、细胞增殖和分裂能力的影响。

（3）细胞分选：毒作用机制研究的实验中常需要特定纯化的细胞，而FCM可以高效、准确地把各种不同大小、不同表型的细胞分类收集，达到分离纯化的目的。FCM对于筛选特定细胞、纯化稳定的细胞株、分选干细胞等具有重大的实用价值，例如在小鼠脾淋巴细胞分选时，可用荧光素标记的单克隆抗体如FITC-anti Mouse CD3和PE-anti Mouse B220分别对淋巴细胞表面的分化抗原染色，经流式分析后可把CD3-FITC阳性、B220-PE阳性和双阴性的脾细胞分开，分别收集CD3+ T淋巴细胞和B220+ B淋巴细胞用于进一步实验。

3. 在食品微生物检测中的应用　FCM于20世纪70年代后期开始用于微生物检测，目前已成功应用于食品中的致病菌和非致病菌的定性和定量分析，包括对沙门氏菌、大肠杆菌、单核细胞增生性李斯特氏菌等病原菌的检测。例如用荧光抗体ab30522染液染色生乳中大肠杆菌，结合FCM可对大肠杆菌进行定量检测。FCM法代替应用最广泛的平皿计数法，极大地缩短了检测时间，而且流式细胞术可以区分具有生命活力的细菌和已经死亡的细菌，并可以同时进行多个样品的处理，能够满足大量样品在线检测的要求。

此外，FCM快速、简便、高灵敏度的特点还有望应用于食品安全质量监测体系，可实时、在线监控生产线或生物反应器中的菌体生长繁殖情况，对于食品企业生产微生物监测具有重要的应用价值。例如采用荧光标记的单链核酸特异性探针结合FCM技术，可对酒香酵母浓度进行实时监控，从而在葡萄酒发生腐败变质前有效控制腐败菌的数目。

（罗　鹏　单毓娟　徐培渝）

小　结

分子生物学技术是综合物理、化学、信息科学、环境科学和生物医学等多学科技术方法原理而集成的分析检测方法。本章中主要介绍了聚合酶链反应、转基因技术、代谢组学、生物信息学等分子生物学技术及其在食品毒理学中的应用。

生物芯片技术是将大量生物大分子样品有序固化于载体的表面，与已标记的待测生物样品中的靶分子杂交，通过杂交信号的强度来判断样品中靶分子的数量的一种技术。可用于食品中外源化学物的毒作用机制研究，还可应用于食品中微生物及其毒素、农药兽药残留、有害化学物质等的检测。转基因技术是将外源性基因转入受体细胞，使其在受体细胞中复制表达，从而改造受体细胞生物特性的技术。在食品毒理学领域，转基因技术主要用于含有目标基因的动物模型、细胞模型和微生物模型的建立，还可用于食品中有害物质的安全性评价、毒性预测和机制研究。代谢组学是通过考察生物体系受刺激或扰动后其代谢产物的变化或其随时间的变化情况，来研究生物体系的一门科学。可用于研究食品中有毒有害物质对机体造成的生化代谢异常，追踪毒作用的靶器官和生物标志物，还可应用于食品掺假、非法添加物的检测等。生物信息学包括任何运用计算机及其网络和数据库进行大规模生物学数据的收集、组织、管理、分析和应用等的所有工作，已经在食品中有害微生物的检测中得到了广泛的应用。食品毒理学中其他常用的分子生物学技术还包括电泳技术、聚合酶链反应、流式细胞术等。

思 考 题

1. 什么是分子生物学技术？常用的分子生物学技术有哪些？
2. 生物芯片主要有哪几类？在食品毒理学中的应用有哪些方面？
3. 什么是转基因技术？在食品毒理学中的应用有哪些方面？
4. 什么是代谢组学？有哪些特点？
5. 代谢组学数据采集的方法有哪些？
6. 生物信息学的主要研究内容有哪些？

参 考 文 献

陈铭. 2012. 《生物信息学》北京：科学出版社.
李宏，王崇均. 2010. 生物信息学在毒理基因组学研究中的应用. 生物信息学，8（4）：330-333.
刘思洁，吴永宁，方赤光. 2014. 代谢组学技术在食品安全中的应用. 食品安全质量检测学报，（4）：1081-1086.
曲萌，孙立伟，王艳双. 2012. 分子生物学实验技术. 上海：第二军医大学出版社.
饶红，冯骞，傅浦溥，等. 2006. 生物信息学与食品安全检测. 中国卫生检验杂志，16（6）：767-768.
单毓娟. 2013. 食品毒理学. 北京：科学出版社.
孙晗笑. 2012. 药物分子毒理学. 广州：暨南大学出版社.
孙军. 2008. 医学生物化学与分子生物学实验. 武汉：华中科技大学出版社.
夏世钧. 2001. 分子毒理学基础. 武汉：湖北科学技术出版社.
许国旺. 2008.《代谢组学：方法与应用》. 北京：科学出版社.
赵婵娟，袁粒星，童煜. 2016. 流式细胞仪及其在医学研究中的应用. 中外医学研究，14（22）：160-162.
钟凯，吴永宁. 2009. 代谢组学在食品安全与营养学中的应用. 环境卫生学杂志，（2）：93-97.
Jean-Yves Coppe´e. 2008. Do DNA microarrays have their future behind them? Microbes and Infection，10：1067-1071.
Jena GB，Kaul CL，Ramarao P. 2005. Regulatory requirements and ICH guidelines on carcinogenicity testing of pharmaceuticals a reviewon current status. Indian J Pharmacol，37（4）：209-222.
Organization for Economic Cooperation and Development（OECD）. 2005. Guidelines for the testing of chemicals，section 4. http：//www.oecd-ilibrary.org/books.
Virginie Serpaggi，Fabienne Remize，Anabelle Sequeira-Le Grand et al. 2010. Specific Identification and Quantification of the Spoilage Microorganism Brettanomycesin Wine by Flow Cytometry：A Useful Tool for Winemakers. Cytometry Part A，77A：497-499.